Markus Achatz (Hrsg.)
Internationales Steuerrecht

Veröffentlichungen der Deutschen
Steuerjuristischen Gesellschaft e.V.

DStJG Band 36

Internationales Steuerrecht

37. Jahrestagung
der Deutschen Steuerjuristischen Gesellschaft e.V.
Linz, 10. und 11. September 2012

Herausgegeben im Auftrag der
Deutschen Steuerjuristischen Gesellschaft e.V.

von

Prof. Dr. Markus Achatz
Johannes Kepler Universität
Linz

2013

Verlag
Dr. Otto Schmidt
Köln

Zitierempfehlung
Verf., DStJG 36 (2013), S. ...

*Bibliografische Information
der Deutschen Nationalbibliothek*

Die Deutsche Nationalbibliothek verzeichnet diese Publikation in der Deutschen Nationalbibliografie; detaillierte bibliografische Daten sind im Internet über http://dnb.d-nb.de abrufbar.

Verlag Dr. Otto Schmidt KG
Gustav-Heinemann-Ufer 58, 50968 Köln
Tel. 02 21/9 37 38-01, Fax 02 21/9 37 38-943
info@otto-schmidt.de
www.otto-schmidt.de

ISBN 978-3-504-62038-7

©2013 by Verlag Dr. Otto Schmidt KG, Köln

Das Werk einschließlich aller seiner Teile ist urheberrechtlich geschützt. Jede Verwertung, die nicht ausdrücklich vom Urheberrechtsgesetz zugelassen ist, bedarf der vorherigen Zustimmung des Verlages. Das gilt insbesondere für Vervielfältigungen, Bearbeitungen, Übersetzungen, Mikroverfilmungen und die Einspeicherung und Verarbeitung in elektronischen Systemen.

Das verwendete Papier ist aus chlorfrei gebleichten Rohstoffen hergestellt, holz- und säurefrei, alterungsbeständig und umweltfreundlich.

Satz: A. Quednau, Haan
Druck und Verarbeitung: Kösel, Krugzell
Printed in Germany

Inhalt*

Seite

Prof. Dr. h.c. Rudolf Mellinghoff, Präsident des Bundesfinanzhofs, München
Internationales Steuerrecht – Einführung und Rechtfertigung des Themas 1

Prof. Dr. Dr. h.c. Michael Lang, WU Wien
Rechtsquellen und Prinzipien des Internationalen Steuerrechts 7
  I. Eingrenzung des Themas 7
  II. Rechtsquellen des Internationalen Steuerrechts 8
  III. Grundentscheidungen des Internationalen Steuerrechts 22
  IV. Zusammenfassung und Würdigung 29

Diskussion 31

Prof. Dr. Christoph Spengel, Universität Mannheim
Neutralitätskonzepte und Anreizwirkungen im Internationalen Steuerrecht 39
  I. Fragestellungen und Vorgehensweise 39
  II. Konzepte internationaler Steuerneutralität 44
  III. Verwirklichung von internationaler Steuerneutralität im Europäischen Binnenmarkt – eine quantitative Analyse 57
  IV. Empirische Untersuchungen zum Steuereinfluss auf grenzüberschreitende Investitionen 67
  V. Zusammenfassung der Ergebnisse in Thesen 69

Prof. Dr. Alexander Rust, LL.M. (NYU), Université du Luxembourg
Gleichbehandlungsgebote und Diskriminierungsverbote im Internationalen Steuerrecht 71
  I. Einführung 71
  II. Darstellung der einzelnen Gleichbehandlungsgebote und Diskriminierungsverbote 72
  III. Berücksichtigung von Maßnahmen des anderen Staates 80
  IV. Schlussfolgerungen 85

---

* Ausführliche Inhaltsverzeichnisse jeweils zu Beginn der Beiträge.

Eckehard Schmidt, Ministerialdirigent, Bayerisches Staatsministerium der Finanzen, München
Freistellungsmethode auf dem Rückzug? 87
    I. Einleitung 87
    II. Überlegungen zur Methodenwahl 88
    III. Absicherung der Freistellungsmethode als Standardmethode .. 93
    IV. Optimierung der Anrechnungsmethode als Auffangmethode .. 97
    V. Fazit 99

Diskussion 101

Prof. Hugh J. Ault, Boston College Law School (em.),
Senior Advisor OECD Centre for Tax Policy and Administration
Akteure des Internationalen Steuerrechts und ihre Handlungsformen 113
    I. Globalisierung und Internationales Steuerrecht 113
    II. Die internationalen Akteure 114
    III. OECD 114
    IV. Andere Teilorganisationen der OECD 122
    V. „Hard Law" 124
    VI. WTO und Steuern 125
    VII. International Monetary Fund („Internationaler Währungsfonds") 127
    VIII. UNO 127
    IX. Globales Informationsaustauschsystem für Steuerzwecke 128
    X. Zusammenfassung 130

Dr. Nadya Bozza-Bodden, Richterin am Finanzgericht, Köln
Internationale Zusammenarbeit – Informationsaustausch 133
    I. Einleitung 134
    II. Gewährung von Auskünften durch die deutsche Finanzverwaltung: Beantwortung von Auskunftsersuchen ausländischer Finanzbehörden 136
    III. Gewährung von Auskünften durch die deutsche Finanzverwaltung „Spontanauskünfte" 145
    IV. Inanspruchnahme von Auskünften durch die deutsche Finanzverwaltung 148
    V. „Automatische Auskünfte" 150
    VI. Grenzen des Informationsaustauschs 154
    VII. Global Forum on Transparency and Exchange of Information for Tax Purposes 160
    VIII. Verfahren der Auskunftserteilung 161
    IX. Rechtsschutz vor dem Finanzgericht 164

Inhalt VII

Katharina Becker, Referentin, Bundesministerium der Finanzen, Berlin
Internationale Zusammenarbeit – Konsultation und Verständigung . 167
    I. Überblick 167
    II. Konsultationsverfahren gemäß Art. 25 Abs. 3 Satz 1
        OECD-MA... 168
    III. Verständigungsverfahren nach Art. 25 Abs. 1, 2 und 4
        OECD-MA... 169
    IV. Schiedsverfahren gemäß Art. 25 Abs. 5 OECD MA 179
    V. Die EU Schiedskonvention (EU-SK) 186

Diskussion 191
Diskussion 198

Prof. Dr. Dietmar Gosch, Vorsitzender Richter am Bundesfinanzhof, München
Missbrauchsabwehr im Internationalen Steuerrecht 201
    I. Einstieg in das Thema: „Steuerschlupfloch" versus Steuer-
       missbrauch 201
    II. Erscheinungsformen und Phänomene des Missbräuchlichen
       im Internationalen Steuerrecht 203
    III. Die sog. Basisgesellschaft-Rechtsprechung des BFH als
       Ausgangslage und die Rechtsprechungslinien 208
    IV. Spezialgesetzliche Missbrauchsvermeidungsvorschriften 209
    V. Unionsrechtliche Anforderungen und daraus folgende
       Konsequenzen 215
    VI. Insbesondere: der alte, der neue und der abermals novellierte
       § 50d Abs. 3 EStG 218
    VII. Schlussbemerkungen und Ausblick 221

Diskussion 223

Dr. Jens Schönfeld, Dipl.-Kaufmann, Rechtsanwalt, Fachanwalt für Steuerrecht, Bonn
Neue Entwicklungen zur Betriebsstätte im Internationalen Steuer-
recht: Betriebsstättenbegriff 233
    I. Einführung 233
    II. Grundlagen 235
    III. Fallmaterial 242
    IV. Fazit 251

Ministerialrat Manfred Naumann, Berlin
Sollen Betriebsstätten wie Tochtergesellschaften besteuert werden? . 253
   I. Einführung 253
   II. Technik der Gleichstellung 255
   III. Schluss 259
   IV. Ergänzung (Österreich) 259

Prof. Dr. Claus Staringer, WU Wien
Sollen Betriebsstätten wie Tochtergesellschaften besteuert werden? . 261
   I. Der Authorized OECD Approach (AOA) und seine nationale Umsetzung 261
   II. Die Abkommenspolitik Österreichs zur Verankerung des Authorized OECD Approach (AOA) in den DBA 263
   III. Die Umsetzung des in DBA verankerten AOA im innerstaatlichen Recht 264
   IV. Vermeidung von DBA-Besteuerungskonflikten im Zusammenhang mit dem AOA 268
   V. Anwendung des AOA auf die Gewinnabgrenzung bei Personengesellschaften bzw. Mitunternehmerschaften? 271
   VI. Schlusswort 273

Diskussion 274

Dr. Wolfgang Haas, Rechtsanwalt, President Legal, Taxes and Insurance, BASF SE, Ludwigshafen
Verrechnungspreise in der betrieblichen Praxis – Erfahrungen eines Großunternehmens – 285
   I. Einleitung 285
   II. Organisationsstrukturen der BASF 286
   III. Einfluss von Verrechnungspreisen bei BASF 286
   IV. Praxisgerechte Umsetzung der Verrechnungspreis-Erfordernisse 288
   V. Organisation 294
   VI. Schlussfolgerungen 294

Prof. DDr. Georg Kofler, LL.M. (NYU), Johannes Kepler Universität Linz
Verrechnungspreise, Einkünfteverlagerung – Gestaltung und Abwehr: Rechtsfragen der Verrechnungspreiskorrektur 297
   I. Problemstellung 297
   II. Verhältnis zwischen Art. 9 OECD-MA und nationalem Recht . 301

Inhalt

III. Voraussetzungen und Maßstab für eine Verrechnungspreiskorrektur 313
IV. Rechtsfolgen 322
V. Exkurs: Verrechnungspreiskorrekturen und Grundfreiheiten .. 328
VI. Zusammenfassung 332

Prof. Dr. Roman Seer, Ruhr-Universität Bochum
Verrechnungspreise, Einkünfteverlagerung – Gestaltung und Abwehr: Verfahrensrechtliche Instrumente (Dokumentationspflichten, APA) als Alternativen zur Bewältigung eines materiellen Bewertungsproblems? 337
  I. Bewertung als Rechtsproblem im internationalen Steuerrecht .. 337
  II. Verfassungsrechtlicher Rahmen der Wertfindung – Verteilung des Wertfindungsrisikos 343
  III. Ausgestaltung einer freiheitsrechtlichen Begrenzung des Wertfindungsrisikos 346
  IV. Fazit 354

Diskussion 355

Prof. Dr. Markus Achatz, Universität Linz
Resümee 363

Laudatio – aus Anlass der Verleihung des Albert-Hensel-Preises 2011 an Dr. Malte Dirk Bergmann 381

Deutsche Steuerjuristische Gesellschaft e.V.
  Satzung 385
  Vorstand und Wissenschaftlicher Beirat 386
  Teilnehmerverzeichnis 387

Stichwortverzeichnis 395

Internationales Steuerrecht –
Einführung und Rechtfertigung des Themas

Prof. Dr. h.c. *Rudolf Mellinghoff*
Präsident des Bundesfinanzhofs, München

Die Deutsche Steuerjuristische Gesellschaft hat sich zuletzt 1984 – und damit vor beinahe 30 Jahren – mit dem Internationalen Steuerrecht beschäftigt.[1] Im Mittelpunkt der Heidelberger Tagung standen Grundfragen des deutschen Außensteuerrechts und des Doppelbesteuerungsrechts. Es wurden die Prinzipien und die Praxis der Besteuerung von Auslandseinkünften behandelt, die Methoden zur Vermeidung der Doppelbesteuerung erörtert und Zurechnungsfragen angesprochen. Vorträge und Diskussionen waren geprägt vom Blickwinkel des nationalen Steuerrechts. Es ging um den Einfluss der Einkommen- und Körperschaftsteuer auf die internationalen Warenströme, die beschränkte Steuerpflicht oder die Verlustberücksichtigung bei Auslandseinkünften, und *Kruse* sprach in seinen einleitenden Worten das damalige staatsrechtlich bedeutsame Problem der steuerlichen Auswirkungen von wirtschaftlichen Aktivitäten in der damaligen DDR an.[2]

Zwar rechtfertigt schon allein der lange Zeitraum, der seither vergangen ist, eine neue Beschäftigung mit den Grundlagen und Prinzipien des Internationalen Steuerrechts. Aber auch die tatsächlichen und rechtlichen Entwicklungen der vergangenen Jahre veranlassen eine Diskussion und eine Vergewisserung über die dogmatischen Grundlagen und die aktuellen Entwicklungen des Internationalen Steuerrechts.

Die wirtschaftlichen Gegebenheiten haben sich in den vergangenen Jahrzehnten grundlegend verändert. Die globalisierte Wirtschaft und die weltweiten Aktivitäten verlangen von den Unternehmen eine immer größere Präsenz auf den Weltmärkten. Die ausländischen Direktinvestitionen haben in den vergangenen Jahren ebenso zugenommen und wie die Zahl der transnationalen Unternehmen. So lag die Zahl der transnationalen Unternehmen nach Angaben der United Nations Conference on Trade and Development (UNCTAD) Ende der 1960er-Jahre bei etwa 10.000, stieg bis zum Jahr 1990 auf rund 35.000 und erhöhte sich bis zum Jahr 2000 noch einmal deutlich auf gut 63.000. Inzwischen gibt es über 82.000 transnationale Unternehmen.[3]

---

[1] Jahrestagung am 8. und 9.10.1984 in Heidelberg: *Vogel* (Hrsg.), Grundfragen des Internationalen Steuerrechts, DStJG Bd. 8, 1985.
[2] *Kruse* in DStJG 8 (Fn. 1), S. 1 (2).
[3] United Nations Conference on Trade and Development (UNCTAD): World Investment Report 2010, S. XVIII.

Parallel dazu haben sich die steuerrechtlichen Rahmenbedingungen geändert. Spätestens seit Mitte der 1990er-Jahre besteht international ein Trend zu sinkenden Unternehmenssteuersätzen. Durch niedrigere Unternehmenssteuern sollen die mobiler gewordenen Unternehmen gehalten und angezogen werden. Gleichzeitig soll die Attraktivität des eigenen Staates für Investitionen erhöht und Steuerflucht vermieden werden. Weltweit reduzierte sich der durchschnittliche Unternehmenssteuersatz nach Analysen des Wirtschaftsprüfungs- und Beratungsunternehmens KPMG zwischen 1999 und 2009 von 32,7 auf 25,5 %. Erst die weltweite Wirtschaftskrise hat den Abwärtstrend bei den Unternehmenssteuersätzen in Europa gestoppt.

Schließlich fordern neuartigen Handels- und Wirtschaftsformen, die mangelhafte internationale Abstimmungen der Besteuerung sowie Doppelbesteuerungsabkommen, die noch nicht an veränderte Verhältnisse angepasst sind, die Staaten heraus. Global agierende Unternehmen nutzen durch geschickte Gestaltungen die Lücken in Doppelbesteuerungsabkommen sowie national gewährte Steuergestaltungsmöglichkeiten aus und verlagern ihre Gewinne in Steueroasen. Geschickte Steuerplanung und Gewinnverlagerungsmöglichkeiten führen dazu, dass wirtschaftliche Aktivitäten teilweise überhaupt nicht oder lediglich marginal besteuert werden. Europäische und internationale Organisationen widmen sich daher der Frage, wie die nationalen Steuerrechtsordnungen besser aufeinander abgestimmt werden können, das Steuersubstrat der Staaten gesichert werden kann und unerwünschte Steuergestaltungen und Gewinnverlagerungen bekämpft werden können.

Diese Entwicklungen haben auch Auswirkungen auf die Rechtsprechung der Finanzgerichte. So hat der Bundesfinanzhof in jüngster Zeit weitreichende Entscheidungen zum Internationalen Steuerrecht getroffen. Als ein Beispiel möchte ich nur die Entscheidung des I. Senats des Bundesfinanzhofs zu § 50d Abs. 8 Satz 1 EStG nennen, der diese Norm dem Bundesverfassungsgericht vorgelegt hat, weil er sie für verfassungswidrig hält.[4] Die Norm stellt nach Auffassung des I. Senats einen Völkerrechtsverstoß dar, der in dem prinzipiellen Vorrang des Abkommens begründet ist und der aus verfassungsrechtlicher Sicht die Nichtigkeit der unilateralen nationalen Vorschrift nach sich zieht, die das völkerrechtliche Abkommen „überschreibt".

Wenngleich der Beschluss mit § 50d Abs. 8 EStG unmittelbar „nur" eine Norm der Arbeitnehmerbesteuerung zum Gegenstand hat, betrifft schon dies zahlreiche international agierende Unternehmen. Nicht selten werden deren Mitarbeiter auf Nettolohnbasis ins Ausland entsandt. Die steuerliche Mehr- oder Minderbelastung des Arbeitnehmers wird hierdurch zu einer solchen des Unternehmens. Die wesentliche Bedeutung der Entscheidung liegt indes in ihrer Auswirkung auf die weiteren Fälle des treaty override.

---

4 BFH v. 10.1.2012 – I R 66/09, DStR 2012, 949 (Az. des BVerfG: 2 BvL 1/12).

Vor diesem Hintergrund ist es mehr als angezeigt, dass sich die Deutsche Steuerjuristische Gesellschaft erneut mit dem Internationalen Steuerrecht beschäftigt. Anders als im Jahr 1984 gliedert sich diese Tagung nicht in Referate zum Deutschen Außensteuerrecht und zum Doppelbesteuerungsrecht, sondern Grundfragen und Grundprinzipien des Internationalen Steuerrechts stehen im Mittelpunkt der diesjährigen Tagung. Es ist bis heute nicht geklärt, ob der gegenwärtige Stand nationaler und internationaler Regelungen zur steuerlichen Bewältigung grenzüberschreitender Sachverhalte schon ein „internationales Steuersystem" begründet.[5] Einheitliche Standards ergeben sich jedoch daraus, dass sich Doppelbesteuerungsabkommen oft an vorgegebenen Mustern orientieren, dass die nationalen Regelwerke für das Internationale Steuerrecht inhaltlich ähnliche Regelungen enthalten und dass sich eine weitgehend einheitliche Terminologie und vergleichbare Standards entwickelt haben. Dies rechtfertigt es, für die Bewältigung der steuerlichen Rechtsfolgen grenzüberschreitender Sachverhalte insbesondere nach rechtsvergleichenden und nach international konsensfähigen und abgestimmten Lösungen zu suchen.

Im Mittelpunkt des ersten Teils der Tagung stehen die Grundsatzfragen des Internationalen Steuerrechts. *Michael Lang* wird die Tagung mit einem Grundsatzreferat zu Rechtsquellen und Prinzipien des Internationalen Steuerrechts beginnen. Hier stellen sich fundamentale Fragen im Zusammenhang mit der Vielfalt unterschiedlicher Rechtsquellen und deren rechtlicher und tatsächlicher Bindungskraft im Internationalen Steuerrecht. Neben nationalen Steuerabgrenzungsregelungen, dem nationalen Außensteuerrecht und den unzähligen Doppelbesteuerungsabkommen haben sich in der Vergangenheit weitere Regelungswerke entwickelt, die auf das Internationale Steuerrecht einwirken. Darüber hinaus stellt sich die Frage der Steuerungskraft international anerkannter Steuerrechtsprinzipien, wie z. B. dem Leistungsfähigkeits- oder dem Äquivalenzprinzip zur Bewältigung der steuerlichen Rechtsfolgen grenzüberschreitender Sachverhalte.

Steuerliche Standortentscheidungen orientieren sich im Internationalen Steuerwettbewerb auch an Belastungsvergleichen. Die Forderung nach der Neutralität der steuerlichen Rahmenbedingungen für die ökonomische Entscheidung einer Investition gewinnt daher an Bedeutung. Gerade in diesem Bereich ist es besonders sinnvoll, das Gespräch mit den Wirtschaftswissenschaftlern zu suchen. Ich bin daher besonders dankbar, dass *Christoph Spengel* uns die Neutralitätskonzepte und Anreizwirkungen im Internationalen Steuerrecht erläutert.

Zwei weitere Grundsatzreferate runden den Vormittag ab. *Alexander Rust* beschäftigt sich mit den Gleichbehandlungsgeboten und Diskriminierungsverboten im Internationalen Steuerrecht, und *Eckehard Schmidt* stellt die

---

5 Vgl. *Schön*, StuW 2012, 213 ff.

Frage, ob sich die Freistellungsmethode auf dem Rückzug befindet. In diesen Bereichen findet eine kontinuierliche Rechtsentwicklung statt. So folgen die deutschen Doppelbesteuerungsabkommen weitgehend der Freistellungsmethode. Allerdings sieht sich diese Methode dem Vorwurf ausgesetzt, dass sie gestaltungsanfällig sei. Dies führt nicht nur zu Überlegungen, detaillierte Regelungen zur Durchführung der Anrechnungsmethode in Doppelbesteuerungsabkommen aufzunehmen. Bedenklicher ist die Tatsache, dass der Gesetzgeber zunehmend einen Wechsel von der Freistellungs- zur Anrechnungsmethode im Wege des treaty override vorsieht.[6] Die Tagung wird mit einem Blick auf die Akteure des Internationalen Steuerrechts und ihre Handlungsformen fortgesetzt. Nach einem einleitenden Referat von *Hugh Ault* widmen sich Frau *Bozza-Bodden* und Frau *Becker* dem Informationsaustausch und der Konsultation und Verständigung. Diese Vorgehensweisen gewinnen in einer zunehmend globalisierten Wirtschaftswelt an Bedeutung, werfen aber auch neuartige rechtliche Fragestellungen auf.

Weltweit gewinnen der grenzüberschreitende Informationsverkehr und die internationale Beitreibungshilfe an Bedeutung. Zur Eindämmung von Steuerhinterziehungen durch Nutzung von Steueroasen hat die Bundesrepublik Deutschland in der jüngsten Vergangenheit mit zahlreichen Ländern Abkommen auf dem Gebiet der Rechts- und Amtshilfe und des Auskunftsaustauschs abgeschlossen. In der Europäischen Union erwartet man von der erweiterten Amtshilferichtlinie einen Beitrag zur wirksameren Bekämpfung von Steuerhinterziehung und Steuerbetrug in Europa. Unabhängig von der Bewertung derartiger Regelungen im Einzelnen haben sie jedenfalls den Vorteil, das Zusammenwirken der Staaten auf eine rechtssichere Grundlage zu stellen. Zur Bekämpfung der Steuerhinterziehung darf sich der Staat nicht rechtsstaatlich bedenklicher Mittel bedienen. Zwar ist es ein notwendiges und legitimes Ziel des Staates, Steuerhinterziehung und Steuerbetrug wirksam zu bekämpfen und die Täter auch strafrechtlich zur Verantwortung zu ziehen. Rechtsstaatlich ist es jedoch kaum hinnehmbar, dass der Staat sich in eine rechtliche Grauzone begibt, strafrechtlich erlangte Daten in großem Stil erwirbt oder sich sogar an einem strafrechtlich relevanten Erwerb von Steuerdaten aktiv beteiligt.

Das Thema Gestaltungsfreiheit und Gestaltungsmissbrauch hat im Internationalen Steuerrecht besondere Bedeutung. Schon im nationalen Steuerrecht ist die Grenze zwischen zulässiger steuerlicher Gestaltungsfreiheit und der unzulässigen Steuerumgehung schwer zu ziehen, wie die Erörterungen auf der Jahrestagung in Nürnberg vor drei Jahren gezeigt haben.[7]

---

6 *Brunsbach/Endres/Lüdicke/Schnitger*, Deutsche Abkommenspolitik – Trends und Entwicklungen 2011/2012, IFSt Nr. 480, S. 110.
7 Vgl. den Tagungsband: *Hüttemann* (Hrsg.), Gestaltungsfreiheit und Gestaltungsmissbrauch im Steuerrecht, DStJG 33, 2010.

Einführung und Rechtfertigung des Themas

Diese Grenzziehung fällt auch im Internationalen Steuerrecht schwer. Die Globalisierung führt zu einer zunehmenden Mobilität von Wirtschaftsfaktoren. Der internationale Steuerwettbewerb veranlasst international tätige Unternehmen zwangsläufig dazu, die unterschiedlichen Steuerbelastungen in ihre unternehmerischen Entscheidungen einzubeziehen. Steuerarbitrage oder Treaty Shopping sind die allseits bekannten Ausprägungen steuerlicher Gestaltungsüberlegungen. Der freiheitsrechtlich abgesicherten optimierenden Steuerplanung im internationalen Bereich stehen Regelungen der Missbrauchsabwehr gegenüber. Allein im Europäischen Gemeinschaftsrecht haben die Abhandlungen zur Abgrenzung von Gestaltungsfreiheit und Gestaltungsmissbrauch – wie *Kofler* schon 2009 festgestellt hat – monumentale Dimensionen angenommen.[8] Der nationale Gesetzgeber versucht durch zahlreiche innerstaatliche Regelungen den Missbrauch im Internationalen Steuerrecht in den Griff zu bekommen. Ob und inwieweit Missbrauchsverhinderung durch generalisierende Regelungen auf nationaler oder internationaler Ebene möglich ist, hat damit im Internationalen Steuerrecht eine zentrale Bedeutung. Dieser Frage wird sich *Dietmar Gosch* zu Beginn des zweiten Tages unserer Tagung widmen.

Das Tagungsprogramm wird mit zwei besonders praxisrelevanten Themen abgerundet. *Jens Schönfeld, Manfred Naumann* und *Claus Staringer* widmen sich den aktuellen Entwicklungen zur Betriebsstätte und insbesondere der Abgrenzung zu den Tochtergesellschaften im Internationalen Steuerrecht. *Wolfgang Haas, Georg Kofler* und *Roman Seer* widmen sich der Thematik der Einkünfteverlagerung und insbesondere den Rechtsfragen der Verrechnungspreise. Gerade die Verrechnungspreisproblematik beherrscht das Internationale Steuerrecht wie kaum ein anderes Thema. Der konzernweiten Behandlung der Verrechnungspreise kommt in der Praxis eine ganz erhebliche Bedeutung zu, die noch zunehmen wird. Schon 1990 wurden etwa 60 % des gesamten Welthandels dem konzerninternen Handel multinationaler Unternehmen zugeschrieben. Dieser Anteil dürfte sich jedenfalls nicht verringert haben. Hinzu kommt, dass die Grundsätze über die Korrekturen der Verrechnungspreise nicht nur bei rechtlich selbständigen Konzerngesellschaften, sondern auch im Verhältnis von Stammhaus und Betriebsstätte angewandt werden. Das führt dazu, dass jedes kleine oder mittelständische Unternehmen, das über eine Betriebsstätte im Ausland verfügt, sich mit der Verrechnungspreisproblematik auseinandersetzen muss.

Uns erwartet damit eine Tagung, die grundlegende dogmatische Fragen behandelt, aktuelle Probleme in den Blick nimmt und große Relevanz für die Steuerpraxis hat. Den Referenten danke ich, dass sie uns ihre Überlegungen präsentieren, und ich hoffe, dass wir spannende und ertragreiche Diskussionen über deren Thesen erleben werden.

---

8 *Kofler* in DStJG 33 (Fn. 7), S. 213.

Rechtsquellen und Prinzipien des Internationalen Steuerrechts

Prof. Dr. Dr. h.c. *Michael Lang**
WU Wien

Inhaltsübersicht

I. Eingrenzung des Themas
II. Rechtsquellen des Internationalen Steuerrechts
   1. Doppelbesteuerungsabkommen und andere völkerrechtliche Verträge
   2. Die Bedeutung des nationalen Rechts und der Verwaltungspraxis
   3. Unionsrecht
   4. Soft Law
III. Grundentscheidungen des Internationalen Steuerrechts
   1. Doppelbesteuerung und doppelte Nichtbesteuerung
   2. Freistellungs- und Anrechnungsmethode
   3. Besteuerungsrecht von Ansässigkeits- und Quellenstaat
   4. Intensivität und Konsequenzen internationaler Zusammenarbeit
IV. Zusammenfassung und Würdigung

I. Eingrenzung des Themas

Der Begriff des Internationalen Steuerrechts ist schillernd und nicht leicht fassbar. Völkerrechtliche Vorschriften, die steuerrechtliche Regelungen beinhalten, gehören jedenfalls dazu. Neben den Doppelbesteuerungsabkommen und den seit einigen Jahren häufig geschlossenen Tax Information Exchange Agreements fallen darunter auch Regelungen wie sie im NATO-Truppenstatut, in den Sitzabkommen internationaler Organisationen oder in den Wiener Übereinkommen über diplomatische und konsularische Beziehungen zu finden sind[1]. Häufig werden unter Internationalem Steuerrecht aber auch jene Regelungen des nationalen Rechts verstanden, die explizit grenzüberschreitende Sachverhalte regeln. Neben den Regelungen des AStG können darunter Vorschriften über die Anrechnung ausländischer Einkünfte oder über die erhöhte Mitwirkungspflicht bei Auslandsbeziehungen verstanden werden. Im vorliegenden Beitrag werde ich das Thema aber enger fassen und den Schwerpunkt auf die Doppelbesteuerungsabkommen und verwandte völkerrechtliche Verträge legen.

---

* Frau *Nadine Oberbauer*, LL.M., danke ich herzlich für die kritische Diskussion dieses Manuskripts und die Unterstützung bei der Erstellung des Anmerkungsapparats und der Fahnenkorrektur.
1 S. dazu *Daxkobler/Seiler*, National Report Austria, in Lang/Pistone/Schuch/Staringer/Storck (Hrsg.), Tax Rules in Non-Tax Agreements, 2012, S. 51 (51 ff.).

Den Begriff der Rechtsquellen fasse ich hingegen für Zwecke dieses Beitrags weiter: Die Inhalte der abkommensrechtlichen Vorschriften sind oft auch maßgebend rechtlich oder zumindest faktisch vom nationalen Recht geprägt. Auch das Unionsrecht hat auf den Inhalt von Doppelbesteuerungsabkommen Auswirkungen. Vor allem aber haben sich in letzter Zeit weitere „Rechtssetzer" auf internationaler Ebene etabliert, die maßgebenden Einfluss auf den Inhalt des Internationalen Steuerrechts nehmen und deren „Anordnungen" in Rechtsquellenkataloge traditioneller Prägung nur schwer einordenbar sind. Die Unsicherheit in der rechtswissenschaftlichen Erfassung dieser Phänomene zeigt sich auch in dem in diesem Zusammenhang verwendeten Begriff des „soft law"[2].

Mein Beitrag soll sich mit den Prinzipien des Internationalen Steuerrechts beschäftigen. Hier werden meine Ausführungen deutlich machen, dass die Grundsätze, von denen die Vorschriften der DBA geprägt sind, oft widersprüchlich sind. Die Verhandler von Doppelbesteuerungsabkommen stehen häufig vor der Notwendigkeit, sich entweder für den einen oder den anderen Grundsatz – wie z.B. der Besteuerung im Ansässigkeitsstaat oder im Quellenstaat – zu entscheiden und versuchen daher, eine angemessene Balance zwischen gegensätzlichen Zielen zu finden. Hier zeigt sich aber, dass vieles in Bewegung ist und das Pendel mitunter in eine etwas andere Richtung ausschlägt als noch vor einigen Jahren.

II. Rechtsquellen des Internationalen Steuerrechts

1. Doppelbesteuerungsabkommen und andere völkerrechtliche Verträge

Seit vielen Jahren folgen die Doppelbesteuerungsabkommen in ihren Grundzügen den Entwürfen der OECD. Gleiches gilt für die in letzter Zeit häufig abgeschlossenen Tax Information Exchange Agreements, die aus den Regelungen der DBA nur jene über den Informationsaustausch herausgreifen und sie zum Gegenstand eines eigenen völkerrechtlichen Vertrages werden. Viele OECD-Mitgliedstaaten machen bereits durch verschiedene Vorbehalte zum OECD-Musterabkommen deutlich, dass sie nicht gewillt sind, in ihren Abkommensverhandlungen den Vorschlägen der OECD zur Gänze zu folgen. Die Praxis zeigt, dass viele Staaten auch dann abweichen, wenn sie keinen Vorbehalt zum Musterabkommen gemacht haben[3]. Das Fehlen

---

2 Vgl. *Mössner*, Der Code of Conduct for Business Taxation vom 1.12.1997, in Lang/Schuch/Staringer (Hrsg.), Soft Law in der Praxis, 2005, S. 136 (137 ff.); *Vogel*, Soft Law und Doppelbesteuerungsabkommen, in Lang/Schuch/Staringer (Hrsg.), Soft Law in der Praxis, 2005, S. 145 (145 ff.); kritisch zu den Entwicklungen des Soft Law s. *Gassner*, Die rechtliche Bewältigung von Soft Law – Zusammenfassende Schlussworte, in Lang/Schuch/Staringer (Hrsg.), Soft Law in der Praxis, 2005, S. 155 (155 f.).
3 Vgl. dazu *Lang*, Überlegungen zur österreichischen DBA-Politik, SWI 2012, 108 (118 ff.).

eines Vorbehaltes muss daher nicht bedeuten, dass der OECD-Mitgliedstaat sich bemühen wird, die Regelung in seinen Doppelbesteuerungsabkommen umzusetzen. Oft heißt dies nichts anderes, als dass der OECD-Staat dann gewillt ist, auf diese Vorschläge zurückzukommen, wenn der *andere* Vertragsstaat darauf drängt[4]. Häufig gibt es daher im Netz der bilateralen Abkommen mehr oder weniger gravierende Abweichungen vom OECD-Musterabkommen. Zumindest informell haben viele Staaten eigene Musterabkommen, die sie zum Ausgangspunkt ihrer bilateralen Verhandlungen machen[5].

Völkerrechtliche Verträge bedürfen in Deutschland wie in Österreich der parlamentarischen Genehmigung. Theoretisch hat daher der demokratisch legitimierte Gesetzgeber das letzte Wort und kann die Genehmigung eines Abkommens, dessen Regelungen ihm nicht zu Gesicht stehen, verweigern. In den USA passiert es auch tatsächlich öfter, dass der zuständige Ausschuss des Senates ein bereits fertig verhandeltes Abkommen „auf Eis legt" und über mehrere Jahre oder überhaupt die Genehmigung verweigert. In Deutschland und Österreich passiert dies erfreulicherweise kaum: Es wäre nicht nur ein diplomatischer Affront gegenüber der Regierung und dem Verhandlungsteam des anderen Staates und würde die bilateralen Beziehungen nachhaltig verschlechtern, sondern es würde sich auch um einen äußerst ineffizienten Umgang mit personellen Ressourcen handeln. Gerade der Umstand, dass der Gesetzgeber davor zurückschreckt, ein ausverhandeltes DBA nicht zu genehmigen, macht aber die offene demokratiepolitische Flanke deutlich: Die faktischen Mitwirkungsmöglichkeiten des Gesetzgebers tendieren gegen null. Selbst dann, wenn die Parlamentarier ihre verfassungsrechtlichen Möglichkeiten ausschöpfen würden, könnten sie nicht mehr, als die Ratifikation eines ihnen nicht genehmen Abkommens zu versagen. Sie haben aber in dieser Phase nicht die Möglichkeit, unmittelbar auf den Inhalt der Regelungen Einfluss zu nehmen.

Vor wenigen Wochen hatte das deutsche Bundesverfassungsgericht die Regelungen des Stabilitätsmechanismus aus verfassungsrechtlicher Sicht zu beurteilen[6]. Dabei war das Gericht von der Sorge getragen, dass von den Regierungen auf europaweiter Ebene ein internationaler Vertrag ausverhandelt und der nationale Gesetzgeber letztlich vor vollendete Tatsachen gestellt wurde. Daher postulierte das Bundesverfassungsgericht eine Verpflichtung der Exekutive, die gesetzgebenden Organe frühzeitig einzubinden und laufend zu informieren. Die Regelungen über den Stabilitätsmechanismus sind mit jenen der Abkommen natürlich nicht vergleichbar: DBA haben nicht diese gravierende Bedeutung und sie stehen nicht in

---

4 S. *Lang*, SWI 2012, 108 (120).
5 So z. B. zum belgischen Musterabkommen *Peeters/Lecocq*, Neues belgisches Musterabkommen für DBA-Verhandlungen, SWI 2008, 197 (197 ff.).
6 S. BVerfG v. 19.6.2012 – 2 BvE 4/11.

einem so engen Zusammenhang mit dem Unionsrecht, und gerade dieser Zusammenhang war es, der das Gericht letztlich bewogen hat, die Information und frühzeitige Einbindung der gesetzgebenden Organe als Rechtspflicht anzusehen. Aber auch Doppelbesteuerungsabkommen sind völkerrechtliche Verträge und im Kern handelt es sich um dasselbe Problem. Wenn schon nicht verfassungsrechtlich geboten, sollte daher auch auf dem Gebiet der Doppelbesteuerungsabkommen aus demokratiepolitischen Gründen eine frühzeitige Einbindung des Gesetzgebers erfolgen. Da das Ergebnis von DBA-Verhandlungen ganz wesentlich von der Ausgangsposition der beiden Staaten abhängt, kann eine Einbindung des Gesetzgebers faktisch nur dann gelingen, wenn das Musterabkommen, mit dem Österreich oder Deutschland in die Verhandlungen geht, in regelmäßigen Abständen auch auf parlamentarischer Ebene diskutiert und dadurch sichergestellt wird, dass die jeweilige Verhandlungsposition von der parlamentarischen Mehrheit akzeptiert wird. Dass die DBA-Politik im Verhältnis zu unterschiedlichen Staatengruppen auch partiell unterschiedlich ist, steht dem nicht entgegen: Ein Musterabkommen kann auch in Varianten veröffentlicht und diskutiert werden. In Deutschland hat es auch tatsächlich – allerdings bereits vor längerer Zeit – auf parlamentarischer Ebene Diskussionen über die Grundsätze der Abkommenspolitik gegeben[7]. Sinnvoll sind derartige Diskussionen allerdings vor allem dann, wenn gleichzeitig auch das jeweilige Musterabkommen, das als Ausgangsposition für die DBA-Verhandlungen dient, veröffentlicht wird. In Österreich ist ein derartiges Musterabkommen zuletzt 1999 publiziert worden[8] und eine Veröffentlichung der derzeit aktuellen Fassung des Musterabkommens steht unmittelbar bevor[9]. Auf parlamentarischer Ebene sind DBA-Fragen in Österreich aber bisher immer erst im Zusammenhang mit der Genehmigung eines konkreten DBA geführt worden, und auch dann meist selten[10].

In Österreich werden die Interessensvertretungen zumindest in die Begutachtung bereits ausverhandelter Doppelbesteuerungsabkommen und auch in die Begutachtung von Entwürfen nach einzelnen Verhandlungsrunden

---

7 Vgl. z. B. dBMF, Die Grundlinien der deutschen Abkommen zur Vermeidung der Doppelbesteuerung (DBA) bei den Steuern vom Einkommen und vom Vermögen – Bericht des Bundesfinanzministeriums an den Finanzausschuß des Deutschen Bundestages, EWS 1992, 74 (74 ff.).
8 Vgl. Österreichischer Abkommensentwurf in Gassner/Hemetsberger-Koller/Lang/ Sasseville/Vogel (Hrsg.), Die Zukunft des Internationalen Steuerrechts, 1999, S. 109 (109 ff.).
9 S. *Lang/Schuch/Staringer* (Hrsg.), Die DBA-Politik Österreichs – Das österreichische Musterabkommen, 2012, im Druck.
10 Zu den Diskussionen zum Revisionsprotokoll zum DBA Österreich – Schweiz vgl. *Lang*, Doppelbesteuerungsabkommen und Bundesrat, in Achatz/Ehrke-Rabel/Heinrich/Leitner/Taucher (Hrsg.), Steuerrecht – Verfassungsrecht – Europarecht, FS für Ruppe, 2007, S. 379 (379 ff.).

eingebunden[11]. In Deutschland und in den meisten anderen Staaten gibt es keine vergleichbare Vorgangsweise. Aber auch in Österreich wird den zur Stellungnahme eingeladenen Institutionen Vertraulichkeit auferlegt. Auf diese Weise wird eine breite öffentliche Diskussion von DBA-Entwürfen – etwa in Fachzeitschriften oder gar in der Tagespresse – im Regelfall verhindert. In einem demokratischen Rechtsstaat stellt dies einen Anachronismus dar[12]. Begründet wird dies mit den diplomatischen Gepflogenheiten und mit der Rücksichtnahme auf den Verhandlungspartner[13]. Besonders paradox ist es, wenn Staaten, die im jeweiligen nationalen Gesetzgebungsprozess transparente Verfahren kennen und Begutachtungen durch die breite Öffentlichkeit vorsehen, sich dann im Falle von Doppelbesteuerungsabkommen auf die Geheimhaltungswünsche der jeweils anderen Seite berufen. Sicherlich mag es die Verhandlungen gelegentlich vereinfachen, wenn nicht allzu viele „Zurufe" von außen kommen. Der Qualität des Inhalts dieser Regelungen ist diese Praxis aber genauso wenig förderlich wie sie mit den Grundsätzen eines demokratischen Rechtsstaats im Einklang steht.

2. Die Bedeutung des nationalen Rechts und der Verwaltungspraxis

In Deutschland wie in Österreich sind Doppelbesteuerungsabkommen den einfachen Gesetzen gleichgeordnet und müssen daher auch den verfassungsrechtlichen Anforderungen entsprechen. Weder in der Rechtsprechung des Bundesverfassungsgerichts noch in der Judikatur des Verfassungsgerichtshofs haben DBA-Fragen bisher aber große Bedeutung erlangt. In der verfassungsrechtlichen Diskussion sind Fragen der Übereinstimmung von DBA-Regelungen mit dem Legalitätsgrundsatz oder dem Gleichheitsgrundsatz nur am Rande diskutiert worden. Dies überrascht: Wirft man einen genaueren Blick auf das OECD-Musterabkommen und auf die bilateralen Abkommensregelungen, zeigt sich, dass zahlreiche in DBA grundgelegte Differenzierungen durchaus angreifbar sind[14]. So ist nicht ohne Weiteres einzusehen, warum sowohl Aktivbezüge als auch Pensionen, die aufgrund eines derzeitigen oder früheren Dienstverhältnisses mit einer Gebietskörperschaft bezogen werden, nach ganz anderen Grundsätzen besteuert werden als vergleichbare Einkünfte aus derzeitigen oder früheren

---

11 *Jirousek*, Anmerkungen zur DBA-Politik Österreichs: eine Replik, SWI 2012, 157 (161); *Jirousek* in Lang/Schuch/Staringer (Hrsg.), Die DBA-Politik Österreichs (Fn. 9); s. dazu auch *Lang*, SWI 2012, 108 (124).
12 Kritisch *Lang*, SWI 2012, 108 (125).
13 *Jirousek*, SWI 2012, 157 (160 f.).
14 Dazu *Lang*, Möglichkeiten zur Vereinfachung der Doppelbesteuerungsabkommen, in Urnik/Fritz-Schmied/Kanduth-Kristen, Steuerwissenschaften und betriebliches Rechnungswesen, FS für Kofler, 2009, S. 127 (132 ff.) am Beispiel der Schiff- und Luftfahrt, Einkünfte aus öffentlichen Kassen, Studenten und Praktikanten.

Tätigkeiten in der Privatwirtschaft[15]. Ebenso ist es jedenfalls nicht von vornherein selbstverständlich, dass Gewinne von Unternehmen im internationalen Luftverkehr im Geschäftsleitungsstaat besteuert werden, während für andere Unternehmen das Betriebsstättenprinzip zum Tragen kommt[16]. Ähnliche Differenzierungen gibt es auch bei unselbständiger Arbeit, die – insbesondere im Falle der Freistellungsmethode – dazu führen können, dass Dienstnehmer von Fluglinien, die in Ländern ihre Geschäftsleitung haben, in denen unselbstständige Arbeit niedriger besteuert wird, sich dem Steuerzugriff ihres Ansässigkeits- und Tätigkeitsstaates weitgehend entziehen können, während dies Dienstnehmer in anderen Branchen nicht können. Dass diese Differenzierungen Ausfluss eines völkerrechtlichen Vertrages sind oder gar auf das OECD-Musterabkommen zurückgehen, sollte weder das Bundesverfassungsgericht noch den Verfassungsgerichtshof hindern, hier denselben strengen Maßstab anzulegen wie bei nationalen Gesetzen. Gerade aufgrund des Umstands, dass – wie gerade dargelegt – der Gesetzgeber faktisch weder auf den Inhalt des OECD-Musterabkommens noch auf jenen der bilateral ausgehandelten Doppelbesteuerungsabkommen Einfluss nehmen kann, ist es noch wichtiger, dass die zuständigen Gerichte ihrer verfassungsrechtlichen Kontrollaufgabe nachkommen.

Eine verfassungsrechtliche Diskussion hat zumindest in Deutschland die Frage ausgelöst, ob sich der einfache Gesetzgeber über eine abkommensrechtliche Vorschrift hinwegsetzen kann. Reflexartig neigen wir Steuerrechtler dazu, uns zu wünschen, dass gegen das immer häufiger vorkommende „Treaty Override" zumindest ein verfassungsrechtliches „Kraut gewachsen" wäre. Tatsächlich ist es bedrückend mitanzusehen, wie leichtfertig zumindest der deutsche Gesetzgeber mit den von ihm eingegangenen abkommensrechtlichen Verpflichtungen umgeht und wie häufig er bereit ist, die völkerrechtliche Vorschrift zu brechen[17]. Der Rechtskultur ist damit jedenfalls kein guter Dienst erwiesen. Denn einem Staat, der seine eigenen von ihm eingegangenen Verpflichtungen nicht einhält, mangelt es an Glaub-

---

15 S. dazu *Lang*, Article 19 (2): The Complexity of the OECD Model Can Be Reduced, Bulletin for International Taxation 2007, 17 (17 ff.); *Lang*, Ruhegehälter nach Art. 19 Abs. 2 OECD-MA, in Spindler/Tipke/Rödder (Hrsg.), Steuerzentrierte Rechtsberatung, FS Schaumburg, 2009, S. 879 (879 ff.).
16 *Lang* in FS Kofler (Fn. 14), S. 127 (132 ff.).
17 Zur Diskussion vgl. *Vogel* in Vogel/Lehner, Doppelbesteuerungsabkommen, 5. Aufl. 2008, Einl. Rz. 202 ff.; *Vogel*, Völkerrechtliche Verträge und innerstaatliche Gesetzgebung, IStR 2005, 29 (29 f.); *Rust/Reimer*, Treaty Override im deutschen Internationalen Steuerrecht, IStR 2005, 843 (844 ff.); *Stein*, Völkerrecht und nationales Steuerrecht im Widerstreit?, IStR 2006, 505 (505 ff.); *Lehner*, Treaty Override im Anwendungsbereich des § 50d EStG, IStR 2012, 389 (390 f.); *Hahn*, Treaty-Override als Verfassungsverstoß?, BB 2012, 1955 (1957 ff.); *Plewka/Plott*, Die Entwicklung des Steuerrechts, NJW 2012, 2558 (2562); *Gosch*, Verfassungswidrigkeit eines sog. Treaty override (§ 50d Abs. 8 EStG 2002/2004)?, BFH/PR 2012, 235 (235 ff.).

würdigkeit, wenn er von seinen Bürgern rechtlichen Gehorsam einfordert. Dennoch ist Vorsicht anzuraten, hier dem einfachen Gesetzgeber mit dem Schwert des Verfassungsrechts entgegenzutreten: Die Bereitschaft des Gesetzgebers, in DBA Steuerverzichte auszusprechen, mit denen er sich langfristig bindet, könnte geringer werden, wenn tatsächlich nur mehr die Kündigung eines Abkommens als einziges Mittel bleibt, wenn der Gesetzgeber einmal seine steuerpolitischen Leitlinien modifizieren möchte. Alternativ oder zusätzlich würde die schon jetzt auch immer öfter vorkommende Abkommenskündigung noch häufiger werden, wenn sich der Gesetzgeber von Verfassungs wegen nur auf diese Weise von der völkerrechtlich eingegangenen Bindung lösen kann. Zu befürchten ist allerdings, dass ein Gesetzgeber, der vom Verfassungsgericht bestätigt bekommt, dass die Einhaltung seiner völkerrechtlichen Verpflichtungen keine Verfassungspflicht ist, dies dann überhaupt als Freibrief sieht, sich völlig nach Belieben über die völkerrechtlichen Verträge hinwegzusetzen.

Nationales Recht spielt nicht nur im Falle des „Treaty Override" eine Rolle. Zum einen hängt die DBA-Politik jedes Staates entscheidend von den Grundsätzen der nationalen Steuerrechtsordnung ab: Staaten, die auf bestimmte Einkünfte keine oder eine hohe Quellensteuer erheben, wenn es zu Zahlungen an Steuerausländer kommt, werden in ihren Abkommen völlig konträre Zielsetzungen verfolgen, wenn es um die Höhe der abkommensrechtlich zulässigen Quellensteuer geht. Zum anderen sind Abkommensrecht und nationales Steuerrecht schon aus systematischen Gründen eng verschränkt: Die DBA müssen jene berechtigen, die nach nationalem Steuerrecht verpflichtet sind[18]. Sie knüpfen daher an die „ansässige Person" an. Ebenso müssen sie die nationalen Besteuerungstatbestände einschränken und sprechen daher mit Begriffen wie „Gewinnen", „Zahlungen", „Vergütungen" oder „Einkünften" die jeweiligen Bemessungsgrundlagen des nationalen Steuerrechts an[19]. Wenn der Methodenartikel eines DBA die Anrechnung der ausländischen Steuer vorsieht, wird damit mittelbar auch auf jene Regelungen verwiesen, die für die Ermittlung der Steuer dort konstitutiv sind. Regelungen wie Art. 6 Abs. 2 OECD-MA knüpfen in Ausnahmefällen auch für abkommensrechtliche Definitionen an

---

18 Dazu z. B. *Debatin*, Subjektiver Schutz und Doppelbesteuerungsabkommen, BB 1989 Beilage 2, 1 (2 ff.); *Lang*, Art. 3 Abs. 2 OECD-MA und die Auslegung von Doppelbesteuerungsabkommen, IWB 2011, 281 (289 f.).
19 Näher *Firlinger*, Die Besteuerung des Vermögens in den DBA, SWI 1991, 271 (271 ff.); *Lang*, Die Interpretation des Doppelbesteuerungsabkommens zwischen Deutschland und Österreich, RIW 1992, 573 (576); *Lang*, Die Bedeutung des originär innerstaatlichen Rechts für die Auslegung von Doppelbesteuerungsabkommen (Art. 3 Abs. 2 OECD-MA), in Burmester/Endres (Hrsg.) Aussensteuerrecht – Doppelbesteuerungsabkommen und EU-Recht im Spannungsverhältnis, FS Debatin, 1997, S. 283 (295 ff.); *Schön*, International Tax Coordination for a Second-Best World (Part I), World Tax Journal 2009, 67 (88 f.); *Lang*, Einkünfteermittlung im Internationalen Steuerrecht, in Hey (Hrsg.), Einkünfteermittlung, DStJG 34 (2011), S. 353 (353 ff.).

nationales Recht an, was aber zumindest rechtspolitisch durchaus fragwürdig ist[20].

In anderen Fällen sind aber Doppelbesteuerungsabkommen und nationales Recht streng voneinander getrennt zu halten. Die Auslegungsvorschrift des Art. 3 Abs. 2 OECD-MA wird zwar häufig insoweit missverstanden, als aus ihr die Maßgeblichkeit des nationalen Rechts für die Auslegung der im Abkommen nicht definierten Begriffe abgeleitet wird. Dabei wird aber übersehen, dass auch diese Vorschrift den Zusammenhang des Abkommens betont und daher den Rückgriff auf das nationale Recht – wenn überhaupt – nur im seltenen Ausnahmefall zulässt[21]. Der BFH ist sich der Bedeutung der abkommensautonomen Auslegung in den letzten Jahren auch stärker bewusst geworden. So hat er beispielsweise überzeugend aufgezeigt, dass der abkommensrechtliche Begriff des „Unternehmens" keineswegs an den nationalen Begriff des Gewerbebetriebs anknüpft[22].

Im Steuerrecht kommt auch häufig der Verwaltungspraxis große Bedeutung zu. Im Falle der Anwendung von Doppelbesteuerungsabkommen wird gelegentlich angeführt, dass Art. 31 Abs. 3 lit. b WVK sogar eine rechtliche Grundlage dafür hergibt, der Verwaltungspraxis normative Bedeutung zuzumessen, soweit es sich um eine „übereinstimmende Übung" der beiden Vertragsstaaten handelt. Hier ist aber Vorsicht am Platz: Art. 31 Abs. 3 lit. b WVK gilt nicht nur für DBA, sondern für alle Arten von völkerrechtlichen Verträgen. Die Vorschrift erlaubt daher aber auch ein differenzierendes Verständnis: Bei der Anwendung von Verträgen, die ausschließlich Verpflichtungen zwischen den Behörden der beiden Vertragsstaaten begründen, fällt es leichter, die übereinstimmende Praxis der beiden Staaten bei der Auslegung dieser Vorschriften zu berücksichtigen als bei Doppelbesteuerungsabkommen, wo auch Rechte und Pflichten Dritter – nämlich der Steuerpflichtigen – Regelungsinhalt sind[23]. Art. 31 Abs. 3 WVK verlangt auch gar nicht, der „übereinstimmenden Übung" *überragende* Bedeutung bei der Auslegung und Anwendung von Rechtsvorschriften beizumessen,

---

20 S. *Lang*, Verfassungsrechtliche Bedenken gegen die Verweisungsnormen in Doppelbesteuerungsabkommen, ÖStZ 1989, 11 (12 ff.); *Gassner/Lang*, Die rechtsstaatliche Entwicklung im Abgabenrecht, in Mayer/Jabloner/Kucsko-Stadlmayer/Laurer/Ringhofer/Thienel (Hrsg.), Staatsrecht in Theorie und Praxis, FS Walter, 1991, S. 159 (178 ff.).
21 Ausführlich dazu *Lang*, Doppelbesteuerungsabkommen und innerstaatliches Recht, 1992, S. 108 ff.; *Lang*, RIW 1992, 573 (574); *Lang*, IWB 2011, 281 (287 ff.); *Lang* in FS Debatin (Fn. 19), S. 283 (290 ff.).
22 Vgl. BFH, Urteil v. 28.4.2010 – I R 81/09; Anmerkungen dazu *Wittkowski/Loose*, Gewerblich geprägte Personengesellschaften im Internationalen Steuerrecht, DB 2010, 2411 (2412 ff.).
23 Dazu *Lang*, Die Bedeutung des Musterabkommens und des Kommentars des OECD-Steuerausschusses für die Auslegung von Doppelbesteuerungsabkommen, in Gassner/Lang/Lechner (Hrsg.), Aktuelle Entwicklungen im Internationalen Steuerrecht, 1994, S. 11 (26); *Gassner/Lang* in FS Walter (Fn. 20), S. 159 (178 ff.).

sondern spricht nur von ihrer Berücksichtigung. Daher steht einer der dem Gewaltenteilungsgrundsatz Rechnung tragenden Auslegung des Art. 31 Abs. 3 lit. b WVK nichts im Wege. Der BFH hat überzeugend dem Wortlaut oder anderen bei der Auslegung zu berücksichtigenden Aspekten größere Bedeutung als der „übereinstimmenden Praxis" der beiden Vertragsstaaten beigemessen[24].

Ebenso wenig wäre es akzeptabel, wenn die Verwaltungsbehörden der beiden Vertragsstaaten es in der Hand hätten, im Wege des Abschlusses von Verständigungsvereinbarungen sich der jeweiligen höchstgerichtlichen Kontrolle zu entziehen. Daher haben sowohl die Höchstgerichte in Deutschland als auch in Österreich konsequent den in Verständigungsvereinbarungen vertretenen Auffassungen jegliche Bindungswirkung abgesprochen[25]. Rechtliche Bedeutung können Verständigungsvereinbarungen nur dann erlangen, wenn sich die Verwaltung der entsprechenden Rechtsquellen des nationalen Rechts bedient. Daher ist das österreichische Finanzministerium schon vor einigen Jahren dazu übergegangen, ihm wichtige Verständigungsvereinbarungen als Verordnungen kundzumachen[26]. Damit ist zwar der Verwaltungsgerichtshof an deren Inhalt gebunden. Hat er jedoch Zweifel, ob der Inhalt der Verständigungsvereinbarung mit dem Inhalt der abkommensrechtlichen Vorschrift in Einklang steht, kann er ein Verordnungsprüfungsverfahren beim Verfassungsgerichtshof einleiten. Der Verfassungsgerichtshof kann dies bei bei ihm anhängig gewordenen Fällen auch von Amts wegen tun. Auf diese Weise bleibt die rechtsstaatliche Kontrolle sichergestellt. Mit der Einfügung des § 2 Abs. 2 in die Abgabenordnung (AO) hat nun auch der deutsche Gesetzgeber im Jahressteuergesetz 2010 festgelegt, dass das deutsche Finanzministerium sich der Rechtsverordnungen bedienen kann, um eine Bindungswirkung von Konsultationsvereinbarungen herzustellen.

3. Unionsrecht

Bis zum Vertrag von Lissabon enthielt das Primärrecht der EU eine ausdrückliche Aufforderung an die Mitgliedstaaten, in Verhandlungen zur Vermeidung von Doppelbesteuerung einzutreten[27]. Die normative Bedeutung

---

24 S. BFH, Urteil v. 2.9.2009 – I R 90/08 und I R 111/08.
25 Vgl. etwa in Deutschland BFH, Urteil v. 1.2.1989 – I R 74/86 und v. 10.7.1997 – I R 4/96 und in Österreich VwGH v. 27.8.1991 – 90/14/0237; v. 20.9.2001 – 2000/15/0116 und v. 30.3.2006 – 2002/15/0098.
26 Vgl. dazu etwa die in Form einer Rechtsverordnung kundgemachte Verständigungsvereinbarung zu Art. 15 des DBA-Liechtenstein, BGBl. II Nr. 215/2001.
27 S. ex Art. 293 EGV: *Soweit erforderlich, leiten die Mitgliedstaaten untereinander Verhandlungen ein, um zugunsten ihrer Staatsangehörigen folgendes sicherzustellen: [...] die Beseitigung der Doppelbesteuerung innerhalb der Gemeinschaft.*

dieser Regelung war gering[28]. Eine rechtlich durchsetzbare Verpflichtung zum Abschluss von DBA war ihr nach herrschender Auffassung nicht zu entnehmen. Allenfalls hat sie verdeutlicht, dass sich aus dem Primärrecht eine unmittelbare Verpflichtung, Doppelbesteuerung zu vermeiden, für die Mitgliedstaaten nicht ableiten lässt. Der Wegfall dieser Regelung hat daher wenig Bedeutung[29]. Die EU-Kommission hat jedenfalls jetzt selbst Initiativen ergriffen, um sich dem Thema der Doppelbesteuerung und auch der doppelten Nichtbesteuerung anzunehmen, und Konsultationsverfahren durchgeführt, die in eine Mitteilung gemündet haben[30]. Dennoch ist der Einfluss der europäischen Organe auf das Internationale Steuerrecht bisher gering gewesen.

Kontrovers wird auch die Frage diskutiert, ob sich ein Verbot der Doppelbesteuerung aus den Grundfreiheiten ergibt. Klarerweise werden durch Doppelbesteuerung grenzüberschreitende Investitionen in der EU gehindert. Dennoch reichen die Grundfreiheiten, die vom EuGH als Diskriminierungsverbote gedeutet werden, nicht so weit. Der Gerichtshof verlangt meines Erachtens zu Recht die unterschiedliche Behandlung vergleichbarer Situationen oder – allerdings in der Praxis viel seltener – die gleiche Behandlung unterschiedlicher Situationen, um in die Grundfreiheitenprüfung einzutreten. Eine bloße Beschränkung aufgrund Doppelbesteuerung reicht dafür nicht. Die Kritiker dieser Auffassung können aber ins Treffen führen, dass die Rechtsprechung des EuGH nicht ausbalanciert ist: Dem Ziel der Vermeidung doppelter Nichtbesteuerung misst der EuGH in seiner Rechtsprechung zu den Grundfreiheiten im Rahmen der Rechtfertigungsgründe nämlich dogmatische Bedeutung bei. Wenn der EuGH Doppelbesteuerung aber nicht als Verstoß gegen die Grundfreiheiten sieht, sollte er es auch hinnehmen, wenn die mangelnde Harmonisierung der Steuersysteme der Mitgliedstaaten doppelte Nichtbesteuerung zulässt.

Eine Bedeutung für die DBA-Politik ist dem Unionsrecht aber in manchen Fragen nicht abzusprechen: So sieht die Mutter-Tochter-Richtlinie eine weitgehende Beseitigung von Quellensteuern im grenzüberschreitenden Konzernverhältnis vor. Dies hat nicht nur dazu geführt, dass die Regelungen in DBA zwischen den EU-Mitgliedstaaten über Konzerndividenden weitgehend überflüssig geworden sind und die dort enthaltenen Quellensteuerbegrenzungen über weite Strecken leerlaufen, sondern auch manche

---

28 S. u. a. *Heydt*, Einfluss des Gemeinschaftsrechts auf die Doppelbesteuerung, in Haarmann (Hrsg.), Auslegung und Anwendung von Doppelbesteuerungsabkommen, 2004, S. 31 (35 ff.); zur Diskussion auch *Lehner*, Beseitigt die neue Verfassung für Europa die Verpflichtung der Mitgliedstaaten zur Vermeidung der Doppelbesteuerung?, IStR 2005, 397 (397 ff.).
29 Näher *Lang*, Treaty Override und Gemeinschaftsrecht, in Lehner (Hrsg.), Reden zum Andenken an Klaus Vogel, 2010, S. 59 (74).
30 S. Mitteilung der Kommission zur Doppelbesteuerung im Binnenmarkt, KOM(2011) 712 endg. v. 11.11.2011.

Drittstaaten veranlasst, den Nullsatz in ihren DBA für Dividenden anzustreben. Die Schweiz hat dies nicht nur in etlichen bilateralen DBA mit einzelnen EU-Staaten, sondern im Freizügigkeitsabkommen ganz generell im Verhältnis zur EU erreicht[31]. Aber auch die USA bietet seit etlichen Jahren ihren Verhandlungspartnern den Verzicht auf Quellensteuern bei Dividenden an[32].

Auf die Bemühungen der EU geht letztlich auch die Schiedskonvention zurück, die allerdings – vor allem, um sie der Zuständigkeit des EuGH zu entziehen – dann entgegen den ursprünglichen Plänen nicht als Richtlinie, sondern als multilateraler völkerrechtlicher Vertrag zwischen den Mitgliedstaaten abgeschlossen wurde[33]. Der Anwendungsbereich der Schiedskonvention überlappt sich zum Teil mit jenem der bilateralen Doppelbesteuerungsabkommen zwischen den EU-Mitgliedstaaten. Dies hat einerseits rechtsdogmatische Bedeutung, denn die Schiedskonvention enthält nicht nur verfahrensrechtliche Vorschriften, sondern wiederholt auch die Regelungen über den Fremdvergleich für Beziehungen zwischen Betriebsstätten und verbundenen Unternehmen. Dies wird in der Diskussion um die neue inhaltliche Ausrichtung des Fremdvergleichsgrundsatzes im Rahmen des „Authorized OECD-Approaches" (AOA) oft übersehen: Es geht hier nicht nur um die Frage, inwieweit die nunmehr angestrebte völlige Selbstständigkeit von Stammhaus und Betriebsstätte einer Änderung der bestehenden DBA bedarf, sondern auch darum, inwieweit die materiellrechtlichen Regelungen der Schiedskonvention eine Änderung der bilateralen Regelungen zulassen oder zumindest wirksam werden lassen. Vor allem aber hat die Schiedskonvention auch die Entwicklungen in der OECD über das Schiedsverfahren wesentlich beeinflusst: Die rechtsstaatlichen Standards, die dadurch geschaffen wurden, haben den Finger auf die Wunde im OECD-Bereich gelegt, wo über lange Zeit nur das traditionelle Verständigungsverfahren als Rechtsschutzmechanismus bekannt war. Die Entwicklungen in der EU waren daher sicherlich auch mitentscheidend dafür, dass es 2008 zu einer Aufnahme einer Schiedsklausel in das OECD-Musterabkommen gekommen ist.

Zumindest im bilateralen Verhältnis zwischen Deutschland und Österreich kann künftig auch mit dem EuGH das höchste Rechtsprechungsorgan der

---

31 Zur Schweizer Abkommenspolitik s. Beiträge von *Giraudi und Matteotti* in Lang/Schuch/Staringer, DBA-Politik Österreichs – Das Musterabkommen, 2012, in Druck.
32 Vgl. dazu die DBA zwischen Amerika und Australien, Belgien, Dänemark, Deutschland, Finnland, Japan, Mexiko, Niederlande und Schweden; Näheres zur amerikanischen Steuerpolitik s. *Kessler*, Hinter dem Horizont – Das neue US-Musterabkommen und die Zukunft der US-Steuerpolitik, IStR 2007, 159 (159 ff.).
33 S. 90/436/EWG: Übereinkommen über die Beseitigung der Doppelbesteuerung im Falle von Gewinnberichtigungen zwischen verbundenen Unternehmen. Genaueres dazu s. *Jirousek*, Übereinkommen über die Beseitigung der Doppelbesteuerung im Falle von Gewinnberichtigungen zwischen verbunden Unternehmen, ÖStZ 1999, 218 (218 ff.).

EU auf die Entwicklung von DBA Einfluss nehmen. In den ersten zehn Jahren seit Abschluss des neuen DBA zwischen Österreich und Deutschland wurde zwar in keinem Fall noch die Zuständigkeit des EuGH, über Auslegungsfragen dieses Abkommens zu entscheiden, in Anspruch genommen. Dies ist allerdings keineswegs ein Misserfolg: Schiedsverfahren sind ja dann besonders wirksam, wenn sie für die zuständigen Behörden der Vertragsstaaten einen Anreiz schaffen, offene Verständigungsfälle so schnell zu lösen, dass das Schiedsgericht – in diesem Fall der EuGH – gar nicht in Anspruch genommen zu werden braucht[34]. In letzter Zeit stehen die österreichischen und die deutschen Behörden aber aufgrund der schwieriger gewordenen finanziellen Situation unter größerem Druck, bei Steuerverzichten zurückhaltender zu sein. Daher werden Einigungen bei Verständigungsverfahren auch schwieriger und dem Vernehmen nach steht die Anrufung des EuGH in einigen Fällen unmittelbar bevor. Gerade von Entscheidungen des EuGH wird zu erwarten sein, dass sie in den Mitgliedstaaten, aber vielleicht auch darüber hinaus noch größeren Einfluss auf die Rechtspraxis haben, als dies derzeit bei gerichtlichen Urteilen einzelner Staaten der Fall ist. Vor diesem Hintergrund wäre es wünschenswert, wenn auch andere Staaten dem österreichisch-deutschen Beispiel folgen und den EuGH auch in DBA-Fragen zuständig machen.

4. Soft Law

Geht es nach dem Wunsch der OECD, sollte auch der vom OECD-Steuerausschuss verfasste Kommentar zum OECD-Musterabkommen zu den Rechtsquellen des Internationalen Steuerrechts gehören. Die OECD erhebt sogar den Anspruch, dass ihr laufend geänderter Kommentar auch bei der Anwendung schon abgeschlossener Doppelbesteuerungsabkommen berücksichtigt wird, wenngleich sie dies unter den Vorbehalt der Zulässigkeit gestellt hat. Vom Wunsch der OECD kann dies allerdings nicht abhängen. Zu Recht hat schon *Maarten Ellis* diese Ansinnen mit dem Bemühen von Baron Münchhausen verglichen, sich selbst am Schopf in die Höhe zu ziehen[35]. Geänderte Fassungen des OECD-Kommentars können für die Interpretation bereits vorher abgeschlossener DBA keine Bedeutung haben. Sonst wäre sogar die letzte dem nationalen Gesetzgeber verbliebene Möglichkeit bei der Abkommensrechtsetzung mitzuwirken, nämlich das DBA im parlamentarisch vorgesehenen Verfahren zu genehmigen, entwertet. Ein Verstoß gegen den Gewaltenteilungsgrundsatz würde vorliegen und die

---

34 So z. B. *Gassner*, Die Abkommenspolitik Österreichs, SWI 1999, 195 (200); *Lang*, Gegenwart und Zukunft der österreichischen Doppelbesteuerungsabkommen, in Gassner/Gröhs/Lang (Hrsg.), Zukunftsaufgaben der Wirtschaftsprüfung – FS Deloitte & Touche Österreich, 2007, S. 301 (310); *Lang*, SWI 2012, 108 (111).
35 Vgl. *Maarten Ellis*, The Influence of the OECD Commentaries on Treaty Interpretation – Response to Prof. Dr Klaus Vogel, Bulletin for International Taxation 2000, 617 (618).

Exekutive könnte – im Zusammenwirken mit den Regierungen der anderen OECD-Mitgliedstaaten – ohne jede Mitwirkung der Legislative auf den Inhalt eines DBA Einfluss nehmen. Weder die allgemeinen Auslegungsgrundsätze noch jene in der WVK verankerten Grundsätze bieten einen Anhaltspunkt dafür, dass auch die geänderte Version eines OECD-Kommentars von Bedeutung sein kann[36]. Lediglich jene Fassung des OECD-Kommentars, die beim Abkommensabschluss existiert hat, kann für die Auslegung eines bilateralen Doppelbesteuerungsabkommens herangezogen werden. Die Grundlage dafür gibt nicht nur Art. 32 WVK ab, sondern in diesem Fall ist es auch möglich, den OECD-Kommentar als Ausdruck eines bestimmten Verständnisses nach Art. 31 Abs. 4 WVK oder ganz allgemein als Teil des Zusammenhangs nach Art. 31 Abs. 1 WVK zu sehen. In diesem Fall hat der OECD-Kommentar eine ähnliche Bedeutung wie Gesetzesmaterialien nach nationalem Recht: Sie sind im Auslegungsvorgang zu berücksichtigen, geben Hinweise auf die Auffassung des historischen Gesetzgebers, sind aber nicht das einzige im Auslegungsvorgang zu berücksichtigende Argument. Für die Heranziehung geänderter Kommentare lässt sich hingegen überhaupt kein Anhaltspunkt finden.

Die Rechtsprechung des BFH hat daher zu Recht deutlich gemacht, dass für die Heranziehung geänderter Kommentare kein Raum bleibt[37]. Das Kalkül des OECD-Steuerausschusses ist nicht aufgegangen: Der OECD-Steuerausschuss hat insbesondere auch deshalb von allzu häufigen Änderungen des OECD-Musterabkommens selbst abgesehen, weil ihm bewusst war, dass es eines langen Zeitraums bedarf, bis eine derartige Änderung dann flächendeckend in den meisten Doppelbesteuerungsabkommen weltweit umgesetzt ist. Er hat gehofft, den Finanzverwaltungen diese mühsame Prozedur zu ersparen, und wollte stattdessen über die Änderung des Kommentars den Inhalt des OECD-Musterabkommens weiterentwickeln. Die meisten Gerichte haben ihm dabei aber – aus verständlichen Gründen – die Gefolgschaft versagt.

Zur gängigen österreichischen Abkommenspraxis gehört es, Regelungen in das Abkommen einzufügen, die positiv-rechtlich anordnen sollen, dass auch spätere Änderungen der OECD-Kommentare für die Interpretation von bereits abgeschlossenen DBA Bedeutung haben sollen. Derartige Regelungen sind auch den deutschen Abkommen nicht fremd. Als Beispiel kann

---

36 Ausführlich dazu *Lang* in Gassner/Lang/Lechner (Fn. 23), S. 11 (24 ff.); *Lang*, Wer hat das Sagen im Steuerrecht?, ÖStZ 2006, 203 (203 ff.); *Lang*, Haben die Änderungen der OECD-Kommentare für die Auslegung älterer DBA Bedeutung? SWI 1995, 412 (412 ff.).
37 S. BFH, Urteil v. 9.2.2011 – I R 54, 55/10 unter Hinweis auf BFH, Beschluss v. 19.5.2010 – I B 191/09; zustimmend *Lüdicke*, Das Jahr im Rückblick: Wertung der aktuellen Abkommenspolitik aus Sicht des Rechtsanwenders, in Brunsbach/Endres/Lüdicke/Schnitger (Hrsg.), Deutsche Abkommenspolitik, IFSt-Schrift Nr. 480 (2012), S. 49 (51 ff.).

das DBA Deutschland – Ungarn dienen: Dort ist ein dynamischer Verweis auf den OECD-Kommentar enthalten, der allerdings auf einige Verteilungsnormen beschränkt ist und außerdem nur insoweit greift, als die Kommentarauffassung „dem Abkommenstext entspricht"[38]. Die Finanzverwaltungen, die aus den erwähnten Gründen die Rechtsetzung im DBA-Bereich ohnehin dominieren, haben durch Aufnahme derartiger dynamischer Verweise in DBA den Versuch unternommen, die zu einer statischen Interpretation neigende Rechtsprechung auszuhebeln. Die Macht der Exekutive soll auf diese Weise weiter gegenüber der Legislative gestärkt werden. Dass der Gesetzgeber gelegentlich die Rechtsprechung korrigiert, ist an sich nicht verwerflich. Bedenklich ist allerdings, dass in diesem Fall noch stärker als im nationalen Recht die Verwaltung dem Gesetzgeber nicht bloß „die Hand führt", sondern ihn geradezu nötigt, eine Regelung zu akzeptieren, die die Machtfülle der Verwaltung noch weiter stärkt und künftig sogar die formelle Mitwirkung des Gesetzgebers bei der Weiterentwicklung der Abkommensvorschriften weitgehend überflüssig machen soll. Der Gesetzgeber, der nicht einen diplomatischen Affront gegenüber dem anderen Staat riskieren will, hat gar keine andere Alternative als ein derartiges Abkommen zu genehmigen. Da die offensichtliche Intention der Abkommensrechtsetzer, der jeweils jüngsten OECD-Auffassung zum Durchbruch zu verhelfen, zumindest im Wortlaut der Regelungen der österreichischen DBA nicht eindeutig zum Ausdruck kommt, wird abzuwarten sein, ob die Höchstgerichte diese Kompetenzverschiebung zugunsten der Exekutive letztlich akzeptieren.

Die Problematik der Änderungen der OECD-Kommentare lässt sich gut am Beispiel der Diskriminierungsverbote des Art. 24 OECD-MA illustrieren: Die Rechtsprechung des EuGH zu den Grundfreiheiten in den letzten Jahren und Jahrzehnten hat gezeigt, dass man Diskriminierungsverbote nicht zwingend so restriktiv verstehen muss, wie dies oft die Steuerverwaltungen und auch nationale Gerichte im Fall der Diskriminierungsverbote des Art. 24 OECD-MA tun. Seitens der Finanzverwaltungen hat es daher offenbar Befürchtungen gegeben, dass der „Funke" des Unionsrechts auch auf Art. 24 OECD-MA „überspringen" könnte. Daher wurde eine Arbeitsgruppe gebildet, um Zweifelsfragen des Art. 24 OECD-MA zu sichten und dann zu „klären". Diese „Klarstellungen" sind 2008 in den OECD-Kommentar eingegangen. Die nunmehr vertretenen Auffassungen sollten das von den Verwaltungen favorisierte restriktive Verständnis der abkommensrechtlichen Diskriminierungsverbote unterstreichen. Jedes andere Ergebnis wäre überraschend gewesen: Die in den Gremien des OECD-Steuerausschusses vertretenen weisungsgebundenen Finanzbeamten hätten

---

[38] Abschnitt 3 des Protokolls zum Abkommen zwischen der Bundesrepublik Deutschland und der Republik Ungarn zur Vermeidung der Doppelbesteuerung und zur Verhinderung der Steuerverkürzung auf dem Gebiet der Steuern vom Einkommen und vom Vermögen vom 28. Februar 2011, BGBl. II 2011, 938.

wohl kaum in ihre Heimatländer zurückfahren können, um ihren Vorgesetzten zu berichten, dass sie die Diskriminierungsverbote gerade zu einem wirkungsvollen Rechtsschutzinstrument ausgebaut und auf diese Weise die Anwendung verschiedener nationaler Steuervorschriften beseitigt haben. Schon die Zusammensetzung dieser Gruppe ließ es im Falle der Diskriminierungsverbote unrealistisch erscheinen, dass andere als an fiskalischen Interessen orientierte Auffassungen zum Durchbruch kommen. Umso wichtiger ist es aber gerade in diesem Zusammenhang, den nunmehrigen Auffassungen des OECD-Kommentars bei der Auslegung der zuvor abgeschlossenen DBA keine Bedeutung beizumessen. Es wäre wohl aus rechtsstaatlichen Gründen nicht zu akzeptieren, wenn Gerichte tatenlos hinnehmen müssten, dass die Finanzverwaltungen ihrer Staaten den Diskriminierungsverboten die Zähne gezogen haben.

Ein anderes Beispiel zeigt ebenfalls den rechtspolitischen Aspekt dieses Themas: Die weltweite Diskussion zu Fragen des Informationsaustausches hat auch zu Änderungen des OECD-Kommentars zu Art. 26 OECD-MA geführt. Rechtspolitisch mag es durchaus etwas für sich haben, die Regelungen über den Informationsaustausch zu einem effizienten Instrumentarium der Finanzverwaltungen zu machen. Dies ist aber eine steuerpolitisch sensible Frage, die in demokratischen Rechtsstaaten nicht bloß von den Finanzverwaltungen entschieden werden kann, und zwar auch dann nicht, wenn sich die Finanzverwaltungen der OECD-Mitgliedstaaten auf eine einheitliche Auffassung einigen. Änderungen der Rechtslage, die Rechte und Pflichten der Steuerpflichtigen betreffen, bedürfen der parlamentarischen Genehmigung, und zwar gerade in einem rechtspolitisch so sensiblen Bereich[39].

Das Beispiel des Informationsaustausches zeigt aber auch, zu welch steuerpolitisch mächtiger Kraft die OECD – auch im Zusammenwirken mit den G20 – geworden ist: In den letzten Jahren wurde zahlreichen kleineren Staaten der „OECD-Standard" beim Informationsaustausch aufgezwungen. OECD-Mitglieder wurden durch mehr oder weniger sanften Druck genötigt, Vorbehalte zu einzelnen Regelungen des Art. 26 OECD-MA zurückzuziehen und – genauso wie Nicht-OECD-Mitglieder – überredet, zu versprechen, diesem neuen Standard im Rahmen ihrer völkerrechtlichen Verträge in relativ kurzer Zeit nachzukommen. Rechtspolitisch mag es ein Schritt in die richtige Richtung sein, wenn bisherige Steueroasenländer „austrocknen" und Steuerhinterziehern die Möglichkeit genommen wird, sich hinter dem Bankgeheimnis im Ausland zu verstecken. Dennoch bleibt ein

---

39 Vgl. aber den statischen Verweis im Protokoll zum DBA Deutschland – Zypern: „Der OECD-Kommentar zu Artikel 26 des Musterabkommens zur Vermeidung der Doppelbesteuerung auf dem Gebiet der Steuern vom Einkommen und vom Vermögen in der zum Zeitpunkt des Inkrafttretens dieses Abkommens geltenden Fassung wird als Leitlinie für die Anwendung von Artikel 25 verwendet."

schaler Nachgeschmack: Mit einer gemeinsamen Willensbildung von souveränen Mitgliedern der internationalen Staatengemeinschaft, die einander auf Augenhöhe gegenüberstehen, hat diese Praxis wenig gemein. Große und wirtschaftlich mächtige Staaten können ihre Schäfchen ins Trockene bringen und die in ihrem Einflussbereich stehenden Niedrigsteuerländer vor schwerwiegenden wirtschaftlichen Konsequenzen bewahren, andere kleinere Länder kommen unter die Räder.

III. Grundentscheidungen des Internationalen Steuerrechts

1. Doppelbesteuerung und doppelte Nichtbesteuerung

Wichtigstes Ziel der Doppelbesteuerungsabkommen ist die Vermeidung der Doppelbesteuerung. Allerdings hält sich der Erklärungswert dieser Aussage in engen Grenzen[40]. DBA vermeiden nämlich Doppelbesteuerung im bilateralen Verhältnis nicht generell, sondern eben nur in ihrem Anwendungsbereich. Doppelbesteuerung, die aufgrund der Überlappung doppelter beschränkter Steuerpflicht entsteht, wird durch ein DBA nicht vermieden. Ebenso wenig greift der DBA-Schutz, wenn eine Steuer nicht vom sachlichen Anwendungsbereich des Abkommens erfasst ist. Schließlich gibt es neben den Fällen unterschiedlicher Einkünftezurechnung noch zahlreiche andere Konstellationen wirtschaftlicher Doppelbesteuerung, bei denen es trotz Bestehens eines DBA bleibt[41]. Daher sind auch die unilateralen Maßnahmen im nationalen Steuerrecht oft wirkungsvoller und in ihrem Anwendungsbereich weitreichender, um Doppelbesteuerung wirksam zu vermeiden.

Häufig werden die Ziele der Vermeidung der Doppelbesteuerung und der Vermeidung der doppelten Nichtbesteuerung auch in einem Atemzug genannt und als Kehrseite derselben Medaille bezeichnet[42]. Dabei ist aber Vorsicht geboten. Gerade die Freistellungsmethode bringt es mit sich, dass die Anwendung eines DBA zu doppelter Nichtbesteuerung führen kann: Wird das Besteuerungsrecht für bestimmte Einkünfte oder Vermögen dem anderen Staat zugewiesen, bleibt es auch ihm überlassen, ob er davon Gebrauch macht. Tut er dies nicht, ist doppelte Nichtbesteuerung die Folge. Staaten, die diese Effekte vermeiden wollen, müssen die Freistellungsmethode mit „Subject-to-Tax"-Klauseln verknüpfen[43]. Die Praxis zeigt jedoch, dass die Anwendung dieser Vorschriften oft zu Auslegungsprob-

---

40 Näher auch *Lang* in Haarmann (Fn. 28), S. 86 ff.
41 Näher *Lang* in Haarmann (Fn. 28), S. 83 (90 ff.); *Lang*, Double Non Taxation, Generalbericht, IFA, Cahiers de droit fiscal international, Volume 89a (2004), 21 (28 f.).
42 Ausführlich *Lang*, Generalbericht (Fn. 41), CDFI 89a (2004), 21 (29).
43 Dazu *Burgstaller/Schilcher*, Subject-to-Tax Clauses in Tax Treaties, European Taxation 2004, 266 (267 ff.); *Schilcher*, Subject-to-Tax-Klauseln in der österreichischen Abkommenspraxis, 2004, S. 34 ff.

lemen führt. Rechtspolitisch ist nicht einzusehen, warum eine völlige Steuerfreistellung schädlich sein soll, aber schon eine geringe Steuerbelastung im Ausland dann die Steuerfreistellung im Inland wieder garantieren soll. Es gehört zum Wesen von Subject-to-Tax-Klauseln, dass die Anwendung der Freistellungsmethode dann von einem Euro Steuerbelastung mehr oder weniger im Ausland abhängt. Um diese unbefriedigenden Wirkungen zu vermeiden, bleibt der Wechsel zur Anrechnungsmethode als Alternative. Dann kommt es aber – worauf noch einzugehen sein wird – zu einer ganz anderen Belastungswirkung.

Die Zielsetzung, doppelte Nichtbesteuerung vermeiden zu wollen, scheint auch nur auf den ersten Blick nachvollziehbar und einsichtig. Genau genommen ist doppelte Nichtbesteuerung nämlich das Ergebnis des Zusammenspiels nicht harmonisierter Steuersysteme. Schon zwischen den EU-Mitgliedstaaten ist eine Harmonisierung von Steuersystemen bisher nicht gelungen. Selbst die Vorschläge der EU-Kommission, die von einer Umsetzung weit entfernt sind, würden nur zur Harmonisierung in Teilbereichen führen[44]. Wer doppelte Nichtbesteuerung als rechtspolitisches Übel ansieht, sollte sich zu einer weitreichenden internationalen Steuerharmonisierung bekennen. Sonst wird die Besteuerung „weißer Einkünfte" immer nur Stückwerk bleiben. Der BFH hat daher gut daran getan, sich nicht vom Argument der Notwendigkeit der Vermeidung doppelter Nichtbesteuerung bei der Abkommensauslegung beeindrucken zu lassen[45]. „Weiße Einkünfte" können eben die Konsequenz der Anwendung des geltenden Rechts sein. Eine rechtsdogmatisch relevante Zweifelsregel, doppelte Nichtbesteue-

---

[44] Zum CCCTB-Richtlinienvorschlag vgl. *Garcia*, The Delineation and Apportionment of an EU Consolidated Tax Base for Multi-Jurisdictional Corporate Income Taxation: A Review of Issues and Options, European Commission Taxation Papers, WP 9/2006; *Schön*, Perspektiven der Konzernbesteuerung, ZHR 2007, 409 (443 f.); *Schön*, Group Taxation and the CCCTB, Tax Notes International 2007, 1063 (1071 ff.); *Mayr*, CCCTB: eine realistische Betrachtung, SWI 2008, 290 (290 ff.); *Kubik/Massoner*, Der aktuelle Stand der Common Consolidated Corporate Tax Base (CCCTB) Was bisher geschah und noch geschehen wird, FJ 2009, 13 (13 ff.); *Mayr*, Zukunftskonzepte der Einkünfteermittlung: BilMoG, in DStJG 34 (Fn. 19), S. 327 (348); *Prinz*, Das europäische GKKB-Projekt – eine Einschätzung aus Beratersicht, StuB 2011, 461 (462); *Riener-Micheler*, Gemeinsame konsolidierte Körperschaftsteuerbemessungsgrundlage, CFOaktuell 2011, 95 (95 ff.); *Röder*, Proposal for an Enhanced CCTB as Alternative to a CCCTB with Formulary Apportionment, World Tax Journal 2012, 125 (126 ff.); *Schön*, Zur Zukunft des Internationalen Steuerrechts, StuW 2012, 213 (217 f.); zu Problemen der Teilharmonisierung s. *Schön*, World Tax Journal 2009, 88.
[45] Vgl. BFH, Urteil v. 19.5.2010 – I R 62/09, in dem der BFH einer KGaA, einer hybriden Kapitalgesellschaft mit mitunternehmerischen Zügen in Gestalt eines Komplementärs, aufgrund der zweifelsfreien Kapitalgesellschaftseigenschaft den vollumfänglichen Vorteil eines Schachtelprivilegs zugestanden hat.

rung hintanzuhalten, lässt sich nicht nachweisen[46]. Gegebenenfalls müssen „weiße Einkünfte" eben in Kauf genommen werden. Punktuelle Versuche des Gesetzgebers, hier korrigierend zu wirken, sind aus den schon erwähnten Gründen fragwürdig. Sie begegnen zusätzlicher Kritik, wenn sie dann auch noch mit einem „Treaty Override" verbunden sind.

2. Freistellungs- und Anrechnungsmethode

Das OECD-Musterabkommen sieht beide Methoden zur Vermeidung der Doppelbesteuerung vor: Den Vertragsstaaten bleibt es überlassen, für ihre Ansässigen entweder die Freistellungs- oder die Anrechnungsmethode im Abkommen vorzusehen oder aber beide Methoden miteinander zu kombinieren. Für passive Einkünfte – Dividenden, Zinsen und Lizenzgebühren – schlägt das OECD-Musterabkommen aber jedenfalls die Anrechnungsmethode vor.

Österreich und Deutschland bekennen sich grundsätzlich zur Freistellungsmethode. Beide Staaten sehen aber auch über die Fälle der passiven Einkünfte hinaus mitunter die Anrechnungsmethode vor. So ist Deutschland bei Künstlern und Sportlern bestrebt, die Besteuerung im Ansässigkeitsstaat im Anwendungsbereich der Art. 17 OECD-Musterabkommen nachgebildeten DBA-Vorschriften sicherzustellen[47]. Beide Staaten haben in den letzten Jahren auch gelegentlich mit Niedrigsteuerländern Doppelbesteuerungsabkommen abgeschlossen und sich dabei mitunter der Anrechnungsmethode bedient, aber keineswegs konsequent[48]. Eine einheitliche Abkommenspolitik lässt sich bei beiden Staaten nur mit Schwierigkeiten nachweisen. Gerade das österreichische Beispiel zeigt, dass auch die Entscheidung für die Methoden zur Vermeidung der Doppelbesteuerung oft vom Steuerwettbewerb bestimmt ist. So sah sich Österreich gezwungen, in DBA mit einigen der Golfstaaten deshalb die Freistellungsmethode zu vereinbaren, weil andere europäische Staaten mit diesen Vertragspartnern schon ähnliche Regelungen vereinbart hatten[49].

Während also in Österreich und vor allem auch in Deutschland die Freistellungsmethode nicht immer den uneingeschränkten Vorrang genießt und

---

46 *Lang*, Ausländische Betriebsstättenverluste und DBA Auslegung, SWI 2002, 92 (92 f.); *Lang*, Die Vermeidung der Doppelbesteuerung und der doppelten Nichtbesteuerung als DBA-Auslegungsmaxime?, IStR 2002, 609 (611 f.); *Lang*, Generalbericht (Fn. 41) 29 ff.
47 S. *Stockmann* in Vogel/Lehner⁵ (Fn. 17), Art. 17 Rz. 3 ff.; *Lüdicke*, Überlegungen zur deutschen DBA-Politik, 2007, S. 74 f.; *Lüdicke*, Exemption and Tax Credit in Tax Treaties – Policy and Reality, Bulletin for International Taxation 2010, 609 (611).
48 Beispiele für die Anrechnungsmethode finden sich z. B. in den DBA zwischen Österreich und Barbados, Belize, Finnland und Katar.
49 Vgl. die österreichischen DBA mit Kuwait, Vereinigte Arabische Emirate, Oman und Saudi Arabien. Näheres dazu *Lang*, SWI 2012, 108 (115).

sich bei bestimmten Einkünften zumindest ein leichter Trend zur Anrechnungsmethode feststellen lässt, ist Großbritannien als typisches Anrechnungsland zumindest bei den Dividendeneinkünften zur Freistellungsmethode übergegangen. In den USA gibt es eine nach wie vor anhaltende Diskussion, ob ein Wechsel zur Freistellungsmethode bei ausländischen Einkünften sinnvoll ist[50]. Interessanterweise sind es dort vor allem die Unternehmen, die bei dieser Diskussion auf der Bremse stehen, da die Anrechnungsmethode in ihren komplexen Ausfächerungen mitunter nicht unerhebliche Vorteile für die Steuerpflichtigen bewirkt[51]. Die EU-Kommission hat sich im Entwurf der CCCTB-Richtlinie jedenfalls dafür entschieden, eindeutig der Freistellungsmethode den Vorrang einzuräumen[52].

3. Besteuerungsrecht von Ansässigkeits- und Quellenstaat

Die Doppelbesteuerungsabkommen versuchen auch, die Besteuerungsrechte von Ansässigkeits- und Quellenstaat auszubalancieren. Die Vielfalt der verschiedenen Verteilungsnormen und die Komplexität der einzelnen Regelungen im Detail sind Ausdruck des Bemühens, akzeptable Kompromisse schon im OECD-Musterabkommen vorzuschlagen. In Einzelfällen – wie dies bei Betriebsstättengewinnen oder Einkünften von Künstlern und Sportlern der Fall ist – liegt das Besteuerungsrecht primär beim Quellenstaat, in anderen Fällen – wie z. B. bei Pensionen – beim Ansässigkeitsstaat.

Gerade das Beispiel der Pensionen zeigt aber, dass die Diskussion um die Verteilung der Besteuerungsrechte in Bewegung gekommen ist und die

---

50 S. dazu z. B. *Graetz/Oosterhuis*, Structuring an Exemption System for Foreign Income of U.S. Corporations, National Tax Journal 2001, 771 (771 ff.); *Fleming/Peroni/Shay*, Some Perspectives from the United States on the Worldwide Taxation vs. Territorial Taxation Debate, Journal of the Australasian Tax Teachers Association 2008, 35 (35 ff.); *Avi-Yonah*, Comment on Yin, Reforming the Taxation of Foreign Direct Investment by U.S. Taxpayers, Virginia Tax Review 2008, 281 (281 ff.); *Kofler*, Indirect Credit versus Exemption: Double Taxation Relief for Intercompany Distributions, Bulletin for International Taxation 2012, 77 (83); auf politischer Ebene s. *Joint Committee on Taxation*, Options to Improve Tax Compliance and Reform Tax Expenditures, JCS-02-05, 27 January 2005; *President's Advisory Panel on Federal Tax Reform*, Simple, Fair and Pro-Growth: proposals to Fix America's Tax System (November 2005); Näheres dazu *Zodrow/McLure*, Time for US Tax Reform? The Tax Reform Panel's Recommendations, Bulletin for International Taxation 2006, 134 (147); *Office of Tax Policy, US Department of the Treasury*, Approaches to Improve the Competitiveness of the U.S. Business Tax System for the 21st Century, 20 December 2007, 54 ff.; *US Joint Committee on Taxation*, Present Law and Issues in US Taxation of Cross-Border Income, JCX-42-11, 80 ff.
51 Zu dieser Thematik s. z. B. *Nikolakakis*, Credit Versus Exemption – An Evolving Constellation of Constellations, Bulletin for International Taxation 6 (2012), Journals IBFD (accessed 2nd January).
52 Dazu *Lang*, Das Territorialitätsprinzip und seine Umsetzung im Entwurf der Richtlinie über eine Common Consolidated Corporate Tax Base (CCCTB), StuW 2012, 297 (297 ff.).

herkömmlichen Lösungen oft nicht mehr akzeptabel erscheinen: Art. 18 OECD-MA sieht das ausschließliche Besteuerungsrecht des Ansässigkeitsstaates vor. In Zeiten geringer Mobilität war dies unproblematisch, da Arbeitnehmer in aller Regel auch nach Eintritt in den Ruhestand in ihrem bisherigen Tätigkeitsstaat verblieben sind. Die Migrationsströme sind aber – zumindest in Europa – größer geworden und haben sich oft auch zur „Einbahnstraße" entwickelt. Gerade südeuropäische Länder haben in der Vergangenheit auch bedeutende steuerliche Anreize geschaffen, um ältere Menschen mit entsprechender Kaufkraft zu bewegen, sich bei ihnen niederzulassen. Aus diesem Grund ist die Regelung über Pensionen im DBA Niederlande – Portugal Gegenstand langjähriger Verhandlungen gewesen, weicht völlig vom OECD-Musterabkommen ab und sieht eine komplizierte Form der indirekten Anrechnung vor[53]. Den fiskalischen Interessen beider Vertragsstaaten soll auf diese Weise gebührend Rechnung getragen werden. Dänemark ist sogar so weit gegangen, Abkommen zu kündigen, weil die Vertragspartner nicht bereit waren, die Regelungen über Pensionen zu modifizieren[54]. Auch Deutschland hat nicht zuletzt aus diesem Grund das DBA mit der Türkei gekündigt[55], das aber mittlerweile wieder neu verhandelt wurde[56]. Diese Beispiele zeigen nicht nur, dass die Hemmschwelle für Abkommenskündigungen in den letzten Jahren deutlich gesunken ist: Waren Abkommenskündigungen früher nahe der Kriegerklärung anzusiedeln, so sind sie heute Ausdruck politischer Normalität, wie auch die Kündigung des DBA auf dem Gebiet der Erbschaft- und Schenkungsteuer zwischen Deutschland und Österreich durch Deutschland zeigt[57]. Vor allem aber zeigen die Beispiele der Pensionsregelungen, dass die primäre Zuweisung von Besteuerungsrechten an den Ansässigkeitsstaat heute für viele Staaten nicht mehr akzeptabel ist.

Ein ganz anderes Beispiel weist in dieselbe Richtung: Die OECD hat sich in den letzten Jahren bemüht, auch bei unternehmerischen Einkünften stärker die Interessen der Quellenstaaten zu berücksichtigen. Eigene Regelungsvorschläge für Dienstleistungsbetriebsstätten stellen dies unter Beweis. Auch das mittlerweile berühmte „Painter-Example" im OECD-Kommentar gibt von den Bemühungen Zeugnis, den bestehenden Betriebsstättenbegriff quellenstaatsfreundlich zu interpretieren. All dies ist letztlich

---

53 Vgl. z. B. Art. 18 DBA Niederlande – Portugal (dazu *Lang*, Generalbericht [Fn. 41], 59).
54 S. z. B. DBA Dänemark – Frankreich und Dänemark – Spanien. Beide Abkommen wurden am 1.1.2009 gekündigt. Dazu *Bjornholm/Riis*, Act Enacted Authorizing Termination of Tax Treaties with France and Spain, European Taxation 2008, 205 (205 f.).
55 DBA Deutschland – Türkei wurde am 21.7.2009 mit Wirkung ab 1.1.2010 gekündigt.
56 Gesetz zu dem Abkommen vom 19. September 2011 zwischen der Bundesrepublik Deutschland und der Republik Türkei zur Vermeidung der Doppelbesteuerung und der Steuerverkürzung auf dem Gebiet der Steuern vom Einkommen vom 24. Mai 2012.
57 DBA Österreich – Deutschland wurde am 19.9.2007 gekündigt. Dazu z. B. *Knörzer/Perdelwitz/Schneider*, Inheritance Tax – Quo Vadis?, European Taxation 2008, 291 (291 ff.).

auf den Versuch zurückzuführen, Nicht-OECD-Staaten wie Indien oder China stärker an die OECD heranzuführen und sie zu bewegen, die OECD-Grundsätze zu übernehmen. Die stärkere Ausrichtung der Arbeiten der OECD an den Interessen der Quellenstaaten sollte ihnen dies schmackhaft machen. Staaten wie Österreich und Deutschland haben aber zunehmend Probleme mit diesen Entwicklungen, weshalb Deutschland sich beispielsweise – allerdings mit einiger Verzögerung – schließlich entschlossen hat, eine Bemerkung zum „Painter-Example" des OECD-Kommentars abzugeben[58].

4. Intensivität und Konsequenzen internationaler Zusammenarbeit

Die Bemühungen der OECD waren in den letzten Jahren sehr stark daraufhin ausgerichtet, die internationale Amtshilfe auszubauen und zu einem effizienten Instrument der Finanzverwaltungen zu machen. Von den geradezu „revolutionären Entwicklungen" und der Geschwindigkeit, in der sie sich ereignet haben, war schon die Rede. Die Bestrebungen gehen aber weiter: Sowohl in der EU als auch in der OECD steht die flächendeckende Umsetzung des automatischen Informationsaustausches am politischen Programm[59]. In der EU ist auch die Vollstreckungsamtshilfe bereits weitgehend durchgesetzt[60]. Auf diesem Gebiet hat die OECD bisher noch wenig Druck entwickelt, was aber auch auf die amerikanischen Befindlichkeiten auf diesem Gebiet zurückzuführen sein kann.

All diese Bestrebungen zum Ausbau der Amtshilfe sind in den letzten Jahren aber nicht unbedingt mit dem Ausbau des Rechtsschutzes Hand in

---

58 S. dazu *Görl* in Vogel/Lehner[5] (Fn. 17), Art. 5 Rz. 45.7; *Lüdicke*, Recent Commentary Changes concerning the Definition of Permanent Establishment, Bulletin for International Taxation 2004, 190 (191); *Wichmann*, The Taxation of Services? Is the Permanent Establishment the Appropriate Threshold?, Bulletin for International Taxation 2004, 201 (203); *Schön*, StuW 2012, 213 (219 f.); *Schön*, World Tax Journal 2009, 99 ff.
59 Vgl. dazu auf OECD-Ebene OECD, Agreement on Exchange of Information on Tax Matters; OECD, Manual on the Implementation of Exchange of Information Provisions for Tax Purposes – General Module; OECD, Manual on the Implementation of Exchange of Information Provisions for Tax Purposes – Module 1, sowie auf europäischer Ebene u. a. die EU-Amtshilferichtlinie (RL 2011/16/EU) und die Sparzinsenrichtlinie (RL 2003/48/EG); Näheres zur Sparzinsenrichtlinie s. *Moshammer*, Der Informationsaustausch nach OECD Grundsätzen und nach der Sparzinsenrichtlinie mit Schwerpunkt auf Kapitalerträge, Spektrum der Rechtswissenschaft 2011, 60 (60 ff.); Näheres zur Amtshilferichtlinie s. *Gabert*, Die neue EU-Amtshilferichtlinie, IWB 2011, 250 ff.
60 S. die Beitreibungsrichtlinie (RL 2010/24/EU); Näheres dazu *Seer*, Die Vollstreckungsamtshilfe in Steuersachen nach der neu gefassten Beitreibungsrichtlinie 2010/24/EU. Zur Ermittlungsamtshilfe s. *Günther*, Doppelbesteuerungsabkommen und unionsrechtliche Grundlagen der Ermittlungsamtshilfe in Steuersachen, in Holoubek/Lang (Hrsg.), Verfahren der Zusammenarbeit von Verwaltungsbehörden in Europa, 2012, S. 127 (127 ff.).

Hand gegangen. Von Parteienrechten war beim Ausbau des Informationsaustausches wenig die Rede. Hier bleibt zu hoffen, dass das Pendel auch wieder in die andere Richtung ausschlägt. Schließlich sind die rechtsstaatlichen Standards in verschiedensten Staaten der Welt äußerst unterschiedlich. Informationsaustausch kann in manchen Fällen Gefahr für Leib und Leben bedeuten, insbesondere dann, wenn die erhaltenen Informationen in manchen Staaten zum Anlass genommen werden, unliebsame Regierungsgegner in nur scheinbar fairen Verfahren zur Strecke zu bringen. Es erscheint wichtig, in Zukunft auf ein angemessenes System des Rechtsschutzes hinzuarbeiten, das einen effizienten und wirkungsvollen Informationsaustausch zwar keineswegs verhindert, jedoch in angemessener Weise auch den Interessen der betroffenen Steuerpflichtigen Rechnung trägt.

In Teilbereichen wurden in den letzten Jahren auch Rechtsschutzanliegen berücksichtigt: Nach langen Vorarbeiten und Diskussionen innerhalb der OECD wurde im Jahr 2008 schließlich die Regelung über das Schiedsverfahren in Art. 25 OECD-MA aufgenommen und das Verständigungsverfahren insoweit ergänzt. Vor dem Hintergrund des geschilderten Paradigmenwechsels ist der Ausbau des Schiedsverfahrens konsequent und wichtig: Wenn sich die Finanzverwaltungen in die Richtung kooperierender grenzüberscheidender Behörden entwickeln, die dem Steuerpflichtigen gemeinsam gegenübertreten, um auch sicherzustellen, dass er seinen steuerlichen Pflichten in allen Staaten nachkommt, müssen sich diese Verwaltungen umgekehrt auch darum bemühen, allfällige Auslegungskonflikte bei DBA-Anwendung auszuräumen. Unterschiedliche DBA-Interpretationen können dann keinesfalls auf dem Rücken des Steuerpflichtigen ausgetragen werden. Umso bedauerlicher ist es, dass manche Staaten bisher sehr zögerlich waren, die Regelungen über das Schiedsverfahren in die bilateralen Abkommen zu implementieren. Gerade Österreich liegt in den entsprechenden Statistiken der OECD derzeit sehr schlecht[61]. Der Schweiz ist es hingegen gelungen, bei bilateralen DBA-Verhandlungen, die aus Gründen der „Nachbesserung" beim Informationsaustausch politisch ohnehin erforderlich waren, auch die Regelungen über das Schiedsverfahren praktisch flächendeckend umzusetzen[62].

Der gerade aufgezeigte Paradigmenwechsel wird aber auch noch in anderen Bereichen Konsequenzen haben. So ist es bisher oft als selbstverständlich angesehen worden, dass die Möglichkeit zum Informationsaustausch nichts an der erhöhten Mitwirkungspflicht bei Auslandsbeziehungen ändert. Die Abgabenbehörden sollen zunächst den Steuerpflichtigen heranziehen, be-

---

61 *Lang*, SWI 2012, 108 (111).
62 S. Beiträge von *Giraudi* und *Matteotti*, in Lang/Schuch/Staringer, DBA-Politik – Das österreichische Musterabkommen, 2012, in Druck; *Baumgartner/Schelling*, Schiedsgerichtsbarkeit im internationalen Steuerrecht wird Realität, IFF 2008, 159 (174).

vor sie die Behörden des anderen Vertragsstaates bemühen. Auch der Umstand, dass der Informationsaustausch oft äußerst mühsam ist und nur schleppend funktioniert, wurde als Argument für die Nachrangigkeit des Informationsaustausches angeführt. Wenn nun aber die Abgabenbehörden effizientere Möglichkeiten haben, Informationen auszutauschen, und dahinter auch das Bild von den grenzüberschreitend kooperierenden Abgabenbehörden steht, die sich gemeinsam bemühen, ihre Steueransprüche gegenüber dem Steuerpflichtigen durchzusetzen, wird von den Abgabenbehörden auch erwartet werden können, dass sie zunächst auch ihre behördenübergreifenden Informationskanäle nützen, bevor sie den Steuerpflichtigen behelligen. Zumindest tendenziell sollte dieser neue Trend auch zu einer Abschwächung der erhöhten Mitwirkungspflicht bei Auslandsbeziehungen führen.

IV. Zusammenfassung und Würdigung

Die hier angestellten Überlegungen haben gezeigt, dass auf dem Gebiet des Internationalen Steuerrechts in den letzten Monaten und Jahren viel in Bewegung geraten ist. Grundsätze, die über Jahrzehnte hin akzeptiert waren, werden infrage gestellt oder gar aufgegeben. Immer öfter können DBA-Regelungen, wie sie im OECD-Musterabkommen vorgeschlagen sind, von den Vertragsstaaten nicht akzeptiert werden. Das weltweite Abkommensnetz wird langfristig stärker auseinander driften. Der Umstand, dass sich die OECD in den letzten Jahren stärker bemüht hat, Länder wie Indien und China in ihre Arbeit einzubinden, hatte die Ausrichtung des OECD-Musterabkommens an deren Interessen zur Folge. OECD-Mitgliedstaaten – wie Deutschland und Österreich – stehen nunmehr auch innerhalb der OECD stärker unter Druck, ihre Zurückhaltung gegenüber einer Ausdehnung der Besteuerungsrechte des Quellenstaates aufzugeben. Der Blick auf die in jüngerer Zeit von Deutschland und Österreich abgeschlossenen DBA zeigt auch, dass sich beide Staaten schwer tun, gerade mit bisherigen Steueroasenländern eine einheitliche Linie bei Abkommensverhandlungen zu finden.

Parallel zu dieser Unsicherheit hat sich die Zahl der politischen Akteure auf dem Gebiet des Internationalen Steuerrechts erheblich erhöht. Die OECD spielt – teilweise auch in Verbindung mit den G20-Staaten – dabei eine erhebliche Rolle. Im herkömmlichen Rechtsquellenkatalog lassen sich diese „Soft law"-Phänomene nur mit großen Schwierigkeiten abbilden. Demokratiepolitische Defizite sind die Folge, wenn es zu Verlagerungen von politischen Entscheidungen zu internationalen Organisationen kommt, die dem nationalen Rechtsetzer faktisch kaum Mitwirkungsmöglichkeiten lassen. Soweit nationale Akteure überhaupt eine Rolle spielen, sind sie üblicherweise der Exekutive zuzuordnen. Der BFH hat sich bisher standhaft gezeigt, diese Einflüsse in Grenzen zu halten und sie rechtsstaatlich zu „domestizieren". Gerade im Zusammenhang mit den Diskussionen über die Weiterentwicklung des OECD-Musterabkommens und insbesondere der nationalen Musterabkommen, die dann die Verhandlungsgrundlage für bilaterale Doppelbesteuerungsabkommen bilden, ist es wichtig, bestehende demokratiepolitische Defizite durch parlamentarische Anhörungsverfahren und verstärkte transparente Begutachtung zu kompensieren.

Diskussion
zum Referat von Prof. Dr. *Michael Lang*

Leitung
Prof. Dr. *Markus Achatz*

Prof. Dr. *Dietmar Gosch*

Ich fühle mich fast berufen, das erste Wort an uns alle zu wenden, nachdem Sie in Ihrem Vortrag, Herr *Lang*, so überaus freundlich und wohlwollend auf die einschlägige Rechtsprechung des BFH und hierbei insbesondere mit der Spruchpraxis des I. Senats eingegangen sind. Vor allem eines gibt mir Grund und Anlass, mich zu äußern. Sie haben betont, dass es das beständige Anliegen des Bundesfinanzhofs ist, auch im Zusammenhang mit dem völkervertraglichen Abkommensrecht das Demokratieprinzip, den verfassungsrechtlichen Gesetzesvorbehalt nicht zu kurz kommen zu lassen. Dem ist vorbehaltlos beizupflichten und das kann nicht oft genug hervorgehoben werden. Ich erwähne dazu die Verständigungsvereinbarungen, ich erwähne die Bedeutung des OECD-Musterkommentars. Beides ist in der Abkommens- und Verwaltungspraxis gewiss von größter Bedeutung. Beides zeitigt aber beträchtliche Demokratiedefizite. Wenn man all dasjenige, was in den Verständigungsvereinbarungen, im OECD-Musterkommentar steht, eins zu eins übernimmt und den Gerichten bindend vorgibt, dann sind es letzteren Endes die Vertragsbeteiligten, die Finanzverwaltungen der Vertragsstaaten, die über die Auslegung der Abkommen entscheiden. Für eine derartige Auslegungshoheit fehlt es den administrativen Strukturen aber an der notwendigen Kompetenz. Gerichte legen Gesetze aus, nicht Verwaltungsverlautbarungen. Der Gesetzesvorbehalt gilt uneingeschränkt auch für das Abkommensrecht. Dass in Deutschland – als Reaktion auf dieses Selbstverständnis des BFH – mittlerweile eine Ermächtigungsgrundlage geschaffen worden ist, in der Abgabenordnung, dort in § 2 Abs. 2, die dieses Selbstverständnis gewissermaßen „einfangen" will, steht auf einem anderen Blatt. Ob das in jener Regelung gelungen ist, wird sich zeigen; das hängt nach wie vor davon ab, ob die Verständigungsvereinbarung darauf abzielt, den Abkommenstext auszulegen oder aber darüber hinausgehend abzuändern. Letzteres geht sicher wiederum nicht. Es ist nach wie vor Sache der Rechtsprechung, die Grenzen in diesen Bereichen auszuloten.

Sie haben, Herr *Lang*, aber auch Kritik angedeutet, Kritik im Hinblick darauf, wie wir denn nun mit dem Phänomen des treaty override umgehen. Sie haben vorsichtig formuliert, zu bemängeln sei zu einen ein deutliches Defizit an demokratischer Mitwirkung des Parlaments, was die Verabschiedung, die Gesetzeswerdung der DBA in nationales Recht anbelangt. Sie fordern völlig zu Recht ein, wir brauchen hier Transparenz, wir brauchen eine größere Offenheit gegenüber dem Souverän, der de facto ja nur eine Entscheidungsalternative frei nach dem Prinzip des „Friss oder stirb" hat: annehmen oder Ablehnen des Vereinbarten. Sie fordern zu Recht, dass der Gesetzgeber sich einmischen können muss in das, was verhandelt worden ist; die Vertraulichkeit zwischen den beiderseitigen Administrationen darf nicht das letzte Maß der Dinge sein. Das sehe ich ganz genauso. Auf der anderen Seite höre ich Ihre kritische Bemerkung im Hinblick auf die Vorlagen des Senats, des I. Senats des BFH, an das BVerfG zur Frage nach der Verfassungsmäßigkeit des treaty override. Vielleicht, so verstehe sich Sie, müsse man ins Auge nehmen, dass das Treaty override eine Möglichkeit darstellt, dem nationalen Souverän doch noch eine Möglichkeit zu geben, um in den Inhalt des Abkommens „hineinzuwirken", unbeschadet dessen, dass ein solches Vorgehen sicherlich „unschön" ist. Das höre ich häufig. Ich habe aber größte Bedenken, ob das konstatierte Demokratiedefizit auf diese Weise tatsächlich „nachgeholt" werden kann. Das ist der falsche Weg. Mit Vertragsschluss und – folgt man der dualistischen Methode – durch Transformation oder Vollzug des Vereinbarten sind gewisse Fakten gesetzt. Es ergeben sich daraus völkerrechtliche Bindungen, materielle Bindungen, auch für den nationalen Gesetzgeber. Der richtige Weg erscheint mir der, zwar die demokratische Mitwirkung an die erste Stelle zu stellen, dann aber auch die durch den Völkerrechtsvertrag eingegangenen materiellen Bindungen zu akzeptieren. Das ist aus meiner Sicht nicht nur eine „rechtskulturelle" Frage, die Sie zu Recht auch angeführt haben, sondern das ist eine Rechtsfrage.

Prof. Dr. *Heribert M. Anzinger*

Herr *Lang*, sie haben das schwierige Verhältnis Unionsrecht – Abkommensrecht beleuchtet. Wenn ich sie richtig verstanden habe, sehen sie in Übereinstimmung mit dem EuGH in der Vermeidung von Doppelbesteuerung kein Gebot des Unionsprimärrechts, sondern in erster Linie eine Aufgabe der Mitgliedstaaten. Lässt sich nicht wenigstens aus den Vertragszielen ein eingeschränktes Handlungsgebot der Union ableiten? Wenn die Vermeidung der Doppelbesteuerung kein primärrechtliches Handlungsgebot ist, sondern allein in die autonome Zuständigkeit der Mitgliedstaaten fällt, stellt sich die Frage, wie weit die Kompetenzen der Union reichen, den Mitgliedstaaten sekundärrechtlich inhaltliche Vorgaben für den Abschluss und die Auslegung von Doppelbesteuerungsabkommen zu machen. Die Europäische Kommission hat in jüngerer Zeit verschiedene Initiativen angestoßen, die sich auf den Abschluss und den Inhalt von Doppelbesteuerungsabkommen zwischen den Mitgliedstaaten beziehen, einmal im Bereich der Erbschaftsteuern, aber auch bei den Risikokapitalinvestitionen. Adressiert werden dort genuin abkommensrechtliche Fragen, etwa die Auslegung des abkommensrechtlichen Betriebsstättenbegriffs und die Voraussetzungen der Abkommensberechtigung. Kann die Europäische Union auf der Grundlage des geltenden Primärrechts den Mitgliedstaaten den Abschluss und den Inhalt von Doppelbesteuerungsabkommen sekundärrechtlich vorschreiben? Und sollte sie es?

Prof. Dr. *Moris Lehner*

Vielen Dank, Herr *Lang*. Mir hat sehr gut gefallen, was Sie zum Thema Demokratiedefizit gesagt haben. Dem Vernehmen nach entwickelt unser Ministerium ein deutsches Musterabkommen. Dies geschieht ohne Beteiligung der Öffentlichkeit und ist, wenn nicht unter dem Aspekt des Demokratiedefizits, so doch unter dem Aspekt mangelnder ausreichender Beteiligung der Wissenschaft und der Praxis an einem derart wichtigen Projekt ebenfalls sehr bedenklich.

Zu Art. 3 Abs. 2 OECD-MA möchte ich sagen, dass wir vom Grundsatz der autonomen Auslegung ausgehen müssen und dass diese immer dann geboten ist, wenn das Abkommen einen eigenständigen Regelungsanspruch erhebt. Dies ist unter anderem bei der Zuordnung von Einkünften oder bei der Gewinnermittlung ausnahmsweise nicht der Fall. Indes ist auch in diesen Fällen autonome Auslegung geboten, wenn Gewinne im Sinne des Art. 9 OECD-MA für Zwecke der Abkommensanwendung berichtigt werden müssen. Es gilt dann etwas „anderes" im Sinne des Art. 3 Abs. 2 OECD-MA.

Zum Thema treaty override möchte ich sagen, dass aus meiner Sicht kein Verfassungsverstoß vorliegt. Gemäß Art. 59 Abs. 2 GG gilt der völkerrechtliche Vertrag nur im Rang eines einfachen Bundesgesetzes. Treaty override verstößt allerdings gegen den völkerrechtlichen Grundsatz des *pacta sunt servanda*, und zwar nicht deshalb, weil dieser Grundsatz der einzelnen vertraglichen Verpflichtung ein zusätzliches Gewicht verleiht, sondern weil er sich gegen rein einseitige, mit dem Vertragspartner nicht abgestimmte Maßnahmen wendet, die im Ergebnis eine Änderung des Vertrages darstellen. Dieser Grundsatz des *pacta sunt servanda* wird gemäß Art. 25 GG in den Rang eines Gesetzes erhoben, das über einfachen Bundesgesetzen, aber unterhalb der Verfassung steht. Daraus resultiert eine Verpflichtung zur Vertragstreue, nicht aber eine Verfassungswidrigkeit für den Fall der Vertragsverletzung.

Prof. Dr. *Gerd Willi Rothmann*

Treaty override ist schon ein ganz zentrales Thema, wie wir auch von Bundesrichter Prof. *Gosch* gerade gehört haben. Grundsätzlich stimme ich mit den Ausführungen von Herrn Prof. *Lehner* überein. Es ist meines Erachtens weniger eine rechtskulturelle Frage, sondern tatsächlich eine verfassungsrechtliche Frage. Und das möchte ich ganz kurz am Beispiel Brasilien darstellen. Dieses Problem ist nach der jeweiligen Verfassung des Landes zu beurteilen. Und da sieht es in Brasilien ein bisschen anders als in

Deutschland aus. Das brasilianische Steuergesetzbuch, das übrigens der AO nachempfunden ist, hat einen Rang über den ordentlichen Gesetzen. Es ist ein Verfassungsergänzungsgesetz, und das bedeutet schon ganz automatisch, dass die ordentlichen Gesetze nicht die Völkerrechtsabkommen und insbesondere die Doppelbesteuerungsabkommen, denen ein Vorrang, ein Primat in diesem Steuergesetzbuch eingeräumt ist, ändern können. Dabei klingt natürlich ganz klar das völkerrechtliche „pacta sunt servanda" durch. In Brasilien geht man nicht nach der Transformationslehre vom Grundsatz der lex specialis oder der lex posterior aus. In Brasilien haben wir eigentlich, das ergibt sich aus der ganzen Rechtsordnung, keine Transformation, sondern eine Absorption der völkerrechtlichen Verträge. Das heißt, die völkerrechtlichen Verträge werden nicht in nationales Recht umgewandelt und noch viel weniger in ein ordentliches Bundesgesetz, das von einem nachfolgenden Bundesgesetz abgeändert werden kann. Nach brasilianischer Verfassung und Steuergesetzbuch, kommt diesem Abkommen ein Primat zu. Sie sehen, es ist also in erster Linie eine verfassungsrechtliche Frage und weniger eine Frage der Kultur, wobei man natürlich diskutieren kann, wieweit die Verfassung auf dem Boden der Kultur gewachsen, oder wie das zustande gekommen ist.

Prof. Dr. Dr. h.c. *Wolfgang Schön*

Vielen Dank! Ganz herzlichen Dank auch von meiner Seite an Michael *Lang* für diese fulminante Tour'd Horizon von den Rechtsquellen zu den Prinzipen. Ich will eine Frage stellen, die sich ganz auf das Thema Prinzipien konzentriert. Prinzipien des internationalen Steuerrechts, das müssten ja in erster Linie diejenigen sein, die die internationale Zuordnung von Steuergütern zwischen den Staaten der Welt ordnen. Alle anderen Fragen auf Freistellung oder Anrechnung, nach Diskriminierung, nach Informationsaustausch, nach Qualifikation kommen dann später. Und meine Frage ist: Haben wir solche Prinzipien, sind sie in der Entwicklung? Wie sollten sie nach Meinung des Referenten aussehen? Du hast geschildert, dass mancher Konsens, an den man schon glaubte, im Rahmen der OECD erodiert. Die Beispiele mit den Pensionen, die Beispiele mit der Betriebsstätte sind ganz deutlich, ließen sich noch erweitern, um andere; die Zinsschranke ist der Versuch der Rückgewinnung von Quellenbesteuerungsrechten, wo sie lange verloren waren, was die Fremdkapitalinvestition angeht. Was könnten solche Kriterien sein? Der europäische Gerichtshof hat in Gilly gesagt, „das überlassen wir ganz den Staaten". Und Du hast nun am Anfang beim Kassenstaatsprinzip gesagt, vielleicht gibt es ja verfassungsrechtliche Prinzipien, die den Gesetzgeber oder den Abkommensverhandler binden. Ich habe selbst Zweifel, zu sagen, dass das Leistungsfähigkeitsprinzip oder das Äquivalenzprinzip hier leitend sein können. Was sagt der Steuerwettbewerb dazu? Also meine Frage an den Referenten wäre, gibt es Tendenzen, gibt es einen Trend oder gibt es ein Ziel, auf das man hinsteuern müsste?

Gibt es Prinzipien, die uns sagen, wie sollte in 10 oder 20 Jahren eine international konsensfähige Zuordnung von Steuergütern aussehen?

Prof. Dr. *Klaus-Dieter Drüen*

Ich möchte nochmals auf den ersten Teil des Vortrags, auf die Rechtsquellen, zurückkommen. Herr *Lang*, Ihrem Petitum, die demokratische Lücke zu schließen, möchte ich nachdrücklich beitreten. Statt interne Überlegungen auf ein nationales Abkommensmuster zu beschränken, sollte erwogen werden, ein Abkommensmuster im Parlament zu beschließen, das entsprechende Freiräume für die individuelle Verhandlung ermöglicht. Wie andere Diskutanten widerspreche ich aber bei der Frage des treaty overrides, die sich nicht allein im Feld der Rechtskultur erschöpft. Herr *Lehner* sieht in der Vertragstreue zumindest in Deutschland einen völkerrechtlichen Grundsatz, der auch verfassungsrechtlichen Bestand hat. Dadurch wird indes nicht jeder Vertragsbruch auch zum Verfassungsverstoß. Das Bundesverfassungsgericht wird sich sicherlich genau anschauen, was der Grund für den Verstoß gegen das einzelne Abkommen ist. Dabei lässt sich durchaus unterscheiden und im Wege einer Differenzierung auch zu unterschiedlichen Rechtfertigungsanforderungen kommen.

Prof. Dr. Dres. h.c. *Paul Kirchhof*

Ich kann in meiner Frage in zweierlei Hinsicht an Herrn *Schön* anschließen: erstens mein Dank für das Meisterwerk. Das haben wir erwartet, aber es ist immer schön, es dann auch tatsächlich zu hören. Meine Frage geht auch noch mal dahin: Was ist der leitende Grund, weswegen es gerechtfertigt ist, dass ein Staat auf die Leistungsfähigkeit der Steuerpflichtigen, die wir im Einkommen definieren, zugreift? Die Leistungsfähigkeit als solche beantwortet diese Frage nicht, denn es gibt verschiedene Staaten, die gern auf diese Leistungsfähigkeit zugreifen wollen. Vielleicht müssen wir doch denken, der Staat greift auf die Leistungsfähigkeit zu, die unter Mitwirkung seiner Rechtsgemeinschaft ermöglicht worden ist. Wenn er dem Unternehmer erlaubt, seinen Betrieb in ein Friedensgebiet zu stellen und nicht im Kriegsgebiet handeln und produzieren zu müssen, ist das für uns seit 60 Jahren in Österreich wie in Deutschland eine glückliche Selbstverständlichkeit, aber es kostet Geld. Muss nicht derjenige, der aus dieser Gemeinschaftsleistung einen individualisierbaren Vorteil zieht, dafür dann auch zur Finanzierung dieser Gemeinschaftsleistung beitragen? Er nutzt das Vertragsrecht, kann nur deswegen handeln. Er nutzt in Österreich und Deutschland den Euro, um einen Preis zu vereinbaren, seine Wirtschaftsgüter zu bewerten, Werte aufzubewahren, aber insbesondere an den internationalen Zahlungsströmen teilzunehmen. Er nutzt die in unseren Schulen und Hochschulen gut ausgebildeten Arbeitskräfte. Er trifft auf einen Kunden, der mit Kredit und Scheck und Internet umgehen kann. Das alles sind ja Handels- und Produktionsbedingungen auf einem hohen Niveau, die er bei dem

Einkommen individualisierend genossen hat und weswegen er dort seine Leistungsfähigkeit erzielt hat. Und das ist der rechtfertigende Grund, dass dieser Staat und nicht ein anderer zugreifen soll. Ich bin mir bewusst, letztlich stellt man wohl das Welteinkommensprinzip infrage, und in ihrer schönen Alternative, Ansässigkeit oder Quelle, drängen sich dann die Antworten auf. Vielleicht können Sie zu dieser Grundsatzfrage noch etwas sagen.

Prof. Dr. Dr. h.c. *Michael Lang*

Zum Stichwort treaty override: Ich bin in weiten Bereichen mit Herrn *Gosch* einig. Ich denke auch, dass es allzu zynisch wäre zu argumentieren, dass das demokratiepolitische Defizit im Wege des treaty override behoben wird. Mir war es wichtig, zwischen der Frage der Rechtskultur und der Frage des Verfassungsrechts zu unterscheiden. Wir sind uns wohl alle einig, dass es der Rechtskultur in jedem Staat abträglich ist, wenn sich ein Staat nicht an seine völkerrechtlich eingegangenen Verpflichtungen hält. Mit welcher moralischen Legitimation soll denn ein Staat Rechtstreue von seinen Bürgern einfordern, wenn er seine eigenen Verpflichtungen ignoriert? Ob aber ein treaty override auch zu einem Verfassungsverstoß führt, lässt sich nicht allgemein, sondern nur vor dem Hintergrund jeder Verfassungsrechtsordnung gesondert beantworten. Die Antwort auf diese Frage hängt wohl vor allem davon ab, wie völkerrechtliche Verträge – und damit auch DBA – in den Stufenbau der jeweiligen Rechtsordnung eingeordnet sind. Ich will mich nicht dazu versteigen, diese verfassungsrechtliche Frage vor dem Hintergrund der deutschen Rechtsordnung zu beantworten. Meine Überlegungen waren vielmehr rechtspolitischer Natur: Nur aus diesem Blickwinkel frage ich mich, ob die Anrufung des Bundesverfassungsgerichts zu einem Ergebnis führen wird, das die Rechtskultur verbessert: Derzeit ist es in Deutschland unklar, ob treaty override auch ein verfassungsrechtliches Problem darstellt. Diese Unklarheit hat auch positive Seiten: Sie motiviert den Gesetzgeber doch offenbar dazu, sich nur in – allerdings immer häufiger werdenden – Ausnahmefällen über die völkerrechtlich eingegangene Verpflichtung hinwegzusetzen. Demnächst werden wir aber die verfassungsrechtliche Beurteilung wissen. Sollte nun das Bundesverfassungsgericht im treaty override kein verfassungsrechtliches Problem sehen, könnte dies der Gesetzgeber in Zukunft als Freibrief ansehen, bedenkenlos DBA-Regelungen unanwendbar zu machen. Sieht das Bundesverfassungsgericht allerdings in jedem Abkommensbruch auch gleichzeitig einen Verfassungsverstoß, werden die Abkommensverhandler möglicherweise der Verwaltung in den Abkommen selbst einen größeren Spielraum genehmigen und beispielsweise ohne weitere Voraussetzung den Wechsel von der Freistellungs- zur Anrechnungsmethode zulassen, um flexibel zu bleiben. Abkommenskündigungen könnten dann auch häufiger werden. Der faktisch höhere Bestandsschutz, den DBA derzeit noch gewährleisten, wäre Vergangenheit. Die Weisheit des Bundesverfassungsgerichts ist gefordert, eine verfassungsrechtlich tragfähige Lösung zu entwickeln, die auch den „Nebeneffekt" hat, rechtspolitisch vernünftig zu sein.

Zum Unionsrecht: Auch hier gilt es, Rechtsdogmatik und Rechtspolitik auseinanderzuhalten. Die Grundfreiheiten geben keine rechtliche Grundlage ab, um Doppelbesteuerung über die Diskriminierungsfälle hinaus zu vermeiden. Aber auf politischer Ebene bin ich vehement dafür, Doppelbesteuerung in der Union zu vermeiden. Der Unionsrechtsetzer verfügt über die Möglichkeiten, Maßnahmen in diesem Bereich zu setzen. Teilweise hat er schon agiert. Die Mutter-Tochter-Richtlinie deckt z. B. einen ganz wesentlichen Bereich ab. Derartige Regelungen sollten ausgebaut werden. Im Ergebnis könnten die innerhalb der EU bestehenden DBA zur Gänze durch Sekundärrecht abgelöst und der Anwendungsbereich dieser Regelungen dann auf jene Konstellationen, in denen derzeit noch Doppelbesteuerung besteht, erweitert werden.

Zu Art. 3 Abs. 2 OECD-Musterabkommen: Diese Vorschrift verstehe ich ganz ähnlich wie Herr *Lehner*. Es gilt, den Zusammenhang des Abkommens zu betonen. Das nationale Recht hat dort seinen Platz, wo die Abkommen darauf verweisen, wie das beispielsweise bei der für die Abkommensberechtigung maßgebenden Ansässigkeit der Fall ist oder bei den Begriffen der Einkünfte oder des Gewinns, mit denen die Abkommen die Bemessungsgrundlage des nationalen Rechts in Bezug nehmen.

Noch ein Wort zu den Prinzipien: *Wolfgang Schön* hat in seinen Aufsätzen jüngst überzeugend gezeigt, dass man mit reinen Leistungsfähigkeitsüberlegungen oder Äquivalenzüberlegungen im DBA-Recht nicht sehr weit kommt. Man kann damit nur bestimmte Phänomene auf einer sehr abstrakten Ebene erklären. Herr *Kirchhof* hat Beispiele genannt, die auf dieser abstrakten Ebene Bedeutung haben können. All diese Überlegungen geben uns aber keine Antwort, wie der Betriebsstättenbegriff genau definiert sein soll oder ob – um die Konkretisierung eine Stufe weiter zu treiben – das „Painter Example" vom OECD-Kommentar zufriedenstellend gelöst ist. *Wolfgang Schön* hat mit dem von ihm postulierten Kontinuitätsgrundsatz einen pragmatischen Zugang gewählt, der mir sehr sympathisch ist und der es ermöglicht, anhand gleichheitsrechtlicher Überlegungen nach Fallgruppen zu differenzieren. Dieser Ansatz hat den Charme, die Diskussion etwas konkreter zu führen.

Neutralitätskonzepte und Anreizwirkungen im Internationalen Steuerrecht

Prof. Dr. *Christoph Spengel*
Universität Mannheim

Inhaltsübersicht

I. Fragestellungen und Vorgehensweise
II. Konzepte internationaler Steuerneutralität
   1. Überblick
   2. Allokation von Realkapital: Unternehmensneugründungen (Greenfield-Investitionen)
      a) Kapitalexportneutralität
      b) Kapitalimportneutralität
      c) Zusammenhang zwischen In- und Auslandsinvestitionen
   3. Allokation von Eigentumsrechten: Kapitaleignerneutralität bei Unternehmensübernahmen (M&A-Investitionen)
   4. Zwischenergebnis
   5. Argumente zugunsten der Freistellungsmethode jenseits von Effizienzüberlegungen
      a) Kosten der Steuerbefolgung und Steuerdurchsetzung
      b) Stärkung der Wettbewerbsfähigkeit multinationaler Unternehmen

III. Verwirklichung von internationaler Steuerneutralität im Europäischen Binnenmarkt – eine quantitative Analyse
   1. Grundlagen der Steuerbelastungsanalysen
   2. Nationale und grenzüberschreitende Effektivbelastungen
      a) Rechtsstand 2009
      b) Entwicklungen zwischen 1998 und 2009
   3. Zwischenergebnis
IV. Empirische Untersuchungen zum Steuereinfluss auf grenzüberschreitende Investitionen
   1. Standortwahl für Direktinvestitionen
   2. Finanzierung von Direktinvestitionen
   3. Unternehmensakquisitionen
V. Zusammenfassung der Ergebnisse in Thesen

I. Fragestellungen und Vorgehensweise

Im internationalen Vergleich ist ein beträchtliches Steuergefälle auszumachen. So streuen die tariflichen Belastungen der Gewinne von Kapitalgesellschaften zwischen 10% (Bulgarien, FYROM und Zypern) und 45,2% (Indien). Selbst innerhalb der Europäischen Union beträgt das Tarifgefälle 25 Prozentpunkte (Tabelle 1).

Dieses Steuergefälle kann sich unter anderem auf den Standort und die Finanzierung einer Investition auswirken. Hintergrund ist die unterschiedliche Besteuerung grenzüberschreitender Investitionen, die aus dem Nebeneinander von Wohnsitz- und Quellenprinzip als Anknüpfungspunkten für die persönliche und sachliche Steuerpflicht sowie dem im OECD-Musterabkommen (OECD-MA) angelegten Mischsystem von Anrechnungs- und

Freistellungsmethode zur Vermeidung der Doppelbesteuerung ausländischer Einkünfte resultiert.

Land	Tarifbelastung	Land	Tarifbelastung
EU 27		*Nordamerika*	
Belgien	34,0	Kanada	31,0
Bulgarien	10,0	USA	37,9
Dänemark	25,0		
Deutschland	30,9	*Asien-Pazifik*	
Estland	21,0	Australien	30,0
Finnland	26,0	China	25,0
Frankreich	34,4	Hong Kong	16,5
Griechenland	34,0	Indien[2]	45,2
Irland	12,5	Indonesien	28,0
Italien	31,1	Japan	40,8
Lettland	15,0	Kambodscha	20,0
Litauen	15,0	Malaysia	25,0
Luxemburg	28,6	Philippinen	30,5
Malta	35,0	Russland	20,0
Niederlande	25,5	Singapur	18,0
Österreich	25,0	Südkorea	24,2
Polen	19,0	Taiwan[2]	25,0
Portugal	26,5	Thailand	30,0
Rumänien	16,0	Vietnam	25,0
Schweden	26,3		
Slowakische Republik	19,0	*Durchschnittswerte*	
Slowenien	20,0	EU 27 (ohne Deutschland)	23,6
Spanien	35,7	Weiteres Europa	19,8
Tschechische Republik	19,0	Nordamerika	34,5
Ungarn	20,8	Asien-Pazifik	26,9
Vereinigtes Königreich	28,0		
Zypern	10,0		
Weiteres Europa			
FYROM[1]	10,0		
Kroatien	20,0		
Norwegen	28,0		
Schweiz	21,2		
Türkei	20,0		

Alle Steuersätze beziehen sich ausschließlich auf die Unternehmensebene. Persönliche Steuern auf Ebene der Anteilseigner sind nicht einbezogen. Alle Angaben sind in Prozent (eigene Erhebungen).
1 Former Yugoslavian Republic of Macedonia.
2 Steuersatz auf ausgeschüttete Gewinne.

Tabelle 1: Tarifliche Belastung von Unternehmensgewinnen, Kapitalgesellschaften, 2009

Die unterschiedlichen Steuerwirkungen werden bei der Betrachtung von Direktinvestitionen in Form von Kapitalgesellschaften, die im internationalen Bereich dominieren, besonders deutlich.[1] Um die Vermischungen von Wohnsitz- und Quellenprinzip zu demonstrieren, reicht es aus, einen zweistufigen Konzernaufbau mit ausländischer Tochter- und inländischer Muttergesellschaft zu betrachten. Die Steuerbelastungen ergeben sich in Abhängigkeit von der Art der Gewinnverwendung und der Finanzierung der Tochtergesellschaft sowie der Maßnahme zur Vermeidung der Doppelbesteuerung von Dividenden im Sitzstaat der Muttergesellschaft.[2]

Wird zunächst die Eigenfinanzierung betrachtet, determiniert aufgrund des Trennungsprinzips das am jeweiligen Standort der Tochtergesellschaft vorherrschende Steuerniveau die Belastung bei Direktinvestitionen, sofern die Tochtergesellschaft die Gewinne thesauriert. Im Fall von Gewinnausschüttungen kann es einmal im Rahmen der beschränkten Steuerpflicht der Muttergesellschaft im Ausland zum Einbehalt von Quellensteuern auf Dividenden kommen (Art. 10 OECD-MA). Zum anderen wird die Steuerbelastung im Inland in Abhängigkeit von der Methode zur Vermeidung der Doppelbesteuerung bestimmt: Im Sitzstaat der Muttergesellschaft sind von der Tochtergesellschaft transferierte Gewinne entweder steuerfrei (Art. 23A OECD-MA, Freistellungsmethode) und eine Dividendenquellensteuer wird definitiv oder die darauf lastenden ausländischen Ertragsteuern sowie einbehaltene Quellensteuern werden bei Steuerpflicht der Auslandsgewinne von der inländischen Steuerschuld abgezogen (Art. 23B OECD-MA, [direkte und indirekte] Anrechnungsmethode), wobei der Abzug regelmäßig auf die anteilige inländische Steuer begrenzt ist. Während die ausländische Belastung auch bei Anwendung der Freistellungsmethode grundsätzlich definitiv ist (und um eventuell einbehaltene Quellensteuern erhöht wird), determiniert im Fall der Anrechnungsmethode das Steuerniveau am jeweiligen Standort der Tochtergesellschaft nur dann die Mindestbelastung grenzüberschreitender Direktinvestitionen, wenn es über dem Inlandsniveau liegt. Andernfalls kommt das inländische Steuerniveau der Muttergesellschaft zum Tragen.

Die Steuern der Tochtergesellschaft wirken somit im grenzüberschreitenden Bereich definitiv, weshalb sich das internationale Steuergefälle auf die Standortwahl auswirken kann. Gleichzeitig beeinflusst das Steuergefälle die zwischenstaatliche Gewinnallokation, was am Beispiel von Finanzierungsentscheidungen einfach zu demonstrieren ist. Denn alternativ können Gewinne auf schuldrechtlicher Basis von der Tochter- an die Muttergesellschaft transferiert werden. Zinszahlungen (sowie andere hier nicht weiter betrachtete Faktorentgelte wie Lizenzen oder Mieten) der Tochter- an ihre

---

1 Die grenzüberschreitende Geschäftstätigkeit mittels ausländischer Betriebsstätten (internationales Einheitsunternehmen) wird im Folgenden nicht betrachtet.
2 Vgl. zum Einfluss der Finanzierung auf die Steuerbelastung grenzüberschreitender Investitionen *O. H. Jacobs*, Internationale Unternehmensbesteuerung, 7. Aufl. 2011, S. 977 ff., 1000 ff.

Muttergesellschaft sind bei der Tochtergesellschaft grundsätzlich abzugsfähig und von der Muttergesellschaft zu versteuern. Eine unter Umständen im Rahmen der beschränkten Steuerpflicht einbehaltene Quellensteuer (Art. 11 OECD-MA) wird regelmäßig angerechnet. Die über Zinsen transportierten Auslandsgewinne unterliegen somit nach dem Wohnsitzprinzip dem inländischen Steuerniveau.

Aufgrund des Mischsystems aus Quellen- und Wohnsitzprinzip haben Investoren aus Freistellungsländern über die Art der Finanzierung ihrer Tochtergesellschaften de facto ein Wahlrecht, Gewinne entweder auf Basis des niedrigeren ausländischen (Eigenfinanzierung = Freistellung) oder inländischen Steuerniveaus (Fremdfinanzierung = Anrechnung) zu versteuern. Investoren aus Anrechnungsländern steht dieses Gestaltungspotenzial hingegen nur im Fall der Gewinnthesaurierung im Ausland durch Nutzung des Trennungsprinzips offen. Liegt das ausländische unter dem inländischen Steuerniveau, kommt jedoch im Fall der Gewinnrepatriierung oder bei Fremdfinanzierung regelmäßig das höhere inländische Steuerniveau zum Tragen. Im umgekehrten Fall, d.h. bei höheren Auslandssteuern, führen Anrechnungs- und Freistellungsmethode aufgrund der Begrenzung des Anrechnungshöchstbetrags im Gewinnfall zum gleichen Ergebnis. Bei Eigenfinanzierung wird die Steuerbelastung jeweils durch das höhere ausländische Steuerniveau determiniert und die Fremdfinanzierung ist überlegen, da sie die Gewinnsteuerbelastung auf das niedrigere inländische Steuerniveau senkt.

Im internationalen Bereich dominiert bei der Vermeidung der Doppelbesteuerung von Dividenden mit zunehmendem Trend die Freistellungsmethode.[3] Jüngste Beispiele sind Großbritannien[4] und Japan[5], die im Jahr 2009 die Anrechnungsmethode abgeschafft haben. Auch in den USA wird intensiv über einen Wechsel von der Anrechnungs- auf die Freistellungsmethode diskutiert.[6] Innerhalb der OECD finden sich nur noch acht von 34 Mitgliedstaaten, welche die Anrechnungsmethode anwenden.[7] In der Europäischen Union sind es gerade noch zwei (Griechenland und Irland)

---

3 Vgl. *G. Blanluet/P. J. Durand*, Key practical issues to eliminate double taxation of business income (Generalbericht), CDFI 2011, S. 21 ff.; *J. F. Avery Jones*, Bulletin for International Taxation 2012, 67 ff.
4 Vgl. *M. Kayser/G. Richards*, Key practical issues to eliminate double taxation of business income (Nationalbericht United Kingdom), CDFI 2011, S. 669.
5 Vgl. *H. J. Ault/B. J. Arnold*, Comparative Income Taxation, 3. Aufl. 2010, S. 449.
6 Vgl. *US Department of the Treasury*, Approaches to Improve the Competitivenss of the US Business Tax System for the 21st Century, S. 54 ff. (20.12.2007); *S. Brunsbach*, German American Chambers of Commerce, Newsletter Vol. I 2009, 26; *Joint Committee on Taxation*, Present Law and Issues in U.S Taxation of Cross-Border Income (JCX-42-11), September 6, 2011.
7 Vgl. Nachweise bei *G. Kofler*, Bulletin for International Taxation 2012, 83.

von 27 Mitgliedstaaten.[8] Andererseits findet sich aber auch ein Trend zur Begrenzung des Anwendungsbereichs der Freistellungsmethode, wie etwa die aktuellen Entwicklungen in Deutschland belegen.[9] Letztlich bleibt das existierende Mischsystem zwischen Quellen- und Wohnsitzprinzip jedoch bestehen bzw. es wird durch den Trend zur vermehrten Anwendung der Freistellungsmethode weiter zementiert. Da das Wohnsitzprinzip bei der Besteuerung von Zinsen und anderen Faktorentgelten soweit ersichtlich nicht infrage gestellt wird und innerhalb der Europäischen Union sogar gestärkt wurde,[10] sind bei der Besteuerung grenzüberschreitender Investitionen Verzerrungen zu erwarten, welche eine im gesamtwirtschaftlichen Kontext optimale Kapital- bzw. Ressourcenallokation beeinträchtigen können.

Aus globaler ökonomischer Sicht geht es darum, das weltweite Bruttoeinkommen, das sich aus Gewinnen des privaten Sektors zuzüglich in- und ausländischer Steuereinnahmen zusammensetzt, zu maximieren. Diese steuerpolitische Zielsetzung, die auch mit den ökonomischen Zielen des Europäischen Binnenmarkts in Einklang steht,[11] lässt sich grundsätzlich durch eine neutrale bzw. allokationseffiziente Besteuerung grenzüberschreitender Investitionen unterstützen.

Die zentrale Zielsetzung des Beitrags besteht darin, die Freistellungs- und die Anrechnungsmethode vor dem Hintergrund der Allokationseffizienz der internationalen Besteuerung einer Würdigung zu unterziehen. Hierzu werden zunächst die vorherrschenden Konzepte internationaler Steuerneutralität und die damit jeweils verbundenen Implikationen für die Anwendung der jeweiligen Methode zur Vermeidung der Doppelbesteuerung erörtert (Punkt II). Anschließend wird anhand einer quantitativen Belastungsanalyse untersucht, inwieweit internationale Steuerneutralität im Europäischen Binnenmarkt verwirklicht ist und welche Trends im Zeitablauf festzustellen sind (Punkt III). Außerdem werden anhand der Ergebnisse neuerer empirischer Untersuchungen bestehende Verzerrungen auf die Kapitalallokation aufgezeigt, welche aus dem weiterhin vorherrschenden Nebeneinander von Quellen- und Wohnsitzprinzip resultieren (Punkt IV). Abschließend werden die Ergebnisse zusammengefasst (Punkt V).

---

8 Vgl. *IBFD*, European Tax Handbook, 2012.
9 Vgl. *S. Brunsbach/D. Endres/J. Lüdicke/A. Schnitger*, Deutsche Abkommenspolitik – Trends und Entwicklungen 2011/2012, IFSt Schrift Nr. 480, 2012, S. 40 ff.
10 Vgl. Zins- und Lizenzgebührenrichtlinie (Richtlinie 2003/49/EG des Rates v. 3.6.2003, ABl. 2003 Nr. L 157, S. 49) sowie Zinsrichtlinie (Richtlinie 2003/48/EG des Rates v. 3.6.2003, ABl. 2003 Nr. L 157, S. 38).
11 Vgl. Nachweise bei *W. Schön* in DStJG 23 (2000), S. 191 f.; *C. Spengel*, Internationale Unternehmensbesteuerung in der Europäischen Union, 2003, S. 1 ff.

II. Konzepte internationaler Steuerneutralität

1. Überblick

Die Konzepte der Allokationseffizienz bzw. Neutralität der internationalen Besteuerung basieren auf nutzentheoretischen Überlegungen. Ausgangspunkt bildet eine globale Verteilung der Produktionsstruktur bzw. Ressourcen, deren Veränderung die Wohlfahrtsposition eines einzelnen nicht mehr verbessern kann, ohne diejenige eines anderen zu verschlechtern. Ein weltweit produktionseffizientes Steuersystem lässt diese pareto-optimale Ressourcenallokation unverändert.[12] Demnach kann der gesamtwirtschaftliche Output nicht zu niedrigeren Kosten produziert werden, wenn das Kapital in andere Projekte bzw. Länder umgeschichtet wird. Im Schrifttum besteht kein Konsens darüber, wie eine effiziente Besteuerung ausländischer Gewinne umzusetzen ist. Damit verbunden ist auch die Frage der überlegenen Methode zur Vermeidung internationaler Doppelbesteuerung, wobei, wie im Folgenden auch gezeigt wird, die Konzepte internationaler Steuerneutralität weit über die Frage der Anrechnungs- oder Freistellungsmethode hinausgehen. Hilfreich ist es, zwischen internationaler Steuerneutralität bei der Allokation von Realkapital (Greenfield-Investitionen) und bei der Allokation von Eigentumsrechten (M&A-Investitionen) zu unterscheiden (Abbildung 1).[13]

Die Theorie zur effizienten Besteuerung ausländischer Gewinne hat sich über Jahrzehnte mit der Allokation von Realkapital beschäftigt.[14] Betrachtet wird hierbei ein fixer Kapitalstock, der effizient auf das In- und Ausland verteilt werden soll. Aufgrund der Prämisse eines gegebenen Kapitalstocks wird eine substitutive Beziehung zwischen In- und Auslandsinvestitionen unterstellt, da die Errichtung ausländischer Produktionsstätten einen entsprechenden Rückgang von Produktionsstätten im Inland zur Folge hat. Zudem handelt es sich bei den betrachteten Produktionsstätten um Neuinvestitionen, sog. Greenfield-Investitionen. Besteht zwischen In- und Auslandsinvestitionen ein substitutives Verhältnis, lässt sich zeigen, dass ausschließlich eine kapitalexportneutrale Besteuerung Produktionseffizienz gewährleisten kann, eine kapitalimportneutrale Besteuerung hingegen nicht. Da Kapitalexportneutralität die Perspektive des inländischen Investors einnimmt und eine gleiche Besteuerung in- und ausländischer Gewinne erfordert, die unter anderem durch die Anwendung der Anrechnungsmethode sichergestellt wird, ist danach die Anrechnungsmethode der Freistellungsmethode überlegen. Letztere unterstützt eine kapitalimportneutrale Besteue-

---

12 Vgl. *S. Homburg*, Allgemeine Steuerlehre, 6. Aufl. 2010, S. 303 f. Im Folgenden wird die Frage einer national effizienten Besteuerung nicht weiter betrachtet. Vgl. hierzu ebenda, S. 293 ff.
13 Vgl. zum Folgenden auch *J. Becker/C. Fuest*, Wirtschaftsdienst 2011, 401 ff.
14 Vgl. *P. B. Richman*, Taxation of Foreign Investment Income, 1963; *P. B. Musgrave*, United States Taxation of Foreign Investment Income: Issues and Arguments, 1969.

rung. Die Annahme, dass zwischen in- und ausländischen Investitionen ein substitutives Verhältnis besteht, wird jedoch bestritten. Besteht tatsächlich zwischen In- und Auslandsinvestitionen ein komplementäres Verhältnis, d. h. die inländischen Investitionen reagieren nicht negativ auf eine Ausweitung der Auslandsaktivität, kann auch eine kapitalimportneutrale Besteuerung und somit die Freistellungsmethode überlegen sein. Allerdings lässt sich Komplementarität zwischen In- und Auslandsinvestitionen empirisch nicht belegen. Zudem bleibt es auch bei komplementären In- und Auslandsinvestitionen immer dann bei einer Überlegenheit der kapitalexportneutralen Besteuerung, falls die persönlichen Steuern des Kapitalgebers bzw. Investors relevant sind.

```
        ┌──────────────────────────────────────────────┐
        │  Allokation von Realkapital (Greenfield-Investitionen)  │
        │              (Musgrave 1963, 1969)           │
        └──────────────────────┬───────────────────────┘
                    ┌──────────┴──────────┐
                    │ Effiziente Besteuerung │
                 ja └──────────┬──────────┘ nein
            ┌──────────────────┴──────────────────┐
┌───────────┴────────────┐              ┌─────────┴──────────────┐
│ Kapitalexportneutralität│              │ Kapitalimportneutralität│
│    unterstützt durch    │              │   unterstützt durch     │
│   Anrechnungsmethode    │              │   Freistellungsmethode  │
└───────────┬────────────┘              └─────────┬──────────────┘
            │           ┌───────────────────────┐ │
            │           │ Effiziente Besteuerung │ │
          ja│           │ (Kapitaleignerneutralität) │ja
            └───────────┴───────────┬───────────┴─┘
                    ┌───────────────┴────────────────┐
                    │ Allokation von Eigentumsrechten (M&A-Investitionen) │
                    │        (Desai/Hines 2003, 2004)          │
                    └────────────────────────────────┘
```

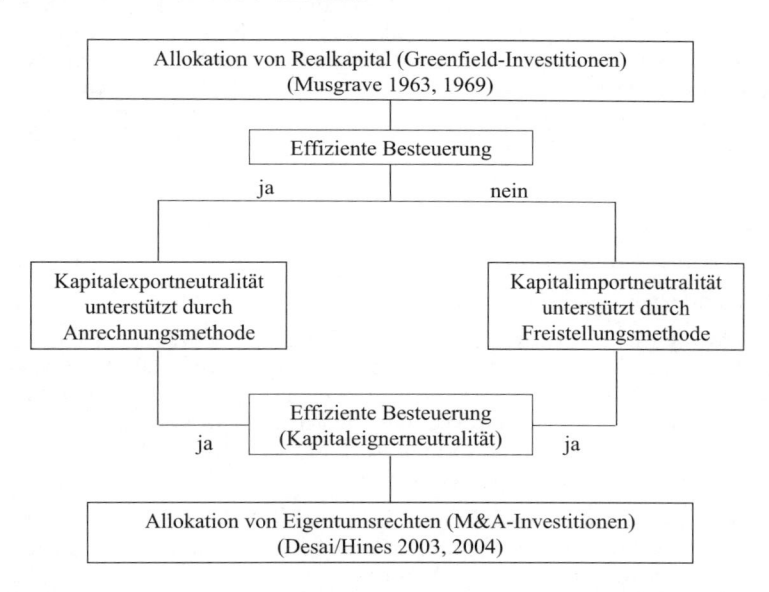

Abbildung 1: Internationale Steuerneutralität und Vermeidung internationaler Doppelbesteuerung

Im neueren Schrifttum wurden die Konzepte internationaler Steuerneutralität auf Unternehmensübernahmen ausgeweitet.[15] Denn bei Direktinvestitionen sind im Gegensatz zu Greenfield-Investitionen zunehmend Unternehmensübernahmen, sog. M&A-Investitionen, bedeutsam, die einen schlichten Eigentümerwechsel bedingen. Eine effiziente Besteuerung sollte deshalb keinen Einfluss auf die Eigentümerstruktur des bestehenden Kapitalstocks haben, damit der produktivste Eigentümer zum Zuge kommen

---

15 Vgl. *M. A. Desai/J. R. Hines*, National Tax Journal 2003, 487 ff.; 2004, 937 ff.

kann. Die Besteuerung grenzüberschreitender Investitionen soll deswegen kapitaleignerneutral sein. Kapitaleignerneutralität der Besteuerung kann durch eine international koordinierte kapitalexportneutrale (bei Relevanz der persönlichen Steuern des Kapitalgebers bzw. Investors) oder kapitalimportneutrale Besteuerung gewährleistet werden, weshalb bei der Betrachtung von M&A-Investitionen sowohl die Anrechnungs- als auch die Freistellungsmethode eine Berechtigung haben.

Festzuhalten ist, dass die vorherrschenden Konzepte internationaler Steuerneutralität unterschiedliche Investitionen betrachten und somit nicht miteinander vermischt werden können. Bei der Allokation von Realkapital sichert eine kapitalexportneutrale Besteuerung Effizienz, bei der Allokation von Eigentumsrechten führen Kapitalexport- und Kapitalimportneutralität gleichermaßen zu Effizienz. Da die Besteuerung ausländischer Gewinne stets am Aggregat anknüpfen muss und nicht zwischen Gewinnen aus Unternehmensneugründungen und Unternehmensübernahmen differenzieren kann, ist im Ergebnis eine kapitalexportneutrale Besteuerung und somit die Anrechnungsmethode vorzuziehen.

2. Allokation von Realkapital: Unternehmensneugründungen (Greenfield-Investitionen)

a) Kapitalexportneutralität

Die ökonomische Analyse der optimalen Besteuerung grenzüberschreitender Investitionen beginnt in den 1960er Jahren mit den bahnbrechenden Arbeiten von *Peggy Musgrave* (geb. *Richman*).[16] Daran anknüpfend entwickelte sich ein Literaturstrang, der die Argumente von *Musgrave* zunehmend formalisierte und verfeinerte.[17] Für Jahrzehnte definierte diese Literatur einen weithin akzeptierten Konsens.

Optimal ist diejenige internationale Besteuerungssystematik, die Produktionseffizienz sichert. Eine optimale Steuer steht somit mit der Maximierung des Brutto-Einkommens, das in der Folge mikroökonomischer Entscheidungen der Wirtschaftssubjekte entsteht, in Einklang. Eine Revision dieser Entscheidungen würde nicht zu einem Zuwachs, sondern zu einem Verlust an Einkommen führen. Optimalität bzw. Effizienz aus globaler Sicht bedeutet, dass das weltweite Einkommen nicht mehr durch eine Revision der der Produktion zugrunde liegenden Entscheidungen erhöht werden kann.

---

16 Vgl. *P. B. Richman*, Taxation of Foreign Investment Income, 1963; *P. B. Musgrave*, United States Taxation of Foreign Investment Income: Issues and Arguments, 1969.
17 Vgl. *K. Hamada*, Quarterly Journal of Economics 1966, 361 ff.; *M. S. Feldstein/ D. Hartman*, Quarterly Journal of Economics 1979, 613 ff.; *T. Horst*, Quarterly Journal of Economics 1980, 793 ff.

Im Fokus stehen internationale Investitionsentscheidungen multinationaler Unternehmen. Es soll ein gegebener Kapitalstock auf das In- und Ausland verteilt werden, wobei die Errichtung ausländischer Produktionsstätten einen entsprechenden Rückgang von Produktionsstätten im Inland zur Folge hat. Investitionen im In- und Ausland stehen folglich in einem substitutiven Verhältnis zueinander. Zudem handelt es sich um neue Investitionen, sog. Greenfield-Investitionen.

Unter diesen Bedingungen erweist sich eine kapitalexportneutrale Besteuerung als optimal. Kapitalexportneutralität betrachtet einen inländischen Investor, für den es unter steuerlichen Gesichtspunkten gleichgültig sein muss, ob er sein Kapital im In- oder Ausland investiert. Bezugspunkt für eine neutrale Besteuerung ausländischer Gewinne ist also der Ansässigkeitsstaat des Investors. Eine kapitalexportneutrale Besteuerung wird in einem vierstufigen Verfahren umgesetzt. Erforderlich ist, dass (1) im Ausland erzielte Gewinne nach inländischen Vorschriften ermittelt werden, (2) im Feststellungszeitpunkt in die inländische Bemessungsgrundlage einbezogen werden, (3) dem gleichen Steuersatz wie inländische Gewinne unterliegen und (4) die darauf einbehaltene ausländische Steuer vollständig auf die inländische Steuer angerechnet wird.[18] Das Anrechnungsverfahren garantiert, dass ausländische Gewinne unabhängig von ihrem Entstehungsort bzw. Zielland der Investition gemäß den Wertungen des Wohnsitzstaates besteuert werden. Die von den gewinnmaximierenden Unternehmen angestrebte Angleichung der Nettorenditen über alle Produktionsstandorte impliziert aufgrund der einheitlichen Steuerbelastung der getätigten Investitionen zugleich eine Angleichung der Bruttorenditen auf das eingesetzte Kapital.[19] Die Besteuerung verzerrt die Allokation des Kapitals auf die Produktionsstandorte somit nicht. Sie ist vielmehr kapitalexportneutral. Unter der Annahme einer fallenden Grenzproduktivität des Faktors Kapital könnte selbst eine Abweichung von der sich nach den einzelwirtschaftlichen Investitionsentscheidungen ergebenden Kapitalallokation kein zusätzliches Bruttoeinkommen mehr generieren, sondern sie implizierte stattdessen globale Einkommenseinbußen. Die Unmöglichkeit weltweiter Einkommensgewinne durch Kapitalreallokation ist das zentrale Kriterium für globale Optimalität, die somit erreicht wird.

Kapitalexportneutralität bzw. internationale Produktionseffizienz wird bei Anwendung der Anrechnungsmethode somit trotz unterschiedlicher Ge-

---

18 Vgl. grundlegend *P. B. Musgrave*, United States Taxation of Foreign Investment Income: Issues and Arguments, 1969, S. 109 ff., 121, 128 ff.
19 Vgl. zu alternativen formalen Darstellungen *M. P. Devereux*, Issues in the taxation of income from foreign portfolio and direct investment, in S. Cnossen, Taxating Capital Income in the European Union, Issues and Options for Reform, 2000, S. 116 f.; *S. Homburg*, Perspektiven der internationalen Unternehmensbesteuerung, in N. Andel, Probleme der Besteuerung III, 2000, S. 11 ff.

winnsteuersätze und Bemessungsgrundlagen gewährleistet.[20] Dies sichert insoweit ein beträchtliches Maß an nationaler Steuerautonomie. Allerdings reicht das Konzept weit über eine globale Anwendung der Anrechnungsmethode auf ausländische Einkünfte hinaus.

Die Durchsetzung einer kapitalexportneutralen Besteuerung bereitet vor allem Probleme, wenn Gewinne über ausländische Kapitalgesellschaften bezogen und dort thesauriert werden. In diesem Fall ist die durch das Trennungsprinzip bewirkte Abschirmwirkung zu durchbrechen und ein Zugriff auf die in Auslandsgesellschaften thesaurierten Gewinne vorzusehen. Dabei hat eine Zurechnung auf die hinter den Kapitalgesellschaften stehenden Anteilseigner zu erfolgen, was im Grundsatz der Etablierung einer grenzüberschreitenden Teilhabersteuer gleichkommt.[21] Dies gilt bei natürlichen Personen als Anteilseigner unabhängig davon, ob die Anteile an ausländischen Kapitalgesellschaften unmittelbar oder mittelbar über im Inland zwischengeschaltete Kapitalgesellschaften gehalten werden. Der Hinzurechnungsbesteuerung dürften insbesondere bei mehrstufigen Portfoliobeteiligungen, die von natürlichen Personen gehalten werden, unüberbrückbare administrative Hürden entgegenstehen.[22] Zudem kollidiert sie bei Investitionen im Europäischen Binnenmarkt mit den EU-rechtlichen Grundfreiheiten.[23] Im Hinblick auf thesaurierte Gewinne wäre deswegen eine Angleichung der effektiven Körperschaftsteuerbelastungen, also der Steuersätze und Gewinnermittlungsvorschriften, unausweichlich.[24] Kapitalexportneutralität erfordert somit faktisch ein hohes Maß an internationaler Kooperation.

b) Kapitalimportneutralität

Kapitalimportneutralität der Besteuerung betrachtet den ausländischen Investitionsort. Danach sollen alle Aktivitäten auf einem Auslandsmarkt unabhängig von der Ansässigkeit der Investoren nur dem dort vorherrschenden Steuerniveau unterliegen.[25] Es wird also unterstellt, dass sich der globale Wettbewerb um Investitionen auf räumlich separierbaren Märkten abspielt.

---

20 Vgl. *P. B. Musgrave*, Interjurisdictional coordination of taxes on capital income, in S. Cnossen, Tax Coordination in the European Community, 1987, S. 205 ff.; *S. Homburg*, Allgemeine Steuerlehre (Fn. 12), S. 304.
21 Vgl. *U. Schreiber*, Die Betriebswirtschaft 1992, 832.
22 Vgl. *W. Schön*, World Tax Journal 2009, 79 f.; *P. B. Sørensen*, Coordination of capital income taxes in the economic and monetary union: what needs to be done?, in F. Torres/F. Giavazzi, Adjustment and growth in the European Monetary Union, 1993, S. 353; *OECD*, Taxing profits in a global economy, 1991, S. 180.
23 Vgl. zur Diskussion über eine EU-rechtskonforme Hinzurechnungsbesteuerung *O. H. Jacobs*, Internationale Unternehmensbesteuerung (Fn. 2), S. 448 ff.
24 Vgl. *C. Spengel*, Internationale Unternehmensbesteuerung in der Europäischen Union (Fn. 11), S. 239 f.
25 Vgl. statt vieler *K. Vogel*, Intertax 1988, 311.

Dieses Wettbewerbsargument gilt infolge mehrstufiger und arbeitsteiliger Produktionsprozesse, der Nutzung firmenspezifischen Know-hows und der mangelnden Separierbarkeit von Absatzmärkten mittlerweile als widerlegt,[26] es wird im Folgenden aber nicht weiter problematisiert.

Die Sicherstellung einer kapitalimportneutralen Besteuerung geht weit über die derzeit praktizierte Freistellungsmethode in Bezug auf Auslandsgewinne hinaus und erfordert konzeptionell verglichen mit einer kapitalexportneutralen Besteuerung ein erheblich höheres Maß an internationaler Steuerkooperation. Damit Investitionen, die an einem ausländischen Standort erfolgen, einer identischen Steuerbelastung unterliegen, muss die Besteuerung sämtlicher Einkünfte im Quellenland abschließend erfolgen. Nur auf diese Weise kann der Einfluss einer abweichenden Wohnsitzbesteuerung, etwa durch Fremdfinanzierung des Auslandsengagements, ausgeschlossen werden. Harmonisierungsbedarf besteht somit hinsichtlich der Besteuerung am ausländischen Investitionsstandort sowie der Besteuerung im Wohnsitzland des Investors. Eine Einmalbesteuerung auf Basis des ausländischen Steuerniveaus wird danach erreicht, wenn zum einen im Quellenland eine Betriebssteuer mit proportionalem Satz gekoppelt mit einem Abzugsverbot für Faktorentgelte bzw. Vergütungen aus schuldrechtlichen Vertragsbeziehungen wie Zinsen, Mieten und Lizenzen etabliert wird. Dies entspräche dem Konzept einer *Comprehensive Business Income Tax* (CBIT).[27] Im Wohnsitzland des Investors sind neben repatriierten Gewinnen (hier: Gewinnausschüttungen) sämtliche weiteren ausländischen Einkünfte, die im Rahmen der CBIT im Ausland nicht abzugsfähig sind, freizustellen. Damit käme es in Bezug auf Faktorentgelte zu erheblichen Einschränkungen des diesbezüglich vorherrschenden Wohnsitzprinzips.

Eine abschließende Besteuerung ausländischer Einkünfte im Quellenland und somit eine kapitalimportneutrale Besteuerung führt bei gewinnmaximierenden Unternehmen im Gleichgewicht zu übereinstimmenden Nettorenditen. Infolge divergierender nationaler Steuersätze und Gewinnermittlungsvorschriften werden sich jedoch standortspezifische Bruttorenditen herausbilden, womit eine produktionseffiziente Besteuerung nicht gewährleistet ist.[28] Denn eine im Vergleich zum Inland niedrigere ausländische Besteuerung, die zu höheren Nachsteuerrenditen führen kann, setzt Anreize zur Produktionsverlagerung ins Ausland. Verzerrungen der Kapitalallokation durch eine Verlagerung unrentabler Investitionen in Niedrigsteuerländer zulasten rentabler Investitionen in höher besteuernden Ländern

---

26 Vgl. *O. H. Jacobs*, Internationale Unternehmensbesteuerung (Fn. 2), S. 29 ff. m. w. N.; *W. Schön*, World Tax Journal 2009, 80 f.
27 Vgl. *Department of the Treasury*, Integration of the Individual and Corporate Income Tax Systems. Taxing Business Income Once, 1992, S. 39 ff.
28 Vgl. *M. P. Devereux/M. Pearson*, European Economic Review 1995, 1659 f.; *S. Homburg*, Perspektiven der internationalen Unternehmensbesteuerung (Fn. 19), S. 14 ff.

verletzen das Ziel internationaler Produktionseffizienz. Letztere ließe sich nur durch eine noch umfassendere Steuerharmonisierung gewährleisten, die standortabhängige Steuerbelastungen vollständig beseitigt. Neben einer Angleichung des Gewinnermittlungsrechts im Quellenland (hier: CBIT) und einer Ausweitung der Freistellungsmethode im Wohnsitzland auf sämtliche ausländische Einkünfte erfasst der Harmonisierungsbedarf somit auch die nationalen Gewinnermittlungsvorschriften (z. B. Abschreibungsregeln) und Steuersätze. In diesem Fall wäre die Unterscheidung zwischen Kapitalimport- und Kapitalexportneutralität der Besteuerung obsolet.

c) Zusammenhang zwischen In- und Auslandsinvestitionen

Die empirischen Grundlagen der in den Modellen einer optimalen Allokation von Realkapital getroffenen Annahmen über den Zusammenhang zwischen Inlands- und Auslandsaktivität werden zunehmend bezweifelt.[29] Fraglich ist, ob inländische und ausländische Investitionen als Substitute betrachtet werden können. Tatsächlich bestehe zwischen inländischen und ausländischen Investitionen eine komplementäre Beziehung, d. h. die inländischen Investitionen reagieren nicht negativ auf eine Ausweitung der Auslandsaktivität. Diese Kritik ist durchaus plausibel, denn Komplementarität von Inlands- und Auslandsinvestitionen lässt sich mit dem freien Zugang multinationaler Unternehmen zum weltweiten Kapitalmarkt begründen, der eine nahezu unbegrenzte Versorgung mit Finanzmitteln ermöglicht.[30]

Die Refinanzierung einer Ausweitung des Kapitalstocks wirft zunächst die Frage auf, ob persönliche Steuern des (marginalen) Kapitalgebers entscheidungserheblich sind. Sofern dies der Fall sein sollte, sichert unabhängig davon, ob es sich bei In- und Auslandsinvestitionen um Komplemente oder Substitute handelt, eine kapitalexportneutrale Besteuerung Produktionseffizienz.[31] Denn entscheidungsrelevant wäre ausschließlich die insoweit einheitliche Wohnsitzbesteuerung des Investors bzw. Kapitalgebers. Für inhabergeführte Unternehmen dürfte diese Prämisse gelten. Im Fall multinationaler Unternehmen wird die Entscheidungsrelevanz persönlicher Steuern bei Refinanzierungen über den Kapitalmarkt im international dominierenden Schrifttum hingegen regelmäßig mit nachvollziehbaren Argumenten verneint, da sich unabhängig von persönlichen Steuern ein einheitlicher Kapitalmarktzins herausbildet. In diesem Fall werden Investitionsentscheidungen ausschließlich von den Unternehmenssteuern an verschiedenen Standorten bestimmt.[32]

---

29 Vgl. *M. A. Desai/J. R. Hines,* National Tax Journal 2003, 487 ff.; 2004, 937 ff.; *M. P. Devereux,* Oxford Review of Economic Policy 2008, 698 ff.
30 Vgl. *J. Becker/C. Fuest,* Wirtschaftsdienst 2011, 403.
31 Vgl. *M. Ruf,* Tax Accounting Rules to Ensure Capital Ownership Neutrality, Diskussionspapier Universität Mannheim 2009.
32 Vgl. *C. Spengel* (Fn. 11), S. 84 f. (m. w. N).

Sofern zwischen in- und ausländischen Investitionen keine substitutive, sondern eine komplementäre Beziehung besteht und persönliche Steuern des Kapitalgebers nicht entscheidungsrelevant sind, ist die Freistellungsmethode zur Vermeidung der Doppelbesteuerung ausländischer Einkünfte der Anrechnungsmethode in der Tat überlegen.[33] Denn bei gegebener Produktion im In- und Ausland würde eine zusätzliche Besteuerung ausländischer Gewinne im Inland nur zu einer Umverteilung des globalen Einkommens zwischen dem Unternehmenssektor und den öffentlichen Haushalten führen. Als Reaktion auf diese Besteuerung werde allerdings gleichzeitig der Kapitalstock im Ausland reduziert, ohne dass es zu einer Ausweitung der Investitionstätigkeit im Inland komme. Damit verliere der Unternehmenssektor mehr als die öffentlichen Haushalte gewinnen können, weshalb ausländische Gewinne im Inland steuerbefreit werden sollten.

Die Befürworter der Freistellungsmethode können ihre Argumentation auch auf die Ergebnisse zahlreicher empirischer Studien stützen, die für multinationale Unternehmen in der Tat einen nicht negativen, zum Teil sogar einen positiven Zusammenhang zwischen Inlands- und Auslandsinvestitionen nachweisen.[34] Allerdings beziehen sich die entsprechenden Untersuchungen vor allem auf die Mikro-Ebene. Im Aggregat, also über alle multinationalen Unternehmen einer Volkswirtschaft hinweg, ergibt sich indes unstreitig ein substitutives Verhältnis von Inlands- und Auslandsaktivität.[35] Da die Steuerpolitik nicht das einzelne Unternehmen, sondern stets aggregierte Größen im Blick haben muss, führt der empirische Befund, dass Investitionen im Ausland die inländischen Investitionen im Aggregat verdrängen, zu einer erheblichen Relativierung der Argumente zugunsten der Freistellungsmethode.[36] Empirisch lässt sich ihre Überlegenheit gegenüber der Anrechnungsmethode jedenfalls nicht begründen.

3. Allokation von Eigentumsrechten: Kapitaleignerneutralität bei Unternehmensübernahmen (M&A-Investitionen)

Im jüngeren Schrifttum werden die Konzepte internationaler Steuerneutralität auf Unternehmensübernahmen und somit andere Arten von Investitionen ausgeweitet. Bei Direktinvestitionen sind im Gegensatz zu den her-

---

33 Vgl. zum Folgenden *J. Becker/C. Fuest*, Wirtschaftsdienst 2011, 403 f.
34 Vgl. *P. Egger/M. Pfaffermayr*, The Counterfactual to Investing Abroad: An Endogenous Treatment Approach to Foreign Affiliate Activity, University of Innsbruck Working Papers in Economics Nr. 2, 2003; *H. Simpson*, Investment Abroad and Adjustment at Home, CMPO Working Paper Nr. 08/207, 2008; *M. A. Desai/C. F. Foley/ J. R. Hines*, Economic Policy 2009, 181 ff.
35 Vgl. *M. S. Feldstein*, The Effects of Outbound Foreign Direct Investment on the Domestic Capital Stock, in M. S. Feldstein/J. R. Hines/R. G. Hubbard, The Effects of Taxation on Multinational Corporations, 1995, S. 43 ff.; *M. A. Desai/C. F. Foley/J. R. Hines*, American Economic Review, Papers and Proceedings 2005, 33 ff.
36 Vgl. *J. Becker/C. Fuest*, Wirtschaftsdienst 2011, 405.

kömmlich betrachteten Greenfield-Investitionen zunehmend Unternehmensübernahmen, sog. M&A-Investitionen, bedeutsam.[37] Im Gegensatz zum Aufbau neuer Produktionsstätten geht es bei M&A-Investitionen nicht um die geographische Allokation von Realkapital, sondern um die Allokation von Eigentumsrechten am bestehenden Kapitalstock.[38] Die zunehmende Bedeutung grenzüberschreitender M&A-Investitionen gegenüber Greenfield-Investitionen lässt sich theoretisch im Wesentlichen dadurch erklären, dass hoch integrierte multinational tätige Unternehmen aus derselben Investition unterschiedlich hohe Renditen erwirtschaften. Über den Zugang zu Know-how, die Nutzung von Größenvorteilen, die Ansiedlung von Entscheidungskompetenzen oder den Zugang zu Lieferanten und Vertriebswegen gelingt es hoch integrierten Unternehmen, Synergievorteile aus einer Investition zu erzielen. Aufgrund dieser Synergievorteile kann die gesamtwirtschaftliche Rendite durch einen Eigentümerwechsel gesteigert werden.

Vor diesem Hintergrund wird globale Steueroptimalität erreicht, wenn die Besteuerung die Eigentümerstruktur des bestehenden Kapitalstocks unberührt lässt, damit der produktivste Eigentümer zum Zuge kommen kann. Das zugrunde liegende Neutralitätskonzept wird als Kapitaleignerneutralität bezeichnet.[39]

Kapitaleignerneutralität kann, wie im Folgenden kurz skizziert wird, entweder durch eine international koordinierte kapitalimportneutrale oder kapitalexportneutrale Besteuerung gewährleistet werden. Kapitaleignerneutralität lässt sich zum einen bei einer Entscheidungsrelevanz persönlicher Steuern des Kapitalgebers bzw. Investors durch eine kapitalexportneutrale Besteuerung erreichen.[40] Im Grundsatz geht es hierbei um Unternehmensakquisitionen durch inhabergeführte Unternehmen. Da in diesem Fall die Besteuerung im Ansässigkeitsstaat des potenziellen Erwerbers keinen Einfluss auf die Allokation des Kapitals im In- oder Ausland hat, wird die Eigentümerstruktur ausschließlich durch Produktivitätsunterschiede bestimmt, weshalb auch in diesem Fall der wettbewerbsfähigste bzw. produktivste Erwerber zum Zuge kommt.

---

37 Im Jahr 2007 betrug das Gesamtvolumen grenzüberschreitender Direktinvestitionen weltweit 1,833 Billionen USD. Hiervon wurden 1,637 Billionen USD, also knapp 90 %, über M&A-Transaktionen getätigt. Vgl. *UNCTAD*, World Investment Report, 2008.
38 Vgl. *J. Becker/C. Fuest*, International Economic Review 2010, 171 ff.
39 Vgl. *M. A. Desai/J. R. Hines*, National Tax Journal 2003, 487 ff.; 2004, 937 ff. Der Begriff geht zurück auf *Devereux*. Vgl. *M. P. Devereux*, Capital Export Neutrality, Capital Import Neutrality and Capital Ownership Neutrality and All That, IFS Discussion Paper, 1990.
40 Vgl. *M. A. Desai/J. R. Hines*, National Tax Journal 2003, 487 ff.; *M. Ruf*, Tax Accounting Rules to Ensure Capital Ownership Neutrality, Diskussionspapier Universität Mannheim 2009; *J. Becker/C. Fuest*, International Economic Review 2010, 171 ff.; *J. Becker/C. Fuest*, Journal of Public Economics 2011, 28 ff.

Misst man hingegen persönlichen Steuern der Kapitalgeber keine Entscheidungsrelevanz bei, betrachtet man also Unternehmenserwerbe durch multinationale Unternehmen, die sich am Kapitalmarkt zu dem dort vorherrschenden Zinsniveau refinanzieren können, wird Kapitaleignerneutralität der Besteuerung gewährleistet, sofern alle Länder sämtliche Einkünfte, die in ihrem Hoheitsgebiet entstehen, nach dem oben skizzierten Modell einer CBIT (s. Punkt II. 2. b) besteuern und im Gegenzug sämtliche ausländische Einkünfte von der Besteuerung freistellen. Damit werden ausschließlich die Steuern am Ort der Investition definitiv und es ist Kapitalimportneutralität gegeben. Da alle potenziellen Erwerber bzw. Eigentümer des vorhandenen Kapitalstocks unabhängig von ihrer Ansässigkeit der gleichen Steuerbelastung am Ort der Investition ausgesetzt sind, kann das Eigentum somit an den tatsächlich produktivsten Eigentümer, der den höchsten Reservationspreis – auch vor Steuern – aufweist, übergehen.[41] Einer zusätzlichen Angleichung der standortabhängigen Steuerbelastungen durch eine Harmonisierung der Gewinnermittlungsvorschriften und tariflichen Steuersätze, wie dies eine effiziente Besteuerung bei der Allokation von Realkapital erfordert, bedarf es insoweit nicht.

Im Ergebnis lässt sich somit auch aus dem Konzept einer kapitaleignerneutralen Besteuerung keine Überlegenheit der Freistellungs- gegenüber der Anrechnungsmethode oder umgekehrt ableiten.

4. Zwischenergebnis

Die Konzepte internationaler Steuerneutralität unterscheiden hinsichtlich der Art der betrachteten Investitionen zwischen der Allokation von Realkapital (Greenfield-Investitionen) und der Allokation von Eigentumsrechten am existierenden Kapitalstock im Fall von Unternehmensübernahmen (M&A-Investitionen). Für eine effiziente Besteuerung ausländischer Gewinne hat dies unterschiedliche Implikationen. Abbildung 2 fasst die Ergebnisse zusammen.

Bei der effizienten Allokation von Realkapital auf das In- und Ausland werden Greenfield-Investitionen betrachtet und es wird üblicherweise unterstellt, dass Investitionen im In- und Ausland Substitute darstellen. Unter diesen Prämissen erweist sich eine kapitalexportneutrale Besteuerung als effizient und ist einer kapitalimportneutralen Besteuerung überlegen. Eine kapitalimportneutrale Besteuerung kann nur im Fall vollständig harmonisierter nationaler Steuersysteme Produktionseffizienz gewährleisten. Vor diesem Hintergrund ist die Anrechnungsmethode der Freistellungsmethode vorzuziehen, da erstere Kapitalexportneutralität der Besteuerung unterstützt. Sofern dagegen Investitionen im In- und Ausland keine Substitute darstellen, sondern eher komplementär zueinander stehen, ist eine kapital-

---

41 Vgl. *M. A. Desai/J. R. Hines*, National Tax Journal 2003, 487 ff.; 2004, 937 ff.

importneutrale Besteuerung und somit die sie unterstützende Freistellungsmethode der Anrechnungsmethode vorzuziehen. Ob es sich bei Investitionen im In- und Ausland um Komplemente oder Substitute handelt, basiert auf einem empirischen Zusammenhang. Im Aggregat ist dieser Zusammenhang eindeutig substitutiv, weshalb vor diesem Hintergrund die Überlegenheit einer kapitalexportneutralen Besteuerung und der sie unterstützenden Anrechnungsmethode nicht bestritten werden kann.

	Neutralitäts-konzept	Bezugspunkt	Prämissen	Umsetzung	Effiziente Besteuerung
Greenfield-Investitionen	Kapitalexportneutralität (KEX)	Ansässigkeitsstaat: Gleichbehandlung von In- und Auslandsinvestitionen	Fixer Kapitalstock (In- und Auslandsinvestitionen Substitute): strittig, empirisch nicht widerlegbar	Unmittelbare Besteuerung Welteinkommen im Entstehungszeitpunkt Vollständige Anrechnung ausl. Steuern	ja
	Kapitalimportneutralität (KIM)	Investitionsstandort: Gleichbehandlung in- und ausländischer Investoren	S. KEX	Quellenländer: abschließende Besteuerung (CBIT) Wohnsitzländer: Freistellung aller Einkünfte aus ausländischen Quellen	nein nur bei globaler Harmonisierung der Unternehmenssteuern
M&A-Investitionen	Kapitaleignerneutralität (KEN)	Identität Investor: keine Verzerrung der Eigentümerstrukturen	M&A-Investitionen	Entweder globaler Übergang zu KEX oder KIM	ja

Abbildung 2: Vergleich der unterschiedlichen Konzepte internationaler Steuerneutralität

Das in der jüngeren Literatur entwickelte Konzept der Kapitaleignerneutralität stellt M&A-Investitionen in den Mittelpunkt. Globale Steueroptimalität ist danach gewährleistet, wenn die Besteuerung die Eigentümerstruktur des bestehenden Kapitalstocks nicht verzerrt. Dies kann entweder durch eine international koordinierte kapitalimportneutrale oder eine kapitalexportneutrale Besteuerung erreicht werden, ohne dass es in diesem Fall bei einer kapitalimportneutralen Besteuerung einer vollständigen Angleichung standortabhängiger Steuerbelastungen bedarf. Da Kapitalexport- und Kapitalimportneutralität gleichermaßen zur Gewährleistung von Kapitaleignerneutralität beitragen, lassen sich aus diesem Konzept keine ökonomischen Argumente für die Überlegenheit der Anrechnungs- bzw. Freistellungsmethode ableiten.

Die vorstehenden Überlegungen haben auch verdeutlicht, dass man der Problematik der internationalen Steuerneutralität nicht gerecht wird, wenn man die Konzepte ausschließlich mit der Anrechnungs- oder der Freistellungsmethode in Verbindung bringt. Vielmehr erfordert die Gewährleistung von Steuerneutralität einen zwischenstaatlichen Koordinierungsbedarf bei der internationalen Unternehmensbesteuerung, der weit über die Methoden zur Vermeidung der Doppelbesteuerung hinausgeht. Ob dies gelingen kann, ist durchaus fraglich.[42] Solange jedoch die nationalen Steuerrechtsordnungen und die Konzepte für die Besteuerung grenzüberschreitender Einkünfte unkoordiniert nebeneinander stehen, sind Verzerrungen bei der Standortwahl von Investitionen und ihrer Finanzierung hinzunehmen. Neuere Erkenntnisse aus der diesbezüglichen empirischen Steuerforschung werden zu einem späteren Zeitpunkt rekapituliert (s. Punkt IV).

5. Argumente zugunsten der Freistellungsmethode jenseits von Effizienzüberlegungen

Die Kriterien einer effizienten Kapitalallokation liefern keine stichhaltigen Argumente gegen die Anrechnungsmethode. Trotz ihrer ökonomischen Überlegenheit befindet sie sich gegenüber der Freistellungsmethode auf dem Rückzug.[43] Ausschlaggebend hierfür könnten Kostenargumente und Wettbewerbsüberlegungen sein.

a) Kosten der Steuerbefolgung und Steuerdurchsetzung

Die Präferenz für die Freistellungsmethode könnte durch geringere Kosten bei der Steuerbefolgung und Steuerdurchsetzung im Vergleich zur Anrechnungsmethode begründet sein. Während bei der Freistellungsmethode die Einkünfte vordergründig nur auf das Inland und das Ausland aufzuteilen sind, sei bei der Anrechnungsmethode eine Aufteilung auf die einzelnen Standorte erforderlich, was zu höheren Kosten der Einkünfteallokation bei multinationalen Konzernen führe.[44] Diese administrativen Gesichtspunkte sind nicht von der Hand zu weisen.[45] Allerdings sind die Argumente weder empirisch untermauert noch können sie tatsächlich überzeugen. Denn auch bei Anwendung der Freistellungsmethode ist eine zwischenstaatliche Erfolgsallokation mittels Verrechnungspreisen auf Länderbasis erforderlich, um die Besteuerungsgrundlagen ausländischer Konzerneinheiten zu bestimmen. Hinzu kommt, dass die Freistellungsmethode häufig an zusätzliche Voraussetzungen geknüpft ist (z. B. Mindestbeteiligungsquoten und Mindesthaltedauern) und durch Missbrauchsvermeidungsvorschriften wie CFC-Regelungen oder Thin-Capitalization-Rules flankiert wird.[46] Der Stichhaltigkeit des Kostenarguments kann also nicht gefolgt werden.

---

42 Vgl. statt vieler *W. Schön*, World Tax Journal 2009, 67 ff.
43 S. Nachweise in Punkt I.
44 Vgl. *J. Becker/C. Fuest*, Wirtschaftsdienst 2011, 405.
45 Vgl. etwa für Deutschland *J. Lüdicke*, Überlegungen zur deutschen DBA-Politik, 2008, S. 70 ff.; *S. Brunsbach/D. Endres/J. Lüdicke/A. Schnitger*, Deutsche Abkommenspolitik (Fn. 9), S. 98 f.
46 S. auch *G. Kofler*, Bulletin for International Taxation 2012, 84 f. m. w. N.

b) Stärkung der Wettbewerbsfähigkeit multinationaler Unternehmen

Gegen die Anwendung der Anrechnungsmethode werden von vielen Staaten Wettbewerbsnachteile ihrer multinationalen Unternehmen auf Auslandsmärkten angeführt, wenn die dort ansässigen Unternehmen einer niedrigeren Steuerbelastung unterliegen und ausländische Konkurrenzunternehmen in Drittstaaten ansässig sind, welche ausländische Einkünfte freistellen.[47] Auf Wettbewerbsnachteile, welche die Anrechnungsmethode mit sich bringt, verweisen insbesondere Vertreter aus Hochsteuerländern wie Deutschland[48] und den USA.[49] Dieses Wettbewerbsargument ist durchaus plausibel, da die Freistellungsmethode bei Investitionen in Niedrigsteuerländern Liquiditätsnachteile durch eine zusätzliche Wohnsitzbesteuerung vermeidet. Es sind allerdings zwei Aspekte zu beachten. Aufgrund der Abschirmwirkung von Kapitalgesellschaften tritt auch bei der Anrechnungsmethode insoweit zunächst kein Wettbewerbsnachteil auf Auslandsmärkten auf, solange die Gewinne im Ausland thesauriert werden. Das Trennungsprinzip „schützt" auch Investoren aus Anrechnungsländern. Eine zusätzliche Steuerbelastung bei Anwendung der Anrechnungsmethode ergibt sich erst bei einer Gewinnrepatriierung. Diese Repatriierungssteuer wird im Fall der Freistellungsmethode vermieden. Sie ist somit Ausdruck einer höheren nationalen Steuerbelastung, weshalb die Freistellungsmethode tatsächlich multinationale Unternehmen gegenüber rein national tätigen Unternehmen sowie Exporteuren begünstigt. Zur Stärkung der globalen Wettbewerbsfähigkeit von Investoren in Hochsteuerländern wäre eine allgemeine Absenkung des nationalen Steuerniveaus in den betreffenden Ländern vermutlich nicht minder effizient.[50] Zudem fehlt ein Nachweis, dass sich eine Verminderung bzw. Abschaffung von Repatriierungssteuern auf ausländische Gewinne tatsächlich positiv auf die Investitionstätigkeit im Inland auswirkt. In den USA, die im Jahr 2004 einmalig für einen begrenzten Zeitraum die Repatriierungssteuern deutlich reduziert haben, waren zwar deutlich höhere Gewinnrückführungen festzustellen. Allerdings wurden diese Gewinne nicht zur Finanzierung zusätzlicher Investitionen, sondern anderweitig verwendet (wie etwa für Aktienrückkäufe oder erhöhte Ausschüttungen an die Kapitalgeber).[51]

---

47 Vgl. die zahlreichen Nachweise bei *G. Kofler*, Bulletin for International Taxation 2012, 80 ff.
48 Vgl. zuletzt *S. Brunsbach/D. Endres/J. Lüdicke/A. Schnitger*, Deutsche Abkommenspolitik (Fn. 9), S. 90 ff. Zu weiteren Nachweisen s. *C. Spengel* (Fn. 11), S. 236.
49 S. die Nachweise bei *H. Grubert/J. Mutti*, International Tax and Public Finance 1995, 441.
50 Vgl. für die USA *H. Grubert/J. Mutti*, International Tax and Public Finance 1995, 453.
51 Vgl. *United States Senate Permanent Subcommittee on Investigations*, Repatriating Offshore Funds: 2004 Tax Windfall for Select Multinationals, 11.10.2011.

III. Verwirklichung von internationaler Steuerneutralität im Europäischen Binnenmarkt – eine quantitative Analyse

1. Grundlagen der Steuerbelastungsanalysen

Im Folgenden wird anhand einer quantitativen Belastungsanalyse untersucht, inwieweit internationale Steuerneutralität im Europäischen Binnenmarkt verwirklicht ist und welche Trends im Zeitablauf festzustellen sind. Hierzu werden die effektiven Steuerbelastungen bei nationaler und grenzüberschreitender Geschäftstätigkeit in sämtlichen 27 EU-Mitgliedstaaten über einen Zeitraum von 1998 bis 2009 ermittelt und miteinander verglichen. Im Grundsatz betrachtet die Steuerbelastungsanalyse die Steuerfolgen einer Aufteilung des Kapitalstocks zwischen den EU-Mitgliedstaaten auf das jeweilige EU-In- und das restliche EU-Ausland. Insofern liefern die Ergebnisse einen Hinweis auf die Verwirklichung von Produktionseffizienz im Europäischen Binnenmarkt im Zusammenhang mit der Allokation von Realkapital.

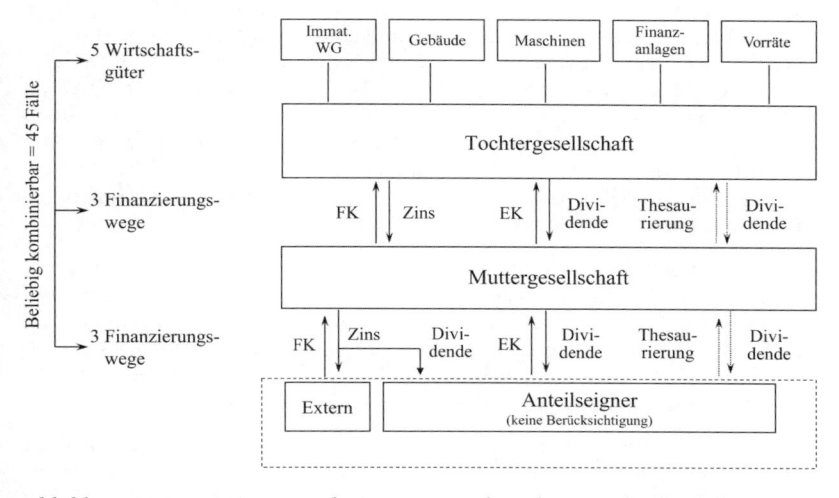

Abbildung 3: Investitionen und Finanzierungsbeziehungen des Modellunternehmens

Die Steuerbelastungsanalysen basieren auf dem Modell von Devereux und Griffith,[52] das am Zentrum für Europäische Wirtschaftsforschung (ZEW)

---

52 Vgl. *M. P. Devereux/R. Griffith*, The Taxation of Discrete Investment Choices, Institute for Fiscal Studies, Working Paper 98/16 (Revision 2), 1999. S. auch *C. Spengel*, Internationale Unternehmensbesteuerung in der Europäischen Union (Fn. 11), S. 68 ff.; 134 ff.

maßgeblich weiterentwickelt wurde und unter anderem regelmäßig in Studien der Europäischen Kommission zur Anwendung kommt.[53] Es werden effektive Durchschnittssteuerbelastungen (EATR = effective average tax rate) von Investitionen ermittelt, die von Modellunternehmen in der Rechtsform der Kapitalgesellschaft durchgeführt werden. Für grenzüberschreitende Investitionen wird ein zweistufiger Konzernaufbau modelliert. Abbildung 3 zeigt die Investitionen und Finanzierungsbeziehungen des Modellunternehmens.

Betrachtet wird eine (Mutter)Kapitalgesellschaft, die in einem EU-Mitgliedstaat ansässig ist und in sämtlichen anderen EU-Mitgliedstaaten über Tochterkapitalgesellschaften verfügt. Die Investitionen können entweder national durch die (Mutter-)Kapitalgesellschaft oder grenzüberschreitend durch die Tochtergesellschaften durchgeführt werden. Investitionen sind in insgesamt fünf Wirtschaftsgüter möglich (immaterielle Wirtschaftsgüter, Gebäude, Maschinen, Finanzanlagen und Vorräte). Die Finanzierung der Tochtergesellschaft erfolgt alternativ über ein Darlehen oder eine Kapitalerhöhung der Muttergesellschaft oder über einbehaltene Gewinne. Je nach Art der Finanzierung werden die Gewinne an die Mutter in Form von Zinsen oder Dividenden ausgekehrt, bei Gewinnthesaurierung erfolgt die Ausschüttung zu einem späteren Zeitpunkt. Die Muttergesellschaft wird auf gleiche Weise durch ihre im gleichen Land ansässigen Anteilseigner finanziert, wobei die Besteuerung der Anteilseigner im Folgenden nicht weiter betrachtet wird. Konkret wird also die Verwirklichung von Produktionseffizienz bei der Allokation von Realkapital (Greenfield-Investitionen) im Körperschaftsteuersektor untersucht.

Bei fünf Wirtschaftsgütern und neun Finanzierungswegen ergeben sich insgesamt 45 verschiedene Investitionen, die für die Berechnungen jeweils proportional gewichtet werden und das Modellunternehmen repräsentieren. Es werden profitable Investitionen unterstellt, die vor Steuern jeweils eine Rendite von 20 % erwirtschaften, der Kapitalmarktzins beträgt 5 %. Die EATR entspricht der steuerbedingten Renditeminderung.

Als Steuerparameter werden alle durch die betrachteten Wirtschaftsgüter und Finanzierungswege auf Ebene einer Kapitalgesellschaft berührten Ertragsteuern sowie ertragsunabhängige Steuern einbezogen. In Deutschland werden also die Körperschaftsteuer inklusive Solidaritätszuschlag, die Gewerbesteuer und die Grundsteuer berücksichtigt. Bei den Gewinnermittlungsvorschriften werden die von den abnutzbaren Wirtschaftsgütern des Anlagevermögens (immaterielle Anlagegüter, Gebäude und Maschinen) abhängigen Abschreibungsvorschriften sowie Verbrauchsfolgeverfahren bei

---

53 Vgl. zuletzt C. Spengel et al., Effective Levels of Company Taxation within an Enlarged EU, Project TAXUD 2005/DE/310 (http://ec.europa.eu/taxation_customs/resources/documents/common/publications/studies/etr_company_tax.pdf).

Vorräten betrachtet. Hinsichtlich der Besteuerung der grenzüberschreitenden Finanzierungsbeziehungen werden die jeweils geltenden Quellensteuern sowie die Methoden zur Vermeidung der Doppelbesteuerung einbezogen.[54]

2. Nationale und grenzüberschreitende Effektivbelastungen

a) Rechtsstand 2009

Den Ausgangspunkt für die Belastungsanalysen bilden die steuerlichen Verhältnisse in den EU-Mitgliedstaaten im Jahr 2009. Tabelle 2 zeigt die effektiven Durchschnittssteuerbelastungen, berechnet jeweils für inländische Investitionen, Inbound-Investitionen sowie Outbound-Investitionen.

	EU Durchschnitt			EU Standardabweichung je Land	
	Inlandsfall (1)	Inbound (2)	Outbound (3)	Inbound (4)	Outbound (5)
Belgien	24.7	24.2	17.2	2.3	7.3
Bulgarien	8.8	9.2	19.0	4.6	5.0
Dänemark	22.5	22.0	20.5	2.1	6.8
Deutschland	28.0	27.1	21.2	1.9	7.2
Estland	16.5	13.7	30.1	1.7	3.8
Finnland	23.6	23.0	20.5	2.0	6.9
Frankreich	34.6	32.5	20.2	2.0	6.8
Griechenland	21.8	21.5	23.0	2.5	4.2
Großbritannien	28.3	27.3	24.1	2.0	3.7
Irland	14.4	14.6	22.2	3.3	6.4
Italien	27.4	26.5	21.3	1.9	7.2
Lettland	13.8	14.1	19.8	3.4	5.5
Litauen	16.8	16.9	20.4	2.9	6.1
Luxemburg	25.0	24.0	20.3	2.0	7.2
Malta	32.2	30.1	19.4	2.1	7.1
Niederlande	23.7	23.1	21.8	2.1	5.8
Österreich	22.7	22.2	20.5	2.1	6.8
Polen	17.5	17.5	20.2	2.8	6.0
Portugal	23.7	23.0	20.4	2.2	7.0
Rumänien	14.8	15.1	19.9	3.5	5.6
Schweden	23.2	22.6	20.5	2.1	6.9
Slowakei	16.8	16.9	20.8	2.6	5.4
Slowenien	19.1	19.0	21.7	2.4	5.5
Spanien	38.1	31.4	19.9	1.9	7.1
Tschechien	17.5	17.5	20.9	2.5	5.5
Ungarn	19.5	19.4	20.6	2.3	6.3
Zypern	10.6	10.8	18.9	4.0	5.1

---

54 Zu den konkreten Steuerparametern für die jeweiligen Jahre sowie die weiteren Modellprämissen vgl. C. Spengel et al., Project TAXUD 2005/DE/310 (Fn. 53).

	EU Durchschnitt			EU Standardabweichung je Land	
	Inlandsfall (1)	Inbound (2)	Outbound (3)	Inbound (4)	Outbound (5)
EU Durchschnitt	21.7	20.9	20.9	2.5	6.1
EU Standardabw.	7.0	6.0	2.3		
Die dargestellten Ergebnisse basieren auf der steueroptimalen Finanzierung des Tochter-Unternehmens, d. h. Selbst-, Beteiligungs- oder Fremdfinanzierung. Die optimale Finanzierung wird ermittelt, indem die EATR für jede Finanzierungsweise berechnet und verglichen wird. Es werden für jedes Land Durchschnitte über alle Investitionsländer (bei Outbound-Betrachtung) bzw. über alle Herkunftsländer (bei Inbound-Betrachtung) gebildet. Diese Durchschnitte umfassen ausschließlich Investitionen in EU-Staaten (Outbound) bzw. aus EU-Staaten (Inbound).					

Tabelle 2: Durchschnitt der EATR (in %) je Land, optimale Finanzierung des ausländischen Tochter-Unternehmens, ungewichteter Durchschnitt über alternative Finanzierungswege der Mutter, 2009

Im Fall grenzüberschreitender Investitionen wird eine steueroptimale Finanzierung der Tochtergesellschaften durch die Muttergesellschaft unterstellt, indem von den drei zur Verfügung stehenden Finanzierungswegen der Tochtergesellschaften derjenige mit der geringsten Belastung gewählt wird. Zunächst werden hierfür die Investitionsprojekte für jedes Länderpaar bestehend aus Sitzstaat der Muttergesellschaft und dem Investitionsland, d. h. dem Sitzstaat der Tochtergesellschaft, ermittelt. Die Ergebnisse für die Inbound-Investitionen repräsentieren dann aus Sicht eines jeden Investitionslandes den (einfachen) Durchschnitt der effektiven Steuerbelastungen des Bündels aus fünf Wirtschaftsgütern des jeweils steuereffizienten Finanzierungsweges für jede mögliche Paarung mit einem EU-Sitzstaat des Direktinvestors. Für die Outbound-Investitionen erfolgt entsprechend eine Durchschnittsbildung aus Sicht des Sitzstaats der Muttergesellschaft des jeweils steueroptimalen Finanzierungsweges über alle möglichen EU-Quellenstaaten. In den Spalten (4) und (5) finden sich die entsprechenden Standardabweichungen der Steuerbelastungsmaße über alle Länderpaarungen für die jeweils gegebenen Investitionsländer (Inbound-Fall) bzw. Sitzstaaten der Investoren (Outbound-Fall).

Die Ergebnisse in Tabelle 2 eignen sich als Indikator für internationale Produktionsineffizienzen bei der Allokation von Realkapital innerhalb der EU, da sie steuerliche Verzerrungen und Verletzungen von Kapitalexport- sowie Kapitalimportneutralität offenlegen. Bei kapitalexportneutraler Besteuerung würden für alle EU-Mitgliedstaaten die in Spalte (1) ausgewiesenen Steuerbelastungen inländischer Investitionen mit den Ergebnissen für Outbound-Investitionen (Spalte (3)) übereinstimmen und die Standardabweichung in Spalte (5) durchweg einen Wert von null ausweisen. Eine solche Situation würde bedeuten, dass jedes in einem EU-Mitgliedstaat ansässige Unternehmen der gleichen effektiven Durchschnittssteuerbelastung unterliegt, unabhängig davon, ob es in seinem Sitzstaat oder an einem anderen Standort innerhalb der EU investiert. Kapitalimportneutralität wäre gegeben, wenn für alle EU-Mitgliedstaaten die Steuerbelastung inländischer Investitionen (Spalte (1)) mit derjenigen auf Inbound-Investitionen (Spalte (2)) identisch wäre und die Standardabweichung (Spalte (4)) wiederum durchgehend null betragen würde. Damit wäre die Steuerbelastung auf Investitionsprojekten in jedem Investitionsland innerhalb der EU unabhängig vom Sitz des Investors.

Es zeigt sich zunächst, dass die EATR auf grenzüberschreitende Investitionen bei Betrachtung des steueroptimalen Finanzierungsweges (Durchschnitt 20,9 %) leicht geringer ausfällt als die entsprechende Belastung inländischer Investoren, die im EU-Durchschnitt 21,7 % beträgt. Auffällig ist die relativ geringe Streuung der durchschnittlichen EATR bei Outbound-Investitionen über alle Sitzstaaten des Investors in Höhe von 2,3 (Spalte (3)). Die innergemeinschaftliche Streuung der durchschnittlichen EATR bei Inbound-Investitionen über alle Quellenstaaten ist dagegen mit einem Wert von 6,0 (Spalte (2)) deutlich ausgeprägter. Indes fällt bei gegebenem Quellenstaat die Streuung der EATR in Abhängigkeit vom Sitzstaat des Investors (Wohnsitzstaat) mit durchschnittlich 2,5 (Spalte (4)) geringer aus als die durchschnittliche Streuung der EATR in Abhängigkeit vom Investitionsstandort (Quellenstaat) bei gegebenem Sitzstaat des Investors, die einen Wert von 6,1 annimmt (Spalte (5)).

Innerhalb der EU variiert die effektive Durchschnittssteuerbelastung auf Inbound-Investitionen somit in erheblicher Weise zwischen den einzelnen Zielländern (Spalte (2)). Bei gegebenem Investitionsstandort ist der Sitzstaat des Investors dagegen vergleichsweise nachrangig für die Höhe der EATR (Spalte (4)). Die geringen Auswirkungen des Sitzstaats eines Investors auf die EATR grenzüberschreitender Aktivitäten zeigen sich auch anhand der festgestellten geringen Streuung der EATR von Outbound-Investitionen über alle Sitzstaaten (Spalte (3)). Bei gegebenem Sitzstaat kann es indes zu erheblichen Variationen der EATR in Abhängigkeit vom Zielland der Investition kommen (Spalte (5)). In der Tendenz ergibt sich somit eher eine Ausrichtung der europäischen Besteuerungsregime am Prinzip der Kapitalimportneutralität. Die innereuropäische Dominanz der Besteuerung nach Maßgabe des Niveaus im Zielland der Investition wird darüber hinaus durch die zum Teil erhebliche Variation des Verhältnisses der Steuerbelastung auf inländische im Vergleich zu Outbound-Investitionen über alle Sitzstaaten unterstrichen. So sehen sich Investoren in Hochsteuerländern wie Frankreich und Spanien einer im Vergleich zur inländischen Steuerlast deutlich geringeren EATR ihrer Outbound-Engagements gegenüber. In Niedrigsteuerländern wie Bulgarien und Zypern ist die Situation umgekehrt. Dies verdeutlicht die geringe Bedeutung der Besteuerung in den jeweiligen Sitzstaaten der Direktinvestoren für die Effektivbelastung der Auslandsinvestitionen.

b) Entwicklungen zwischen 1998 und 2009

Tabelle 3 illustriert die Entwicklung der effektiven Durchschnittssteuerbelastungen über den zwölfjährigen Zeitraum von 1998 bis 2009. Betrachtet man zunächst die Durchschnittswerte für inländische Investitionen, sind allgemeine Steuersenkungen auszumachen. Die durchschnittliche EATR ist von 29,5 % im Jahr 1998 auf 21,7 % im Jahr 2009 gesunken. Allerdings ist die Streuung des EU-weiten Steuergefälles gemessen an der Entwicklung der Standardabweichungen mit Werten von 7,1 (1998) bis 7,0 (2009) nahezu unverändert geblieben (Tabelle 3, linke Hälfte).

	Inländische Investition		Grenzüberschreitende Investition	
	Mittelwert in %	Standardabweichung	Mittelwert in %	Standardabweichung
1998	29.5	7.1	31.5	8.0
1999	29.1	7.0	31.1	7.9
2000	27.7	6.9	29.6	7.7
2001	27.2	6.7	29.5	7.2
2002	26.5	6.9	28.7	6.7
2003	25.8	7.1	27.9	7.0
2004	24.8	7.7	25.3	7.2
2005	23.5	8.0	23.6	7.4
2006	23.1	7.7	23.2	7.2
2007	22.5	7.7	22.1	7.4
2008	21.7	7.2	21.0	6.8
2009	21.7	7.0	20.9	6.7

Die Mittelwerte und Standardabweichungen für die inländische Investition entsprechen denen in Tabelle 2, basierend auf entsprechend 27 Maßzahlen der nationalen Durchschnittssteuerbelastung. Die Mittelwerte und Standardabweichungen für die grenzüberschreitenden Investitionen wurden auf Basis sämtlicher grenzüberschreitender Durchschnittssteuerbelastungen (26 x 27 = 702) ermittelt. Der Mittelwert im Jahr 2009 entspricht daher dem Mittelwert der Spalten (2) und (3) in Tabelle 2. Dagegen entsprechen sich nicht die Standardabweichungen, da sie in dieser Berechnung auf der Gesamtbasis der 702 EATR ermittelt werden und nicht anhand der jeweiligen länderspezifischen Durchschnitts.

Tabelle 3: Entwicklung der nationalen und grenzüberschreitenden EATR zwischen 1998 und 2009

Bei Betrachtung des Durchschnitts aller grenzüberschreitenden Investitionen über die Zeit ist ebenfalls eine allgemeine Senkung des Steuerniveaus festzustellen, die ausgeprägter als die nationalen Steuersenkungen ausfällt. Die Ursachen hierfür sowie die Durchsetzung von Kapitalexport- und Kapitalimportneutralität innerhalb der EU im Zeitablauf werden nachfolgend analysiert.

Mit Blick auf die zeitliche Entwicklung der effektiven Durchschnittssteuerbelastung grenzüberschreitender Investitionen zeigt Tabelle 3 (rechte Hälfte) zunächst die Entwicklung des Mittelwerts der EATR. Die Werte entsprechen für jedes Jahr dem in Tabelle 2 in den Spalten (2) bzw. (3) für 2009 dargestellten Mittelwert sämtlicher grenzüberschreitender Investitionen. Es ist dabei ein deutlicher Rückgang des Durchschnitts der Steuerbelastungen über die Zeit erkennbar. Die Steuerbelastungen sanken im Durchschnitt von 31,5 % im Jahr 1998 auf 20,9 % im Jahr 2009. Gegeben die bereits eruierte Dominanz des Steuerniveaus im Zielland der Investition für die Steuerbelastung bei grenzüberschreitender Geschäftstätigkeit ist dies nicht weiter verwunderlich. Indes ist der direkte Vergleich mit dem Mittelwert bei nationaler Geschäftstätigkeit auch für Aussagen zum Einfluss der Mutter-Tochterrichtlinie[55] sowie der Methode zur Vermeidung der Doppelbesteuerung von Dividenden auf die Steuerbelastung interessant. Die Mutter-Tochterrichtlinie verbietet die Quellenbesteuerung von Dividendenzahlungen zwischen Konzerngesellschaften innerhalb der EU. Bis zum Beitritt der EU+10 (+2) Staaten im Jahr 2004 (2007) galt diese nur für die EU-15 (25) Mitgliedstaaten. Folglich führte bei Investitionsbeziehungen zwischen EU- und (Noch-)Nicht-EU-Mitgliedstaaten eine etwaige Quellenbesteuerung im Investitionsland insbesondere dann zu einer höheren Effektivbelastung, wenn der Sitzstaat der Muttergesellschaft Dividendenzahlungen von der Besteuerung freistellte, wie dies im Zeitablauf zum Regelfall wurde. Im Zusammenhang mit dem EU-Beitritt wechselten neun Beitrittsstaaten von der Anrechnungs- auf die Freistellungsmethode.[56] Daneben haben im Untersuchungszeitraum Spanien (2000) und Großbritannien[57] (2009) die Anrechnungsmethode zugunsten der Freistellungsmethode abgeschafft. Innerhalb der EU wird die Anrechnungsmethode derzeit nur noch in Griechenland und Irland angewendet, die restlichen Mitgliedstaaten befreien (Schachtel-)Dividenden dagegen zu 100 % bzw. 95 % von der Körperschaftsteuer.

Die durchschnittliche Steuerbelastung auf grenzüberschreitende Investitionen wird daher unabhängig von nationalen Steuerreformen bzw. Steuersenkungen in den Mitgliedstaaten ebenfalls von der Abschaffung der Quellenbesteuerung auf Dividenden sowie der zunehmenden Bedeutung der Freistellungsmethode beeinflusst. Während 1998 der Mittelwert der grenzüberschreitenden Investitionen mit +2,0 Prozentpunkten noch deutlich oberhalb des nationalen Durchschnitts lag, war er von 2004 bis 2007 in etwa gleichauf mit der durchschnittlichen Steuerbelastung nationaler Investitionen und liegt 2009 gar -0,8 Prozentpunkte unterhalb des nationalen Durchschnitts. Es zeigt sich hierbei einerseits die Annäherung der grenzüberschreitenden Steuerbelastungen an die nationalen Belastungen und andererseits das Steuerplanungspotenzial grenzüberschreitend tätiger Unter-

---

55 Richtlinie 90/435/EWG des Rates v. 23.7.1990, ABl. 1990 Nr. L 225, S. 6.
56 Es handelte sich um Bulgarien, Estland, Lettland, Malta, Polen, Rumänien, die Slowakische Republik, die Tschechische Republik und Zypern. Litauen, Slowenien und Ungarn wendeten bereits vor dem EU-Beitritt die Freistellungsmethode an. Vgl. Nachweise bei *C. Spengel et al.*, Project TAXUD 2005/DE/310 (Fn. 53), Table A-9.
57 Der Wechsel auf die Freistellungsmethode in Großbritannien spiegelt sich noch nicht in den Berechnungsergebnissen wider, da diesen der Rechtsstand zu Beginn des Jahres 2009 zugrunde liegt.

nehmen, welche durch Finanzierungsoptimierung niedrigere Steuerbelastungen als rein national tätige Unternehmen erreichen können. Hierfür sind im Wesentlichen zwei Zusammenhänge ausschlaggebend: Erstens kommt es bei konzerninternen Finanzierungsbeziehungen zu einer Vermischung von Quellenprinzip (Eigenfinanzierung) und Wohnsitzprinzip (Fremdfinanzierung). Unterliegt die Muttergesellschaft einem niedrigeren Steuerniveau als die Tochtergesellschaft, kann die Effektivbelastung durch Fremdfinanzierung unter die nationale Belastung der Tochtergesellschaft gesenkt werden (s. Punkt I). Zweitens sind Refinanzierungszinsen der Muttergesellschaft trotz Freistellung der Dividenden in 22 von 25 „Freistellungsländern" im Sitzstaat der Muttergesellschaft abzugsfähig.[58] Damit eröffnet eine mit Eigenkapital finanzierte Investition einer Tochtergesellschaft in einem niedriger besteuernden Mitgliedstaat, welche eine in einem höher besteuernden Mitgliedstaat ansässige Muttergesellschaft mit Fremdkapital finanziert, zusätzliches Steuersenkungspotenzial. Dieses Steuersenkungspotenzial hat sich im Zeitablauf durch die dominierende Verbreitung der Freistellungsmethode erhöht.

Neben den jeweiligen Mittelwerten enthält Tabelle 3 die Entwicklung der Standardabweichungen über die Zeit. Hierbei zeigt sich ein recht deutlicher Rückgang der Streuung bei grenzüberschreitenden Investitionen. Maßgeblich ist diese Abnahme der EU-Erweiterung mit den oben angesprochenen Steueränderungen (Abschaffung Dividendenquellensteuern und Verbreitung der Freistellungsmethode) zuzuschreiben. Während die Standardabweichungen ab dem Jahr 2004 bei nationalen Investitionen wieder deutlich zunahmen, kann im grenzüberschreitenden Fall ein kontinuierlicher Rückgang der Standardabweichungen mit nur vergleichsweise leichten Schwankungen beobachtet werden. Die Reduktion der Standardabweichung von 8,0 im Jahr 1998 auf 6,7 im Jahr 2009 kann daher als Hinweis auf zunehmende Konvergenz der grenzüberschreitenden Steuerbelastungen interpretiert werden.

Für eine dezidierte Untersuchung der Verwirklichung von Steuerneutralität bei grenzüberschreitenden Investitionen bietet sich analog zu den Spalten (2) bis (5) der Tabelle 2 ein Blick auf die jeweiligen nach Inbound- und Outbound-Investition differenzierenden Standardabweichungen über die Zeit an. Infolge der Abschaffung der Dividendenquellensteuern sowie des Wechsels von der Anrechnungs- auf die Freistellungsmethode gab es in zahlreichen Ländern einen Paradigmenwechsel hin zur Durchsetzung der Kapitalimportneutralität. Über die Zeit ist daher zu erwarten, dass sich der

---

58 Lediglich die Niederlande, die Slowakische Republik und die Tschechische Republik versagen im Fall der Freistellungsmethode den Abzug von Beteiligungsaufwendungen und somit Refinanzierungszinsen. Vgl. Nachweise bei *C. Spengel et al.*, Project TAXUD 2005/DE/310 (Fn. 53), Table A-9. Zinsabzugsbeschränkungen (Thin-Capitalization-Rules) wurden bei den Berechnungen nicht berücksichtigt.

EU-Durchschnitt der Standardabweichung der EATR auf Inbound-Investitionen bei gegebenem Quellenstaat verringert bzw. sich die Standardabweichung der durchschnittlichen Steuerbelastung je Sitzstaat der Muttergesellschaft über alle EU-Mitgliedstaaten verringert.

Tabelle 4 betrachtet die bereits im Kontext der Tabelle 2 diskutierten Indikatoren der EATR-Standardabweichungen im Zeitraum von 1998 bis 2009, welche zwischen Inbound- und Outbound-Investitionen unterscheiden. Zunächst ist bei Vergleich der nationalen Standardabweichungen (Spalte (1)) und der durchschnittlichen Streuung der Belastungen von Inbound-Investitionen (Spalte (2)) zu erkennen, dass die Entwicklung beider Indikatoren über die Zeit in etwa gleich ist. Es ist aber durchweg zu erkennen, dass die Streuung bei Berücksichtigung des optimalen Finanzierungswegs geringer ist als die der rein nationalen Standardabweichungen. Getrieben wird dieser Effekt durch die oben beschriebenen Steuerplanungsmöglichkeiten im Rahmen der konzerninternen Finanzierung und Refinanzierung.

	Standardabweichung der nationalen EATR	Standardabweichung der EATR über alle Länder		Durchschnitt der Standardabweichung der EATR je Land bei	
		Inbound	Outbound	Inbound	Outbound
	(1)	(2)	(3)	(4)	(5)
1998	7.1	5.8	4.1	5.0	6.5
1999	7.0	5.8	4.1	4.9	6.4
2000	6.9	5.5	4.7	5.3	6.1
2001	6.7	5.4	3.9	4.6	5.9
2002	6.9	5.4	2.9	3.6	5.9
2003	7.1	5.6	2.8	3.7	6.1
2004	7.7	6.1	2.7	3.3	6.3
2005	8.0	6.4	2.7	3.1	6.5
2006	7.7	6.2	2.6	3.0	6.3
2007	7.7	6.5	2.6	2.9	6.5
2008	7.2	6.2	2.3	2.5	6.2
2009	7.0	6.0	2.3	2.5	6.1

Standardabweichung der EATR über alle Länder gibt die Standardabweichung der EATR über alle Investitionsländer (Inbound-Betrachtung) bzw. alle Herkunftsländer (Outbound-Betrachtung) wieder. Die EATR auf Inbound- bzw. Outboundinvestitionen ist dabei für jedes einzelne Land ein ungewichtetes Mittel der entsprechenden EATR über alle Herkunftsländer (Inbound) bzw. alle Investitionsländer (Outbound) innerhalb der EU. Für jedes einzelne Land lässt sich somit auch eine Standardabweichung der EATR über alle Herkunftsländer (Inbound) bzw. alle Investitionsländer (Outbound) berechnen. Die durchschnittliche Standardabweichung je Land ist damit der Durchschnitt der entsprechenden Standardabweichungen je Land.

Tabelle 4: Indikatoren der internationalen Besteuerungsprinzipien in der EU, 1998 bis 2009

Es zeigt sich zudem, dass die Streuung der EATR auf Outbound-Investitionen (Spalte (3)) ausgehend von einem hohen Niveau im Jahr 1998, als diese mit 4,1 noch auf einem annähernd vergleichbaren Niveau wie die

Standardabweichung bei Inbound-Investitionen (Spalte (2): 5,8) war, nahezu kontinuierlich bis auf einen Wert von 2,3 im Jahr 2009 abnahm. Im gleichen Zeitraum blieb die Streuung der EATR auf Inbound-Investitionen nahezu konstant. Während die Wahl des Standortes für profitable Investitionen somit von unverändert hoher oder sogar zunehmender Bedeutung ist, hat der Sitzstaat des Investors aus steuerlicher Sicht deutlich an Relevanz verloren. Unabhängig vom Sitz des Investors unterliegen diese im Durchschnitt über alle Investitionsstandorte innerhalb der EU einer zunehmend einheitlichen Steuerlast. Dies ist ein erster Hinweis auf eine im Zeitablauf seit 1998 forcierte Umsetzung des Prinzips der Kapitalimportneutralität im Design der nationalen Besteuerungsregime.

Damit einhergehend und konsistent zu dieser Entwicklung ist ein Rückgang der durchschnittlichen Standardabweichung der EATR auf Inbound-Investitionen bei gegebenem Investitionsstandort (Spalte (4)) zu beobachten. Da der Ort der Investition gegeben ist, haben nationale Steuerreformen im Investitionsstandort keinen Einfluss auf die Standardabweichung. Diese ist folglich nur von der variierenden Besteuerung der Zahlungsströme zwischen Tochter- und Muttergesellschaft getrieben. Bei gegebenem Sitzstaat des Investors (Spalte (5)) hingegen ist die durchschnittliche Standardabweichung auf einem seit 1998 unvermindert hohen Niveau und damit vergleichbar mit der zeitlichen Entwicklung der Standardabweichung der nationalen Steuerbelastungen. Das heißt, dass trotz der steigenden Dominanz der Steuerbelastung am Investitionsstandort der Indikator für Kapitalexportneutralität aufgrund des sich insgesamt annähernden Steuerniveaus nicht steigt, sondern konstant bleibt.

3. Zwischenergebnis

Die Ergebnisse der Steuerbelastungsanalysen für grenzüberscheitende Investitionen im körperschaftsteuerlichen Sektor im Europäischen Binnenmarkt lassen sich wie folgt zusammenfassen.

Es hat sich gezeigt, dass weder Kapitalexport- noch Kapitalimportneutralität der Besteuerung verwirklicht ist. Kapitalimportneutralität erweist sich jedoch als das eindeutig dominante Besteuerungskonzept, wobei die Bedeutung einer kapitalimportneutralen Besteuerung im Untersuchungszeitraum zwischen 1998 und 2009 stetig zugenommen hat. Dagegen sind die Bedingungen für Kapitalexportneutralität schlechter und haben sich im Untersuchungszeitraum nahezu nicht verändert.

Ausschlaggebend für die Stärkung der Kapitalimportneutralität sind zwei Gründe: erstens die EU-Erweiterung in den Jahren 2004 und 2007, womit aufgrund der Mutter-Tochterrichtlinie auf Dividenden in die und aus den Beitrittsstaaten keine Quellensteuer mehr erhoben wird. Zweitens haben elf Mitgliedstaaten – Großbritannien und Spanien sowie neun Beitrittsstaaten – bei der Vermeidung der Doppelbesteuerung von Dividenden das Anrechnungsverfahren zugunsten des Freistellungsverfahrens abgeschafft.

Welche Konsequenzen die zunehmende Bedeutung der kapitalimportneutralen Besteuerung für die Beurteilung der Produktionseffizienz im Europäischen Binnenmarkt hat, beruht letztlich auf dem konkreten empirischen Zusammenhang zwischen In- und Auslandsinvestitionen (s. Punkt II. 2. c). Sofern es sich um Substitute handelt und somit die inländischen Investitionen bei einer Ausweitung der Auslandsaktivität abnehmen, haben sich die Bedingungen für Produktionseffizienz verschlechtert. Andernfalls, d. h. bei einem komplementären Zusammenhang zwischen In- und Auslandsinvestitionen, wäre eine Verbesserung von Produktionseffizienz zu konstatieren. Die empirische Evidenz im Aggregat sämtlicher Investitionen spricht für einen substitutiven Zusammenhang, womit von einer Verschlechterung der Produktionseffizienz auszugehen ist.

Schließlich wurde deutlich, dass multinationale Unternehmen durch Steuerplanung die Steuerbelastung grenzüberschreitender Investitionen unter das Niveau sowohl am Sitzstaat des Investors als auch am Investitionsstandort senken können. Verantwortlich hierfür sind das EU-weite Steuergefälle sowie das Nebeneinander von Quellen- und Wohnsitzprinzip, das im Rahmen der konzerninternen Finanzierung und Refinanzierung genutzt werden kann.

IV. Empirische Untersuchungen zum Steuereinfluss auf grenzüberschreitende Investitionen

Das weltweite Steuergefälle sowie das Nebeneinander von Quellen- und Wohnsitzprinzip und damit einhergehend die Vermischung von Elementen einer kapitalexport- und kapitalimportneutralen Besteuerung verzerren ökonomische Entscheidungen multinationaler Unternehmen. Neben den quantitativen Analysen, die im vorherigen Abschnitt durchgeführt wurden, existieren mittlerweile eine Vielzahl empirischer Untersuchungen, die den Steuereinfluss auf Standort- und Investitionsentscheidungen, Finanzierungsentscheidungen sowie Unternehmensakquisitionen nachweisen. Nachfolgend werden die Ergebnisse einschlägiger empirischer Studien rekapituliert.

1. Standortwahl für Direktinvestitionen

Der steuerliche Einfluss auf die Standort- und Investitionsentscheidungen multinationaler Unternehmen ist empirisch mittlerweile gut belegt. In einer umfassenden Übersicht der bestehenden Evidenz zum Thema kommt eine aktuelle Meta-Studie zu dem Schluss, dass gemäß des durchschnittlichen Ergebnisses aller relevanten Einzelstudien die Anzahl von Tochtergesellschaften multinationaler Konzerne in einem Land um 1,9 Prozent steigt, wenn der Steuersatz dieses Landes um einen Prozentpunkt sinkt. Gegeben die Standortentscheidung weiten die Unternehmen ihren existenten Kapitalstock zudem um 0,94 Prozent aus.[59]

Eine weitere Studie liefert einen Beleg dafür, dass die Allokation von Realkapital steuersensibler ist als die Allokation von Eigentumsrechten.[60] Dies ist nach Meinung der Autoren ein plausibler Befund, da bei einer Unternehmensakquisition der Einfluss der Besteuerung im Zielland durch seine Kapitalisierung im Akquisitionspreis abgefedert werden kann. Darüber hinaus hängt eine Akquisitionsentscheidung stark von den in den potenziellen Zielländern vorhandenen Übernahmezielen ab, während eine Realinvestition in der Tat „auf der grünen Wiese" („Greenfield") erfolgen kann. Eine wesentliche Botschaft an die nationalen Steuergesetzgeber lautet demnach folgerichtig, dass trotz hoher Steuern Unternehmensübernahmen keinem großen steuerlichen Wettbewerbsnachteil unterliegen, wohingegen Neugründungen im niedriger besteuernden Ausland bessere steuerliche Rahmenbedingungen vorfinden.

2. Finanzierung von Direktinvestitionen

Auch das Finanzierungsverhalten multinationaler Unternehmen ist aufgrund entsprechender steuerlicher Anreize, die aus der Durchmischung von Quellen- und Wohnsitzprinzip resultieren, nachweislich verzerrt. So steigt das Ausmaß, in dem Unternehmen auf die Vergabe internen Fremdkapitals zur Finanzierung ausländischer Tochtergesellschaften zurückgreifen, mit der Steuerbelastung der jeweiligen Tochtergesellschaft.[61] In einer aktuellen Studie wird zudem gezeigt, dass der Einsatz internen Fremdkapitals als Finanzierungquelle für grenzüberschreitende Investitionen auch von der Steuerbelastung des Investors abhängt.[62] Internes Fremdkapital wird eben dann zunehmend eingesetzt, wenn der Investor in einem vergleichsweise steuergünstigen Standort angesiedelt ist. Seine Bedeutung steigt mit anwachsender Steuersatzdifferenz zwischen dem Wohnsitzstaat des Investors und dem Zielland der ausländischen Investition. Dieser empirische Zusammenhang veranschaulicht eindrucksvoll die Wirkung, die die Durchbrechung des Quellenprinzips zugunsten des Wohnsitzprinzips bei der Besteuerung grenzüberschreitender Zinseinkünfte entfaltet.

---

59 Vgl. *J. H. Heckemeyer/M. Overesch*, Auswirkungen der Besteuerung auf Entscheidungen international tätiger Unternehmen – Ein Überblick zu den empirischen Befunden, Die Betriebswirtschaft 2012, Sonderheft Empirical Tax Research (im Erscheinen).
60 Vgl. *S. Hebous/M.Ruf/A. Weichenrieder*, National Tax Journal 2010, 817 ff.
61 Vgl. z. B. *R. Altshuler/H. Grubert*, Journal of Public Economics 2003, 73 ff.; *J. Mintz/ A. Weichenrieder*, The Indirect Side of Direct Investment – Multinational Company Finance and Taxation, 2010.
62 Vgl. *T. Büttner/G. Wamser*, Internal Debt and Multinationals' Profit Shifting – Empirical Evidence from Firm-Level Panel Data, National Tax Journal (im Erscheinen).

3. Unternehmensakquisitionen

Der Einfluss der internationalen Besteuerung beschränkt sich indes nicht nur auf Verzerrungen der Investitions- und Finanzierungsentscheidungen eines selbst nicht mobilen Investors. So zeigt eine weitere Studie, dass auch die über die Länder variierende Systematik zur Vermeidung der internationalen Doppelbesteuerung und somit letztlich auch die nicht harmonisierte Besteuerung entsprechend dem Quellen- oder Wohnsitzprinzip einen weiteren Einfluss auf unternehmerische Standortentscheidungen – allerdings mit Blick auf die Ansiedlung der Konzernzentrale – ausübt. Die empirische Untersuchung kommt zu dem Ergebnis, dass eine Besteuerung repatriierter Gewinne gemäß dem Welteinkommensprinzip grundsätzlich den Anreiz birgt, den Sitz der Konzernzentrale in ein Freistellungsland zu verlegen. Dieser Anreiz steigt erwartungsgemäß mit der zusätzlichen bei Repatriierung anfallenden Besteuerung im Wohnsitzland des multinationalen Investors und somit der Differenz zwischen dem Steuersatz im Wohnsitzland des weltweit besteuerten Konzerns und seiner durchschnittlich im Ausland gezahlten Steuer.[63] Anreize zur Sitzverlegung werden häufig als ein Nachteil der kapitalexportneutralen Besteuerung angesehen. Andererseits erleichtert die Freistellungsmethode die Gewinnverlagerung in Niedrigsteuerländer.[64] Diese Anreize bestehen allerdings nur dann, wenn eine kapitalexportneutrale Besteuerung international nicht konsequent umgesetzt wird und konkurrierende Investoren in Ländern ansässig sind, welche ausländische Gewinne freistellen. Damit liefern die Ergebnisse dieser Studie indirekt auch einen Beleg für die Wettbewerbsnachteile, die von der Anrechnungsmethode ausgehen (s. Punkt II. 5. b).

Darüber hinaus findet eine weitere empirische Untersuchung, dass bei einem Unternehmenszusammenschluss bzw. einer Akquisition die Wahl des Konzernsitzes mit höherer Wahrscheinlichkeit auf das Land fällt, das aus Unternehmenssicht ein günstigeres System der internationalen Doppelbesteuerung bietet. In einer Simulationsrechnung wird zudem gezeigt, dass der Anteil von Unternehmenszusammenschlüssen mit US-Beteiligung, die in einer Ansiedlung des Konzernsitzes in den USA münden, bei Abschaffung der dortigen Anrechnungsmethode zugunsten der Freistellungsmethode von 53 % auf 58 % ansteigen würde.[65]

V. Zusammenfassung der Ergebnisse in Thesen

(1) Das weltweite Steuergefälle sowie das Nebeneinander von Quellen- und Wohnsitzprinzip und damit einhergehend die Vermischung von Ele-

---

63 Vgl. *J. Voget*, Journal of Public Economics 2011, 1067 ff.
64 Vgl. *O. H. Jacobs*, Internationale Unternehmensbesteuerung (Fn. 2), S. 22.
65 Vgl. *H. Huizinga/J. Voget*, Journal of Finance 2009, 1217 ff.

menten einer kapitalexport- und kapitalimportneutralen Besteuerung verzerren ökonomische Entscheidungen multinationaler Unternehmen.

(2) Die Konzepte internationaler Steuerneutralität betrachten unterschiedliche Arten grenzüberschreitender Investitionen. Es wird unterschieden zwischen der Allokation von Realkapital (Greenfield-Investitionen) und der Allokation von Eigentumsrechten (M&A-Investitionen).

(3) Eine effiziente Besteuerung grenzüberschreitender Investitionen erfordert eine Ausrichtung am Prinzip der Kapitalexportneutralität. Dies gilt in jedem Fall für eine effiziente Besteuerung der Kapitalallokation (Greenfield-Investitionen). Diese Feststellung basiert auf einem empirischen Befund zum Zusammenhang zwischen Inlands- und Auslandsinvestitionen. Solange es sich für das Aggregat sämtlicher Investitionen eines Landes empirisch nicht nachweisen lässt, dass es sich dabei nicht um Substitute, sondern um Komplemente handelt, ist die Kapitalexport- der Kapitalimportneutralität überlegen.

(4) Für Unternehmensübernahmen (M&A-Investitionen) haben dagegen sowohl eine kapitalexport- wie auch eine kapitalimportneutrale Besteuerung eine Berechtigung.

(5) Eine konsequent kapitalexportneutrale wie auch kapitalimportneutrale Besteuerung erfordern einen weitreichenden internationalen Koordinierungsbedarf, dessen Erfolg zweifelhaft ist. Letztlich wären die Unternehmenssteuern global anzugleichen, womit die Unterschiede zwischen Kapitalexport- und Kapitalimportneutralität entfallen würden.

(6) Zur Vermeidung der Doppelbesteuerung ausländischer Gewinne dominiert weltweit die Freistellungsmethode. Für die größere Verbreitung der Freistellungsmethode könnte das Anliegen nationaler Steuergesetzgeber sprechen, die Wettbewerbsfähigkeit ihrer multinationalen Unternehmen zu verbessern. Dies benachteiligt jedoch rein national tätige Unternehmen sowie Exporteure.

(7) Im Europäischen Binnenmarkt ist weder Kapitalexport- noch Kapitalimportneutralität der Besteuerung verwirklicht. Kapitalimportneutralität erweist sich als das eindeutig dominante Besteuerungskonzept, dessen Bedeutung im Zeitablauf zugenommen hat. Damit einher geht eine Verschlechterung der Bedingungen für eine produktionseffiziente Besteuerung im Zusammenhang mit der Allokation von Realkapital, soweit man eine kapitalexportneutrale Besteuerung vorzieht.

(8) Der Steuereinfluss auf Direktinvestitionen, Finanzierungsentscheidungen sowie Unternehmensakquisitionen ist mittlerweile empirisch sehr gut belegt.

Gleichbehandlungsgebote und Diskriminierungsverbote im Internationalen Steuerrecht

Prof. Dr. *Alexander Rust*, LL.M. (NYU)
Université du Luxembourg

Inhaltsübersicht

I. Einführung
II. Darstellung der einzelnen Gleichbehandlungsgebote und Diskriminierungsverbote
   1. Der Gleichheitssatz des Grundgesetzes
   2. Die Diskriminierungsverbote in den Doppelbesteuerungsabkommen
   3. Die Diskriminierungs- und Beschränkungsverbote des AEUV
   4. Zwischenfazit
III. Berücksichtigung von Maßnahmen des anderen Staates
IV. Schlussfolgerungen

I. Einführung

Dieser Beitrag beleuchtet die Unterschiede und Gemeinsamkeiten der Gleichbehandlungsgebote und Diskriminierungsverbote im Internationalen Steuerrecht. Gegenstand der Untersuchung sind der Gleichheitssatz des Grundgesetzes, die abkommensrechtlichen Diskriminierungsverbote nach Art. 24 OECD-MA und die Diskriminierungs- und Beschränkungsverbote des Vertrages über die Arbeitsweise der Europäischen Union. Nicht eingegangen wird dagegen auf die Diskriminierungsverbote, die im WTO-Recht, in Freundschafts- und Handelsverträgen und in Investitionsschutzabkommen geregelt sind.

Diskriminierungsverbote untersagen nur eine Benachteiligung, nicht aber auch eine Bevorzugung der von dieser Vorschrift geschützten Personen.[1] Im Gegensatz dazu richten sich Gleichbehandlungsgebote sowohl gegen Schlechter- als auch gegen Besserbehandlungen. Bei grenzüberschreitenden Sachverhalten tendieren Staaten häufig dazu, Auslandsinvestitionen gegenüber Inlandsinvestitionen zu benachteiligen, denn nur die letzteren schaffen unmittelbar im Inland neue Arbeitskräfte. Steuerausländer kommen nicht

---

1 Für die Doppelbesteuerungsabkommen s. Ziff. 14 des Kommentars zu Art. 24 OECD-MA; *Rust* in Vogel/Lehner, Doppelbesteuerungsabkommen[5], 2008, Art. 24 Rz. 3. Für die Diskriminierungsverbote des AEUV s. *Streinz* in Streinz, EUV/AEUV[2], 2012, Art. 18 Rz. 62 ff.; *von Bogdandy* in Grabitz/Hilf/Nettesheim, Das Recht der Europäischen Union[49], Art. 18 Rz. 49 ff.; teilweise anders *Epiney* in Calliess/Ruffert, EUV/AEUV[4], 2011, Art. 18 Rz. 28 ff.

in den Genuss bestimmter Verschonungstatbestände. Dies mag vielleicht auch der Tatsache geschuldet sein, dass Steuerausländer die Steuergesetzgebung zumeist nicht durch Wahlen mitbestimmen können. Diese Ungleichbehandlungen werden teilweise durch die Diskriminierungsverbote beseitigt.

Diskriminierungsverbote und Gleichbehandlungsgebote schaffen keine Angleichung der Steuerrechtsordnungen.[2] Umgekehrt wäre auch eine Vollharmonisierung aller Steuerrechtsordnungen nicht automatisch frei von Diskriminierungen. Jeder einzelne Staat kann also weiterhin seine jeweilige Steuerpolitik betreiben, er kann Einkünfte hoch oder niedrig besteuern, die Diskriminierungsverbote untersagen nur die Höherbesteuerung des grenzüberschreitenden Sachverhalts.

Die Diskriminierungsverbote mögen in mehreren Staaten Anwendung finden. Sie können aber immer nur eine Gleichheit in der jeweiligen Rechtsordnung durchsetzen. Trotz Diskriminierungsverboten bleibt es bei unterschiedlichen Steuersystemen in den verschiedenen Staaten. Nichtsdestotrotz will dieser Beitrag eine Verbindung zwischen den Steuerfolgen in verschiedenen Staaten herstellen und untersuchen, inwieweit die Gleichheitsgebote und Diskriminierungsverbote eine Berücksichtigung steuerlicher Maßnahmen anderer Staaten gebieten.

Zunächst sollen jedoch die einzelnen Gleichbehandlungsgebote und Diskriminierungsverbote dargestellt werden.[3]

II. Darstellung der einzelnen Gleichbehandlungsgebote und Diskriminierungsverbote

1. Der Gleichheitssatz des Grundgesetzes

Nach Art. 3 Abs. 1 i.V.m. Art. 1 Abs. 3 GG hat der Gesetzgeber vergleichbare Sachverhalte grundsätzlich gleich zu behandeln. Besser- oder Schlechterstellungen sind rechtfertigungsbedürftig. Den allgemeinen – also nicht auf spezifische Sachverhaltskonstellationen beschränkten – Gleichheitssatz hat der Gesetzgeber sowohl bei der Ausgestaltung der beschränkten Steuerpflicht im Vergleich zur unbeschränkten Steuerpflicht als auch bei der Regelung von Auslandsinvestitionen unbeschränkt Steuerpflichtiger im Vergleich zu Inlandsinvestitionen unbeschränkt Steuerpflichtiger zu beachten. Der allgemeine Gleichheitssatz findet daher sowohl auf Inbound- als auch auf Outboundsachverhalte Anwendung.

---

2 *Birk* in DStJG 19 (1996), S. 63, 76 f.; *Rust* in Vogel/Lehner (Fn. 1), Art. 24 Rz. 9.
3 S. bereits die Darstellung bei *Thömmes* in DStJG 19 (1996), S. 81.

Im Internationalen Steuerrecht hat sich der allgemeine Gleichheitssatz bislang allerdings als stumpfes Schwert erwiesen. Bereits bei den Freiheitsrechten gewährt das Grundgesetz einen unterschiedlichen Schutzstandard. Während die Menschenrechte für jedermann gelten, können sich nur Deutsche auf die Bürgerrechte berufen. Ausländische Gesellschaften – nach neuerer Rechtsprechung[4] Gesellschaften mit Sitz außerhalb der EU – kommen gar nicht erst in den Genuss der Grundrechte. Beim Gleichheitssatz differenziert das Bundesverfassungsgericht die Anforderungen an die verfassungsrechtliche Rechtfertigung von Ungleichbehandlungen nach der Intensität, mit der eine Ungleichbehandlung die Betroffenen beeinträchtigt.[5] Ein unbeschränkt Steuerpflichtiger kann sich einer Benachteiligung des grenzüberschreitenden Sachverhalts einfach dadurch entziehen, dass er nicht im Ausland, sondern im Inland investiert. Das Kriterium der Ungleichbehandlung ist daher nicht personen- sondern situations- bzw. verhaltensbezogen, was einen geringeren Schutzstandard erlaubt. Die Verfolgung eines Lenkungszweckes soll daher in diesen Sachverhaltskonstellationen die Durchbrechung des Leistungsfähigkeitsprinzips gestatten, wie etwa die Rechtsprechung zu § 2a EStG gezeigt hat.[6]

Die unterschiedliche Ausgestaltung der beschränkten im Vergleich zur unbeschränkten Steuerpflicht verstößt nach Ansicht der Rechtsprechung nicht gegen den Gleichheitssatz, da beide Steuerpflichten nicht miteinander vergleichbar sind. Teilweise wird auf die unterschiedlichen Vollzugsmöglichkeiten abgestellt, so soll nur die steuerliche Erfassung im Quellenabzugsverfahren eine ausreichende Gewähr für eine wirksame Steuererhebung bieten.[7] In anderen Urteilen werden die wesentlichen Unterschiede zwischen unbeschränkt und beschränkt Steuerpflichtigen darauf gestützt, dass bei beschränkt Steuerpflichtigen nicht alle Einkünfte in der Bundesrepublik erfasst werden, dass wegen des Fehlens der persönlichen Bindungen an das Bundesgebiet aus dem Familienstand nicht so weitgehende Folgerungen zu ziehen sind wie bei unbeschränkt Steuerpflichtigen und dass die Durchführung der Besteuerung verfahrensmäßige Besonderheiten erfordert.[8] Die Rechtsprechung lässt eine Vorteilskompensation zu, so wurde etwa der

---

4 BVerfG v. 19.7.2011 – 1 BvR 1916/09, NJW 2011, 3428; die Frage offengelassen noch BVerfG v. 2.4.2004 – 1 BvR 1620/03, NJW 2004, 3031; BVerfG v. 27.12.2007 – 1 BVR 853/06, NVwZ 2008, 670; a. A. noch BVerfG v. 1.3.1967 – 1 BvR 46/66, BVerfGE 21, 207.
5 BVerfG v. 7.10.1980 – 1 BvL 50, 89/79, 1BvR 240/79, NJW 1981, 271 (271 f.); BVerfG v. 26.1.1993 – BvL 38/92, NJW 1993, 1517 (1517); BVerfG v. 8.4.1997 – BvR 48/94, NJW 1997, 1975 (1979).
6 BFH v. 17.10.1990 – I R 182/87, DStR 1991, 113 (114); BFH v. 26.3.1991 – IX R 162/85, BStBl. II 1991, 704; BFH v. 29.5.2001 – VIII R 43/00, DStRE 2001, 1294 (1296 f.); dagegen *Vogel* in Vogel/Lehner (Fn. 1), Art. 23 Rz. 176.
7 BVerfG v. 24.9.1965 – 1 BvR 228/65, NJW 1965, 2247.
8 BFH v. 16.8.1963 – VI 96/62 U, FR 1963, 554; BVerfG v. 9.2.2010 – 2 BvR 1178/07, NJW 2010, 2419.

Nachteil der Nichtabzugsfähigkeit der Vermögensteuer als Sonderausgabe als durch den Vorteil der Nichteinbeziehung ausländischer Einkünfte im Rahmen der Steuerprogression kompensiert angesehen.[9] Auch Typisierungen und Pauschalierungen sind zulässig.[10] Schießt eine Regelung über ihr Ziel hinaus und regelt auch Sachverhalte, die nach dem Normzweck eigentlich nicht erfasst werden sollen, so sind Härtefälle gegebenenfalls mittels Billigkeitserlass abzumildern.[11] Bislang hat die Rechtsprechung – soweit mir bekannt – noch keinen Gleichheitsverstoß bei der Regelung grenzüberschreitender Sachverhalte angenommen. Eine Benachteiligung von Steuerausländern lässt sich auch mit der so genannten „Faustpfandtheorie"[12] begründen. Beim Abschluss völkerrechtlicher Verträge mit anderen Staaten ist Deutschland in einer besseren Position, Diskriminierungen von Steuerinländern im anderen Vertragsstaat abzubauen, wenn es im Gegenzug selber auch Zugeständnisse machen kann. Dies setzt aber zunächst eine Diskriminierung von Steuerausländern voraus.

Sollte aber doch ein Verstoß gegen Art. 3 GG anzunehmen sein, wäre der Gesetzgeber aufgerufen, entweder die Benachteiligung des grenzüberschreitenden Sachverhalts zu beseitigen, die Benachteiligung auch auf innerstaatliche Sachverhalte auszudehnen oder sowohl für grenzüberschreitende als auch für innerstaatliche Sachverhalte eine gleichheitskonforme Neuregelung zu schaffen.[13]

2. Die Diskriminierungsverbote in den Doppelbesteuerungsabkommen

Die Diskriminierungsverbote in den Doppelbesteuerungsabkommen sind in Art. 24 OECD-MA geregelt. Im Gegensatz zu den meisten anderen Vorschriften des Musterabkommens finden sie nicht nur auf die in Art. 2 OECD-MA genannten Steuern, sondern auf Steuern jeder Art und Bezeichnung Anwendung.[14] Die einzelnen Absätze des Art. 24 regeln jeweils spezifische Sachverhalte und lassen ein übergeordnetes Konzept vermissen. *Kees van Raad* hat sie einmal als „incoherent collection of fairly narrow

---

9 BVerfG v. 12.10.1976 – 1 BvR 2328/73, BVerfGE 43, 1 (9).
10 BVerfG v. 12.10.1976 – 1 BvR 2328/73, BVerfGE 43, 1 (11); allgemein zur Zulässigkeit von Typisierungen s. BVerfG v. 25.9.1992 – 2 BvL 5/91, 2 BvL 8/91, 2 BvL 14/91, NJW 1992, 3153 (3154); BVerfG v. 10.4.1997 – 2 BvL 77/92, NJW 1997, 2101 (2101); grundlegend *Tipke*, Die Steuerrechtsordnung², Band 1, 2000, S. 347 ff.
11 BVerfG v. 22.5.1963 – 1 BvR 78/5, NJW 1963, 1243 (1246); BVerfG v. 21.12.1966 – 1 BvR 33/64, NJW 1967, 545 (548).
12 S. *Vogel* in DStJG 9 (1985), S. 3 (7).
13 S. BVerfG v. 28.11.1967 – 1 BvR 515/63, NJW 1968, 539 (541); *Seer*, NJW 1996, 286 (287); *Rust*, IStR 2009, 382 (383).
14 S. Art. 24 Abs. 6 OECD-MA. Diese Vorschrift war bereits im OECD-MA 1963 enthalten. Einige deutsche Doppelbesteuerungsabkommen beschränken den Anwendungsbereich der Diskriminierungsverbote allerdings auf die in Art. 2 OECD-MA genannten Steuern, s. die Übersicht bei *Rust* in Vogel/Lehner (Fn. 1), Art. 24 Rz. 184.

clauses" bezeichnet.[15] Die einzelnen Absätze weisen eine ganz unterschiedliche Historie auf. Während das Staatsangehörigkeitsdiskriminierungsverbot nach Abs. 1 bereits in Freundschafts-, Handels- und Schifffahrtsverträgen zu Beginn des 19. Jahrhunderts enthalten war,[16] wurde das Diskriminierungsverbot des Abs. 4, das die Abzugsfähigkeit bestimmter Zahlungen an im Ausland ansässige Unternehmen regelt, erst 1977 in das OECD-MA eingefügt.

Abs. 1 verbietet es den Vertragsstaaten, Steuerpflichtige wegen der ausländischen Staatsangehörigkeit zu benachteiligen. Abs. 2 erstreckt den Diskriminierungsschutz auf Staatenlose. Beide Absätze haben in der Praxis kaum Bedeutung erlangt, da die nationalen Steuerrechtsvorschriften regelmäßig an die Ansässigkeit, nicht aber an die Staatsangehörigkeit anknüpfen. Abs. 3 untersagt es, Betriebstätten von Unternehmen des anderen Vertragsstaates gegenüber eigenen Unternehmen zu benachteiligen. Nach Abs. 4 sind Zahlungen an Unternehmen des anderen Vertragsstaates genauso zum Abzug zuzulassen wie Zahlungen an inländische Unternehmen, Abs. 5 verbietet Benachteiligungen eines Unternehmens wegen der Ansässigkeit der Anteilseigner im Ausland. Damit decken die abkommensrechtlichen Diskriminierungsverbote nur einen Bruchteil möglicher Benachteiligungen ab. Die Diskriminierungsverbote des Art. 24 OECD-MA richten sich ausschließlich an den Aufnahmestaat; dagegen wird ein Vertragsstaat nicht daran gehindert, Investitionen von Steuerinländern im anderen Vertragsstaat gegenüber Investitionen im Heimatstaat zu benachteiligen (sog. Outbound-Fälle).[17] Bei Inboundsachverhalten sind Diskriminierungen aufgrund der Ansässigkeit nur bei Unternehmensgewinnen im Sinne des Art. 7 OECD-MA untersagt, bei allen anderen Einkunftsarten können beschränkt Steuerpflichtige gegenüber unbeschränkt Steuerpflichtigen benachteiligt werden, ohne dass dies gegen die abkommensrechtlichen Diskriminierungsverbote verstoßen würde.[18] Die OECD hat in ihrem Discussion Draft vom Mai 2007[19] eine Erweiterung des Anwendungsbereichs der Diskriminierungsverbote angeregt. Ich würde mich dafür aussprechen, dass immer dann, wenn die Verteilungsnormen dem Quellenstaat eine uneingeschränkte Besteuerung ge-

---

15 *van Raad*, BIFD 1988, 347 (347).
16 S. Ziff. 2 des Kommentars zu Art. 24 OECD-MA 1977; *van Raad*, Nondiscrimination in International Tax Law, 1986, S. 78 und 213; *Rust* in Vogel/Lehner (Fn. 1), Art. 24 Rz. 11.
17 *van Raad* (Fn. 16), S. 257; *Avery Jones et al.*, European Taxation 1991, 310 (311).
18 Art. 24 Abs. 3, 4 und 5 OCED-MA setzen ein Unternehmen eines Vertragsstaates im Sinne von Art. 3 Abs. 1 lit. c und d voraus. Soweit eine Geschäftstätigkeit im Rahmen des Art. 6 und Art. 17 OECD-MA ausgeübt wird, kann das Betriebstättendiskriminierungsverbot auch bei diesen Verteilungsnormen zur Anwendung kommen; s. *Lang*, SWI 2011, 9 (14 f.).
19 OECD v. 3.5.2007, Application and Interpretation of Article 24 (Non-Discrimination), Public Discussion Draft, http://www.oecd.org/tax/treaties/38516170.pdf.

statten, diese uneingeschränkte Besteuerungsbefugnis durch ein Diskriminierungsverbot flankiert werden sollte. Bislang ist dies nur bei unternehmerischen Einkünften der Fall, wenn der Steuerpflichtige eine Betriebstätte im Quellenstaat unterhält. Gleiches sollte aber auch im Rahmen des Art. 6 (Einkünfte aus unbeweglichem Vermögen), bei Art. 15 (Einkünfte aus unselbständiger Arbeit), bei Art. 16 (Aufsichtsrats- und Verwaltungsratsvergütungen), bei Art. 17 (Einkünfte von Künstlern und Sportlern) und bei Art. 19 (Öffentlicher Dienst) gelten. Die Erstreckung der abkommensrechtlichen Diskriminierungsverbote auf diejenigen Verteilungsnormen, die die Besteuerung im Quellenstaat der Höhe nach begrenzen (Art. 10 und 11), ist dagegen nicht systemgerecht. Das OECD-MA sieht für diese Verteilungsnormen eine Besteuerung auf Bruttobasis vor, die Diskriminierungsverbote würden einen Abzug von Erwerbsaufwendungen gestatten. Auch bei den Outboundsachverhalten mag es gute Gründe für eine Benachteiligung des Auslandssachverhaltes geben, auch in diesen Fällen wäre die Einführung eines generellen Diskriminierungsverbotes nicht sachgerecht.

Nach Art. 24 sind Differenzierungen aufgrund eines bestimmten Kriteriums untersagt. Die Vorschrift ist daher dem Art. 3 Abs. 3 GG ähnlich, der ebenfalls verbotene Differenzierungskriterien auflistet. So darf beispielsweise nach Art. 24 Abs. 1 die Benachteiligung nicht auf der ausländischen Staatsangehörigkeit beruhen, eine Benachteiligung aufgrund anderer Kriterien – wie etwa der Ansässigkeit – bleibt dagegen möglich, auch wenn faktisch damit überwiegend ausländische Staatsangehörige getroffen werden. Anders als im EU-Recht werden somit versteckte Diskriminierungen von Art. 24 nicht erfasst.[20]

Die abkommensrechtlichen Diskriminierungsverbote wirken absolut, das bedeutet, dass eine Rechtfertigung der Benachteiligung aufgrund von Gemeinwohlbelangen nicht möglich ist.[21] Im Discussion Draft regt die OECD auch eine Erstreckung des Anwendungsbereichs auf versteckte Diskriminierungen an.[22] Dieser erweiterte Diskriminierungsschutz soll dann durch die Einführung von Rechtfertigungsmöglichkeiten wieder eingeschränkt werden.[23] Ich persönlich spreche mich gegen diese Vorschläge aus. Die

---

20 BFH v. 30.10.1973 – I R 38/70, BStBl. II 1974, 255; *Rust* in Vogel/Lehner (Fn. 1), Art. 24 Rz. 5; *Schaumburg*, Internationales Steuerrecht³, 2011, Rz. 4.51; *Wassermeyer* in Wassermeyer, Doppelbesteuerung¹²², Art. 24 Rz. 16.
21 BFH v. 10.3.2005 – II R 51/03, IStR 2005, 745 (746), *Rust* in Vogel/Lehner (Fn. 1), Art. 24 Rz. 4; *Wassermeyer* in Wassermeyer (Fn. 20), Art. 24 Rz. 26.
22 OECD v. 3.5.2007, Application and Interpretation of Article 24 (Fn. 19), S. 29.
23 Ähnliche Entwicklungen lassen sich auch bei den Grundrechten und bei den europarechtlichen Diskriminierungsverboten verfolgen. So führte die Interpretation des Art. 2 Abs. 1 GG im Sinne einer allgemeinen Handlungsfreiheit zu einer weiten Auslegung der Rechtfertigungsgründe, s. BVerfG v. 16.1.1957 – 1 BvR 253/56, BVerfGE 6, 32 (38 ff.). Im EG-Recht wurde der Anwendungsbereich der Diskriminierungsverbote schon früh auf versteckte Diskriminierungen erweitert, was dann die Möglichkeit einer

Frage der wesentlichen Gleichheit hängt in erhöhtem Maße von Wertungen ab, die in jedem Vertragsstaat unterschiedlich ausfallen können. Anders als im EU-Recht fehlt im Recht der Doppelbesteuerungsabkommen eine höchstrichterliche Instanz, die verbindlich für beide Staaten diese Wertentscheidungen festlegen kann. Nationale Gerichte würden zu unterschiedlichen Auslegungen kommen, was dem Ziel der Entscheidungsharmonie entgegensteht.[24]

Folge eines Verstoßes gegen eines der abkommensrechtlichen Diskriminierungsverbote ist – anders als beim Gleichheitssatz des Grundgesetzes – immer der Wegfall der Benachteiligung. An die Stelle der diskriminierenden Vorschriften treten die für eigene Staatsangehörige bzw. für Inländer geltenden Regelungen.[25]

Nun soll noch in einem Beispiel auf das Zusammenwirken der Diskriminierungsverbote mit den Verteilungsnormen und dem Methodenartikel eingegangen werden. Da die DStJG-Tagung in Linz stattfand, soll es sich in meinem Beispielsfall um einen in Österreich ansässigen Produzenten von Linzer Torten handeln. Solange dieser die Torten per Post in den anderen Vertragsstaat versendet, ist dem anderen Vertragsstaat aufgrund der Verteilungsnorm des Art. 7 eine Besteuerung untersagt. Für einen Diskriminierungsschutz im Quellenstaat besteht daher kein Bedürfnis. Intensiviert der österreichische Unternehmer sein Engagement im anderen Vertragsstaat und eröffnet er dort eine Zweigniederlassung, ist der Quellenstaat zur Besteuerung der Betriebstätteneinkünfte befugt. Mit dieser Besteuerungsbefugnis geht der Diskriminierungsschutz des Art. 24 Abs. 3 einher. Allerdings erstreckt sich der Diskriminierungsschutz noch nicht auf die existenzsichernden Aufwendungen. Nach Art. 24 Abs. 3 Satz 2 ist das Diskriminierungsverbot nicht so auszulegen, als verpflichte es einen Vertragsstaat, den in dem anderen Vertragsstaat ansässigen Personen Steuerfreibeträge, -vergünstigungen und -ermäßigungen aufgrund des Personenstandes oder der Familienlasten zu gewähren, die er seinen ansässigen Personen gewährt. Die Freistellungsmethode im Ansässigkeitsstaat im Zusammenwirken mit dem Betriebstättendiskriminierungsverbot im Quellenstaat verwirklicht Kapitalimportneutralität, die steuerlichen Rahmenbedingungen sind für alle Investoren gleich.[26] Wählt der Ansässigkeitsstaat dagegen die

---

Rechtfertigung durch zwingende Erfordernisse nach sich zog, s. EuGH v. 12.2.1974 – Rs. 152/73, Sotgiu, Slg. 1974, 153; EuGH v. 20.2.1979 – Rs. 120/78, Cassis de Dijon, Slg. 1979, 649.

24 Zur Entscheidungsharmonie s. *Vogel* in Vogel/Lehner (Fn. 1), Einl. Rz. 114 ff.; BFH v. 24.3.1999 – I R 114/97, DStR 1999, 889 (892).

25 BFH v. 22.4.1998 – I R 54/96, IStR 1998, 504 (505); *Wassermeyer* in Wassermeyer (Fn. 20), Art. 24 Rz. 26.

26 *Rust* in Vogel/Lehner (Fn. 1), Art. 24 Rz. 94; zur Kapitalimportneutralität s. *Richman*, The Taxation of Foreign Investment Income: An Economic Analysis, 1963; *Spengel* in DStJG 36 (2013), S. 39 (46 ff.).

Anrechnungsmethode, so dient das Betriebstättendiskriminierungsverbot nunmehr als Instrument zwischenstaatlicher Steuergerechtigkeit. Das Diskriminierungsverbot schützt den Ansässigkeitsstaat vor überhöhten Anrechnungsverpflichtungen.[27] Intensiviert der österreichische Produzent sein Engagement im anderen Vertragsstaat weiter und begründet er dort seinen Wohnsitz, so ist der neue Wohnsitzstaat nach Art. 7 Abs. 1 nun zur Besteuerung des Welteinkommens befugt. Der uneingeschränkten Besteuerungsbefugnis folgt ein uneingeschränkter Diskriminierungsschutz. Nach Art. 24 Abs. 1 darf der neue Wohnsitzstaat den Steuerpflichtigen nicht aufgrund der österreichischen Staatsangehörigkeit benachteiligen. Der Diskriminierungsschutz des Art. 24 Abs. 1 erstreckt sich nun auch auf die existenzsichernden Aufwendungen. Die einzelnen Diskriminierungsverbote vermitteln also im Zusammenwirken mit den Verteilungsnormen und den Methodenartikeln einen nach Intensität des wirtschaftlichen Engagements abgestuften Diskriminierungsschutz.

3. Die Diskriminierungs- und Beschränkungsverbote des AEUV

Die Diskriminierungs- und Beschränkungsverbote des Vertrages über die Arbeitsweise der Europäischen Union haben bislang in größtem Umfang die Ausgestaltung der nationalen Steuerrechtsordnungen beeinflusst. Nach ihrem Wortlaut wollen sie die Inländergleichbehandlung im Aufnahmemitgliedstaat sicherstellen. Seit dem Daily-Mail-Urteil[28] hat der EuGH aber in ständiger Rechtsprechung ausgeführt, dass die Diskriminierungsverbote sinnentleert wären, wenn der Herkunftsmitgliedstaat seinen Staatsangehörigen verbieten könnte, im anderen Mitgliedstaat eine Arbeitstätigkeit aufzunehmen oder dort zu investieren. Die Grundfreiheiten finden also auf In- wie auf Outboundkonstellationen Anwendung. Während die Grundfreiheiten nur eine Schlechterbehandlung des grenzüberschreitenden Sachverhalts untersagen, kann eine Bevorzugung von Steuerausländern oder von Auslandsinvestitionen aber möglicherweise gegen die Beihilfevorschriften nach Art. 107 und 108 AEUV verstoßen.[29] Die Grundfreiheiten schützen vor offenen wie versteckten, unmittelbaren wie mittelbaren Benachteiligungen. Rechtfertigungen dieser Benachteiligungen sind zur Erreichung eines zwingenden, im Allgemeininteresse liegenden Grundes möglich, soweit die Maßnahmen geeignet sind, dieses Ziel zu erreichen und nicht über das zur Zielerreichung Notwendige hinausgehen.[30] Anders als bei der Auslegung des Gleichheitssatzes des Grundgesetzes durch das Bundesverfassungsgericht und den Bundesfinanzhof sieht der EuGH in der Investitions-

---

27 *Friedlander*, British Tax Review 2002, 71 (76 f.).
28 EuGH v. 27.9.1988 – Rs. 81/87, Daily Mail, Slg. 1988, 5483.
29 S. *Schön*, CMLR 1999, 911; *Sutter*, Das EG-Beihilfenverbot und sein Durchführungsverbot in Steuersachen, 2005; *Micheau*, European Taxation 2012, 210; *Rust/Micheau* (Hrsg.), State Aid and Tax Law, 2012.
30 EuGH v. 30.11.1995 – Rs. C-55/94, Gebhard – Rz. 37, Slg. 1995, I-4165.

förderung im Inland schon gar keinen legitimen mit dem Binnenmarktziel zu vereinbarenden Rechtfertigungsgrund,[31] bei vorgeblichen Vollzugsdefiziten verweist der Gerichtshof regelmäßig auf die Möglichkeiten der gegenseitigen Amtshilfe,[32] eine Vorteilskompensation ist nur unter den strengen Voraussetzungen der Kohärenz[33] möglich und Typisierungen und Pauschalierungen[34] werden als unverhältnismäßig, da nicht punktgenau angesehen.

4. Zwischenfazit

Die Gleichbehandlungsgebote und Diskriminierungsverbote unterscheiden sich in vielfacher Hinsicht.

- Teilweise untersagen sie nur Benachteiligungen, teilweise Begünstigungen und Benachteiligungen.

- Teilweise erfassen sie nur Inbound-, teilweise Outbound und Inboundkonstellation.

- Diskriminierungen im Abkommensrecht lassen sich nicht rechtfertigen, der Gleichheitssatz des Grundgesetzes und die Diskriminierungsverbote des AEUV sind dagegen einer Rechtfertigung zugänglich.

- Auch die Rechtsfolgen der Gleichbehandlungsgebote und Diskriminierungsverbote unterscheiden sich: Während bei Verstößen gegen die abkommensrechtlichen und die EU-rechtlichen Diskriminierungsverbote die günstigeren Vorschriften für Inlandssachverhalte Anwendung finden, ist bei Verstößen gegen Art. 3 GG der Gesetzgeber zur Beseitigung des Gleichheitsverstoßes aufgerufen.

---

31 EuGH v. 10.3.2005 – Rs. C-39/04, Laboratoires Fournier – Rz. 23, Slg. 2005, I-2057.
32 EuGH v. 7.9.2006 – Rs. C-470/04, N – Rz. 51 ff., Slg. 2006, I-7409; EuGH v. 12.7.2012 – Rs. C-269/09, Kommission v. Spanien – Rz. 72, HFR 2012, 1025: „Insoweit ist ebenfalls festzustellen, dass die genannten Instrumente einer Zusammenarbeit in der Praxis nicht immer zufriedenstellend und reibungslos funktionieren. Die Mitgliedstaaten können jedoch aus etwaigen Schwierigkeiten beim Einholen der erforderlichen Informationen oder aus Defiziten, die bei der Kooperation ihrer Steuerverwaltungen auftreten können, keine Rechtfertigung für die Beschränkung der durch den Vertrag garantierten Grundfreiheiten herleiten […]"; zur Notwendigkeit von Quellensteuern s. nun aber EuGH v. 18.10.2012 – Rs. C-498/10, X NV, IStR 2013, 26.
33 Zum Rechtfertigungsgrund der Kohärenz s. EuGH v. 28.1.1992 – Rs. C-204/90, Bachmann, Slg. 1992, I-249; EuGH v. 23.10.2008 – Rs. C-157/07, Krankenheim Ruhesitz am Wannsee, Slg. 2008, I-8061; EuGH v. 1.12.2001 – Rs. C-250/08, Kommission/Belgien, IStR 2012, 67; *Cordewener*, Europäische Grundfreiheiten und nationales Steuerrecht, 2002, S. 958 ff.; *Reimer* in Lehner, Grundfreiheiten im Steuerrecht der EU-Staaten, 2000, S. 39 (60 ff.); *Rust*, Hinzurechnungsbesteuerung, 2007, S. 144 ff.
34 EuGH v. 16.7.1998 – Rs. C-264/96, Imperical Chemical Industries, Slg. 1998, I-4695.

III. Berücksichtigung von Maßnahmen des anderen Staates

Die für die Anwendung der Gleichbehandlungsgebote und Diskriminierungsverbote bei grenzüberschreitenden Sachverhalten entscheidende Frage lautet, inwieweit ein Staat zur Berücksichtigung von Maßnahmen des anderen Staates verpflichtet ist. Dabei stellen sich zwei Vorfragen: Sollen ausländische Einkünfte überhaupt in die Steuerpflicht einbezogen werden? Und wenn ja, sollen diese ausländischen Einkünfte anders – also höher oder niedriger – besteuert werden?

Das Welteinkommensprinzip erscheint uns als ein selbstverständliches Grundprinzip.[35] Bei anderen Steuerarten – etwa bei der Umsatzsteuer – wird aber nur die durch den Konsum im Inland ausgedrückte Leistungsfähigkeit erfasst. Diese unterschiedliche Betrachtung verblüfft insbesondere deshalb, weil Konsum das um die Ersparnisse verringerte Einkommen darstellt. Ausländische Einkünfte erhöhen aber genauso wie inländische Einkünfte die Leistungsfähigkeit.[36] Aus Leistungsfähigkeitserwägungen sind daher auch ausländische Einkünfte in die Bemessungsgrundlage einzubeziehen. Umgekehrt verringern ausländische Verluste[37] die Leistungsfähigkeit. Ausländische Einkünfte werden zumeist unter größeren Mühen und größerem Risiko erwirtschaftet. Beide Faktoren führen aber auch bei inländischen Einkünften nicht zu einer Minderung der Steuerlast; sie sind aus Leistungsfähigkeitserwägungen unerheblich.[38] Ausländische Einkünfte sollten daher bei der Steuerbemessungsgrundlage und beim Steuersatz nicht anders als inländische Einkünfte behandelt werden.

Nach Klärung dieser Vorfragen können wir uns nun der Frage zuwenden, inwieweit im Rahmen des Gleichbehandlungsgebotes bzw. der Diskriminierungsverbote Maßnahmen des anderen Staates bei der Besteuerung zu berücksichtigen sind. Durch das Zusammenwirken von Welteinkommensprinzip im Ansässigkeitsstaat und Territorialitätsprinzip im Quellenstaat kann derselbe Lebenssachverhalt gleichzeitig in zwei Steuerrechtsordnungen Berücksichtigung finden. Mich hat das von Professor *Birk* gezeichnete Bild der „Kästchengleichheit" als Folge der Anwendung des Gleichheits-

---

35 S. § 1 Abs. 1 Satz 1 i. V. m. § 1 Abs. 4, § 2a, § 34c, § 34d, § 49 EStG; § 1 Abs. 1 und 2 KStG; dagegen § 2 Abs. 1 Satz 1 GewStG. Zum Welteinkommensprinzip s. *Bühler*, Prinzipien des Internationalen Steuerrechts, 1964, S. 165; *Schaumburg* (Fn. 20), Rz. 5.53 ff.; *Vogel* in DStJG 9 (1985), S. 3.
36 *Lang/Englisch*, in Amatucci, International Tax Law, 2006, S. 261, 278; kritisch *Vogel* in DStJG 9 (1985), S. 3 (23 ff.).
37 Zur Durchbrechung des Leistungsfähigkeitsprinzip durch § 2a EStG s. *Schaumburg* (Fn. 20), Rz. 5.71 ff.
38 *Tipke*, Die Steuerrechtsordnung², Band 2, 2003, S. 634 ff.

satzes überzeugt:[39] Der Gleichheitssatz und die Diskriminierungsverbote richten sich an den jeweiligen Hoheitsträger, dieser hat innerhalb seines Hoheitsgebietes die Steuerpflichtigen gleich zu behandeln bzw. von Diskriminierungen der Steuerpflichtigen abzusehen. Jeder Hoheitsträger ist aber in seiner Gestaltungsfreiheit nicht an die Gestaltungsentscheidungen anderer Hoheitsträger gebunden. Die Gleichbehandlungsgebote und Diskriminierungsverbote können daher keine Harmonisierung der Steuerrechtsnormen innerhalb mehrerer Hoheitsgebiete erreichen, Gleichheit kann immer nur innerhalb desselben „Kästchens", desselben Hoheitsgebietes hergestellt werden. Ich frage mich aber, ob nicht in jedes dieser „Kästchen" ein Fenster einzubauen ist, um einen freien Blick über die Landesgrenzen hinweg auch auf Maßnahmen des anderen Staates zu haben, sodass diese dann bei der inländischen Besteuerung Berücksichtigung finden können. Der EuGH war mehrfach vor diese Frage gestellt und hat sie ganz unterschiedlich beantwortet. In *Manninen*[40] war die ausländische Körperschaftsteuer wie eine inländische zu behandeln und entsprechend beim Anrechnungsverfahren zu berücksichtigen. Nach *Marks & Spencer*[41] oder *Lidl Belgium*[42] führt die endgültige Nichtberücksichtigung von Verlusten im anderen Staat dazu, dass der Staat der Muttergesellschaft oder des Stammhauses die Verluste zu berücksichtigen hat. Nach *Schumacker*[43] hat der Quellenstaat die existenznotwendigen Aufwendungen zu berücksichtigen, wenn der Ansässigkeitsstaat dazu nicht in der Lage ist.

Ganz anders entschied der EuGH in den Rechtsachen *Kerckhart-Morres,*[44] *Damseaux*[45] und *Block.*[46] Danach ist der Ansässigkeitsstaat nicht verpflichtet, eine ausländische Quellensteuer anzurechnen und so eine Doppelbe-

---

39 *Birk* in DStJG 19 (1996), S. 63 (77).; s. auch *Cordewener* (Fn. 33), S. 829; *Vanistendael*, EC Tax Review 2003, 136 (139) greift in diesem Zusammenhang auf das Bild unterschiedlicher Billardtische zurück: „In the non-discrimination approach it is sufficient that each snooker player can play under the same conditions at different snooker tables."
40 EuGH v. 7.9.2004 – Rs. C-319/02, Manninen, Slg. 2004, I-7477.
41 EuGH v. 13.12.2005 – Rs. C-446/03, Marks & Spencer, Slg. 2005, I-10837.
42 EuGH v. 15.5.2008 – Rs. C-414/06, Lidl Belgium, Slg. 2008, I-3601.
43 EuGH v. 14.2.1995 – Rs. C-279/93, Schumacker, Slg. 1995, I-225.
44 EuGH v. 14.11.2006 – Rs. C-513/04, Kerkhaert/Morres, Slg. 2006, I-10967.
45 EuGH v. 16.7.2009 – Rs. C-128/08, Damseaux, Slg. 2009, I-6823.
46 EuGH v. 12.2.2009 – Rs. C-67/08, Block, Slg. 2009, I-883, insbesondere Rz. 31: „Daraus folgt, dass die Mitgliedstaaten beim gegenwärtigen Entwicklungsstand des Gemeinschaftsrechts vorbehaltlich dessen Beachtung über eine gewisse Autonomie in diesem Bereich verfügen und deshalb nicht verpflichtet sind, ihr eigenes Steuersystem den verschiedenen Steuersystemen der anderen Mitgliedstaaten anzupassen, um namentlich die sich aus der parallelen Ausübung ihrer Besteuerungsbefugnisse ergebende Doppelbesteuerung zu beseitigen […]"

steuerung zu beseitigen.[47] Dem EuGH ist hier eine rechtliche Gleichheit ausreichend.[48] Inländische wie ausländische Dividenden (bzw. Erbschaften) werden voll besteuert, also behandelt der Ansässigkeitsstaat Inlands- und Auslandssachverhalt gleich. Nicht berücksichtigt wird dabei, dass zwischen beiden Sachverhalten ein wichtiger Unterschied in Form der ausländischen Quellensteuer besteht – also faktische Ungleichheit vorliegt.

Die Zahlung ausländischer Steuern mindert die Leistungsfähigkeit des Steuerpflichtigen. Da der Ansässigkeitsstaat nach dem Welteinkommensprinzip die globale Leistungsfähigkeit des Steuerpflichtigen berücksichtigt, hat dieser die im Ausland gezahlten Steuern zumindest zum Abzug von der Bemessungsgrundlage zuzulassen.[49] Sieht man die Steuerzahlung im Ausland als einer Steuerzahlung im Inland gleichwertig an, so kann eine Steuerzahlung im Ausland aber auch eine Steuerzahlung im Inland ersetzen.[50] Dann hat der Ansässigkeitsstaat einen Abzug der ausländischen Steuern nicht nur von der Steuerbemessungsgrundlage, sondern von der inländischen Steuerschuld (Anrechnung) zu gewähren. Der EuGH hat das Prinzip gegenseitiger Anerkennung schon früh im Rahmen der Warenverkehrsfreiheit entwickelt. Es wurde dann später auf die Dienstleistungsfreiheit im Rahmen der gegenseitigen Anerkennung von Berufsqualifikationen, aber auch auf die Niederlassungsfreiheit und die Freizügigkeit ausgedehnt.[51] Diese Rechtsprechung lässt sich aber nicht ohne Weiteres auf das Steuerrecht übertragen, da die gegenseitige Anerkennung nicht nur den Verzicht auf die Anwendung eigener Steuervorschriften, sondern damit auch eine Übertragung der Steuerertragskompetenzen zur Folge hat.[52] An die Gleichwertigkeit ausländischer Steuern sind damit besondere Anforderungen zu stellen. Nicht jede ausländische Besteuerung ist der inländischen gleichwertig.

---

47 Grundlegend zur Frage, ob eine Doppelbesteuerung gegen die Grundfreiheiten verstößt: *Kofler*, Doppelbesteuerungsabkommen und Europäisches Gemeinschaftsrecht, 2007; s. auch *Terra/Wattel*, European Tax Law⁶, 2012, S. 1053 ff.; sowie die Beiträge in *Rust* (Hrsg.), Double Taxation within the European Union, 2011. S. auch EuGH v. 8.12.2011 – Rs. C-157/10, Banco Bilbao, IStR 2012, 152, wonach es dem Ansässigkeitsstaat nicht untersagt ist, Steuerbefreiungen des Quellenstaates durch die Anrechnungsmethode zunichte zu machen.
48 Zur Unterscheidung zwischen rechtlicher und faktischer Gleichheit s. *Alexy*, Theorie der Grundrechte, 1986, S. 377 ff.
49 Zur Möglichkeit des Abzugs ausländischer Steuern von der Bemessungsgrundlage s. § 34c Abs. 2 und 3 EStG. Auch in der dem EuGH v. 12.2.2009 – Rs. C-67/08, Block, Slg. 2009, I-883 zugrunde liegenden Entscheidung ließ das Finanzamt die spanische Erbschaftsteuer als Nachlassverbindlichkeit zum Abzug zu.
50 S. *Englisch*, Wettbewerbsgleichheit im grenzüberschreitenden Handel, 2008, S. 787; *Wernsmann* in Schön/Beck (Hrsg.), Zukunftsfragen des deutschen Steuerrechts, 2009, S. 161, 175.
51 *Waldhoff*, IStR 2009, 386 (386).
52 S. *Rust* in Rust, Double Taxation (Fn. 47), S. 137, 143.

Im Mai 2012 hat der Bundesfinanzhof entschieden, dass auch zwischen einem ausländischen und einem inländischen Steuerbescheid eine widerstreitende Steuerfestsetzung bestehen kann und somit eine Änderung des inländischen Steuerbescheides nach § 174 AO möglich ist.[53] Damit ging der Bundesfinanzhof implizit davon aus, dass der ausländische Steuerbescheid dem inländischen gleichwertig ist.

In seinen Urteilen *Centro de Musicologia Walter Stauffer*[54] und *Persche*[55] führte der EuGH aus, dass sich Deutschland die ausländischen Wertungen, was als gemeinnützig anzusehen ist und was nicht, nicht zu eigen machen muss. Nur dann, wenn die ausländische Vereinigung auch die inländischen Voraussetzungen für das Vorliegen der Gemeinnützigkeit erfüllt, darf sie nicht gegenüber inländischen gemeinnützigen Vereinigungen benachteiligt werden. Damit ist ein Weg für die Beurteilung der Gleichwertigkeit aufgezeigt: Die ausländische Steuer ist als gleichwertig anzuerkennen, wenn sie einer deutschen Besteuerung in einem vergleichbaren Sachverhalt entspricht. Bei der Anrechnung ausländischer Steuern ist die Steuer des Quellenstaates nur dann einer inländischen Steuer gleichwertig, wenn auch Deutschland als Quellenstaat diese Einkünfte besteuert hätte.[56] Für die Gleichwertigkeitsprüfung einer ausländischen Quellensteuer ist daher die ausländische Vorschrift zum Umfang der beschränkten Steuerpflicht mit der Vorschrift des § 49 EStG zu vergleichen. Reicht die ausländische beschränkte Steuerpflicht nicht weiter als die inländische nach § 49 EStG, so ist die ausländische Steuer anzurechnen.[57] Überdies wird nach der Anrechnungsmethode die ausländische Steuer auch der Höhe nach nur insoweit berücksichtigt, wie sie der inländischen Steuer vergleichbar ist. Sie ersetzt nicht die inländische Steuer auf die ausländischen Einkünfte, sondern versagt nach der Höchstbetragsregelung eine Anrechnung, wenn die ausländische Steuer höher als die inländische ausfällt; bei einer geringeren ausländischen Steuer bleibt die höhere inländische Steuer für den überschießenden Teil insoweit erhalten.

Wendet man das Prinzip der Gleichwertigkeit auf die vom EuGH zu beurteilenden Sachverhalte an, so wird deutlich, dass im Fall *Block*[58] in der

---

53 BFH v. 12.5.2012 – I R 73/10, DStR 2012, 1750 m. Anm. *Frey/Bruhn*; s. auch *Rust/Tippelhofer*, ISR 2012, 44.
54 EuGH v. 14.9.2006 – Rs. C-386/04, Centro di Musicologia Walter Stauffer, Slg. 2006, I-8203.
55 EuGH v. 27.1.2009 – Rs. C-318/07, Persche, Slg. 2009, I-359.
56 Zu dieser Symmetriethese s. *Rust* in Rust, Double Taxation (Fn. 47), S. 137, 153; dagegen *Wattel*, in Rust, Double Taxation (Fn. 47), S. 157, 165 unter Berufung auf EuGH v. 22.12.2008 – Rs. C-282/07, Truck Center, Slg. 2008, I-10767 und EuGH v. 20.5.2008 – Rs. C-194/06, Orange European Smallcap Fund, Slg. 2008, I-3747.
57 Dies bedeutet, dass die ausländischen Einkünfte nach § 34d EStG spiegelbildlich dem Umfang der inländischen Einkünfte nach § 49 EStG anzupassen sind.
58 EuGH v. 12.2.2009 – Rs. C-67/08, Block, Slg. 2009, I-883.

Tat keine Verpflichtung zur Anrechnung der ausländischen Erbschaftsteuer bestanden hat. Spanien besteuerte im Rahmen seiner beschränkten Erbschaftsteuerpflicht Kapitalvermögen auf einem spanischen Bankkonto. Deutschland hätte als Quellenstaat dieses Kapitalvermögen nicht besteuert, da es dieses nicht zum Inlandsvermögen nach § 121 BewG zählte. Folglich konnte die spanische Steuer nicht als gleichwertig angesehen werden, weshalb eine Berücksichtigung der spanischen Steuer im Rahmen der Anrechnung in Deutschland nicht notwendig war.[59]

Der Freistellungsmethode liegt ein anderes Verständnis von Gleichwertigkeit zugrunde. Hier wird die Ausübung der Besteuerungsbefugnis oder selbst die bloße Möglichkeit der Ausübung der Besteuerungsbefugnis durch den anderen Vertragsstaat als gleichwertig angesehen, ohne dass im Einzelfall die ausländische Besteuerung der inländischen entsprechen muss.

Was für Konsequenzen hätte eine solche Gleichwertigkeitsprüfung für die Berücksichtigung existenznotwendiger Aufwendungen? Meines Erachtens ist bei steuerentlastenden Maßnahmen des ausländischen Staates nicht anders als bei steuerbelastenden Maßnahmen zu verfahren.

Im Falle der Anwendung der Freistellungsmethode heißt dies, dass in dem Maße, in dem der Quellenstaat die existenznotwendigen Aufwendungen berücksichtigt, der Ansässigkeitsstaat nicht mehr zu einer Berücksichtigung verpflichtet ist; die Berücksichtigung im Ausland ist der Berücksichtigung im Inland gleichwertig, sie ersetzt damit den Abzug der Aufwendungen im Inland. Eine Doppelberücksichtigung würde sonst zu einer Besserstellung des Steuerpflichtigen führen. Dies gilt gleichermaßen für den Quellenstaat. Soweit der Ansässigkeitsstaat die existenznotwendigen Aufwendungen berücksichtigt, ist der Quellenstaat nicht weiter in der Pflicht. Aufteilungsmaßstab ist dabei das Verhältnis der Einkünfte im Quellenstaat zu den Welteinkünften.[60] Dagegen trifft der EuGH in der Rechtssache *Schumacker*[61] eine „Alles-oder-Nichts"-Entscheidung. Nur dann, wenn der Steuerpflichtige seine Einkünfte nahezu ausschließlich im Quellenstaat bezieht, die existenznotwendigen Aufwendungen im Ansässigkeitsstaat also nicht vollständig berücksichtigt werden können, ist – stellvertretend – der Quellenstaat zur Berücksichtigung verpflichtet. Dieser Lösungsansatz versagt in den Fallkonstellationen, in denen der Steuerpflichtige in noch größerem Umfang von seinen Grundfreiheiten Gebrauch macht und in mehreren

---

59 Der § 21 Abs. 2 Nr. 1 ErbStG entspricht daher den Anforderungen der Diskriminierungsverbote.
60 S. zum Modell einer „Fractional Taxation": *van Raad* in Andersson (Hrsg.), Liber Amicorum Sven-Olof Lodin: Modern Issues in the Law of International Taxation, 2001, S. 211; *Wattel*, European Taxation 2000, 210; *Mössner*, BIT 2006, 501; *Ismer*, IStR 2013, 297 (302).
61 EuGH v. 14.2.1995 – Rs. C-279/93, Schumacker, Slg. 1995, I-225.

Quellenstaaten tätig ist.[62] Die Lösung des EuGH führt auch zu einer übermäßigen Entlastung des Steuerpflichtigen, soweit der Ansässigkeitsstaat die existenznotwendigen Aufwendungen noch teilweise berücksichtigt.

Meinem Ansatz ist allerdings entgegenzuhalten, dass der EuGH eine prozentuale Berücksichtigung von existenznotwendigen Aufwendungen in der *de-Groot*-Entscheidung[63] gerade abgelehnt hat. In *de Groot* wie in *Kerkhaert Morres* lässt der EuGH eine rechtliche Gleichheit ausreichen, ohne zu prüfen, ob aufgrund der belastenden oder entlastenden Maßnahmen im anderen Staat insoweit eine faktische Ungleichheit besteht.

IV. Schlussfolgerungen

– Die Gleichbehandlungsgebote und Diskriminierungsverbote unterscheiden sich in Anwendungsvoraussetzungen und Rechtsfolgen.
– Art. 3 Abs. 1 GG entfaltet im Internationalen Steuerrecht keinen ausreichenden Schutz, die Anforderungen an die Rechtfertigung von Ungleichbehandlungen sollten erhöht werden.
– Die OECD schlägt eine Erweiterung des Anwendungsbereiches der abkommensrechtlichen Diskriminierungsverbote vor. Ich stimme diesem Vorschlag teilweise zu: Eine uneingeschränkte Besteuerungsbefugnis des Quellenstaats sollte nicht nur im Rahmen des Art. 7 OECD-MA, sondern auch bei Art. 6, 15, 16, 17 und 19 OECD-MA durch ein Diskriminierungsverbot flankiert werden. Eine Rechtfertigung von Diskriminierungen sollte dagegen im Abkommensrecht nicht zugelassen werden.
– Steuerliche Maßnahmen anderer Staaten sind zu berücksichtigen, wenn diese inländischen Maßnahmen gleichwertig sind. Das gilt sowohl für Steuerbelastungen als auch für Entlastungen.

---

62 *Cordewener* (Fn. 33), S. 495.
63 EuGH v. 12.12.2002 – Rs. C-385/00, de Groot, Slg. 2002, I-11819. Nach Ziff. 99 des Urteils steht es den Mitgliedstaaten aber weiterhin frei, in einem Doppelbesteuerungsabkommen eine anteilige Berücksichtigung existenznotwendiger Aufwendungen zu vereinbaren. Zu den Grundlagen dieser Entscheidung s. *Wattel*, European Taxation, 2000, 210.

Freistellungsmethode auf dem Rückzug?

*Eckehard Schmidt**
Ministerialdirigent, Bayerisches Staatsministerium der Finanzen,
München

Inhaltsübersicht

I. Einleitung
II. Überlegungen zur Methodenwahl
  1. Vorzüge der Anrechnungsmethode
  2. Vorzüge der Freistellungsmethode

III. Absicherung der Freistellungsmethode als Standardmethode
IV. Optimierung der Anrechnungsmethode als Auffangmethode
V. Fazit

I. Einleitung

Die Frage nach der abkommensrechtlichen Methodenwahl ist jüngeren Datums als man vermuten könnte. Als Geburtsstunde des modernen Doppelbesteuerungsabkommens gilt wohl das DBA zwischen Preußen und Sachsen aus dem Jahre 1869; Art. 2 dieses Abkommens stellt es noch in das Belieben des jeweiligen Ansässigkeitsstaats des „Unterthanen", wie die Doppelbesteuerung namentlich bei Betriebsstätteneinkünften zu beseitigen ist[1]. Allein der Besteuerungsumfang des Quellenstaats war im Abkommen selbst abschließend geregelt. Allerdings hat sich offenbar ziemlich rasch die Erkenntnis durchgesetzt, dass auch die Methodenfrage in diesem Zusammenhang mitgeregelt werden sollte. Schon ein Jahr später traf das Doppelbesteuerungsgesetz des Norddeutschen Bundes vom 13.5.1870 hier eine unmittelbare Entscheidung[2]. In dem 1899 geschlossenen DBA zwischen Preußen und Österreich heißt es in Art. 2 Satz 1:

„Der Grund- und Gebäudebesitz und der Betrieb eines stehenden Gewerbes sowie das aus diesen Quellen herrührende Einkommen sollen nur in demjenigen Staate zu den direkten Staatssteuern herangezogen werden, in welchem der Grund- und Gebäudebesitz oder eine Betriebsstätte zur Ausübung des Gewerbes unterhalten wird."[3]

---

* Für wesentliche Unterstützung bei der Vorbereitung des Vortrags und bei der Erstellung der Druckfassung danke ich Herrn Oberregierungsrat *Roland Kammeter*.
1 Quellennachweis: IStR 2006, H. 24 S. III.
2 Bundesgesetzblatt des Norddeutschen Bundes Band 1870, Nr. 14, S. 119–120.
3 Gesetz betreffend die Vermeidung von Doppelbesteuerungen v. 18.4.1900, Anlage A, zit. nach IStR 1997, H. 24 S. III f.; wenngleich hier noch kein expliziter Methodenartikel verankert wurde, ergibt sich das Wesen der Freistellung aus der vereinbarten Alles-oder-nichts-Technik zugunsten des einen oder des anderen Vertragsstaats.

Ebenso verhielt es sich mit den späteren Abkommen des Deutschen Reichs, etwa mit Italien aus dem Jahre 1925[4]. Seitdem ist die Frage, wie eine Doppelbesteuerung im Ansässigkeitsstaat zu vermeiden ist, sofern dem Quellenstaat nach den Verteilungsnormen nicht das alleinige Besteuerungsrecht zusteht, regelmäßig Teil der völkerrechtlichen Verhandlungen. Eine stimmige Abkommenspolitik erfordert von den Vertragsstaaten die prinzipielle Entscheidung für eine der beiden Methoden. Die anglo-amerikanischen Länder folgen bekanntlich überwiegend der Anrechnungsmethode, Deutschland hat sich bereits sehr früh für die Freistellungsmethode entschieden[5]. Umso erstaunter mag man die Abweichungen zugunsten der Anrechnungsmethode in jüngster Zeit zur Kenntnis nehmen. Dies betrifft das DBA zwischen Deutschland und den Vereinigten Arabischen Emiraten vom 1.7.2010 wie auch das Abkommen mit Zypern vom 18.2.2012. Gleiches gilt für das Abkommen mit Mauritius vom 7.10.2011. Auch ein zukünftiges Revisionsprotokoll zum DBA Singapur soll dem Vernehmen nach die Anrechnungsmethode enthalten. Vor diesem Hintergrund kann man sich zu Recht die Frage stellen, ob die erwähnten DBA bloße „Abkommensanomalien" darstellen oder ob hiermit nicht doch ein grundsätzlicher Schwenk in der deutschen Abkommenspolitik verbunden ist. Hat die Freistellungsmethode also den Rückzug angetreten? Dies wäre schon deshalb überraschend, weil der aktuelle Koalitionsvertrag auf Bundesebene zwischen CDU, CSU und FDP eine andere Richtung vorgibt. Dort heißt es:

„Wir werden unsere Politik der Doppelbesteuerungsabkommen auf die internationale Wettbewerbsfähigkeit unserer Unternehmen ausrichten und deshalb grundsätzlich an der Freistellung der ausländischen Einkünfte festhalten"[6].

II. Überlegungen zur Methodenwahl

Anrechnung versus Freistellung – was spricht nun im Einzelnen für die eine oder die andere Methode? Ich werde versuchen, im Folgenden einige Antworten zu diesem Fragenkomplex zu geben, um anschließend auch etwaige Konsequenzen zu beleuchten, die mit der Entscheidung für eine der beiden Methoden einhergehen.

Die beiden Methoden sind schnell umschrieben: Bei der Freistellungsmethode wird der weltweite Besteuerungsanspruch für im Inland unbeschränkt steuerpflichtige Steuersubjekte durchbrochen und das betreffende ausländische Steuersubstrat steuerfrei gestellt; allenfalls ist der Progressionsvorbe-

---

4 Vgl. insbesondere Art. 3 Abs. 3 DBA Italien 1925.
5 Vgl. auch den Bericht des BMF v. 14.10.1993 – IV C 5 – S 1300 – 173/93 an den Finanzausschuss des Deutschen Bundestages zur Wahl der Freistellungs- oder der Anrechnungsmethode in den Doppelbesteuerungsabkommen.
6 Wachstum. Bildung. Zusammenhalt. Der Koalitionsvertrag zwischen CDU, CSU und FDP v. 26.10.2009, S. 14.

halt zu beachten. Im Fall der Anrechnungsmethode wird dieser weltweite Besteuerungsanspruch hingegen tatsächlich wahrgenommen. Eine Doppelbesteuerung wird jedoch durch Anrechnung der ausländischen Steuern auf die entsprechende inländische Steuerlast vermieden. Alternativ zu dieser Anrechnung kann der Steuerpflichtige auch den Abzug der ausländischen Steuern bei der Ermittlung der Einkünfte beantragen[7].

1. Vorzüge der Anrechnungsmethode

Welche Aspekte streiten im Einzelnen für die Anrechnungsmethode? Sieht man sich die eben erwähnten „Anrechnungsabkommen" an, so steht ganz klar die Vermeidung „weißer", also gänzlich unbesteuerter Einkünfte im Vordergrund. Denkt man an die geringfügige Teilbesteuerung in Mauritius[8] oder Singapur[9], könnte man wohlwollend auch von der Vermeidung „hellgrauer" Einkünfte sprechen.

Eine Ausnahme von alledem scheint indes das DBA Zypern zu bilden. In der zugehörigen Denkschrift finden sich folgende Ausführungen:

„Der wesentliche Grund für diese Abweichung war die entschiedene Weigerung Zyperns, der deutschen Standardmethode zuzustimmen, da sie zu kompliziert sei. Demgegenüber wurden gegen die ausschließliche Verwendung der Anrechnungsmethode keine Einwendungen erhoben"[10].

Mit der Vereinbarung der Anrechnungsmethode lässt sich das Ziel, weiße Einkünfte zu vermeiden, auch grundsätzlich erreichen[11]. Diesem Ziel misst

---

7 § 34c Abs. 2 und Abs. 6 Satz 2 EStG; wenngleich diese Norm im Einleitungssatz von § 12 Nr. 3 EStG nicht genannt ist, findet letztere Vorschrift ebenso unstreitig keine Anwendung wie § 10 Nr. 2 KStG.
8 *Müller* in Debatin/Wassermeyer, Doppelbesteuerungsabkommen, Loseblattkommentar, DBA Mauritius Anhang Rz. 11, 37 f., 40 (Stand: Oktober 2011).
9 *Dörrfuß* in Debatin/Wassermeyer (Fn. 8), DBA Singapur Anhang Rz. 12, 15 f., 23, 27 (Stand: Januar 2008).
10 Zu Art. 22 in der Denkschrift zum Abkommen vom 18. Februar 2011 zwischen der Bundesrepublik Deutschland und der Republik Zypern zur Vermeidung der Doppelbesteuerung und zur Verhinderung der Steuerverkürzung auf dem Gebiet der Steuern vom Einkommen und vom Vermögen v. 18.2.2011; noch deutlicher die Stellungnahme der Bundesregierung in der Anhörung im Finanzausschuss des Bundestags: *„Zypern hingegen habe diese Sicherungsmechanismen mit der Begründung, das sei für Zypern zu kompliziert, nicht akzeptieren wollen. Das hätte für Deutschland den Abbruch der Verhandlungen bedeutet. Ohne Aussicht auf Erfolg habe man dennoch vorher die für Zypern schlechtere Anrechnungsmethode vorgeschlagen und sei sehr überraschend auf Zustimmung Zyperns gestoßen. Daher stehe in der Denkschrift des Abkommens, dass die Anrechnungsmethode auf Wunsch Zyperns vereinbart worden sei"*, BT-Drucks. 17/6565, S. 12.
11 Die steuergestalterische Schaffung von Anrechnungsvolumen als Möglichkeit zur Erzielung letztlich doch unversteuerter Einkünfte soll hier außer Betracht bleiben, vgl. *Brunsbach/Endres/Lüdicke/Schnitger*, Deutsche Abkommenspolitik, Trends und Entwicklungen 2011/2012, Deutsche Abkommenspolitik, IFSt-Schrift Nr. 480, 2012, S. 97 f.

die deutsche Abkommenspolitik zwischenzeitlich dieselbe Bedeutung bei wie der Vermeidung der Doppelbesteuerung[12]. Die Vermeidung einer doppelten Nichtbesteuerung stellt die Anrechnungsmethode in hohem Maße sicher: Ein Abschirmen ausländischen Steuersubstrats ist hier nur mithilfe intransparenter Einheiten, wie etwa Körperschaftsteuersubjekten, zu erreichen. Vor dem Hintergrund der Hinzurechnungsbesteuerung ist dies zudem nur unter bestimmten Voraussetzungen möglich[13]. Hinzu kommt, dass die Zwischenschaltung einer intransparenten Ebene den nachgeordneten wirtschaftlichen Bereich vom unternehmerischen Gesamtgeschehen isoliert. Die Organschaft als deutsches Instrument der Gruppenbesteuerung steht grenzüberschreitend gerade nicht zur Verfügung[14]. Der Einsatz abschirmender Steuersubjekte ist folglich auch unter betriebswirtschaftlichen Aspekten genau abzuwägen. Die Vereinbarung der Anrechnungsmethode dürfte daher insgesamt einen substanziellen Beitrag zur Gestaltungsfestigkeit leisten.

Ein weiterer Gesichtspunkt, der für die Anrechnungsmethode spricht, ist der Grundsatz der Kapitalexportneutralität. Der Steuerpflichtige nimmt in diesem Fall das inländische Steuerniveau bei seinen weltweiten Investitionen gleichsam mit auf die Reise, die Anrechnungsmethode schafft also keinen steuerlichen Anreiz für Auslandsinvestitionen. Dieser gerade von Volkswirten unterstützte Ansatz der Kapitalexportneutralität stellt im Idealfall sicher, dass es unter inländischen Wettbewerbsgesichtspunkten keinen Unterschied macht, wo der einzelne Steuerpflichtige seine Einkünfte generiert. Der global investierte DAX-Konzern wirtschaftet im

---

12 Vgl. z.B. zu Art. 23 in der Denkschrift zu dem Abkommen vom 17. November 2011 zwischen der Bundesrepublik Deutschland und dem Fürstentum Liechtenstein zur Vermeidung der Doppelbesteuerung und der Steuerverkürzung auf dem Gebiet der Steuern vom Einkommen und vom Vermögen; noch deutlicher die Stellungnahme der Bundesregierung in der Anhörung im Finanzausschuss des Bundestages, BT-Drucks. 17/6565, S. 12.
13 Durch die Rechtsprechung des Europäischen Gerichtshofs hat dieses Schwert freilich an Schärfe verloren, EuGH v. 12.9.2006 – Rs. C-196/04 – *Cadbury Schweppes*; vgl. § 8 Abs. 2 AStG (so genannter Motivtest).
14 Nach § 14 Abs. 1 Satz 1 und Nr. 2 Satz 1 KStG in Verbindung mit dem Schreiben des BMF v. 28.3.2011 – IV C 2 – S 2770/09/10001 musste der Ort der Geschäftsleitung – und damit die abkommensrechtliche Ansässigkeit im Sinne von Art. 4 Abs. 3 OECD-MA – sowohl der Organgesellschaft wie auch des Organträgers im Inland sein; in diesen Fällen wird oftmals die Einrichtung einer nachgelagerten Holding in Steuerjurisdiktionen, welche die Möglichkeit einer grenzüberschreitenden Gruppenbesteuerung bieten, das Mittel der Wahl sein. Auch die Änderungen durch das Gesetz zur Änderung und Vereinfachung der Unternehmensbesteuerung und des steuerlichen Reisekostenrechts v. 20.2.2013 (BGBl. I 2013, S. 285) halten an dieser Inlandsbezogenheit – nach langen konträren Diskussionen im Vorfeld – im Grundsatz fest. In konsequenter Orientierung an abkommensrechtlichen Kategorien soll das Organschaftsregime neuer Prägung nicht mehr allein auf Gesellschaftsformen, sondern auch auf die Zuordnung der Beteiligung an einer Organgesellschaft zu einer inländischen Betriebsstätte des Organträgers abstellen (BT-Drucks. 17/10774, S. 6 f.).

Grundsatz unter den gleichen ertragsteuerlichen Bedingungen wie der regional agierende Mittelständler. Da steuerliche Erwägungen bei der Auswahl des Investitionsstandorts danach im Grundsatz keine Rolle spielen sollten, ist eine volkswirtschaftlich optimale Ressourcenallokation zu erwarten. Die Anrechnungsmethode wird hierdurch dem steuerpolitischen Neutralitätsanspruch weitestgehend gerecht. Steuern, die keinen bewussten Lenkungscharakter haben[15], sollten unternehmerische Entscheidungen möglichst wenig beeinflussen.

Darüber hinaus kann man in der Kapitalexportneutralität auch einen Beitrag zur verfassungsrechtlich geforderten Gleichmäßigkeit der Besteuerung sehen. Die steuerliche Belastungsentscheidung ist unter dem Regime der Anrechnungsmethode nicht an den Ort der Einkünfteerzielung geknüpft. Die damit verbundene konsequente Besteuerung nach der weltweiten Leistungsfähigkeit trägt dem Gleichheitspostulat umfassend Rechnung[16].

Der Anrechnungsmethode wird schließlich ein mäßigender Effekt auf den internationalen Steuerwettbewerb zugeschrieben. Investitionen in Steueroasen erscheinen wenig attraktiv, wenn im Herkunftsstaat des Investors eine Nachbelastung auf das dortige Steuerniveau folgt. Die Entlastungswirkung kommt in diesem Fall nicht dem Steuerpflichtigen, sondern dem Fiskus im Ansässigkeitsstaat zugute. Dessen Anrechnungsvolumen sinkt. Das wirkt einem „*race to the bottom*" im Hinblick auf die internationale Absenkung der Steuersätze entgegen.

2. Vorzüge der Freistellungsmethode

Diese Stärken der Anrechnungsmethode stellen freilich nur eine Seite der Medaille dar. Ihre Nachteile sind mindestens ebenso beachtlich; sie stellen zugleich wesentliche Argumente zugunsten der Freistellungsmethode dar.

Führen Steuersenkungen im Quellenstaat nicht zu Investitionsanreizen, sondern zur Aufkommenssteigerung im Ansässigkeitsstaat, sieht sich der Quellenstaat eines Instruments der Wirtschaftsförderung beraubt. In Entwicklungsländern gehören steuerliche Vergünstigungen aber zu den wenigen überhaupt verfügbaren Anreizmechanismen, um ausländisches Kapital ins Land zu holen. Die Lösung von Struktur- und Entwicklungsproblemen aus eigener Kraft heraus wird durch die Anrechnungsmethode also deutlich erschwert.

Aber nicht nur der Quellenstaat als Investitionsstandort hat Nachteile zu verzeichnen. Diese treffen auch den Ansässigkeitsstaat. Im Fall der Anrechnungsmethode ist dessen Steueraufkommen deutlich volatiler, da er

---
15 Vgl. § 3 Abs. 1 letzter Halbsatz AO.
16 Vgl. *Jacobs/Endres/Spengel* in Jakobs, Internationale Unternehmensbesteuerung, 7. Aufl., 2011, S. 20.

sich von der weltweiten Entwicklung der Steuerbelastung abhängig macht. Steigt diese, sinken die eigenen Steuereinnahmen, da sich die Anrechnungsvolumina erhöhen. Eine mittelfristige Haushaltsplanung wird hierdurch schwieriger.

Jedoch geht es bei der Wahl der Freistellungsmethode nicht allein um die Aufkommensstabilität. Sie befördert auch die volkswirtschaftliche Stabilität insgesamt. Staaten, die der Freistellungsmethode folgen, weisen US-amerikanischen Studien zufolge deutlich erhöhte Auslandsinvestitionsquoten auf[17]. Dieser Befund dürfte gerade im Falle Deutschlands mit seiner sehr international ausgerichteten Wirtschaft wenig überraschen. Und die sich hieraus ergebende verstärkte internationale Verflechtung ist gerade in Zeiten, in denen sich die heimische Wirtschaft im Abschwung befindet, ein nicht unwesentlicher Stabilitätsanker.

Die Freistellungsmethode macht auch Unternehmen aus Hochsteuerländern international wettbewerbsfähig: Anders als bei der Anrechnungsmethode begleitet sie ihre inländische Steuerbelastung gerade nicht auf der bereits erwähnten Investitionsreise. Sie nehmen stattdessen zu den gleichen steuerlichen Bedingungen wie die im betreffenden Staat beheimateten Konkurrenten am dortigen Wettbewerb teil[18]. Diese Kapitalimportneutralität dürfte zu Zeiten, als die deutschen Körperschaftsteuersätze weit über den heutigen 15% lagen, ein nicht unwesentlicher Faktor für die erfolgreiche Teilnahme der deutschen Wirtschaft am weltweiten Wettbewerb gewesen sein.

Ein weiterer Punkt, der für das Festhalten an der Freistellungsmethode als deutscher Standardmethode spricht, ist deren Konsistenz mit der Gewerbesteuer. Diese erfasst nur den im Inland betriebenen stehenden Gewerbebetrieb (§ 2 Abs. 1 Satz 1 GewStG). Rechtstechnisch wird dies im Wege einer einseitigen Freistellung erreicht. Kommt kein Doppelbesteuerungsabkommen mit Freistellung zur Anwendung, besteht der Gewerbeertrag nach § 7 GewStG zwar zunächst aus dem weltweiten Gewinn nach den Vorschriften des Einkommen- oder des Körperschaftsteuergesetzes. Dieser ist jedoch nach § 9 Nr. 3 GewStG um ausländische Betriebsstättenergebnisse zu kürzen. Mit anderen Worten: Die Gewerbesteuer folgt auch unilateral der Freistellungsmethode. Verankert man die Freistellungsmethode auch auf Abkommensebene, verhindert dies ein Auseinanderfallen der körperschaft- und einkommensteuerlichen Bemessungsgrundlage einerseits und der gewerbesteuerlichen Bemessungsgrundlage andererseits.

---

17 *Brunsbach/Endres/Lüdicke/Schnitger*, Deutsche Abkommenspolitik (Fn. 11), S. 91 verweisen hierzu auf die Studie von *Devereux/Freeman*, International Tax and Public Finance 1995, 85, 103.
18 *Wassermeyer* in Debatin/Wassermeyer (Fn. 8), Art. 23A MA Rz. 3 (Stand: Oktober 2002).

Als gewichtigstes Argument für eine Beibehaltung der Freistellungsmethode sehe ich indes die Einfachheit ihrer Handhabung[19]. Dies gilt für Unternehmen und Steuerverwaltung gleichermaßen[20]. Der Blick auf die Anrechnungsstaaten zeigt den dortigen enormen administrativen Aufwand. Der im Vergleich zu deutschen Unternehmen deutlich höhere Personalbestand US-amerikanischer Steuerabteilungen lässt sich wohl zu einem erheblichen Teil darauf zurückführen. Schwierigkeiten bereitet nicht zuletzt die Ermittlung des weltweiten Gewinns nach inländischem Recht. Im Fall der Freistellungsmethode sind hingegen grundsätzlich nur nationale Buchführungssysteme erforderlich[21]. Diese administrative Vereinfachung kommt im Fall von Körperschaftsteuersubjekten, die einem rein linearen Steuersatz unterliegen, voll zur Geltung, da es keiner Ermittlung des Progressionsvorbehalts bedarf. Aber auch darüber hinaus würde eine flächendeckende Einführung der Anrechnungsmethode zu einer beachtlichen Regelungskomplexität führen. Die derzeit in den USA geführte Diskussion über einen grundsätzlichen Wechsel von der Anrechnungsmethode hin zur Freistellungsmethode weist auf diese Probleme sehr deutlich hin[22].

Sieht man sich nun die Vor- und Nachteile der Anrechnungs- wie auch der Freistellungsmethode an, spricht nicht nur *„der Grundsatz der Rechtssicherheit, der Kontinuität und Planbarkeit staatlichen Handelns"*[23] für die Beibehaltung der Freistellungsmethode. Gerade in Anbetracht der sehr starken internationalen Ausrichtung der deutschen Wirtschaft fallen die Vorzüge der Freistellungsmethode erheblich ins Gewicht. Nicht zuletzt aus diesen Gründen sollte an der Freistellungsmethode als der deutschen Standardmethode festgehalten werden.

III. Absicherung der Freistellungsmethode als Standardmethode

Das Bekenntnis zur Freistellungsmethode beruht auf grundsätzlichen Systemüberlegungen. Der Missbrauch als Ausnahmesituation wäre hierbei keine sinnvolle Orientierungsgröße. Diese grundlegende Betrachtung darf freilich nicht darüber hinwegtäuschen, dass auch die Freistellungsmethode Gesetzgeber und Verwaltung vor ganz erhebliche Herausforderungen stellt. Soll die Freistellungsmethode dort unverändert Akzeptanz finden, gilt es, ihre Schwachstellen so weit als möglich zu beseitigen.

Die eingangs erwähnte Vermeidung einer Keinmalbesteuerung (oder „doppelten Nichtbesteuerung") steht hier an oberster Stelle. Wenngleich es im

---

19 *Jacobs/Endres/Spengel*, Internationale Unternehmensbesteuerung (Fn. 16), S. 32; *Schiessl/Keller*, IStR 2011, 285 (287).
20 *Schiessl/Keller*, IStR 2011, 285 (289).
21 *Jacobs/Endres/Spengel*, Internationale Unternehmensbesteuerung (Fn. 16), S. 22.
22 Umfassend *Lüdicke*, Überlegungen zur deutschen DBA-Politik, 2008, S. 70 ff.
23 *Lüdicke*, DBA-Politik (Fn. 22), S. 66.

Wesen der Freistellungsmethode liegt, die Besteuerung dem Quellenstaat abschließend zu überlassen, sind die sich hieraus ergebenden und im Laufe der Zeit zunehmend sichtbar gewordenen Folgen oftmals nicht mehr akzeptabel. Sachverhalte, die allein vor diesem steuerlichen Hintergrund konstruiert werden, sind in der überwiegenden Zahl der Fälle weder volks- noch betriebswirtschaftlich zu rechtfertigen. Das Steuerrecht führt hier zu wirtschaftlich nicht mehr begründbaren Entscheidungen. Die sich hieraus ergebenden Steuerausfälle sind ebenso wenig hinnehmbar. Vor diesem Hintergrund hat sich zumindest in der Verwaltung und zunehmend auch beim Gesetzgeber die Überzeugung durchgesetzt, dass es nicht mehr um die Vermeidung einer möglichen (virtuellen), sondern nur noch um die Vermeidung einer tatsächlichen Doppelbesteuerung gehen kann[24]. Doppel- wie Keinmalbesteuerung sind gleichermaßen unerwünscht.

Wie sehen diese Einschränkungen der Freistellungsmethode nun im Einzelnen aus? An erster Stelle sind hier die Rückfall- und Umschwenkklauseln zu nennen. Solche *Subject-to-tax-* und *Switch-over-*Klauseln finden sich durchgehend in den neueren deutschen Doppelbesteuerungsabkommen.

Die abkommensrechtlichen Rückfallklauseln sind auf der Rechtsfolgenseite in aller Regel auf den Ansässigkeitsstaat ausgerichtet[25]. Tatbestandlich werden sie durch die Nicht- oder Niedrigbesteuerung im Quellenstaat ausgelöst. Der Ansässigkeitsstaat erhält dann das volle Besteuerungsrecht zurück. Während dieser „Rückfall" in Gewinnsituationen vom Steuerpflichtigen zumeist bedauert wird, sieht das Bild bei Verlusten genau umgekehrt aus. Hier liegt nach seiner Auffassung eine Nichtbesteuerung im Quellenstaat sehr schnell vor. Insofern stellt sich die allgemeine Frage, unter welchen Voraussetzungen von einer Besteuerung im anderen Staat auszugehen ist. Um die Verwaltungsposition an dieser Stelle klar zu kommunizieren, wird derzeit ein BMF-Schreiben zwischen Bund und Ländern abgestimmt. Nach diesem Entwurf liegt eine Besteuerung im hierzu berechtigten Vertragsstaat vor, wenn die Einkünfte in der steuerlichen Bemessungsgrundlage berücksichtigt werden. Dies soll auch dann der Fall sein, wenn eine Steuerschuld infolge von Freibeträgen, eines Verlustausgleichs oder Verlustabzugs wegen anderer negativer Einkünfte oder der Anwendung einer EU-Richtlinie nicht entsteht. Werden die Einkünfte hingegen nicht in die steuerliche Bemessungsgrundlage mit einbezogen, wird eine Nichtbesteue-

---

24 S. das Beispiel in Fn. 12; vgl. vor diesem Hintergrund auch § 50d Abs. 9 EStG; zustimmend *Wagner* in Blümich, EStG/KStG/GewStG, Loseblattkommentar, § 50d EStG Rz. 110 (Stand: 116. EL, August 2012).
25 Für den seltenen Fall einer Rückfallklausel aus Sicht des Quellenstaats sei auf die DBA Südafrika und Italien verwiesen, *Vogel* in Vogel/Lehner, Doppelbesteuerungsabkommen, Kommentar, 5. Aufl. 2008, Vor Art. 6-22 Rz. 31 f.; ferner ist Art. 15 Abs. 2 Buchst. d DBA-Singapur 2004 und in Ziffer 1 des Protokolls zu Artikel 6-21 des DBA-Namibia zu erwähnen.

rung auch in dem Fall gesehen, dass es sich um negative Einkünfte, also um Verluste, handelt. Mit anderen Worten: Die Rückfallklausel führt sowohl zum Import von Gewinnen wie auch von Verlusten. Sie wirkt – wie die Freistellung selbst – symmetrisch.

Ferner ist noch auf die Switch-over-Klauseln einzugehen. Nach einem Beschluss des Finanzausschusses des Deutschen Bundesrates vom Mai 1991 sollen solche Switch-over-Klauseln in alle neu verhandelten Doppelbesteuerungsabkommen Eingang finden[26]. Sie berechtigen den Ansässigkeitsstaat zum Übergang auf die Anrechnungsmethode anstelle der grundsätzlich vereinbarten Freistellungsmethode. Tatbestandlich knüpfen Umschwenkklauseln nicht allein an die Nicht- oder Niedrigbesteuerung im anderen Staat an. Ihr Auslöser ist vielmehr ein Versagen bei der Abkommensanwendung in Form von Qualifikationskonflikten. Auch die Doppelbesteuerung infolge eines positiven Qualifikationskonflikts kann eine Umschwenkklausel auslösen. Erhält z. B. eine im Staat A ansässige Person Vergütungen für CD-Aufnahmen, die während einer Konzertreise im Staat B entstanden sind, könnte dieser Staat Einkünfte aus einer künstlerischen Tätigkeit im Sinne des Art. 17 OECD-MA sehen und hieraus einen Besteuerungsanspruch ableiten. Ebenso der Ansässigkeitsstaat A, indem er die Vergütungen als Lizenzgebühren im Sinne des Art. 12 OECD-MA qualifiziert[27]. Nach Verwaltungsauffassung wird bei Vorliegen einer Umschwenkklausel eine nach Durchführung eines Verständigungsverfahrens verbleibende Doppelbesteuerung durch Anrechnung der ausländischen Steuer vermieden[28]. Gerade dieses Beispiel macht deutlich, dass Switch-over-Klauseln ihre Wirkung auch zugunsten des Steuerpflichtigen entfalten können.

Beide Klauselarten – Rückfall- wie Umschwenkklausel – finden sich freilich nicht nur in Abkommen. Als treaty overrides kommen sie auch unilateral zur Anwendung. Ohne an dieser Stelle auf die zahlreichen damit verbundenen Probleme einzugehen[29], lassen Sie mich zumindest den jeweils prominentesten Vertreter in beiden Kategorien erwähnen:
- die Umschwenkklausel des § 50d Abs. 9 Satz 1 Nr. 1 EStG, die an negative Qualifikationskonflikte auf Abkommensebene anknüpft;
- § 50d Abs. 8 EStG als gesonderte und im Verhältnis zu Abs. 9 vorrangige[30] Rückfallklausel für Einkünfte aus nichtselbständiger Arbeit, sofern

---

26 *Wassermeyer* in Debatin/Wassermeyer (Fn. 8), Art. 23A MA Rz. 162 (Stand: Oktober 2002).
27 Beispiel aus dem Schreiben des BMF v. 16.4.2010 – IV B 2 – S 1300/09/10003 DOK 2009/0716905, Tz. 4.1.3.1. Buchstabe b.
28 BMF, Schreiben v. 16.4.2010 (Fn. 27), Tz. 4.1.3.2.
29 Instruktiv *Gosch*, IStR 2008, 413; vgl. auch Vorlagebeschluss des BFH an das BVerfG v. 11.1.2012 – I R 66/09; kritisch hierzu *Schwenke*, FR 2012, 443, und *Heger*, jurisPR-SteuerR 25/2012 Anm. 4.
30 BFH, Urteil v. 11.1.2012 – I R 27/11 unter II. 4.

der Nachweis der Besteuerung oder des Besteuerungsverzichts im Tätigkeitsstaat nicht beigebracht wird.

Neben diesen in erster Linie auf die effektive Steuerbelastung ausgerichteten Klauseln ist ein weiteres Instrument zur Absicherung der Freistellungsmethode zu erwähnen, welches sich mehr auf die Art der freizustellenden Tätigkeit bezieht: die Aktivitätsvorbehalte. Sie sind in allen neueren deutschen Doppelbesteuerungsabkommen enthalten, soweit nicht von vornherein die Anrechnungsmethode zur Anwendung kommt. Ihre Existenzberechtigung leitet sich aus dem Gedanken ab, dass nur diejenigen Auslandsinvestitionen in den Genuss der inländischen Steuerfreistellung kommen sollen, bei denen ein deutsches Unternehmen im Wettbewerb mit anderen Konkurrenten vor Ort steht[31]. In jüngerer Zeit stellt man hierzu entweder auf die gesamte „weiße Liste" (*whitelist*) des § 8 Abs. 1 AStG ab[32] oder nimmt auf die dortigen Nr. 1–6 Bezug[33]. Dass damit zahlreiche Probleme verbunden sind, möchte ich nicht verschweigen[34]. Sie reichen von der Frage nach der Rechtsnatur des Verweises – statisch versus dynamisch – über die Konsistenz mit § 20 Abs. 2 AStG – Alles-oder-nichts-Prinzip auf der einen, eine relative Betrachtung auf der anderen Seite – bis hin zur Unabgestimmtheit mit verschiedenen körperschaft- und gewerbesteuerrechtlichen Befreiungsvorschriften[35]. Dennoch berührt dies nicht die grundsätzliche Existenzberechtigung von Aktivitätsvorbehalten. Die beschriebenen Probleme stellen vielmehr den Gesetzgeber vor die Aufgabe, eine folgerichtige Ausgestaltung zu erreichen. Liegen die Voraussetzungen der Aktivitätsvorbehalte im Einzelfall nicht vor, kommt es anstelle der Freistellung zur Anrechnung.

Während die Vereinbarung von Aktivitätsvorbehalten fest zum deutschen Verhandlungsrepertoire gehört, trifft dies auf den letzten Aspekt, den ich in diesem Zusammenhang noch ansprechen möchte, nicht zu. Der Grundsatz der Gegenseitigkeit. Hier geht es nicht so sehr um fiskalische als vielmehr um volkswirtschaftliche Interessen. Seine Umsetzung könnte die innerstaatliche Akzeptanz für die Freistellungsmethode merklich steigern. Was verbirgt sich im Einzelnen hinter diesen Gegenseitigkeitserwägungen? Die Vertragsstaaten müssen sich bekanntlich im jeweiligen Abkommen nicht für ein und dieselbe Methode zur Vermeidung der Doppelbesteuerung ent-

---

31 *Lüdicke*, DBA-Politik (Fn. 22), S. 77; *Wassermeyer* in Debatin/Wassermeyer (Fn. 8), Art. 23A MA Rz. 156 (Stand: Oktober 2002).
32 Z. B. Art. 23 Abs. 1 Buchst. c des DBA Liechtenstein v. 17.11.2011; Art. 23 Abs. 1 Buchst. c DBA Großbritannien v. 30.3.2010, BGBl. II 2010, 1333 (1334), BGBl. II 2011, 536.
33 Z. B. Art. 22 Abs. 1 Buchst. c DBA Syrien v. 17.2.2010, BGBl. II 2010, 1359, BStBl. I 2011, 342; Art. 22 Abs. 1 Buchst. c DBA Ungarn v. 30.9.2011, BGBl. II 2011, 919, BGBl. II 2012, 47.
34 *Lüdicke*, DBA-Politik (Fn. 22), S. 79 ff.
35 *Lüdicke*, DBA-Politik (Fn. 22), S. 79 ff.

scheiden. Ein Staat kann die Freistellung, der andere die Anrechnung wählen. Wendet ein Staat die Freistellungsmethode an, überträgt er damit im Grundsatz die Besteuerungshoheit für die betreffenden Einkünfte umfassend auf den anderen Vertragspartner. Dessen steuerliche Lenkungsmaßnahmen erreichen den beabsichtigten Adressaten. Die steuerliche Privilegierung bestimmter Investitionen entfaltet hierdurch auch für den Investor aus dem freistellenden Vertragsstaat einen entsprechenden Anreizeffekt. Kommt hingegen die Anrechnungsmethode zur Anwendung, wirken sich sämtliche steuerlichen Maßnahmen allein beim ausländischen Fiskus aus. Ein wesentliches wirtschaftliches Lenkungsinstrument fällt damit für den Vertragspartner faktisch aus. Diese Einseitigkeit sollte möglichst vermieden werden, zumal mit der eigenen Bereitschaft zur Freistellung von Einkünften aus dem anderen Vertragsstaat ein bedeutendes Entgegenkommen auf dem Verhandlungstisch liegt. Mit anderen Worten: Weder sollten Investitionsanreize nur einseitig gesetzt werden noch sollte Deutschland für Inbound-Konstellationen das eigene Steuerniveau als wirtschaftspolitisches Gestaltungsmittel aus der Hand geben[36]. Deutschland als Freistellungsstaat sollte daher ein fundamentales Interesse an der weiteren Verbreitung der Freistellungsmethode als Standardmethode haben. Auch vor diesem Hintergrund gilt es, die Diskussion in den USA über einen grundsätzlichen Wechsel in der Abkommenspolitik hin zur Freistellungsmethode aufmerksam zu verfolgen.

IV. Optimierung der Anrechnungsmethode als Auffangmethode

Die Aufzählung der Instrumente zur Absicherung der Freistellungsmethode ließe sich zweifelsohne noch fortsetzen; ich möchte es an dieser Stelle jedoch bei den erwähnten Aspekten belassen. Stattdessen möchte ich noch auf eine Situation näher eingehen, die gerade aufgrund der eben dargelegten Mechanismen immer häufiger anzutreffen ist. Die Anrechnung ausländischer Steuern ist nicht mehr der exotische Ausnahmefall, der er jahrzehntelang war. Greifen nämlich Rückfall- oder Umschwenkklauseln oder entfaltet sich in einer Betriebsstätte keine hinreichend aktive Tätigkeit, kommt es durchgehend zur Anrechnung der ausländischen Steuer. Gleiches gilt natürlich erst recht, wenn man sich in einzelnen Doppelbesteuerungsabkommen bereits dem Grunde nach nicht auf die Vereinbarung der Freistellungsmethode verständigen kann. Außerdem ist für Dividenden-, Zins- und Lizenzeinkünfte traditionell die Anrechnung einer vom Quellenstaat erhobenen Steuer vorgesehen. Dass die Anrechnungsfälle stetig zunehmen, beobachten viele in ihrer täglichen Arbeit. Gleichwohl hat Deutschland als traditioneller Freistellungsstaat sich bislang nicht in der Verantwortung gesehen, den rechtlichen Rahmen an die stark gestiegene Bedeutung der An-

---

36 Ausführlich *Lüdicke*, DBA-Politik (Fn. 22), S. 66 f.

rechnungsfälle anzupassen. Sieht man sich die §§ 34c, 34d EStG und § 26 KStG an, stellt man nicht erst im direkten Vergleich mit typischen Anrechnungsstaaten fest, dass insofern noch Entwicklungspotenzial besteht. Vor diesem Hintergrund möchte ich zumindest auf drei wesentliche Aspekte eingehen:

Der erste Punkt ist die zeitgemäße Anpassung unserer Anrechnungsvorschriften in einem Bereich, in dem sich gerade in konjunkturell schwierigen Zeiten ernstzunehmende Probleme zeigen – nämlich bei inländischen Verlustsituationen. In diesen Phasen kann es zu dem betriebswirtschaftlich schwer nachvollziehbaren Ergebnis kommen, dass die auf die ausländischen Einkünfte erhobene Steuer mangels eines Gesamtgewinns im inländischen Stammhaus kein (oder kein ausreichendes) Anrechnungsvolumen vorfindet. In diesen Fällen ist der Abzug der ausländischen Steuer nach § 34c Abs. 2 EStG bei der Ermittlung der Einkünfte meist die einzige Möglichkeit, um überhaupt eine Berücksichtigung in Form eines Verlustrück- oder -vortrags zu erreichen, freilich zu deutlich schlechteren Konditionen[37]. Denn die sachgerechte Alternative eines Rück- oder Vortrags des ausländischen Steuerbetrags sieht § 34c EStG nicht vor. § 34c Abs. 1 Satz 5 EStG setzt vielmehr eine zeitliche Kongruenz zwischen der Einkünfteerzielung und der darauf erhobenen ausländischen Steuer ausdrücklich voraus. Durch die sich hieraus ergebende „per year limitation" verfallen die entsprechenden Anrechnungsüberhänge als solche[38]. Nicht zuletzt vor dem Hintergrund unionsrechtlicher Vorgaben sollte über eine Abhilfe für diese Konstellationen nachgedacht werden.

Zweitens lohnt auch ein Blick auf den Bereich der mittelbaren Aufwendungen im Zusammenhang mit der Ermittlung des Anrechnungsvolumens. § 34c Abs. 1 Satz 4 EStG, der durch das Steuervergünstigungsabbaugesetz im Jahre 2003 in das Gesetz kam, sieht hier einen recht großzügigen Zuordnungsmaßstab für Betriebsausgaben und Betriebsvermögensminderungen bei bestimmten Einkunftsarten vor. Es genügt ein einfacher wirtschaftlicher Zusammenhang. Diese Großzügigkeit hat allerdings einen negativen Effekt: Er führt zur Verringerung der betreffenden ausländischen Einkünfte und damit auch des Anteils der hierauf entfallenden deutschen Steuer, das Anrechnungsvolumen fällt dementsprechend kleiner aus[39]. Dieser Umstand dürfte umso schwerer wiegen, als die betroffenen Einkünfte – namentlich aus Kapitalvermögen – im anderen Staat zumeist auf Bruttobasis besteuert werden. Die Disparität, die sich hieraus ergeben kann, kann

---

[37] Anstelle eines (theoretisch) 100 %igen Anrechnungsvolumens erfolgt nun maximal eine Entlastung in Höhe des jeweiligen (Grenz-)Steuersatzes.
[38] *Kessler/Dietrich*, Praxis- und Zweifelsfragen bei der Anrechnung ausländischer Steuern, NWB 2012, 544 (549).
[39] *Kessler/Dietrich*, NWB 2012, 544 (547 f.); *Brunsbach/Endres/Lüdicke/Schnitger*, Deutsche Abkommenspolitik (Fn. 11), S. 112.

auf dem Rückzug?

man sich gut vorstellen. Insofern ist zu überlegen, ob hier nicht ein sachgerechtes Gegensteuern in Form einer Rückkehr zum Unmittelbarkeitserfordernis zwischen Aufwendungen und Einkünfteerzielung angezeigt ist[40].

Der dritte Punkt, auf den ich abschließend noch eingehen möchte, betrifft die immer einmal wieder erhobene Forderung nach der Einführung einer gewerbesteuerlichen Anrechenbarkeit. Bei Körperschaften stellt die Gewerbesteuer bei einem Hebesatz von über 450 % mehr als die Hälfte der ertragsteuerlichen Belastung dar. Obwohl die Gewerbesteuer regelmäßig in den sachlichen Anwendungsbereich der deutschen Doppelbesteuerungsabkommen einbezogen ist, sieht das Gewerbesteuergesetz keine Anrechnungsmöglichkeit vor. Auch der in § 2 Abs. 1 Satz 1 GewStG formulierte territoriale Anspruch der Gewerbesteuer vermag eine Doppelbesteuerung ebenso wenig zu verhindern wie die nur punktuell wirkende Kürzungsvorschrift des § 9 GewStG. Eine Entlastung für die im Quellenstaat erhobene Steuer auf Zins- und Lizenzeinkünfte ist danach nicht vorgesehen. Insofern ist die Forderung nach einer Anrechnungsmöglichkeit[41] durchaus nachvollziehbar. Dennoch möchte ich allzu große Erwartungen an dieser Stelle bremsen. *Lüdicke* hat hier auf den wunden Punkt hingewiesen: Den großen Verwaltungsaufwand nämlich, der mit einer Anrechnung auf die in unterschiedlichen Gemeinden und mit unterschiedlichen Hebesätzen erhobene Gewerbesteuer verbunden wäre[42]. Die hierbei aufkommende kommunalpolitische Diskussion sollte ebenfalls nicht unterschätzt werden. Die Erfahrungen mit diversen Gewerbesteuerkommissionen lassen es geraten erscheinen, das Thema erst dann anzugehen, wenn sich – etwa aufgrund gerichtlicher Entscheidungen – ein konkreter Handlungsbedarf ergibt.

V. Fazit

Befindet sich die Freistellungsmethode nun auf dem Rückzug? Die Antwort hierauf ist ein klares „Nein". Die Freistellungsmethode ist für die deutsche Abkommenspraxis nach wie vor das Mittel der Wahl. Auch wenn sich das Steuergefälle aufgrund einer Absenkung der Unternehmensteuern in den vergangenen Jahren merklich verringert hat, gibt es unverändert gute Gründe für ein Festhalten an der Freistellungsmethode. Allerdings wird diese nicht mehr bedingungslos gewährt. Die Beseitigung der virtuellen Doppelbesteuerung ist nicht mehr der Maßstab für die deutsche Abkommenspolitik. Dieses Umdenken ist zum Teil auch einem geänderten Zeitgeist geschuldet. Haben früher zwei nach deutschem Verständnis unantastbare Souveräne ihre Territorien abgesteckt und hatte es den einen nicht zu

---

40 *Brunsbach/Endres/Lüdicke/Schnitger*, Deutsche Abkommenspolitik (Fn. 11), S. 112.
41 *Kessler/Dietrich*, Den Worten sollten Taten folgen: die Umsetzung eines Doppelbesteuerungsabkommens, IStR 2011, 108 (109).
42 *Lüdicke*, DBA-Politik (Fn. 22), S. 109.

interessieren, ob der andere von seinem Besteuerungsrecht auch tatsächlich Gebrauch machte, setzt sich heute zunehmend eine steuerlich-materielle Betrachtung durch. Vom Völkerrechts- zum Steuerrechtsinstrument, diese allmähliche Verschiebung in der Wahrnehmung eines Doppelbesteuerungsabkommens dürfte nicht zuletzt den Ausschlag für die zahlreichen Einschränkungen einer bedingungslosen Freistellung gegeben haben. Vor diesem Hintergrund kann nun ausnahmsweise auch die Anrechnungsmethode im Abkommen vereinbart werden, wenn von vornherein feststeht, dass der andere Staat keine Ertragsteuern erhebt. Oder – wie es der kanadische Tax Court mit feiner Ironie ausgedrückt hat:

„Otherwise the unthinkable might occur and the amount might not be taxed by anyone. This would be anathema"[43].

Die Freistellung als deutsche Standardmethode bedarf also ebenso einer Modifizierung wie die Anrechnung als Auffangmethode. Erstere ist in den erwähnten Bereichen und damit insbesondere in Richtung Aufkommens- und Gestaltungssicherheit fortentwickelt worden. Hier ging es nicht zuletzt um die Absicherung fiskalischer Interessen. Die Anpassung der Anrechnungsmethode steht hingegen noch aus. Hier geht es vor allem um die Bedürfnisse der Steuerpflichtigen. Die Anrechnung darf nicht per se mit steuerlichen Nachteilen assoziiert werden[44]. Eine sachgerechte Verbesserung der Anrechnungsvorschriften könnte einen substanziellen Beitrag dazu leisten, ihre Akzeptanz zu erhöhen.

---

43 *Vogel*, Neue Gesetzgebung zur DBA-Freistellung, IStR 2007, 225 (226) unter Verweis auf *Hausmann Estate v. Canada*, [1998] 4 C.T.C. 2232.
44 Hinsichtlich der Importmöglichkeit ausländischer Verluste ist sie allerdings schon heute attraktiver als die Freistellungsmethode.

Diskussion

zu den Referaten von **Prof. Dr. *Christoph Spengel*,
Prof. Dr. *Alexander Rust* und *Eckehard Schmidt***

Leitung
Prof. Dr. *Markus Achatz*

Prof. Dr. *Detlev Jürgen Piltz*

In den drei Referaten und auch in dem Prinzipienteil des Referats von Herrn *Lang* geht es im Kern um den Punkt: Welcher der beteiligten Staaten soll auf das einmal erwirtschaftete Steuerrechtsubstrat zugreifen? Herr *Kirchhof* und Herr *Schön* haben das auch angesprochen. Was ich bisher vermisst habe, ist Folgendes: In den Referaten war viel von Prinzipien die Rede. Prinzipien sind für uns etwas Höherwertiges, ein Maßstab, an dem man sich orientieren kann, vielleicht etwas Vorrechtliches, Unbezweifelbares. Was meines Erachtens nicht berücksichtigt wurde, ist die konkrete Situation der Staaten. Staaten interessieren sich nicht für Prinzipien, sondern Staaten haben Interesse. Und das Interesse ist hier ganz einfach, nämlich das Geld. Ich will das an zwei Beispielen veranschaulichen:

(1) Im deutschen Recht ist in § 49 EStG seit jeher geregelt, dass ins Ausland abfließende Zinsen ohne besondere Sicherung nicht besteuert werden. Das sieht aus wie ein freiwilliger Verzicht Deutschlands auf Steuersubstrat. Aber in Wirklichkeit ist es natürlich gar kein Verzicht. Deutschland will keineswegs dem ausländischen Darlehensgeber etwas schenken. Der Gedanke, der seit 1920 hinter dieser Regelung steht, ist: Die Ausländer sollen ihr Geld nach Deutschland verleihen, weil damit investiert wird und Deutschland an den Erträgen aus den Investitionen mehr verdient als an einer Quellensteuer auf Zinsen. Steuermehreinnahmen ist die Idee dieses „Verzichts", nicht Verschenken.

(2) Aus dem DBA-Bereich: Abfließende Lizenzgebühren werden national von der beschränkten Steuerpflicht in § 49 EStG erfasst. In den meisten DBA verzichtet Deutschland auf diese Besteuerung. Dort ist die Quellensteuer auf abfließende Lizenzen mit einigen Ausnahmen null. Das ist aber kein Geschenk an ausländische Lizenzgeber, sondern Kalkulation. Als die Industriestaaten 1963 das OECD-Musterabkommen entwarfen, haben sie sich gefragt, ob mehr Lizenzen in die Industriestaaten einfließen oder aus diesen mehr Lizenzen abfließen. Die Staaten, bei denen mehr Lizenzen einflossen als abflossen, konnten auf die Quellensteuer auf die abfließenden Lizenzen leicht verzichten, weil sie die einfließenden Lizenzen zur Gänze besteuern konnten (ohne Anrechnung einer ausländischen Quellensteuer).

Die Staaten, aus denen mehr Lizenzen abfließen als einfließen, haben natürlich ein Interesse an einer Quellensteuer.

Diese ganz „primitiven" interessebedingten Zusammenhänge müssen neben den „höheren" Prinzipien mindestens gleichwertig berücksichtigt werden, um die Regelungen zu verstehen.

Dr. *Christian Dorenkamp*

Ich hätte zwei Anmerkungen zu dem meines Erachtens nach sehr instruktiven Vortrag von Herrn Prof. *Spengel*, hat dieser doch im Prinzip nochmals dargelegt, in welchem Graubereich wir uns im geltenden Recht zwischen den Prinzipien der Anrechnungsmethode einerseits sowie der Freistellungsmethode andererseits bewegen. Ich würde hier allerdings gern eine Lanze für die Freistellungsmethode brechen, und zwar aufgrund von zweierlei Aspekten. Zum einen hatten Sie ausgeführt, Herr Prof. *Spengel*, dass die Anrechnungsmethode, konsequent zu Ende gedacht, die Einbeziehung von Auslandsgewinnen zum Feststellungszeitpunkt in die inländische Bemessungsgrundlage erfordern würde, also im Prinzip das Transparenzprinzip. Die Kehrseite für den deutschen Fiskus und damit vielleicht auch den Gesetzgeber ist aber natürlich – dies hatten Sie nicht ausdrücklich erwähnt –, dass auch ausländische Verluste umgehend in die inländische Bemessungsgrundlage einzubeziehen wären. Vor diesem Hintergrund erscheint die Anrechnungsmethode bzw. das Welteinkommensprinzip vielleicht nicht mehr ganz so attraktiv.

Der zweite Gesichtspunkt beruht auf den Steuervereinfachungswirkungen, die auch Herrn *Schmidt* zum Nachdenken gebracht haben. Sie hatten gesagt, vielleicht ist die Freistellungsmethode gar nicht so viel einfacher als die Anrechnungsmethode, und hatten dies, wenn ich es richtig verstanden habe, damit begründet, dass wir bei Verrechnungspreisen mit der Anrechnungsmethode weniger Streitigkeiten haben sollten. Dem liegt der Gedanke zugrunde, dass es dem Anrechnungsstaat ja egal sein sollte, wie hoch die Verrechnungspreise sind, letztlich wird die inländische Minderbesteuerung infolge überhöht angesetzter Verrechnungspreise über die Residualbesteuerung von Auslandsgewinnen wieder hereingeholt. Dies mag in der Theorie so sein, in der Besteuerungswirklichkeit ist dies allerdings nicht zu beobachten. So haben die USA bekanntlich die Anrechnungsmethode, aber ich glaube, dass es wenig Länder gibt, die Verrechnungspreisthemen so ernst nehmen wie die USA, z.B. auch in Gestalt von Penalties und Dokumentationspflichten. In der Besteuerungswirklichkeit greift der Fiskus doch lieber über die Verrechnungspreise sofort zu als zu warten, bis die ausländische Tochtergesellschaft womöglich irgendwann höhere Gewinne ausschüttet. Spürbar weniger verwaltungsaufwendig sind Verrechnungspreisthemen unter der Anrechnungsmethode jedenfalls in der Besteuerungswirklichkeit somit nicht, weshalb die Freistellungsmethode im Ergebnis insgesamt deutlich einfacher sein dürfte.

Prof. Dr. *Moris Lehner*

Die Frage nach einem Vorzug der Anrechnungsmethode gegenüber der Freistellungsmethode oder umgekehrt findet im Unionsrecht sicherlich keine bindende Antwort. Nachdem die Anrechnungsmethode allerdings bei höheren Steuersätzen im Ansässigkeitsstaat einen protektionistischen Effekt hat, sehe ich die Freistellungsmethode, die gegen Beschränkungen von Auslandsaktivitäten gerichtet ist, eher im Einklang mit dem Unionsrecht als die Anrechnungsmethode. Auch dem Leistungsfähigkeitsprinzip würde dies entsprechen, allerdings nur unter der von *Klaus Vogel* bereits vor vielen Jahren formulierten Prämisse, eines territorial beschränkten Verständnisses von Leistungsfähigkeit.

Prof. Dr. *Dietmar Gosch*

Die Beiträge waren sehr beeindruckend, aber besonders begeistert – vielleicht liegt es an meiner richterlichen Profession – hat mich die präzise und konzise Analyse von Herrn *Rust* zu den Gleichheitsbetrachtungen. Sie ermuntern mich zu drei Bemerkungen: Zum einen, das „stumpfe Schwert", Herr *Rust*, das Sie im Gleichheitssatz des Grundgesetzes erkennen wollen. Es geht mir darum, ob ein unbeschränkt Steuerpflichtiger mit DBA freigestellten Auslandseinkünften ohne Weiteres vergleichbar ist mit einem unbeschränkt Steuerpflichtigen, der nur über Inlandseinkünfte verfügt oder der dem Anrechnungsverfahren unterfällt. Ich meine nein; das Vergleichspaar kann mangels Vergleichbarkeit aus Rechtssicht so nicht gebildet werden. Streng genommen agieren beide in einem unterschiedlichen Umfeld, was es rechtfertigt, sie auch unterschiedlich zu behandeln und es bei dem Steuerpflichtigen mit DBA freigestellten Einkünften dann infolge der Annahme einer nur virtuellen, nicht aber einer tatsächlichen Doppelbesteuerung auch hinzunehmen, dass er im Zweifel doppelt unbesteuert bleibt. Das allgemeine Leistungsfähigkeitsprinzip ist so gesehen einer differenzierten Deutung unterworfen. Genau solche Überlegungen haben den I. Senat des BFH im Rahmen seiner schon angesprochenen Treaty-override-Vorlage an das BVerfG zur völkerrechtlich und verfassungsrechtlichen Zulässigkeit des treaty overriding vor Augen gestanden. Ihre Meinung dazu würde mich sehr interessieren.

Zweiter Punkt: Diskriminierungsverbote im DBA. Da bin ich ganz bei Ihnen, dass die absoluten Wirkungen der DBA-Diskriminierungsverbote aus meiner Sicht den größeren Vorzug haben. Wie weit reichen aber diese absoluten Wirkungen in der Rechtsfolge? Können sie im Effekt sogar eine belastende Andersbehandlung zur Folge haben? Ich verweise auf das vieldiskutierte Urteil des BFH zur sog. Cross-border-Organschaft. Der BFH sah es in jener Entscheidung als diskriminierend an, einen ausländischen Organträger von den „Wohltaten" der organschaftlichen Einkommenszurechnung auszusperren und einen Zugang zur Organschaft damit nur im nationalen Binnensystem zu ermöglichen. Er hat es deswegen einer englischen Obergesellschaft zugestanden, als Organträgerin einer inländischen Untergesellschaft als Organgesellschaft zu fungieren. Das Einkommen der Untergesellschaft wurde der Obergesellschaft zugerechnet, obschon es dort nach Lage der Dinge dann unbesteuert blieb; die entgegenstehenden deutschen Regelungen blieben unangewandt. In letzter Konsequenz bedeutet die vom BFH befürwortete Öffnung des Organschaftssystems allerdings, dass nicht nur Gewinne, sondern auch Verluste im Inland nicht mehr genutzt werden können. Mit anderen Worten: Die Beachtung des DBA-Diskriminierungsverbots hat keineswegs nur Vorteile für den Steuerpflichtigen, vielmehr resultieren daraus für ihn nachteilige, belastende Wirkungen. Ich weiß, das ist eine vielleicht recht gewagte These. Sie ist aber zu diskutieren.

Ein weiterer Punkt sind in diesem Zusammenhang auch die Maßstäbe, aus denen sich das Diskriminierende ergibt. Können in die notwendig werdende Vergleichsbetrachtung auch EU-rechtliche Relevanz- oder Differenzierungsmerkmale Einfluss nehmen? Ich meine, dass die jeweiligen Merkmale sich im Kern voneinander unterscheiden, der Prüfungshintergrund und die Tatbestandsvoraussetzungen im Unions- und im Abkommensrecht sind keineswegs deckungsgleich. Trotzdem kann es zu Überschneidungen kommen. Ich darf auf ein weiteres Urteil des BFH hinweisen. Es erging zu § 8a KStG a. F., wonach zur Bekämpfung unangemessener Gesellschafter-Fremdfinanzierungen von Kapitalgesellschaften Zinsen in verdeckte Gewinnausschüttungen „umgewandelt" wurden. Der EuGH sah darin einen Verstoß gegen die Niederlassungsfreiheit, weil es nach damaliger Regelungslage in erster Linie Gesellschaften mit ausländischen Gesellschaftern waren, für die die Norm von Nachteil war. Dass in bestimmtem Umfang auch Inländer einbezogen waren, hielt der EuGH aus Gründen der Häufigkeit für vernachlässigungswert. Der BFH hat sich diese Vergleichsbetrachtung für das DBA-Diskriminierungsverbot jedenfalls zu eigen gemacht und sie inhaltlich im vollen Umfang übertragen. Ihre Meinung dazu, Herr *Rust*, würde mich interessieren.

Schließlich noch ein Verfahrensaspekt: Die absolute Wirkung des DBA-Diskriminierungsverbots hat zur Konsequenz, dass die diskriminierende nationale Vorschrift unangewandt bleibt. Sie wird also quasi „verworfen". Ein solches Verwerfungsrecht steht dem nationalen Fachgericht an sich nicht zu. Auch das gilt es, im Auge zu behalten und verlangt einen besonders behutsamen Umgang.

Ein letzter Punkt: Sie haben sehr schön die unionsrechtliche Entwicklung repliziert, was die sog. Schumacker-Doktrin anbelangt. In erster Linie ist es

Sache des Ansässigkeitsstaates, das subjektive Nettoprinzip zu verwirklichen. Nur dann, wenn der betreffende Steuerpflichtige dort über keine oder nahezu keine Einkünfte verfügt, muss der Quellenstaat insoweit einspringen. Gilt das auch für die Belastung mit ausländischer Steuer auf ausländische Einkünfte und in diesem Zusammenhang für die Errechnung des Anrechnungs-Höchstbetrages? Die Vorlage des BFH an den EuGH in der Sache „Beker und Beker" zur Höchstbetragsberechnung im Rahmen der Anrechnungsmethode nach § 34c EStG geht dahin, dass die Schuhmacker-Doktrin auch hier ihre Wirkung entfalten kann. Das kann höchst komplexe Berechnungen auslösen, zum einen deshalb, weil das subjektive Nettoprinzip Randunschärfen aufweist; nicht jede Sonderausgabe wurzelt auch in jenem Prinzip, oft sind es Lenkungszwecke, die den Sonderausgabenabzug ermöglichen. Es fragt sich überdies, ob in die Berechnung auch der sog. Grundfreibetrag, das steuerliche Existenzminimum, höchstbetragsmindernd einzubeziehen ist. Und was ist mit anderen Anrechnungsrestriktionen wie z. B. die sog. Per-country-Limitation? Wenn man hier jetzt auch noch – und so habe ich Sie verstanden – die Auslandssteuern berücksichtigen will, tut man dem Ganzen denn vielleicht doch zu viel Gewalt an. Ich frage mich, ob eine derartige Ausweitung tatsächlich nottut.

Prof. Dr. *Roman Seer*

Ich werde mich beschränken, nur eine Frage zu stellen. Einleiten möchte ich sie aber mit einem Dank an die Ökonomen, da sie uns häufig Augen öffnen. Auch wenn es manchmal schwerfällt. Ich zum Beispiel habe mich vom scharfen Kritiker der Zinsschranke als Wissenschaftler zu einer Person entwickelt, die langsam Verständnis für die Zinsschranke bekommt, ohne begeistert zu sein. Ich will es einmal so sagen. Das lässt mich dann die Frage an Sie, Herr *Rust*, stellen. Wenn man jetzt das von Herrn *Spengel* aufbereitete empirische Material sieht, die Problematik „Zins versus Gewinn" und „international agierende multinationale Konzerne versus nationale Wirtschaftsakteure" erkennt. Wird dann die Rechtfertigungsebene hinsichtlich der Frage nach der Diskriminierung im Hinblick auf Grundfreiheiten oder auch Beschränkungsverbote nicht doch etwas anders zu beurteilen sein? Sind dann nicht vielleicht doch EuGH-Entscheidungen wie „Bosal" oder „Lankhorst-Hohorst", man könnte weitere nennen, nicht zu vorschnell in einer juristisch einfachen Denkweise gefallen und müsste man da nicht doch ökonomisch Verständnis für die Ungleichbehandlung haben?

Prof. Dr. Dr. h.c. *Wolfgang Schön*

Ich habe eine Frage, vor allem an Herrn *Spengel*, auch an Herrn *Schmidt*: Über welche Fällen reden wir eigentlich, wenn wir über die Wahl zwischen Anrechnung und Freistellung reden, wenn wir über Export- und Importneutralität reden? Das Leitbild in der deutschen Diskussion ist eigentlich immer die Betriebsstätte, die wie das Stammhaus demselben inländischen

Steuerpflichtigen gehört. Und da kann man darüber reden, was die Anrechnungsmethode bringt, was mit Verlustverrechnung wäre etc. Das Leitbild in der internationalen Diskussion ist aber eigentlich die Tochtergesellschaft. Und wenn sie in den USA oder im Vereinigten Königreich oder Japan, das auch die Territorialität jetzt eingeführt hat, darüber reden, dann geht es immer um die Frage, ob der Gewinn der ausländischen Tochtergesellschaft auf die Mutter durchgerechnet werden oder die Dividende voll besteuert werden soll. Das ist deren Leitbild. Und wenn wir mal davon anfangen, Herr *Dorenkamp* hat es schon angesprochen: Eine ganz konsequente Durchsetzung der Kapitalexportneutralität und der Anrechnung würde dazu führen, weltweit Tochtergesellschaften zu konsolidieren und in Echtzeit transparent zu besteuern. Das ist unpraktikabel. Das macht auch niemand. Und dann wäre die Alternative, wenn man bei der Anrechnungsmethode bleiben möchte, die Dividenden bei der Ausschüttung zu belasten. Das führt zur Belastung von Repatriierung. Darunter leiden die USA im enormen Umfang, weil die US-Unternehmen Hunderte von Milliarden im Ausland parken, um sie nicht zurückführen zu müssen. Vernünftig scheint also das zu sein, was es in Deutschland schon immer gibt, nämlich die Auslandsgesellschaften Auslandsgesellschaften sein zu lassen und bei den Dividenden den § 8b KStG anzuwenden. Und dann ist es nur noch ein relativ kleiner Schritt zur allgemeinen Freistellung, es leuchtet nicht ein, bei der Betriebsstätte zu tun, was wir bei der 100%igen Tochtergesellschaft nicht tun. Und dann kommt man eigentlich fast zu einer Art weltweitem Konsens, dass gewerblich aktive normal besteuerte Auslandsgesellschaften und Auslandsbetriebsstätten dort besteuert werden sollten, wo sie belegen sind. Und dann kommt eigentlich die Gegenbewegung, auf die Herr *Schmidt* schon hingewiesen hat, und die ist, glaube ich, auch allgemein: Da muss man sich in allen Fällen der extremen Niedrigbesteuerung, der Nichtbesteuerung, überlegen, in welchem Umfang man Subject-to-tax-Klauseln anwendet, den treaty override anwendet, oder – was ein Riesenproblem ist in Europa – die Hinzurechnungsbesteuerung doch irgendwie aktiviert, damit nicht über die Freistellung gewissermaßen alles im Ausland bleibt und auch geparkt werden kann. Und da sehe ich eigentlich die Herausforderungen der Zukunft. Die Freistellung für die aktive gewerbliche Normalbesteuerung egal welcher Rechtsform wird zur Regel. Dann muss man als Gegenmittel versuchen, über bestimmte Maßnahmen gegen die Steuervermeidung und die Niedrigbesteuerung vorzugehen.

Prof. Dr. *Jochen Lüdicke*

Eine Frage an Herrn *Schmidt*: Wir haben gerade von Herrn *Schön* gehört, dass die Steueranrechnung immer wieder als Residualpunkt zur Wirkung kommt. Und Sie hatten, Herr *Schmidt*, ja erwähnt, dass Sie die Anrechnung vielleicht wirklich mal ein wenig à jour bringen wollen, denn materielle Änderungen der Anrechnungsmethode lassen weiter auf sich warten. Einen

Punkt hatten Sie nicht angesprochen, da würde mich aber Ihre Meinung interessieren. Wir differenzieren ja im Moment traditionell anders als viele andere Staaten, die Anrechnungen gewähren, immer noch „per country". Passt das noch wirklich in eine EU mit 27 Staaten, bei denen ja die Grundfreiheiten nicht nur darin bestehen, überhaupt in einem anderen Staat zu investieren, sondern dies möglicherweise auch gesplittet zu tun, als eine Investition auf Staat A und Staat B, die beide EU-Mitgliedstaaten sind, aufzuteilen. Müsste das Gesetz da nicht konsequent sein und mindestens im Rahmen der EU eine Anrechnung EU-einheitlich vornehmen, also zu vergleichen, was das EU-Steueraufkommen aus den 26 anderen Ländern ist, und dies in den Vergleich mit den EU-Einnahmen aus diesen Ländern setzen? Erst dann bestünde eine Höchstbetragsberechnung, die die EU-Freiheiten wirklich umsetzt und sie nicht wie bisher beschränkt. Vielen Dank!

Prof. Dr. *Christoph Spengel*

Ich nehme nacheinander Stellung zu den an mich adressierten Fragen von Herrn Prof. *Piltz*, Herrn Dr. *Dorenkamp*, Herrn Prof. *Lehner* sowie Herrn Prof. *Schön*. Die Frage von Herrn *Piltz* tangiert im Kern den internationalen Steuerwettbewerb. Sie haben im Grundsatz recht mit ihrer Aussage, dass es im Interesse der nationalen Steuerpolitik liegen kann, international mobiles Kapital wie Lizenzgebühren oder Zinserträge aus der Sicht von Quellenstaaten nicht oder zumindest möglichst gering zu besteuern. Diese Feststellung ist auch die Quintessenz der ökonomischen Literatur zum internationalen Steuerwettbewerb: Man sollte danach mobilen Einkünften über Steuern nur jene Kosten anlasten, die sie verursachen (so genannte Grenzballungskosten). Da diese Kosten nahe null liegen, impliziert dies einen fast vollständigen Steuerverzicht der Quellenstaaten auf derartige Einkünfte. In meinem Vortrag habe ich diese Problematik allerdings nicht weiter thematisiert, und zwar aus gutem Grund. Denn der Steuerverzicht von Quellenstaaten auf mobile Einkünfte, der eine jahrzehntelange Tradition aufweist und in den Verteilungsnormen des OECD-Modells verankert ist, ist ein Grund dafür, warum bestimmte Formen derzeit praktizierter Modelle aggressiver Steuerplanung überhaupt funktionieren. Ein Patentrezept zur Eingrenzung derartiger Gestaltungen kann ich leider nicht präsentieren, da wir hier zugegebenermaßen mit stumpfen Schwertern kämpfen. So stehen etwa einer Ausweitung der Quellenbesteuerung auf diese Zahlungen nahezu unüberwindbare rechtliche Hürden entgegen, nämlich die bilateralen DBA sowie innerhalb der EU die Zins- und Lizenzgebührenrichtlinie. Bezüglich einer alternativen Form der Ausweitung einer Quellenbesteuerung fällt der Befund ebenfalls ernüchternd aus: Die derzeitigen Konventionen der internationalen Erfolgs- und Vermögensabgrenzung schließen es nahezu aus, Quellenstaaten ein Besteuerungsrecht für in ihrem Hoheitsgebiet erwirtschaftete Umsätze einzuräumen. Im Ergebnis stellen wir die Grundfeste der internationalen Einkommensbesteuerung infrage und ich frage mich ernsthaft, ob ein nahezu vollständiger Steuerverzicht von Quellenstaaten auf mobile Einkünfte noch zeitgemäß ist.

Herr *Dorenkamp* hat zunächst die Berücksichtigung von Auslandsverlusten angesprochen. Es liegt in der Natur der Anrechnungsmethode, ausländische Verluste im Entstehungszeitpunkt im Inland zu berücksichtigen. Im Zeitpunkt der Verlustentstehung wird dies für den inländischen Fiskus möglicherweise teurer als im Fall der Freistellungsmethode, bei der man – so zumindest nach einer Auslegung, der ich mich gerne anschließe – im Inland überhaupt keine Verluste zu berücksichtigen hat. Unter Effizienzgesichtspunkten ist das so, und ich habe ja über Fairness oder Leistungsfähigkeit in meinem Vortrag nicht gesprochen; möglicherweise sieht man es unter diesem Blickwinkel genauso. Unter dem Gesichtspunkt der Verlustberücksichtigung ist mir die Anrechnungsmethode jedenfalls lieber als die Freistellungsmethode, weil erstere auch einen Zugriff auf Auslandsgewinne ermöglicht und eine doppelte Verlustberücksichtigung im In- und Ausland im Grundsatz ausschließt, während dies bei der Freistellungsmethode eben nicht der Fall ist.

Bezüglich der Verrechnungspreisproblematik mag ich im Vortrag ungenau formuliert haben. Die Steuerpraxis lastet der Anrechnungsmethode eine große Kompliziertheit an, weil man aufgrund der Per-Country-Limitation das weltweite Einkommen auf einzelne Staaten aufteilen muss. Also geht es hierbei aus Sicht der Ansässigkeitsstaaten im Grundsatz um die Frage der Allokation von Einkünften zu verschiedenen Quellenstaaten. Mein Einwand gegen diese Argumentation war, dass im Fall der Freistellungsmethode gleichgelagerte Schwierigkeiten bestehen. Es geht darum, die steuerfreien von den steuerpflichtigen Einkünften abzugrenzen. Ich glaube, dass wir uns eher missverstanden haben. Denn das Verrechnungspreisproblem taucht bei beiden Methoden auf. Ich habe auch nicht den Eindruck, dass es die USA derzeit sonderlich ernst nehmen, internationale Verrechnungspreisgestaltungen zu attackieren, sofern sie ausschließlich das außerhalb der USA belegene Steuersubstrat betreffen.

Herr *Lehner* hat die europäische Perspektive, konkret die Beschränkungsverbote der Grundfreiheiten angesprochen. Die Beschränkungsverbote würden vordergründig für die Freistellungsmethode sprechen, da bei der Anrechnungsmethode zumindest das inländische Steuerniveau zur Anwendung kommt. Eine Hochschleusung auf ein höheres inländisches Steuerniveau könnte vordergründig Investitionen in Niedrigsteuerländer „behindern" und solche Investitionen gegenüber Konkurrenten im Quellenstaat oder mit Ansässigkeit in Freistellungsländern „benachteiligen". Eine solche Argumentation würde jedoch nur dann gelten, falls unterschiedliche Steuerniveaus im In- und Ausland eine unterschiedliche Versorgung an öffentlichen Gütern wie etwa Infrastruktur o. Ä. reflektierten. Dies ist allerdings nicht der Fall, vor allem nicht im europäischen Binnenmarkt. Vielmehr ist die ökonomische Zielsetzung des europäischen Vertragswerks in den allgemeinen Zielen so auszulegen, dass im Binnenmarkt eine effiziente Ressourcenallokation gewährleistet werden soll, also das höchste Sozialprodukt ohne Verschwendung von Ressourcen zu erwirtschaften ist. Die Freistellungsmethode kann diese ökonomische Zielsetzung des Binnenmarkts nicht unterstützen, da sie Investitionen, die ohne Berücksichtigung von Steuern nicht lohnend sind, unter Umständen begünstigt. Eine konsequent kapitalexportneutrale Besteuerung stellt keine Beschränkung dar, da sie Investitionen im Inland oder im Ausland nicht behindert, sondern eben neutral besteuert. Wenn eine Investition im Ausland vor Steuern höhere Erträge als eine Investition im Inland erwirtschaftet, bleibt auch nach Steuern eine höhere Rendite übrig. Eine beschränkende Wirkung der Anrechnungsmethode kann ich hierin nicht erkennen, da sie die ohne Berücksichtigung von Steuern gegebene Allokation von ökonomischen Ressourcen unverändert lässt.

Wolfgang Schön hinterfragt zu recht die Zielsetzung der Anrechnungsmethode und die sie unterstützende kapitalexportneutrale Besteuerung. In letzter Konsequenz mag das dahinter stehende Leitbild unter Praktikabilitätsgesichtspunkten eine Fiktion sein. Vermutlich habe ich ähnlich argumentiert. Eine generelle Durchbrechung des Trennungsprinzips bei Kapitalgesellschaften gilt in der Tat als nicht administrierbar. Man wird den Wirkungen des Trennungsprinzips wohl nur Herr werden, wenn man eine stärkere Angleichung der Unternehmenssteuern ins Auge fasst. Dann verliert auch die Frage von Repatriierungssteuern an Relevanz. Ohne eine solche Angleichung der Unternehmenssteuern überwiegen allerdings meine Bedenken gegen eine – abgesehen von Missbrauchsfällen – bedingungslose Anwendung der Freistellungsmethode. Denn hier würden Regel und Ausnahme vermischt, ohne dass die internationale Unternehmensbesteuerung einem klaren Leitbild folgte. Wir wissen aus den Erfahrungen der jüngsten Vergangenheit nur zu gut, dass es an greifbaren Kriterien zur Umschreibung von Steuermissbräuchen bzw. an nachvollziehbaren Kriterien zur Definition aktiver Tätigkeiten mangelt. Die Katze beißt sich hier sprichwörtlich in den Schwanz. Zudem nimmt eine nahezu bedingungslose Freistellung von Auslandsgewinnen billigend in Kauf, dass multinationale Unternehmen gegenüber nationalen Unternehmen begünstigt werden, solange das beträchtliche globale Steuergefälle weiter besteht.

Davon zu unterscheiden ist freilich die Frage, ob eine Repatriierung von Gewinnen nicht doch zusätzliche Steuern auslösen soll, wenn der Gesellschafter in einem Hochsteuerland ansässig ist. Hält man die Wohnsitzbesteuerung und damit die Einkommensbesteuerung als Ideal aufrecht, ist dies meines Erachtens unabdingbar. Auch hier bleibt den Wohnsitzstaaten, falls sie diese Effekte kleinhalten möchten, nur die Möglichkeit, ihr Steuerniveau international wettbewerbsfähiger zu gestalten. Die in meinem Referat dargelegten Belege für die USA, die vor einigen Jahren die Repatriierungssteuern kurzfristig ausgesetzt haben, dokumentieren nach meinem Dafürhalten recht eindrucksvoll, dass die Freistellungsmethode die nationale Volkswirtschaft in unserem globalen Zeitalter nicht wirklich nachhaltig fördert.

Abschließend möchte ich gern zwei Punkte hervorheben. Der eine ist sachlicher Natur und betrifft ein wesentliches Anliegen meines Vortrags. Wir sollten uns davon entfernen, die Anrechnungsmethode mit Kapitalexportneutralität und die Freistellungsmethode mit Kapitalimportneutralität gleichzusetzen. Ich hoffe deutlich gemacht zu haben, dass einerseits eine konsequent kapitalexportneutrale Besteuerung aufgrund des Trennungsprinzips bei Kapitalgesellschaften schwierig zu administrieren ist. Die Anrechnungsmethode als solche hilft hier wenig weiter. Andererseits erfordert auch eine kapitalimportneutrale Besteuerung nicht lediglich eine pure Freistellung von Dividenden oder Betriebsstättengewinnen, sondern eine abschließende Besteuerung von Gewinnen einschließlich Faktorentgelten im Quellenstaat. Die Praktikabilität eines solchen Besteuerungsregimes ist nicht weniger fragwürdig als die einer reinen Wohnsitzbesteuerung und erfordert vermutlich eine weitreichende Angleichung der tariflichen Steuersätze. Der zweite Punkt ist ein zutiefst persönliches Anliegen. Als Betriebswirt – in ökonomischen Kategorien ist diese Spezies ja nur schwer fassbar – danke ich Ihnen für die Möglichkeit, meine Gedanken mit Ihnen teilen zu dürfen und für die äußerst anregenden Diskussionen. An der internationalen Steuerneutralität können wir uns sowie andere sich noch weiter reiben und dies – im Sinne der Eingangsbemerkung von *Roman Seer* – interdisziplinär.

Prof. Dr. *Alexander Rust*

Lassen Sie mich als erstes auf die Fragen von Herrn *Gosch* antworten. Stellt die Freistellung ausländischer Einkünfte einen Verstoß gegen den Gleichheitssatz dar? Eine ähnliche Diskussion hatten wir ja vor vielen Jahren im Rahmen der GATT-Verhandlungen. Dort ging es darum, ob die Freistellungsmethode eine unzulässige Exportförderung darstellt. Jetzt sehen sogar einige Mitarbeiter der Europäischen Kommission die Freistellung ausländischer Einkünfte als Verstoß gegen die Beihilfevorschriften nach Art. 107 und 108 AEUV an, da durch die Freistellungsmethode selektiv bestimmte Unternehmen, nämlich diejenigen, die im Ausland investieren, besser behandelt werden als Unternehmen, die im Inland investieren. Ich denke, die Antwort auf die Frage von Herrn *Gosch* hängt davon ab, ob man eine Einzel- oder Gesamtbetrachtung anstellen sollte. Bei einer Einzelbetrachtung, die nur auf die steuerliche Behandlung durch den jeweiligen Heimatstaat abstellt, führt die Freistellungsmethode zu einer Ungleichbehandlung. Inländische Einkünfte werden voll besteuert, ebenso bestimmte ausländische Einkünfte, die nicht der Freistellungsmethode unterliegen. Andere ausländische Einkünfte, bei denen der Steuerpflichtige in den Genuss der

Freistellungsmethode kommt, werden dagegen nicht im Heimatstaat berücksichtigt. Ich denke aber, dass hier eine Einzelbetrachtung zu kurz greift. Gerade bei der Freistellungsmethode ist eine Gesamtbetrachtung anzustellen und die steuerliche Behandlung im anderen Staat mit einzubeziehen. Ist die Besteuerung im anderen Staat als der inländischen gleichwertig anzusehen, kann die inländische Besteuerung ohne Verstoß gegen den Gleichheitssatz zurückgenommen werden. Da grundsätzlich nur mit Hochsteuerländern Doppelbesteuerungsabkommen abgeschlossen werden und die Freistellungsmethode grundsätzlich nur bei bestimmten aktiven Einkünfte angewandt wird, könnte man unter Umständen sogar pauschal von einer generellen Vergleichbarkeit der ausländischen Besteuerung der freigestellten Einkünfte ausgehen. Daher würde ich die Freistellungsmethode in den Doppelbesteuerungsabkommen nicht als Verstoß gegen den Gleichheitssatz ansehen.

Ich komme nun zum zweiten Teil der Frage von Herrn *Gosch*: Würde eine teilweise Berücksichtigung existenznotwendiger Aufwendungen im Ansässigkeitsstaat und im Quellenstaat das Steuersystem nicht zu sehr komplizieren? Zwischen Steuergerechtigkeit und Praktikabilität besteht immer ein Zielkonflikt. Man kann nicht beide Ziele gleichzeitig verwirklichen. Das perfekte Steuersystem ist nicht administrierbar. Die Einfachsteuer ist nicht gerecht. Daher muss man immer Kompromisse schließen. Ich denke aber, dass mein Vorschlag, die existenznotwendigen Aufwendungen nach Maßgabe des Verhältnisses zwischen inländischen Einkünften und den Welteinkünften zu berücksichtigen, nicht zu einer Überkomplizierung des Steuerrechts führen würde. Das Ergebnis wäre durch einfache Bruchrechnung zu ermitteln. Gleichzeitig würde dieser Vorschlag eine Nichtberücksichtigung oder eine Mehrfachberücksichtigung existenznotwendiger Aufwendungen bei grenzüberschreitenden Sachverhalten vermeiden.

Nun zur nächsten Frage von Herrn *Seer*, ob nicht die ökonomische Analyse uns weitere Argumente für eine Rechtfertigung von Ungleichbehandlung bieten kann. Ich denke, dass ökonomische Argumente auf jeden Fall auf der Ebene der Gemeinwohlbelange mit einzubeziehen sind. Der Gesetzgeber hat bei der Beratung der Gesetze die Gesetzesfolgen zu berücksichtigen; der Richter muss die wirtschaftlichen Folgen seines Urteils mit in die Abwägung einstellen. In der Rechtsprechung des EuGH lässt sich gut beobachten, dass der Gerichtshof ökonomischen Argumenten in jüngster Zeit aufgeschlossener gegenübersteht. Hatte der EuGH im Avoir-Fiscal-Urteil die Bekämpfung von Missbräuchen noch nicht als Rechtfertigungsgrund zugelassen, so lassen sich nun nach ständiger Rechtsprechung Ungleichbehandlungen rechtfertigen, soweit diese zur Bekämpfung von Missbräuchen notwendig sind. Im Lankhorst-Hohorst-Urteil sah der Gerichtshof in Unterkapitalisierungsregelungen, die nur auf grenzüberschreitende Sachverhalte Anwendung fanden, noch eine Beschränkung der Niederlassungsfreiheit. Dagegen hat der EuGH nun im Société-de-Gestion-Industrielle-Urteil anerkannt, dass die Mitgliedstaaten Maßnahmen gegen eine Erosion der Steuerbemessungsgrundlage treffen dürfen.

Eckehard Schmidt
Möglichst kurz, ganz kurz. Herr Prof. *Piltz*, zu Ihrer Frage kann ich eigentlich wenig sagen, weil sie das Thema Zuteilung der Besteuerungsbefugnisse zwischen den Staaten beziehungsweise einseitiger Verzicht des Quellenstaates angesprochen haben. Das liegt vor meinem Thema. Freistellung, Anrechnung haben wir erst, wenn es darum geht, was der Ansässigkeitsstaat dann macht. Herr Prof. *Lehner*, das Thema: „Tendiert das Europarecht nicht eher zur Freistellung?" möchte ich zusammennehmen mit dem was Herr Prof. *Lüdicke* gesagt hat. Ich bin rein persönlich der Meinung, dass wir auf europäischer Ebene unterentwickelt sind, was die DBA-Politik anlangt. Ich meine, dass man innerhalb des Binnenmarktes einen anderen Blick haben müsste als bei den klassischen DBA mit Drittstaaten. Zumindest eine größere Einheitlichkeit wäre wünschenswert; in dem Zusammenhang könnte man dann vielleicht auch über Ihren Gedanken nachdenken, den europäischen Binnenraum einheitlich zu betrachten, das ist aber sicherlich eine mittelfristige Überlegung. Von daher gesehen hätte ich da sicher gern etwas mehr Einheitlichkeit und auch etwas mehr Abstimmung als für die Staaten außerhalb der EU. Und Herr Prof. *Schön*, besser hätte ich es nicht zusammenfassen können, was ich eigentlich sagen wollte: Kontinuität und Praktikabilität in einer Fortentwicklung des Bestehenden.

Akteure des Internationalen Steuerrechts und ihre Handlungsformen

Prof. *Hugh J. Ault*[1]
Boston College Law School (em.),
Senior Advisor OECD Centre for Tax Policy and Administration

Inhaltsübersicht

I. Globalisierung und Internationales Steuerrecht
II. Die internationalen Akteure
III. OECD
   1. Hintergrund
   2. OECD-Rechtsakte
   3. OECD-Mitgliedschaft
   4. OECD Committee on Fiscal Affairs (Ausschuss für Steuerangelegenheiten)
   5. Konsensprinzip
   6. Vorbehalte und Bemerkungen
   7. OECD-Kommentar und Gerichtsentscheidungen
IV. Andere Teilorganisationen der OECD
V. „Hard Law"
VI. WTO und Steuern
VII. International Monetary Fund („Internationaler Währungsfonds")
VIII. UNO
IX. Globales Informationsaustauschsystem für Steuerzwecke
X. Zusammenfassung

I. Globalisierung und Internationales Steuerrecht

Die letzten Jahrzehnte der Globalisierung, des zunehmenden grenzüberschreitenden Handels sowie der steigenden grenzüberschreitenden Investitionen haben die grundlegenden Formen der Unternehmensorganisation geändert, und das Steuerrecht musste auf diese Änderungen reagieren. Viele dieser Reaktionen haben zu Änderungen und Entwicklungen der innerstaatlichen Steuersysteme geführt, allerdings wurden diese Änderungen wiederum beeinflusst und in einigen Fällen sogar bestimmt durch internationale Akteure.

Vor diesem Hintergrund möchte ich mich mit einigen dieser internationalen Akteure, die einen Einfluss auf die Entwicklung des Internationalen Steuerrechts hatten, sowie mit den Formen dieser Einflussnahme beschäftigen.

Im Einzelnen werde ich eine Reihe von – zum Teil bekannten, zum Teil weniger bekannten – Internationalen Organisationen untersuchen, die sowohl die Entwicklung des innerstaatlichen als auch des internationalen

---

[1] Dies sind die Ansichten des Autors und spiegeln nicht die Meinung der OECD oder ihrer Mitgliedstaaten wider.

Steuerrechts beeinflusst haben, und näher betrachten, in welcher Art diese Einflussnahme wahrgenommen wurde. Ich werde die Arbeiten der Europäischen Union nicht diskutieren, weil die rechtliche Struktur der EU sich grundlegend von jener anderer internationaler Steuerinstitutionen unterscheidet.

II. Die internationalen Akteure

Betreffend die Organisationen werde ich zunächst die OECD und ihre Sub-Gremien beschreiben, da die OECD in den letzten Jahren der wichtigste internationale Akteur auf dem Gebiet des Steuerrechts war. Es gab jedoch auch andere wichtige Akteure, die zu diesen Entwicklungen beigetragen haben. Die WTO („World Trade Organisation" – Welthandelsorganisation), der IMF („International Monetary Fund" – Internationaler Währungsfonds), die UN („United Nations" – Vereinte Nationen) und der G 20 („Group of Twenty" – G-20-Gipfel) haben in diesem Bereich als Institutionen eine gewisse Rolle gespielt. Auch die „Convention on Bribery" (Anti-Korruptions-Konvention) sowie die „Multilateral Convention on the Exchange of Information" (Multilaterale Konvention über den Informationsaustausch) haben einen gewissen Einfluss gehabt.

Neben der Beschreibung der Struktur und der Tätigkeiten dieser Akteure werde ich versuchen, die Art der Ergebnisse dieser Institutionen und Vereinbarungen zu untersuchen. In einigen Fällen wird das Ergebnis formelles Recht in Form von rechtsverbindlichen Verträgen sein, denen die einzelnen Staaten zugestimmt haben und an die sie gebunden sind. In anderen Fällen wird das Ergebnis so genanntes „Soft-Law" darstellen, d.h. keine unmittelbaren rechtsverbindlichen Konsequenzen für die nationalen Regierungen, allerdings doch einen erheblichen Einfluss auf die Gestaltung des Steuerrechts haben. Wiederum in anderen Fällen wird das Ergebnis der Arbeiten internationaler Institutionen ein politischer Dialog sein, der keinen anderen Einfluss hat als seinen Ideenreichtum und die Analysen, die dieser Dialog hervorgebracht hat.

Schließlich haben diese internationalen Akteure einen wichtigen Einfluss auf die Umsetzung und die Administration der Steuergesetze in der täglichen Praxis gehabt.

III. OECD

1. Hintergrund

Die OECD wurde 1961 als Nachfolgerin der „Organization for European Economic Co-operation (OEEC)" (Organisation für europäische wirtschaftliche Zusammenarbeit), die 1948 zum Zweck der sinnvollen Verwendung der Mittel aus dem Marshallplan errichtet wurde, gegründet. Die OECD basiert auf dem Übereinkommen vom 14.12.1960.[2] Das wichtigste Entscheidungsorgan der OECD ist das OECD Council (der OECD-Rat), der sich aus Vertretern der 34 Mitgliedstaaten zusammensetzt. Die Mitgliedstaaten entsenden ihre nationalen Vertreter zur OECD und bestimmen Vertreter nationaler Delegationen. Entscheidungen werden einstimmig getroffen und jeder Mitgliedstaat besitzt auf Ratsebene ein Vetorecht gegen vorgeschlagene Maßnahmen.[3]

2. OECD-Rechtsakte

Das OECD-Gründungsübereinkommen[4] sieht vor, dass getroffene „Entscheidungen" rechtsverbindlich für die Mitgliedstaaten sind, gleichwohl wird diese Form von OECD-Rechtsakten nicht oft verwendet. Die häufigste Form von OECD-Rechtsakten sind die so genannten OECD-Ratsempfehlungen oder „Council Recommendation". Gemäß den OECD Verfahrensvorschriften stellt eine Empfehlung eine gewichtige politische Verpflichtung eines Staates dar, dieser Empfehlung im Rahmen der Umsetzung der innerstaatlichen Politik zu folgen. Empfehlungen bestehen häufig aus einer allgemeinen Grundsatzaussage mit einem Anhang, in dem detailliertere Regeln enthalten sind, und entsprechenden Guidelines (Richtlinien). Im Bereich der Steuern sind zwei bekannte Empfehlungen das OECD-Musterabkommen samt dem dazugehörigen OECD-Kommentar sowie die OECD-Verrechnungspreisrichtlinien. Diese Empfehlungen sind ein Beispiel für „Soft-Law": Staaten sind rechtlich nicht verpflichtet, den Grundsätzen und Vorschriften dieser Empfehlungen zu folgen, aber es besteht eine wichtige politische Verpflichtung sowie eine Art faktischer Gruppenzwang, die Empfehlungen entsprechend zu berücksichtigen.

Die OECD veröffentlicht zudem Reports (Berichte), die zwar kein rechtliches Instrument, aber eine schriftliche Analyse eines bestimmten Themas darstellen. Diese Berichte können sowohl vom OECD-Komitee als auch vom OECD-Rat oder im Auftrag des Generalsekretärs verabschiedet werden. Die Berichte können die Grundlage für spätere OECD-Empfehlungen darstellen, wie es etwa der Fall bei dem 1979 veröffentlichten Verrechnungspreisbericht war, der die Grundlage für die später entwickelten OECD-Verrechnungspreisrichtlinien darstellte.[5]

Bevor im Bereich der Steuern ein finaler Rechtsakt der OECD erlassen wird, werden die vorläufigen Arbeitsergebnisse in Form eines Diskussions-

---

2 http://www.oecd.org/about/history/.
3 http://www.oecd.org/about/whodoeswhat/.
4 OECD-Übereinkommen Art. 5a. Ein Beispiel wäre der „Code on Liberalization of Capital Movements" (Grundsätze zur Unterstützung der Liberalisierung im Kapitalverkehr).
5 http://www.oecd.org/berlin/publikationen/43691135.pdf.

entwurfs zur öffentlichen Kommentierung veröffentlicht. Als Beispiel für einen kürzlich veröffentlichten Diskussionsentwurf können die Behandlung von immateriellen Wirtschaftsgütern im Rahmen der Verrechnungspreisrichtlinien[6] sowie der davor veröffentlichte Diskussionsentwurf betreffend „Beneficial Ownership" (Wirtschaftliches Eigentum bzw. Nutzungsberechtigung) im Rahmen des OECD-Musterabkommens angeführt werden.[7] Die OECD veröffentlicht zudem statistische Analysen und andere erläuternde Informationen betreffend das Steuerrecht. Die OECD Wirtschaftsabteilung veröffentlicht wirtschaftliche Studien von Mitglied- und Nichtmitgliedstaaten, oftmals mit einer ziemlich eingehenden politischen Analyse vieler Bereiche inklusive jenem der Steuern. Zum Beispiel wurde jahrelang – ohne Erfolg – darauf gedrängt, dass in den USA eine Umsatzsteuer eingeführt wird.[8]

Die Finanzierung der OECD erfolgt durch ihre Mitglieder. Ein Teil des Budgets wird durch Beiträge, die auf Basis des durchschnittlichen BIP berechnet werden, ein anderer Teil durch individuell festgelegte Beiträge der einzelnen Staaten finanziert. 2012 trug die USA beinahe 22 % zum Gesamtbudget von 347 Millionen Euro bei, Japan 13 % und Deutschland 8 %. Island finanzierte 0,26 % des Gesamtbudgets.[9]

3. OECD-Mitgliedschaft

Die OECD-Mitgliedschaften haben im Laufe der Jahre zugenommen: In letzter Zeit wurden Mexiko (1994), Tschechien (1995), Ungarn (1996), Korea (1996), Polen (1996) und die Slowakei (2000) aufgenommen. 2010 sind zudem Chile, Estland, Slowenien und Israel beigetreten. Obwohl die OECD oft als „Klub der Reichen" abgestempelt wird, gibt es in Bezug auf die Volkswirtschaften der Mitgliedstaaten tatsächlich erhebliche Unterschiede. Russland wird zurzeit für eine Mitgliedschaft in Betracht gezogen. Diskussionen finden zudem mit Brasilien, China, Indien, Indonesien, und Südafrika hinsichtlich einer verstärkten Zusammenarbeit (in Form so genannter „enhanced engagement programs") statt mit der Aussicht auf eine mögliche zukünftige Mitgliedschaft. Zudem haben eine Reihe von Staaten einen Beobachterstatus in verschiedenen Arbeitsgruppen bzw. Ausschüssen. So sind beispielsweise Argentinien, China, Russland, Südafrika und Indien Beobachter bei einigen Steuerprojekten.[10]

---

6 http://www.oecd.org/tax/transferpricing/50526258.pdf.
7 http://search.oecd.org/officialdocuments/publicdisplaydocumentpdf/?cote=CTPA/CFA%282012%2963&docLanguage=En.
8 http://www.oecd.org/unitedstates/economicsurveyoftheunitedstates2010.htm – unter Overview.
9 http://www.oecd.org/about/ – unter Contributions.
10 http://www.oecd.org/about/ – unter Membership.

4. OECD Committee on Fiscal Affairs (Ausschuss für Steuerangelegenheiten)

Die meiste Arbeit im Bereich der Steuern wird vom „Committee on Fiscal Affairs" („CFA") (OECD-Ausschuss für Steuerangelegenheiten) durchgeführt.[11] Der Ausschuss tagt zwei Mal pro Jahr in Paris. Vertreter der einzelnen Staaten sind grundsätzlich hochrangige Mitarbeiter der nationalen Finanzministerien bzw. Finanzverwaltungen. Die USA ist meistens durch den „International Tax Counsel" und den „Deputy Assistant Secretary for International Tax" (beides Vertreter des US-Finanzministeriums) vertreten. Die deutsche Delegation wird üblicherweise von dem stellvertretenden Generaldirektor (Regierungsvertreter) angeführt. Den Vorsitz im OECD-Steuerausschuss hat gegenwärtig Japan; davor hatten den Vorsitz Italien, Schweden, USA, das Vereinigte Königreich und Kanada inne. Aus den Leitlinien des OECD-Steuerausschusses lassen sich folgende Ziele des Ausschusses ableiten:

„Zurverfügungstellung eines Forums für Steuerpolitiker und Finanzverwaltungsorgane, um aktuelle fiskalpolitische und administrative Themen zu diskutieren; Unterstützung von OECD-Mitgliedern und Nicht-OECD-Mitgliedern bei der Verbesserung der Struktur und Funktionsweise ihrer Steuersysteme; Förderung der Kooperation und Koordination im Bereich der Steuerpolitik dieser Staaten; Animierung von Nicht-OECD-Mitgliedern, Steuerpraktiken einzuführen, die das Wirtschaftswachstum durch einen Anstieg der grenzüberschreitenden Investitionen sowie ein erhöhtes Maß an internationalem Handel fördern".[12]

Der OECD-Steuerausschuss unterstützt zudem eine Reihe von Projekten in seinen multilateralen Steuerzentren in Österreich, Ungarn, Korea, Mexiko und Türkei sowie in seinen innerstaatlichen Zentren in Moskau und Yangzhon (China). Ziel dieser Projekte ist es, den Dialog mit Nicht-Mitgliedstaaten zu fördern und Fachwissen zu teilen. Zudem werden weitere einzelne Projekte veranstaltet. Diese Projekte decken eine weite Bandbreite von Themen ab, wie beispielsweise Abkommenspolitik und -verhandlungen, Verrechnungspreise, Steuerpolitik (inklusive Ausgestaltung und Nutzen von Steuerbegünstigungen), Wirtschaftsprüfung und Umsatzsteuer-Compliance. Jedes Jahr werden ca. 70 Veranstaltungen organisiert, wobei jede dieser Veranstaltungen grundsätzlich eine Woche dauert.

Die OECD unterstützt zudem so genannte „Global Forums" (globale Foren) über bestimmte Themen. Im Steuerbereich sind die zwei wichtigsten Foren das so genannte „Global Forum on Tax Treaties" (Globales Forum betreffend Doppelbesteuerungsabkommen) sowie das erst kürzlich eingeführte „Global Forum on Transfer Pricing" (Globales Forum betreffend Verrechnungspreise).[13]

---

11 http://webnet.oecd.org/OECDGROUPS/Bodies/ListByAcronymView.aspx?book=true unter C, S. 7–12.
12 Ibid (Fn. 11), S. 12.
13 Ibid (Fn. 11), S. 143 ff.

Im Rahmen dieser jährlichen Meetings diskutieren und tauschen Vertreter von OECD-Mitgliedstaaten und OECD-Nichtmitgliedstaaten Erfahrungen über ausgewählte steuerpolitische und steuertechnische Themen aus. Gelegentlich nehmen an diesen Meetings auch Vertreter aus der Privatwirtschaft teil. Am Global Transfer Pricing Forum 2012 nahmen über 200 Delegierte aus ca 90 Staaten teil. Die Diskussion konzentrierte sich auf die Schwierigkeiten bei der Anwendung des Fremdvergleichsgrundsatzes sowohl von entwickelten als auch von weniger entwickelten Staaten, die Notwendigkeit von Vereinfachungsregelungen sowie mögliche Anpassungen von „safe harbour"-Vorschriften. Die Delegierten vereinbarten, dass das Global Forum im kommenden Jahr eine Verrechnungspreisrisikoanalyse durchführen und ein detailliertes Praxishandbuch entwickeln soll, welches für die Regierungen allgemein anerkannte Leitlinien für die Einschätzung von Verrechnungspreisrisiken zu Beginn von Betriebsprüfungen darstellen soll.[14]

Die Arbeit des OECD-Steuerausschusses wird unterstützt durch das „Centre for Tax Policy and Administration" („CTPA") (Zentrum für Steuerpolitik und Verwaltung), einer Geschäftsabteilung des Sekretariats.[15] Das Zentrum gliedert sich in Abteilungen und dient den verschiedenen Arbeitsgruppen und anderen Geschäftsabteilungen. Einige Mitarbeiter des Zentrums haben Langzeit- bzw. unbefristete Arbeitsverträge, andere werden von den Mitgliedstaaten für einen kürzeren Zeitraum an das Zentrum abgestellt. Die Mitarbeiter des Zentrums spielen eine Schlüsselrolle bei den Arbeiten des OECD-Steuerausschusses und repräsentieren die Organisation, nicht einen bestimmten Staat.[16] Obwohl die Abläufe von Thema zu Thema variieren, bereitet typischerweise die jeweils zuständige Abteilung die ersten Entwürfe zu einem bestimmten Thema vor. Die Entwürfe werden zunächst entweder in kleineren Arbeitsgruppen oder direkt von der zuständigen Working Party oder auf Forum-Ebene von den Delegierten Zeile für Zeile diskutiert. Änderungsvorschläge sowie neu formulierte Textpassagen werden dabei von den Delegierten eingebracht. Der Vorsitzende des Meetings fasst die Resultate der Diskussion zusammen. Anschließend wird der Text von den Mitarbeitern überarbeitet und von den Delegierten vor der finalen Zustimmung nochmals geprüft. In manchen Fällen werden noch zusätzliche Änderungen vom Sekretariat vorgenommen und nach entsprechender schriftlicher Korrespondenz angenommen. Vor diesem Hintergrund kommt der Fähigkeit der Mitarbeiter, einen bestehenden Konsens der Delegierten über wesentliche Themen wiederzugeben (bzw. in manchen Fällen auch erst herzustellen), erhebliche Bedeutung zu. Je nachdem, wie komplex und politisch heikel die zu diskutierenden Themen sind, kann

---

14 http://www.oecd.org/newsroom/ – unter OECD to Simplify Transfer Pricing Rules.
15 http://www.oecd.org/ctp, S. 7–12.
16 Ibid (Fn. 15), S. 17.

der Entwurfsprozess von ein paar Wochen bis hin zu einem Jahrzehnt in Anspruch nehmen (Letzteres traf zum Beispiel auf den „Report on the Attribution of Profits to Permanent Establishments" [Bericht über die Zurechnung von Gewinnen zu Betriebstätten] zu).[17]

Input aus der Privatwirtschaft zu den Arbeiten des OECD-Steuerausschuss kommt aus unterschiedlichsten Quellen. Das „Business and Industry Advisory Committee" (Handels- und Industrieberatungskomitee) sowie – wenn auch zu einem geringeren Ausmaß – das „Trade Union Advisory Committee" (Gewerkschaftsberatungskomitee), kommentieren sowohl Entwürfe als auch veröffentlichte Dokumente. Darüber hinaus ist es üblich, einen „Diskussionsentwurf" zur öffentlichen Kommentierung zu veröffentlichen sowie in manchen Fällen einen Beratungsgipfel zu veranstalten, an dem sowohl Regierungsvertreter als auch Vertreter der Privatwirtschaft teilnehmen, um den Diskussionsentwurf nochmals zu begutachten.[18] Der Dialog mit dem privaten Sektor zu Beginn eines Projektes kann in Form eines vom Zentrum für Steuerpolitik und Verwaltung veranstalteten „Runden Tisches" stattfinden, wie es beispielsweise in jüngster Vergangenheit hinsichtlich des Business Restructurings[19] oder der abkommensrechtlichen Behandlung von kollektiven Anlageinstrumenten der Fall war. Weiter gibt es noch eine Reihe anderer Möglichkeiten, den Dialog während der gesamten Dauer eines Projekts zu führen. Eine Möglichkeit ist, Vertreter der Privatwirtschaft direkt in die einzelnen Entwurfsgruppen zu integrieren, wie es beispielsweise in den 90er Jahren bei den E-commerce-Projekten geschah und gegenwärtig bei den Projekten betreffend kollektive Veranlagungsformen und REITs der Fall ist. Eine weitere Möglichkeit ist, dass die Vertreter der Privatwirtschaft in beratender Funktion den Regierungsvertretern zur Verfügung stehen, wie es beispielsweise im Zuge der Überarbeitung des OECD-Musterkommentars betreffend Gewinne aus dem Betrieb von Seeschiffen oder Luftfahrzeugen im internationalen Verkehr der Fall war.[20]

5. Konsensprinzip

Hinsichtlich der Arbeitsweise bzw. -prozesse des OECD-Steuerausschusses in Steuerangelegenheiten können folgende allgemeine Grundsätze identifiziert werden.[21] Erstens ist festzuhalten, dass das Konsensprinzip von erheblicher Bedeutung ist und von allen Teilnehmern sehr ernst genommen

---

17 http://www.oecd.org/tax/transferpricing/45689524.pdf.
18 http://www.oecd.org/japan/oecdaimstoimproveinternationaltaxdisputesmechanisms.htm.
19 http://www.oecd.org/tax/transferpricing/oecdengagesdialogueonbusinessrestructuring2ndctparoundtablefocusedonbusinessrestructuring.htm.
20 http://www.oecd.org/tax/taxtreaties/31483964.pdf.
21 *Ault*, Brooklyn Journal of International Law 2009, 762.

wird. Die langen Diskussionen, die vom Vorsitzenden und vom Sekretariat geschickt geleitet werden, können oft zu Vereinbarungen und Kompromissen führen, die zu Beginn der Diskussion absolut nicht absehbar waren. Zudem liegt ein kontinuierlicher, sich wiederholender Arbeitsprozess vor, da oftmals dieselben Parteien derselben Staaten im Laufe der Jahre eine weite Bandbreite unterschiedlichster Themen behandeln müssen. Mitgliedstaaten sind zunehmend sehr zurückhaltend, sich in bestimmten Angelegenheiten nicht kompromissbereit zu zeigen, da sie in anderen Themenbereichen, bei denen für sie mehr auf dem Spiel steht, im Gegenzug die Unterstützung der anderen Mitgliedstaaten benötigen. Auch Dinge wie Gruppenzwang oder der anerkannte Status bestimmter Personen, vor allem jener, die schon lange für die OECD arbeiten, spielen eine Rolle.

Manchmal führt der Konsensdruck zu Schwierigkeiten, insbesondere wenn dieser Druck, eine konsensfähige Formulierung zu finden, Mehrdeutigkeiten und in weiterer Folge Schwierigkeiten bei der späteren Auslegung und Umsetzung erzeugt. Es besteht die Gefahr, dass das „Streben nach einem Konsens" in nur oberflächlichen Grundsatzvereinbarungen mündet, die so allgemein sind, dass sie keine konkreten Lösungsvorschläge für bestimmte Themen beinhalten. Während kreative Mehrdeutigkeiten unter Umständen nützlich sein können, ist es nicht hilfreich, wichtige Unterschiede durch nichtssagende Floskeln zu verschleiern. Ein Delegierter bemerkte einmal treffend, dass wenn Staat A sage, die Erde sei eine Scheibe, und Staat B behaupte, die Erde sei rund, dann würde die OECD nach langer Diskussion einen Bericht erstellen in dem festgehalten werde, dass die Welt eine interessante Form habe und ein entsprechender Kompromiss gefunden worden sei. Es ist schwierig, dies einen wirklichen Fortschritt bei der Schaffung internationaler Normen zu nennen. Anderseits kann das Verstecken einer strittigen Frage in einer mehrdeutigen Formulierung es möglich machen, eine Lösung bei anderen, ähnlichen Themen zu finden und auf das strittige Thema zu einem späteren Zeitpunkt zurückzukommen.

6. Vorbehalte und Bemerkungen

In Bezug auf das OECD-Musterabkommen hat die OECD eine andere Technik entwickelt, die es ermöglicht, einige Schwierigkeiten bezüglich des Konsensprinzips zu überwinden. Wenn Empfehlungen, die Vorschläge zur Änderung von bestimmten Artikeln oder des OECD-Kommentars beinhalten, dem OECD-Rat zur Freigabe als OECD-Empfehlung vorgelegt werden, so können die Staaten Vorbehalte zu bestimmten Aspekten des betroffenen Artikels des Musterabkommens machen.[22] Diese Vorbehalte indizieren, dass bestimmte Staaten diesen Vorschriften in ihrer Abkommenspraxis nicht folgen werden. Beispielsweise behält sich Deutschland in

---

22 OECD Model Tax Convention on Income and on Capital 2010, Introduction, para. 31.

Art. 15 das Recht vor, eine spezielle Regelung hinsichtlich der Einkünfte von Leiharbeitnehmern aufzunehmen, um zu verdeutlichen, dass die üblichen Vorschriften des Art. 15 in dieser Situation nicht gelten.[23] In ähnlicher Weise können Staaten Bemerkungen zum OECD-Musterkommentar machen, die darauf hinweisen, dass sie der im Kommentar enthaltenen Auslegung zu einem bestimmten Artikel nicht zustimmen.[24] In diesem Sinne hat Deutschland in seinen Bemerkungen zu Art. 5 festgehalten, dass es bestimmten Ausführungen des Kommentars zum Konzept der „festen Geschäftseinrichtung" nicht folgt.[25] Die Verwendung von Vorbehalten und Bemerkungen gestattet es den Staaten nicht, der gesamten Empfehlung auf Ratsebene zu widersprechen, sondern dient dazu, offiziell zu bekunden, dass sie bestimmten Teilen der Empfehlung nicht folgen, ansonsten aber der Empfehlung zustimmen.

Diese Technik hat mehrere wichtige Konsequenzen. In erster Linie macht sie die Verhandlungspositionen der einzelnen Staaten in Bezug auf bestimmte sensible Themen von Anfang an klar und hilft damit, von Beginn an zu klären, was den jeweiligen Staaten im Rahmen der bilateralen Verhandlungen wichtig sein wird. Darüber hinaus ist aus der Akzeptanz des Kommentars ableitbar, wie die Finanzverwaltungen bilaterale Abkommen, welche auf dem OECD-Musterabkommen beruhen, auslegen werden.

Dies ist die gewöhnliche Vorgehensweise der meisten Staaten, allerdings ging Deutschland in einigen Bereichen sogar noch einen Schritt weiter. Im Schlussprotokoll zum DBA Österreich – Deutschland aus dem Jahr 2000 vereinbarten die Parteien Folgendes:

„(16) Auslegung des Abkommens:

Es gilt als vereinbart, dass den Abkommensbestimmungen, die nach den entsprechenden Bestimmungen des OECD-Musterabkommens auf dem Gebiete der Steuern vom Einkommen und vom Vermögen abgefasst sind, allgemein dieselbe Bedeutung zukommt, die im OECD-Kommentar dazu dargelegt wird. Die Vereinbarung im vorstehenden Satz gilt nicht hinsichtlich der nachstehenden Punkte:

a) alle Bemerkungen der beiden Vertragsstaaten zum OECD-Muster oder dessen Kommentar;
b) alle gegenteiligen Auslegungen in diesem Protokoll;
c) alle gegenteiligen Auslegungen, die einer der beiden Vertragsstaaten in einer veröffentlichten Erklärung vornimmt, die der zuständigen Behörde des anderen Vertragsstaats vor In-Kraft-Treten des Abkommens übermittelt worden ist;
d) alle gegenteiligen Auslegungen, auf die sich die zuständigen Behörden nach In-Kraft-Treten des Abkommens geeinigt haben.

---

23 Ibid (Fn. 22), Article 15, para 16.
24 Ibid (Fn. 22) para 30.
25 Ibid (Fn. 22).

Der OECD-Kommentar – der von Zeit zu Zeit überarbeitet werden kann – stellt eine Auslegungshilfe im Sinne des Wiener Übereinkommens über das Recht der Verträge vom 23. Mai 1969 dar."[26]

7. OECD-Kommentar und Gerichtsentscheidungen

Ein anderer, fast noch wichtigerer Effekt der Kommentare und der Technik von Vorbehalten ist, dass, wenn kein Vorbehalt gemacht wurde, die nationalen Gerichte bei der Auslegung des jeweiligen bilateralen Abkommens der im Kommentar enthaltenen Auslegung ein erhebliches Gewicht beimessen werden. Obwohl die Praxis von Staat zu Staat variiert, werden die meisten Gerichte im Rahmen ihrer Entscheidungsfindung die im OECD-Kommentar enthaltene Auslegung in der Regel sehr ernst nehmen. Zudem werden zumindest einige Gerichte einen „dynamischen" Ansatz bei der Anwendung des OECD-Kommentars vertreten und demnach auch einem Kommentar folgen, der nach der Ratifizierung des betreffenden bilateralen Abkommens veröffentlicht wurde, solange dieser Kommentar als „Klarstellung" der Auslegung angesehen werden kann. Das bedeutet, dass die laufenden Änderungen des OECD-Kommentars kontinuierlich in das innerstaatliche Recht der Vertragsparteien einfließen. Über diesen Prozess wurde bereits viel in der akademischen Literatur diskutiert,[27] und ich will an dieser Stelle auf keine Details dieser Diskussionen eingehen. Es ist jedoch offensichtlich, dass der OECD-Kommentar einen wichtigen, kontinuierlichen Einfluss auf den Inhalt und die Bedeutung des internationalen Steuerrechts vieler Staaten hat. In diesem Sinne kann der OECD-Kommentar – um auf die eingangs verwendete Terminologie zurückzukommen – als „quasi-rechtsverbindlich" angesehen werden.

Nebenbei möchte ich darauf hinweisen, dass es im Falle der Verrechnungspreisrichtlinien keine ähnliche „Vorbehalts-Technik" gibt. Vielleicht ist genau das der Grund, weshalb einige Passagen dieser Richtlinien eher den bereits erwähnten „Die Welt hat eine interessante Form"-Charakter aufweisen.

IV. Andere Teilorganisationen der OECD

Auch einige andere Teilorganisationen der OECD liefern einen wichtigen Input im Bereich der Steuern. Das „Forum on Tax Administration" (FTA) (Forum Steuerverwaltung) wurde 2002 gegründet, um Vertreter der unterschiedlichen Finanzverwaltungen zusammenzubringen und effiziente Antworten zu diversen Themen der Steuerverwaltung gemeinsam zu erarbei-

---

26 Protokoll v. 24.8.2000.
27 *Lang*, Haben die Änderungen der OECD-Kommentare für die Auslegung älterer DBA Bedeutung?, SWI 1995, 412.

ten.[28] Ihr Hauptzweck liegt in der Verbesserung der Tax Compliance. Organisiert unter der Schirmherrschaft der OECD, hat das Forum Steuerverwaltung über 40 Mitglieder, welche sowohl OECD-Mitglieder als auch OECD-Nichtmitglieder und alle Mitglieder der G-20-Staaten beinhalten. Seine Aufgabe ist, die Zusammenarbeit und Koordination zwischen den Steuerverwaltungen, die oftmals vor identischen Problemen stehen, zu fördern und sich dabei auf die wachsende Bedeutung der internationalen Zusammenarbeit zur Lösung dieser Probleme zu konzentrieren. Anders als das Ergebnis der Arbeiten betreffend Abkommen und Verrechnungspreise, welche zumeist in „Soft-Law"-Empfehlungen münden, sind die Arbeitsergebnisse des Forums Steuerverwaltung meist Berichte und Leitlinien. Eine ihrer wichtigsten Arbeiten war die so genannte „Erklärung von Seoul" aus dem Jahr 2006, welche sich auf die Koordinierung der Bemühungen zur Identifizierung aggressiver Steuerplanungen sowie die Rolle von steuerlichen Mittelsmännern wie Banken oder Rechts- und Wirtschaftsprüfungsgesellschaften „in Bezug auf die Nichteinhaltung von Steuervorschriften sowie die Werbung für nichtakzeptable steuerliche Optimierungsmodelle" konzentrierte.[29] Darauf aufbauende spätere Arbeiten führten zu einem Bericht über grenzüberschreitende Steuerprüfungen sowie der Entwicklung eines freiwilligen Verhaltenskodex für Banken aus dem Jahr 2010. Dieser Verhaltenskodex beinhaltete, dass:

1. Banken ihren Steuerpflichten ordnungsgemäß nachkommen und Kunden zur Einhaltung von Steuervorschriften bewegen werden.
2. Banken sicherstellen, dass sie über geeignete Organisationsstrukturen verfügen, um die Art der von ihnen abgeschlossenen Transaktionen sowie die damit zusammenhängenden Steuerrisiken kontrollieren zu können.
3. Banken aggressive Steuerplanung weder verwenden noch fördern werden.
4. Finanzverwaltungen und Banken zusammenarbeiten werden, um eine gemeinsame Beziehung aufzubauen, in der sich Vertrauen und Kooperation entwickeln können.[30]

Ein weiteres, von der OECD gefördertes Projekt, welches sich mit Steuerpolitik sowie der Einhaltung von Steuervorschriften (Tax Compliance) beschäftigt, sind die „OECD Guidelines for Multinational Enterprises" (OECD-Leitsätze für multinationale Unternehmen).[31] Diese Leitsätze sind Empfehlungen von Regierungen an multinationale Unternehmen, die in oder von dem Territorium dieser Staaten aus agieren. Sie stellen unverbindliche Prinzipien und Standards für verantwortungsvolles, im Einklang mit

---
28 http://www.oecd.org/ctp/taxadministration/.
29 http://www.oecd.org/tax/taxadministration/37463807.pdf.
30 http://www.oecd.org/tax/taxadministration/45989171.pdf.
31 http://www.oecd.org/daf/inv/mne/48004323.pdf.

den geltenden Gesetzen und international anerkannten Standards stehendes unternehmerisches Verhalten in einem globalen Kontext dar. Alle OECD-Mitglieder sowie einige OECD-Nichtmitglieder (Argentinien, Ägypten, Brasilien, Lettland, Litauen, Marokko, Peru und Rumänien) halten sich an diese Leitsätze. Betreffend Steuern hält Art. VI der Leitsätze fest:

„Es ist wichtig, dass die Unternehmen durch die pünktliche Entrichtung ihrer Steuerschulden einen Beitrag zu den öffentlichen Finanzen der Gastländer leisten. *Im Einzelnen sollten die Unternehmen sowohl den Wortlaut als auch den Zweck der Steuergesetze und Richtlinien der Länder, in denen sie ihre Geschäftstätigkeit ausüben, befolgen. Den Zweck der Steuergesetze befolgen bedeutet konkret, die Absicht des Gesetzgebers zu erkennen und diese zu befolgen.* Dies erfordert jedoch nicht, dass ein Unternehmen auf Basis einer derartigen Interpretation eine über den gesetzlich normierten Steuerbetrag hinausgehende Zahlung leistet. Die Einhaltung der Steuervorschriften (Tax Compliance) umfasst Maßnahmen wie die rechtzeitige Übermittlung aller relevanten bzw. gesetzlich vorgeschriebenen Informationen an die zuständigen Behörden, damit diese die im Zusammenhang mit der Geschäftstätigkeit anfallenden Steuern korrekt festsetzen können und die bestätigen, dass die Verrechnungspreisgestaltung dem Fremdvergleichsgrundsatz entspricht."[32]

Die Leitlinien werden im Auftrag des Generalsekretärs der OECD veröffentlicht und stellen kein vom OECD-Rat genehmigtes Dokument dar. Sie können somit nicht als Empfehlung qualifiziert werden. Man spricht deshalb von einer sehr weichen Form von „Soft Law".

V. „Hard Law"

Die bisher vorgestellten OECD-Institutionen waren alle entweder an der Erstellung von „Soft Law" oder von Berichten und Leitsätzen, die Analysen zu bestimmten Themen und „best practice"-Vorschläge beinhalten, beteiligt. Es gibt allerdings auch von der OECD geförderte Projekte, deren Ergebnis „Hard Law" (d.h. rechtsverbindliche Vorschriften) darstellt. Ein Beispiel dafür ist die „1997 Convention on Combating Bribery of Foreign Officials in International Business Transactions" (Konvention für den Kampf gegen die Bestechung ausländischer Amtsträger im internationalen Geschäftsverkehr, 1997).[33] Diese Konvention sieht vor, dass jede Partei Maßnahmen ergreifen soll, die sicherstellen, dass es gemäß den jeweiligen nationalen Gesetzen eine strafbare Handlung darstellt, öffentlichen Amtsträgern in Bezug auf die Erfüllung ihrer öffentlichen Aufgaben ein Bestechungsgeld anzubieten. Es besteht somit eine rechtsverbindliche internationale Verpflichtung zum Erlass von Rechtsvorschriften, die Bestechung bekämpfen sollen. Darüber hinaus sieht Art. 12 der Konvention einen Mechanismus zur Überwachung der Einhaltung der vollständigen Umsetzung der Konvention vor. Staaten sollen bei diesem anschließenden, systemati-

---

32 Ibid (Fn. 31), S. 60 – Hervorhebung vom Verfasser.
33 http://www.oecd.org/investment/briberyininternationalbusiness/anti-briberyconvention/38028044.pdf.

schen Umsetzungs- und Überwachungsprozess entsprechend kooperieren. Dies veranschaulicht, dass die Konvention selbst die verbotenen Handlungen zwar nicht unter Strafe stellt, allerdings einen (Überwachungs-)Mechanismus einführt, der Druck ausübt auf jene Vertragsparteien, die sich nicht an die Anforderungen der Konvention zur Einführung entsprechender innerstaatlicher Rechtsvorschriften halten. Zudem hat im Jahr 2009 der OECD-Rat eine Empfehlung angenommen, welche die unterzeichnenden Staaten auffordert, zusätzlich zu der Verankerung des Verbots der Bestechung von ausländischen Amtsträgern im innerstaatlichen Recht auch eine frühere Empfehlung umzusetzen, welche die Nicht-Abzugsfähigkeit von Bestechungsgeldern für Steuerzwecke vorsieht.[34] In diesem Fall verstärkt somit die „Soft-Law"-Empfehlung das in der Konvention vorgesehene „Hard-Law"-Verbot der Bestechung.

Auch das Protokoll des OECD-Rats betreffend „Europe Convention on Mutual Administrative Assistant in Tax Matters of 2011" (Europäische Abkommen über die gegenseitige Amtshilfe in Steuersachen aus dem Jahre 2011) stellt ebenso eine von der OECD unterstützte „Hard-Law"-Abkommensverpflichtung dar. Dieses Übereinkommen wurde erstmals 1986 verabschiedet, hatte jedoch nur geringen praktischen Einfluss und wenige Unterzeichner. Aufgrund der immer größer werdenden Bedeutung des internationalen Informationsaustauschs – auf die ich später noch näher eingehen werde – wurde das Übereinkommen 2011 geändert, um eine bessere Zusammenarbeit hinsichtlich der Festsetzung und Einhebung von Steuern zu erreichen, wobei ein besonderes Augenmerk auf die Bekämpfung von Steuervermeidung und -hinterziehung gelegt wurde. Diese Zusammenarbeit reicht vom Informationsaustausch (inklusive dem automatischen Informationsaustausch) bis hin zur Eintreibung ausländischer Steuerforderungen. Bis 2012 haben über 35 Staaten, inklusive Deutschland, das Abkommen ratifiziert. Als multilaterales Instrument vereinfacht es die Ausweitung von Informationsaustauschbestimmungen, die in vielen bilateralen Abkommen enthalten sind. Die relativ raschen Beitritte zum Übereinkommen wurden zum Teil durch das Cannes G-20-Kommuniqué ausgelöst. Dieses Kommuniqué drängt zur Entwicklung multilateraler Instrumente, welche es Entwicklungsländern erleichtern sollen, die Vorteile der neuen kooperativen steuerlichen Rahmenbedingungen nutzen zu können.

VI. WTO und Steuern

Ein Aufgabengebiet der WTO ist in dem „Agreement on Subsidies and Countervailing Measures" (WTO-Übereinkommen über Subventionen und

---

[34] http://www.oecd.org/daf/briberyininternationalbusiness/anti-briberyconvention – unter 2009 Recommendation.

Ausgleichsmaßnahmen) geregelt.[35] Im Rahmen der Liberalisierung des Handels verbietet dieses Übereinkommen Subventionen, die Exporte begünstigen, sowie Begünstigungen in Form von besonderen steuerlichen Bestimmungen. In einem langwierigen und komplizierten Fall hielt die WTO zunächst fest, dass die US-Bestimmungen, wonach nach einem bestimmten US-Steuerregime errichtete US-Gesellschaften von einem unbegrenzten Steueraufschub für Gewinne aus Exportgeschäften profitieren konnten, als verbotene Subvention zu qualifizieren war.[36] Obwohl die Logik der WTO-Entscheidung nur schwer zu verstehen und teilweise in sich nicht konsistent war, hatte die Entscheidung zur Folge, dass die betreffenden US-Bestimmungen als Verstoß gegen die WTO-Vorschriften eingestuft wurden. Zur selben Zeit wies die WTO eine US-Gegenklage ab, wonach die europäischen Steuersysteme, die eine allgemeine Steuerbefreiung für ausländische Gewinne vorsehen, ebenso als verbotene Subvention zu qualifizieren wären. Als Antwort erließ die USA abgeänderte Sondervorschriften für die Einräumung eines Steueraufschubs, wobei die zugrunde liegende Struktur insoweit geändert wurde, als die neue Regelung den Einsatz einer ausländischen Gesellschaft erforderte. Die WTO qualifizierte diese geänderte amerikanische Regelung erneut als verbotene Subvention. Als Reaktion auf die neuerlich ablehnende WTO-Entscheidung versuchte die USA in einem dritten Anlauf, Exportförderungen über das Steuersystem zu gewähren und veröffentlichte den „Extraterritorial Income Exclusion Act". Durch dieses Gesetz sollte das US-Steuersystem zu einem „territorialen" Steuersystem werden, in dem bestimmte Arten ausländischer Quelleneinkünfte von der US-Besteuerung ausgenommen werden. Ziel war es, in den Anwendungsbereich der europäischen „generellen Befreiungssysteme" zu fallen.

Die WTO stellte jedoch wiederum fest, dass das amerikanische System als verbotene Exportsubvention zu qualifizieren sei. Die Definition einer steuerlichen Subvention erfordere, dass als Ergebnis einer bestimmten Steuermaßnahme eine Verminderung der Staatseinnahmen eintrete, die ansonsten fällig gewesen wären. Um feststellen zu können, welche Steuereinnahmen ansonsten fällig gewesen wären, ist es erforderlich, eine Steuernorm oder ein Steuerregime zu identifizieren, von dem Abweichungen festgestellt werden können. Dies stellt den Kern der so genannten „Steuer-Ausgaben-Analyse" („Tax expenditure analysis") dar, welche für budgetäre Zwecke den Einsatz spezieller Steuervorschriften mit direkten Haushaltsausgaben gleichstellt. Von diesem Standpunkt aus betrachtet ist das US-Steuersystem als ein „weltweites" Steuersystem zu qualifizieren, in welchem die „extraterritorialen" Aspekte nur eine spezielle, auf Exportein-

---

35 http://www.wto.org/english/tratop_e/scm_e/scm_e.htm – unter The Mandate.
36 http://www.taxhistory.org/thp/readings.nsf/cf7c9c870b600b9585256df80075b9dd/d1e 0dcc337b8048385256f860068159e?OpenDocument – unter „A History of the Extraterritorial Income (ETI) and Foreign Sales Corporation (FSC) Export Tax-Benefit Controversy".

kommen beschränkte Regelung darstellen. Dieser Analyse folgend kam die WTO zu dem Schluss, dass das behauptete „territoriale" US-Steuersystem nicht zu akzeptieren war. Es wurde in weiterer Folge wieder aufgehoben.

VII. International Monetary Fund („Internationaler Währungsfonds")

Ein anderer Bereich, in dem internationale Akteure einen großen Einfluss auf das internationale Steuerrecht hatten, betrifft Entwicklungsländer und die Bereitstellung von Entwicklungshilfe. Der Hauptakteur war dabei der IMF (IWF – Internationaler Währungsfonds). In Verbindung mit den so genannten Artikel-IV-Konsultationen nimmt der IWF Untersuchungen der Wirtschafts- und Steuersysteme jener Staaten vor, die um finanzielle Unterstützung ersuchen.[37] Wenn Staaten um Kredite beim IWF ersuchen, kann die Gewährung dieser Kredite an die Bedingung geknüpft werden, dass die Staaten bestimmte Maßnahmen bezüglich ihres Wirtschaftssystems vornehmen. In vielen Fällen, in denen Entwicklungsländer betroffen waren, erforderte dies von den Ländern, Änderungen in ihren Steuersystemen vorzunehmen. Sehr oft führten die betreffenden Staaten dabei die Umsatzsteuer ein, welche offenbar die vom IWF bevorzugte Form einer Steuerstrukturänderung darstellt. Zwar wurde diese Vorgehensweise von einigen Seiten insofern kritisiert, als man dabei länderspezifische Besonderheiten nicht berücksichtige und eine Art von „ein Modell passt für alle (one size fits all)"-Ansatz für Steuerreformzwecke verfolge.[38] Es ist jedoch nicht von der Hand zu weisen, dass diese Vorgehensweise einen massiven Einfluss auf die Ausgestaltung der Steuerstruktur in vielen Ländern hatte.

VIII. UNO

Die UNO ist mit ihren „Financing for Development activities" (Aktivitäten zur Entwicklungsfinanzierung) ebenso in dem Bereich Steuern und Entwicklung involviert.[39] Die Steuerarbeit wird von dem „Committee of Experts on International Cooperation in Tax Matters" (UN-Sachverständigenausschuss für die internationale Zusammenarbeit in Steuerangelegenheiten) wahrgenommen. Dieser Ausschuss besteht aus Regierungsvertretern, die jedoch in privater Funktion auftreten, sowie aus Akademikern und Vertretern der Privatwirtschaft. Das bekannteste Projekt dieses Sachverständigenausschusses stellt das „United Nations Model Double Taxa-

---

37 http://www.imf.org/external/np/exr/facts/surv.htm – unter Keeping Surveillance Relevant.
38 *Stewart*, Global Trajectories of Tax Reform: The Discourse of Tax Reform in Developing and Transition Countries, Harvard International Tax Journal 2003, 140.
39 http://www.un.org/esa/ffd – unter Overview.

tion Convention between Developed and Developing Countries" (UN-Musterabkommen zur Vermeidung der Doppelbesteuerung zwischen Industriestaaten und Entwicklungsländern) dar, welches kürzlich in einer neuen Version erschienen ist.[40] Das Abkommen folgt zwar grundsätzlich dem OECD-Musterabkommen, legt jedoch mehr Wert auf die Quellenbesteuerung. So wird im UN-Musterabkommen beispielsweise ein Besteuerungsrecht des Quellenstaates bei Lizenzgebühren normiert.

Im Verrechnungspreisbereich folgt das UN-Musterabkommen Art. 9 des OECD-Musterabkommens und übernimmt den Fremdvergleichsgrundsatz für die Festlegung von Verrechnungspreisberichtigungen. Der Kommentar zu diesem Artikel empfiehlt Ländern, die dem UN-Musterabkommen folgen, bei der Umsetzung des Abkommens die OECD-Verrechnungspreisrichtlinien zu befolgen. Ob diese Stellungnahme sich ändert, bleibt abzuwarten.[41] Die aktuellste Arbeit der UNO im Bereich der Verrechnungspreise ist die Entwicklung eines „Practical Manual for Developing Countries" (Praktischer Verrechnungspreisleitfaden für Entwicklungsländer), welcher sich mit einer Vielzahl von Fragestellungen betreffend die Einführung und Anwendung von Verrechnungspreisregeln in Entwicklungsländern beschäftigt.[42]

IX. Globales Informationsaustauschsystem für Steuerzwecke

Das „Global Forum on Transparency and Exchange of Information" (Globales Forum für Transparenz und Informationsaustausch) ist die Weiterentwicklung der Arbeit des bereits früher von der OECD ins Leben gerufenen „Forum on Harmful Tax Practices" (Forum gegen schädliche Steuerpraktiken), welches sich auf die Bekämpfung der Auswirkungen von Steueroasen und so genannten schädlichen, begünstigenden Steuerregimen

---

40 Ibid (Fn. 39) – unter UN Model Double Taxation Convention: 2011 Update.
41 UN Model Double Taxation Convention, General Considerations to Article 9, para 3:
„With regard to transfer pricing of goods, technology, trademarks and services between associated enterprises and the methodologies which may be applied for determining correct prices where transfers have been made on other than arm's length terms, services between associated enterprises and the methodologies which may be applied for determining correct prices where transfers have been made on other than arm's length terms, the former Group of Experts stated that the Contracting States will follow the OECD principles, which are set out in the OECD Transfer Pricing Guidelines. The former Group of Experts, in the United Nations Model Convention revised in 1999, came to the view that these conclusions represent internationally agreed principles and it recommended that the Guidelines should be followed for the application of the arm's length principle which underlies the Article. The views expressed by the former Group of Experts have not yet been considered fully by the Committee of Experts, as indicated in the records of its annual sessions."
42 http://www.un.org/esa/ffd/tax/documents/bgrd_tp.htm.

konzentrierte.[43] Ein von der OECD im Rahmen ihrer Arbeiten als „schädlich" identifiziertes Element war das Fehlen von Transparenz im innerstaatlichen Rechtssystem, insbesondere im Zusammenhang mit dem Bankgeheimnis, sowie das Fehlen eines angemessenen Informationsaustauschs. Im Jahr 2000 veröffentlichte die OECD eine Liste von Jurisdiktionen, die den von der OECD entwickelten Standards für Transparenz und Informationsaustausch nicht entsprachen.[44] Gleichzeitig begann die Entwicklung geeigneter Standards und Instrumente zur Erleichterung des Informationsaustauschs.[45] Es wurden mehrere Jahresberichte erstellt, die die rechtlichen und administrativen Strukturen sowohl von OECD-Mitgliedern als auch von OECD-Nichtmitgliedern im Hinblick auf Transparenz und Informationsaustauschmechanismen beschrieben. Zudem enthielten sie eine generelle Einschätzung, in welchem Ausmaß diese Länder die vom Forum entwickelten Standards erfüllten.

Die Struktur dieser Arbeiten wurde im Jahr 2000 durch die Gründung des Globalen Forums für Transparenz und Informationsaustausch geändert.[46] Das Globale Forum wurde als ein von der OECD unabhängiges Organ gegründet und ist somit nicht länger als Teilorgan der OECD zu qualifizieren. Staaten, die dem Globalen Forum beitreten wollen, müssen jedoch die OECD-Standards für Transparenz und Informationsaustausch einführen und umsetzen. In den ersten Jahren veröffentlichte das Globale Forum jährliche Bewertungen, die mit den Berichten des Forums gegen schädliche Steuerpraktiken vergleichbar waren. 2009 kam es jedoch zu einer wichtigen Änderung der Struktur und der Vorgehensweise des Globalen Forums. Aufgrund der Unterstützung der Arbeiten des Globalen Forums durch die G 8 und G 20 wurde dessen Position wesentlich gestärkt. Seine Finanzierung wurde von der OECD losgelöst und basiert nunmehr auf Beiträgen der Mitgliedstaaten. Zudem wurde es mit einem unabhängigen Sekretariat ausgestattet. Die Möglichkeit zur Mitgliedschaft wurde erweitert, sodass es nun keinen Unterschied zwischen OECD-Mitgliedstaaten und OECD-Nichtmitgliedstaaten mehr gibt und alle Mitglieder gleichwertig sind. Am wichtigsten war jedoch, dass im Rahmen des Meetings 2009 ein umfangreiches Verfahren zur Überwachung und Evaluierung der einzelnen Länder hinsichtlich der Einhaltung der OECD-Standards betreffend Transparenz und Informationsaustausch eingeführt wurde. Die Evaluierung wird durch eine Reihe von Untersuchungen durchgeführt. In der so genannten „Phase 1" findet eine Untersuchung durch zwei vom Globalen Forum bestellte Experten statt, die die rechtlichen und regulatorischen Rahmenbedingungen des jeweiligen Staates daraufhin prüfen, ob sie den OECD-Standards entsprechen. Besteht ein Land die Prüfung gemäß „Phase 1",

---

43 http://www.oecd.org/tax/transparency/ – unter Background Information Brief.
44 http://www.oecd.org/ctp/harmfultaxpractices/listofunco-operativetaxhavens.htm.
45 http://www.oecd.org/ctp/harmfultaxpractices/listofunco-operativetaxhavens.htm.
46 http://www.oecd.org/tax/transparency/ – unter Background Information Brief.

kommt es zu „Phase 2", in der die tatsächliche, praktische Umsetzung der Standards untersucht wird. Der Schlussbericht wird dann vom Globalen Forum begutachtet und muss von allen Mitgliedstaaten außer dem geprüften Staat selbst (so genannte Konsens-minus-eins-Entscheidung) angenommen werden. Im Falle der Annahme des Schlussberichts wird dieser anschließend auf der Homepage des Globalen Forums veröffentlicht.

Sollte jedoch die Einhaltung der Standards mangelhaft sein, ist die Strafe eine Art „Bloßstellung und Schande" („name and shame"), also eine Form von „Soft-Law"-Sanktion. Mit Stand 2012 haben viele Staaten Empfehlungen der Berichte des Globalen Forums befolgt, um ihre innerstaatlichen Rechtspraktiken in Einklang mit den internationalen Standards zu bringen.[47]

Obwohl das Globale Forum auf den relativ eingeschränkten Bereich des internationalen Informationsaustauschs fokussiert ist, stellt es die größte und repräsentativste internationale Organisation dar, die sich ausschließlich mit Steuerangelegenheiten beschäftigt. Gegenständlich hat es – von Andorra bis Vanuatu – 109 Mitglieder, inklusive aller wichtigen Finanzzentren der Welt. Sein Erfolg in der Entwicklung und Anwendung internationaler Steuerstandards auf eine breite Anzahl von Staaten könnte den Beginn einer weitreichenden Änderung in der Landschaft der international tätigen Steuerakteure und Steuerorganisationen darstellen.[48]

X. Zusammenfassung

Welche Schlüsse können nun aus diesem kurzen Überblick über die internationalen Akteure und ihre Outputs im Steuerbereich gezogen werden? Zuallererst scheint es klar zu sein, dass international tätige Organisationen eine immer wichtiger werdende Rolle in der Entwicklung internationaler Steuervorschriften sowie deren Anwendungen einnehmen werden. Dies beinhaltet, dass Staaten als Reaktion auf internationale Leitlinien und internationalen Druck erhebliche Änderungen ihrer nationalen Steuervorschriften vornehmen. Aber vielleicht ist es sogar noch wichtiger, dass in Zukunft die Koordinierung der Arbeiten der Finanzverwaltung durch internationale Organe zweifellos noch zunehmen wird. Das bedeutet, dass es in Zukunft besser koordinierte Abläufe bei Steuerprüfungen geben und ein erhöhtes Augenmerk auf gemeinsame administrative Probleme wie Risikoeinschätzungen gelegt werden wird. Generell werden schnellere und effizientere Maßnahmen gegen aggressive Steuerplanung möglich sein.

---

47 http://www.oecd.org/ctp/exchangeofinformation/G20_Progress_Report_June_2012.pdf.
48 http://www.oecd.org/tax/transparency/ – unter Background Information Brief.

Als die Arbeiten im Zusammenhang mit dem verstärkten Informationsaustausch in den späten 1990er Jahren durch Änderungen der Informationsaustauschbestimmungen des OECD-Musterabkommens begannen, konnte man sich kaum vorstellen, dass etwa 15 Jahre später eine internationale Organisation mit über 100 Mitgliedern existieren würde, die alle den allgemeinen Prinzipien der Transparenz und des Informationsaustauschs sowie der Durchführung von Überwachungsmaßnahmen zur Gewährleistung der ordnungsgemäßen Anwendung dieser Vorschriften zustimmen würden. Ob die nächsten 15 Jahren ebenfalls eine derartige rapide Entwicklung in anderen Bereichen bringen werden, bleibt abzuwarten. Eines ist jedoch sicher: Internationale Akteure werden auch weiterhin eine sehr wichtige Rolle bei der Gestaltung und der Anwendung der nationalen Steuersysteme spielen.

Internationale Zusammenarbeit – Informationsaustausch

Dr. *Nadya Bozza-Bodden*
Richterin am Finanzgericht, Köln

Inhaltsübersicht

I. Einleitung
II. Gewährung von Auskünften durch die deutsche Finanzverwaltung: Beantwortung von Auskunftsersuchen ausländischer Finanzbehörden
  1. § 117 Abs. 2 AO
  2. Doppelbesteuerungsabkommen (Art. 26 Abs. 1 OECD-MA)
    a) Allgemeines
    b) Prinzip der Gegenseitigkeit des Informationsaustauschs
    c) Umfang der Auskunftserteilung nach Art. 26 Abs. 1 OECD-MA
    d) „Erforderlichkeit" bzw. „voraussichtliche Erheblichkeit" der Auskunft"
      aa) Änderung des Art. 26 Abs. 1 OECD-MA in 2005
      bb) Rechtsfolgen der Änderung
      cc) Voraussetzungen der „Erforderlichkeit" bzw. „voraussichtlichen Erheblichkeit" bei Auskünften auf Ersuchen
    e) Informationsbeschaffung auch bei mangelndem eigenem steuerlichen Interesse
    f) Zulässigkeit von Gruppenanfragen
  3. Auskunftserteilung nach EG-Amtshilfegesetz (EG-AHiG)
    a) Allgemeines
    b) Anwendungsbereich (§ 1 Abs. 1 EG-AHiG)
    c) „Erheblichkeit der Auskünfte", § 1 Abs. 2 EG-AHiG
    d) Verbindliche Frist zur Erteilung der Informationen
  4. EG-Zusammenarbeits-VO
III. Gewährung von Auskünften durch die deutsche Finanzverwaltung „Spontanauskünfte"
  1. § 117 Abs. 2 AO
  2. Doppelbesteuerungsabkommen (Art. 26 Abs. 1 OECD-MA)
    a) Allgemeines
    b) „Erforderlichkeit" bzw. „voraussichtliche Erheblichkeit" der Auskunft"
  3. EG-AHiG
    a) Allgemeines
    b) Konkurrenzverhältnis zu Art. 26 OECD-MA
  4. EG-Zusammenarbeits-VO
IV. Inanspruchnahme von Auskünften durch die deutsche Finanzverwaltung
  1. § 117 Abs. 1 AO
    a) „Nach Maßgabe des deutschen Rechts"
    b) Voraussetzungen
  2. Doppelbesteuerungsabkommen (Art. 26 Abs. 1 OECD-MA)
  3. EG-AHiG
V. „Automatische Auskünfte"
  1. Doppelbesteuerungsabkommen (Art. 26 Abs. 1 OECD-MA)
  2. EU-Zinsertragsteuerrichtlinie
  3. EG-AHiG
  4. EG-Zusammenarbeits-VO
  5. Musterabkommen über Informationsaustausch im Verhältnis zu den USA sowie US-amerikanischen Quellensteuerabzug
VI. Grenzen des Informationsaustauschs
  1. Steuergeheimnis
    a) Internationales Steuergeheimnis nach Art. 26 Abs. 2 OECD-MA
    b) Geheimhaltung nach § 4 EG-AHiG
  2. Auskunftsverbote
    a) Doppelbesteuerungsabkommen
    b) § 3 Abs. 1 EG-AHiG

3. Auskunftsverweigerungsrechte
   a) Doppelbesteuerungsabkommen
   b) § 3 Abs. 2 EG-AHiG
VII. Global Forum on Transparency and Exchange of Information for Tax Purposes
VIII. Verfahren der Auskunftserteilung
   1. Zuständigkeit
   2. Anhörung des Betroffenen
      a) Allgemeines
      b) Vermeintliche Zweifel am Recht auf Gehör nach dem Jahressteuergesetz 2013
IX. Rechtsschutz vor dem Finanzgericht
   1. Klageverfahren
   2. Vorläufiger Rechtsschutz
   3. Allgemeines Rechtsschutzinteresse

I. Einleitung

Der *Informationsaustausch* ist ein sehr aktuelles Thema. So wurden in den letzten Jahren viele deutsche DBAs bezüglich des Auskunftsaustauschs geändert, z. B. das DBA-Schweiz. Darüber hinaus gibt es neuere Entwicklungen auf europäischer Ebene: 2011 ist eine neue EG-Amtshilferichtlinie ergangen. Zu ihrer Umsetzung steht auf nationaler Ebene die Inkraftsetzung des EU-AHiG an.

Die Aktualität des Themas geht einher mit seiner wachsenden praktischen Bedeutung. Die Zahl der Auskünfte steigt stetig.[1] Dies liegt zum einen an der Globalisierung der Märkte. Dies liegt zum anderen aber auch daran, dass immer mehr private Bürger heutzutage ihr Vermögen im Ausland anlegen oder sogar ihren beruflichen oder privaten Lebensmittelpunkt dorthin verlagern.[2]

Der Bedarf nach einem wirksamen Auskunftsverkehr zeigt sich dabei angesichts des Spannungsverhältnisses zwischen materieller Universalität des Steueranspruchs und formeller Territorialität der Ermittlungsmöglichkeiten.[3] Nach dem Territorialprinzip haben die Finanzbehörden grundsätzlich keine Ermittlungsmöglichkeiten im Ausland. Die Sachverhaltsermittlung ist auf das Inland begrenzt. Das materielle Steuerrecht ist dagegen grundsätzlich nicht auf das Inland beschränkt. Insoweit gilt bei unbeschränkter Einkommen- oder Körperschaftsteuerpflicht das Welteinkommensprinzip. Dem Auseinanderfallen von materieller Besteuerung und formaler Durchsetzung wird insbesondere durch den internationalen Auskunftsverkehr entgegengewirkt. Dieser ermöglicht Informationsbeschaffungen bei grenzüberschreitenden Sachverhalten.

---

1 Vgl. hierzu *Eilers* in Debatin/Wassermeyer, Doppelbesteuerung, Art. 26 MA Rz. 2; *Engelschalk* in Vogel/Lehner, DBA, 5. Aufl. 2008, Art. 26 OECD-MA Rz. 7.
2 Vgl. Begründung zum Entwurf des EU-Amtshilfegesetzes der Bundesregierung v. 25.5.2012, BR-Drucks. 302/12, S. 65 f., 132.
3 S. hierzu auch *Seer/Gabert*, StuW 2010, 3 (4); *Seer* in Tipke/Kruse, § 117 AO Rz. 4.

Zweck des Auskunftsverkehrs ist also die Gewährleistung einer (möglichst) gesetz- und gleichmäßigen Besteuerung.[4]

Vor diesem Hintergrund steigt auch der internationale Druck, Auskunftsabkommen zu schließen. Insbesondere die großen EU-Mitgliedstaaten und die USA haben den Druck auf so genannte Steueroasen erhöht und auf den Abschluss von Auskunftsabkommen hingewirkt. So hat Deutschland 2009 Auskunftsabkommen abgeschlossen mit der Isle of man, mit Guernsey, den Bermudas, mit Gibraltar und mit Liechtenstein.

Die G20-Staaten haben auf ihrem Gipfel in London am 2.4.2009 vereinbart, eine „Sünderliste" zu veröffentlichen.

Dem internationalen Trend folgend hat der deutsche Gesetzgeber auch einseitig den Druck erhöht. Mit dem Steuerhinterziehungsbekämpfungsgesetz vom 29.7.2009 wurde geregelt, dass der Steuerinländer mit negativen Beweisfolgen zu rechnen hat, wenn er Geschäfte in so genannten nichtkooperativen Staaten tätigt, die abkommensrechtlich nicht den Standard des Auskunftsverkehrs erfüllen.

Nach dem BMF-Schreiben vom 5.1.2010[5] gibt es derzeit keine nicht-kooperativen Staaten.

Im Folgenden sollen die verschiedenen Auskunftsarten beleuchtet und innerhalb jeder Auskunftsart nach den jeweiligen Rechtsgrundlagen differenzieren werden. Dabei gibt es verschiedene Auskunftsarten: solche die von der deutschen Finanzverwaltung erteilt werden (Abschn. II f.) und solche die von der deutschen Finanzverwaltung eingeholt werden (Abschn. IV). Bei den von der deutschen Verwaltung erteilten Auskünfte ist zu unterscheiden zwischen: Auskünften auf Ersuchen ausländischer Finanzbehörden (Abschn. II) und so genannten „Spontanauskünften" (Abschn. III). Darüber hinaus gibt es „automatische Auskünfte" (Abschn. V). Der Auskunftsaustausch ist nicht unbeschränkt möglich. Insoweit sind Grenzen zu beachten (Abschn. VI). Schließlich werden noch die Bedeutung des Global Forum on Transparency and Exchange of Information for Tax Purposes (Abschn. VII), verfahrensrechtliche Fragen (Abschn. VIII) und Fragen zum Rechtsschutz (Abschn. IX) behandelt werden.

---

4 Vgl. *Seer* in Tipke/Kruse, § 117 AO Rz. 6; *Herlinghaus* in FS Herzig, S. 933 (936).
5 BMF, Schreiben v. 5.1.2010 – IV B 2-S 1315/08/10001-09, 2009/0816912, BStBl. I 2010, 19.

II. Gewährung von Auskünften durch die deutsche Finanzverwaltung: Beantwortung von Auskunftsersuchen ausländischer Finanzbehörden

Zu den wesentlichen Rechtsgrundlagen für die Auskunftsgewährung auf Ersuchen ausländischer Finanzbehörden gehören § 117 Abs. 2 AO und die Auskunftsklauseln nach den DBA. Eine weitere wichtige Rechtsgrundlage ergibt sich aus dem EG-AHiG, das demnächst durch das EU-AHiG ersetzt werden soll. Schließlich ist noch die EG-Zusammenarbeits-VO zu nennen.

1. § 117 Abs. 2 AO

Nach § 117 Abs. 2 AO können die Finanzbehörden *zwischenstaatliche Rechts- und Amtshilfe* aufgrund der dort genannten speziellen Rechtsgrundlagen gewähren. Diese speziellen Rechtsgrundlagen sind völkerrechtliche Vereinbarungen, Rechtsakte der EG und das EG-AHiG. Aufgrund des Verweises hierauf ergeben sich die wesentlichen Voraussetzungen der Auskunftsgewährung aus diesen speziellen Rechtsgrundlagen und nicht aus § 117 Abs. 2 AO.

§ 117 Abs. 2 AO ist eine Norm, die nicht die Besteuerung im Inland betrifft, sondern vielmehr die zutreffende Besteuerung im Ausland. § 117 Abs. 2 AO dient damit nicht der Durchführung eines inländischen Verfahrens in Steuersachen, sondern einem ausländischen Verfahren. Hierdurch wird in grundrechtliche Schutzbereiche des betroffenen inländischen Steuerpflichtigen eingegriffen, um die Besteuerungsrechte eines anderen Staates zu unterstützen.[6] Diesem Konflikt wird dadurch Rechnung getragen, dass die Auskunftserteilung nur unter bestimmten Voraussetzungen zulässig ist. Außerdem darf nicht verkannt werden, dass mittelbar auch inländische Steuerinteressen betroffen sind. Denn die deutsche Finanzverwaltung kann im Gegenzug auf entsprechende Auskünfte aus dem Ausland hoffen.[7]

Es stellt sich die Frage, ob die Auskunftserteilung nicht die Wahrung des *Steuergeheimnisses* nach § 30 Abs. 1 AO verletzt. Indes ist die Auskunftserteilung von der ausnahmsweisen Befugnis zur Offenbarung von Steuerdaten nach § 30 Abs. 4 Nr. 2 AO gedeckt. Hiernach ist die Offenbarung zulässig, wenn ein Gesetz dies erlaubt.

2. Doppelbesteuerungsabkommen (Art. 26 Abs. 1 OECD-MA)

Die Doppelbesteuerungsabkommen enthalten regelmäßig auch eine Vereinbarung über die Auskunftserteilung. An dieser Stelle kann lediglich Art. 26

---

6 Vgl. hierzu *Schaumburg*, Internationales Steuerrecht, 3. Aufl. 2011, Rz. 19.71.
7 *Schaumburg*, Internationales Steuerrecht (Fn. 6), Rz. 19.71.

Abs. 1 OECD-MA berücksichtigt werden, an dem sich viele DBA orientieren.

a) Allgemeines

Nach Art. 26 Abs. 1 OECD-MA können die zuständigen Behörden der Vertragsstaaten die Informationen austauschen, die zur Durchführung des Abkommens oder zur Durchführung der jeweils nationalen Besteuerung „*voraussichtlich erheblich*" sind.

Art. 26 OECD-MA ist insoweit auch in praktischer Hinsicht von besonderem Interesse, als jüngst der OECD-MK hierzu nicht unwesentlich geändert wurde (s. hierzu Abschn. II 2. f).

b) Prinzip der Gegenseitigkeit des Informationsaustauschs

Grundvoraussetzung für den Auskunftsverkehr zwischen den Vertragsstaaten ist die Gegenseitigkeit des Informationsaustauschs.

Gegenseitigkeit besteht, wenn sich beide Vertragsstaaten Auskünfte unter vergleichbaren Umständen und in vergleichbarem Umfang erteilen.[8] Die Gegenseitigkeit wird nicht schon dadurch verletzt, dass die Zahl der erteilten und empfangenen Auskünfte in Bezug auf einen bestimmten Staat nicht ausgewogen ist.[9] Es kommt nur darauf an, dass der Auskunftsverkehr weder quantitativ noch qualitativ zur „Einbahnstraße" wird.[10] Das Prinzip der Gegenseitigkeit dient Verwaltungsinteressen. Es soll dem Interesse des Staates dienen, von dem anderen Staat auch Informationen für die Besteuerung der eigenen Steuerpflichtigen zu erlangen. Der einzelne Steuerpflichtige kann deshalb aus dem Gegenseitigkeitsprinzip keine subjektiven Rechte geltend machen.[11] Eine wegen Verletzung des Gegenseitigkeitsprinzips erhobene Unterlassungsklage gegen die Auskunft wäre mangels Beschwer unzulässig.

c) Umfang der Auskunftserteilung nach Art. 26 Abs. 1 OECD-MA

Bezüglich des Umfangs der Auskunftserteilung nach DBA wird differenziert zwischen „großen" und „kleinen" Auskunftsklauseln.[12]

---

8 *Schaumburg*, Internationales Steuerrecht (Fn. 6), Rz. 19.98.
9 *Seer* in Tipke/Kruse, § 117 AO Rz. 50.
10 *Schaumburg*, Internationales Steuerrecht (Fn. 6), Rz. 19.98.
11 Vgl. *Herlinghaus* in FS Herzig, S. 933 (941); wohl auch *Hendricks*, Internationale Informationshilfe im Steuerverfahren, 2004, S. 172 f.; a. A. evtl. *Brenner*, FR 1989, 236 (240); offengelassen in BFH, Beschluss v. 13.1.2006 – I B 35/05, BFH/NV 2006, 922.
12 Wegen einer Übersicht über die von Deutschland geschlossenen Auskunftsklauseln s. *Seer* in Tipke/Kruse, § 117 AO Rz. 22 ff.; *Engelschalk* in Vogel/Lehner (Fn. 1), Art. 26 OECD-MA Rz. 58 ff.

- Art. 26 Abs. 1 OECD-MA enthält eine so genannte *„große Auskunftsklausel"*: Hiernach ist der Informationsaustausch zur Durchführung des DBA und des innerstaatlichen Rechts der Vertragsstaaten möglich.
- Viele DBA enthalten nur eine so genannte *„kleine Auskunftsklausel"*: Demgemäß ist der Informationsaustausch nur zur Durchführung des DBAs zulässig. Dabei dient die Auskunft der Durchführung des Abkommens, wenn sich die Rechtslage nach dem Abkommen anders darstellt als ohne das Abkommen.[13] Wichtig ist, dass sich diese Auswirkungen konkret und bezogen auf den Streitfall ergeben müssen. Eine potenzielle Auswirkung – z. B. aufgrund der Tatsache, dass das innerstaatliche Recht eine ihm nach dem Abkommen zustehende Befugnis zur Besteuerung nicht oder nicht vollständig nutzt – reicht nicht aus.[14]

Die Unterscheidung zwischen „großer" und „kleiner" Auskunftsklausel wirkt sich in zweifacher Hinsicht aus.

Zum einen hat die Differenzierung Folgen für die Steuerarten, die von dem Auskunftsverkehr betroffen sein können. Bei einer „großen" Auskunftsklausel kann die Auskunft zu sämtlichen Steuerarten gegeben werden. Bei der „kleinen" Auskunftsklausel darf die Auskunft nur für die unter das jeweilige DBA fallenden Steuern erteilt werden.

Zum anderen entstehen aus der Differenzierung aber auch Folgewirkungen für die inhaltliche Reichweite der Auskunft. Bei einer „kleinen Auskunftsklausel" muss die Auskunft für die Anwendung der Verteilungsnormen des betreffenden DBA relevant sein. Also je nachdem, wie die Auskunft ausfällt, muss die Rechtsfolge nach dem DBA eine jeweils andere sein.

d) „Erforderlichkeit" bzw. „voraussichtliche Erheblichkeit" der Auskunft"

Eine der Kernvoraussetzungen des Art. 26 Abs. 1 OECD-MA ist, dass die Auskunft „erforderlich" bzw. „voraussichtlich erheblich" sein muss. Hierbei handelt es sich um eine Voraussetzung, um die in der Praxis häufig gestritten wird. Wird einem Rechtsschutzbegehren stattgegeben, kommt es nicht selten vor, dass dies auf der mangelnden Erforderlichkeit oder voraussichtlichen Erheblichkeit beruht.

aa) Änderung des Art. 26 Abs. 1 OECD-MA in 2005

Art. 26 Abs. 1 OECD-MA forderte bis 2005, dass die Auskunft „erforderlich" ist. Ab 2005 verlangt die Regelung, dass die ausgetauschten Informa-

---

13 *Seer* in Tipke/Kruse, § 117 AO Rz. 20; *Engelschalk* in Vogel/Lehner (Fn. 1), Art. 26 OECD-MA Rz. 48.
14 *Herlinghaus* in FS Herzig, S. 933 (942 f.); *Engelschalk* in Vogel/Lehner (Fn. 1), Art. 26 OECD-MA Rz. 48.

tionen für die Durchführung des Abkommens oder das innerstaatliche Recht des Empfängerstaats der Auskunft „voraussichtlich erheblich" sind.

bb) Rechtsfolgen der Änderung

Es stellt sich die Frage, ob sich hierdurch eine Ausdehnung des Informationsaustauschs ergibt. Nach dem OECD-Musterkommentar sollte die Wirkung der Regelung nicht verändert werden.[15] Das Kriterium der voraussichtlichen Erheblichkeit der Auskunft soll lediglich besser zum Ausdruck bringen, dass der ersuchte Staat regelmäßig nicht in der Lage sein wird, die tatsächliche Bedeutung der Information für das Besteuerungsverfahren im Empfangsstaat zu beurteilen.[16] Ein rechtlicher Unterschied gegenüber der Fassung des Art. 26 Abs. 1 OECD-MA a.F. soll aber nicht vorliegen.[17]

Die neueren deutschen Abkommen der letzten Jahre enthalten durchweg die neue Begriffsbestimmung der „voraussichtlichen Erheblichkeit" der Auskunft für die Besteuerung im Empfängerstaat der Auskunft.

cc) Voraussetzungen der „Erforderlichkeit" bzw. „voraussichtlichen Erheblichkeit" bei Auskünften auf Ersuchen

Es erscheint fraglich, unter welchen Voraussetzungen Auskünfte „erforderlich" bzw. „voraussichtlich erheblich" sind. In der Praxis wenden Steuerpflichtige bisweilen ein, dass die Finanzverwaltung den Nachweis erbringen müsse, dass ein ausländischer Steueranspruch konkret gefährdet sei. Dieser Einwand geht indes zu weit. Denn er würde es u.a. erforderlich machen, dass die Finanzverwaltung umfangreiche Feststellungen zum ausländischen Recht treffen müsste. Dies würde den Auskunftsverkehr unpraktikabel machen.[18]

Die um Auskunft ersuchte Behörde muss deshalb nicht den genauen Inhalt des ausländischen Rechts ermitteln. Es genügt eine *„Schlüssigkeitsprüfung"*.

Deshalb ist eine Auskunftserteilung schon dann *„erforderlich"*, wenn die ernstliche Möglichkeit besteht, dass der andere Vertragsstaat abkommensrechtlich ein Besteuerungsrecht hat und ohne die Auskunft von dem Gegenstand dieses Besteuerungsrechts keine Kenntnis erlangt.[19]

---

15 Art. 26 Abschn. 4.1 OECD-MK.
16 Vgl. *Engelschalk* in Vogel/Lehner (Fn. 1), Art. 26 OECD-MA Rz. 34; *Herlinghaus* in FS Herzig, S. 933 (946).
17 *Engelschalk* in Vogel/Lehner (Fn. 1), Art. 26 OECD-MA Rz. 34.
18 BFH, Beschluss v. 10.5.2005 – I B 218/04, BFH/NV 2005, 1503; *Gosch*, BFH-PR 2005, 388 (389).
19 BFH, Beschluss v. 10.5.2005 – I B 218/04, BFH/NV 2005, 1503; v. 13.1.2006 – I B 35/05, BFH/NV 2006, 922; v. 17.9.2007 – I B 30/07, BFH/NV 2008, 51 (jeweils im Zusammenhang mit einer Spontanauskunft); *Hendricks*, IStR 2008, 31 (33 f.); vgl. *Seer* in Tipke/Kruse, § 117 AO Rz. 18.

Dabei müssen die Auskünfte vom ersuchenden Staat auch nach *Ausschöpfung eigener Auskunftsquellen* nicht erreichbar sein.[20] Folglich ist die Auskunftserteilung nicht schon dann legitimiert, wenn das entsprechende Ersuchen aus der Sicht des ersuchenden Staates effektiver oder einfacher ist als innerstaatliche Mittel.[21]

e) Informationsbeschaffung auch bei mangelndem eigenem steuerlichen Interesse

Art. 26 Abs. 4 OECD-MA stellt klar:
– Der ersuchte Staat muss die nach seinem nationalen Recht bestehenden Möglichkeiten der Informationsbeschaffung grundsätzlich ausschöpfen,[22]
– auch wenn er selbst kein eigenes steuerliches Interesse an den zu beschaffenden Informationen hat.

Diese Klarstellung ist auch in den neueren deutschen DBAs bereits enthalten, bzw. in älteren DBAs ergänzt worden, z. B. *DBA-Luxemburg*.

f) Zulässigkeit von Gruppenanfragen

Neu im Zusammenhang mit Art. 26 OECD-MA ist, dass nunmehr auch Gruppenanfragen zulässig sind.

Der OECD-Rat hat am 17.6.2012 die Neukommentierung von Art. 26 OECD-MA genehmigt und Gruppenanfragen zum Standard erklärt.

Damit muss Auskunft nicht nur im Einzelfall gewährt werden, sondern auch für Gruppen von Steuerpflichtigen. Bei Gruppengesuchen müssen die betroffenen Personen durch spezifische Suchkriterien identifiziert werden. Allerdings bleiben so genannte *„Fishing Expeditions"*, also Gesuche ohne konkrete Anhaltspunkte, weiterhin ausdrücklich verboten.

Hervorzuheben ist, dass auch die Schweiz dieser Änderung des Musterkommentars zugestimmt hat.[23]

Es bleibt abzuwarten, wie diese Öffnung des Auskunftsverkehrs in der Praxis genutzt werden wird. In der Praxis wird zu klären sein, welche konkreten *Verhaltensmuster* als geeignet angesehen werden, um bestimmte Auskunftsersuchen zu stellen. Das BMF vertritt hierzu die Auffassung, dass bei Gruppenanfragen die Identifizierung des betroffenen Steuerpflich-

---

20 *Schaumburg*, Internationales Steuerrecht (Fn. 6), Rz. 19.97; *Eilers* in Debatin/Wassermeyer (Fn. 1), Art. 26 MA Rz. 26.
21 *Schaumburg*, Internationales Steuerrecht (Fn. 6), Rz. 19.97.
22 S. hierzu *Seer* in Tipke/Kruse, § 117 AO Rz. 50.
23 Zu den Gruppenanfragen im Verhältnis zur Schweiz s. im Einzelnen *Koblenzer/Günther*, IStR 2012, 872.

tigen dadurch möglich ist, dass er ein bestimmtes Verhaltensmuster verwirklicht. Dieses Verhaltensmuster kann z. B. – so das BMF – beim Erwerb von Anlageinstrumenten der Fall sein, die erfahrungsgemäß für Zwecke der Steuerhinterziehung oder -umgehung bzw. zur Erlangung ungerechtfertigter Steuervorteile eingesetzt werden.[24]

Folglich könnte zukünftig ein bestimmtes Tatmuster einzelner *Banken*, die etwa gezielt Produkte zur Steuerhinterziehung erfinden, ausreichen, damit Auskunft erteilt werden muss. Die Identität der Bankkunden wäre dazu nicht Voraussetzung.

Damit könnten die Auskunftsersuchen in die Nähe von *Fishing Expeditions* rücken. Fraglich ist, ob eine Abgrenzung in der Praxis immer möglich sein wird.[25] Die OECD hat dieses Problem auch gesehen und fordert deshalb in der geänderten OECD-Musterkommentierung[26], dass der anfragende Staat eine detaillierte Beschreibung der abgefragten Gruppe geben muss. Außerdem muss er die der Abfrage zugrunde liegenden Umständen einschließlich der gesetzlichen Rahmenbedingungen erläutern und darstellen, warum der Verdacht besteht, dass die abgefragte Gruppe von Steuerpflichtigen nicht gesetzeskonform gehandelt hat.

Von besonderem Interesse ist in diesem Zusammenhang die Frage, welche Doppelbesteuerungsabkommen von der Neuregelung betroffen sind. Die Frage stellt sich insoweit, als es sich um die *Aktualisierung einer bestehenden Kommentierung* handelt.[27] Deshalb erscheint es fraglich, ob sie nur für neue Doppelbesteuerungsabkommen oder auch für bestehende Doppelbesteuerungsabkommen gilt, wie z. B. das kürzlich revidierte *DBA mit der Schweiz*.[28] Das BMF vertritt hierzu die Auffassung, dass die *Präzisierung des OECD-Standards* bei der Auslegung aller DBA zu berücksichtigen ist, in denen dieser OECD-Standard vereinbart worden ist.[29] Ob sich diese Auffassung halten lässt, wird sich zeigen müssen. Der BFH hat jedenfalls in jüngerer Zeit entschieden, dass die OECD-Musterkommentierung aus dem Jahre 2008 nicht auf das DBA-Großbritannien anzuwenden ist, weil dieses aus den Jahren 1964/1970 stammt.[30]

---

24 BMF, Antwort v. 23.7.2012 auf Fragen von MdB *Richard*, IV B 6 - S 1301/07/10006.
25 Vorschlag einer Abgrenzung s. *Steichen/Böing*, IStR 2012, 104 (106); vgl. auch *Czakert*, IStR 2010, 567 (568).
26 S. Art. 26 OECD-MK, Rz. 5.1.
27 S. hierzu *Engelschalk* in Vogel/Lehner (Fn. 1), Einl. Rz. 127 ff.; *Lampert*, IStR 2012, 513.
28 Verneinend *Holenstein*, IWB 2012, 17 (21) insbesondere zum DBA-Schweiz; differenzierend *Lampe*, IStR 2012, 513.
29 Antwort des BMF v. 6.7.2012 auf die entsprechende Nachfrage von MdB *Dr. Barbara Höll*, BT-Drucks. 17/10305.
30 BFH, Urteil v. 9.2.2011 – I R 54, 55/10, I R 54/10, I R 55/10, BStBl. II 2012, 106 = BFHE 232, 476.

3. Auskunftserteilung nach EG-Amtshilfegesetz (EG-AHiG)

a) Allgemeines

Nach § 2 Abs. 1 EG-AHiG erteilen die Finanzbehörden bestimmte Auskünfte, wenn die zuständige Finanzbehörde eines Mitgliedstaats im Einzelfall darum ersucht.

Das *EG-AHiG* basiert auf *der EG-Amtshilfe-Richtlinie* (Richtline 77/799/ EWG des Rates vom 19.12.1977 über die gegenseitige Amtshilfe zwischen den zuständigen Behörden der Mitgliedstaaten im Bereich der direkten Steuern).

Auch hier gibt es aktuelle Entwicklungen. 2011 wurde eine neue EU-Amtshilferichtlinie (Richtlinie 2011/16/EU des Rates vom 15.2.2011)[31] erlassen. Die Richtlinie sollte in Deutschland mit dem Jahressteuergesetz 2013 umgesetzt werden. Dieses ist jedoch gescheitert. Nunmehr liegt ein Entwurf für ein Gesetz zur Umsetzung der Amtshilferichtlinie vor.[32] Der Bundestag hat den Gesetzentwurf am 28.2.2013 angenommen. Das Gesetz muss noch vom Bundesrat bestätigt werden. Allerdings befindet es sich derzeit im Vermittlungsverfahren. Mit dem Gesetz soll das EG-AHiG durch das EU-Amtshilfegesetz (EU-AHiG-E) ersetzt werden.[33]

Die neue Amtshilferichtlinie will die Zusammenarbeit zwischen den nationalen Steuerbehörden der Mitgliedstaaten in der Europäischen Union bei grenzüberschreitenden Aktivitäten verbessern. Die hiermit bezweckte *Verbesserung des Informationsaustauschs* soll insbesondere durch folgende Neuerungen erreicht werden:

- Ausdehnung des Anwendungsbereiches;
- Einrichtung eines zentralen Verbindungsbüros in jedem Mitgliedstaat;
- Festlegung verbindlicher Übermittlungsfristen;
- Implementierung des OECD-Standards.

Mit der Implementierung des *OECD-Standards* verpflichten sich die Mitgliedstaaten der Europäischen Union, sich auf Ersuchen alle für ein Besteuerungsverfahren oder für ein Steuerstrafverfahren erforderlichen Informationen gegenseitig zukommen zu lassen. Künftig soll Amtshilfe in Steuersachen nicht mehr mit der Begründung abgelehnt werden können, dass der übermittelnde Mitgliedstaat kein eigenes Interesse an der Informationsweitergabe hat. Auch in Fällen, in denen sich relevante Steuerinformationen bei einer *Bank*, einem Finanzinstitut, einem Bevollmächtigten, Vertre-

---

31 ABl. L 64 v. 11.3.2011, S. 1
32 BT-Drucks. 17/12375 v. 19.2.2013.
33 Hier und im Folgenden: gemäß Gesetzesbeschluss des Deutschen Bundestages vom 28.2.2013, der auf dem Gesetzesentwurf vom 19.2.2013 (BT-Drucks. 17/12375) beruht.

ter oder Treuhänder befinden, kann künftig nicht mehr eine Informationsweiterleitung auf Anfrage verweigert werden.[34]

b) Anwendungsbereich (§ 1 Abs. 1 EG-AHiG)

Der Anwendungsbereich ist in § 1 Abs. 1 EG-AHiG wie folgt aufzählend festgelegt:

– Festsetzung der Steuern vom Einkommen, Ertrag und Vermögen (direkte Steuern),
– Festsetzung und Erhebung der Steuern auf Versicherungsprämien.

Nicht erfasst sind:

– Erhebung, Vollstreckung, Steuerstraf- und Steuerordnungswidrigkeitenverfahren;
– Umsatzsteuer und Verbrauchsteuern (Zusammenarbeits-VO).

Der Anwendungsbereich ist in § 1 EU-AHiG-E indes erweitert worden.[35] Er stellt abstrakt auf Steuern aller Art ab. Der Anwendungsbereich erstreckt sich damit beispielsweise auch auf die Erbschaft- und Schenkungsteuer. In § 1 Abs. 2 EU-AHiG-E sind die Fälle aufgelistet, in denen das EU-AHiG-E nicht anzuwenden ist:

– die Umsatzsteuer, einschließlich der Einfuhrumsatzsteuer,
– Zölle,
– harmonisierte Verbrauchsteuern.

c) „Erheblichkeit der Auskünfte", § 1 Abs. 2 EG-AHiG

Nach § 1 Abs. 2 Satz 1 EG-AHiG erteilen die Finanzbehörden unter bestimmten Voraussetzungen der zuständigen Finanzbehörde eines anderen Mitgliedstaates Auskünfte, die für die zutreffende Steuerfestsetzung dort „erheblich sein können".

„Erheblich sein können" bedeutet, dass die Auskünfte für die richtige Steuerfestsetzung im Empfängerstaat relevant sein können.[36] Hierfür reicht es aus, dass die um Auskunft ersuchende Steuerbehörde schlüssig darlegt, weshalb die erbetene Auskunft nach dem Steuerrecht des Empfängerstaates für eine Steuerfestsetzung erheblich sein könnte. Nicht erforderlich ist demgegenüber, dass die um Auskunft ersuchte Behörde vor der Auskunftserteilung zunächst den genauen Inhalt des ausländischen Steuerrechts ermittelt und die Auskunftserteilung vom Ergebnis dieser Ermittlung abhän-

---

34 Vgl. Begründung zum Entwurf des EU-Amtshilfegesetzes (Fn. 2), S. 65 f.
35 S. hierzu auch Begründung zum Entwurf des EU-Amtshilfegesetzes (Fn. 2), S. 67.
36 FG Köln, Beschluss v. 3.5.2010 – 2 V 902/10, n. v.

gig macht.³⁷ Denn diese Prüfungspflicht würde das Auskunftsverfahren unpraktikabel machen und kann deshalb nicht richtig sein.³⁸ Das inländische Finanzamt muss insoweit also lediglich eine *Schlüssigkeitsprüfung* durchführen.

Der Entwurf des EU-AHiG sieht hingegen in § 4 Abs. 1 Satz 1 vor, dass die zuständige Finanzbehörde auf Ersuchen alle Antworten erteilt, die für die Festsetzung von Steuern nach § 1 *„voraussichtlich erheblich"* sind. Dazu sollten auch die notwendigen Ermittlungen durchgeführt werden, um die betreffenden Informationen zu beschaffen.³⁹

Mit dem *OECD-Standard* der *„voraussichtlichen Erheblichkeit"* soll gewährleistet werden, dass ein Informationsaustausch in Steuerangelegenheiten im größtmöglichen Umfang stattfindet. Zugleich soll klargestellt werden, dass es den Mitgliedstaaten nicht gestattet ist, sich an Beweisausforschungen (*„Fishing Expeditions"*) zu beteiligen oder um Informationen zu ersuchen, bei denen es unwahrscheinlich ist, dass sie für die Steuerangelegenheiten eines bestimmten Steuerpflichtigen erheblich sind.⁴⁰ Es stellt sich auch hier die Frage, ob sich dadurch eine Ausweitung des Informationsaustauschs ergeben kann.

d) Verbindliche Frist zur Erteilung der Informationen

Eine weitere wesentliche Neuerung des EU-AHiG-E besteht darin, dass in § 5 Abs. 1 Satz 1 eine verbindliche *Frist* zur Erteilung der Auskünfte vorgesehen ist. Hiernach sind die Informationen unverzüglich, spätestens jedoch sechs Monate ab Erhalt des Ersuchens zu übermitteln.

In den Fällen, in denen die Finanzbehörde bereits im Besitz der entsprechenden Informationen ist, verkürzt sich diese Frist auf zwei Monate (§ 5 Abs. 1 Satz 2 EU-AHiG-E). In besonders gelagerten Fällen können das zentrale Verbindungsbüro und der andere Mitgliedstaat abweichende Fristen vereinbaren (§ 5 Abs. 1 Satz 3 EU-AHiG-E). Die Festlegung einer maximalen Übermittlungsdauer ist eine der wesentlichen Neuerungen der Amtshilferichtlinie und soll zu einem beschleunigten und effizienten Informationsaustausch unter den Mitgliedstaaten führen. Letztlich führt eine

---

37 FG Köln, Beschluss v. 3.5.2010 – 2 V 902/10, n. v.; s. a. *Stahlschmidt/Laws*, Handbuch des Auskunftsverkehrs in Steuersachen, 2009, S. 119.
38 FG Köln, Beschluss v. 3.5.2010 – 2 V 902/10, n. v.; s. a. FG Köln, Urteil v. 23.8.2007 – 2 K 3911/06, EFG 2009, 80 und BFH, Beschluss v. 10.5.2005 – I B 218/04, BFH/NV 2005, 1503 zu entsprechenden Überlegungen bei einer Spontanauskunft aufgrund des DBA-USA.
39 Begründung zum Entwurf des EU-Amtshilfegesetzes (Fn. 2), S. 66 f.
40 Begründung zum Entwurf des EU-Amtshilfegesetzes (Fn. 2), S. 66 f.

schnellere Erledigung der Ersuchen auch zu einer schnelleren Rechtssicherheit.[41]

4. EG-Zusammenarbeits-VO

Die Auskunftserteilung durch deutsche Finanzbehörden auf Ersuchen ist auch Gegenstand der EG-Zusammenarbeits-VO. Dabei wurden die ursprünglichen Verordnungen aus 2003[42] und 2004[43] zwischenzeitlich durch neue Verordnungen aus 2010[44] bzw. 2012[45] ersetzt.

Die Zusammenarbeits-VO regeln den Informationsaustausch im Bereich der Umsatzsteuer bzw. im Bereich der Verbrauchsteuern. In beiden Verordnungen ist die Auskunftserteilung auf Ersuchen ausdrücklich vorgesehen (Art. 7 EG-ZVO USt; Art. 8 EG-ZVO VerbrSt).

Beide EG-Verordnungen haben unmittelbare Geltung in den Mitgliedstaaten. Sie bedürfen keiner Umsetzung in nationales Recht. Beide Verordnungen enthalten diesbezüglich vergleichbare Regelungen.

III. Gewährung von Auskünften durch die deutsche Finanzverwaltung „Spontanauskünfte"

Die zweite Variante der Gewährung von Auskünften durch die deutsche Finanzverwaltung betrifft die Erteilung von „Spontanauskünften", also „internationale Kontrollmitteilungen".

1. § 117 Abs. 2 AO

Als Rechtsgrundlage kommt auch hier § 117 Abs. 2 AO in Betracht. Dies wird daraus gefolgert, dass § 117 Abs. 2 AO Spontanauskünfte nicht verbietet.

Entscheidend für die Zulässigkeit von Spontanauskünften nach § 117 Abs. 2 AO ist letztlich, ob die speziellen Rechtsgrundlagen, auf die § 117 Abs. 2 AO verweist, Spontanauskünfte zulassen.

---

41 Begründung zum Entwurf des EU-Amtshilfegesetzes (Fn. 2), S. 71.
42 Verordnung (EG) Nr. 1798/2003 des Rates v. 7.10.2003 über die Zusammenarbeit der Verwaltungsbehörden auf dem Gebiet der Mehrwertsteuer.
43 Verordnung (EG) Nr. 2073/2004 des Rates v. 16.11.2004 über die Zusammenarbeit der Verwaltungsbehörden auf dem Gebiet der Verbrauchsteuern.
44 Verordnung (EU) Nr. 904/2010 des Rates v. 7.10.2010 über die Zusammenarbeit der Verwaltungsbehörden und die Betrugsbekämpfung auf dem Gebiet der Mehrwertsteuer.
45 Verordnung (EU) Nr. 389/2012 des Rates v. 2.5.2012 über die Zusammenarbeit der Verwaltungsbehörden auf dem Gebiet der Verbrauchsteuern.

2. Doppelbesteuerungsabkommen (Art. 26 Abs. 1 OECD-MA)

a) Allgemeines

Spontanauskünfte sind zulässig, wenn der Wortlaut des konkreten Doppelbesteuerungsabkommens – wie in der Praxis regelmäßig üblich[46] – nicht ausdrücklich ein Ersuchen voraussetzt.[47]

b) „Erforderlichkeit" bzw. „voraussichtliche Erheblichkeit" der Auskunft"

Eine Spontanauskunft ist nach Art. 26 Abs. 1 OECD-MA zulässig, wenn sie „erforderlich" bzw. „voraussichtlich erheblich" ist.

Die „voraussichtliche Erheblichkeit" der mitgeteilten Informationen ist bei Spontanauskünften oftmals besonders problematisch, weil es hier an einer Erläuterung des ersuchenden Staats mangelt. Insoweit reicht aber auch hier eine *Prognoseentscheidung* des die Spontanauskunft erteilenden Staates aus.

In der Praxis wenden Steuerpflichtige bisweilen ein, dass der ausländische Staat sein Besteuerungsrecht bereits kennen würde, z. B. weil eine Steuererklärung eingereicht worden sei. In diesen Fällen ist es in der Praxis schwierig, zu überprüfen, ob der streitige Sachverhalt tatsächlich in der ausländischen Steuererklärung berücksichtigt wurde. In diesen Fällen reicht es aus, wenn die ausländische Finanzverwaltung aufgrund rudimentärer Sachverhaltskenntnisse die Möglichkeit zur weiteren Sachverhaltsermittlung und zur Wahrnehmung ihres Steueranspruchs hat. Auf den Festsetzungserfolg kommt es hingegen nicht an.[48]

Bei Spontanauskünften ohne Ersuchen besteht keine Auskunftsverpflichtung. Sie stehen im Ermessen des die Spontanauskunft erteilenden Vertragsstaats.

3. EG-AHiG

a) Allgemeines

Nach § 2 Abs. 2 Satz 1 EG-AHiG können die Finanzbehörden den Finanzbehörden eines anderen Mitgliedstaates bestimmte Auskünfte ohne Ersuchen erteilen, die für die zutreffende Besteuerung eines Steuerpflichtigen im anderen Mitgliedstaat „*geeignet*" sein können".

---

46 Ausnahmen hiervon s. *Engelschalk* in Vogel/Lehner (Fn. 1), Art. 26 OECD-MA, Rz. 39 f., 58.
47 BFH, Beschluss v. 13.1.2006 – I B 35/05, BFH/NV 2006, 922; BFH, Urteil v. 29.4.2008 – I R 79/07, BFH/NV 2008, 1807; *Seer* in Tipke/Kruse, § 117 AO Rz. 17.
48 BFH, Beschluss v. 17.9.2007 – I B 30/07, BFH/NV 2008, 51; vgl. Herlinghaus in FS Herzig, S. 933 (945); a. A. *Höppner* in Gosch/Kroppen/Grotherr, DBA-Kommentar, Art. 26 OECD-MA Rz. 180.

In § 2 Abs. 2 Satz 2 EG-AHiG folgt eine Auflistung von Konstellationen, in denen die Auskünfte erteilt werden „sollen" (also nicht nur „können"). Hierzu gehört u. a. der Fall, dass Gründe für die Vermutung bestehen, dass im anderen EU-Staat eine Steuerverkürzung – also auch Steuerhinterziehung – verübt wurde (§ 2 Abs. 2 Satz 2 Nr. 1 EG-AHiG). Zur Erfüllung der aufgelisteten Konstellationen reicht eine Vermutung der Finanzbehörde nach allgemeinen Erfahrungen aus.[49] Es reicht es aus, wenn das Verhalten des Steuerpflichtigen nach der allgemeinen Lebenserfahrung den Schluss erlaubt, er wolle verhindern, dass die zuständigen Finanzbehörden Kenntnis von einem steuerlich relevanten Sachverhalt erlangen.[50] Gibt es für eine solche Vermutung indes keine Anhaltspunkte, ist die Auskunftserteilung hiernach ausgeschlossen. Allerdings ist zu beachten, dass in Ermangelung eines *Vermutungstatbestandes* eine Spontanauskunft nach § 2 Abs. 2 Satz 1 EG-AHiG in Betracht kommt, wenn die Auskunft für die Besteuerung „geeignet sein" kann.

Im Entwurf des *EU-AHiG* ist die Spontanauskunft in § 8 geregelt. Hiernach kann die Finanzbehörde ohne Ersuchen alle Informationen weiterleiten, die für die anderen Mitgliedstaaten *„von Nutzen sein können"*.

Es stellt sich die Frage, ob durch die neue Formulierung „von Nutzen sein können" die Voraussetzungen der Spontanauskunft herabgesetzt werden sollen. Hierfür könnte die Begründung zum Gesetzesentwurf sprechen. Hiernach soll durch § 8 Abs. 1 der spontane Informationsaustausch zwischen den Mitgliedstaaten verstärkt und gefördert werden.[51] In § 8 Abs. 2 EU-AHiG-E werden die Konstellationen aufgelistet, in denen die Informationen „zu übermitteln sind".

Eine Neuerung des EU-AHiG-E besteht darin, dass gemäß § 8 Abs. 3 EU-AHiG-E eine *Übermittlungsfrist* vorgesehen ist. Die Spontanauskunft ist „unverzüglich", „spätestens jedoch einen Monat nachdem die Informationen verfügbar geworden sind", zu übermitteln.

b) Konkurrenzverhältnis zu Art. 26 OECD-MA

Der EuGH hat im Zusammenhang mit der *EG-Amtshilfe-Richtlinie*[52] entschieden, dass eine Spontanauskunft zu erteilen ist, wenn der Mitgliedstaat Gründe für die Vermutung hat, dass ohne die Auskunft im anderen Mit-

---

49 *Schaumburg*, Internationales Steuerrecht (Fn. 6), Rz. 19.117.
50 BFH, Beschluss v. 17.5.1995 – I B 118/94, BStBl. II 1995, 497; BMF, Merkblatt zur zwischenstaatlichen Amtshilfe durch Informationsaustausch in Steuersachen v. 25.5.2012 – IV B 6-S 1320/07/10004:006, 2012/0223372, BStBl. I 2012, 599, Abschn. 6.1.1.
51 Begründung zum Entwurf des EU-Amtshilfegesetzes (Fn. 2), S. 74.
52 77/799/EWG.

gliedstaat Steuern verkürzt werden.⁵³ Es fragt sich, wie sich dies auf das Verhältnis zu Art. 26 OECD-MA auswirkt. Es dürfte zu befürworten sein, dass Art. 26 OECD-MA hiervon unberührt bleibt. Denn Art. 26 OECD-MA verpflichtet die Vertragsstaaten – im Gegensatz zur EG-Amtshilfe-Richtlinie – nicht zur Auskunftserteilung. Ihnen wird lediglich die Möglichkeit der Auskunftserteilung gewährt.⁵⁴

4. EG-Zusammenarbeits-VO

Spontanauskünfte durch deutsche Finanzbehörden sind im Bereich der Umsatzsteuer bzw. Verbrauchsteuern auch auf der Grundlage der EG-Zusammenarbeits-VO (Art. 13 EG-ZVO USt; Art. 16 EG-ZVO VerbrSt) möglich (zu den Verordnungen s. oben Abschn. II 4.).

IV. Inanspruchnahme von Auskünften durch die deutsche Finanzverwaltung

Auskünfte können durch die deutschen Finanzbehörden nicht nur erteilt, sondern auch eingeholt werden.

1. § 117 Abs. 1 AO

Als Rechtsgrundlage dient insoweit u.a. § 117 Abs. 1 AO. Hiernach können die Finanzbehörden zwischenstaatliche Rechts- und Amtshilfe nach Maßgabe des deutschen Rechts in Anspruch nehmen. Hierbei handelt es sich also um eine Ermessensentscheidung.

a) „Nach Maßgabe des deutschen Rechts"

Nach h. M. ist aufgrund des Tatbestandsmerkmals „nach Maßgabe des deutschen Rechts" keine spezielle Rechtsgrundlage erforderlich. Die Inanspruchnahme ausländischer Amtshilfe im Wege eines Auskunftsersuchens bedarf also keiner weiteren besonderen innerstaatlichen Rechtsgrundlage.⁵⁵ Die Maßgaben des deutschen Rechts für die internationale Amtshilfe ergeben sich in erster Linie aus den §§ 111 ff. AO. § 117 Abs. 1 AO regelt allerdings lediglich die Befugnis zur Inanspruchnahme zwischenstaatlicher *Amts- und Rechtshilfe*. Hieraus erwächst kein Anspruch gegenüber dritten Staaten.⁵⁶ Dieser folgt vielmehr aus den „speziellen" Rechtsgrundlagen (z.B. aus der EG-Amtshilferichtlinie oder Doppelbesteuerungsabkommen).⁵⁷

---

53 EuGH, Urteil v. 13.4.2000 – Rs. C-420/98 – W.N. – Rz. 13 ff., Slg. 2000, I-2847.
54 *Herlinghaus* in FS Herzig, S. 933 (945); *Engelschalk* in Vogel/Lehner (Fn. 1), Art. 26 OECD-MA Rz. 41.
55 *Höppner* in Gosch/Kroppen/Grotherr (Fn. 49), Art. 26 OECD-MA Rz. 246.
56 *Schaumburg*, Internationales Steuerrecht (Fn. 6), Rz. 19.62.
57 Vgl. *Schaumburg*, Internationales Steuerrecht (Fn. 6), Rz. 19.62.

Dieser Gesichtspunkt führt aber nicht dazu, dass Auskunftsersuchen schon deshalb rechtswidrig wären, weil spezielle Rechtsgrundlagen für die erbetene Auskunft nicht ersichtlich sind.

b) Voraussetzungen

Die Voraussetzungen eines Auskunftsersuchens der deutschen Finanzverwaltung richten sich nach § 117 Abs. 1 AO. Hiernach ist die Inanspruchnahme zwischenstaatlicher Amts- und Rechtshilfe nur unter den Voraussetzungen der nationalen Amtshilfe (§§ 111 ff. AO) zulässig. Deshalb müssen die Auskünfte zur Durchführung der deutschen Besteuerung „*erforderlich*" sein (§ 111 Abs. 1 Satz 1 AO). Erforderlich sind Auskünfte dann, wenn diese für die Besteuerung rechtlich erheblich und vom ersuchenden Staat auch nach *Ausschöpfung eigener Auskunftsquellen* nicht erreichbar sind.[58]

Damit wird auch das Verhältnis des internationalen Auskunftsersuchens zu anderen innerstaatlichen Beweismitteln bestimmt. Dieses Verhältnis ist im Schrifttum umstritten. Es dürfte insoweit zu befürworten sein, auf den Rechtsgedanken des § 93 Abs. 1 Satz 3 AO zurückzugreifen. Andere Beteiligte sollen also erst dann zur Auskunft angehalten werden, wenn die Sachverhaltsaufklärung durch die Beteiligten nicht zum Ziel führt oder keinen Erfolg verspricht (*Subsidiarität des Auskunftsersuchens*).[59]

Die zwischenstaatliche Amtshilfe ist allerdings lediglich grundsätzlich subsidiär, und zwar nur solange
– eine Aufklärung im Inland ohne unverhältnismäßigen oder unzumutbaren Aufwand möglich ist und
– diese für den Beteiligten den Eingriff mit der geringsten Intensität darstellt.[60]

2. Doppelbesteuerungsabkommen (Art. 26 Abs. 1 OECD-MA)

Das Auskunftsersuchen kann auch auf Art. 26 Abs. 1 OECD-MA gestützt werden. Insoweit gelten keine Besonderheiten.

3. EG-AHiG

Im EG-AHiG ist das Auskunftsersuchen nicht besonders geregelt.

---

58 *Schaumburg*, Internationales Steuerrecht (Fn. 6), Rz. 19.63; vgl. *Seer* in Tipke/Kruse, § 117 AO Rz. 11.
59 So auch BMF, Merkblatt zur zwischenstaatlichen Amtshilfe durch Informationsaustausch in Steuersachen (Fn. 51), Abschn. 4.1.2.
60 *Stahlschmidt/Laws*, Handbuch des Auskunftsverkehrs in Steuersachen (Fn. 38), S. 46.

Im Entwurf *EU-AHiG* ist das Auskunftsersuchen ausdrücklich in § 6 Abs. 1 vorgesehen. § 6 Abs. 2 EU-AHiG-E sieht ausdrücklich die *Subsidiarität des Informationsaustausches* vor.

V. „Automatische Auskünfte"

Bei automatischen Auskünften handelt es sich um die systematische Übermittlung zuvor festgelegter Informationen über gleichartige Sachverhalte in regelmäßigen, im Voraus festgelegten Abständen, wie z. B.:
- im Rahmen der Entlastung von deutscher Kapitalertragsteuer nach § 50d Abs. 1 EStG;
- im Rahmen des Kontrollmeldeverfahrens bei der Freistellung nach § 50d Abs. 2 EStG.[61]

1. Doppelbesteuerungsabkommen (Art. 26 Abs. 1 OECD-MA)

Automatische Auskünfte können auf der Grundlage von Art. 26 OECD-MA erteilt werden. Dies ergibt sich aus der Musterkommentierung zu Art. 26 OECD-MA.[62] Die Bestimmung der Fallgruppen, in denen automatische Auskünfte erfolgen, unterliegt den beteiligten nationalen Behörden (*Verwaltungsvereinbarungen*).

Bezüglich der *„Erforderlichkeit"* bzw. *„voraussichtlichen Erheblichkeit"* kommt es dabei nicht auf den konkreten Einzelfall an. Es werden vielmehr die auf der Grundlage der Verwaltungsvereinbarung abstrakt definierten Kriterien zu mitteilungspflichtigen Informationen geprüft. Diese Kriterien müssen Informationen betreffen, die für die Besteuerung erforderlich bzw. voraussichtlich erheblich sind.[63]

2. EU-Zinsertragsteuerrichtlinie

Im Rahmen der EU werden automatische Auskünfte auf der Grundlage der EU-Zinsertragsteuerrichtlinie[64] ausgetauscht. Die EU-Zinsertragsteuerrichtlinie sieht den automatischen Informationsaustausch in den meisten Mitgliedstaaten über grenzüberschreitende private Zinserträge vor. Diese

---

61 BMF, Merkblatt zur zwischenstaatlichen Amtshilfe durch Informationsaustausch in Steuersachen (Fn. 51), Abschn. 6.1.2.
62 S. Art. 26 Abschn. 9 OECD-MK.
63 *Herlinghaus* in FS Herzig, S. 933 (946); *Engelschalk* in Vogel/Lehner (Fn. 1), Art. 26 OECD-MA Rz. 41.
64 Richtlinie 2003/48/EG des Rates v. 3.6.2003 im Bereich der Besteuerung von Zinserträgen (ABl. L 157 v. 26.6.2003, S. 38), die zuletzt durch die Richtlinie 2006/98/EG (ABl. L 363 v. 20.12.2006, S. 129) geändert worden ist.

Richtlinie wurde durch die Zinsinformationsverordnung auf der Grundlage des § 45e EStG umgesetzt.

Allerdings gibt es Ausnahmen. *Österreich* erteilt für eine Übergangszeit keine Auskünfte über Zinszahlungen an ausländische Zahlungsempfänger. Bei Anlagen in *Luxemburg* ist es möglich, zwischen dem Quellensteuerabzug auf Zinszahlungen oder der Auskunftserteilung (Kontrollmitteilungen) zu wählen.

Diese Staaten haben nach Inkrafttreten der Zinsrichtlinie (1.7.2005) für die ersten drei Jahre (bis zum 30.6.2008) eine *Quellensteuer* in Höhe von 15 % erhoben. In den folgenden drei Jahren (bis zum 30.6.2011) erhöht sich die Quellensteuer auf 20 %. Ab dem 1.7.2011 wird von den betroffenen Staaten einheitlich eine Quellensteuer von 35 % erhoben.

Belgien hatte sich ursprünglich auch von diesem Informationsaustausch ausgenommen. Seit dem 1.1.2010 nimmt es jedoch teil.

3. EG-AHiG

Automatische Auskünfte sind auch in § 2 Abs. 3 EG-AHiG geregelt. Hierin sind die Fälle aufgelistet, in denen die Finanzbehörden mit den zuständigen Finanzbehörden eines Mitgliedstaates in einen regelmäßigen Austausch von Auskünften eintreten können. Hierzu gehören:

- Arbeitnehmerüberlassung;
- Steuerermäßigung in einem Staat mit korrespondierender Steuererhöhung im anderen Staat;
- Einkünfte und Vermögen, deren Kenntnis für die Besteuerung erforderlich sein könnten.

Automatische Auskünfte setzen dabei eine entsprechende *Verwaltungsvereinbarung* und *Gegenseitigkeit* voraus.

Deutschland hat z.B. mit folgenden Ländern derartige Verwaltungsvereinbarungen getroffen:

- den Niederlanden am 16.10.1997,[65]
- Frankreich am 18.10.2001,[66]
- Dänemark am 24.2.2005,[67]
- der Tschechischen Republik am 30.8.2005,[68]
- Litauen am 27.10.2005,[69]

---

65 BStBl. I 1997, 970.
66 BStBl. I 2001, 801.
67 BStBl. I 2005, 498.
68 BStBl. I 2005, 904.
69 BStBl. I 2005, 1008.

- Estland am 10.5.2006,[70]
- Lettland am 18.5.2006,[71]
- Ungarn am 26.10.2006[72]

Über den Zeitpunkt der Übermittlung der automatischen Auskünfte entscheidet das Bundesministerium der Finanzen.[73]

Das EU-AHiG-E bringt in diesem Zusammenhang eine Innovation der neu konzipierten zwischenstaatlichen Amtshilfe mit sich. § 7 *EU-AHiG*-E sieht ohne weitere Verwaltungsvereinbarung selbst die automatische Übermittlung von Informationen in den dort benannten Bereichen vor. Diese betreffen u. a.: Vergütungen aus unselbständiger Arbeit; Renten, Eigentum an unbeweglichem Vermögen und Einkünfte daraus. Hierdurch wird die korrekte Festsetzung der Steuern bei grenzüberschreitenden Sachverhalten wesentlich gefördert.

§ 7 EU-AHiG-E geht über den Anwendungsbereich der EU-Zinsrichtlinie[74] hinaus. Mit der automatischen Übermittlung von Informationen soll ein wesentlicher Beitrag zur korrekten Festsetzung der Steuern bei grenzüberschreitenden Sachverhalten geleistet werden. Ebenfalls soll ohne Vorbedingungen das Entdeckungsrisiko erhöht und Steuerbetrug systematisch bekämpft werden.[75]

Die automatische Übermittlung von Informationen nach dem EU-AHiG-E soll ab dem 1.1.2015 vorgenommen werden. Sie soll erstmals auf Informationen der Besteuerungszeiträume ab dem 1.1.2014 angewendet werden (§ 20 EU-AHiG-E).

4. EG-Zusammenarbeits-VO

Automatische Auskünfte sind im Bereich der Umsatzsteuer bzw. Verbrauchsteuern auch im Rahmen der der EG-Zusammenarbeits-VO möglich (zu den Verordnungen s. oben Abschn. II.4.).

---

70 BStBl. I 2006, 355.
71 BStBl. I 2006, 359.
72 BStBl. I 2006, 694.
73 BMF, Merkblatt zur zwischenstaatlichen Amtshilfe durch Informationsaustausch in Steuersachen (Fn. 51), Abschn. 6.1.2.
74 Richtlinie 2003/48/EG des Rates v. 3.6.2003 im Bereich der Besteuerung von Zinserträgen (ABl. L 157 v. 26.6.2003, S. 38), die zuletzt durch die Richtlinie 2006/98/EG (ABl. L 363 v. 20.12.2006, S. 129) geändert worden ist.
75 Begründung zum Entwurf des EU-Amtshilfegesetzes (Fn. 2), S. 73.

5. Musterabkommen über Informationsaustausch im Verhältnis zu den USA sowie US-amerikanischen Quellensteuerabzug

In der jüngsten Vergangenheit hat Deutschland zudem das Musterabkommen über den Informationsaustausch im Verhältnis zu den USA sowie den US-amerikanischen Quellensteuerabzug unterzeichnet.

Deutschland, Frankreich, Großbritannien, Italien, Spanien und die USA haben am 8.2.2012 in einer gemeinsamen Erklärung vereinbart, die bilaterale Zusammenarbeit zur Bekämpfung der Steuerhinterziehung weiter auszubauen. Die fünf Staaten und die USA haben dazu ein Musterabkommen erarbeitet. Hierdurch werden die von den USA mit dem US-amerikanischen Gesetz zur Bekämpfung der Steuerhinterziehung (Foreign Account Tax Compliance Act – *FATCA*)[76] verfolgten Ziele auf eine zwischenstaatliche Grundlage gestellt. Im Gegenzug verpflichtet sich die USA, den Partnerstaaten steuerlich relevante Informationen zur Verfügung zu stellen.[77]

Im US-amerikanischen Gesetz zur Bekämpfung der Steuerhinterziehung (*FATCA*) ist vorgesehen, dass Finanzinstitute, die nicht in den USA ansässig sind, den USA Informationen zu US-Kunden zur Verfügung stellen oder Quellensteuereinbehalte auf Erträge aus US-Anlagen hinnehmen müssen. Die Durchführung des FATCA-Gesetzes soll nun auf eine zwischenstaatliche Grundlage gestellt werden.

Das Musterabkommen soll als Grundlage für entsprechende bilaterale Vereinbarungen dienen und hat folgenden Inhalt:

- Die fünf Staaten verpflichten sich jeweils, von den in ihrem Gebiet ansässigen Finanzinstituten die Informationen über für US-Kunden geführte Konten zu erheben und der US-Behörde zur Verfügung zu stellen.
- Die USA verpflichten sich im Gegenzug, dem jeweiligen Vertragspartner Informationen über Zins- und Dividendeneinkünfte zur Verfügung zu stellen, die die US-Steuerbehörde von US-Finanzinstituten erhebt.
- Die USA verpflichten sich, alle Finanzinstitute des jeweiligen Vertragspartners von der Pflicht auszunehmen, mit der US-Steuerbehörde Vereinbarungen abschließen zu müssen, um in den USA Quellensteuereinbehalte unter FATCA zu vermeiden.

Die fünf Staaten und die USA sind zuversichtlich, dass auch andere Staaten diesem Ansatz folgen und so die Kooperation zwischen den Staaten zur

---

76 Einzelheiten zum US-Steuergesetz FATCA s. *Dembowski*, NWB 2011, 87.
77 Pressemitteilung des BMF v. 26.7.2012, abrufbar über: http://www.bundesfinanz ministerium.de/Content/DE/Pressemitteilungen/Finanzpolitik/2012/07/2012-07-26-PM36.html.

Bekämpfung der grenzüberschreitenden Steuerhinterziehung verbessert und intensiviert werden kann.[78]

VI. Grenzen des Informationsaustauschs

Der Informationsaustausch zwischen den Staaten ist nicht unbeschränkt möglich. Vielmehr gibt es insoweit Grenzen.

Unter rein nationalen Gesichtspunkten wird die Preisgabe der Verhältnisse des Steuerpflichtigen oder von Betriebs- und Geschäftsgeheimnissen durch das *Steuergeheimnis* nach § 30 AO eingeschränkt. In internationaler Hinsicht ist dieser Schutz jedoch praktisch sehr begrenzt. Denn insbesondere § 30 Abs. 4 Nr. 2 AO erlaubt die Offenbarung der Verhältnisse des Steuerpflichtigen, soweit sie durch Gesetz ausdrücklich zugelassen ist. Zu diesen Gesetzen gehören die Rechtsgrundlagen der Auskunftserteilung bzw. -einholung.

Ist die Rechtsgrundlage für die Auskunftserteilung (oder -einholung) erfüllt, dann besteht für den ersuchten Staat grundsätzlich eine Auskunftspflicht. Folglich besteht auf internationaler Ebene ein Schutzbedürfnis des Steuerpflichtigen.

Angesichts dessen ist die Auskunftspflicht unter bestimmten Voraussetzungen begrenzt. Diese Grenzen dienen regelmäßig dem *Geheimhaltungsschutz* im Hinblick auf die mitgeteilten Informationen. Hierzu gehören u. a.:

– das so genannte „internationale Steuergeheimnis",
– die Auskunftsverbote und
– die Auskunftsverweigerungsrechte.

1. Steuergeheimnis

Das *internationale Steuergeheimnis* ist in den *Doppelbesteuerungsabkommen* verankert. Aber auch im *EG-AHiG* sind *Geheimhaltungspflichten* geregelt.

a) Internationales Steuergeheimnis nach Art. 26 Abs. 2 OECD-MA

Auf abkommensrechtlicher Ebene ist das *internationale Steuergeheimnis* in Art. 26 Abs. 2 OECD-MA geregelt. Der Maßstab der Geheimhaltung nach

---

78 Vgl. Gemeinsame Erklärung von Deutschland, Frankreich, Spanien, dem Vereinigten Königreich und den Vereinigten Staaten anlässlich der Veröffentlichung des „Musterabkommens zur Verbesserung der Steuerehrlichkeit und Umsetzung des Foreign Account Tax Compliance Act (FATCA), abrufbar über: http://www.bundesfinanzministerium.de/Content/DE/Pressemitteilungen/Finanzpolitik/2012/07/2012-07-26-PM36.html.

Art. 26 Abs. 2 OECD-MA bestimmt sich zunächst nach dem innerstaatlichen Recht des Empfängerstaats. Kennt dieser Staat jedoch kein Steuergeheimnis, so wäre kein Geheimnisschutz gegeben. Aber selbst wenn Geheimhaltungsvorschriften vorhanden sind, so führt die am innerstaatlichen Recht ausgerichtete Geheimhaltung nur zu einem relativen Schutz.[79] Deshalb sieht Art. 26 Abs. 2 OECD-MA zusätzlich auch eine eigenständige Regelung vor. Hierdurch wird der relative Schutz durch einen absoluten Schutz ergänzt.[80] Hiernach ist die Weitergabe der Informationen begrenzt auf Personen und Behörden einschließlich Gerichte und Verwaltungsbehörden, die mit der Veranlagung, Erhebung, Vollstreckung und Strafverfolgung oder Entscheidung von Rechtsmitteln hinsichtlich der vom Abkommen betroffenen Steuern befasst sind. Ausdrücklich wird die Verwendung der Informationen nur für diese Zwecke erlaubt. Die Offenlegung in einem öffentlichen Gerichtsverfahren ist ebenfalls zulässig.

Das internationale Steuergeheimnis nach Art. 26 Abs. 2 OECD-MA ist als Mindeststandard zu verstehen. Es ist den Vertragsstaaten unbenommen, diesen Mindestschutz zu verschärfen.

Die Verpflichtung zur Geheimhaltung nach Art. 26 Abs. 2 OECD-MA richtet sich an den Empfängerstaat der Auskunft. Der die Auskunft absendende Staat soll sich damit grundsätzlich auf die Verpflichtung verlassen dürfen. Ein Problem besteht dann, wenn der die Auskunft erteilende Staat die konkrete Befürchtung hat, dass sich der jeweilige Empfängerstaat an die Verpflichtung des Art. 26 Abs. 2 OECD-MA nicht halten wird. In diesen Fällen besteht keine Auskunftsverpflichtung, wenn aufgrund konkreter Umstände ernstliche Zweifel an der Wahrung des Steuergeheimnisses bestehen und diese sich auch nicht durch eine Zusicherung des Empfängerstaats beheben lassen.

In der Praxis wird der Einwand, dass das Steuergeheimnis im Empfängerstaat nicht hinreichend gewahrt ist, häufig vorgetragen, insbesondere im Hinblick auf osteuropäische Staaten. Dieser Einwand greift in der Praxis in der Regel nicht durch. In den letzten Jahren hat das FG Köln diesem Einwand nur einmal zugunsten des Antragstellers in einem Verfahren des *vorläufigen Rechtsschutzes* Rechnung getragen.[81] In diesem Fall bestand die Besonderheit, dass die Antragstellerin durch ein sehr umfangreiches Gutachten eines in der Türkei tätigen Rechtsanwalts für Zwecke des vorläufigen Rechtsschutzes glaubhaft machen konnte, dass in der Türkei das Steuergeheimnis tatsächlich nicht gewährleistet ist.

---

79 *Herlinghaus* in FS Herzig, S. 933 (948); vgl. *Engelschalk* in Vogel/Lehner (Fn. 1), Art. 26 OECD-MA Rz. 78, 82; *Seer* in Tipke/Kruse, § 117 AO Rz. 31.
80 Vgl. *Höppner* in Gosch/Kroppen/Grotherr (Fn. 49), Art. 26 OECD-MA Rz. 230; *Eilers* in Debatin/Wassermeyer (Fn. 1), Art. 26 OECD-MA Rz. 31; *Herlinghaus* in FS Herzig, S. 933 (948).
81 FG Köln, Beschluss v. 20.8.2008 – 2 V 1948/08, EFG 2008, 1758.

b) Geheimhaltung nach § 4 EG-AHiG

Die Geheimhaltung ist auch in § 4 EG-AHiG besonders geregelt. Dabei handelt es sich um die Geheimhaltung erhaltener Auskünfte durch die deutschen Finanzbehörden. Durch die Verweisung in § 3 Abs. 1 Nr. 3 EG-AHiG wird die Geheimhaltung aber auch zu einer Grenze für die Auskunftserteilung durch die deutschen Finanzbehörden an andere EG-Mitgliedstaaten.[82] Die empfangenen Auskünfte dürfen nur den Personen offenbart werden, die mit den zulässigen Verwendungszwecken unmittelbar befasst sind. Eine Information sonstiger Personen, Behörden oder Institutionen ist untersagt. Untersagt ist auch die Verwertung für wissenschaftliche, publizistische oder ähnliche Zwecke.[83] Dies gilt selbst dann, wenn das nationale Recht eine weitergehende Verwendung oder Offenbarung zulassen würde (§ 4 Abs. 1 Satz 2 EG-AHiG).

Auskünfte dürfen auch in einem gerichtlichen Verfahren oder in einem Straf- oder Bußgeldverfahren für Zwecke dieser Verfahren unmittelbar an diesen Verfahren beteiligten Personen offenbart werden, wenn diese Verfahren im Zusammenhang mit der Steuerfestsetzung oder der Überprüfung der Steuerfestsetzung stehen (§ 4 Abs. 1 Satz 3 EG-AHiG).

2. Auskunftsverbote

Eine weitere Grenze für den Auskunftsverkehr wird durch die Auskunftsverbote gezogen.

a) Doppelbesteuerungsabkommen

Bei Doppelbesteuerungsabkommen bilden Auskunftsverbote die Ausnahme. Grundsätzlich sieht Art. 26 OECD-MA in Absatz 3 lediglich Auskunftsverweigerungsrechte vor.[84]

b) § 3 Abs. 1 EG-AHiG

Im EG-AHiG sind die *Auskunftsverbote* in § 3 Abs. 1 geregelt. In den dort genannten Fällen dürfen Auskünfte nicht erteilt werden. Es besteht kein Ermessen der Finanzbehörden.

Mit diesen Auskunftsverboten weicht das deutsche EG-AHiG von der *EG-Amtshilfe-Richtlinie* ab, die in Art. 8 Abs. 1–3 lediglich Auskunftsverweigerungsrechte vorsieht. Gleichwohl verstößt § 3 Abs. 1 EG-AHiG nicht

---

82 *Stahlschmidt/Laws*, Handbuch des Auskunftsverkehrs in Steuersachen (Fn. 38), S. 128; *Becker*, IWB, Fach 3, Gr. 1, 1055 (1060).
83 *Stahlschmidt/Laws*, Handbuch des Auskunftsverkehrs in Steuersachen (Fn. 38), S. 128; *Maßbaum*, IWB, Fach 3, Deutschland, Gr. 1, 1421 (1440).
84 Abkommensübersicht über die von Deutschland vereinbarten Auskunftsverbote s. *Engelschalk* in Vogel/Lehner (Fn. 1), Art. 26 OECD-MA Rz. 114.

gegen Gemeinschaftsrecht. Denn die Richtlinie richtet sich allgemein an die Staaten. Diese können ihre Behörden zur konkreten Handhabung anweisen.[85]

Ein Auskunftsverbot besteht, wenn erforderliche Ermittlungsmaßnahmen nach der AO nicht vorgenommen werden können oder einer allgemeinen Verwaltungsanweisung zuwiderlaufen würden (§ 3 Abs. 1 Nr. 1 EG-AHiG). Dieses Auskunftsverbot hat allerdings in der Praxis nur eine begrenzte Reichweite. Da es nach der AO kein Bankgeheimnis gibt, besteht für *Banken* auch kein Auskunftsverweigerungsrecht.[86] Sie sind deshalb verpflichtet, im Einzelfall außerhalb der Schranken des § 30a AO Auskünfte zu erteilen (§ 93 Abs. 1 Satz 3 AO). Darüber hinaus versagen die Schutzwirkungen für den Betroffenen auch in den Fällen, in denen die Finanzbehörde bereits über die für die Amtshilfe erforderlichen Informationen verfügt. Denn dies hat zur Folge, dass es insoweit einer Amtshandlung von vornherein nicht bedarf.[87]

Die Auskunftserteilung ist des Weiteren verboten, wenn gegen die *öffentliche Ordnung* verstoßen wird, insbesondere wenn die Geheimhaltung im Empfänger-Mitgliedstaat nicht im Umfang des § 4 EG-AHiG gewährleistet ist (§ 3 Abs. 1 Nr. 3 EG-AHiG). Auskünfte dürfen auch dann nicht erteilt werden, wenn kein angemessener Datenschutz im Empfänger-Mitgliedstaat gewährleistet ist (§ 3 Abs. 1 Nr. 3a EG-AHiG).

Das in der Praxis wichtigste Auskunftsverbot dient dem Schutz von *Geschäftsgeheimnissen* (§ 3 Abs. 1 Nr. 4 EG-AHiG). Hiernach darf eine Auskunft nicht erteilt werden, soweit die Gefahr besteht, dass dem inländischen Beteiligten durch die Preisgabe eines Handels-, Industrie-, Gewerbe- oder Berufsgeheimnisses oder eines Geschäftsverfahrens ein mit dem Zweck der Auskunftserteilung nicht zu vereinbarender Schaden entsteht. Ein *Betriebs- oder Geschäftsgeheimnis* liegt vor, wenn es sich um Tatsachen und Umstände handelt, die von erheblicher wirtschaftlicher Bedeutung und praktisch nutzbar sind und deren unbefugte Nutzung zu beträchtlichen Schäden führen kann.[88]

Der Schutz von Geschäftsgeheimnissen in § 3 Abs. 1 EG-AHiG ist demnach ein relativer Schutz, der von der Gefahr eines Schadens abhängt. Die Geschäftsgeheimnisse des Steuerpflichtigen sind nur dann absolut geschützt, ohne dass es auf eine Schadensgefahr ankäme, wenn zudem ein DBA zwischen Deutschland und dem entsprechenden Staat besteht, in dem nicht nur ein Auskunftsverweigerungsrecht entsprechend dem OECD-MA, son-

---

85 *Stahlschmidt/Laws*, Handbuch des Auskunftsverkehrs in Steuersachen (Fn. 38), S. 126.
86 *Schaumburg*, Internationales Steuerrecht (Fn. 6), Rz. 19.86.
87 *Schaumburg*, Internationales Steuerrecht (Fn. 6), Rz. 19.86.
88 *Höppner* in Gosch/Kroppen/Grotherr (Fn. 49), Art. 26 OECD-MA Rz. 210; *Schaumburg*, Internationales Steuerrecht (Fn. 6), Rz. 19.89.

dern ein Auskunftsverbot vereinbart wurde. In diesem Sonderfall begründet die abkommensrechtliche Auskunftsklausel ein subjektives Recht des Steuerpflichtigen auf absolute Geheimhaltung gegenüber dem ersuchenden Staat.[89] Es ist dann auch unerheblich, auf welche Rechtsgrundlage das Auskunftsersuchen gestützt wird.

3. Auskunftsverweigerungsrechte

Neben den Auskunftsverboten gibt es auch Auskunftsverweigerungsrechte.

a) Doppelbesteuerungsabkommen

Auskünfte können nach Art. 26 Abs. 3 OECD-MA insbesondere verweigert werden bei:
- Verstoß gegen eigene Gesetze,
- Verletzung eines Handels-, Industrie-, Gewerbe- oder Berufsgeheimnisses oder Widerspruch gegen Ordre public (öffentliche Ordnung).

Von großer praktischer Bedeutung ist in diesem Zusammenhang *Art. 26 Abs. 5 OECD-MA*. Hiernach kann sich ein Staat nicht auf ein Auskunftsverweigerungsrecht berufen, wenn sich die Informationen z. B. bei einer *Bank* befinden. Diese Regelung wurde erstmals im Jahre 2005 in das OECD-MA eingefügt und gehört zu den *OECD-Standards*. Aufgrund des internationalen Drucks sahen sich auch Länder mit starkem *Bankgeheimnis* gezwungen, ihre Doppelbesteuerungsabkommen dem Art. 26 Abs. 5 OECD-MA anzupassen und das Bankgeheimnis zu lösen. Insbesondere auch das deutsche *DBA mit der Schweiz* wurde mit Wirkung ab dem 1.1.2012 um eine entsprechende Regelung ergänzt (Art. 27 Abs. 5 DBA-Schweiz).

Liegt einer der Tatbestände des Art. 26 Abs. 3 OECD-MA vor, besteht völkerrechtlich keine Auskunfts- und auch keine Ermittlungspflicht. Die Ermittlungen und auch die Auskunft sind dann völkerrechtlich in das Ermessen des um Auskunft ersuchten Staates gestellt.[90] Erteilt er die Auskunft dennoch, bleibt er im Rahmen des vereinbarten Informationsaustauschs. Davon zu unterscheiden ist jedoch die Frage, ob der jeweilige Staat auch nach seinem innerstaatlichen Recht zur Erteilung der Auskunft befugt ist. Das Steuergeheimnis des Art. 26 Abs. 2 OECD-MA ist zu wahren.

In der Praxis findet sich häufig der Einwand, dass es sich bei den mitzuteilenden Informationen um ein besonders geschütztes Handels-, Industrie-, Gewerbe- oder Berufsgeheimnis im Sinne des Art. 26 Abs. 3 Buchst. c OECD-MA handeln würde. Es sei angemerkt, dass bereits die Definition

---

89 *Schaumburg*, Internationales Steuerrecht (Fn. 6), Rz. 19.90.
90 *Herlinghaus* in FS Herzig, S. 933 (949).

des *Betriebs- oder Geschäftsgeheimnisses* nicht unumstritten ist. In diesem Zusammenhang ist indes zu beachten, dass es allein Sinn dieser Regelung ist, zu verhindern, dass die internationale Amtshilfe zur Werksspionage missbraucht wird.[91] Angesichts dessen ist insoweit eine teleologische Reduktion der Norm geboten.[92] Folglich liegt ein Betriebs- oder Geschäftsgeheimnis grundsätzlich nur bei Tatsachen und Umständen vor,

- die von großer wirtschaftlicher Bedeutung sind,
- durch Dritte praktisch nutzbar sind und
- deren unbefugte Nutzung zu beträchtlichen Schäden führen kann.[93]

Angesichts dessen sind beispielsweise der Umstand und die Höhe von *Provisionszahlungen* nicht als Betriebs- oder Geschäftsgeheimnis anzusehen. Insoweit fehlt es schon an einer Nutzbarkeit für Dritte.[94]

Der Schaden muss über die typischen und zwangsläufigen Folgen der Auskunftserteilung hinausgehen. So müssen z.B. die zutreffende Besteuerung eines Betroffenen sowie die Beeinträchtigung oder der Abbruch von *Geschäftsbeziehungen*[95] aufgrund eines Strafverfahrens, das aus der Auskunft erfolgt, hingenommen werden, z.B. bei der Mitteilung einer Kundenliste.

Ein Auskunftsverweigerungsrecht wegen Widerspruchs gegen die *Ordre public* könnte bei „Datenklau", also im Falle des Ankaufs einer *Daten-CD* durch die deutsche Finanzbehörde, in Betracht kommen.[96]

b) § 3 Abs. 2 EG-AHiG

Auch im EG-AHiG sind *Auskunftsverweigerungsrechte* vorgesehen.

Nach § 3 Abs. 2 EG-AHiG brauchen deutsche Finanzbehörden keine Auskünfte zu erteilen, wenn

- der ersuchende Mitgliedsstaat eigene Ermittlungsmöglichkeiten nicht ausgeschöpft hat (Verstoß gegen das *Subsidiaritätsprinzip*),
- keine *Gegenseitigkeit* besteht,

---

91 *Engelschalk* in Vogel/Lehner (Fn. 1), Art. 26 OECD-MA Rz. 107; *Herlinghaus* in FS Herzig, S. 933 (950).
92 *Eilers* in Debatin/Wassermeyer (Fn. 1), Art. 26 OECD-MA Rz. 47 m.w.N. auch zu Gegenstimmen, die eine weite Auslegung befürworten; *Herlinghaus* in FS Herzig, S. 933 (950).
93 BFH, Urteil v. 20.2.1979 – VII R 16/78, BStBl. II 1979, 268; so auch Art. 26 Abschn. 19.2 OECD-MK; *Höppner* in Gosch/Kroppen/Grotherr (Fn. 49), Art. 26 OECD-MA Rz. 210.
94 BFH, Beschluss v. 13.1.2006 – I B 35/05, BFH/NV 2006, 922; Urteil v. 20.2.1979 – VII R 16/78, BStBl. II 1979, 268.
95 BFH, Beschluss v. 29.10.1986 – I B 28/86, BStBl. II 1987, 440.
96 S. hierzu im Einzelnen *Steichen/Böing*, IStR 2012, 104 (107 f.).

- die Auskünfte nur mit unverhältnismäßigem Verwaltungsaufwand erteilt werden könnten,
- eigene Aufgaben durch die Auskunftserteilung ernstlich gefährdet würden.

Diese Verweigerungsgründe dienen nicht dem Schutz der Interessen der Betroffenen. Sie begründen keine subjektiven Rechte. Es handelt sich vielmehr um Schutzvorschriften zugunsten der inländischen Finanzbehörden.

VII. Global Forum on Transparency and Exchange of Information for Tax Purposes

Von besonderer Bedeutung im Zusammenhang mit den jüngeren Entwicklungen im internationalen Informationsaustausch ist das Global Forum on Transparency and Exchange of Information for Tax Purposes. Hierbei handelt es sich um eine internationale Organisation, die weltweit die Anwendung des *OECD-Standards* zum steuerlichen Informationsaustausch überprüft.

Mit dem OECD-Standard ist gemeint, dass seit dem Jahre 2009 vermehrt auch Bankinformationen auf abkommensrechtlicher Grundlage ausgetauscht werden können. Allerdings gab es Staaten, die zum Zufluchtsort ausländischen Kapitals geworden waren. Diese hatten sich deshalb hartnäckig gegen die Vereinbarung des OECD-Standards gewehrt, um Bankinformationen nicht preisgeben zu müssen. Unter dem Druck der G20 gaben diese Staaten ihren Widerstand jedoch 2009 auf, z.B. *Luxemburg*, *Schweiz*. Damit ist in der Praxis die Ära des *Bankgeheimnisses* beendet.

Um zu gewährleisten, dass die Zusagen zur Umsetzung des OECD-Standards auch tatsächlich eingehalten werden, wurde beschlossen, dass sich alle Staaten gleichermaßen einer umfassenden Prüfung unterziehen sollen. Auf diese Weise soll gewährleistet werden, dass die inzwischen weltweite Anerkennung dieses OECD-Standards auch tatsächlich umgesetzt wird. Diese Prüfung wird durch das Global Forum on Transparency and Exchange of Information for Tax Purposes gesteuert.[97] Dem Global Forum gehören mittlerweile 107 Jurisdiktionen an. Die Prüfung verläuft zweistufig. In der ersten Prüfungsphase wird geprüft, ob die nationalen Rechtsordnungen den OECD-Standard vollständig umsetzen. In der zweiten Prüfungsphase wird verifiziert, ob der Informationsaustausch auch tatsächlich in der Praxis durchgeführt wird.

---

97 Wegen näherer Einzelheiten hierzu s. *Fehling*, DStR 2012, 353; s. auch *Czakert*, IStR 2010, 567 (568).

Eine Folge der neuen Entwicklungen ist auch, dass die Diskussion über Listen, in denen nicht-kooperative Staaten aufgezeichnet werden, an Bedeutung verloren hat.

VIII. Verfahren der Auskunftserteilung

Hinsichtlich verfahrensrechtlicher Fragen des internationalen Informationsaustauschs sollen an dieser Stelle lediglich die Zuständigkeit und die Anhörung beleuchtet werden.

1. Zuständigkeit

Die originäre Zuständigkeit für den Auskunftsverkehr liegt beim *BMF*. Nach Art. 32 Abs. 1 GG ist die Pflege der Beziehungen mit auswärtigen Staaten Sache des Bundes. Für den internationalen Auskunftsverkehr in Steuersachen ist damit originär das BMF zuständig.

Das BMF hat seine Zuständigkeit für die zwischenstaatliche Amtshilfe bei der Steuerfestsetzung nach § 5 Abs. 1 Nr. 5 FVG auf das *Bundeszentralamt für Steuern* (BZSt) in Bonn übertragen.[98] Danach ist das BZSt grundsätzlich für den internationalen Auskunftsverkehr in Steuersachen zuständig.

Im *EG-AHiG* ist die Zuständigkeit in § 1a EG-AHiG geregelt. Nach § 1a Abs. 2 Satz 1 Alt. 1 EG-AHiG ist die generelle Übertragung der Zuständigkeit auf das BZSt möglich und wurde nach § 5 FVG auch vollzogen.

Damit ist der gesamte internationale Auskunftsverkehr grundsätzlich über das Bundeszentralamt für Steuern abzuwickeln.

Das geplante *EU-AHiG* ändert an der originären Zuständigkeit des BMF nichts (§ 3 Abs. 1 EU-AHiG-E). Allerdings sieht das geplante EU-AHiG auch die Einrichtung eines zentralen Verbindungsbüros vor (§ 3 Abs. 2 EU-AHiG-E). Das *zentrale Verbindungsbüro* ist grundsätzlich das Bundeszentralamt für Steuern (§ 3 Abs. 2 EU-AHiG-E). Es übernimmt die Kommunikation mit den anderen Mitgliedstaaten und prüft eingehende und ausgehende Ersuchen auf Zulässigkeit (§ 3 Abs. 3 EU-AHiG-E).

2. Anhörung des Betroffenen

In verfahrensrechtlicher Hinsicht ist die Anhörung des Betroffenen von besonderer Bedeutung.

---

98 BMF, Erlass v. 29.11.2004 – IV B 6 - S 1304 - 2/04 –, BStBl. I 2004, 1144.

a) Allgemeines

Zwar sehen die Regeln über die steuerlichen Auskünfte nicht vor, dass der betroffene Steuerpflichtige angehört wird.[99] Gleichwohl ist es grundsätzlich geboten, vor Stellung des Auskunftsersuchens oder Erteilung einer Auskunft *rechtliches Gehör* zu gewähren, wenn die Auskunft oder das Ersuchen Informationen enthält, die für den Betroffenen im anderen Staat zu einem Eingriff in seine rechtlich geschützte Sphäre führen könnten.[100] Denn anderenfalls wäre *effektiver Rechtsschutz* nicht möglich.[101]

Das Recht auf Gehör wird auf eine analoge Anwendung von § 117 Abs. 3 Nr. 4 AO gestützt. Die Pflicht zur vorherigen Anhörung ist aber auch verfassungsrechtlich begründet. Sie folgt aus dem Gebot effektiven Rechtsschutzes nach Art. 19 Abs. 4 GG. Sie lässt sich zudem aus dem grundrechtlichen Schutz der informationellen Selbstbestimmung ableiten.[102]

b) Vermeintliche Zweifel am Recht auf Gehör nach dem Jahressteuergesetz 2013

Es könnten sich Zweifel ergeben, ob das Recht auf Gehör auch nach der vom Entwurf des Jahressteuergesetzes 2013[103] beabsichtigten Änderung des § 117 AO (noch) gewährleistet ist.

Bislang sieht *§ 117 Abs. 4 Satz 3 AO* vor, dass bei der Übermittlung von Auskünften und Unterlagen für inländische Beteiligte § 91 AO (Anhörung Beteiligter) entsprechend gilt. Soweit die Rechts- und Amtshilfe Steuern betrifft, die von den Landesfinanzbehörden verwaltet werden, hat nach § 117 Abs. 4 Satz 3 AO eine Anhörung des inländischen Beteiligten abweichend von § 91 Abs. 1 AO stets stattzufinden, es sei denn, die Umsatzsteuer ist betroffen oder es liegt eine Ausnahme nach § 91 Abs. 2 oder 3 AO vor.

Nach dem Entwurf des Jahressteuergesetzes 2013 (Art. 11 Nr. 12b) soll § 117 Abs. 4 Satz 3 AO dahin gehend geändert werden, dass nach dem Wort „betroffen" ein Komma sowie die Wörter „es findet ein Informations-

---

99 Vgl. *Höppner* in Gosch/Kroppen/Grotherr (Fn. 49), Art. 26 OECD-MA Rz. 259.
100 *Schaumburg*, Internationales Steuerrecht (Fn. 6), Rz. 19.66; vgl. *Hendricks*, Internationale Informationshilfe im Steuerverfahren (Fn. 11), S. 344; hierzu auch BMF, Merkblatt zur zwischenstaatlichen Amtshilfe durch Informationsaustausch in Steuersachen (Fn. 51), Abschn. 3.1.1.
101 So auch *Seer/Gabert*, StuW 2010, 3 (20).
102 Nähere Einzelheiten s. *Hendricks*, Internationale Informationshilfe im Steuerverfahren (Fn. 11), S. 342 ff.; *Schaumburg*, Internationales Steuerrecht (Fn. 6), Rz. 19.67. S. aber BFH, Beschluss v. 8.2.1995 – I B 92/94, BStBl. II 1995, 358, und Beschluss v. 17.5.1995 – I B 118/94, BStBl. II 1995, 497, in denen der BFH den Schutz informationeller Selbstbestimmung für den Fall einer Spontanauskunft versagt hat.
103 Gemäß Gesetzesbeschluss des Deutschen Bundestages v. 25.10.2012, BR-Drucks. 632/12.

austausch auf Grund des EU-Amtshilfegesetzes statt" eingefügt werden. Zwar hat der Bundesrat am 23.11.2012 beschlossen, dem Jahressteuergesetz 2013 nicht zuzustimmen[104]. Jedoch beruht die mangelnde Zustimmung nicht auf der geplanten Änderung der Abgabenordnung.[105]

Nach der beabsichtigten Gesetzesänderung soll § 117 Abs. 4 Satz 3 AO wie folgt lauten:

„Bei der Übermittlung von Auskünften und Unterlagen gilt für inländische Beteiligte § 91 [AO] entsprechend; soweit die Rechts- und Amtshilfe Steuern betrifft, die von den Landesfinanzbehörden verwaltet werden, hat nach § 117 Abs. 4 Satz 3 AO eine Anhörung des inländischen Beteiligten abweichend von § 91 Abs. 1 AO stets stattzufinden, es sei denn, die Umsatzsteuer ist betroffen, es findet ein Informationsaustausch auf Grund des EU-Amtshilfegesetzes statt oder es liegt eine Ausnahme nach § 91 Abs. 2 oder 3 [AO] vor."

Hieraus könnte man möglicherweise schließen wollen, dass in den Fällen des Informationsaustauschs auf Grund des *EU-Amtshilfegesetzes* eine Anhörung ausgeschlossen wäre. Die von § 114 Abs. 4 Satz 3 a. E. AO statuierte Ausnahme („es sei denn") könnte möglicherweise auf die „Anhörung" in dem vorangegangenen Satzteil bezogen werden.

Zutreffender erscheint es meines Erachtens, § 117 Abs. 4 Satz 3 AO in seiner geplanten Fassung dahingehend zu verstehen, dass sich die von § 114 Abs. 4 Satz 3 a. E. AO vorgesehene Ausnahme nicht auf die „Anhörung" in dem vorangegangenen Satzteil, sondern auf das „stets" bezieht. Folglich ist die Anhörung nicht schon grundsätzlich ausgeschlossen, wenn ein Informationsaustausch aufgrund des EU-Amtshilfegesetzes stattfindet. Vielmehr wird lediglich von der zwingenden Anhörung in Abweichung von § 91 Abs. 1 AO Abstand genommen. Es verbleibt daher bei der Anhörung nach § 91 AO als „Soll"-Vorschrift.

Für dieses Verständnis sprechen neben der Auslegung nach dem Wortlaut auch die Gesetzesmaterialien.[106] Nach der Gesetzesbegründung greift statt der zwingenden Anhörung die Ausgangsregelung des § 117 Abs. 4 Satz 3 Halbsatz 1 AO. Danach gilt bei der Übermittlung von Informationen und Unterlagen für den inländischen Beteiligten § 91 AO entsprechend. Demnach sieht die Gesetzesbegründung ausdrücklich vor, dass der Beteiligte angehört werden soll. Das erfordert in jedem Einzelfall eine eigene Ermessensentscheidung der Finanzbehörde. Bei dieser Entscheidung hat die Finanzbehörde die berechtigten Interessen des Beteiligten zu berücksichtigen. Bestehen Zweifel, ob die berechtigten Interessen des Beteiligten berücksichtigt wurden, ist er anzuhören.[107] Eine Ausnahme von dieser kodifi-

---

104 BR-Drucks. 632/12 v. 23.11.2012.
105 Vgl. hierzu die Empfehlungen des Finanzausschusses zur Einberufung des Vermittlungsausschusses zum Jahressteuergesetz 2013 v. 13.11.2012, BR-Drucks. 632/1/12.
106 S. BR-Drucks. 302/12, S. 132.
107 BR-Drucks. 302/12, S. 132.

zierten Anhörungsregelung stellt lediglich die automatische Übermittlung von Informationen nach § 7 EU-AHiG-E dar. In diesen Fällen ist eine Anhörung nicht erforderlich (§ 7 Abs. 2 EU-AHiG-E).

IX. Rechtsschutz vor dem Finanzgericht

Der *Geheimnisschutz* kann nur effektiv gewährleistet werden, wenn dem Steuerpflichtigen *Rechtsschutzmöglichkeiten* gegen den Informationsaustausch zur Verfügung stehen. In Betracht kommen insoweit die Klageerhebung und die Geltendmachung vorläufigen Rechtsschutzes.

1. Klageverfahren

Im Klageverfahren ist zu beachten, dass die Auskunftserteilung und das Auskunftsersuchen keine Verwaltungsakte sind. Daraus folgt, dass die richtige Klageart in der Hauptsache die vorbeugende *Unterlassungsklage* ist, wenn die Auskunft bzw. das Auskunftsersuchen noch bevorsteht.[108] Danach – also nach durchgeführtem Informationsaustausch – kommt eine allgemeine *Feststellungsklage* in Betracht, wenn ein Feststellungsinteresse besteht.

In materiell-rechtlicher Hinsicht ist ein Unterlassungsanspruch geltend zu machen. Dieser stützt sich auf § 1004 BGB analog i. V. m. § 30 AO.

2. Vorläufiger Rechtsschutz

Wesentlicher häufiger wird in der Praxis von Verfahren des vorläufigen Rechtsschutzes Gebrauch gemacht. Dies beruht darauf, dass ein Klageverfahren keine aufschiebende Wirkung hat. Folglich kann die Auskunft trotz anhängigem Klageverfahren erteilt oder eingeholt werden. Damit hätte sich das Klagebegehren in praktischer Hinsicht jedoch erledigt. Eine Entscheidung in der Hauptsache würde dann in der Regel keinen effektiven Rechtsschutz bieten. Denn die Folgen einer einmal erteilten Auskunft können nicht mehr rückgängig gemacht werden.

Deshalb werden Streitigkeiten über einzuholende oder zu erteilende Auskünfte oftmals im Rahmen von Anträgen auf den Erlass einer *einstweiligen Anordnung* nach § 114 FGO ausgetragen.

Fraglich erscheint, ob in diesen Fällen eine *Regelungs-* oder eine *Sicherungsanordnung* einschlägig ist. Grundsätzlich scheint der BFH darauf abzustellen, dass der Antragsteller den Erlass einer Regelungsanordnung begehrt. Denn durch die gerichtliche Anordnung möchte er die Weiterleitung

---

108 S. auch *Höppner* in Gosch/Kroppen/Grotherr (Fn. 49), Art. 26 OECD-MA Rz. 280, 283; *Seer/Gabert*, StuW 2010, 3 (20).

des Auskunftsersuchens durch das Bundeszentralamt für Steuern an die ausländische Steuerbehörde verhindern und damit die Regelung eines vorläufigen Zustandes in Bezug auf ein streitiges Rechtsverhältnis erreichen.[109] Allerdings finden sich viele Entscheidungen, in denen der BFH sich nicht dazu äußert.[110] Indes lagen diesen Entscheidungen insoweit unbeanstandete finanzgerichtliche Beschlüsse zugrunde, in denen eine Regelungsanordnung bejaht wurde.[111] Zweifel an der Annahme einer Regelungsanordnung könnten sich insoweit ergeben, als es der BFH für den Anordnungsgrund ausreichen lässt, dass die Glaubhaftmachung der Gefahr einer nicht mehr rückgängig zu machenden Verletzung des subjektiven Rechts auf Wahrung des Steuergeheimnisses ausreicht. Weitere Nachteile müssen nicht glaubhaft gemacht werden.[112] Dies könnte dafür sprechen, dass doch eine „Sicherungsanordnung" gegeben ist.

In praktischer Hinsicht darf nicht verkannt werden, dass im Verfahren des einstweiligen Rechtsschutzes der richterliche Untersuchungsgrundsatz eingeschränkt ist. Folglich trifft den Steuerpflichtigen eine gesteigerte Mitwirkungspflicht. Im Hinblick auf den *Anordnungsanspruch* obliegt es ihm daher, darzulegen und *glaubhaft zu machen*, dass die Voraussetzungen für die Auskunftserteilung oder -einholung nicht gegeben sind. Allerdings sollten die Anforderungen für die Glaubhaftmachung eines Anordnungsgrundes nicht überzogen werden, weil mit der Weitergabe von Daten unter Umständen eine nicht mehr zu heilende Verletzung des Grundrechts auf informationelle Selbstbestimmung verbunden sein kann.[113] Gleichwohl ist aber auch das öffentliche Interesse an einem funktionierenden grenzüberschreitenden Informationsverkehr zu berücksichtigen. Dieser könnte durch einen übermäßigen Rechtsschutz behindert werden.[114] Insoweit gilt es, einen ausgewogenen Interessenausgleich zu finden. Bezüglich des *Anordnungsgrundes* ist es nicht erforderlich, dass der Steuerpflichtige darlegt, dass ohne Gewährung der einstweiligen Anordnung seine wirtschaftliche oder persönliche Existenz unmittelbar bedroht sei.[115] Vielmehr folgt in diesen Fällen – wie soeben erwähnt – der Anordnungsgrund regelmäßig dem Anordnungsanspruch.

---

109 Z. B. BFH, Beschluss v. 29.10.1986 – I B 28/86, BStBl. II 1987, 440, BFHE 147, 492.
110 Z. B. BFH, Beschluss v. 17.9.2007 – I B 30/07, BFH/NV 2008, 51; v. 17.2.2006 – I B 87/05, BStBl. II 2006, 616, BFHE 212, 4.
111 FG Köln, Beschluss v. 20.12.2006 – 2 V 4096/06, EFG 2007, 736; v. 27.4.2005 – 2 V 1095/05, EFG 2005, 1322.
112 BFH, Beschluss v. 15.2.2006 – I B 87/05, BStBl. II 2006, 616.
113 *Seer* in Tipke/Kruse, § 117 AO Rz. 112; *Seer/Gabert*, StuW 2010, 3 (20).
114 *Seer/Gabert*, StuW 2010, 3 (20).
115 So noch BFH, Beschluss v. 22.1.1991 – VII B 191/90, BFH/NV 1991, 693.

3. Allgemeines Rechtsschutzinteresse

Bisweilen kann in der Praxis das allgemeine Rechtsschutzinteresse problematisch sein. Erst wenn das *Bundeszentralamt für Steuern* gegenüber dem Betroffenen eine Weiterleitung der Auskunft bzw. des Auskunftsersuchens ankündigt, ist grundsätzlich das allgemeine Rechtsschutzinteresse zu bejahen.[116] Vorher wäre eine Klage oder ein Antrag auf Erlass einer einstweiligen Anordnung unzulässig.

---

116 FG Köln, Beschluss v. 8.12.2006 – 2 V 4320/06, n. v.

Internationale Zusammenarbeit – Konsultation und Verständigung

Katharina Becker
Referentin, Bundesministerium der Finanzen, Berlin

Inhaltsübersicht

I. Überblick
II. Konsultationsverfahren gemäß Art. 25 Abs. 3 Satz 1 OECD-MA
III. Verständigungsverfahren nach Art. 25 Abs. 1, 2 und 4 OECD-MA
   1. Zuständige Behörde
   2. Antragsverfahren
      a) Antrag
      b) Antragsberechtigte Person
      c) Maßnahmen eines Vertragsstaats oder beider Vertragsstaaten
      d) Dem Abkommen nicht entsprechende Besteuerung
      e) Verhältnis zu innerstaatlichen Rechtsmitteln
      f) Antragsfristen
      g) Form und Inhalt des Antrags
      h) Prüfung des Antrags und Abhilfeverfahren auf nationaler Ebene
   3. Verständigung
      a) Kommunikation zwischen den zuständigen Behörden
      b) Beendigung des Verständigungsverfahrens
      c) Verständigungsvereinbarung
      d) Stellung des Steuerpflichtigen
      e) Kosten
      f) Fallstatistik
   4. Umsetzung der Verständigungsvereinbarung
IV. Schiedsverfahren gemäß Art. 25 Abs. 5 OECD MA
   1. Grundzüge
   2. Gegenstand des Schiedsverfahrens
   3. Zeitpunkt der Einleitung des Schiedsverfahrens
   4. Verhältnis zu den nationalen Rechtsmitteln
   5. Umsetzung des Schiedsspruchs
   6. Stellung des Steuerpflichtigen
   7. Musterverständigungsvereinbarung für das OECD-Schiedsverfahren
V. Die EU Schiedskonvention (EU-SK)
   1. Rechtsnatur, Gegenstand
   2. Geschichte, Geltungsbereich
   3. Verhältnis zum MA
   4. Stellung des Steuerpflichtigen
   5. Schiedsverfahren
   6. Kritik an der EU-Schiedskonvention

I. Überblick

Zwischenstaatliche Verfahren zur Streitbeilegung haben in der jüngsten Zeit der Internationalisierung der Wirtschaft an erheblicher Bedeutung gewonnen. Denn sowohl Unternehmen als auch natürliche Personen nehmen in immer größerem Umfang grenzüberschreitende Aktivitäten wahr, sodass es zu mehr und komplizierteren zwischenstaatlichen Besteuerungskonflikten kommt.[1]

---

[1] S. www.oecd.org.tax, dispute resolution; *Owens*, Die Vorschläge der OECD zur Verbesserung des Verfahrens zur Beilegung von Streitigkeiten im Zusammenhang mit DBA, IStR 2007, 472.

Zur Prävention von Steuerdisputen hat sich das Konsultationsverfahren nach Art. 25 Abs. 3 Satz 1 des OECD Musterabkommens (OECD-MA) etabliert. Hier verständigen sich die zuständigen Behörden über die Abkommensauslegung ihrer bilateralen Doppelbesteuerungsabkommen, sodass es in den betreffenden Staaten zu abgestimmten Anwendungen des Abkommens kommt.

Im Falle von eingetretenen Steuerdisputen haben sich grundsätzlich die traditionellen Verständigungsverfahren (VerstV) zur Streitbeilegung bewährt; sie geben Steuerpflichtigen Schutz gegen abkommenswidrige Besteuerung.[2] Allerdings sind die VerstV vor allem im Bereich der Verrechnungspreise der zunehmenden Kritik ausgesetzt gewesen, dass sie zu lange dauern[3] und keinen Einigungszwang[4] vorsehen. Als Reaktion auf diese Kritik und zur Unterstützung des Standortfaktors erklären sich immer mehr Staaten auf Grundlage des Art. 25 Abs. 1 und 2 OECD-MA bereit, Advance Pricing Agreements (APA) abzuschließen, in deren Rahmen sich Vertragsstaaten für einen festgesetzten zukünftigen Zeitraum auf Verrechnungspreise zwischen zwei oder mehreren verbundenen Unternehmen einigen. Als weitere Reaktion hat die OECD im Jahr 2008 Art. 25 Abs. 5 in das OECD-MA aufgenommen, der verpflichtende Schiedsverfahren für gescheiterte VerstV vorsieht.

Im Folgenden soll auf das Konsultationsverfahren nach Art. 25 Abs. 3 Satz 1 OECD-MA, auf das Verständigungs- und Schiedsverfahren nach Art. 25 Abs. 1 ,2, 4 und 5 OECD-MA sowie auf das Schiedsverfahren nach der EU-Schiedskonvention (EU-SK) eingegangen werden.

II. Konsultationsverfahren gemäß Art. 25 Abs. 3 Satz 1 OECD-MA

Das Konsultationsverfahren soll Schwierigkeiten und Zweifel allgemeiner Art bei der Auslegung und Anwendung eines Doppelbesteuerungsabkommens beheben, die sich auf eine Gruppe von Steuerpflichtigen beziehen oder aufgrund von nationalen Gesetzesänderungen ergeben.[5]

Die zuständige Behörde für Konsultationsverfahren ist in Deutschland das Bundesministerium der Finanzen.[6] Konsultationsverfahren werden nicht

---

2 S. auch *Owens*, IStR 2007, 472; *Baumhoff/Puls*, Mediation bei Verrechnungspreiskonflikten als alternativer Streitbeilegungsansatz?, IStR 2010, 802.
3 *Nientimp*, Bundesministerium der Finanzen beantwortet Kleine Parlamentsanfrage zu Funktionsverlagerung und Verständigungsverfahren, IWB 2008, 331 ff. „Aktuelles".
4 *Lüdicke*, Überlegungen zur deutschen DBA-Politik, Schriften des Instituts für Ausländisches und Internationales Finanz- und Steuerwesen, Universität Hamburg, 2008, S. 31.
5 Art. 25 OECD-MK Tz. 51.
6 Aufgaben des Bundeszentralamts für Steuern gemäß § 5 Abs. 1 Nr. 5 Finanzverwaltungsgesetz, BMF v. 20.6.2011, BStBl. I 2011, 674.

von den Steuerpflichtigen sondern von den zuständigen Behörden angeregt; diese können sich auch in DBA-Verhandlungen darüber einigen, dass Anwendungsregeln im Rahmen von Verständigungsvereinbarungen erarbeitet werden. Es besteht kein Anspruch auf die Durchführung des Verfahrens, es besteht auch kein Einigungszwang. Bis zum Jahr 2010 hat der Abschluss von Verständigungsvereinbarungen als Verwaltungsvorschrift lediglich die deutschen Finanzbehörden gebunden, eine Bindung der Gerichte bestand mangels eines innerstaatlichen Zustimmungsgesetzes nicht.[7] Im Rahmen des Jahressteuergesetzes 2010 wurde mit § 2 Abs. 2 AO eine Verordnungsermächtigung zur Umsetzung von Konsultationsvereinbarungen geschaffen. Diese ermächtigt das Bundesministerium der Finanzen nunmehr, zur Sicherung der Gleichmäßigkeit der Besteuerung und zur Vermeidung der Doppelbesteuerung oder doppelten Nichtbesteuerung mit Zustimmung des Bundesrates Rechtsverordnungen zur Umsetzung von Konsultationsvereinbarungen zu erlassen.

III. Verständigungsverfahren nach Art. 25 Abs. 1, 2 und 4 OECD-MA

1. Zuständige Behörde

Die zuständige Behörde für die Durchführung der VerstV, Schiedsverfahren und für APA ist in Deutschland das Bundeszentralamt für Steuern (BZSt) in Bonn, das im Einvernehmen mit den Landesfinanzbehörden handelt.[8] Eine Übersicht über die zuständigen Behörden der OECD- Mitgliedstaaten und einiger OECD-Nichtmitgliedstaaten enthält die OECD- Internetseite zu den Länderprofilen.[9]

2. Antragsverfahren

a) Antrag

Die Einleitung eines VerstV setzt einen Antrag einer Person voraus, die einer dem Abkommen mit dem anderen Vertragsstaat nicht entsprechenden Steuer unterliegt. Der Antrag ist in Deutschland beim BZSt in Bonn bzw. bei der zuständigen Landesfinanzbehörde zu stellen.[10]

b) Antragsberechtigte Person

Einen Antrag auf Einleitung eines VerstV kann eine in einem Vertragsstaat ansässige Person stellen oder in Diskriminierungsfällen eine Person, die

---
7 BFH v. 2.9.2009 – I R 90/08 und I R 111/08.
8 Merkblatt zum internationalen Verständigungs- und Schiedsverfahren, BMF v. 13.7.2006, BStBl. I 2006, 461 ff., Tz. 1.4.
9 S. www.oecd.org.tax, dispute resolution, country profiles.
10 Merkblatt zum internationalen Verständigungs- und Schiedsverfahren (Fn. 8), Tz. 1.4.

Staatsangehörige eines Vertragsstaats ist. Eine Person ist gemäß Art. 3 Abs. 1a OECD-MA eine „natürliche Person, eine Gesellschaft oder eine Personenvereinigung." Sie gilt nach Art. 4 Abs. 1 OECD-MA als dort ansässig, wo sie „auf Grund ihres Wohnsitzes, ihres ständigen Aufenthalts des Ortes ihrer Geschäftsleitung oder eines anderen ähnlichen Merkmals steuerpflichtig ist." Da eine Betriebsstätte demnach keine Person im Sinne des OECD-MA ist, kann sie keinen Antrag auf Einleitung eines VerstV stellen. Allerdings kann ein Unternehmen, das im Sinne des Art. 3 Abs. 1a OECD-MA eine Person ist, im Ansässigkeitsstaat einen Antrag auf ein VerstV mit dem Staat stellen, in dem seine Betriebsstätte gelegen ist.

Da Personengesellschaften in Deutschland nicht körperschaftsteuerpflichtig sind, können sie keiner dem Abkommen nicht entsprechenden Besteuerung unterliegen und so, obwohl sie „Person" im Sinne des Abkommens sind, keinen Antrag auf Einleitung eines VerstV stellen. Der Antrag ist daher von den Gesellschaftern in ihrem Ansässigkeitsstaat einzureichen.

Die Verpflichtung einer Person, den Antrag mit Ausnahme von Diskriminierungsfällen im Ansässigkeitsstaat zu stellen, ist nach dem OECD-MA von genereller Anwendung, unabhängig davon, ob eine Doppelbesteuerung vorliegt oder ob die Person nach dem Zeitraum, für den sie eine abkommenswidrige Besteuerung geltend macht, in den anderen Vertragsstaat zieht.[11] In Verrechnungspreisfällen ist die Antragsstellung von beiden betroffenen Personen in ihrem jeweiligen Ansässigkeitsstaat möglich, da beide Gesellschaften mit der wirtschaftlichen Doppelbesteuerung belastet sind. Üblicherweise wird jedoch der Antrag nur von einem Unternehmen gestellt. Dies sollte bei Mutter-Tochter-Verhältnissen zweckmäßigerweise die Muttergesellschaft sein.[12]

c) Maßnahmen eines Vertragsstaats oder beider Vertragsstaaten

Maßnahmen eines Vertragsstaats oder beider Vertragsstaaten, die zu einer abkommenswidrigen Besteuerung führen und daher gemäß Art. 25 Abs. 1 OECD-MA zur Einleitung eines VerstV berechtigen, können Handlungen oder Entscheidungen legislativer oder administrativer Art sein. Der OECD-Musterkommentar (OECD-MK) führt hierzu einige Beispiele an, wie die Verabschiedung eines Gesetzes, dessen Umsetzung bei einem Steuerpflichtigen zu einer abkommenswidrigen Besteuerung führt oder geführt hat. Auch Verrechnungspreisvorschriften, deren Einhaltung bei einem Steuerpflichtigen zu der Abrechnung von höheren Preisen als unter Fremdvergleichsgrundsätzen führt oder geführt hat, sind unter diese Maßnahmen eines Vertragsstaats zu subsumieren. Ansonsten ist in Verrechnungspreisfällen die Maßnahme üblicherweise in einem Prüfungsbericht zu sehen, der

---

11 Art. 25 OECD-MK Tz. 17.
12 Merkblatt zum internationalen Verständigungs- und Schiedsverfahren (Fn. 8), Tz. 2.1.3.

die vorzunehmende Verrechnungspreiskorrektur begründet. Es reicht aber auch schon aus, wenn ein Betriebsprüfer im Rahmen der Betriebsprüfung mündlich auf die vorzunehmende Korrektur hinweist.[13]

d) Dem Abkommen nicht entsprechende Besteuerung

Nach Art. 25 Abs. 1 OECD-MA kann ein Steuerpflichtiger einen Antrag auf Einleitung eines VerstV stellen, wenn er einer „dem Abkommen nicht entsprechenden Besteuerung" unterliegt. Hierunter ist jegliche Besteuerung zu verstehen, die den Regelungen des zwischenstaatlichen Abkommens widerspricht. Obwohl es sich bei der Mehrheit der Fälle um Doppelbesteuerungsfälle handeln dürfte, können auch andere der Besteuerung unterworfene Sachverhalte in zwei Abkommensstaaten einem Abkommen nicht entsprechen. Ein Beispiel ist die höhere Besteuerung von Einkünften Nichtansässiger im Vergleich zu der Besteuerung gleichartiger Einkünfte von Ansässigen, was Art. 24 Abs. 1 OECD-MA entgegenstünde.

e) Verhältnis zu innerstaatlichen Rechtsmitteln

Ein Antrag auf VerstV kann in Deutschland unbeschadet innerstaatlicher Rechtsmittel gestellt werden.[14] Das internationale VerstV und die nationalen Verfahren sind voneinander unabhängig und können nebeneinander oder auch nacheinander geführt werden.[15] Ebenso kann in Deutschland das VerstV geführt werden, ohne dass Rechtsmittel eingelegt worden sind. Der OECD-MK geht davon aus, dass es alle Parteien, d. h. Steuerpflichtige und die zuständigen Behörden, vorziehen, zunächst das VerstV zu führen.[16] Diese Verfahrensweise ist anzuraten, da durch VerstV in der Regel in angemessener Zeit eine Einigung erzielt und die dem Abkommen nicht entsprechende Besteuerung behoben wird. Bei nationalen Verfahren bleibt insbesondere die Gefahr der Doppelbesteuerung bestehen und es ist nicht wahrscheinlich, dass in einem VerstV, das nach Abschluss nationaler Verfahren für weit zurückliegende Jahre geführt werden müsste, eine Einigung erzielt und umgesetzt werden könnte, zumal einige Vertragsstaaten aufgrund nationaler Fristen, außer im Falle der EU-Schiedskonvention, keine Möglichkeit haben, eine Verständigungsvereinbarung für Altjahre umzusetzen.[17] Da deutsche VerstV mittlerweile recht schnell, d. h. je nach Komplexität des Falles innerhalb von einem bis drei Jahren abgeschlossen werden, ist dies auch die in Deutschland übliche Verfahrensweise, wobei in der Regel die eingelegten Rechtsbehelfsverfahren ausgesetzt werden.

---

13 S. auch Art. 25 OECD-MK Tz. 21.
14 Merkblatt zum internationalen Verständigungs- und Schiedsverfahren (Fn. 8), Tz. 2.1.5; *Lehner* in Vogel/Lehner, DBA-Kommentar, 5. Aufl. 2008, Art. 25 Rz. 34.
15 Art. 25 OECD-MK Tz. 34.
16 Art. 25 OECD-MK Tz. 25.
17 Art. 25 OECD-MK Tz. 39.

f) Antragsfristen

Das OECD-MA sieht als Antragsfrist eine Zeit von drei Jahren ab der ersten Mitteilung der Maßnahme vor, die zu der abkommenswidrigen Besteuerung geführt hat. Allerdings soll der Fristbeginn möglichst vorteilhaft für Steuerpflichtige ausgelegt werden, d. h., dass unter „Maßnahmen der Vertragsstaaten, die dem Abkommen nicht entsprechende Besteuerung auslösen" (s. Art. 25 Abs. 1 OECD-MA), in der Regel die Steuerbescheide zu verstehen sind.[18] Beruht die abkommenswidrige Besteuerung auf Maßnahmen beider Vertragsstaaten, ist in Deutschland die Bekanntgabe des letzten Bescheides maßgebend.[19] In dem Fall, dass zunächst die innerstaatlichen Rechtsmittelverfahren geführt werden, ist die letzte nicht mehr rechtsmittelfähige Entscheidung eines Gerichts die Maßnahme, die zur abkommenswidrigen Besteuerung führt und die Dreijahresfrist auslöst. Diese theoretische Möglichkeit, VerstV auch für weit zurückliegende Jahre führen zu können, grenzt jedoch an die praktische Handhabbarkeit solch alter Fälle.

g) Form und Inhalt des Antrags

Art. 25 Abs. 1 OECD-MA gibt keinen Hinweis über die Form und den Inhalt des Antrags auf Einleitung eines VerstV, sodass sich die Voraussetzungen nach dem nationalen Recht der Vertragsstaaten richten, das für Einwendungen in steuerlichen Angelegenheiten gilt. In diesem Sinne ist der Antrag in Deutschland entsprechend § 357 AO schriftlich einzureichen oder zur Niederschrift zu erklären, zudem ist der Sachverhalt darzulegen und sind erforderliche Unterlagen und Beweismittel beizufügen.[20] Antragsteller sind nicht dazu angehalten, die abkommenswidrige Besteuerung im Antrag nachzuweisen. Es reicht aus, wenn sie im Antrag auf Einleitung des VerstV die Unterlagen beifügen, die die abkommenswidrige Besteuerung belegen. Mindestangaben für einen Antrag auf Einleitung eines VerstV finden sich in Tz. 2.3.3 des BMF-Schreibens zum internationalen Verständigungs- und Schiedsverfahren. Zur weiteren Sachverhaltsaufklärung wendet sich das BZSt üblicherweise an den Antragsteller und fordert ihn auf, erforderliche Angaben nachzureichen. Dem Antrag kommt keine aufschiebende Wirkung zu, d. h. er kann weder den Eintritt der Rechtskraft noch die Vollstreckung der angefochtenen Maßnahmen verhindern.[21]

h) Prüfung des Antrags und Abhilfeverfahren auf nationaler Ebene

Der Antrag auf Einleitung eines VerstV ist von der zuständigen Behörde zunächst daraufhin zu überprüfen, ob eine abkommenswidrige Besteuerung

---
18 Art. 25 OECD-MK Tz. 21.
19 Merkblatt zum internationalen Verständigungs- und Schiedsverfahren (Fn. 8), Tz. 2.2.1.
20 Merkblatt zum internationalen Verständigungs- und Schiedsverfahren (Fn. 8), Tz. 2.13, 2.14.
21 *Lüthi* in Gosch/Kroppen/Grotherr, DBA-Kommentar, Loseblatt, Art. 25 MA Rz. 43.

geltend gemacht wird[22] und ob sonstige Gründe vorliegen, die gegen die Einleitung eines Antrags auf VerstV sprechen. Der Steuerpflichtige hat hierzu ggf. im Rahmen seiner erhöhten Mitwirkungspflicht (§ 90 Abs. 2 AO) weitere Unterlagen zum Nachweis vorzulegen. Ein möglicher ablehnender Bescheid kann mit dem Einspruch angefochten werden.[23] Nach erfolglosem Einspruchsverfahren ist der Rechtsweg zu den Finanzgerichten möglich. Ist das BZSt die beklagte Behörde, ist die Klage an das Finanzgericht Köln zu richten.[24]

Der OECD-MK führt verschiedene Gründe auf, die einige Vertragsstaaten zusätzlich zum Abkommenstext für die Ablehnung von Anträgen auf VerstV geltend machen: den Missbrauch rechtlicher Gestaltungsmöglichkeiten, ein rechtskräftiges Urteil in demselben Fall, nationale entgegenstehende Rechtsvorschriften oder die Tatsache, dass die in dem Fall erhobenen Steuern nicht abgeführt worden sind.[25] Gemäß OECD-MK überzeugen diese Gründe jedoch nicht. So wird der Missbrauch rechtlicher Gestaltungsmöglichkeiten, der in Deutschland als Ablehnungsgrund gerichtlich bestätigt wurde,[26] nur dann als Ablehnungsgrund anerkannt, wenn signifikante Strafen involviert sind.[27] Ein vorliegendes rechtskräftiges Urteil bzw. nationale entgegenstehende Rechtsvorschriften sind demnach ebenfalls kein Grund, die Einleitung eines VerstV abzulehnen. Der OECD-MK verweist in diesem Zusammenhang auf Art. 27 des Wiener Übereinkommens über das Recht der Verträge, wonach die Vorschriften nationaler Gesetze und selbst der nationalen Verfassung keine Rechtfertigung bieten, Vertragsverpflichtungen nicht einzuhalten.[28]

Im OECD-MK wird auch die Praxis einiger Staaten kritisiert, wonach zunächst die vollen Steuerzahlungen verlangt werden, bevor ein VerstV eingeleitet wird. Dies könne zu erheblichen Zinsbelastungen für den Steuerpflichtigen führen.[29] In Deutschland ist es nicht erforderlich, dass die Steuerzahlungen geleistet sein müssen, bevor ein VerstV eingeleitet wird. Allerdings ist hierfür im nationalen Verfahren Einspruch einzulegen und Aussetzung der Vollziehung zu beantragen (§§ 347 und 361 AO). Das VerstV selbst sieht keine Möglichkeit vor, Aussetzung der Vollziehung zu gewähren. Vom OECD-MK nicht als Ablehnungsgrund aufgeführt ist der vom Finanzgericht Hamburg anerkannte der Aussichtslosigkeit des Verfahrens, wenn die Rechtsauffassungen der Vertragsstaaten über den Sachverhalt eindeutig feststehen und nicht damit gerechnet werden kann, dass

---

22 *Lehner* in Vogel/Lehner (Fn. 14), Art. 25 MA Rz. 76.
23 § 347 Abs. 1 Satz 1 Nr. 1 AO.
24 § 38 FGO.
25 Art. 25 OECD-MK Tz. 26 ff.
26 S. auch BFH v. 26.5.1982 – I R 16/78, BStBl. II 1982, 583.
27 Art. 25 OECD-MK Tz. 26.
28 Art. 25 OECD-MK Tz. 27.
29 Art. 25 OECD-MK Tz. 46.

sich diese im VerstV ändern.[30] Allerdings darf aus dem Urteil nicht verallgemeinernd geschlossen werden, dass die Annahme der Aussichtslosigkeit die Ablehnung von Anträgen auf VerstV rechtfertigen. Denn Ziel der VerstV muss die Entlastung der Steuerpflichtigen von der Doppelbesteuerung sein, unter Umständen durch eine Verhandlungslösung, die von der nationalen Rechtsauffassung abweicht. Die Annahme der Aussichtslosigkeit muss daher, wie in dem Fall geschehen, ausreichend begründet sein.

Die wenigen in Deutschland vor Gericht entschiedenen Fälle über die Einleitung von VerstV[31] und die gängige Praxis zeigen, dass der Frage der Ablehnung eines Antrags auf Verfahren, bei dem kein Einigungszwang besteht, kaum eine praktische Bedeutung zukommt. Die praktische Bedeutung kann jedoch mit einer steigenden Anzahl von abgeschlossenen Abkommen, die auch obligatorische Schiedsverfahren vorsehen, zunehmen. In diesem Fall werden insbesondere an die Sachverhaltsaufklärung strengere Anforderungen zu stellen sein, um sicherzustellen, dass der Fall innerhalb von zwei Jahren nach dem Antrag beendet werden kann und dass, falls ein Schiedsverfahren erforderlich ist, sämtliche relevanten Informationen für den Fall vorliegen.

Im Abhilfeverfahren prüft die zuständige Behörde, ob der Einwendung durch innerstaatliche Maßnahmen stattgegeben werden kann.[32] Eine Stattgabe kommt dann in Betracht, wenn die Finanzbehörde der Auffassung ist, dass eine innerstaatliche Maßnahme und nicht die Maßnahme des anderen Vertragsstaats zu einer abkommenswidrigen Besteuerung geführt hat.[33] Das Abhilfeverfahren entspricht der Stattgabe in einem Einspruchsverfahren und unterliegt den nationalen Rechtsvorschriften. So kann die zuständige Behörde einem Antrag nicht abhelfen, wenn bereits eine Einspruchsentscheidung oder ein Gerichtsurteil in dem Fall ergangen ist.[34] Wird in Deutschland ein Antrag auf VerstV bei dem zuständigen Finanzamt gestellt, überprüft dieses, ob es dem Antrag abhelfen kann, und leitet den Fall nur dann an das BZSt weiter, wenn es keine Abhilfemöglichkeit sieht. Ist das BZSt der Auffassung, dass einem Antrag im Abhilfeverfahren stattgegeben werden sollte, stimmt es sich mit dem zuständigen Finanzamt ab.

3. Verständigung

a) Kommunikation zwischen den zuständigen Behörden

Ist die zuständige Behörde der Auffassung, dass eine Maßnahme des Auslands zu einer dem Abkommen nicht entsprechenden Besteuerung geführt

---

30 FG Hamburg v. 13.7.2000 – V 2/97; s. auch *Ismer*, IStR 2003, 394.
31 BFH v. 26.5.1982 – I R 16/78, BStBl. II 1982, 583; FG Hamburg v. 13.7.2000 – V 2/97.
32 Art. 25 OECD-MK Tz. 32.
33 *Lehner* in Vogel/Lehner (Fn. 14), Art. 25 MA Rz. 91.
34 S. auch *Lüthi* in Gosch/Kroppen/Grotherr (Fn. 21), Art. 25 MA Rz. 57.

hat oder führt, leitet sie das VerstV mit dem Ziel ein, die drohende oder eingetretene abkommenswidrige Besteuerung zu beseitigen.[35] Dabei wendet sie sich in der Regel schriftlich mit einem Positionspapier an den anderen Vertragsstaat und erläutert die nationale Rechtsauffassung.[36] Die zuständige Behörde des anderen Vertragsstaats ist grundsätzlich verpflichtet, auf das Ersuchen einzugehen. Die übliche Praxis ist es, dass diese ebenfalls mit einem Positionspapier antwortet. Eine zeitliche Vorgabe für den Austausch von Positionspapieren gibt das OECD-MA (hier Art. 25 Abs. 2) nicht vor, doch haben einige Staaten nationale oder in bilateralen allgemeinen Verständigungsvereinbarungen vereinbarte Regelungen zu Fristen für den Austausch von Positionspapieren aufgenommen.[37] Auch das OECD-Handbuch zu VerstV sieht Zeitvorgaben vor.[38] Eine Einigung kann über den Schriftweg erfolgen, meistens ist jedoch aufgrund der Komplexität der Fälle der Einsatz einer gemeinsamen Kommission notwendig, in deren Rahmen eine Einigung herbeigeführt wird.[39]

VerstV nach DBA sehen zwar keinen Einigungszwang vor,[40] die zuständigen Behörden der Vertragsstaaten sehen es doch als ihre besondere Verpflichtung und Aufgabe an, eine ihren Abkommen nicht entsprechende Besteuerung zu beheben. In erster Linie haben sie sich bei der Erarbeitung einer Verständigungslösung an ihre nationalen steuerlichen Vorschriften und die des Abkommens zu halten. Macht die strenge Anwendung dieser Vorschriften eine Einigung jedoch unmöglich, so sind im Billigkeitswege (§§ 163, 227 AO) Lösungen zu erarbeiten, die die abkommenswidrige Besteuerung aufheben und gleichzeitig für beide Staaten akzeptabel und praktikabel in der Umsetzung sind. Diese Situation tritt insbesondere bei Qualifikationskonflikten, wie z. B. regelmäßig bei der Frage des Bestehens oder Nichtbestehens einer Betriebsstätte oder einer selbständigen oder nichtselbständigen Tätigkeit bzw. bei der Auslegung von Abkommensbegriffen wie z. B. dem des Künstlers auf. Da ein Festhalten an der innerstaatlichen Rechtsauffassung von beiden Seiten nicht mit dem Ziel der Vermeidung der Doppelbesteuerung und damit nicht mit dem Abkommen vereinbar ist, erfordert eine Einigung hier die (teilweise) Aufgabe der nationalen Rechtspositionen.[41] Die deutsche Finanzverwaltung sieht in § 175a AO die Rechtsgrundlage, um Verständigungslösungen ungeachtet natio-

---

35 Art. 25 OECD-MK Tz. 33.
36 www.oecd.org.tax, dispute resolution, OECD Manual on MAP, Tz. 3.4.1.
37 Merkblatt zum internationalen Verständigungs- und Schiedsverfahren (Fn. 8), Tz. 12.
38 www.oecd.org.tax, dispute resolution, Manual on MAP, Annex 1.
39 Art. 25 OECD-MK Tz. 40b.
40 *Lehner* in Vogel/Lehner (Fn. 14), Art. 25 MA, Tz. 89; *Eilers* in Wassermeyer, DBA Kommentar, Loseblatt, Art. 25 MA Rz. 9 und 54; *Lüthi* in Gosch, Kroppen, Grotherr (Fn. 21), Art. 25 MA, Rz. 73.
41 Art. 25 OECD-MK Tz. 38; *Schmitz* in Strunk/Kaminski/Köhler, Kommentar zu AStG und DBA, Art. 25 MA Rz. 4; a. A. *Lehner* in Vogel/Lehner (Fn. 14), Rz. 73 und 74.

naler Rechtsvorschriften und ungeachtet rechtskräftiger Urteile umzusetzen.[42] § 175a AO erfasst alle Konsequenzen, die sich aus der Umsetzung von Schiedssprüchen und Verständigungsvereinbarungen aufgrund von völkerrechtlichen Verträgen im Sinne des § 2 AO ergeben.[43] Dabei macht die deutsche Finanzverwaltung die innerstaatliche Umsetzung generell davon abhängig, dass der Steuerpflichtige der Einigung zustimmt, anhängige Rechtsmittel zurücknimmt und auf seine Rechtsbehelfe verzichtet.[44] Angesichts der in den DBA eingegangenen Verpflichtungen, eine drohende oder eingetretene abkommenswidrige Besteuerung zu beheben, ist der Auffassung der Finanzverwaltung zuzustimmen. In der Literatur ist sie umstritten.[45]

In vielen Fällen, unter anderem in Verrechnungspreisfällen, ist es jedoch nicht erforderlich, dass Vertragsstaaten in Hinblick auf eine Einigung von ihren nationalen Rechtsvorschriften abweichen. Hier kommt es darauf an, dass eine Einigung über eine Sachverhaltswürdigung, wie z. B. über Vergleichsdaten, herbeigeführt wird. Eine solche Einigung über die Annahme eines bestimmten Sachverhalts und über eine bestimmte Sachbehandlung ist unter den dafür geltenden allgemeinen Voraussetzungen in Deutschland zulässig.[46]

Einer der wenigen bisher bekannt gewordenen gescheiterten Verrechnungspreisfälle ist der Fall der britischen Gesellschaft GlaxoSmithKline, die einen Betrag von drei Milliarden Dollar an den Internal Revenue Service der USA nachgezahlt hat. Die zugrundeliegenden Einkünfte unterlagen nach den Meldungen der Presse der Doppelbesteuerung.[47] Dieser Fall ist als Ausnahmefall der Verständigungsverhandlungen anzusehen. Er zeigt jedoch, wie wichtig die internationalen Schiedsverfahren oder auch die Vereinbarung von APA geworden sind.

Bei einer Einigung wird insbesondere auf die Gegenseitigkeit geachtet, wonach z. B. die Zustimmung zu einer korrespondierenden Berichtigung für eine bestimmte Anzahl von Jahren nicht über die Jahre hinausgehen sollte, die der andere Staat aufgrund seiner innerstaatlichen Restriktionen im umgekehrten Fall ändern könnte. Im Rahmen der Gegenseitigkeit werden auch Vereinbarungen über Zinsen bei Steuererstattungen (§ 233a AO) oder

---

42 Merkblatt zum internationalen Verständigungs- und Schiedsverfahren (Fn. 8), Tz. 4.1.
43 *Loose* in Tipke/Kruse, Abgabenordnung/Finanzgerichtsordnung, Loseblatt, § 175a AO Rz. 3.
44 Merkblatt zum internationalen Verständigungs- und Schiedsverfahren (Fn. 8), Tz. 4.2.
45 A. A. *Lehner* in Vogel/Lehner (Fn. 14). Art. 25 MA Rz. 132; offen bei *Lüthi* in Gosch/Kroppen/Grotherr (Fn. 21), Art. 25 MA Rz. 68 und *Eilers* in Wassermeyer (Fn. 40), Art. 25 MA, Rz. 57.
46 Merkblatt zum internationalen Verständigungs- und Schiedsverfahren (Fn. 8), Tz. 3.2.6.
47 *Green*, The U.K. Reaction to the Glaxo Case, BNA International, November 2006, S. 2.

über Aussetzungszinsen (§ 237 AO) getroffen, wenn es z. B. divergierende Regelungen gibt, die zu einer erheblichen Belastung für den Steuerpflichtigen führen würden, obwohl die eingetretene Doppelbesteuerung durch eine Verständigungsvereinbarung behoben wird. Da hier jedoch einheitliche Regelungen fehlen, wird kritisiert, dass ein „Gewinnverlagerungsdruck" in die Staaten existiere, die hohe Zinssätze (oder Strafzuschläge) für Steuernachforderungen vorsehen.[48] Einigungen über Zinsen sind dann möglich, wenn beide Vertragsstaaten darin übereinstimmen, dass unter Art. 25 OECD-MA auch Zinsentlastungen fallen.[49] In der EU haben sich die Mitgliedstaaten auf Grundsätze für die Behandlung von Zinsen in VerstV geeinigt.[50] Die zuständigen Behörden vereinbaren in seltenen Fällen auch eine Teilrücknahme der Doppelbesteuerung (partial result). Diese Lösung ist insbesondere dann angebracht, wenn keine weitergehende Einigung aufgrund mangelnder Sachverhaltsaufklärung seitens des Steuerpflichtigen möglich ist.

b) Beendigung des Verständigungsverfahrens

Das VerstV endet entweder mit der Einigung oder mit dem Scheitern des Verfahrens. Im letzteren Fall hat der Steuerpflichtige das Recht, ein Schiedsverfahren einzuleiten, wenn ein zwischenstaatliches Abkommen dies vorsieht bzw. die EU-Schiedskonvention Anwendung findet. Zwischen 2003 und 2009 sind 11 deutsche VerstV gescheitert.[51]

c) Verständigungsvereinbarung

Die Beendigung des VerstV wird üblicherweise in einer Verständigungsvereinbarung schriftlich festgehalten.[52] Da Verständigungsvereinbarungen in der Regel fall- und zeitspezifische Spezialfälle unter bestimmten steuerlichen und wirtschaftlichen Bedingungen regeln, einigen sich beide Seiten üblicherweise darauf, sie nicht als Präzedenz für Korrekturen späterer Jahre oder für andere Verständigungsfälle anzusehen. Aus diesem Grunde werden die Verständigungsergebnisse auch nicht veröffentlicht.

d) Stellung des Steuerpflichtigen

Im VerstV sind die beteiligten Vertragsstaaten, vertreten durch die zuständigen Behörden, die Verfahrensparteien. Dem Steuerpflichtigen, der in dem

---

48 So *Grotherr*, BB 2005, 855 ff.
49 A. A. *Lehner* in Vogel/Lehner (Fn. 14), Art. 25 Rz. 103; Kritik an fehlender Regelung zu Zinszahlungen *Eilers* in Wassermeyer (Fn. 40), Art. 25 Rz. 36; S. zu Zinszahlungen und VerstV www.oecd.org, dispute resolution, Manual on MAP, Tz. 4.5.2 sowie Verhaltenskodex zur EU-Schiedskonvention 2009, Abs. 8; s. auch Art. 25 OECD-MK Tz. 49.
50 Verhaltenskodex zur EU-Schiedskonvention 2009, Abs. 8.
51 S. www.oecd.org.tax, dispute resolution, MAP program statistics.
52 Merkblatt zum internationalen Verständigungs- und Schiedsverfahren (Fn. 8), Tz. 3.4.

Verfahren keine Partei ist, stehen damit keine Parteirechte zu.[53] Er kann somit weder am Verfahren teilnehmen noch hat er Einsichtsrechte in die Verständigungsunterlagen der zuständigen Behörden. In Deutschland ist es übliche Praxis, dass der Steuerpflichtige über den Stand, Fortgang und das Ergebnis des Verfahrens vom BZSt unterrichtet wird.[54] Darüber hinaus fordert das BZSt ihn ggf. auf, seine Auffassung zu den rechtlichen und tatsächlichen Aspekten seines Falls schriftlich oder mündlich zu erläutern. Falls erforderlich und falls der andere Vertragsstaat zustimmt, kann der Steuerpflichtige seinen Fall während der Sitzung der gemeinsamen Kommission vortragen.

e) Kosten

Die Vertragsstaaten tragen die anfallenden Kosten für die VerstV selbst, Kosten des Abkommensberechtigten werden nicht erstattet.

f) Fallstatistik

Fallstatistiken zu VerstV werden sowohl von der OECD[55] als auch von der EU- Kommission[56] veröffentlicht. Deutschland hatte laut OECD-Statistik Ende 2010 484 offene Fälle mit OECD und OECD-Nichtmitgliedstaaten. Laut Statistik der EU-Kommission hatte Deutschland Ende 2010 132 offene Verständigungsfälle in Verrechnungspreisfragen mit anderen EU- Mitgliedstaaten.

4. Umsetzung der Verständigungsvereinbarung

Ist das VerstV abgeschlossen, informiert in Deutschland das BZSt den Steuerpflichtigen und das zuständige Finanzamt über den Ausgang des Verfahrens.[57] Die Verständigungsvereinbarung wird nur dann umgesetzt, wenn der Steuerpflichtige der Einigung zustimmt, anhängige Rechtsmittel zurücknimmt und nach Bekanntgabe des Bescheids, der die Verständigungsvereinbarung umsetzt, auf einen Rechtsbehelf verzichtet.[58] Der Steuerpflichtige hat der Verständigungsvereinbarung im Ganzen zuzustimmen, es besteht nicht die Möglichkeit, Teilen der Vereinbarung zuzustimmen und andere abzulehnen. Stimmt der Steuerpflichtige der Vereinbarung nicht zu,

---

53 *Lüthi* in Gosch/Kroppen/Grotherr (Fn. 21), Art. 25 MA Rz. 69; *Eilers* in Wassermeyer (Fn. 40), Art. 25 MA Rz. 8; *Lehner* in Vogel/Lehner (Fn. 14), Art. 25 MA Rz. 116.
54 Merkblatt zum internationalen Verständigungs- und Schiedsverfahren (Fn. 8), Tz. 3.3.1.
55 www.oecd.org, taxation, dispute resolution, country mutual agreement procedure statistics.
56 www.ec.europa.eu, Arbitration Convention, Statistics on the number of open cases under the Arbitration Convention.
57 Merkblatt zum internationalen Verständigungs- und Schiedsverfahren (Fn. 8), Tz. 3.1.3 und Tz. 3.3.2.
58 Merkblatt zum internationalen Verständigungs- und Schiedsverfahren (Fn. 8), Tz. 4.2.

kann er die nationalen Verfahren weiterführen. Da die Verständigungsvereinbarung, in der Regel durch die Behebung der Doppelbesteuerung die vorteilhaftere ist, entscheiden sich die Steuerpflichtigen üblicherweise für die Umsetzung der internationalen Einigung.[59] Die zuständigen Behörden informieren sich gegenseitig über die Umsetzung der Verständigungsvereinbarung, um sicherzustellen, dass die abkommenswidrige Besteuerung tatsächlich behoben wurde bzw. dass keine Doppelbesteuerung eingetreten ist.

Die Verständigungsvereinbarung ist ungeachtet der Fristen des innerstaatlichen Rechts umzusetzen, eine Vorgabe, die in Deutschland durch § 175a AO gewährleistet wird.[60] Die Steuern sind entsprechend der zwischenstaatlichen Übereinkunft entweder mit erstmaligem Bescheid oder durch Änderung oder Aufhebung des Bescheides für das Veranlagungsjahr festzusetzen. Eine Umsetzung kann auch für eine entsprechende niedrigere oder höhere Veranlagung in einem anderen Steuerjahr vorgenommen werden, wenn die Verständigungsvereinbarung dies so vorsieht. Ist eine solche Möglichkeit nach nationalem Recht nicht gegeben, stellt die Verständigungsvereinbarung die speziellere Regelung dar und geht den nationalen Vorschriften vor, wenn der Steuerpflichtige ihr zustimmt und auf einen Rechtsbehelf verzichtet (§ 354 Abs. 1a AO, § 50 Abs. 1a FGO).

In den seltenen Fällen, in denen ein VerstV scheitert, kann der Steuerpflichtige die Einleitung eines Schiedsverfahrens beantragen, wenn dies nach dem jeweiligen DBA oder einem anderen Abkommen angezeigt ist. Andernfalls prüft das zuständige Finanzamt im Rahmen des § 163 AO im Rahmen der sachlichen Billigkeit, die Doppelbesteuerung zu beheben.[61] Die Protokolle zu einigen von Deutschland abgeschlossenen DBA sehen den Übergang zur Anrechnungsmethode vor, wenn keine Einigung im VerstV erzielt werden konnte.[62]

IV. Schiedsverfahren gemäß Art. 25 Abs. 5 OECD MA

1. Grundzüge

Mit der Änderung des OECD-Musterabkommens 2008 hat die OECD ein verpflichtendes Schiedsverfahren (SchV) in Art. 25 aufgenommen. Im Vergleich zur EU-Schiedskonvention (EU-SK), die seit 1995 in Kraft ist, ist es der OECD erst 13 Jahre später gelungen, eine Schiedsklausel in das Abkommen aufzunehmen. Denn einige Mitgliedsstaaten hatten aufgrund der Gefahr des Verlusts von Steuersouveränität erhebliche Bedenken gegen die

---

[59] Art. 25 OECD-MK Tz. 79.
[60] S. auch *Loh/Steinert*, BB 2008, 2383.
[61] Merkblatt zum internationalen Verständigungs- und Schiedsverfahren (Fn. 8), Tz. 8.
[62] S. Protokolle zu den DBA Italien, Kanada, Mexiko, Norwegen, Vereinigte Arabische Emirate, Venezuela.

Aufnahme einer Schiedsklausel.[63] Die Steuersouveränität geht jedoch einher mit Standortfaktorüberlegungen, da eine drohende oder eingetretene Doppelbesteuerung für Steuerpflichtige erhebliche finanzielle Auswirkungen haben kann. Zudem zeigt die Erfahrung der europäischen Staaten mit der EU-SK, dass die theoretische Möglichkeit, dass ein Fall in ein obligatorisches SchV übergehen kann, die zuständigen Behörden dazu veranlasst, sich zu einigen.[64] Aus diesem Grund setzt sich der internationale Trend fort, dass auch außereuropäische Staaten wie z. B. Japan, China und Mexiko bereit sind, SchV abzuschließen. Für OECD-Mitgliedstaaten, die dem nicht zustimmen können, gibt die Fußnote zu Art. 25 die Versicherung, dass die Einfügung des Art. 25 Abs. 5 OECD-MA keine Verpflichtung beinhaltet, ein SchV mit Vertragspartnern abzuschließen. Mit der Revision des UN-Musterabkommens 2011 wurde als eine Alternativversion des Art. 25 ebenfalls ein SchV aufgenommen.[65] Dies zeigt, dass nunmehr auch eine Mehrzahl von Entwicklungsstaaten die Vorteile von SchV sehen und dass sie daher bereit sind, SchV in ihre Abkommen aufzunehmen. Denn SchV können die mögliche Macht von stärkeren Finanzverwaltungen in Verständigungsverhandlungen begrenzen.[66]

Die OECD-Schiedsklausel ist sehr kurz gehalten und behandelt vornehmlich folgende Fragen: den Anwendungsbereich des SchV, den Zeitpunkt der Einleitung des SchV, das Verhältnis zu den nationalen Rechtsmitteln und die Umsetzung des Schiedsspruchs. Nach den weiteren Erläuterungen im OECD-MK[67] ist das SchV Teil des VerstV, da es zwischen den zuständigen Behörden abgewickelt wird und auch für Teilaspekte eines Falls Anwendung findet. Liegen die notwendigen Voraussetzungen vor, hat der Steuerpflichtige auf seine Antragstellung hin den Anspruch auf die Verfahrenseinleitung. Dies bedeutet, dass die Vertragsstaaten keine Möglichkeit haben, sich dem Verfahren, auch einseitig, zu entziehen.[68] Die Festlegung des praktischen Ablaufs des SchVs wird den Vertragsstaaten überlassen, die diesen nach dem letzten Satz in Absatz 5 im Rahmen einer Verständigungsvereinbarung bestimmen sollen.[69] Ein Muster für eine solche Vereinbarung ist im Anhang zu Art. 25 OECD-MA enthalten. Durch die Möglichkeit, den praktischen Ablauf des SchVs in den Verständigungsvereinbarungen ändern zu können, ohne dass sich eine Veranlassung gibt, das OECD-MA zu ändern, ergibt sich für die Vertragsstaaten Flexibilität im Rahmen der

---

63 *Quinones/Cruz*, Tax Notes International, 2008, 533.
64 *Lüdicke*, Schriften des Instituts für Ausländisches und Internationales Finanz- und Steuerwesen, Universität Hamburg, 2008.
65 S. www.un.org: Seventh session of the Committee of Experts on International Cooperation in Tax Matters, October 2011.
66 S. auch *Altman*, Harvard University 2005, Abschn. 6.2.1.1.
67 Art. 25 OECD-MK Tz. 63 ff.
68 S. auch *Herlinghaus*, IStR 2010, 126.
69 S. z. B. die Verständigungsvereinbarung DEU-GBR.

Erfahrungsbildung mit der Schiedsklausel. Am Ende des SchV hat der Steuerpflichtige die Möglichkeit, den Schiedsspruch zu akzeptieren oder die nationalen Einspruchs- oder Klageverfahren weiterzuverfolgen.

2. Gegenstand des Schiedsverfahrens

Nach Art. 25 Abs. 5 OECD-MA können alle unter Art. 25 Abs. 1 fallenden Streitfragen des OECD-MA Gegenstand des SchV sein. Die Vertragsstaaten haben jedoch die Möglichkeit, den Anwendungsbereich eines Schiedsverfahrens auf bestimmte Doppelbesteuerungsfragen, wie z.B. die Existenz einer Betriebsstätte und/oder Verrechnungspreisfragen, zu beschränken.[70] Dem Schiedsgericht soll nicht notwendigerweise der gesamte dem VerstV zugrundeliegende Sachverhalt vorgelegt werden, sondern lediglich die Teilaspekte, über die sich die zuständigen Behörden nicht einigen konnten.[71] Die ungelösten Streitfragen müssen zwischen den Behörden bestehen. Nicht ausreichend ist es, wenn eine Streitfrage von den Behörden übereinstimmend, aber nicht für den Steuerpflichtigen zufriedenstellend gelöst wurde.[72] Das SchV ist nicht für zukünftige Streitfälle gedacht, die wahrscheinlich zu einer abkommenswidrigen Besteuerung führen. Für APA, die auf der Rechtsgrundlage von Art. 25 OECD-MA geführt werden, bedeutet dies, dass diese nur dann unter den Anwendungsbereich des SchVs nach Art. 25 Abs. 5 OECD-MA fallen, wenn eine Besteuerung stattgefunden hat.[73]

3. Zeitpunkt der Einleitung des Schiedsverfahrens

Das SchV kann eingeleitet werden, nachdem sich die zuständigen Behörden über einen Zeitraum von zwei Jahren nicht über den Fall einigen konnten. Wie die EU-SK[74] bestimmt der OECD-MK, dass die Zweijahresperiode erst dann beginnt, wenn der Steuerpflichtige den zuständigen Behörden hinreichende Informationen zu der dem Abkommen nicht entsprechenden Besteuerung vorgelegt hat.[75]

4. Verhältnis zu den nationalen Rechtsmitteln

Art. 25 Abs. 5 Satz 2 OECD-MA legt eindeutig fest, dass ein SchV nicht eingeleitet werden kann, wenn bereits eine Gerichtsentscheidung über den Fall vorliegt. Dieser Satz sollte entsprechend in den DBA zwischen Vertragsstaaten, die wie Deutschland Schiedsentscheidungen auch nach Ge-

---

70 Art. 25 OECD-MK Tz. 66.
71 Annex zu Art. 25 OECD-MK, Tz. 9–11.
72 *Eilers* in Wassermeyer (Fn. 40), Art. 25 Rz. 76.
73 Art. 25 OECD-MK Tz. 72.
74 Verhaltenskodex zur EU-Schiedskonvention 2009, Abs. 5.
75 Art. 25 OECD-MK Annex, Tz. 2.

richtsentscheidungen umsetzen können, gestrichen werden.[76] Nach dem EU-JTPF-Schlussbericht vom 14.9.2009 können innerhalb der EU Finnland, die Niederlande, Schweden, Großbritannien und Deutschland von einer Gerichtsentscheidung abweichen. Ansonsten empfiehlt der OECD-MK, SchV und nationale Rechtsmittel aus Praktikabilitätsgründen nicht nebeneinander zu führen. Die nationalen Verfahren sollten so lange ruhend gestellt werden, bis das SchV beendet ist,[77] da dies nicht so viel Zeit in Anspruch nimmt wie das nationale Verfahren und Steuerpflichtige Verständigungsvereinbarungen in der Regel zustimmen.[78] Auf der anderen Seite können auch die nationalen Verfahren, wenn erforderlich, zurückgenommen werden, um das SchV einleiten zu können.

5. Umsetzung des Schiedsspruchs

Die Umsetzung des Schiedsspruchs erfolgt wie im VerstV dann, wenn der Steuerpflichtige dem Schiedsspruch zustimmt und wenn er seine nationalen Rechtsmittel zurücknimmt.[79] Darüber hinaus ist er nur insofern umsetzbar, als er die spezifischen Fragen betrifft, die an das Gericht gestellt wurden.[80] Vertragsstaaten haben auch die Möglichkeit, wie es auch in Art. 12 EU-SK vorgesehen ist, innerhalb von sechs Monaten, nachdem der Schiedsspruch ergangen ist, eine abweichende Einigung zu treffen.

6. Stellung des Steuerpflichtigen

Der Steuerpflichtige hat grundsätzlich die gleichen Rechte und Pflichten wie unter einem VerstV. Allerdings werden ihm im Rahmen des SchVs weitere eingeräumt bzw. auferlegt, wie die der Möglichkeit, vor dem Schiedsgericht Stellungnahmen abzugeben, und die Verpflichtung zur Informationsbeschaffung. Darüber hinaus hat der Steuerpflichtige die Möglichkeit, Maßnahmen zu ergreifen, wenn die Einberufung des Schiedsgerichts sich zu verzögern droht.

7. Musterverständigungsvereinbarung für das OECD-Schiedsverfahren

Die in den Anhang des OECD-MK zu Art. 25 eingefügte Verständigungsvereinbarung soll als Muster für eine solche Vereinbarung der Vertragsstaaten gemäß Absatz 5 letzter Satz dienen. Sie enthält detaillierte Regelungen über den Ablauf und die Konditionen des SchV.

So sollen sich die zuständigen Behörden innerhalb von drei Monaten nach dem Eingang des Antrags auf ein SchV über die Fragen geeinigt haben, die

---

76 Art. 25 OECD-MK Tz. 74.
77 Art. 25 OECD-MK Tz. 77.
78 Art. 25 OECD-MK Tz. 78.
79 Art. 25 OECD-MK Tz. 81, 82.
80 Art. 25 OECD-MK Tz. 83.

das Schiedsgericht im SchV beantworten soll (terms of reference).[81] Als Ausfallregel soll der Stpfl. die terms of reference selbst aufstellen, wenn die zuständigen Behörden ihm diese nicht innerhalb von drei Monaten nach der Antragsstellung zugesandt haben.[82] Auch nachdem das Schiedsgericht konstituiert ist, können sich die zuständigen Behörden noch auf veränderte terms of reference in dem betreffenden Fall einigen.[83] Die EU-SK sieht keine entsprechenden Vereinbarungen vor.

Die Mustervereinbarung sieht eine einfache Regelung für die Auswahl der Schiedsrichter vor.[84] So sollen beide zuständigen Behörden jeweils einen Schiedsrichter bestimmen. Die beiden Schiedsrichter benennen einen dritten, der den Vorsitz des Schiedsgerichts übernimmt. Für die Auswahl der Schiedsrichter gibt es eine Ausfallregel, die besagt, dass der Abteilungsleiter des OECD-Zentrums für Steuerpolitik und Verwaltung einen Schiedsrichter nach Aufforderung durch den Antragsteller benennt, sollte die Berufung eines Schiedsrichters nicht zeitgerecht erfolgen.[85] Diese Ausfallregel ist unmittelbarer Ausfluss aus der bekannten Schwäche der EU-SK, die keine Sanktion vorsieht, wenn die zuständigen Behörden sich nicht, bzw. nicht zeitgemäß, auf Mitglieder des Beratenden Ausschusses einigen können.[86] Die Mustervereinbarung macht außer der Tatsache, dass sie vor dem Verfahren nicht mit dem Fall befasst gewesen sein dürfen,[87] keine weiteren Vorgaben bzgl. der Schiedsrichter (z.B. Berufserfahrungen). Die Mitgliedstaaten der EU haben sich in dieser Hinsicht auf eine „Unabhängigkeitserklärung"[88] geeinigt, die sicherstellen soll, dass die Schiedsrichter nicht in anderer Weise mit dem Fall befasst sind. Es kann angenommen werden, dass Vertragsstaaten ähnliche Erklärungen verlangen werden. In den Anmerkungen zu der Mustervereinbarung wird festgehalten, dass es im Interesse der Vertragsstaaten ist, Schiedsrichter mit Fachkenntnissen zu benennen.[89] Mangels weiterer Vorgaben können die Schiedsrichter jeglicher Nationalität sein. Um die Auswahl und Benennung zu beschleunigen, werden die Vertragsstaaten sehr wahrscheinlich, in Anlehnung an die EU-SK,[90] Listen potenzieller Schiedsrichter aufstellen.[91]

Die Mustervereinbarung enthält als Alternative für den Schiedsprozess den Vorschlag eines vereinfachten Verfahrens („baseball arbitration" oder „last

---

81 Art. 25 OECD-MK Mustervereinbarung, Tz. 3.
82 Art. 25 OECD-MK Mustervereinbarung, Tz. 4.
83 Art. 25 OECD-MK Mustervereinbarung, Tz. 4.
84 Art. 25 OECD-MK Mustervereinbarung, Tz. 5.
85 Art. 25 OECD-MK Mustervereinbarung, Tz. 5.
86 S. Verhaltenskodex zur EU-Schiedskonvention 2009, Abs. 7.2.
87 Art. 25 OECD-MK Annex, Tz. 15.
88 Verhaltenskodex zu EU-Schiedskonvention 2009, Abs. 7.1g.
89 Art. 25 OECD-MK Annex, Tz. 15.
90 S. www.ec.europa.com, EU-Joint Transfer Pricing Forum, List of Independent Persons.
91 Art. 25 OECD-MK Annex, Tz. 15.

best offer arbitration"), nach dem die benannten Schiedsrichter sich für einen der von den zwei zuständigen Behörden in Positionspapieren dargelegten Lösungsvorschläge hinsichtlich der entsprechenden Einzelfrage entscheiden können.[92] Dieses Verfahren hat den Vorzug, dass es weniger zeit- und kostenaufwendig ist. Darüber hinaus ist nicht zu erwarten, dass die Entscheidungen willkürlich sein werden, da die Wahrscheinlichkeit gering ist, dass die zuständigen Behörden in ihren Positionspapieren Extrempositionen einnehmen. Die ersten DBA, die das vereinfachte Verfahren zulassen, sind die DBA Deutschland-USA, Deutschland-Vereinigtes Königreich,[93] Belgien-USA sowie Kanada-USA.

Die Schiedsrichter sollen nach der Mustervereinbarung ungehinderten Zugriff auf die erforderlichen Informationen haben.[94] Sind sie nicht Angehörige der Steuerverwaltung, sollen sie für den Schiedsfall durch eine Ernennungsurkunde den Status eines Beauftragten der jeweiligen zuständigen Behörde erhalten und sich damit zur Wahrung des Steuergeheimnisses verpflichten.[95] Ein ähnliches Verfahren kennt die EU-SK nicht, jedoch sieht Art. 9 Abs. 6 EU-SK vor, dass die Informationen, die die Schiedsrichter im Rahmen des Verfahrens erhalten, geheimzuhalten sind. Aus diesem Grunde dürften die jeweiligen zuständigen Behörden die Schiedsrichter im Rahmen der EU-SK verpflichten, das Steuergeheimnis einzuhalten.[96]

Hat der Steuerpflichtige relevante Informationen zu spät eingereicht, können sich beide zuständige Behörden darauf einigen, die Ernennung der Schiedsrichter für den gleichen Verspätungszeitraum zu verschieben.[97]

Da Art. 25 Abs. 5 OECD-MA keine Verfahrens- und Beweisregeln enthält, ist es Sache der beteiligten Vertragsstaaten, sich auf verbindliche Regeln zu einigen. Den Schiedsrichtern wird das Recht eingeräumt, Prozess- und Beweisregeln, soweit sie sich nicht aus der Verständigungsvereinbarung ergeben, für das Verfahren selbst festzulegen.[98] So können sie z.B. Entscheidungen über die Beratungssprache, die Anzahl der Sitzungen oder die Anhörung von Sachverständigen fällen. Die Schiedsrichter sollen zwar Zugang zu jeglichen den Fall betreffenden Unterlagen haben, doch sollen sie im Gegensatz zur EU-SK Informationen, die den zuständigen Behörden vor Einleitung des SchV nicht bekannt waren, für ihre Entscheidungsfindung nicht in Betracht ziehen.[99] Dies entspricht § 118 Abs. 2 FGO, der den BFH

---

92 Art. 25 OECD-MK Mustervereinbarung, Tz. 6: streamlined arbitration process.
93 S. die Verständigungsvereinbarung zum DBA DEU-GBR.
94 Art. 25 OECD-MK Annex, Tz. 8.
95 S. auch *Lehner* in Vogel/Lehner (Fn. 14), Art. 25 MA Rz. 226, s. die Verständigungsvereinbarung DEU-GBR, Tz. 8.
96 S. Merkblatt zum internationalen Verständigungs- und Schiedsverfahren (Fn. 8), Abs. 13.3.1.
97 Art. 25 OECD-MK Mustervereinbarung Tz. 9.
98 Art. 25 OECD-MK Mustervereinbarung Tz. 10.
99 Art. 25 OECD-MK Mustervereinbarung Tz. 10.

an die tatsächlichen Feststellungen der Vorinstanz bindet. Dieser Regelung ist hinsichtlich eines möglichen Missbrauchs des VerstV und SchV zuzustimmen. Der Steuerpflichtige selbst hat das Recht, schriftliche oder mündliche Stellungnahmen abzugeben.[100]

Der Beratungsort ist bei der zuständigen Behörde, bei der der Verständigungsfall beantragt worden ist. Diese Behörde stellt auch das Personal zur Verfügung, das für die Sekretariatsarbeiten des Schiedsgerichts erforderlich ist und das nur dem Vorsitzenden berichtet.[101] Dies entspricht den Regelungen zur EU-SK.[102]

Die Regelungen über Kosten entsprechen im Wesentlichen ebenfalls denen der EU-SK: Die Vertragsstaaten tragen ihre Kosten des Verfahrens jeweils selbst. Die Kosten für den unabhängigen Schiedsrichter werden von den Vertragsstaaten geteilt. Die Sitzungskosten trägt der Vertragsstaat, der das VerstV ursprünglich eingeleitet hat.[103] Die Mustervereinbarung legt jedoch keine Tagegelder für die Schiedsrichter fest, wie dies im Verhaltenskodex zur SK vorgesehen ist.[104]

Die Schiedsrichter sollen ihre Entscheidungen nach ihrer unabhängigen Rechtsauffassung (independent opinion approach) fällen. Abkommensinterpretationen sollten sich nach dem Wiener Übereinkommen über das Recht der Verträge, hier Art. 28 bis 36.1, richten. Verrechnungspreisfragen sollten wie nach der EU-SK auf der Grundlage der OECD-Verrechnungspreisleitlinien entschieden werden.[105]

Die Regelungen über die Entscheidung des Schiedsgerichts stimmen ebenfalls mit denen der EU-SK überein. Sie wird durch Mehrheitsentscheidung der Schiedsrichter getroffen und ergeht schriftlich innerhalb von sechs Monaten nach Bestätigung des Vorsitzenden des Schiedsgerichts, dass das Schiedsgericht über alle erforderlichen Informationen verfügt.[106] Auch wird wie in der EU-SK festgelegt, dass die Entscheidung abschließend zu begründen und innerhalb von sechs Monaten umzusetzen ist. Mit der Zustimmung des Steuerpflichtigen kann die Entscheidung auch anonymisiert veröffentlicht werden.[107] Die bisher ergangenen Entscheidungen des Beratenden Ausschusses im Rahmen der EU-SK sind allerdings nicht veröffentlicht worden. Es ist daher auch für die Schiedsgerichtsentscheidungen nach dem OECD-MA anzunehmen, dass Veröffentlichungen selten erfolgen

---

100 Art. 25 OECD-MK Mustervereinbarung Tz. 11.
101 Art. 25 OECD-MK Mustervereinbarung Tz. 12.
102 Verhaltenskodex zur EU-Schiedskonvention 2009, Abs. 7.2d, e.
103 Art. 25 OECD-MK Mustervereinbarung, Tz. 13.
104 Überarbeiteter Verhaltenskodex zur EU-Schiedskonvention 2009, Abs. 7.3.
105 Art. 25 OECD-MK Mustervereinbarung Tz. 14.
106 Art. 25 OECD-MK Mustervereinbarung, Tz. 15; Art. 11 EU-Schiedskonvention.
107 Art. 25 OECD-MK Mustervereinbarung, Tz. 15.

werden. Denn wie bei der EU-SK ist anzunehmen, dass Schiedsfälle nicht leichtfertig einem Schiedsgericht übergeben werden. Sollte dies doch der Fall sein, werden es spezielle Fälle sein, die von den Spezialisten der zuständigen Behörden bei aller Sach- und Fachkenntnis nicht auf der Grundlage von eindeutigen DBA-Regelungen bzw. Verrechnungspreisgrundsätzen gelöst werden können. Die Lösung dieser Spezialfälle wird daher sehr wahrscheinlich keine Präzedenzwirkung entfalten können, sodass eine Veröffentlichung nicht sinnvoll erscheint. Einige der ersten abgeschlossenen Abkommen, die ein SchV nach dem OECD-MA enthalten, sehen wahrscheinlich nicht ohne Grund ein verkürztes Verfahren vor, nach dem das Schiedsgericht keine begründete Entscheidung abgibt.[108]

Die zuständigen Behörden können, solange das Schiedsgericht noch keine Entscheidung getroffen hat, immer noch selbst eine Vereinbarung in dem Fall treffen, sodass keine Schiedsentscheidung erforderlich ist.[109] Nach der EU-SK ist dies noch sechs Monate, nachdem das Schiedsgericht eine Entscheidung gefällt hat, möglich.[110] Trifft das Schiedsgericht keine Entscheidung innerhalb von sechs Monaten, können die zuständigen Behörden eine Verlängerung vereinbaren oder neue Schiedsrichter benennen.[111] Mit dieser Regelung, die in der EU-SK fehlt, wird verhindert, dass das Verfahren nicht abgeschlossen wird.

V. Die EU Schiedskonvention (EU-SK)

1. Rechtsnatur, Gegenstand

Die EU-SK ist ein multilaterales Abkommen über die Beseitigung der Doppelbesteuerung im Falle von Gewinnberichtigungen zwischen verbundenen Unternehmen bzw. zwischen Unternehmen und ihren Betriebsstätten in der EU. Sie soll die Steuerverwaltungen in diesen Fällen zu einem koordinierten Verhalten verpflichten und eine Entscheidung über die Behebung der Doppelbesteuerung sicherstellen.[112] Ursprünglich von der Europäischen Kommission als Richtlinie gemäß Art. 211 EUV vorgeschlagen, wurde die EU-SK aber letztlich als multilaterales Abkommen im Sinne des Art. 293 EUV verabschiedet. Die EU-SK ist daher eine internationale Vereinbarung nach internationalem öffentlichem Recht und ist kein Rechtsinstitut der EU.[113] Mangels Zuständigkeit des Europäischen Gerichtshofs

---

108 Art. 25 Abs. 5 und 6 DBA DEU-USA; Verständigungsvereinbarung zu Art. 26 DBA DEU-GBR.
109 Art. 25 OECD-MK Mustervereinbarung, Tz. 16.
110 Art. 12 Abs. 1 EU-Schiedskonvention.
111 Art. 25 OECD-MK Mustervereinbarung, Tz. 17.
112 S. auch *Lüthi* in Gosch/Kroppen/Grotherr (Fn. 21), Art. 25, C, Vorbemerkung Rz. 1.
113 S. auch *Lehner* in Vogel/Lehner (Fn. 14), Art. 25 Rz. 301; *van Herksen*, Intertax, Volume 36, Issue 8/9, S. 333; *Eicker/Stockburger*, IWB Nr. 4 v. 23.2.2005, Fach 11 Gruppe 2, S. 666.

bleibt die Interpretation und Durchführung der EU-SK den Mitgliedstaaten im Rahmen ihrer bilateralen Verfahren vorbehalten, eine Tatsache, die sich nachteilig auf die einheitliche Anwendung der EU-SK auswirken kann.[114] Zur Präzisierung des Ablaufs des SchV haben sich die EU-Mitgliedstaaten 2004 auf einen Verhaltenskodex geeinigt, der in den meisten EU-Mitgliedstaaten in Verwaltungsanweisungen umgesetzt wurde. Ein überarbeiteter Verhaltenskodex wurde 2009 veröffentlicht. Die Vorgaben des Verhaltenskodex wurden in Deutschland in das BMF-Schreiben zu VerstV aufgenommen.

2. Geschichte, Geltungsbereich

Nachdem die EU-SK am 23.7.1990 von den Finanzministern der damaligen zwölf EU-Mitgliedstaaten unterzeichnet worden war, trat sie nach Ratifizierung in den EU-Mitgliedstaaten am 1.1.1995 für eine Zeit von fünf Jahren in Kraft.[115] Durch Beitrittskonvention vom 21.12.1995 wurde der Geltungsbereich der EU-SK auf Österreich, Finnland und Schweden ausgeweitet.[116] Am 1.11.2004 ist die EU-SK rückwirkend zum 1.1.2000 nochmals, jedoch nunmehr auf unbestimmte Zeit in Kraft getreten.[117] Alle weiteren in die EU aufgenommenen Staaten haben die EU-SK ebenfalls ratifiziert, sodass sie nunmehr zwischen allen 27 EU-Mitgliedstaaten Anwendung findet. Vom räumlichen Geltungsbereich ausgenommen sind nach Art. 299 Abs. 2 bis 4 EUV bzw. Art. 16 Abs. 2 EU-SK die französischen Überseegebiete, Gibraltar, Grönland, die Färöer-Inseln, die britischen Kanalinseln und die Isle of Man.[118]

3. Verhältnis zum MA

Die EU-SK lässt weitergehende Verpflichtungen aus den DBA unberührt,[119] sodass sie grundsätzlich neben den DBA anwendbar ist, wenn dort keine Schiedsklausel vereinbart ist.[120] Sind beide Verfahren anwendbar, werden Steuerpflichtige in ihren Anträgen auf VerstV und SchV festlegen müssen, welches Verfahren geführt werden soll.[121] Im Unterschied zu Art. 25 Abs. 5 OECD-MA ist die EU-SK lediglich für Fälle der Gewinnberichtigungen bei verbundenen Unternehmen wie auch für die Gewinnabgrenzung zwischen Unternehmen und ihren Betriebsstätten anwendbar.[122] Die Vertrags-

---

114 Ähnlich *Lehner* in Vogel/Lehner (Fn. 14), Art. 25 Rz. 301.
115 *Hert*, International Transfer Pricing Journal, March/April 2008, 50.
116 *Züger*, IWB Fach 11 Gruppe 3, S. 258.
117 BGBl. II 1995, 1082 und BGBl. II 2005, 635.
118 *Lüthi* in Gosch/Kroppen/Grotherr (Fn. 21), Art. 25, C.
119 Art. 15 EU-Schiedskonvention.
120 S. auch *Lehner* in Vogel/Lehner (Fn. 14), Art. 25 Rz. 306, *Lüthi* in Gosch/Kroppen/ Grotherr, Art. 25 C. Anhang; anders *van Herksen* (Fn. 113), S. 333.
121 S. auch *Lehner* in Vogel/Lehner (Fn. 14), Art. 25 Rz. 306.
122 Art. 4 EU-Schiedskonvention.

staaten sind für ihre Ermittlungen der Gewinnabgrenzung an den Grundsatz des Fremdvergleichs gemäß Art. 9 OECD-MA gebunden.[123]

4. Stellung des Steuerpflichtigen

Die Stellung des Steuerpflichtigen ist grundsätzlich mit der im VerstV gemäß Art. 25 OECD-MA vergleichbar. Die EU-SK gibt dem Steuerpflichtigen darüber hinaus noch weitergehende Rechte und Pflichten, insbesondere das Recht, von dem Beratenden Ausschuss gehört zu werden,[124] und die Verpflichtung zur Sachverhaltsaufklärung.

5. Schiedsverfahren

Das Verfahren nach der EU-SK setzt einen Antrag voraus, der innerhalb einer Frist von drei Jahren nach der ersten Mitteilung jener Maßnahme zu unterbreiten ist, die eine Doppelbesteuerung herbeigeführt hat. Der Verhaltenskodex enthält Mindestanforderungen bezüglich der Angaben des Antrags und der beizufügenden Dokumente. In Deutschland können die erforderlichen Angaben über die Internetseite des BZSt abgerufen werden.[125] Der Antrag ist wie ein Antrag auf VerstV von der zuständigen Behörde zu prüfen und kann im Falle von empfindlichen Verstößen eines der beteiligten Unternehmen gegen steuerliche Vorschriften, die die entsprechende Gewinnberichtigung ausgelöst haben, abgelehnt werden.[126] Ein solcher empfindlicher Verstoß gegen Steuervorschriften liegt nach dem Verhaltenskodex 2009 nur in Ausnahmefällen, wie z. B. bei Betrug, vor.[127] Entsprechend haben bis Ende 2007 lediglich zwei Staaten, Frankreich und Spanien, den Antrag auf ein Verfahren nach der EU SK wegen empfindlicher Verstöße gegen Steuervorschriften abgelehnt.[128] Gegen die Ablehnung eines Antrags auf Einleitung des SchV ist der Rechtsweg gegeben.[129]

Die erste Phase des SchV, die Verständigungsphase, in der die beteiligten zuständigen Behörden eine Lösung des Doppelbesteuerungsproblems anstreben, soll innerhalb von zwei Jahren abgeschlossen sein. Die Zweijahresfrist beginnt mit dem Datum des Steuerbescheids, an dem die Einkommenserhöhung festgesetzt worden ist, oder mit dem Datum des Eingangs aller Informationen seitens des Steuerpflichtigen, je nachdem, welcher der spätere der beiden Zeitpunkte ist.[130] Bei laufenden Gerichtsverfahren beginnt die Zweijahresfrist allerdings erst dann, wenn die letztinstanzliche

---

123 Verhaltenskodex zur Schiedskonvention 2009, Abs. 6.1a.
124 Art. 10 Abs. 2 EU-Schiedskonvention.
125 S. www.bzst.bund.de.
126 Art. 8 Abs. 1 EU-Schiedskonvention.
127 Verhaltenskodex zur EU-Schiedskonvention 2009, Abs. 3.
128 www.eu.com: EU-Joint Transfer Pricing Forum, Schlussbericht v. 14.9.2009, S. 22, 23.
129 S. *Lehner* in Vogel/Lehner (Fn. 14), Art. 25 Rz. 303.
130 Verhaltenskodex zu EU-Schiedskonvention 2009, Abs. 5ii.

Entscheidung rechtskräftig geworden ist.[131] In Deutschland wird im Allgemeinen der Rechtsbehelf ruhend gestellt und der Ausgang des Verfahrens abgewartet. Im Laufe der Zweijahresfrist sollen die beteiligten Vertragsstaaten jeweils ein Positionspapier ausgetauscht und ein persönliches Treffen abgehalten haben.[132] Die Zweijahresfrist kann nach Art. 7 Abs. 4 EU-SK verlängert werden. Im Verhaltenskodex wird klargestellt, dass eine Verlängerung nur unter bestimmten Umständen, wie die unmittelbar bevorstehende Lösung eines Falles, besonders komplexe Geschäftsvorfälle oder bei Dreieckskonstellationen, angebracht ist und dass die Verlängerung nur „kurz" sein soll.[133]

In den Verhaltenskodex 2009 sind darüber hinaus Anleitungen für die Anwendung des Übereinkommens auf Dreieckskonstellationen, auf Unterkapitalisierungen sowie die Behandlung von Zinsen auf Steuererstattungen oder -nachzahlungen aufgenommen worden. Die Anleitungen resultieren aus der Überwachung der praktischen Anwendung des Übereinkommens des Joint Transfer Pricing Forums und zeigen, welche besondere Schwierigkeiten bei der Verhandlung der Fälle in der ersten Phase der EU-SK aufgetreten sind.

Können sich die Vertragsstaaten innerhalb von zwei Jahren nicht über eine Beseitigung der Doppelbesteuerung einigen, beginnt die zweite Phase des SchV, in der auf Antrag des Steuerpflichtigen der Beratende Ausschuss einzuberufen ist.[134] Der Beratende Ausschuss setzt sich zusammen aus je einem oder zwei unabhängigen Vertretern der Vertragsstaaten und je einem oder zwei Vertretern der jeweiligen Finanzbehörden sowie dem Vorsitzenden;[135] Letzterer ist ein unabhängiger Vertreter eines dritten EU-Mitgliedstaates.[136] Die Listen der unabhängigen Schiedsrichter der EU-Mitgliedstaaten, die sich bereit erklärt haben, in der zweiten Phase der Schiedskonvention mitzuwirken, werden auf der Internetseite der EU Kommission veröffentlicht. Der Beratende Ausschuss hat nach Eingang aller in der ersten Phase ausgetauschten Dokumente[137] sechs Monate Zeit, eine Stellungnahme abzugeben. Er hält Sitzungen ab und kann die Unternehmen und zuständigen Behörden auffordern, weitere Angaben, Beweismittel oder Schriftstücke zu übermitteln.[138] Die beteiligten Unternehmen haben ein Recht auf Anhörung. Nach Abgabe der Stellungnahme haben die Vertragsstaaten sechs Monate Zeit, um sich eventuell noch anders zu einigen. Ist dies nicht

---

131 Art. 7 Abs. 1 Satz 2 EU-Schiedskonvention.
132 Verhaltenskodex zur EU-Schiedskonvention 2009, Abs. 6.4; S. Merkblatt zum internationalen Verständigungs- und Schiedsverfahren (Fn. 8), Tz. 12.
133 Verhaltenskodex zur EU-Schiedskonvention 2009, Abs. 6.1d.
134 Art. 7 Abs. 1 Satz 1 EU-Schiedskonvention.
135 Art. 9. Abs. 1 EU-Schiedskonvention.
136 Art. 9 Abs. 5 EU-Schiedskonvention.
137 Verhaltenskodex zur EU-Schiedskonvention 2009, Tz. 4.2e.
138 Art. 10 Abs. 1 EU-Schiedskonvention.

der Fall, sind die Vertragsstaaten an den Schiedsspruch gebunden. Die weitere Umsetzung erfolgt dann wie nach Abschluss eines VerstV. Die zuständigen Behörden der beteiligten Vertragsstaaten können sich mit Zustimmung der beteiligten Unternehmen darüber einigen, den Schiedsspruch zu veröffentlichen.[139] Dies ist in den Verfahren, die bisher in Europa im Rahmen der zweiten Phase geführt worden sind, nicht erfolgt.

6. Kritik an der EU-Schiedskonvention

Die EU-SK ist vornehmlich der Kritik ausgesetzt, dass sie kein Interpretationsgremium hat, an das sich EU-Mitgliedstaaten in Auslegungsfragen wenden könnten,[140] sodass sich auch eine EU-einheitliche Rechtsanwendung einstellen würde. Dem EU-Joint-Transfer-Pricing-Forum, das die Aufgabe hat, die Anwendung der EU-SK durch pragmatische Vorschläge zu verbessern, kommt diese Stellung nicht zu.[141] Zudem wird bemängelt, dass mehr als die Hälfte aller offenen Fälle mehr als zwei Jahre anhängig sind.[142] Allerdings zeigen die Erfahrungen der EU-Mitgliedstaaten jedoch auch, dass eine Einigung bei komplexen Verrechnungspreisfragen nicht kurzfristig erreicht wird, vor allem, wenn mehr als zwei Unternehmen in die Verrechnungspreisgestaltung einbezogen sind.[143] In diesen Fällen braucht die EU-SK die Flexibilität.

Seit Inkrafttreten (und Wiederinkrafttreten) der EU-SK sind darüber hinaus erst sehr wenige Verfahren von dem Beratenden Ausschuss entschieden worden. Es ist daher zu vermuten, dass die Mitgliedstaaten es vorziehen, sich mit den Vertragspartnern relativ kurzfristig zu einigen statt Dritten die Entscheidung über ihre Steuerfälle zu überlassen. Dem Beratenden Ausschuss kommt so ein Drohpotenzial zu, das zum Funktionieren der EU-SK beiträgt.[144] Die EU-SK stellt sicher, dass innerhalb des EU Binnenmarkts keine Doppelbesteuerung im Bereich der Verrechnungspreise bestehenbleibt, was ein bedeutender Standortfaktor für die EU ist. Da hiermit jedoch noch nicht alle Doppelbesteuerungsfälle von Unternehmen und natürlichen Personen gelöst sind, strebt die EU-Kommission an, ein Verfahren zu entwickeln, mit dem Streitfälle in allen Bereichen der direkten Besteuerung wirksam und zügig gelöst werden können.[145]

---

139 Art. 12 Abs. 2 EU-Schiedskonvention.
140 *Hert* (Fn. 115), S. 51; *Eicker/Stockburger*, IWB Nr. 4, Fach 11, Gruppe 2, S. 669.
141 *Hert* (Fn. 115), S. 51.
142 *Bödefeld/Kuntschik*, IStR 2009, 477.
143 S. Verhaltenskodex zur EU Schiedskonvention 2009, Abs. 1.1; s. auch *van Herksen* (Fn. 113), S. 335.
144 *van Herksen* (Fn. 113), S 335.
145 EU KOM DBA Abs. 5.4.

Diskussion

zu den Referaten von Prof. *Hugh Ault* und Dr. *Nadya Bozzen-Bodden*

Leitung:
Prof. Dr. *Markus Achatz*

Nils Obenhaus

Gleich zu ihnen, Frau Dr. *Bozza-Bodden*, und zwar ganz zum Schluss zum Rechtschutz gegen Maßnahmen der Auskunftserteilung. Ist es nicht so, dass man gegen eine bereits erteilten Auskunft nicht die Feststellungsklage, sondern vielmehr einen Folgenbeseitigungsanspruch andenken müsste, damit die Leistungsklage vorrangig zu verfolgen wäre? Das würde ja bedeuten, dass der die Auskunft empfangende Staat sozusagen die Informationen und Unterlagen wieder zurückzugeben oder zu vernichten hätte, während ein Feststellungsinteresse ja relativ leerlaufend ist.

Prof. Dr. Dr. h.c. Michael Lang

Ich habe zwei Fragen zum Thema des Informationsaustausches. Sie haben beim automatischen Informationsaustausch auf die Verwaltungsübereinkommen verwiesen, von denen dieser abhängt. Wie verhält es sich denn hier mit der rechtsstaatlichen Determinierung? Liegt hier nicht weitgehend eine formalgesetzliche Delegation vor oder wie ist da die Ermessensübung der Verwaltung durch das Gesetz determiniert? Es hängt doch offenbar einiges davon ab, für welche Bereiche ein derartiges Verwaltungsübereinkommen geschlossen wird und welche Konstellationen nicht davon erfasst sind und wo es daher dann keinen automatischen Informationsaustausch gibt. Wie kann ein Gericht nachprüfen, ob die Behörde ihrer Gesetzesbindung nachgekommen ist, indem sie ein Verwaltungsübereinkommen geschlossen oder gerade nicht geschlossen hat?

Die zweite Frage: Sie haben an mehreren Stellen die subjektiven Rechte oder die nicht vorhandenen subjektiven Rechte der Steuerpflichtigen angesprochen, z.B. bei der Frage, ob die Behörde des anderen Staates ihre Ermittlungsmöglichkeiten auch ausgeschöpft hat. Es ist schon klar, dass sich eine völkerrechtliche Bestimmung primär an den Interessen der beiden Vertragsstaaten und deren Behörden orientiert. Aber könnten sich nicht aus der Einbettung dieser Regelungen in eine rechtsstaatliche Ordnung subjektive Recht der betroffenen Parteien ergeben? Der völkerrechtliche Charakter würde dem nicht widersprechen, denn die Staaten können nach wie vor ihren völkerrechtlichen Verpflichtungen nachkommen.

Prof. Dr. *Roman Seer*

Ich hätte zwei Fragen, die erste an *Hugh Ault*. Er hat ja wahrscheinlich auch mit einem gewissen Interesse die Kontroverse zwischen unserem Vorsitzenden und Präsidenten des Bundesfinanzhofs und Frau *Becker* vom Bundesfinanzministerium verfolgt. Mich würde einfach interessieren, wie ein außenstehender Dritter, der die Verständigungspraxis kennt, das rechtsstaatliche prozedurale Niveau eines Verständigungsverfahrens einordnet und ob er darin aus Sicht eines weitgereisten Steuerrechtlers des Internationalen Steuerrechts Defizite erkennt? Das ist die eine Frage. Und die andere Frage richtet sich an Frau *Bozza-Bodden* zum Rechtsschutz. Bei dem Kölner-Urteil in dem „Türkei-Fall", wo es um das türkische Steuergeheimnis ging, hatte der Kläger enorm viel Material vorgebracht. Er musste in der Türkei eine sehr intensive Recherche über die Praxis der dortigen Finanzverwaltung hinter sich gebracht haben. Ich frage mich, wie in solchen Rechtsschutzverfahren ein Steuerpflichtiger, der eine berechtigte, vielleicht aber auch unberechtigte Sorge hat, dass der andere Staat das Steuergeheimnis nicht so ganz ernst nehmen könnte, überhaupt an das Tatsachenmaterial kommt und was das Niveau einer Glaubhaftmachung im Wege des vorläufigen Rechtschutzes ist? Welche Ansprüche würden Sie stellen? Sie haben eben auch selbst gesagt, dass es nur einen einzigen Fall gab. Und wenn ich mir das überlege, auf der einen Seite habe ich das öffentliche Interesse an einem funktionsfähigen, schnell wirksamen, effizienten Informationsaustausch. Es werden hier ja auch Fristen gewünscht, innerhalb derer die Informationen beschafft und geliefert werden sollen. Aber auf der anderen Seite habe ich das Rechtschutzinteresse, das Individualinteresse daran, dass gegebenenfalls Geschäftsgeheimnisse, Betriebsgeheimnisse gewahrt werden müssen. In welchem Umfang kann nun das davon betroffene Unternehmen in diesem an sich doch schnell funktionierenden Verfahren die eigene Position fundieren? Haben Sie sich über diesen entschiedenen Einzelfall hinausgehende, generalisierungsfähige Gedanken gemacht?

Hermann Gödden

Frau Dr. *Bozza-Bodden*, ich habe eine Frage an Sie. Sie hatten eben bezüglich der Gruppenanfrage, sagen wir einmal, etwas vorsichtig formuliert. In der Diskussion mit dem Steuerabkommen Deutschland – Schweiz (das Abkommen zwischen der Schweizerischen Eidgenossenschaft und der Bundesrepublik Deutschland über die Zusammenarbeit in den Bereichen Steuern und Finanzmarkt vom 21.9.2011) wird immer vorgetragen, dass das Abkommen ruhig ratifiziert werden könne, da man ja durch die Gruppenanfrage anschließend die Möglichkeit hätte, z.B. bei Schweizer Banken anzufragen, welcher Steuerpflichtige seit dem Zeitpunkt des Abschlusses des Abkommens – also seit dem 21.9.2011 – Gelder nach Singapur oder ins andere Ausland übertragen hatte, weil man nunmehr davon ausgehen könne, dass solche Transaktionen typischerweise dazu genutzt würden, auch weiterhin Steuern zu hinterziehen. Sie waren da etwas vorsichtig in Ihrer Argumentation. Ich glaube herausgehört zu haben, dass Sie so formulierte Gruppenanfragen doch etwas für zu allgemein halten?

Prof. Dr. *Hartmut Söhn*

Eine kurze Frage an Frau *Bozza-Bodden*. Sie haben beiläufig gesagt, dass die innerstaatlichen Ermittlungsmöglichkeiten grundsätzlich ausgeschöpft sein müssten, bevor zwischenstaatliche Amtshilfe beantragt werden kann. Wie würden Sie in diesem Zusammenhang die erweiterten Mitwirkungspflichten nach § 90 Abs. 2 und 3 AO einordnen?

Prof. Dr. *Markus Achatz*

Ich würde mich noch mit einer abschließenden Bitte um eine Einschätzung an Herrn *Hugh Ault* wenden wollen. Wenn man die Entwicklung der letzten 20 oder 30 Jahre betrachtet und die Gewichte, die den Akteuren im Bereich des Internationalen Steuerrechts zugekommen ist, und die Veränderungen, die hier stattgefunden haben, kann man in etwa sagen, wohin die Entwicklung gehen wird? Das wäre wohl noch ein interessanter Ausblick.

Prof. *Hugh J. Ault*

Ich hatte vergessen zu sagen, dass ich hier nur meine persönliche Perspektive dargelegt habe und kein Vertreter der OECD bin. Das haben Sie wohl gemerkt, weil ich schon einige kritische Bemerkungen gemacht habe. Aber ich möchte zuerst auf die Frage von Herrn Prof. *Seer* antworten. Ich finde, das Verständigungsverfahren ist ein Staat-zu-Staat-Verhältnis mit dem Zweck, die Doppelbesteuerung zu vermeiden. Und wenn die zwei Staaten eine Übereinkunft über die richtige Auslegung des Doppelbesteuerungsabkommens treffen, sich einig sind und dadurch keine Doppelbesteuerung vorhanden ist, dann finde ich, haben sie ihren Zweck erfüllt. Und sie haben das Ergebnis „unter sich" gewonnen. Das ist die theoretische Antwort. Die praktische Antwort ist – und das werde ich auf Englisch sagen, weil es nicht im genauen Deutsch ausführbar ist: Transfer Pricing is an art, not a science. Das heißt, es bräuchte gewisse Flexibilität, um Lösungen zu konkreten Fragen zu finden. Und wie Frau *Becker* schon betont hat, die Fragen sind überwiegend Tatsachenfragen. Diese sind wichtig, um die richtigen Tatbestände festzustellen und dann die richtige Methode anzuwenden. Von einem rein praktischen Standpunkt aus gesehen gäbe es viel mehr Fälle von Doppelbesteuerung, wenn das alles in völliger Öffentlichkeit zu zeigen wäre. Das ist meine Einschätzung. Anderes gilt für das Schiedsverfahren, für arbitration. In dem Kommentar zu § 25 Abs. 5 ist ausdrücklich festgehalten, dass es nützlich wäre, dass die Stellungnahme von den arbitration panels öffentlich sein sollte, um eine Rechtsquelle zu formulieren.

Zur viel größeren Frage, wie die Dinge sich entwickeln werden, habe ich, wie ich glaube, in meinem Vortrag die relevanten Gesichtspunkte aufgezeigt. Ich finde es sehr positiv, dass es viel mehr internationale Kooperation gibt, dass die Staaten zusammenarbeiten, statt dass jeder seinen eigenen Weg geht. Die Entwicklung kommt freilich zeitgerecht. Aber es gibt schon Fortschritte, und ich hoffe, dass es, wenn ich in 15 Jahren wieder hier sein dürfte, weiteren Fortschritt gegeben haben wird.

Dr. *Nadya Bozza-Bodden*

Ich beginne mit der Frage von Herrn *Obenhaus* zum Rechtschutz. Es geht darum, ob im Falle einer bereits erteilten Auskunft statt einer Feststellungsklage ein materiell-rechtlicher Folgenbeseitigungsanspruch dahin gehend geltend gemacht werden kann, dass der Empfängerstaat der Auskunft die Informationen und Unterlagen wieder zurückgeben oder vernichten muss.

Ich sehe bei dieser Überlegung das Problem, dass ein solcher Folgenbeseitigungsanspruch rechtlich nicht umsetzbar ist. Denn dieser Folgenbeseitigungsanspruch müsste durch den betreffenden Steuerpflichtigen gegenüber dem Bundeszentralamt für Steuern als Antragsgegner oder Beklagten geltend gemacht werden. Er würde sich jedenfalls gegen den deutschen Staat richten. Wenn die Auskunft allerdings bereits an die ausländische Finanzverwaltung übermittelt wurde, hat die deutsche Behörde nicht mehr die Möglichkeit, die Folgen im Ausland zu beseitigen. Es ist einer deutschen Behörde oder einem deutschen Gericht rechtlich nicht möglich, den ausländischen Staat zu verpflichten, Unterlagen zurückzugeben, oder ihm zu untersagen, Unterlagen und Informationen zu verwerten. Angesichts dessen würde der vermeintliche Folgenbeseitigungsanspruch nicht zum begehrten Erfolg führen. Folglich kann der betreffende Steuerpflichtige im Falle der bereits erteilten Auskunft lediglich im Wege der allgemeinen Feststellungsklage Rechtsschutz ersuchen. Dabei muss allerdings insbesondere die Voraussetzung erfüllt sein, dass ein besonderes Feststellungsinteresse besteht. Dieses setzt seinerseits eine Wiederholungsgefahr voraus. In der Praxis ist diese selten gegeben, sodass es im Falle der bereits erteilten Auskunft schwierig ist, dem Steuerpflichtigen effektiven Rechtsschutz zu gewähren. Deswegen ist es in der Praxis auch üblicher, bei einem bevorstehenden Informationsaustausch vorläufigen Rechtschutz in Anspruch zu nehmen.

Zur ersten Frage von Herrn Prof. Dr. *Lang* zu den Rechtsgrundlagen für automatische Auskunftserteilungen auf der Grundlage von Verwaltungsvereinbarungen und den Rechtsschutz hiergegen:

Ich sehe diese Rechtsgrundlage in der gesetzlichen Ermächtigung, in bestimmten Fallgruppen solche Verwaltungsvereinbarungen zu treffen. Der Steuerpflichtige dürfte die Verwaltungsvereinbarung und die Umsetzung der gesetzlichen Ermächtigungsgrundlage abstrakt sicherlich nicht überprüfen lassen können. Insoweit dürfte es am Rechtsschutzbedürfnis mangeln. Erst wenn der Steuerpflichtige durch eine automatische Auskunft betroffen ist, dürfte er die Rechtmäßigkeit der Auskunft und damit inzident auch der Verwaltungsvereinbarung und deren Ermächtigungsgrundlage einer gerichtlichen Prüfung unterziehen.

Zur zweiten Frage von Herrn Prof. Dr. *Lang* hinsichtlich der Geltendmachung subjektiver Rechte durch den Steuerpflichtigen aus den so genannten Schutzvorschriften für die Finanzverwaltung, z. B. dem Gegenseitigkeitsprinzip:

Es handelt sich hierbei um eine Frage, die nicht unstrittig ist. Es lässt sich in der Tat auch vertreten, dass der Steuerpflichtige verlangen kann, dass die Schutzvorschriften zugunsten der Verwaltung gewahrt werden. Insbesondere die Frage, ob das Prinzip der Gegenseitigkeit subjektive Rechte vermittelt, ist umstritten, sodass sich durchaus – entgegen der von mir vertretenen Auffassung – auch eine andere Auffassung begründen lässt.

Zu Herrn Prof. Dr. *Seer* bezüglich der Problematik der Glaubhaftmachung der Verletzung des Steuergeheimnisses im Ausland:

Es handelt sich hierbei um eine Frage, die sich in praktischer Hinsicht sehr schwierig gestalten kann. Es ist schwer, insoweit abstrakte und zuverlässige Kriterien festzulegen, die über die bereits bestehenden, insbesondere von der Rechtsprechung herausgearbeiteten Kriterien hinausgehen. Letztlich besteht die Schwierigkeit in der konkreten Subsumtion des Einzelfalls. Diese bereitet mitunter Schwierigkeiten. Zwar hat das Finanzgericht Köln bislang lediglich in einem einzigen Fall eine einstweilige Anordnung zugunsten des Steuerpflichtigen wegen mangelnder Gewährleistung des Steuergeheimnisses ausgesprochen. In der Praxis scheitert der Einwand des Steuerpflichtigen, dass das Steuergeheimnis im Ausland verletzt werde, im vorläufigen Rechtsschutz aber in der Regel daran, dass dieser Einwand auf eine Behauptung beschränkt bleibt. In diesen Fällen ist es eindeutig, dass die Verletzung nicht glaubhaft gemacht wurde.

Die Frage, wie substantiiert der Vortrag sein muss und welche Unterlagen vorzulegen sind, um die mangelnde Gewährleistung des Steuergeheimnisses im Verfahren des vorläufigen Rechtsschutzes glaubhaft zu machen, ist aber gleichwohl sehr spannend. In dem Fall, in dem das Finanzgericht Köln zugunsten des Antragstellers entschieden hat, hatte der Antragsteller in der Tat sehr umfassend vorgetragen und sogar ein Privatgutachten vorgelegt. Allerdings ist es sehr schwierig, abstrakt zu definieren, welchen minimalen Umfang und Inhalt der Vortrag konkret vorweisen muss und welche Belege jedenfalls einzureichen sind. Es ist letztlich eine Tatsachenfrage bzw. eine Frage der rechtlichen Subsumtion unter Berücksichtigung der Gesamtumstände des jeweiligen Einzelfalls.

In diesem Zusammenhang ist auch zu bedenken, dass es rechtlich fraglich erscheint, ob die Gefährdung des Steuergeheimnisses im Empfängerstaat nur abstrakt gegeben sein muss oder ob sie im konkreten Einzelfall zu belegen ist. Es ist fraglich, ob es ausreicht, dass der Steuerpflichtige glaubhaft macht, dass im Empfängerstaat das Steuergeheimnis generell nicht geschützt ist, oder ob er vielmehr glaubhaft machen muss, dass auch im konkreten eigenen Fall das Steuergeheimnis nicht geschützt wäre. In diesem Fall wäre zu erwägen, wie es sich rechtlich auswirken würde, wenn die Finanzverwaltung eine Erklärung aus dem Empfängerstaat vorlegen würde, wonach im konkreten Streitfall gewährleistet werden soll, dass eine besondere Geheimhaltung stattfindet. Hierbei handelt es sich um Fragen, die rechtlich noch ungeklärt sind. Dabei ist meines Erachtens zu bedenken, dass der Rechtsschutz effektiv bleiben muss. Je strenger die Subsumtion unter die Voraussetzungen der Glaubhaftmachung erfolgt, desto geringer ist der Rechtsschutz. Dabei kommt in diesen Fällen erschwerend hinzu, dass die Folgen einer Auskunftserteilung irreparabel sind. Angesichts dessen darf die „Hürde" zur Glaubhaftmachung des Anspruchs nicht zu hoch angesetzt werden, da anderenfalls die Gewährung effektiven Rechtsschutzes infrage gestellt sein könnte.

Zu der Frage von Herrn *Gödden* bezüglich der Gruppenanfragen:

Es handelt sich hierbei um eine erst jüngst durch die Änderung des OECD-Musterkommentars eröffnete Möglichkeit. Es ist schwierig, bereits jetzt zu sagen, unter welchen Voraussetzungen eine Gruppenanfrage zulässig ist. Meines Erachtens ist die Auffassung des BMF sehr großzügig, um möglichst weitgehend Gruppenauskünfte einholen und ggf. auch erteilen zu können. Ich bin der Auffassung, dass man mit Gruppenanfragen grundsätzlich zurückhaltend umgehen muss, um keine „fishing expeditions" zu betreiben. Gleichwohl muss man berücksichtigen, dass sich zweierlei Interessen gegenüberstehen: einerseits das Interesse an der Gewährleistung materieller Steuergerechtigkeit und andererseits das Geheimhaltungsinteresse des Einzelnen. Dabei ist meines Erachtens eine vermittelnde Lösung zu finden.

Die letzte Frage stammt von Herrn Prof. Dr. *Söhn* und betrifft das Verhältnis zwischen den innerstaatlichen Ermittlungsmöglichkeiten bzw. der Ausschöpfung der innerstaatlichen Ermittlungsmöglichkeiten und den erhöhten Mitwirkungspflichten nach § 90 Abs. 2 und 3 AO.

Einerseits besteht die Verpflichtung der deutschen Finanzverwaltung, vor der Einholung einer Auskunft aus dem Ausland die innerstaatlichen Ermittlungsmöglichkeiten auszuschöpfen. Andererseits bestehen bei Auslandssachverhalten aber auch erhöhte Mitwirkungspflichten des Steuerpflichtigen. Angesichts der Entwicklung, dass der internationale Auskunftsverkehr immer weiter ausgedehnt wird, stellt sich die Frage, ob die Mitwirkungspflichten des Steuerpflichtigen dahinter nunmehr zurücktreten. Meines Erachtens bleiben die erhöhten Mitwirkungspflichten des Steuerpflichtigen von der Entwicklung des Auskunftsverkehrs grundsätzlich unberührt. Denn die Mitwirkungspflichten dienen ebenso wie der Auskunftsverkehr der Sachverhaltsaufklärung bei grenzüberschreitenden Sachverhalten. Allerdings könnte erwogen werden, dass die Erweiterung des internationalen Auskunftsverkehrs im Verhältnis zu den Mitwirkungspflichten insoweit von Bedeutung ist, als im Falle einer Mitwirkungspflichtverletzung die Finanzverwaltung im Rahmen ihrer Ermessensausübung zu prüfen hat, ob sie eine grenzüberschreitende Auskunft einholt. Eine generelle Pflicht zur Einholung einer internationalen Auskunft besteht dabei allerdings nicht.

Diskussion

zu dem Referat von *Katharina Becker*

Leitung:
Prof. Dr. *Markus Achatz*

Prof. Dr. h.c. *Rudolf Mellinghoff*

Frau *Becker*, sie haben eben gesagt: „Man sieht, wie Recht entsteht." Das ist vielleicht doch ein Stück entlarvend. Steuerrecht ist grundsätzlich gesetzesgebunden. Das bedeutet doch, dass die rechtlichen Voraussetzungen eingehalten werden müssen. Genügt es dann, sachkundige Personen in die Verhandlungen zu schicken und Statistiken zu veröffentlichen? Wenn ich es richtig verstanden habe, sind Betriebsprüfer nicht anwesend und der Steuerpflichtige darf vielleicht im Hinterzimmer warten. Als Richter stelle ich mir dann die Frage, wie die Gesetzesbindung sichergestellt wird und wie eine hinreichende Transparenz gewährleistet wird. Gibt es z. B. eine Dokumentation über die Verständigungsverfahren; wem gegenüber wird Rechenschaft abgelegt? Wie wird die Unabhängigkeit der beteiligten Personen gewährleistet? Wie wird sichergestellt, dass die jeweiligen Kompetenzen von Bund und Ländern gewahrt werden? Zu all diesen Fragen habe ich relativ wenig gehört, und das ist etwas, was mich im höchsten Maße beunruhigt.

Dr. *Jörg-Dietrich Kramer*, LL.M.

Ich würde gern etwas zu dem sagen, was Herr Prof. *Mellinghoff* gerade geäußert hat. Das Verständigungsverfahren ist ein völkerrechtliches Verfahren, ist also aus der Ebene des nationalen Rechts herausgenommen. Da treffen sich die Vertreter der beiden Vertragsstaaten als „competent authorities". Das hat also mit dem innerstaatlichen Recht nichts mehr zu tun. Es ist, wie gesagt, ein völkerrechtliches Verfahren.

Axel *Neumann*, LL.B.

Als Quasi-Vertreter der Unternehmensseite kann ich aus der Praxis berichten: Nach einem längeren Verständigungsverfahren mit einem europäischen Staat ergab sich nun die Gelegenheit zu einer simultanen Betriebsprüfung der beiden Finanzverwaltungen. Dadurch konnte eine Doppelbesteuerung und damit ein weiteres Verständigungsverfahren vermieden werden. Meine Frage ist, ob es Bestrebungen gibt, die Voraussetzung oder den rechtlichen Rahmen für solche Prüfungen zu regeln – entweder auf nationaler oder auf OECD-Ebene. Momentan agiert man in einem wenig gesicherten Rahmen.

Konsultation und Verständigung

Katharina Becker

Herr Prof. *Mellinghoff*, ich möchte zunächst darauf hinweisen, dass das Verständigungsverfahren den Steuerpflichtigen nicht davon abhält, den nationalen Rechtsweg zu beschreiten. Die nationalen Rechtsmittel sind jedoch nicht dazu geeignet, eingetretene Doppelbesteuerung zu vermeiden. Hierfür sind Verständigungsverfahren da. Sie sind eingerichtet worden, um eine Lösung für Steuerfälle zu finden, die nach dem nationalen Recht zweier Staaten unterschiedlich qualifiziert werden. Zu jedem Einzelfall konsultiert das Bundeszentralamt für Steuern die zuständige Landesfinanzbehörde. Bei der Mehrzahl der Fälle handelt es sich jedoch um Verrechnungspreisfälle. Bei Verrechnungspreisen geht es vor allem darum, Sachverhalte aufzuklären. Damit es hier nicht zu Verzögerungen kommt, kann der Steuerpflichtige bei Zustimmung beider zuständigen Behörden während der Verhandlungen dazugebeten werden, um Sachverhalte aufklären.

Zur Frage, ob Simultanprüfungen im nationalen Recht verankert sind, weise ich darauf hin, dass sie durch entsprechende Übernahme des Art. 26 OECD-Musterabkommen in unsere Doppelbesteuerungsabkommen im nationalen Recht verankert sind. Die OECD hat zusätzlich ein Handbuch veröffentlicht, in dem der Verfahrensablauf von Simultanprüfungen erläutert wird.

Prof. Dr. Moris Lehner

Vielen Dank, Frau *Becker*. Ihrer Auffassung, dass Verrechnungspreisfragen keine Rechtsfragen sind, kann ich nicht zustimmen. Die dem Art. 9 des OECD-MA nachgebildeten Vorschriften der deutschen Vertragspraxis werden über das Zustimmungsgesetz nach Art. 59 Abs. 2 GG im innerstaatlichen Recht als Rechtsnormen verbindlich. Dies gilt auch für § 1 AStG. Zum Verhältnis zwischen Verständigungsergebnissen und der Rechtskraft innerstaatlicher Urteile möchte ich mich gegen die Auffassung der Finanzverwaltung aussprechen, die unter Berufung auf § 110 Abs. 2 FGO davon ausgeht, dass die Rechtskraft innerstaatlicher Urteile einem abweichenden Verständigungsergebnis nicht entgegensteht. Dies kann der Vorschrift des § 110 Abs. 2 FGO jedoch nicht entnommen werden.

Katharina Becker

Natürlich sind die Regelungen des § 1 AStG und des Art. 9 OECD-Musterabkommen anzuwenden. Aber der ganz, ganz große Bereich in Verrechnungspreisfragen sind Tatsachenfeststellungen. Wenn die nicht getroffen werden, kommen wir auch nicht zu Lösungen; sie sind die Voraussetzung dafür, dass Rechtsnormen Anwendung finden können.

Manfred Naumann

Ich bin zuständig für die Rechts- und Fachaufsicht beim Bundeszentralamt für Steuern und ich wollte etwas dazu sagen, was es mit den Verständigungsverfahren auf sich hat. Wie Frau *Becker* völlig zutreffend gesagt hat, hat jeder Steuerpflichtige die Möglichkeit, nationale Rechtsbehelfe zu wählen. Wenn er das nicht für aussichtsreich hält, sondern stattdessen das Verständigungsverfahren wählt, dann stehen die beiden Staaten, die zusammensitzen, vor der Aufgabe, Doppelbesteuerung zu vermeiden. Die Unternehmen, das hat die Frau *Becker* betont, legen größten Wert darauf, dass dieses Ziel erreicht wird. Ich habe auch die Einlassung von dieser Seite so verstanden, dass es aus Unternehmenssicht ganz wichtig ist, dass wirtschaftlich erdrosselnde Doppelbesteuerung vermieden wird. Und wenn dieses Verfahren dazu führt, dass diese Doppelbesteuerung vermieden wird, dann bin ich an diesem praktischen Ergebnis als Vertreter des Bundesfinanzministeriums interessiert. Ich bin nicht daran interessiert, diese Verständigungsmöglichkeit, die zwischen den Staaten existiert, durch zusätzliche Rechtsbehelfe zu komplizieren. Ich weiß auch nicht genau, wie das Ganze zusammenpassen soll. Wenn die Staaten eine Einigung finden, die Doppelbesteuerung vermeidet, und der Steuerpflichtige erklärt ausdrücklich, er ist damit einverstanden, dann weiß ich nicht, was hier an weiteren Diskussionen über Rechtschutzbedürfnisse oder sonstige Geschichten zu diskutieren ist, dann ist eine praktische Lösung gefunden, an der wir alle interessiert sein sollten. Zumindest die Unternehmen sind daran interessiert, die Finanzverwaltung auch, vielleicht der eine oder andere Berater oder die Professoren nicht.

Prof. Dr. h.c. *Rudolf Mellinghoff*

Es geht hier doch um die Gesetzmäßigkeit und Gleichmäßigkeit der Besteuerung. Das ist die entscheidende Frage, die dahintersteht. Ich habe größtes Verständnis dafür, dass Unternehmen diese Frage schnell, rasch, effizient und im gegenseitigen Einverständnis mit den beteiligten Staaten gelöst wissen wollen. Aber derartige Absprachen müssen doch dokumentiert werden und dürfen nicht allein hinter verschlossenen Türen getroffen werden. Es muss doch nachvollziehbar bleiben, wie derartige Verständigungen zustande kommen, damit sichergestellt ist, dass auch bei den Verrechnungspreisen die Gesetzmäßigkeit und Gleichmäßigkeit der Besteuerung gewahrt bleibt. Darum geht es mir.

Missbrauchsabwehr im Internationalen Steuerrecht[*]

Prof. Dr. *Dietmar Gosch*
Vorsitzender Richter am Bundesfinanzhof, München

Inhaltsübersicht

I. Einstieg in das Thema: „Steuerschlupfloch" versus Steuermissbrauch
II. Erscheinungsformen und Phänomene des Missbräuchlichen im Internationalen Steuerrecht
   1. Treaty shopping und Rule shopping
   2. Auslagerung von Einkünften
   3. Abgrenzung zur sog. Keinmalsteuer
III. Die sog. Basisgesellschaft-Rechtsprechung des BFH als Ausgangslage und die Rechtsprechungslinien
IV. Spezialgesetzliche Missbrauchsvermeidungsvorschriften
   1. Abkommensrecht
   2. Unilaterale Missbrauchsvermeidung
   3. Das Verhältnis beider Regelungskomplexe: Tatbestands- und Rechtsfolgenverdrängung
V. Unionsrechtliche Anforderungen und daraus folgende Konsequenzen
   1. Grundlegungen
   2. Konsequenzen
VI. Insbesondere: der alte, der neue und der abermals novellierte § 50d Abs. 3 EStG
   1. Zur Vorgeschichte: das Monaco-Urteil des BFH
   2. Würdigung der derzeitigen Regelungsfassung
VII. Schlussbemerkungen und Ausblick

I. Einstieg in das Thema: „Steuerschlupfloch" versus Steuermissbrauch

Mit dem Gesetz zur Änderung des Gemeindefinanzreformgesetzes und von steuerlichen Vorschriften hat der Bundesgesetzgeber § 50d EStG um einen neuen Absatz 11 erweitert.[1] Dividenden sollen hiernach bei einer sog. hybriden Gesellschaft nur insoweit unter das abkommensrechtliche Schachtelprivileg fallen, als die Dividenden nach deutschem Steuerrecht nicht einer anderen Person zuzurechnen sind. Das betrifft in erster Linie die Rechtsform der KGaA. Ziel der Neuregelung ist es, ein stattgebendes Urteil des BFH[2] zu „überschreiben"; die KGaA soll nicht in den Genuss einer DBA-Schachtelprivilegierung gelangen, wenn persönlich haftender Kommanditaktionär eine natürliche Person ist.[3] Nun mag es das „gute Recht" des Gesetzgebers sein, eine ihm missliebige Gestaltung zu blockieren. Nur fällt auf, dass in diesem Zusammenhang durchweg von einem „Schlupf-

---

[*] Herrn Richter am Finanzgericht Dr. *Ingo Oellerich*, Wiss. Mitarbeiter im I. Senat des BFH, sei für seine Mithilfe und Mitwirkung gedankt.
[1] V. 8.5.2012, BGBl. I 2012, 1030.
[2] BFH v. 19.5.2010 – I R 62/09, BFHE 230, 18.
[3] BT-Drucks. 17/8867, 9.

loch"⁴ die Rede ist, das es zu schließen gilt. Das geschieht in § 50d Abs. 11 EStG mittels einer Verschiebung der Einkunftszurechnung vom Zahlungsempfänger auf den sog. Nutzungsberechtigten, allgemein geläufig auch als den sog. Beneficial owner.⁵ Es soll hier dahinstehen, ob die Zurechnungsverschiebung dem Abkommensrecht widerspricht. Manches spricht dafür. Denn dass die Rechtsfigur des Beneficial owner den abkommensrechtlichen Begrifflichkeiten auch ohne spezifische Konturierung inhärent wäre, ist zu bezweifeln; das verträgt sich nicht mit der Tatbestandsmäßigkeit der Besteuerung.⁶ Es bedarf deshalb der positiv-rechtlichen Anordnung,⁷ und so sieht das auch der BFH,⁸ nicht anders als letztlich der Gesetzgeber, wenn er in § 50g Abs. 1 i. V. m. Abs. 3 Nr. 1 EStG aufbauend auf der Zins-/Lizenz-Richtlinie ebenfalls gezielt auf den Nutzungsberechtigten abstellt. Ähnlich liegt es bei der nationalen Zurechnungsvorschrift des § 20 Abs. 5 EStG, in der der „wirtschaftliche" Anteilseigner ebenfalls von dem nur formalen Zahlungsempfänger abgegrenzt wird. Doch ist das höchst umstritten und lässt sich an dieser Stelle nicht vertiefen. Hier soll nur interessieren, dass das Ausnutzen eines DBA-Vorteils – eben jenes „Schlupflochs" –, im Wege einer sog. innentheoretischen Lösung durch ein telelogisch-reduziertes Auslegen der steuerlichen Tatbestände verhindert werden soll:⁹ Die Rechtsfigur des Nutzungsberechtigten wird als objektives Tatbestandsmerkmal aufgefasst und danach bestimmt sich sodann die Einkunftszurechnung sowohl auf abkommensrechtlicher als auch auf nationaler Ebene. Das ist ein im Kern begrüßenswerter und einfacher „Schachzug", um den „wahren", den wirklichen wirtschaftlichen Vorgang zu erfassen. In der Rechtsfigur des Nutzungsberechtigten verwirklicht sich die steuerliche wirtschaftliche Betrachtungsweise, der bewährte Grundsatz des „substance over form".

---

4 So die Koalitionsfraktionen der CDU/CSU und der FDP in ihrer Begründung zu dem Änderungsantrag. S. BT-Drucks. 17/8867, 9.

5 *Lang*, SWI 2012, 226 (230), berichtet von einer nahezu wöchentlich wachsenden Zahl von Urteilen in aller Welt, die zur Auslegung des Begriffs „beneficial ownership" ergehen.

6 Auch von einem Treaty Override ausgehend *Kollruss*, DStZ 2012, 702 (703).

7 Z. B. *Matteotti* in Lang/Schuch/Staringer (Hrsg.), Die Grenzen der Gestaltungsmöglichkeiten im internationalen Steuerrecht, 2009, S. 206 f.; *Kraft*, Die missbräuchliche Inanspruchnahme von Doppelbesteuerungsabkommen, 1991, S. 23; ausführlich *Kaeser/Wassermeyer* in Wassermeyer, DBA, Loseblatt, Art. 10 Rz. 68 ff.; s. auch die Nachw. aus Schweizer Sicht bei *Matteotti*, ebd.

8 So auch BFH v. 19.5.2010 – I R 62/09, BFHE 230, 18. Im Übrigen ist die Rechtsprechung des BFH nicht einheitlich (ausdrücklich auch *Fischer*, FR 2004, 168 [169]). Die Anwendung der sog. Außentheorie entnimmt *Fischer*, FR 2000, 451 f. auch dem Urteil des BFH v. 15.12.1999 – I R 29/97, BStBl. II 2000, 527 = FR 2000, 446; hingegen *Fischer*, FR 2005, 949 (950) zu dem Urteil des BFH v. 15.3.2005 – X R 39/03, BStBl. II 2005, 817 = FR 2005, 943: „Schulbeispiel" für die Anwendung der sog. Innentheorie; ebenso *Fischer*, FR 2002, 937 (938) zu BFH v. 13.10.1993 – II R 92/91, BStBl. II 1994, 128.

9 In diesem Sinne insbesondere *Gassner*, Interpretation und Auslegung der Steuergesetze, 1975, S. 115 ff.; *Fischer* in Hübschmann/Hepp/Spitaler (HHSp), AO/FGO, Loseblatt, § 42 AO Rz. 71 ff.; *Weber-Grellet*, Steuern im modernen Verfassungsstaat, 2001, S. 222.

Die sog. Innentheorie, die Missbrauchstatbestände wegen der Möglichkeit der teleologischen Auslegung der steuerlichen Tatbestände für entbehrlich hält,[10] überzeugt nicht.[11] Gesetzesumgehung ist nicht allein ein Problem des Wirkungsbereichs eines Gesetzes.[12] Unter der Geltung des Vorbehalts des Gesetzes kann ihm nicht durch eine Auslegung ohne Rücksicht auf den möglichen Wortsinn oder vermittels einer den Steuerpflichtigen belastenden Analogie begegnet werden.[13]

Das Konzept des Beneficial owner, wie es in § 50d Abs. 11 EStG zum Ausdruck kommt, orientiert sich allerdings allein an objektiven Fakten, nicht an subjektiven Vorstellungen der Akteure. Es dient deswegen allenfalls im Effekt, nicht aber in der Zielrichtung der Missbrauchsbekämpfung. Bei „Missbräuchen", was immer darunter zu verstehen ist, geht der deutsche Gesetzgeber diesen Weg über einen wirtschaftlich aufgeladenen Tatbestand, also über eine innentheoretische Problembewältigung, indessen in aller Regel[14] nicht – und wegen besagter Tatbestandsmäßigkeit des Gesetzes zu Recht nicht. Er versucht, des Problems stattdessen in anderer Weise Herr zu werden, nämlich durch entsprechende allgemeine oder spezielle Abwehrregelungen. Vor allem darum, um diese oder jedenfalls einige dieser Regelungen, und um damit zusammenhängende Fragen soll es nachfolgend gehen.[15]

II. Erscheinungsformen und Phänomene des Missbräuchlichen im Internationalen Steuerrecht

Die Beschäftigung mit der Missbrauchsabwehr im Internationalen Steuerrecht verweist auf die Gegenmittel, auf die Instrumente, welche sich der Staat oder grenzüberscheidend die Staaten schaffen, um dem Phänomen des Missbrauchs entgegenzuwirken. Die Abwehr erfordert den Missbrauch als ihren Gegenstand, und es bedarf deswegen zunächst der Abklärung dessen,

---

10 In diesem Sinne insbes. *Gassner*, Interpretation und Auslegung der Steuergesetze, 1975, S. 115 ff.; *Fischer* in HHSp (Fn. 9), § 42 AO Rz. 71 ff.; *Weber-Grellet*, Steuern im modernen Verfassungsstaat (Fn. 9), S. 222.
11 Die sog. Innentheorie ablehnend auch *Clausen*, DB 2003, 1589; *Drüen*, StuW 2008, 154 (160); *Hey*, StuW 2008, 167 (175); *Gosch*, § 42 AO – Anwendungsbereich und Regelungsreichweite, Harzburger Steuerprotokoll 1999, 2000, S. 225; *Gosch*, Die Zwischengesellschaft nach „Hilversum II", „Cadbury Schweppes" und den JStG 2007 und 2008, in Kirchhof/Nieskens (Hrsg.), Festschrift für Wolfram Reiß zum 65. Geburtstag, 2008, S. 597.
12 So aber *Gassner* in Cagianut/Vallender (Hrsg.), Steuerrecht, Ausgewählte Probleme am Ende des 20. Jahrhunderts, Festschrift zum 65. Geburtstag von Ernst Höhn, 1995, S. 65 (79); zustimmend *Fischer* in HHSp (Fn. 9), § 42 AO Rz. 72.
13 Vgl. *Tipke*, Die Steuerrechtsordnung, Band III, 1993, 1333.
14 Eine Ausnahme macht z. B. § 15 AStG für Auslandsstiftungen.
15 Abzugrenzen ist zudem von Maßnahmen zur Bekämpfung internationaler Steuerhinterziehung, zumeist mittels internationalen Informationsaustausches, vgl. dazu zuletzt BMF, PM v. 26.7.2012.

was typischerweise unter Missbrauch im hier relevanten Sinne zu verstehen ist. Die einschlägigen Sachverhalte und Gestaltungen sind aus Sicht des Internationalen Steuerrechts recht leicht zu identifizieren. Nach der OECD-Musterkommentierung – sie spricht von „Improper Use of Tax Treaties" oder von „Tax Avoidance"[16] – sind drei Standardausprägungen geläufig:

1. Treaty shopping und Rule shopping

Zum einen geht es um das sog. Treaty Shopping.[17] Die betreffende ausländische Person ist weder in dem einen noch in dem anderen Vertragsstaat ansässig, ist also nicht abkommensberechtigt. Sie bezieht aber Einkünfte, die in einem Vertragsstaat der Quellensteuer unterfallen. Sie will dafür die einschlägigen Abkommensvorteile erlangen und schaltet deswegen eine in einem der Vertragsstaaten ansässige Person zwischen die Einkünfte und ihre Einkünftevereinnahmung, zumeist eine Kapitalgesellschaft, eine Holding. Diese Person soll den marktwirtschaftlichen Konnex zwischen Ansässigkeits- und Quellenstaat herbeiführen, dessen es gemeinhin bedarf, um in den Vorteil von Abkommensvergünstigungen zu gelangen. Ähnliches bezwecken Gestaltungen über sog. Stepping-stone-Gesellschaften oder die unter dem Begriff Quintett-Gestaltungen geläufige Bündelung von Kapitalbeteiligungen. Stepping-stone-Gesellschaften[18] werden als Patentverwertungsgesellschaften von einem nichtabkommensberechtigten Steuerausländer in einem Staat errichtet, mit dem Deutschland ein Abkommen abgeschlossen hat. Hierdurch soll ein quellensteuerfreier Abfluss der Lizenzgebühren sichergestellt werden. In dem Staat, in dem die zwischengeschaltete Gesellschaft ihren Sitz hat, wird die Besteuerung vermieden, indem die an den Steuerausländer zu entrichtende Lizenzgebühr als Betriebsausgabe abgezogen wird. Im Ergebnis verbleibt es bei einer Besteuerung in dem Wohnsitzstaat des Steuerausländers.[19] Mittels der sog. Quintett-Gestaltungen[20] soll erreicht werden, die reduzierten Quellensteuersätze für Schachtelbeteiligungen in Anspruch nehmen zu können. In all diesen Konstellationen führt die „Multilateralisierung von DBA"[21] zur Inspruch-

---

16 In Ziff. 7 ff. zu Art. 1 OECD-MA.
17 Ausführlich hierzu *Rudolf*, Treaty Shopping und Gestaltungsmissbrauch, 2012, passim.
18 Hierzu *Carlé*, KÖSDI 1999, 12056 (12058); *Kluge*, Das Internationale Steuerrecht, 4. Aufl. 2000, Rz. R 104; *Küsell*, RIW 1998, 217 (218); *Piltz*, BB, Beilage 14/1987, 3; *Schaumburg*, Internationales Steuerrecht, 3. Aufl. 2011, Rz. 16.128; *Wassermeyer* (Fn. 7), Art. 1 OECD-MA Rz. 66.
19 *Wassermeyer* (Fn. 7), Art. 1 OECD-MA Rz. 66.
20 Hierzu *Carlé*, KÖSDI 1999, 12056 (12058); *Kluge* (Fn. 18), Rz. R 106; *Piltz*, BB, Beilage 14/1987, 3; *Schaumburg* (Fn. 18), Rz. 16.129; *Wassermeyer* (Fn. 7), Art. 1 OECD-MA Rz. 67.
21 *Schaumburg* (Fn. 18), Rz. 16.127.

nahme von Abkommensvergünstigungen, die ohne Einschaltung der Zwischengesellschaft nicht erreicht werden könnte. Vergleichbare Effekte werden durch das sog. Directive shopping erreicht, bei dem es den Initiatoren darum geht, die Kapitalertragsteuerreduktion der EU-Mutter-Tochter-Richtlinie,[22] in Deutschland umgesetzt in § 43b EStG, zu erlangen. Zu den damit in Zusammenhang stehenden Problemen hat *Kofler* im Rahmen der 34. Jahrestagung ausführlich Stellung genommen.[23]

Vom Treaty shopping zu unterscheiden ist das sog. Rule shopping,[24] bei dem der nötige marktwirtschaftliche Konnex in Gestalt einer abkommensberechtigten Person in aller Regel besteht: Hier ist die ausländische Person zwar in einem der beiden Vertragsstaaten ansässig und damit abkommensberechtigt. Sie bezieht dort Einkünfte aus dem anderen Vertragsstaat. Sie will aber erreichen, dass diese Einkünfte keiner oder nur einer geringen Quellensteuer unterliegen. Dazu verfällt sie auf den Gedanken, Einkünfte in nicht oder geringer belastete Einkünfte zu konvertieren, also den Vorteil aus einer anderen als der „eigentlichen" Verteilungsnorm zu erlangen, beispielsweise durch Gesellschafterfremdfinanzierung, durch abermalige Zwischenschaltung einer Holding, durch Veräußerung kurz vor der Dividendenfälligkeit, durch Einbringung von Darlehen oder Bankguthaben in eine inländische Betriebsstätte, um fortan quellensteuerfreie Unternehmenseinkünfte, nicht aber quellensteuerbelastete Zinseinkünfte zu erwirtschaften. Zu erwähnen ist in diesem Zusammenhang auch die Einschaltung von Künstlerverleihgesellschaften, um das Quellensteuerrecht des anderen Staates an dem Künstlerhonorar auszuschalten (Art. 17 Abs. 1 OECD-MA). In ähnlicher Weise schalten Personen Immobiliengesellschaften ein, um die Besteuerung von Veräußerungsgewinnen im Belegenheitsstaat (Art. 13 Abs. 1 OECD-MA) zu vermeiden. Enthält das einschlägige DBA keine dem Art. 13 Abs. 4 OECD-MA entsprechende Klausel, darf der Gewinn aus der Veräußerung von Anteilen an der Immobiliengesellschaft ausschließlich im Ansässigkeitsstaat besteuert werden (Art. 13 Abs. 5 OECD-MA).

Beides, sowohl das Treaty wie das Rule shopping, kann, es muss aber nicht in Reinform in Erscheinung treten. Oftmals vermischen sich die Gestaltungen. Für die rechtliche Kategorisierung ist dies allerdings nicht von Bedeutung. Wesentlich ist vielmehr, dass die eine wie die andere Gestaltungsform sich einer substanz- und funktionslosen und passiv tätigen Konstruktion, eines Special purpose vehicle, bedient, um das Gestaltungsziel zu erreichen. Man spricht von sog. Basisgesellschaften oder auch von „Brief-

---

22 Richtlinie 2011/96/EU über das gemeinsame Steuersystem der Mutter- und Tochtergesellschaften verschiedener Mitgliedstaaten vom 19. Dezember 2011, ABl. L 345/8.
23 *Kofler* in DStJG 33 (2010), S. 213 ff.
24 Hierzu *Hey* in Lüdicke (Hrsg.), Wo steht das deutsche Internationale Steuerrecht?, 2009, S. 137 (139, 140); *Rudolf* (Fn. 17), S. 15.

kästen".²⁵ Es geht darum, die Abschirmwirkung einer derartigen Gesellschaft im „Streben nach Steuereinsparungen"²⁶ auszunutzen. Die Einschaltung einer eigenwirtschaftlich tätigen, einer substanziell ausgestatteten Zwischengesellschaft genügt hingegen kaum, um in den Ruch des Missbräuchlichen zu gelangen.

2. Auslagerung von Einkünften

Die Einschaltung einer passiv tätigen Kapitalgesellschaft ist es, welche schließlich auch einer dritten Erscheinungsform des Missbrauchs im Internationalen Steuerrecht zu eigen ist: die Auslagerung innerstaatlicher Einkünfte in das Ausland – gleichviel, ob es sich um einen DBA-Vertragsstaat handelt oder nicht –, um dortige niedrige Steuersätze oder -vorteile auszunutzen. Besteuerungssubstrat wird über vor- oder zwischengeschaltete Kapitalgesellschaften in ein Niedrigsteuerland verschoben, namentlich durch konzernverbundene Finanzierungsgesellschaften. Auch hierbei handelt es sich um eine Art Rule shopping, denn auch hier werden Einkünfte umkonfiguriert. Allerdings geschieht das dadurch, dass im anderen Staat ein Steuersubjekt „installiert" wird, um das Besteuerungssubstrat über dieses Subjekt dem territorialen Zugriff zum Zwecke des Steuervorteils zu entziehen. Der Steuermissbrauch liegt hier in der gänzlichen oder partiellen Steuerflucht, nicht in dem Ausschöpfen eines spezifischen Abkommensvorteils.

3. Abgrenzung zur sog. Keinmalsteuer

Abzugrenzen ist der Missbrauch von dem Phänomen der doppelten Nichtbesteuerung. Sie tritt auf, wenn die Vertragsstaaten DBA-Normen so auslegen, dass sie zu einer Besteuerungskompetenz des jeweils anderen Vertragsstaats führen. Dies ist insbesondere dann der Fall, wenn die Bestimmungen nach dem jeweils nationalen Steuerrecht auszulegen sind.²⁷ Bisweilen wird auch dieses Phänomen als Missbrauch betrachtet. So wollen etwa in einigen deutschen DBA sog. Notifikationsklauseln einen Übergang zur Anrechnungsmethode vornehmen, „um die steuerliche Freistellung von Einkünften in beiden Vertragsstaaten oder sonstige Gestaltungen zum Missbrauch des Abkommens zu verhindern".²⁸ Auch die EU-Kommission be-

---

25 Vgl. etwa BFH v. 1.4.2003 – I R 39/02, BStBl. II 2003, 869; BFH v. 31.5.2005 – I R 74, 84/04, BStBl. II 2006, 118; *Gosch* in Festschrift Reiß (Fn. 11), S. 597 ff.; *Renner* in Lang/Jirousek (Hrsg.), Praxis des Internationalen Steuerrechts, Festschrift für Helmut Loukota zum 65. Geburtstag, 2005, S. 399 (404); *Strunk*, IWB, Fach 3, Gruppe 2, 1253 ff.
26 *Jacobs*, Internationale Unternehmensbesteuerung, 7. Aufl. 2011, S. 434.
27 *Musil* in HHSp (Fn. 9), § 2 AO Rz. 95; *Piltz*, BB, Beilage 14/1987, 15.
28 S. Nr. 21 des Protokolls zum DBA-USA 1989. – Zu den Notifikationsklauseln *Jankowiak*, Doppelte Nichtbesteuerung im Internationalen Steuerrecht, 2009, S. 195 ff.

stimmt in ihrem „Aktionsplan zur Verstärkung der Bekämpfung von Steuerbetrug und Steuerhinterziehung" vom 6.12.2012 das anzustrebende „allgemeine Ziel" mit einem „Vorgehen der Union, das unter Gewährleistung eines funktionsfähigen Binnenmarktes die Steuersysteme der Mitgliedstaaten besser gegen Missbrauch und Schlupflöcher, insbesondere gegen grenzüberschreitenden Steuerbetrug und grenzüberschreitende Steuerhinterziehung auf internationaler Ebene, schützt, da diese Praktiken die Steuereinnahmen der Mitgliedstaaten mindern". Es ist jedoch keineswegs einsichtig, jegliche gestaltende Steuervermeidung verallgemeinernd als Steuerverkürzung oder als Missbrauch zu brandmarken, auch dann nicht, wenn sie in eine Keinmalbesteuerung mündet.[29] Zunächst einmal handelt es sich um ein reines Auslegungsproblem. Die doppelte Nichtbesteuerung, die zur Entstehung sog. weißer Einkünfte führt, ist Konsequenz einer an der Begriffswelt der nationalen Rechtsordnung orientierten Auslegung.[30] Zudem ist die Möglichkeit einer Keinmalbesteuerung eine immanente, sozusagen „systemische" Konsequenz der abkommensrechtlichen Freistellungsmethode, die Schutz vor einer virtuellen, nicht aber einer tatsächlichen Doppelbesteuerung bietet.[31] Macht der andere Vertragsstaat von dem ihm zugewiesenen Besteuerungsrecht keinen Gebrauch – sei es infolge einer abweichenden Qualifikation abkommenseigener Begriffe, sei es infolge einer Steuersubvention -, sind etwaige Besteuerungslücken und -ausfälle prinzipiell hinzunehmen.[32] Soll das vermieden werden, bedarf es abkommensrechtlicher Vereinbarungen über Besteuerungsrückfälle oder den Wechsel der Vermeidungsmethode von der Freistellung zur Anrechnung. In Einzelfällen mag man ihnen auch durch unilaterale Maßnahmen begegnen, zuweilen auch im Gewand des Treaty override. Ob dadurch international eine konsistente, leistungsgerechte Besteuerung erreicht werden kann, mag dahinstehen.[33] Zum Gestaltungsmissbrauch gelangt man hier jedenfalls nur

---

29 S. in diesem Zusammenhang auch die derzeit im Entwurf v. 11.3.2013 vorliegende deutsche DBA-Verhandlungsgrundlage, die ausweislich ihrer Präambel auch „von dem Wunsch geleitet (ist), die beiderseitigen wirtschaftlichen Beziehungen weiter zu entwickeln, die Zusammenarbeit auf steuerlichem Gebiet zu vertiefen und eine wirksame und zutreffende Steuererhebung zu gewährleisten, in der Absicht, die jeweiligen Besteuerungsrechte gegenseitig so abzugrenzen, dass sowohl Doppelbesteuerungen wie auch Nichtbesteuerungen vermieden werden".
30 In diesem Sinne *Jankowiak* (Fn. 28), 81; *Musil* in HHSp (Fn. 9), § 2 AO Rz. 95; *Piltz*, BB, Beilage 14/1987, 15.
31 BFH v. 10.1.2012 – I R 66/09, BFHE 236, 304. Vgl. auch *Wassermeyer*, StuW 1990, 404 (406).
32 *Kofler* in DStJG 33 (2010), S. 213 (239 f.); *Gosch*, ISR 2013, 87 (89 f.).
33 Skeptisch *Kofler* in DStJG 33 (2010), S. 213 (239). Grundlegend (und mit einem dezidiert abweichenden Ansatz) *Lampert*, Doppelbesteuerungsrecht und Lastengleichheit, 2010, passim, der die „nicht systemadäquate" Freistellungsmethode an der primärbeachtlichen Leistungsfähigkeit als Verfassungsleitschnur messen lassen will, die im Falle der Keinmalbesteuerung – im Zweifel, wenn der Abkommenswortlaut ein verfassungskonformes Verständnis verbietet – geeignet sein soll, das Abkommensrecht durch innerstaatliches Recht zu verdrängen.

dann, wenn der Qualifikationskonflikt gezielt durch einschlägige Gestaltungen von den Beteiligten angesteuert und ausgenutzt wird, um daraus einen unangemessenen Steuervorteil zu erlangen.[34] Überdies ist zu gewärtigen, dass der Inlandsakteur ohne Auslandsaktivitäten und Auslandseinkünfte keinesfalls eins zu eins mit einem solchen mit Auslandsaktivitäten und abkommensfreigestellten Auslandseinkünften abgeglichen werden darf.[35] Beide Personengruppen sind als solche auseinanderzuhalten; sie lassen sich nicht schlankerhand gleichschalten, weder „durch die Hintertür" vermittels unilateraler Missbrauchsqualifikation (und deswegen womöglich gerechtfertigtem Treaty overriding) noch dadurch, dass der Regelungsgegenstand von DBA in der Weise auf die Vermeidung der Doppelbesteuerung verengt wird, dass doppelte Nichtbesteuerungen von vornherein ausgeschlossen wären[36]; richtig ist es vielmehr, sie in den Regelungsgegenstand einzubeziehen, nämlich als „Kollateralschaden" der virtuellen Doppelbesteuerung als Grundannahme der Freistellungsmethode.

III. Die sog. Basisgesellschaft-Rechtsprechung des BFH als Ausgangslage und die Rechtsprechungslinien

Wirft man vor dem Hintergrund dieser Abgrenzungen einen Blick auf die Rechtsprechung in Deutschland, so ist etwa bis zum Jahre 2000 eine vergleichsweise Ruhe zu gewärtigen. Die sog. Basisgesellschaft-Rechtsprechung des BFH hatte sich bis dahin inhaltlich kaum bewegt oder gewandelt. Sie stagnierte weitgehend bei dem, das sich aus dem Leitsatz der grundlegenden Entscheidung vom 21.1.1976[37] ergibt und dort wie folgt ablesen lässt:

„Eine GmbH mit Sitz in der Schweiz ist nicht berechtigt, die Erstattung der deutschen Kapitalertragsteuer gemäß Art. 6 Abs. 3 DBA-Schweiz 1931 geltend zu machen, wenn sie lediglich als Rechtsträger für Beteiligungsbesitz eines in der Bundesrepublik ansässigen Steuerpflichtigen fungiert, für ihre Errichtung beachtliche Gründe fehlen und sie keine eigene wirtschaftliche Tätigkeit entfaltet."

Verhielt es sich derart, dann wurde das als gestaltungsmissbräuchlich im Sinne der allgemeinen Missbrauchsvermeidungsregelung qualifiziert. In dieser Weise ging es in der Folgezeit beständig weiter, bis hin in die 90er Jahre – dem Urteil *„Niederländische Stiftung I"* vom 27.8.1997[38] – sowie – ein später „Ausreißer" – dem Urteil *„Hilversum I"* vom 20.3.2002.[39] Der

---

34 Eingehend *Hey*, StuW 2008, 167 (173 ff.), insbesondere in der Analyse und Auseinandersetzung (mit) der einschlägigen Rechtsprechung des EuGH. Vgl. auch *Jankowiak* (Fn. 28), S. 82.
35 S. dazu BFH v. 10.1.2012 – I R 66/09, BFHE 236, 304.
36 So aber *Czakert*, IStR 2012, 703 (705 f.); *Schulz-Trieglaff*, IStR 2012, 577.
37 BFH v. 21.1.1976 – I R 234/73, BStBl. II 1976, 513.
38 BFH v. 27.8.1997 – I R 8/97, Niederländische Stiftung I, BStBl. II 1998, 163.
39 BFH v. 20.3.2002 – I R 38/00, Hilversum I, BStBl. II 2002, 819.

BFH hat diese Rechtsprechung ausdrücklich nie aufgegeben. Mit der langjährigen Stetigkeit und relativen Ruhe war es aber gleichwohl seit geraumer Zeit vorbei. Die Rechtsprechung geriet von zwei Seiten in die Zange neuerer Entwicklungen. Daraus ergab sich eine geläuterte Betrachtungsweise.

- Der eine der beiden Zangenhebel erwuchs in Gestalt spezialgesetzlicher nationaler Missbrauchsverhinderungsregelungen, den „statutory general anti-avoidance rules". Diese Sondervorschriften resultieren daraus, dass es dem Gesetzgeber oftmals nicht genügt, nur auf die eher konturenarmen Merkmale des § 42 AO oder auf die Einsicht der Richter zu vertrauen.[40] Er will präzisere, womöglich auch engere Vorgaben liefern, um Belastungsgleichheit herzustellen. Daraus entwickelte sich in der Folgezeit eine spezielle Konkurrenzlehre, was das Verhältnis zwischen dem allgemeinen abgabenrechtlichen Missbrauchstatbestand des § 42 AO zu eben jenen Vorschriften anbelangt.

- Die andere Hebelwirkung resultierte aus dem Unionsrecht. Das Unionsrecht geht von dem Gedanken des freien Binnenmarkts aus, nach welchem die Freiheit, sich grenzüberschreitend frei wirtschaftlich betätigen zu können, nicht durch steuerliche Regelungen beeinträchtigt werden soll. Folge ist ein enges Missbrauchsverständnis des Unionsrechts.[41] Ein Missbrauch liegt nur bei rein künstlichen, jeder wirtschaftlichen Realität baren Gestaltungen vor, die nur dem Zweck dienen, der Besteuerung zu entgehen oder eine steuerliche Begünstigung zu erlangen.[42] Dem stehen Missbrauchstatbestände entgegen, die ohne Weiteres und typisierend aus dem Umstand einer Niedrigbesteuerung im Ausland oder auch aus dem Ausnutzen eines Steuergefälles, auf einen Gestaltungsmissbrauch schließen.

IV. Spezialgesetzliche Missbrauchsvermeidungsvorschriften

1. Abkommensrecht

Begonnen sei mit dem ersten Hebel, den Spezialgesetzen und hier zunächst mit dem Abkommensrecht. Kontrovers diskutiert wird, ob DBA ein ausdrücklicher Missbrauchsvorbehalt inhärent ist. In der Literatur wird bisweilen angenommen, DBA stünden unter einem allgemeinen völkerrecht-

---

40 *Kessler/Eicke*, Germany's New GAAR – „Generally Accepted Antiabuse Rule", Tax Notes International 2008, 151, formulieren bezogen auf § 42 AO a. F.: „The legislature codified a butter-soft and broad GAAR".
41 *Schön* in Festschrift Reiß (Fn. 11), S. 571 (579 f.); ähnlich *Bergmann*, StuW 2010, 246 (256 f.); *Köhler/Tippelhofer*, IStR 2007, 681 (683). Kritisch zur Rechtsprechung des EuGH etwa *Englisch*, StuW 2009, 3 (17 f.).
42 EuGH v. 12.9.2006 – Rs. C-196/04, Cadbury Schweppes – Rz. 55, Slg. 2006, I-7995; EuGH v. 13.3.2007 – Rs. C-524/04, Test Claimants in the Thin Cap Group Litigation – Rz. 72, Slg. 2007, I-2107; EuGH v. 5.7.2012 – Rs. C-318/10, SIAT, Rz. 40.

lichen Umgehungsvorbehalt.[43] Andere – so zuletzt das Schweizer BVGer[44] – rekurrieren auf ein völkerrechtliches, in Art. 31 ff. WÜRV verstetigtes Prinzip von Treu und Glauben, das jeder Abkommensauslegung zugrunde zu legen sei. Und wiederum andere effektuieren ein wechselseitig übereinstimmendes Rechtsverständnis der Vertragsstaaten.[45] All dies ist jedoch nur wenig geeignet, eine tragfähige Grundlage zur Missbrauchsbekämpfung darzustellen. Ein allgemeiner ungeschriebener Missbrauchsvorbehalt zulasten der Steuerpflichtigen dürfte schon wegen mangelnder Tatbestandsmäßigkeit mit dem allgemeinen Gesetzesvorbehalt des Grundgesetzes kollidieren.

In Anbetracht dessen liegt es nahe, Missbrauchsabwehr abkommensrechtlich positiv zu regeln. Betrachtet man die von deutscher Seite geschlossenen Verträge, war das Ergebnis allerdings über viele Jahre eher ernüchternd: Spezielle Missbrauchsregeln waren in der Vergangenheit selten. Erst in jüngerer Zeit beginnt sich das zu ändern. Dies entspricht auch der Anregung im OECD-MK; nach dessen Art. 1 Nr. 7 ff. sollen DBA Steuerumgehungen und Steuerhinterziehung nicht erleichtern; die Aufnahme spezieller Missbrauchsregeln wird deshalb ausdrücklich begrüßt. Das Spektrum derartiger abkommenseigener Anti-Missbrauchs-Regeln ist höchst heterogen. Es reicht über tatbestandlich-interne Lösungsmuster bis hin zu speziellen, komplexen Missbrauchsvermeidungsvorschriften. Zu den ersteren, den tatbestandlichen Abwehrmaßnahmen, gehören spezifische Zuordnungsregelungen wie die Künstlerverleihklausel des Art. 17 Abs. 2 OECD-MA, die Grundstücksklausel des Art. 13 Abs. 4 OECD-MA sowie auch Arbeitnehmerüberlassungsklauseln wie in Art. 15 Abs. 3 DBA-Österreich, die vermeiden sollen, dass der Tätigkeitsstaat infolge der Arbeitnehmerüberlassung leer ausgeht, auch Aktivitätsklauseln, die passiven Einkünften Abkommensvorteile vorenthalten.[46] „Echte" Missbrauchsvermeidungsnormen – die sog. LOB-Klauseln – zielen wiederum darauf ab, die Abkommensberechtigung mit bestimmten Erfordernissen zu verknüpfen und sie zu beschränken.[47] In jedem Fall – und das ist hervorzuheben – unterliegen der-

---

43 In diesem Sinne *Kluge* (Fn. 18), Rz. R 135; *Prokisch* in Vogel/Lehner (Hrsg.), DBA, 5. Aufl. 2008, Art. 1 Rz. 100 ff., 117 (unter Hinweis auf allgemeine Rechtsgrundsätze, wie sie in Art. 38 Abs. 1 lit. c des Statuts des Internationalen Gerichtshofs formuliert sind); *Vogel* in Haarmann (Hrsg.), Steuerumgehung bei Doppelbesteuerungsabkommen, Grenzen der Gestaltung im Internationalen Steuerrecht, 1994, S. 79 (83); vgl. auch *Merthan*, RIW 1992, 927 (930 ff.), der den allgemeinen Rechtsgrundsatz allerdings als Auslegungshilfe bei der Anwendung des § 42 AO begreift.
44 Schweizer BVGer. v. 7.3.2012 – A-6537/2010; s. *Lang*, SWI 2012, 226 (229 f.).
45 S. *Mössner*, RIW 1986, 208 (211), der meint, dass die übereinstimmende Vertragspraxis zu einer den Abkommen inhärenten Missbrauchsregel führen könne; a. A. *Fischer-Zernin*, RIW 1987, 362 (365).
46 Hierzu *Kluge* (Fn. 18), Rz. R 128; *Wassermeyer*, IStR 2000, 65 ff.
47 Hierzu *Goebel/Glaser/Wangler*, DStZ 2009, 197 ff.; *Kofler* in Festschrift Loukota (Fn. 25), S. 213 ff.

artige abkommenseigene Regelungen zur Missbrauchsabwehr der gleichermaßen abkommenseigenen Regelungsauslegung. Des Rückgriffs auf nationales Recht bedarf es regelmäßig nicht; die Rechtskreise sind strikt auseinanderzuhalten.[48]

2. Unilaterale Missbrauchsvermeidung

Fehlen solche Abkommensregelungen, bemühen sich die Staaten, missbräuchlichen Gestaltungen im Internationalen Steuerrecht auf unilaterale Weise zu begegnen. Auch hier bietet sich ein höchst heterogenes Bild: Neben § 50d EStG sind das derzeit vor allem § 50g Abs. 4 EStG, § 34c Abs. 6 Satz 5 EStG sowie die §§ 7 ff. AStG. § 50g Abs. 4 EStG steht in Zusammenhang mit der Umsetzung der EG-Zins- und Lizenzgebührenrichtlinie[49] und wiederholt lediglich das, was sich dort in Art. 5 Satz 2 findet: Die Entlastung nach Abs. 1 ist zu versagen, wenn der hauptsächliche Beweggrund oder einer der hauptsächlichen Beweggründe für Geschäftsvorfälle die Steuervermeidung oder der Missbrauch sind. § 34c Abs. 6 Satz 5 EStG verhindert hingegen den Abzug nicht anrechenbarer, im ausländischen Vertragsstaat auf Drittstaateneinkünfte angefallener Steuern bei der Ermittlung der Einkünfte. Verhindert wird dies dann, wenn die Auslandsbesteuerung ihre Ursache in einer Gestaltung hat, für die wirtschaftliche oder sonst beachtliche Gründe fehlen. Beide Vorschriften greifen also im Grunde nur die von der Rechtsprechung geprägten Erfordernisse für einen Missbrauchsverdacht auf. Eigenständige, über § 42 Abs. 1 AO hinausgehende Inhalte fehlen.

Das ist anders bei § 50d Abs. 3 EStG, jedenfalls in dessen derzeitiger, soeben durch das BeitrRLUmsG[50] geänderter Fassung. Die Vorschrift betrifft – abweichend von den CFC-Regelungen der §§ 7 ff. AStG – die Inanspruchnahme vor allem abkommensrechtlicher sowie richtliniengemäßer Vergünstigungen.

Bei diesen beiden Normenkomplexen bedient sich der Gesetzgeber im Vergleich zu § 42 AO einer anderen Regelungstechnik. Sie betrifft die Einkommenszurechnung. Im Rahmen von § 42 AO erfolgt diese im Wege des Durchgriffs: Das in Rede stehende inkriminierte Einkommen wird steuer-

---

48 Sog. Grundsatz der rechtskreisspezifischen Missbrauchsabwehr. Vgl. hierzu *Fischer*, DB 1996, 644 (645); *Kluge* (Fn. 18), Rz. R 122; *Wassermeyer* (Fn. 7), Art. 1 OECD-MA Rz. 56a.
49 Richtlinie 2003/49/EG des Rates vom 3. Juni 2003 über eine gemeinsame Steuerregelung für Zahlungen von Zinsen und Lizenzgebühren zwischen verbundenen Unternehmen verschiedener Mitgliedstaaten, ABl. L 157/49, zuletzt geändert durch Richtlinie 2006/98/EG des Rates vom 20. November 2006, ABl. L 363/129.
50 Gesetz zur Umsetzung der Beitreibungsrichtlinie sowie zur Änderung steuerlicher Vorschriften (Beitreibungsrichtlinie-Umsetzungsgesetz – BeitrRLUmsG) v. 7.12.2011, BGBl. I 2011, 2592.

lich einer anderen Person als derjenigen zugerechnet, die die Einkommen formal erzielt hat. In aller Regel wird dies der Anteilseigner der eingeschalteten Zwischengesellschaft als Hintermann sein. Vor allem an der außensteuergesetzlichen Hinzurechnungsbesteuerung nach §§ 7 ff. AStG bestätigt sich hingegen ein anderes Vorgehen. Regelungstechnisch kommt es hierbei zur *Hinz*urechnung der Zwischengesellschaftsgewinne, nicht jedoch zur Zurechnung. Der Gesetzgeber greift zwar wirtschaftlich auch hier auf den Hintermann durch jene Gesellschaft hindurch. Zu dieser Durchbrechung des corporate shelter wird allerdings nicht die formale Existenz der Gesellschaft infrage gestellt. Die persönliche Zurechnung des Gewinns wird nicht verschoben. Der Gewinn erhöht sich vielmehr im Wege des Zugriffs auf das Gesellschaftseinkommen. Nicht anders verhält es sich bei der Anti-Treaty-Shopping-Regelung des § 50d Abs. 3 EStG. Die steuerliche Existenz der Außengesellschaft wird anerkannt, die Abkommensvergünstigungen werden ihr aber versagt.

3. Das Verhältnis beider Regelungskomplexe: Tatbestands- und Rechtsfolgenverdrängung

Das alles wirkt sich nun ganz konkret auf das Verhältnis zwischen der allgemeinen abgabenrechtlichen Norm des § 42 AO einerseits und der Spezialnormen andererseits aus. Denn der BFH[51] geht in seiner jüngeren Rechtsprechung durchgängig von einem Spezialitätengrundsatz aus: Schafft der Gesetzgeber eine sondergesetzliche Missbrauchsvermeidungsnorm – sei sie bi-, sei sie unilateral –, dann muss er sich daran festhalten lassen. Er hat – so *Peter Fischer*[52] – „seinen claim abgesteckt". Die Generalklausel des § 42 AO hat zurückzutreten. Diese Sichtweise hat beim Gesetzgeber allerdings keinen rechten Anklang gefunden. Ihr verdankte § 42 AO zunächst einen neuen zweiten Absatz, wonach „Absatz 1 [...] anwendbar [ist], wenn seine Anwendbarkeit gesetzlich nicht ausdrücklich ausgeschlossen ist". Diese selbstbehauptende Kreation lief nach Meinung des BFH[53] (und anderer Kritiker)[54] indes schlicht leer: Entweder es liegt nach Maßgabe des besagten Spezialitätenvorrangs ein Missbrauch vor, dann bedarf es des § 42 AO ohnehin nicht. Oder aber die Missbrauchsannahme scheidet spezialgesetzlich qua definitionem aus. Dann lässt sich dieser Befund auch über § 42 AO nicht aus dem Weg räumen. Der Gesetzgeber hat hier zwischenzeitlich nachgebessert und § 42 AO ein weiteres Mal geändert. Nunmehr sollen

---

51 BFH v. 23.10.1991 – I R 40/89, BStBl. II 1992, 1026; BFH v. 10.6.1992 – I R 105/89, BStBl. II 1992, 1029.
52 Vgl. *Fischer*, SWI 1999, 104 (106); *Fischer*, FR 2000, 451 (452); *Fischer*, FR 2004, 1068 (1069); *Fischer*, FR 2008, 306 (310); *Fischer* in HHSp (Fn. 9), § 42 AO Rz. 25.
53 BFH v. 20.11.2007 – I R 85/05, BFH/NV 2008, 551; BFH v. 29.1.2008 – I R 26/06, BStBl. II 2008, 978.
54 In diesem Sinne etwa *Drüen* in Tipke/Kruse, Abgabenordnung, Finanzgerichtsordnung, Loseblatt, § 42 AO Rz. 20b; *Fischer*, FR 2001, 1212 (1215).

sich die Rechtsfolgen nach der spezielleren Regelung bestimmen, wenn deren Tatbestand erfüllt ist, andernfalls soll wiederum § 42 AO greifen. An dem Auslegungsergebnis kann diese Umformulierung aber nichts ändern. Nach wie vor setzt allein die Spezialregelung den Maßstab für das Missbrauchsverdikt: Fehlt der vom Gesetz missbilligte Steuervorteil, scheitert abermals auch die Sanktionierung über § 42 AO.[55]

Allerdings: Der BFH[56] hat in seiner früheren Spruchpraxis zu dem Spezialitätenvorrang eine Ausnahme gemacht, die von der beschriebenen Regelungstechnik der Einkunftszurechnung abhängig ist. Uneingeschränkt griff der Vorrang danach nur in jenen Fällen, in denen es im Ergebnis zu einer Zurechnung im Wege des Durchgriffs kommt. In den Fällen der *Hinzurechnung* sollte die Anwendung von § 42 AO hingegen vorrangig sein. Denn diese Norm setze, so wurde argumentiert, „logisch früher" schon bei der Einkünftezurechnung an. Zugleich hatte der BFH zum Ausdruck gebracht, dass die tatbestandlichen und teleologischen Wertungsvorgaben der Spezialnorm in den Regelungsbereich von § 42 AO hineinwirken. Die Spezialnorm bestimmte so gesehen also doch den Maßstab für das, was als missbräuchlich angesehen werden kann. So erwies sich beispielsweise bei einer Kapitalanlagegesellschaft wegen deren grundsätzlicher Akzeptanz durch das AStG das bloße Erzielen passiver ausländischer Einkünften für sich genommen regelmäßig noch nicht als missbräuchlich. Es musste schon mehr hinzukommen, um das zu bewirken. Dieses Mehr betraf typische Briefkastenfirmen.

So ganz einleuchten konnte dieses komplizierte Ineinandergreifen von Zurechnung als logische Vorstufe und Hinzurechnung als Rechtsfolgeregelung nicht. Bei Licht betrachtet schlagen nicht nur die Voraussetzungen, sondern auch die vom Gesetzgeber gewollten Rechtsfolgen – die Lösung des Konflikts über die Hinzurechnung statt der veränderten Einkunftszurechnung – spezialgesetzlich durch. Für § 42 AO bleibt daneben auch insoweit kein Raum. Es geht (nur) darum, die innerstaatliche Zuordnung der fraglichen Erträge festzulegen. Und genau in diesem Sinne hat sich der BFH zwischenzeitlich, im Fachschrifttum aber offenbar eher unbemerkt, denn auch unter ausdrücklicher Aufgabe seiner früheren Rechtsprechung im Urteil vom 29.1.2008[57] bekannt.

---

55 *Drüen*, Ubg 2008, 31 (34); *Wendt* in DStJG 33 (2010), S. 117 (135 f.), m. w. N.
56 BFH v. 23.10.1991 – I R 40/89, BStBl. II 1992, 1026; BFH v. 10.6.1992 – I R 105/89, BStBl. II 1992, 1029. S. z. B. auch *Jacobs* (Fn. 26), S. 435; krit. *Drüen* in Tipke/Kruse (Fn. 54), § 42 AO Rz. 100; *Hahn*, DStZ 2008, 104 (106).
57 BFH v. 29.1.2008 – I R 26/06, BStBl. II 2008, 978 (unter ausdrücklicher Aufgabe seiner früheren Rechtsprechung BFH v. 29.10.1997 – I R 35/96, BStBl. II 1998, 235); das bestätigend, aber auch nach wie vor abgrenzend zu § 15 AStG: BFH v. 22.12.2010 – I R 84/09, BFHE 232, 352 = IStR 2011, 393, mit krit. Anm. *Kirchhain*.

Im Kern gleichgelagert, aber dennoch davon zu unterscheiden ist das Verhältnis zu den abkommenseigenen Missbrauchsvermeidungsregeln. Auch hier gilt wieder rechtskreisspezifisch der Anwendungsvorbehalt der jeweils spezielleren Vorschrift, unter deren immanenten Vorbehalt der Anwendungsbereich sowohl des § 42 AO als auch jener des § 50d EStG steht. Der insoweit gesetzte „umgekehrte" Regelungsvorrang der spezielleren DBA-Missbrauchsregelungen wirkt absolut. Er ist auch unabhängig davon, ob das DBA tatbestandlich weiter reicht als § 50d Abs. 3 EStG (oder § 42 AO) oder aber dahinter zurückbleibt.[58] Die Grenzlinien werden durch das DBA so oder so abschließend markiert.[59] Abweichend verhält es sich nur dann, wenn das DBA kraft entsprechender Beschränkung seinerseits gegenüber den nationalen Missbrauchsvermeidungsregeln subsidiär sein soll, so z.B. die LOB-Klausel des Art. 31 Abs. 4 DBA-Liechtenstein sowie das DBA-Großbritannien gem. Nr. 1 der „Gemeinsamen Erklärung",[60] oder wenn und soweit das DBA eine entsprechende Missbrauchsvermeidungsklausel nicht enthält und das DBA zugleich erkennen lässt, dass innerstaatliches Recht anwendbar bleiben soll.[61] Ob dies der Fall ist, ist im Wege einer abkommensautonomen Auslegung zu ermitteln.[62] Es erscheint jedenfalls zweifelhaft, allein das bloße Schweigen eines Abkommens als Hinweis auf die Anwendbarkeit des innerstaatlichen Rechts zu deuten.

Fehlt ein Bekenntnis des DBA zur Anwendbarkeit des nationalen Rechts, wird es problematisch: § 42 AO mag uneingeschränkt anwendbar bleiben, weil es lediglich die Einkunftszurechnung verschiebt und weil Zurechnungsfragen sich im Allgemeinen nach dem Recht des jeweiligen Anwenderstaats richten.[63] Bei Regelungen, die wie § 50d Abs. 3 EStG die abkommensrechtliche Zurechnung und die daraus folgende Besteuerungszuordnung auf den im Ausland ansässigen Rechtsträger „eigentlich" akzeptieren, sich sodann aber unilateral in der Rechtsfolge darüber hinwegsetzen und jenem Rechtsträger die an sich gebotene Steuerentlastung versagen, dürften die Dinge jedoch anders liegen. Bei einer technisch derart ausgestalteten Missbrauchsvermeidungsnorm handelt es sich um ein lupenreines Treaty

---

58 A. A. *Drüen* in Tipke/Kruse (Fn. 54), § 42 AO Rz. 102; *Piltz*, BB, Beilage 14/1987, 8 ff.
59 BFH v. 19.12.2007 – I R 21/08, BStBl. II 2008, 619.
60 BGBl. II 2010, 1358.
61 So jetzt z.B. in Art. 23 Abs. 1 DBA-Niederlande v. 12.4.2012, modifiziert durch Art. XV Abs. 3 des Protokolls zum Abkommen, in dem bestimmte Nachweispflichten der deutschen Finanzverwaltung statuiert werden. S. auch *Wassermeyer* in Lang/Schuch/Staringer (Fn. 7), S. 155 (160 f.); s. zur parallelen Schweizer Rechtslage *Jung*, Steuerrevue 2011, 2 (12 ff.).
62 Vgl. *Schaumburg* (Fn. 18), Rz. 16.135.
63 BFH v. 29.10.1997 – I R 35/96, BStBl. II 1998, 235; *Fischer-Zernin*, RIW 1987, 362 (366 f.); *Kluge* (Fn. 18), Rz. R 136; *Krabbe* in StbJb 1985/86, S. 403 (412); *Selling*, DB 1988, 930 (936); *Wassermeyer* (Fn. 7), Art. 1 OECD-MA Rz. 58; *Widmann* in DStJG 8 (1985), S. 235 (254).

override.⁶⁴ Dem steht nicht entgegen, dass es in § 50d Abs. 3 EStG an der sog. *Melford*-Formel mangelt, die Regelung also nicht explizit ihren Geltungsvorrang vor dem Abkommen anordnet, was andernorts üblicherweise vermittels der Worte „ungeachtet des Abkommens" geschieht.⁶⁵

V. Unionsrechtliche Anforderungen und daraus folgende Konsequenzen

Nun zu dem anderen Zangenhebel, der Bewegung in die internationale Missbrauchsbekämpfung gebracht hat, zu den unionsrechtlichen Einflüssen. Anzusprechen ist hier vor allem das Urteil des EuGH vom 12.11.2006, *Cadbury Schweppes*⁶⁶. Daneben verdienen aber auch das schon zuvor ergangene, das Gesellschaftsrecht betreffende Urteil vom 30.9.2003 in der Sache *Inspire Art*⁶⁷, sowie das Urteil in Sachen *Columbus Container* vom 6.12.2007⁶⁸ Beachtung. Diese Judikatur hat den BFH nicht unberührt gelassen; sie hat ihn nachhaltig beeinflusst.

1. Grundlegungen

Sichtbar wurde dies zunächst an dem Urteil *„Inspire Art"*. Die Entscheidung betraf eine private limited by shares englischen Rechts, die in den Niederlanden tätig wurde und dort deshalb nach dem niederländischen Recht besonderen Offenlegungspflichten unterlag. Der EuGH entschied, dass ein Mitgliedstaat berechtigt ist, Maßnahmen zu treffen, die verhindern sollen, dass sich einige seiner Staatsangehörigen unter Ausnutzung der durch den Vertrag geschaffenen Möglichkeiten in missbräuchlicher Weise der Anwendung des nationalen Rechts entziehen.⁶⁹ Der Umstand jedoch, dass eine Gesellschaft in dem Mitgliedstaat, in dem sie ihren Sitz hat, keine

---

64 Ebenso *Fischer* in HHSp (Fn. 9), § 42 AO Rz. 573; *Gosch*, IStR 2008, 413 (415); *Gosch* in Kirchhof, 12. Aufl., § 50d EStG Rz. 24; *Hahn-Joecks* in Kirchhof/Söhn/Mellinghoff, Einkommensteuergesetz, Loseblatt, § 50d EStG Rz. A 28; *Klein/Hagena* in Herrmann/Heuer/Raupach, EStG/KStG, Loseblatt, § 50d EStG Rz. 6, 52; *Musil*, RIW 2006, 287 (290); *Musil*, FR 2012, 149 (150); *Rudolf* (Fn. 17), S. 435 ff.; differenzierend *Luckey* in Ernst & Young, KStG, Loseblatt, § 50d EStG Rz. 53.
65 Vgl. z. B. § 50d Abs. 1 Satz 1, Abs. 8, 9 und 11 EStG, wundersamerweise und wirkungsverkennend aber nicht dessen Abs. 10. S. in diesem Zusammenhang auch das Argumentationspapier des BMF-Referats IV B 3 an die BT-Fraktionen („Notwendigkeit der Regelung des § 50d Abs. 11"), dort unter 6.: „die Formulierung ‚ungeachtet des Abkommens' soll vorbeugend den Vorwurf eines völkerrechtlichen Verstoßes entkräften und ist – entgegen Gosch – kein Beleg für Treaty override. Sie ist vielmehr eine Anti-Gosch-Regelung" (sic!).
66 EuGH v. 12.9.2006 – Rs. C-196/04, Cadbury Schweppes, Slg. 2006, I-7995.
67 EuGH v. 30.9.2003 – Rs. C-167/01, Inspire Art, Slg. 2003, I-10155.
68 EuGH v. 6.12.2007 – Rs. C-298/05, Columbus Container, Slg. 2007, I-10451.
69 EuGH v. 30.9.2003 – Rs. C-167/01, Inspire Art – Rz. 136, Slg. 2003, 10155.

Tätigkeit entfaltet und ihre Tätigkeit ausschließlich oder hauptsächlich im Mitgliedstaat ihrer Zweigniederlassung ausübt, stellte nach Auffassung des EUGH noch kein missbräuchliches und betrügerisches Verhalten dar, das es dem letzteren Mitgliedstaat erlauben würde, auf die betreffende Gesellschaft die Gemeinschaftsvorschriften über das Niederlassungsrecht nicht anzuwenden.[70] Markantere Wegmarken wurden vom EuGH mit den Urteilen *Cadbury Schweppes* und im Anschluss daran *Columbus Container* gesetzt. *Cadbury Schweppes* betraf die sog. CFC-Gesetzgebung in Großbritannien, *Columbus Container* betraf hingegen die deutsche Hinzurechnungsbesteuerung. Nur in der Rs. *Cadbury Schweppes* ging es indes um einen Rechtsmissbrauch. In der Rs. *Columbus Container* war die entsprechende Vorlagefrage demgegenüber lediglich darauf gerichtet, ob die Umschaltklausel des § 20 Abs. 2 AStG und die darin bestimmte Umschaltung von der abkommensrechtlichen Freistellungs- zur Anrechnungsmethode unionsrechtskompatibel sei. Beide Fälle müssen dennoch zusammengelesen werden:

In dem Urteil *Cadbury Schweppes* hat der EuGH die britische Regelungslage verworfen, weil sie zum Zwecke einer steuerlichen Missbrauchsbekämpfung pauschal durch Zwischengesellschaften mit Kapitalanlagecharakter in ausländischen Niedrigsteuerländern „hindurchgriff" und die Gesellschafter einer inländischen Besteuerung unterwarf. Ein Grundsatz des „one fits all" wird aus Unionssicht nicht akzeptiert. Abermals verhält es sich nur dann anders, wenn die besagte Gesetzgebung den vermuteten Missbrauch im Einzelfall ahndet und wenn es sich um „rein künstliche Gestaltungen (handelt), die dazu bestimmt sind, der normalerweise geschuldeten nationalen Steuer zu entgehen".[71] Angestrebt werden muss ein Steuervorteil, welcher über die Freiheit jedes Steuerpflichtigen hinausgeht, eine für ihn auch steuerlich vorteilhafte Gestaltung zu wählen. Auch die Abwanderung in eine „Steueroase", um innerstaatliche Steuern zu sparen, ist aus Sicht des EuGH keineswegs vorwerfbar. Sie rechtfertigt es per se nicht, von einer „rein künstlichen Gestaltung" auszugehen. Der erstrebte Steuervorteil muss dazu ein Mehr darstellen. Die maßgebende Fragestellung fokussiert sich also zunächst auf den so gesehen etwas schillernden, wenig greifbaren Begriff des „Steuervorteils". Solange der Steuervorteil in der Regelungsstruktur gleichsam angelegt, ihr immanent ist, kann seine Inanspruchnahme nicht missbräuchlich sein.

Der BFH hat sich dieses Argumentationsansatzes mittlerweile wiederholt bedient, erstmals bereits in einem antizipierenden Urteil aus dem Jahre

---

70 EuGH v. 30.9.2003 – Rs. C-167/01, Inspire Art – Rz. 139, Slg. 2003, 10155.
71 EuGH v. 12.9.2006 – Rs. C-196/04, Cadbury Schweppes – Rz. 55, Slg. 2006, I-7995; ebenso EuGH v. 13.3.2007 – Rs. C-524/04, Test Claimants in the Thin Cap Group Litigation – Rz. 72, Slg. 2007, I-2107; EuGH v. 5.7.2012 – Rs. C-318/10, SIAT – Rz. 40.

2001[72] zum Abzug von Betriebsausgaben bei u. U. nur unzulänglich benannten Hintermännern des Zahlungsempfängers, später in der sog. *Dublin-Docks-II*-Entscheidung vom 25.2.2004[73] und sodann in dem Schlussurteil zu *Columbus Container* vom 21.10.2009.[74] Es ergibt sich daraus eine *carte blanche*: Die von vornherein auf unbestimmte Dauer angelegte Zwischenschaltung einer Kapitalgesellschaft zwischen dem Steuerpflichtigen und einer Einkunftsquelle kann im Inland wie im Ausland nicht voneinander abweichend behandelt werden, und zwar ohne dass noch besondere außersteuerliche Beweggründe für das Eingehen des Engagements darzutun sind. Es bedarf lediglich eines Mindestmaßes an substanzieller Ausstattung und Existenz, und selbst diese spärlichen Anforderungen werden durch die Möglichkeit des Gegenbeweises bei dem von Amts wegen anzustellenden „Motivtest" wieder relativiert. Denn das Motiv für die Zwischenschaltung kann durchaus auch die Beschränkung auf eine reine Kapitalanlagen- und Finanzierungstätigkeit sein. Die Erfordernisse sind streng „funktionsorientiert" zu verstehen.[75] In diesem Sinne hat der BFH in seiner sog. *Delaware*-Entscheidung vom 20.3.2002[76] eine Konzern-Finanzierungsgesellschaft mit einem Gründungsaufwand von nur 100 $, aber fremdfinanziertem Eigenkapital von 225 Mio. $ und damit einhergehenden Betriebsausgaben nicht als missbräuchlich angesehen. Der BFH sah diese Konstruktion als Teil der unternehmerischen Freiheit an. Und in diesem Sinne äußerte sich kürzlich auch das Schweizer BVGer im Urteil vom 7.3.2012,[77] wenn es ausführt, dass „der Grad der notwendigen Infrastruktur von den zu erbringenden Leistungen abhängt". Auch das Auslagern unternehmensnotwendiger Funktionen auf „gesteuerte" Managementgesellschaften dürfte vor diesem Hintergrund nicht per se missbrauchsverdächtig sein.

2. Konsequenzen

Es war klar, dass das alles Konsequenzen für die im Vergleich zur britischen weitaus schärfere deutsche Gesetzeslage im AStG haben musste. Der Gesetzgeber hat zwischenzeitlich reagiert und für die dort in den §§ 7 ff. AStG geregelte Hinzurechnungsbesteuerung in § 8 Abs. 2 AStG eine sog. Escape-Klausel explizit verankert.[78] Der Vorwurf einer generellen, typisier-

---

72 BFH v. 17.10.2001 – I R 19/01, BFH/NV 2002, 609; s. auch – noch deutlicher – FG München, Urteil v. 19.3.2002 – 6 K 5037/00, EFG 2002, 880.
73 BFH v. 25.2.2004 – I R 42/02, BStBl. II 2005, 14.
74 BFH v. 21.10.2009 – I R 114/08, BStBl. II 2010, 774.
75 *Klein* in DStJG 33 (2010), S. 243 (263).
76 BFH v. 20.3.2002 – I R 63/99, BStBl. II 2003, 50.
77 Schweizer BVGer v. 7.3.2012 – A-6537/2010.
78 S. ähnlich § 15 Abs. 6 AStG für Auslandsstiftungen, obschon es dort eigentlich um einen ‚innentheoretische' Zuordnung von Einkommen (und künftig Einkünften) geht, nicht jedoch um eine explizite Missbrauchsvermeidung. Vgl. zu § 8 Abs. 2 AStG BFH v. 21.10.2009 – I R 114/08, BStBl. II 2010, 774.

ten Missbrauchsahndung lässt sich nicht länger uneingeschränkt aufrechterhalten. Es verbleiben aber nach wie vor nicht hinnehmbare Lücken: Die besagten Kapitalanlagegesellschaften werden bislang ohne ersichtlichen Grund ausgespart; allerdings wurde das vom Gesetzgeber zwischenzeitlich auch erkannt. Der (im Gesetzgebungsverfahren zwischenzeitlich jedenfalls vorerst gescheiterte) E-JStG 2013[79] enthält diesbezüglich einen Korrekturvorschlag. Von der Escape-Klausel ausgenommen sind bislang auch entsprechende Einkünfte aus einer Auslandsbetriebsstätte nach § 20 Abs. 2 AStG, obschon sich infolge der tatbestandlichen Verknüpfung des Switchover mit der Auslands-Zwischengesellschaft die Situation insoweit völlig parallel darstellt. Das ist nicht hinzunehmen. Der BFH hat eine derartige Klausel auch für diese Situation einer zwischengeschalteten Betriebsstätte in seinem Schlussurteil vom 21.10.2009 – I R 114/08 in der Rs. *Columbus Container* in die Vorschrift „geltungserhaltend"[80] hineingelesen. In ähnlicher Weise wurde der Aktivitätsvorbehalt in § 2a Abs. 2 EStG unionsrechtlich aufgeladen und relativiert, und Gleiches könnte den Aktivitätsklauseln in § 9 Nr. 7 GewStG für die danach mögliche Gewerbeertragskürzung drohen.

VI. Insbesondere: der alte, der neue und der abermals novellierte § 50d Abs. 3 EStG

Unabhängig davon gibt es naturgemäß spezielle Abwehrregelungen, die insbesondere das Treaty shopping ebenso wie das Directive shopping bekämpfen sollen. Hintergrund hierfür ist der bereits mehrfach angemerkte § 50d Abs. 3 EStG.

1. Zur Vorgeschichte: das Monaco-Urteil des BFH

Die Vorschrift hat eine Vorgeschichte, die sich in dem sog. Monaco-Urteil des BFH vom 29.10.1981[81] abbildet. Die Rechtsprechung zur steuerrechtlichen Anerkennung einer im Ausland errichteten Basisgesellschaft unbeschränkt steuerpflichtiger Inländer finde, so heißt es darin, keine Anwendung, wenn ein in Monaco ansässiger Ausländer eine Kapitalgesellschaft in der Schweiz gründet, die sich sodann an einer inländischen AG beteiligt. Im Jahre 1997 wurde mit dieser Rechtsprechung bekanntermaßen gebro-

---

79 Erweiterung des § 8 Abs. 2 AStG auf § 7 Abs. 2 AStG. Das JStG 2013 kann jedoch vorerst nicht in Kraft treten, weil der Bundesrat ihm die Zustimmung verweigert hat. Derzeit liegt lediglich eine Beschlussempfehlung des Vermittlungsausschusses v. 12.12.2012, BT-Drucks. 17/11844, vor.
80 S. z. B. BFH v. 25.8.2009 – I R 88, 89/07, BFHE 226, 296 (zu sog. schwarzen Fonds).
81 BFH v. 29.10.1981 – I R 89/80, BStBl. II 1980, 150; bestätigt durch BFH v. 10.11.1983 – IV R 62/82, BStBl. II 1984, 605.

chen: § 42 AO erfasst dem Grunde nach auch beschränkt Steuerpflichtige.[82] Für eine Differenzierung zwischen unbeschränkten und beschränkten Steuerpflichtigen bieten weder Wortlaut noch Teleologie der Norm einen Anhaltspunkt. Soweit eine Steuerpflicht im Inland besteht, ist grundsätzlich auch Raum für Steuervermeidung. Mit den im Monaco-Urteil getroffenen Aussagen kollidiert das allerdings nicht. Denn darin wurde nicht weniger, aber eben auch nicht mehr zum Ausdruck gebracht, als dass die Spruchpraxis zu den sog. Basisgesellschaften auf beschränkt Steuerpflichtige nicht angewandt werden kann, wenn zwischen dem inländischen Steuerpflichtigen und der ausländischen Gesellschaft keine gesellschaftsrechtliche Verflechtung besteht, wenn sich, mit anderen Worten, das tatsächliche und rechtliche Geschehen ausschließlich im Ausland abspielt und allenfalls dort dem Verdikt eines Gestaltungsmissbrauchs ausgesetzt ist. Dem kann aber nach wie vor nur beigepflichtet werden: Es geht den Anwenderstaat schlicht nichts an, ob gemessen an dem Steuerrecht des DBA-Vertragsstaats oder eines dritten Staats ein Gestaltungsmissbrauch gegeben ist. Das ist Sache der Rechtsordnung jener Staaten.[83] Daraus ergibt sich zweierlei: Zum einen droht infolge dieser Splittung der rein innerstaatlichen Reaktion auf Missbrauchsgestaltungen unweigerlich eine Doppelbesteuerung. Denn die verschobene Einkünftezurechnung im Inland korrespondiert nicht mit einer Steuerentlastung im Ausland.[84] Zum anderen bedarf es des § 50d Abs. 3 EStG und seiner komplizierten Tatbestandsmerkmale streng genommen nicht. Das Problem lässt sich letztlich und wie sonst auch mithilfe des § 42 AO schultern.

2. Würdigung der derzeitigen Regelungsfassung

Der Gesetzgeber hat anders reagiert und den Abwehrparagraphen des § 50d Abs. 3 EStG geschaffen.[85] Er hat ihn zwischenzeitlich wiederholt nachgebessert. Bis Ende letzten Jahres musste die ausländische Gesellschaft danach einen *Drei-Faktoren-Test*[86] überstehen, damit sie eine deutsche Kapitalertragsteuerentlastung bei Beteiligung einer nichtentlastungsberechtigten Person beanspruchen konnte, nämlich erstens: Für die Einschaltung der ausländischen Gesellschaft fehlen wirtschaftliche oder sonst beachtliche Gründe. Zweitens: Die ausländische Gesellschaft erzielt nicht mehr als 10 % ihrer gesamten Bruttoerträge des betreffenden Wirtschaftsjahres aus

---

82 BFH v. 29.10.1997 – I R 35/96, BStBl. II 1998, 235; BFH v. 20.3.2002 – I R 38/00, BStBl. II 2002, 819.
83 Vgl. in diesem Zusammenhang BFH v. 7.9.2005 – I R 118/04, BStBl. II 2006, 537: Ausnutzung belgischer Steuervergünstigungen.
84 Zutr. *Wassermeyer* in Lang/Schuch/Staringer (Fn. 7), S. 155 (158).
85 Zur Begründung zu § 50d Abs. 1a EStG a. F., der Vorgängervorschrift zu § 50d Abs. 3 EStG, s. BT-Drucks. 12/5630, 65.
86 Vgl. *Latham & Watkins*, Client Alert, No. 527 v. 28.7.2006, 2: „The Three-Factor Test".

eigener Wirtschaftstätigkeit. Und drittens: Die begehrte Erstattung oder Freistellung schied aus, wenn die ausländische Gesellschaft nicht mit einem für ihren Geschäftszweck angemessen eingerichteten Geschäftsbetrieb am allgemeinen wirtschaftlichen Verkehr teilnahm. Damit wurde das Erfordernis einer substanziellen Geschäftsausstattung konstituiert.

Es war vor allem die 10 %-Quote, die abermals unionsrechtliche Bedenken weckte: Die dadurch zum Ausdruck kommende Missbrauchstypisierung veranlasste die EU-Kommission, gegen Deutschland ein Vertragsverletzungsverfahren einzuleiten.[87] Die Reaktion darauf brachte das BeitrRLUmsG vom 7.12.2011. Die Entlastung wird der Auslandsgesellschaft mit den nicht entlastungsberechtigen Gesellschaftern nunmehr versagt, (1) *soweit* die für die Einschaltung der ausländischen Gesellschaft im betreffenden Wirtschaftsjahr erzielten Bruttoerträge nicht aus eigener Wirtschaftstätigkeit stammen, wobei „outgesourcte" Managementleistungen nicht genügen sollen, (2) *soweit* in Bezug auf diese Erträge für die Einschaltung der ausländischen Gesellschaft wirtschaftliche oder sonst beachtliche Gründe fehlen *und* (3) *soweit* die ausländische Gesellschaft nicht mit einem für ihren Geschäftszweck angemessen eingerichteten Geschäftsbetrieb am allgemeinen wirtschaftlichen Verkehr teilnimmt. All das bemisst sich anhand einer „Stand alone"-Betrachtung; Konzernzusammenhänge bleiben – erneut rechtsprechungsbrechend – ausgespart.

Glaubt man der amtlichen Gesetzesbegründung,[88] dann ist aus einer bisherigen Umqualifikationsvorschrift nunmehr eine „Aufteilungsklausel" geworden. Das erweckt in mehrfacher Hinsicht Zweifel, die hier nur gestreift werden können: Es fragt sich schon, worin denn die bisherige Umqualifizierung gesehen werden soll; tatsächlich wurde nichts umqualifiziert; es wurde lediglich eine multi- oder bilateral vereinbarte Steuervergünstigung gesperrt. Und zur nunmehrigen Aufteilung: In der Tat werden die vielfach kumulierten, absoluten Negativvorausetzungen für die Entlastungsversagung anders als zuvor durch eine nur quotal greifende Sperre atomisiert und zugleich relativiert. Das Aufteilungserfordernis verlangt hochkomplizierte (Verhältnis-)Berechnungen bezogen auf sämtliche „Entlastungsnegationen". Nach dem Ergebnis dieser Berechnungen bestimmt sich sodann die Höhe des Entlastungsanspruchs. In einem eilig erlassenen BMF-Schreiben[89] vom 24.1.2012 wird versucht, das praktisch umzusetzen und an Beispielen zu verifizieren. Gelungen ist das allenfalls halbwegs und ver-

---

87 Az. 2007/4435, vgl. IP 20/298 v. 18.3.2010; s. dazu *Boxberger*, AG 2010, 365. Ausführlich zu den europarechtlichen Bedenken *Rudolf* (Fn. 17), S. 442 ff.
88 BT-Drucks. 17/7524, 14. – Wie die Gesetzesbegründung auch *Dorfmueller/Fischer*, IStR 2011, 857 (860); *Engers/Dyckmans*, Ubg 2011, 929 (932); *Maerz/Guter*, IWB 2011, 923 (927).
89 BMF v. 24.1.2012, BStBl. I 2012, 171.

mutlich abermals in unionsrechtswidriger Weise. Denn es kann unionsrechtlichen Anforderungen kaum standhalten, wenn das Gesetz bestimmte, als passiv qualifizierte Einkünfte der Auslandsgesellschaft als schädliche identifiziert und daraus einen Gestaltungsmissbrauch ableitet, wiewohl den betreffenden Einkünften jeder Bezug zum Inlandsterritorium fehlt. *Lüdicke* spricht in diesem Zusammenhang zutreffend von einem ungewöhnlichen, international unüblichen und überraschenden „abstrakten quotalen Missbrauch".[90] Letztlich ordnet § 50d Abs. 3 EStG in seiner derzeitigen Fassung ein Mehr an Belastung an, als sie ohne die sanktionierte Gestaltung eingetreten wäre. Es sollte *acte claire* sein, dass sich die neue Konzeption auch kaum mit der neuerlichen unionsrechtlichen Rechtfertigungsformel der angemessenen Aufteilung des Besteuerungssubstrats in Einklang bringen lässt, mündet die Quotelung doch unweigerlich in eine abkommenswidrige doppelte Besteuerung.[91] Und das ist auch verfassungsrechtlich nicht zweifelsfrei; denn für „einen Strafcharakter der Missbrauchsvermeidungsnorm" ist „aus verfassungsrechtlicher Sicht kein Raum"[92]. Das Ganze – und hier schließt sich der Kreis – soll nach Auffassung der Finanzverwaltung wieder unter dem Anwendungsvorbehalt des § 42 AO stehen. Man begnügt sich seitens des BMF einmal mehr mit dem Hinweis auf § 42 Abs. 2 AO[93] (und meint wohl § 42 Abs. 1 Satz 2 AO; die zwischenzeitliche Regelungsänderung wurde übersehen).

VII. Schlussbemerkungen und Ausblick

Bei alledem bleibt festzuhalten: Die Entwicklung zur Missbrauchsabwehr im Internationalen Steuerrecht ist weder aus deutscher noch aus abkommens- und aus unionsrechtlicher Sicht abgeschlossen. Viele Versatzstücke greifen teils ineinander, teils laufen sie nebeneinander her. Eine klare Linie ist nicht erkennbar. Der Rechtsanwender bleibt oft ratlos. Wichtig erscheint es, dass der nationale Gesetzgeber das Heft des Handels in der Hand behält und nicht immerfort auf verwerfende Rechtsprechung wartet. Mit dem, was sich in der nunmehrigen Regelungsfassung namentlich des § 50d Abs. 3 EStG wiederfindet, kann von einer solchen Souveränität allerdings keine Rede sein. Eine „praktische Konkordanz" zwischen den nationalen Schutzerfordernissen der Belastungsgleichheit und den binnenmarktbezogenen

---

90 *Lüdicke* in Brunsbach/Endres/Lüdicke/Schnitger, Deutsche Abkommenspolitik, Trends und Entwicklungen 2011/2012, IFSt-Schrift Nr. 480, 49 (79).
91 Vgl. auch *Wassermeyer* (Fn. 7), Art. 1 OECD-MA Rz. 58, Art. 3 OECD-MA Rz. 84, sowie in Lang/Schuch/Staringer (Fn. 7), S. 155 (162), der bezogen auf nationale Missbrauchsbekämpfung den „Geist der Abkommen" beschwört.
92 *Hey*, StuW 2008, 167 (175).
93 BMF v. 24.1.2012 – Rz. 11, BStBl. I 2012, 171.

Freiheitsrechten ist nicht gelungen. Es trifft einmal mehr zu, was *Kofler* anlässlich der 34. DStJG-Tagung im Jahre 2009 gesagt hat: Der deutsche Gesetzgeber nimmt „sehenden Auges das Risiko der Gemeinschaftsrechtswidrigkeit auf sich".[94] Davon abgesehen: Wirklichen Missbräuchen lässt sich nicht mit allein nationalem Arsenal begegnen. Dazu bedarf es im grenzüberschreitenden Bereich der Absprache mit den anderen Staaten, namentlich durch einschlägige DBA-Klauseln. Ansonsten hilft langfristig wohl nur ein einheitliches EU-DBA.

---

94 *Kofler* in DStJG 33 (2010), S. 213 (230).

Diskussion

zu dem Referat von Prof. Dr. *Dietmar Gosch*

Leitung:
Prof. Dr. *Michael Tumpel*

Prof. *Rüdiger von Groll*

Herr *Gosch*, ich habe Ihr Referat mit großer Aufmerksamkeit verfolgt, vor allem weil ich praktisch Novize auf dem Gebiet bin, und mir ist die Idee gekommen, die mir schon in einem anderen Zusammenhang gekommen ist, und das möchte ich in eine Frage kleiden. Würde man nicht für Entspannung sorgen, sowohl beim Rechtsanwender wie beim Gesetzgeber, wenn man sich genauer überlegen würde, wer denn eigentlich den Tatbestand verwirklicht, an den die Steuer geknüpft ist? Das muss ja nicht immer eine Person sein. Das muss auch nicht immer der in Erscheinung tretende Akteur sein. Bei allen nicht höchstpersönlichen Einkunftsarten kann das ein Hintermann sein. Das gibt es auch ja ganz offen, wie gesagt, ein Unternehmer ist ein Unternehmer, ob er alles allein macht oder ob er sechs oder sieben oder noch mehr Angestellte oder Arbeitnehmer hat. Aber das gibt es ja auch eben verdeckt, und Sie sprachen zum Beispiel – das fand ich sehr interessant – vom Durchgriff. Das hat mein Kollege *Fischer* in dem Zusammenhang auch schon. Der Durchgriff ist meines Erachtens die richtige Spur, das ist aber die Rechtsfolge. Wann komme ich zum Durchgriff? Wenn ich feststelle, dass jemand anders als der scheinbar in Aktion tretende derjenige ist, der die Chose beherrscht und der eigentlich den Tatbestand verwirklicht. Meine Frage ist, ob das nicht eine Entspannung bringen könnte, sowohl bei der Rechtsanwendung als auch bei der Gesetzgebung.

Prof. Dr. *Gerd Willi Rothmann*

Da gerade vom Aufwärmen die Rede war, will ich ein Beispiel zum treaty shopping aus Brasilien bringen, wo es bekanntlich viel wärmer ist. Sie sprachen davon, Kollege *Gosch*, dass es auch auf die Motive der Zwischenschaltung ankommt. Da erinnere ich mich an einen Vortrag, und zwar ein Koreferat mit *Harald Schaumburg*, Frankfurt, 2005. Anlass: Kündigung des DBA Brasilien-Deutschland, das 1975 abgeschlossen und 2005 von Deutschland gekündigt worden ist. Da wurde zutreffend zu den Folgen der Kündigung aus der deutschen Sicht vertreten, dass der jetzt DBA-lose Zustand ein legitimes treaty shopping erlauben würde. Z. B.: statt von Deutschland aus irgendwelche Leistung nach Brasilien zu erbringen, mache ich das über eine Tochtergesellschaft in Argentinien, womit das DBA Brasilien-Argentinien anwendbar wäre, oder über Österreich, um das Doppelbesteuerungsabkommen Brasilien-Österreich anzuwenden. Das ist eine durchaus legitime Art des treaty shopping. Denn die Zwischenschaltung erfolgt nicht im Wege irgendwelcher Steueroasengesellschaften, sondern ganz einfach über eine andere operative Gesellschaft der gleichen Gruppe in einem Land, das ein Doppelbesteuerungsabkommen mit Brasilien abgeschlossen hat. Ich wollte nur kurz auf diese ganz legitime Form der Zwischenschaltung aufmerksam machen.

Prof. Dr. *Peter Fischer*

Ich möchte unmittelbar anschließen an das, was mein Kollege *von Groll* gesagt hat. Herr *Gosch*, Sie haben das große Wort vom Gesetzesvorbehalt erwähnt. Das besagt, dass der Gesetzgeber – so das Bundesverfassungsgericht – gehalten ist, mit seinem von ihm auszuformulierenden Tatbestand selbst sein Dictum in die Welt setzen und sagen muss, was er besteuern will. Nun gibt es aber ein Phänomen, auf das bereits *Albert Hensel* hingewiesen hat. Der Gesetzgeber hat Kataloge von Einkünftetatbeständen entwickelt, aber er sagt eigentlich nie, wem die Einkünftetatbestände zuzurechnen sind. Und *Hensel* formuliert dies so, dass sich die subjektive Zurechnung fast unbemerkt aus den Einkommenstatbeständen ergibt. Und ich glaube, hier sind wir an einem Punkt, der sehr wichtig ist: Die subjektive Zurechnung von Einkünften aber auch z. B. von Umsätzen, ist als Aufgabe vorgegeben der Rechtsprechung und der Wissenschaft. Und hier gibt es bestimmte Bemühungen, die setzen an bei den Tatbeständen des beneficial owner aber auch beim Missbrauch, wobei ich allerdings sagen würde: Bei der Annäherung an Arbeitshypothesen zur Erfassung des Missbrauchs sollte man den Missbrauchsbegriff zunächst einmal in Anführungsstriche setzen, weil es um ein steuerschuldrechtliches Problem und insbesondere darum geht, wem von zwei in Betracht kommenden Subjekten bei grenzüberschreitenden Gestaltungen Einkünfte zuzurechnen sind. Da lese ich viele Tendenzen im europäischen Recht völlig anders als Sie. Ich darf z. B. verweisen auf das, was Generalanwalt *Léger* in seinem Schlussanträgen in der Sache Cadbury Schweppes gesagt hatte. Nämlich: Die Ausübung der Niederlassungsfreiheit setzt voraus, zunächst einmal die materielle Präsenz im Land der Ausübung der wirtschaftlichen Tätigkeit, dann die Echtheit der ausgeübten Tätigkeit und drittens den wirtschaftlichen Wert dieser Tätigkeit für die Muttergesellschaft. Generalanwalt *Léger* kommt dann nicht mehr zurück auf einen business purpose test, sondern sagt: Dies sind die Voraussetzungen für die Inanspruchnahme der Niederlassungsfreiheit. Eine ähnliche Tendenz gibt es mittlerweile auch durch Richtlinien normiert im Umsatzsteuerrecht, wo sich das Problem stellt, den Ort der Niederlassung festzumachen. So sagt z. B. der EuGH ganz klar in der Rechtssache ARO Lease, dass für die Bestimmung des Orts der Dienstleistung die verwendete Niederlassung mit hinreichendem Grad eine Beständigkeit sowie eine Struktur haben muss, die von der personellen und der technischen Ausstattung eine autonome Erbringung der betreffenden Dienstleistung ermöglicht. Also hier haben wir doch eine Materialisierung auch des Rechts der Inanspruchnahme der Niederlassungsfreiheit, die mit ihrem Stichwort von einem Mindestmaß der Ausstattung überhaupt nicht mehr zu vereinbaren ist.

Prof. Dr. *Dietmar Gosch*

Zunächst Ihr Einwand, Herr *Rothmann*, zu dem gewissermaßen legitimen treaty shopping mittels Drittstaaten-Betriebsstätte. In der Tat, dieses gestalterische „Ausweichmodell" wird ja gerade beim gekündigten DBA Deutschland-Brasilien diskutiert und literarisch verarbeitet, es wird auch praktiziert und ich kann mich dem, was Sie dazu gesagt haben, nur anschließen.

Was die Fragen der Herren *von Groll* und *Fischer* belangt, nun damit habe ich ja beinahe gerechnet. Ich mag diesen Großmeistern des 10. Senats des BFH auch kaum widersprechen. Stichwort ist die alte Auseinandersetzung zwischen der eher im austrischen Raum vorzufindenden sog. Innentheorie und der eher deutsch-rechtlichen sog. Außentheorie. Ich habe jene Diskussion in meinem Vortrag eingangs gestreift, und zwar mit Blick auf die Rechtsfigur des Nutzungsberechtigten, des Beneficial owner. Dort stellt sich namentlich die Frage, ob der Nutzungsberechtigte im Abkommenssinne überhaupt ein Missbrauchselement in sich birgt, und weiter die Frage danach, ob die besagte Rechtsfigur als Bestandteil der allgemeinen Einkünftezurechnung ein ungeschriebener Bestandteil jedes Abkommens ist. Beides würde ich verneinen: Der Nutzungsberechtigte markiert ein schlichtes Tatbestandsmerkmal der Einkünftezurechnung. Auch wenn immer noch beträchtliche Zweifel über die Anforderungen an den Inhalt dieses Begriffs im Einzelnen bestehen mögen: Der Begriffskern erscheint mir eindeutig und mit Missbrauch hat er nichts zu tun. Er muss allerdings explizit in den Abkommenstext aufgenommen werden. Anderweitig bleibt er unberücksichtigt, vor allem dann, wenn in dem Abkommen ausdrücklich von dem Zahlungsempfänger die Rede ist; eine Zurechnungsverschiebung halte ich dann für ausgeschlossen.

Unabhängig davon ist die Frage der Zurechnung – auch das habe ich betont – immer Sache des sog. Anwenderstaates; mit § 2 Abs. 1 d EStG lässt sich hier gut arbeiten, und möglicherweise gelangt man in etlichen Fallgestaltungen denn auch zu einer entsprechenden Subsumtion, sodass die Einkünfte auch schon auf der einfach-rechtlichen Ebene jenseits von Missbrauchsüberlegungen anders zuzurechnen sind. Gleichwohl – sie kennen meine Zurückhaltung, was diese Frage anbelangt, genau wie ich Ihre Position sehr gut kenne –: Ich meine, in der Tat, dass das Gesetz nicht nur in diesem Punkt positivrechtlich beim Wort zu nehmen ist. Einkünfte sind in aller Regel demjenigen zuzurechnen, der zunächst als ihr formaler Empfänger in Erscheinung tritt; irgendwelche Überlegungen dazu, ob er diese Einkünfte behalten darf, ob er frei darüber verfügen oder ob er sie rechtlich oder faktisch an eine andere Person weiterleiten muss, – kurzum: Überlegungen anhand einer wie auch immer zu verstehenden wirtschaftlichen Betrachtungsweise erübrigen sich und sind nicht anzustellen. Dessen bedarf es nur, wenn ein Anhalt dafür besteht, dass der tatsächliche Empfänger bloß vorgeschoben ist, dass also eine missbräuchliche Gestaltung des Sachverhalts zu beurteilen ist. Im Ergebnis läuft das dann auf den besagten außentheoretischen Ansatz hinaus. Eine solche Zurechnungsverschiebung sollte immer die Ausnahme darstellen. Der Regelfall sieht anders aus, auch und gerade dann, wenn eine juristische Person auftritt. Es gibt aus meiner Sicht jedenfalls kaum einen Grund, eine solche Person schon über die Einkünftezurechnung „hinwegzudenken" und unmittelbar auf die Gesellschafter durchzugreifen.

Ich weiß, dass Sie dieser von mir seit jeher vertretene Standpunkt jetzt nicht befriedigt, aber er entspricht nicht nur meiner tiefen Überzeugung, er findet sich auch durchgängig jedenfalls in der Spruchpraxis des I. Senats des BFH wieder.

Was die Überlegungen anbelangt betreffend die Schlussanträge des Generalanwalts Léger in der EuGH-Rechtssache Cadbury Schweppes. Nun, ich will dem nicht widersprechen. Die EuGH-Judikate kommen für einen deutschen Rechtswissenschaftler und Rechtspraktiker immer etwas sphinxhaft daher und ihre systematischen und methodischen Leitlinien sind oftmals unklar. Die Deutung der Judikate hat deshalb immer so etwas wie mit Kaffeesatzlesen zu tun. Aber den Äußerungen von Generalanwalt Léger in seinen Schlussanträgen Cadbury Schweppes würde ich dennoch nicht zu viel Bedeutung beimessen; seine Aussagen müssen jedenfalls im Zusammenhang mit den nachfolgenden Entscheidungen des Gerichts gelesen werden. Und danach dürfte eigentlich feststehen: Die Inanspruchnahme der Grundfreiheiten – hier der Niederlassungsfreiheit – wird danach sehr wohl mit der formalen Position des Steuerpflichtigen verbunden. Das mag im Umsatzsteuerrecht anders sein, lässt sich auf das Ertragssteuerrecht aber gewiss nicht ohne Weiteres übertragen. Die wechselseitigen Rechtsgrundlagen sind wohl doch zu unterschiedlich.

Dr. *Jens Schönfeld*

Was ich vielleicht dem Kaffeesatz hinzufügen darf, Herr Prof. *Fischer*. Und zwar kann ich aus der mündlichen Verhandlung zu „Cadbury Schweppes" berichten. In der mündlichen Verhandlung hat genau das, was sie vorgebracht haben, auch die britische Regierung vorgebracht. Die britische Regierung war der Auffassung, dass eine Finanzierungsfunktion niemals in einem anderen Staat derart verwurzelt sein kann, um die Niederlassungsfreiheit in Anspruch nehmen zu können. Es fehle einfach immanent an der nötigen Substanz. Der zuständige Berichterstatter hielt dem ausdrücklich entgegen, dass sich die Niederlassungsfreiheit auch auf substanzarme Finanzierungstätigkeiten erstreckt. Die Anforderungen an die Verwurzelung sind lediglich andere. Hierzu kann ich auch aus der Praxis berichten. Was wollen sie denn konkret machen, um einer Funktion, die nur wenig Substanz benötigt, die nötige Substanz zu verschaffen. Wollen sie zehn Leute hinsetzen, die dann gegebenenfalls Däumchen drehen, damit sie zu Substanz kommen? Sie brauchen eben nur ein, zwei Leute, die das machen. Das ist die Krux.

Prof. Dr. *Heribert M. Anzinger*

Herr *Gosch*, der Grundtenor ihres Vortrags war, das Abkommensrecht enthalte keinen allgemeinen Missbrauchsvorbehalt, jedenfalls keinen impliziten. Im Einzelnen haben Sie sich für spezielle Missbrauchsvorbehalte ausgesprochen, die in die jeweiligen Abkommensbestimmungen eingefügt werden sollten. Aus dem nationalen Recht kennen wir mannigfaltige spezielle Missbrauchsvorbehalte, die ihren Zweck allerdings fast immer nicht hinreichend und nachhaltig erfüllen. Ist das wirklich der richtige Weg? Der BFH betont in seiner Rechtsprechung, der Zweck von Doppelbesteuerungsabkommen sei nicht die Verhinderung doppelter Nichtbesteuerung, sondern die Verhinderung von Doppelbesteuerung. Gilt diese Auslegung abkommensübergreifend ohne Rücksicht auf das einzelne Abkommen? In das neue DBA-Liechtenstein ist in der Überschrift ein zweiter Zweck aufgenommen worden. Sein Titel lautet: Abkommen zur Vermeidung der Doppelbesteuerung und der Steuerverkürzung. Kann oder muss man nicht wenigstens dieses Abkommen anders auslegen und den im Titel zum Ausdruck kommenden erweiterten Zweck bei der Interpretation des Abkommens berücksichtigen? Schließlich frage ich mich, ob wir als Juristen nicht doch zu oft vor unseren eigenen Aufgaben kapitulieren, wenn wir Missbrauchsregelungen herbeisehnen. Jede erkannte Notwendigkeit einer Missbrauchsregelung ist ja eigentlich das Eingeständnis, dass wir mit unseren Methoden nicht mehr weiterkommen. Brauchen wir wirklich einen § 42 AO, um Zurechnungsfragen zu lösen, um die es häufig hauptsächlich geht, oder könnte man nicht gerade im Abkommensrecht in vielen Fällen auch auf anderem Weg, ohne die Krücken allgemeiner und spezieller Missbrauchsvermeidungsregeln zum Ziel kommen?

Prof. Dr. *Till Zech*, LL.M.

Herr *Gosch*, Sie haben ausgeführt, dass Sie die abkommensautonome Auslegung bevorzugen. Aus rechtstheoretischer Sicht kann ich das nachvollziehen. Ich frage mich nur, wie die Verwaltung und wie die beteiligten Staaten diese Auslegung umsetzen sollen. Denn wenn es rechtliche oder praktische Fortentwicklungen gibt und der Staat darauf reagieren will, z.B. im Bereich Rechtsmissbrauch, dann müsste er, wenn die abkommensautonome Auslegung gilt, die Doppelbesteuerungsabkommen ändern. Er kann aber nicht alle 90 deutschen DBAs auf einmal neu verhandeln. Bei der Verhandlung neuer DBAs kann er außerdem nicht alle Entwicklungen der nächsten zehn Jahre vorhersehen. Ihm bleibt daher wenig anderes möglich als der Gebrauch nationaler Missbrauchsregelungen, um auf internationale Entwicklungen zu antworten. Die abkommensautonome Auslegung bindet damit im Grunde dem Staat die Hände. Herr *Piltz* hat gestern zu Recht darauf hingewiesen, dass Staaten Interessen haben, die sie meiner Meinung nach auch vertreten dürfen. Die autonome Auslegung stößt an diesem Punkt an ihre Grenzen.

Prof. Dr. *Alexander Rust*

Ich habe eine Frage an Herrn *Gosch*, die die Zurechnung von Einkünften betrifft. Meines Erachtens bestimmt grundsätzlich das nationale Steuerrecht, wer der Steuerpflichtige ist und wem die Einkünfte zugerechnet werden müssen. Als nächsten Schritt knüpft dann das Abkommen an diese nationale Zurechnungsentscheidung an und reduziert den Steueranspruch im Quellenstaat oder im Ansässigkeitsstaat. Ausnahmsweise können aber auch die Abkommensbestimmungen eine Zurechnungsentscheidung treffen. So ergibt sich aus Art. 7 und Art. 9 OECD-MA, ob Einkünfte entweder der Betriebsstätte oder dem Stammhaus bzw. ob sie der Tochtergesellschaft oder der Muttergesellschaft zugerechnet werden müssen. Nach dem Partnership-Report der OECD hat der Quellenstaat teilweise für die Frage der Abkommensberechtigung der Zurechnungsentscheidung des Ansässigkeitsstaates zu folgen. Kann ein Vertragsstaat sich dann über diese abkommensrechtliche Zurechnungsentscheidung hinwegsetzen und Einkünfte etwa nach seinen nationalen Missbrauchsvorschriften einer anderen Person zurechnen? Und falls Sie diese Frage mit Ja beantworten, können nationale Missbrauchsvorschriften auch dann noch zu einer abweichenden Zurechnung führen, wenn der Steuerpflichtige den Beneficial-Ownership-Test nach Art. 10, 11 oder 12 OECD-MA besteht und das Abkommen selbst daher nicht von einem Missbrauch ausgeht?

Prof. Dr. *Klaus-Dieter Drüen*

Wenn wir über Missbrauchsabwehr im internationalen Steuerrecht reden, so ist in den vorangegangenen Wortmeldungen schon zum Ausdruck gekommen, dass der Anknüpfungspunkt zunächst einmal die Auslegung und insbesondere die teleologische Auslegung des Gesetzes und der Abkommen sein muss. Erst dann kann in einem nächsten Schritt hinterfragt werden, ob mit einer speziellen oder einer allgemeinen Missbrauchsklausel operiert werden kann. Herr *Gosch*, ich bin in vielem Ihrer Meinung. Was die Einordnung von § 42 AO als weiche Form der Missbrauchsabwehr betrifft, bin ich allerdings anderer Ansicht. Hierbei handelt es sich um eine harte Regelung, weil der Maßstab der Angemessenheit das umgangene Gesetz ist. Das deckt sich absolut mit der von Ihnen geforderten Gesetzmäßigkeit der Besteuerung. Die Frage verlagert sich also hin zu dem potenziell umgangenen Gesetz und seinem Maßstab der Angemessenheit. Daraus erklärt sich auch die soeben von Ihnen dargestellte Spezialitätswirkung aus der Sicht der Rechtsprechung. Wenn der Gesetzgeber nämlich in einem missbrauchsverdächtigen Feld tatbestandlich oder auf der Rechtsfolgeebene versucht, den Missbrauch zu definieren, dann entfällt damit zugleich die Möglichkeit, noch einen anderen Angemessenheitsmaßstab daneben zu entwickeln. Insoweit bin ich vollkommen Ihrer Ansicht, Herr *Gosch*. Allerdings muss das Phänomen des Missbrauchs von Missbrauchsvorschriften auch mit in den Blick genommen werden, wenn gezielt an einzelnen Tatbestandsmerkmalen vorbeigestaltet wird. Und zum letzten Punkt: Sie hatten mehr Souveränität eingefordert und dazu das jüngste Beispiel von § 50d Abs. 3 EStG genannt. Meines Erachtens müsste der nationale Gesetzgeber aufgefordert werden, offensiver vorzugehen und den Missbrauch zu definieren. Es ist nämlich keineswegs so, dass das Unionsrecht rein künstliche Gestaltung als einzigen Angriffspunkt für die Missbrauchsdefinition zulässt. Das Europarecht, wie übrigens auch das Verfassungsrecht, verhindern Übertypisierungen des Missbrauchs. Insoweit haben Sie mit dem Verhältnismäßigkeitsgrundsatz das richtige Maß benannt. Was aber in dem einzelnen Fall Missbrauch ist, dass kann der Gesetzgeber definieren und dabei ist nicht allein die Künstlichkeit der Gestaltung die Grenze.

Michael Korfmacher

Was mich wundert, Herr Prof. *Gosch* und betrifft auch die anderen Vorredner, ist etwa, was ich gerade in dieser Stelle in Österreich sehr gerne zitiere. Das ist nämlich der Aufsatz von *Ruppe* zur Markteinkommenstheorie, der – wie wir alle wissen – in dieser Gesellschaft entstanden und das erste Mal vorgetragen worden ist. Er klärt aus finanzwirtschaftlicher und damit überwölbender Sicht das gesamte Zurechnungsproblem dem Grunde nach. Da wir jetzt schon sehr viel über Zurechnung gesprochen haben, wundert es mich, warum man nicht diesen Gedanken zuvörderst nimmt und fragt, wem ist was zuzurechnen. Denn dann bin ich relativ schnell überzeugt, dann wird sich die ganze Frage des Missbrauchs ziemlich von selbst erledigen, und das würde dann wahrscheinlich wieder auf die Überlegung hinauslaufen, die der Generalanwalt Léger zu der einschlägigen Entscheidung vorher bekannt gegeben hat. Also dass dieser alte – inzwischen 34 Jahre alte Gedanke – hier überhaupt keine Rolle mehr spielt, ist schon etwas erstaunlich.

Prof. Dr. Dietmar Gosch

Ich darf mit dem Letzteren beginnen, Herr *Korfmacher*: Gut, vielleicht hätte ich noch historischer „graben" und 34 Jahre zurückgehen sollen. Dass sich der Missbrauch über die Zurechnungsregelungen erledigen wird – oder gar, wie sie sagen, von selbst erledigen wird -, dem wage doch einige Zweifel entgegenzusetzen, auch vor dem Hintergrund dessen, dass zum einen die Gestaltungsfreude der beratenden Zunft und zum zweiten die Reaktionsfreude des Gesetzgebers gleichermaßen unermesslich sind. All das, das dazu von meiner Warte zu sagen ist, habe ich kundgetan.

Dann zu Ihnen, Herr *Drüen*. Ich stimme Ihnen, was die Offenheit, die Unschärfen der Tatbestandsmerkmale des § 42 AO anbelangt, völlig darin zu, dass diesen über die jeweiligen spezielleren Missbrauchsvermeidungsvorschriften in Ergebnis denn doch die erforderlichen Konturen verliehen werden können. Die Spezialnormen liefern die Vorgaben dafür, über das was dann missbräuchlich ist und was auch als solches zu qualifizieren ist. Ebenso stimme ich Ihnen darin zu, dass auch die besagte Offenheit des Gesetzes, was die Qualifizierung dessen, was missbräuchlich ist, ins Visier zu nehmen ist. Die Grenzen dafür sind in der Tat nicht abschließend durch das Diktum des EuGH gesetzt. Dem nationalen Gesetzgeber bleiben sowohl nach oben wie nach unten Freiheiten. Er ist dazu ebenso ermächtigt wie ermuntert.

Herr *Rust*, zur Zurechnung. Aus dem OECD-Musterabkommen, dort in Art. 7 Abs. 1, Art. 9 Abs. 1, ist uns das Erfordernis der tatsächlich-funktionalen Zuordnung zu den Betriebsstätten bekannt. Diese Zuordnung gilt es, wenn sie denn einschlägig ist, auch zu beachten. Ob Gleiches allerdings auch für die Überlegungen der OECD im Rahmen des OECD-Partnership-Report gilt, da habe ich eher meine Zweifel. Sie wissen, dass der BFH jedenfalls der dort befürworteten Qualifikations- wie auch Zurechnungsverkettung relativ skeptisch gegenübersteht. Eine derartige Verkettung mag vielleicht wünschenswert erscheinen. De lege lata fehlt dafür in den allermeisten real abgeschlossenen Abkommen aber das tatbestandliche Fundament. Und selbst dort, wo das Abkommen Abhilfe einfordert, geschieht das in einer höchst kryptischen Weise, so etwa in Art. 1 Abs. 7 des novellierten DBA Deutschland-USA, wo man versucht, Qualifikationskonflikten bei hybriden Einheiten Herr zu werden. Ob daraus tatsächlich eine den Quellenstaat bindende Zurechnungsvorgabe abzuleiten ist, ist angesichts des Regelungstextes höchst fraglich. Im Grundsatz gilt nach wie vor: Jeder Vertragsstaat hat autonom darüber zu entscheiden, in welcher Weise und wem Einkünfte einer Person zuzurechnen sind. Dabei bleibt es auch und gerade in Missbrauchsvermeidungssituationen.

Herr *Zech*, Sie haben mir die Stichworte der autonomen Auslegung, der praktischen Umsetzung zugeworfen. Sie haben gewiss recht: Es ist sicherlich nicht so einfach für den Gesetzgeber, die Finanzverwaltung, dem immer nachzukommen. Allerdings: Wenn in einem DBA spezifische Missbrauchsvermeidungsvorschriften enthalten sind – als LOB-Klausel und auch in sonstiger Weise -, dann ist das für mich erst einmal das Maß der Dinge, und darauf bezieht sich denn auch die autonome Abkommensauslegung. Das, was dort an Tatbestandlichkeit vorgegeben ist, ist aus abkommenseigener Begrifflichkeit heraus zu verstehen und zu qualifizieren. Ob dann daneben noch die Möglichkeiten bestehen, einer dynamischen

Entwicklung in dem einen oder dem anderen Vertragsstaat nach Abschluss eines Vertrages Rechnung zu tragen, steht auf einem anderen Blatt. Das mögen die Vertragsstaaten positiv ermöglichen. Fehlt es jedoch an einer derartigen Öffnungsklausel, dann geraten wir an dieser Stelle schnell in den Dunstbereich des treaty overriding. Darüber haben wir gestern kräftig diskutiert. Ich bin durchaus der Auffassung, dass man an dieser Stelle zu einer relativierenden Betrachtung kommen muss. Ich denke, es gibt nicht nur *ein* Treaty override, das sich in all seinen Erscheinungsformen über einen Kamm scheren ließe. Die Beweggründe dafür, sich über das völkervertraglich Vereinbarte hinwegzusetzen, sind bei weitem zu heterogen und vielfältig. Teilweise geht es darum, die sog. Keinmalbesteuerung zu verhindern, teilweise stehen schlicht Fiskalzwecke im Vordergrund. Teilweise geht es aber auch um Missbrauchsvermeidung. Im letzteren Fall könnte ich mir bei der einen oder der anderen Maßnahme sehr wohl vorstellen, dass sie gerechtfertigt sein mag, und das vor allem in den Fällen der echten, der notwendigen Missbrauchsbekämpfung. Man wird hier differenzieren müssen. Eine „bloße" Keinmalbesteuerung rechtfertigt das aber sicher nicht, jedenfalls nicht bei Vereinbarung der Freistellungsmethode ohne parallele Vereinbarung von Rückfallklauseln. Und unbeschadet dessen: Mit praktischen Erwägungen allein lässt sich das Verhältnis zwischen spezieller Vermeidungsnorm hier und allgemeiner Norm nicht aus dem Weg räumen. Da tue ich mich doch sehr schwer.

Dann zu Ihrer Frage, Herr *Anzinger*: Es entspricht wohl in der Tat der jüngeren Verhandlungspraxis, „Steuerverkürzungen" zum zumindest formalen Gegenstand von Abkommen zu machen. Damit ist aber auch schon so einiges gesagt, denn Steuerverkürzungen sind das eine, doppelte Nichtbesteuerung ist das andere. Beides können Teilmengen eines und desselben sein. Sie müssen das aber nicht. Denn eine Steuerverkürzung trägt zumeist einen subjektiven Gehalt in sich, die Absicht eben, Steuern zu verkürzen. Dass man den Begriff rein objektiv auffasst, erscheint eher unwahrscheinlich. Und in der Tat ist es richtig, einem Abkommen auch die Zielsetzung beizufügen, Steuerverkürzungen entgegenzutreten. Doppelte Nichtbesteuerung ist aber zumindest partiell etwas völlig anderes, etwas Weitergehendes. Darin verbirgt sich ein heterogenes Ursachenbündel. So ist vorstellbar, dass ein Steueranspruch verjährt oder dass er aus Verfahrensgründen nicht durchsetzbar ist. Oder dass beide Vertragsstaaten das Abkommen und seine Begrifflichkeiten oder einen zu beurteilenden Sachverhalt unterschiedlich begreifen, mit anderen Worten, dass ein Qualifikationskonflikt vorliegt. Oder dass ein Land bewusst auf eine Besteuerung ganz oder zu einem Teil verzichtet, sei es allgemein in Gleichbehandlung mit dort Ansässigen, sei es aus den allseits – leider allseits – bekannten Gründen der Instrumentalisierung von Steuern zu spezifischen Lenkungszwecken, etwa, um fremdes Kapital anzulocken. Das ist Standortpolitik. Hier wird nichts verkürzt, es wird nur nicht besteuert. Und so gesehen, Herr *Anzinger*, beantwortet sich

Ihre Frage, wie ich meine, ganz von selbst: Auf das jeweilige Abkommen kommt es nur insoweit an, als sich daraus ergibt, ob sich die Vertragsstaaten auf die Methode der Freistellung verständigt haben. Ist das der Fall und fehlt es an weiteren „Sicherungsvorbehalten", wie z.B. Aktivitäts-, Rückfall-, Umschalt- oder LOB-Klauseln, dann geht es uneingeschränkt um die Vermeidung der virtuellen Doppelbesteuerung, um nicht mehr und nicht weniger. Titularien oder sonstige Präluminarien in Denkschriften, Protokollen usf., die den Terminus der Steuerverkürzung und deren Vermeidung als Abkommensziel beschreiben und wie sie auch im DBA-Liechtenstein enthalten sind, stehen dem in keiner Weise entgegen.

Und zu Ihre Anschlussfrage: Ich meine nicht, dass der Jurist „kapituliert", wenn er eine eigens und positiv gesetzte Missbrauchsregelung vom Gesetzgeber einfordert. Das gilt jedenfalls im Steuerrecht im Allgemeinen und im Abkommensrecht im Besonderen. Denn Steuerrecht ist – durchaus wohlverstanden – Eingriffsrecht, und zwar überaus intensives Eingriffsrecht. Der Rechtsanwender muss sich hier darauf verlassen können, was im Regelungstext steht. Im Abkommensrecht kommt dem vor diesem Hintergrund eher verstärkte Bedeutung zu, weil sich letztlich nur auf diese Weise die „Abkommensidee" durchsetzen lässt, nämlich zwischenstaatliche Doppelbesteuerungen zu vermeiden. Um dieses Ziel zu erreichen, ist der Regelungswortlaut von überragender Bedeutung. Er allein bietet die erforderliche Verlässlichkeit im Bemühen, zwischenstaatlichen Deutungsunterschieden zu begegnen. Nationale Versuche, die Begriffe wirtschaftlich „aufzuladen" und mit innentheoretischen Mitteln tatsächlichen oder vermeintlichen Besteuerungsunwuchten entgegenzutreten, sind dafür hingegen unzulänglich. Der Gesetzgeber sollte ebenso wie der Rechtsanwender schon Farbe bekennen wenn er eine Gestaltung als unziemlich, als missbräuchlich einschätzen will. Am besten gelingt das mit positiv formulierten Abwehrregeln, die konturenscharf Tatbestandsmerkmale haben und mir am besten als geeignet erscheinen, eine beim jeweiligen Rechtsanwender zwangsläufig eher subjektiv gefärbte Missbrauchsverhinderungspraxis und -jurisprudenz auszuschließen. Ich erkläre mich hier gerne klar und deutlich, wenn Sie das denn so mögen, als „Positivist".

Neue Entwicklungen zur Betriebsstätte im Internationalen Steuerrecht: Betriebsstättenbegriff

Dr. Jens Schönfeld
Dipl.-Kaufmann, Rechtsanwalt, Fachanwalt für Steuerrecht, Bonn

Inhaltsübersicht

I. Einführung
II. Grundlagen
  1. Funktion des Betriebsstättenbegriffs
    a) Innerstaatlicher Betriebsstättenbegriff
    b) Abkommensrechtlicher Betriebsstättenbegriff
  2. Betriebsstättenbegriff und Prinzipien der Internationalen Besteuerung
  3. Erosion des Betriebsstättenbegriffs
    a) Zunehmende Absenkung der Betriebsstättenschwelle im OECD-MK
    b) Praktische Bedeutung des OECD-MK

III. Fallmaterial
  1. Fall 1: „Die industrielle Produktionsbetriebsstätte"
  2. Fall 2: „Die moderne Anstreicherbetriebsstätte"
  3. Fall 3: „Die fiktive Dienstleistungsbetriebsstätte"
  4. Fall 4: „Das Home-Office als Betriebsstätte"
  5. Fall 5: „Die kurzfristige Betriebsstätte"
  6. Fall 6: „Die zugerechnete Managementbetriebsstätte"
  7. Fall 7: „Die fehlende Betriebsstätte"
IV. Fazit

I. Einführung

Das Internationale Steuerrecht befindet sich in einem wohl noch nie dagewesenen Wandel.[1] Die zunehmende Globalisierung der ökonomischen Wertschöpfung in allen drei klassischen Wirtschaftssektoren (Urproduktion, industrieller Sektor, Dienstleistungssektor) lässt uns eine Auflösung althergebrachter Prinzipien des Internationalen Steuerrechts beobachten. In kaum einem Teilbereich wird dies dabei so deutlich wie im Bereich der Betriebsstättenbesteuerung. Während man früher mit Blick auf äquivalenztheoretische Überlegungen (vgl. näher II. 2) einen intensiven Austausch zwischen dem Betriebsstättenstaat und dem die Betriebsstätte unterhaltenden Unternehmen forderte, um dem Betriebsstättenstaat (s)einen Anteil am grenzüberschreitenden „Besteuerungskuchen" zuzubilligen, erleben wir heute eine Erosion des (abkommensrechtlichen) Betriebsstättenbegriffs mit der Folge, dass bereits die geringfügigste Berührung mit dem Tätigkeitsstaat zu einer (abkommensrechtlichen) Betriebsstätte mit der Folge führen soll, dem Betriebsstättenstaat einen Zugriff auf (s)einen Anteil am „Besteuerungskuchen" zu ermöglichen.

---

[1] Pointiert insoweit bereits der Titel des instruktiven Beitrages von *Schön*, Zur Zukunft des Internationalen Steuerrechts, StuW 2012, 213, mit zahlreichen weiteren Nachweisen.

Doch damit nicht genug. Der erodierende Betriebsstättenbegriff als Anknüpfungspunkt für die Besteuerung grenzüberschreitender Wirtschaftsaktivitäten ist nur eine Dimension des Problems („Ob der Besteuerung"). Der Betriebsstättenbegriff verfügt auch über eine zweite Dimension, nämlich als Zurechnungsgegenstand für die Besteuerung grenzüberschreitender Wirtschaftsaktivitäten („Höhe der Besteuerung"). Hier ist auf internationaler Ebene die zunehmende Tendenz zu beobachten, rechtlich unselbständige Betriebsstätten im Wege einer (in dieser allgemeinen Form zweifelhaften) Fiktion wie rechtlich selbständige Tochtergesellschaften mit der Folge zu behandeln, dass entsprechend dem fiktiv höheren Risikoprofil der so aufgewerteten Betriebsstätte auch höhere Einkünfte zugerechnet werden. Das kann zu einer explosiven Mischung führen. Auf der einen Seite wird – überspitzt formuliert – jede noch so geringe grenzüberschreitende Aktivität zu einer (abkommensrechtlichen) Betriebsstätte. Auf der anderen Seite sollen dieser substanzarmen Betriebsstätte aber diejenigen Einkünfte zugerechnet werden, die eine rechtlich selbständige Tochtergesellschaft erzielt hätte.

Dass Deutschland als industriegeprägter OECD-Mitgliedstaat dieses Ergebnis wenig erfreulich findet, ist durchaus nachvollziehbar. Nicht nachvollziehbar ist allerdings, warum Deutschland innerhalb der OECD nicht versucht, die Selbständigkeitsfiktion der Betriebsstätte über den sog. „Authorized OECD Approach[2]" (AOA) auf Fälle tatsächlich selbständiger (substanzstarker) Betriebsstätten zu begrenzen.[3] Demgegenüber verlegt man sich im BMF darauf, die Erosion des Betriebsstättenbegriffs aufzuhalten.[4] Beim gegenwärtigen Fortschritt dieser Diskussion wird man aber durchaus Zweifel haben können, ob dies noch gelingt.[5]

Der nachfolgende Beitrag geht dieser Problematik aus Sicht des „Betriebsstättenbegriffs" nach. Die neuen Entwicklungen zur Zurechnung von Einkünften zu Betriebsstätten (AOA) werden dabei nur gestreift und bleiben den Beiträgen von *Naumann* und *Staringer*[6] vorbehalten. Die allgemeinen Ausführungen zum Betriebsstättenbegriff werden im Übrigen kurz gehalten (dazu II.). Die Probleme sollen vielmehr zur besseren Veranschaulichung anhand von (praktisch relevanten) Fallbeispielen beschrieben werden (dazu III.).

---

2 Dazu *Andresen/Busch*, Ubg 2012, 451; *Baldamus*, IStR 2012, 317; *Kroppen* in FS Herzig, 2010, 1072; *Schnitger*, IStR 2012, 633; *Wassermeyer*, IStR 2012, 277.
3 Zutreffend *Schön*, StuW 2012, 213 (219 f.).
4 Vgl. nur den Beitrag des für diese Fragen im BMF zuständigen Leiters des Referates für DBA-Grundsatzfragen, *Wichmann*, IStR 2012, 711, m. w. N.
5 So auch *Eckl*, IStR 2009, 510.
6 S. 253 ff. und 261 ff.

II. Grundlagen

1. Funktion des Betriebsstättenbegriffs

Bevor man sich den aktuellen Entwicklungen zum Betriebsstättenbegriff zuwendet, sollte man sich noch einmal die Funktion des Betriebsstättenbegriffs vergegenwärtigen. Dabei hat man zwischen dem innerstaatlichen Betriebsstättenbegriff des § 12 AO und dem abkommensrechtlichen Betriebsstättenbegriff des Art. 5 OECD-MA zu unterscheiden.[7]

a) Innerstaatlicher Betriebsstättenbegriff

Für die Bestimmung der Funktion des in § 12 AO definierten innerstaatlichen Betriebsstättenbegriffs muss man im Bereich des Internationalen Steuerrechts ferner danach unterscheiden, ob ein sog. „Inbound-Fall" (ausländischer Unternehmer unterhält inländische Betriebsstätte) oder ein sog. „Outbound-Fall" (inländischer Unternehmer unterhält ausländische Betriebsstätte) vorliegt.

Im Inbound-Fall dient der innerstaatliche Betriebsstättenbegriff der Bestimmung der Frage, ob inländische Einkünfte aus Gewerbebetrieb vorliegen, für die Deutschland als Betriebsstättenstaat nach seinem innerstaatlichen Recht ein Besteuerungsrecht beansprucht (z.B. gemäß § 49 Abs. 1 Nr. 2 Buchst. a i.V.m. § 1 Abs. 4 EStG). Es geht also darum, ob der ausländische Unternehmer mit seinen auf die inländische Betriebsstätte entfallenden Einkünften in Deutschland überhaupt beschränkt steuerpflichtig ist.[8]

Im Outbound-Fall dient der innerstaatliche Betriebsstättenbegriff demgegenüber der Bestimmung der Frage, ob ausländische Einkünfte aus Gewerbebetrieb vorliegen, für die Deutschland nach seinem innerstaatlichen Recht entsprechende Entlastungsmaßnahmen zur Vermeidung einer drohenden Doppelbesteuerung zu ergreifen hat (z.B. gemäß § 34d Nr. 2 Buchst. a i.V.m. § 34c EStG). Es geht also nicht darum, ob der inländische Unternehmer mit seinen auf die ausländische Betriebsstätte entfallenden Einkünften in Deutschland überhaupt steuerpflichtig ist, da Deutschland im Rahmen der unbeschränkten Steuerpflicht ohnehin die Besteuerung des Welteinkommens beansprucht. Vielmehr geht es darum, ob im Rahmen dieser unbeschränkten Steuerpflicht der deutsche Besteuerungsanspruch nach innerstaatlichen Grundsätzen z.B. durch Anrechnung der ausländischen Steuern (ggf. teilweise) begrenzt ist.[9]

---

[7] Zu dieser Abgrenzung auch *Kahle/Ziegler*, IStR 2009, 834; *Rautenstrauch/Binger*, Ubg 2009, 619; *Schnitger/Bildstein*, Ubg 2008, 444.
[8] Vgl. auch *Günkel* in Gosch/Kroppen/Grotherr, Art. 5 OECD-MA Rz. 41; *Haase* in Haase, AStG/DBA, 2. Aufl. 2012, Art. 5, Rz. 2 f.
[9] Vgl. auch *Günkel* in Gosch/Kroppen/Grotherr, Art. 5 OECD-MA Rz. 41; *Haase* in Haase (Fn. 8), Art. 5 OECD-MA Rz. 2 f.

Es kann also festgehalten werden, dass der innerstaatliche Betriebsstättenbegriff im Inbound-Fall dazu dient, einen deutschen Besteuerungsanspruch für gewerbliche Einkünfte nach innerstaatlichem Recht zu begründen, während im Outbound-Fall der innerstaatliche Betriebsstättenbegriff dazu dient, einen bestehenden deutschen Besteuerungsanspruch für gewerbliche Einkünfte nach innerstaatlichem Recht (ggf. teilweise) zu begrenzen.

b) Abkommensrechtlicher Betriebsstättenbegriff

Auch für die Bestimmung der Funktion des in Art. 5 OECD definierten abkommensrechtlichen Betriebsstättenbegriffs hat man danach zu unterscheiden, ob es um einen Inbound- oder einen Outbound-Fall geht. Dabei hat man sich zusätzlich den Sinn und Zweck von DBA zu vergegenwärtigen. Die Aufgabe von DBA besteht nämlich nicht darin, einen nach innerstaatlichem Steuerrecht nicht bestehenden Besteuerungsanspruch zu begründen. Vielmehr können DBA einen nach innerstaatlichem Steuerrecht bestehenden Besteuerungsanspruch lediglich bestätigen oder beschränken, und zwar um eine Doppelbesteuerung aufgrund eines gleichzeitigen Zugriffs mehrerer Staaten auf ein und dieselben Einkünfte zu vermeiden. Damit wird aber zugleich klar, was die Funktion des abkommensrechtlichen Betriebsstättenbegriffs ist.

Im Inbound-Fall dient der abkommensrechtliche Betriebsstättenbegriff der Bestimmung der Frage, ob der auf Grundlage des inländischen Betriebsstättenbegriffs ermittelte deutsche Besteuerungsanspruch (vgl. II. 1) für inländische Einkünfte aus Gewerbebetrieb eines ausländischen Unternehmers abkommensrechtlich bestätigt wird (z.B. gemäß Art. 7 Abs. 1 Satz 2, Abs. 2 OECD-MA). Es geht also darum, ob die in einer inländischen Betriebsstätte eines ausländischen Unternehmers anfallenden Einkünfte, die in Deutschland beschränkt steuerpflichtig sind, auch im abkommensrechtlichen Sinne inländische Betriebsstättengewinne mit der Folge sind, dass Deutschland seinen innerstaatlichen Besteuerungsanspruch abkommensrechtlich tatsächlich ausüben darf.[10]

Im Outbound-Fall dient der abkommensrechtliche Betriebsstättenbegriff demgegenüber der Bestimmung der Frage, ob der auf Grundlage der unbeschränkten Steuerpflicht auf ausländische Einkünfte aus Gewerbebetrieb eines inländischen Unternehmers erstreckte Besteuerungsanspruch abkommensrechtlich beschränkt wird (z.B. gemäß Art. 7 Abs. 1 i.V.m. Art. 23A Abs. 1 bzw. i.V.m. Art. 23B OECD-MA). Es geht also darum, ob die in einer ausländischen Betriebsstätte eines inländischen Unternehmers anfallenden Einkünfte, die in Deutschland unbeschränkt steuerpflichtig sind,

---

10 Vgl. auch *Günkel* in Gosch/Kroppen/Grotherr, Art. 5 OECD-MA Rz. 1 ff.; *Haase* in Haase (Fn. 8), Art. 5 OECD-MA Rz. 5 f.; *Wassermeyer* in Wassermeyer, DBA, Art. 5 OECD-MA Rz. 1.

auch im abkommensrechtlichen Sinne ausländische Betriebsstättengewinne mit der Folge sind, dass Deutschland seinen innerstaatlichen Besteuerungsanspruch nur eingeschränkt (z.b. aufgrund abkommensrechtlicher Anrechnungsverpflichtung) oder überhaupt nicht (z.B. aufgrund abkommensrechtlicher Freistellungsverpflichtung) ausüben darf.[11]

Damit kann festgehalten werden, dass der abkommensrechtliche Betriebsstättenbegriff im Inbound-Fall dazu dient, den innerstaatlichen Besteuerungsanspruch für inländische Betriebsstättengewinne abkommensrechtlich zu bestätigen, während im Outbound-Fall der abkommensrechtliche Betriebsstättenbegriff dazu dient, den innerstaatlichen Besteuerungsanspruch für ausländische Betriebsstättengewinne zu beschränken.

2. Betriebsstättenbegriff und Prinzipien der Internationalen Besteuerung

Die Funktion des abkommensrechtlichen Betriebsstättenbegriffs lässt sich im Grunde dahin verallgemeinern, dass dem Betriebsstättenstaat abkommensrechtlich ein Besteuerungsrecht („Ob") für die der Betriebsstätte zuzurechnenden Einkünfte („Höhe") eingeräumt werden soll, während das Besteuerungsrecht des Wohnsitzstaates für diese Einkünfte abkommensrechtlich im Wege der Freistellung oder Anrechnung eingeschränkt werden soll. Die Frage ist lediglich die, warum gerade dem Betriebsstättenstaat abkommensrechtlich der erste Zugriff auf den „Besteuerungskuchen" gewährt wird und der Wohnsitzstaat des Unternehmers mit seinem Besteuerungsanspruch (ggf. teilweise) zurücktreten muss. Für die Beantwortung dieser Frage gibt die Definition des Betriebsstättenbegriffs in Art. 5 Abs. 1 OECD-MA entsprechende Anhaltspunkte:

„Im Sinne dieses Abkommens bedeutet der Ausdruck „Betriebsstätte" eine feste Geschäftseinrichtung, durch die die Geschäftstätigkeit eines Unternehmens ganz oder teilweise ausgeübt wird."

Um zu einer Betriebsstätte zu gelangen, bedarf es also zunächst einer intensiven Verwurzelung im anderen Vertragsstaat über eine „feste Geschäftseinrichtung". Darüber hinaus muss durch diese feste Geschäftseinrichtung die Geschäftstätigkeit eines Unternehmens ausgeübt werden, was nach jüngerer Rechtsprechung des BFH eine tatsächliche gewerbliche Betätigung erfordert. Die bloße gewerbliche Prägung einer Personengesellschaft soll z.B. nicht ausreichen[12] (dazu näher auch Fall 7 „Die fehlende Betriebsstätte" unter III. 7). Die Ausübung einer solchen tatsächlichen gewerblichen Tätig-

---

11 Vgl. auch *Günkel* in Gosch/Kroppen/Grotherr, Art. 5 OECD-MA Rz. 1 ff.; *Haase* in Haase (Fn. 8), Art. 5 OECD-MA Rz. 5 f.; *Wassermeyer* in Wassermeyer, DBA, Art. 5 OECD-MA Rz. 1.
12 Vgl. BFH v. 28.4.2010 – I R 81/09, BFH/NV 2010, 1550; v. 8.9.2010 – I R 74/09, DStR 2010, 2450.

keit über eine feste Geschäftseinrichtung hat aber regelmäßig zur Folge, dass es zu einer besonders intensiven Nutzung von öffentlichen Gütern (z. B. Infrastruktur, Sicherheit, Umweltverschmutzung, Arbeitskräfte) im Betriebsstättenstaat kommt. Dieser intensive Austausch mit der Volkswirtschaft des Betriebsstättenstaates ist der Grund dafür, warum sich in einem DBA die Vertragsstaaten regelmäßig darauf einigen, beim steuerlichen Zugriff auf die Betriebsstätteneinkünfte dem Betriebsstättenstaat den Vorrang vor dem Wohnsitzstaat einzuräumen. Es wird als „gerecht" angesehen, dass derjenige Staat, der mit seinen öffentlichen Gütern einen deutlich höheren Beitrag zur grenzüberschreitenden Wertschöpfung leistet, das primäre Besteuerungsrecht haben soll, während der Wohnsitzstaat mit seinem Besteuerungsrecht (ggf. teilweise) zurücktritt.

Letztlich ist dieses Ergebnis auch nicht überraschend. Denn für die Frage der gerechten Verteilung von Steuersubstrat wurde im Internationalen Steuerrecht bisher primär das Äquivalenzprinzip fruchtbar gemacht.[13] Aus dem Leistungsfähigkeitsprinzip ergeben sich bei grenzüberschreitenden Sachverhalten kaum Anhaltspunkte für die Zuteilung von Besteuerungsrechten[14] zwischen verschiedenen Staaten.[15] Diesem soll allein ein Postulat zur Besteuerung des Welteinkommens entnommen werden können. Ist das Einkommen nämlich der optimale Maßstab der Leistungsfähigkeit, dann ergibt sich die Gesamtleistungsfähigkeit aus dem Welteinkommen. Weil dies jeder Staat für sich in Anspruch nehmen kann, bedarf das Welteinkommen zur Vermeidung von Mehrfachbelastungen und damit verbundenen Kollisionen mit dem Prinzip der Besteuerung nach der Leistungsfähigkeit einer sachgerechten Aufteilung. Konkreter Maßstab der Aufteilung ist aber nicht die steuerliche Leistungsfähigkeit, sondern der quantifizierbare Staatsnutzen, der im Kausalbeitrag des Staates zur Einkommenserzielung zum

---

13 Zur Notwendigkeit einer nutzentheoretischen Ergänzung des opfertheoretischen Leistungsfähigkeitsgedankens im Internationalen Steuerrecht durch das Äquivalenzprinzip vgl. *Lehner/Waldhoff* in Kirchhof/Söhn/Mellinghoff, Einkommensteuergesetz, § 1 EStG Rz. A 6 f.; *Tipke*, Die Steuerrechtsordnung Bd. I, 2000, S. 523 f.; *Schaumburg* in FS Tipke, 1995, S. 130 f.; *Vogel* in FS Klein, 1994, S. 368 ff.; *Vogel* in DStJG Bd. 8 (1985), S. 21 ff.
14 Die Verwendung der Formulierung „Besteuerungsrecht(e) zuteilen" wurde namentlich von *Klaus Vogel* kritisiert; vgl. *Vogel* in FS Klein, 1994, S. 361 ff. Nicht nur wegen der Handlichkeit der Formulierung wird diese im Folgenden gleichwohl verwandt. Denn solange man sich nicht der Erkenntnis verschließt, dass die Staaten nach Staats- und Völkerrecht zur Besteuerung originär zuständig sind und sich deshalb die Souveränität des modernen Staates nicht in einzelne Rechte aufspalten lässt, macht es im Ergebnis keinen Unterschied, ob die Wirkungsweise von Doppelbesteuerungsabkommen als Aufteilung, Zuteilung oder Verteilung von Besteuerungsrechten beschrieben wird oder ob man anstelle des Begriffs Besteuerungsrecht den Begriff der Steuerquelle, des Steueranspruchs oder des Steuerguts verwendet; so zutreffend *M. Lang*, Einführung in das Recht der Doppelbesteuerungsabkommen, 1997, S. 26.
15 Vgl. nur jüngst *Schön*, StuW 2012, 213 (214 f.) m. w. N.

Ausdruck kommt[16], mithin das Äquivalenzprinzip. Üblicherweise werden Indikatoren für derartige Kausalbeiträge bilateral oder multilateral[17] in zwischenstaatlichen Abkommen zur Vermeidung von Doppelbesteuerung, teilweise auch unilateral[18], festgelegt. Dabei wird in erster Linie auf die Intensität der wirtschaftlichen Verflechtung im jeweiligen Staat der Einkommenserzielung oder auf die räumliche Belegenheit von Vermögen abgestellt.[19] Der Grundgedanke des Äquivalenzprinzips ist damit die ansonsten auf Faktor- und Gütermärkten anzutreffende synallagmatische Leistungsverknüpfung.[20] Und dieser Grundgedanke steckt ganz maßgeblich hinter dem Betriebsstättenbegriff des Art. 5 Abs. 1 OECD-MA – jedenfalls bisher.

3. Erosion des Betriebsstättenbegriffs

a) Zunehmende Absenkung der Betriebsstättenschwelle im OECD-MK

Die OECD löst sich indes zunehmend von diesen äquivalenztheoretischen Überlegungen. Die Schwelle zur Annahme einer Betriebsstätte wird in zeitlicher und physischer Hinsicht sukzessive abgesenkt.[21] Dabei hat man allerdings nicht die Kraft, die Definition des Betriebsstättenbegriffs in Art. 5 OECD-MA anzupassen.[22] Vielmehr nimmt man lediglich Änderungen im OECD-Musterkommentar (OECD-MK) vor, wohl auch getragen von der Hoffnung, dass dies in Form einer dynamischen Auslegung auf die von den OECD-Mitgliedstaaten geschlossenen DBA (ohne Beteiligung der gesetzgebenden Organe mittelbar) einwirkt (dazu näher II. 3. b).

Wesentliche Änderungen hat der OECD-MK zunächst durch die Revision 2003 erfahren.[23] Dies betraf insbesondere den Begriff der „Verfügungsmacht". Nach (geläuterter) Ansicht der OECD soll der Wortlaut des Art. 5 Abs. 1 OECD-MA

„Ausübung *durch* die Geschäftseinrichtung"

---

16 So ausdrücklich *Tipke*, Die Steuerrechtsordnung Bd. I, 2000, S. 522 f.; ähnlich *Vogel*, Wie geht es weiter? Die Zukunft des Oasenproblems, in Vogel (Hrsg.), Steueroasen und Außensteuergesetze, 1981, S. 129 f.; *Vogel* in DStJG Bd. 8 (1985), S. 26 f.
17 Ein multilaterales Abkommen zur Vermeidung der Doppelbesteuerung existiert beispielsweise zwischen Dänemark, Finnland, Island, Norwegen und Schweden; vgl. *Vogel* in Vogel/Lehner, DBA, 5. Aufl. 2008, Einl. Rz. 39; *Hengsle/Odd*, The Nordic Multilateral Tax Treaties – For the Avoidance of Double Taxation and on Mutual Assistance, IBFD-Bull 2002, 371 ff.
18 Z. B. § 34c Abs. 1 i. V. m. § 34d EStG, § 1 Abs. 4 i. V. m. § 49 Abs. 1 EStG.
19 Vertiefend *Wassermeyer* in FS Vogel, 2000, S. 987 ff.
20 *Hansjürgens*, Äquivalenzprinzip und Staatsfinanzierung, 2001, S. 17; *Tipke*, Die Steuerrechtsordnung Bd. I, 2000, S. 476.
21 Vgl. *Haase* in Haase (Fn. 8), Art. 5 OECD-MA Rz. 42; *Roth*, StbJb 2010/2011, S. 167.
22 Zutreffend kritisch insoweit auch *Bendlinger*, IStR 2009, 521.
23 Vgl. Tz. 4.1 ff. OECD-MK; dazu auch *Bendlinger/Görl/Paaßen/Remberg*, IStR 2004, 145; *Krabbe*, IStR 2003, 253; *Strunk*, Stbg 2003, 392; *Wichmann* in Mayer (Hrsg.), Aktuelle Entwicklungen im nationalen und internationalen Steuerrecht, 2005, 77.

weit auszulegen sein und daher der bloße Leistungsort einer Dienstleistung bereits zu einer Betriebsstättenbegründung führen können.[24] Die „Anstreicherbetriebsstätte" steht sinnbildlich für diese Entwicklung[25] (dazu auch näher Fall 3 „Die Anstreicherbetriebsstätte" unter III. 2). Die deutsche Finanzverwaltung stand dieser Entwicklung stets sehr kritisch gegenüber.[26]

Die Revision des OECD-MK 2008 führte die Diskussion um eine stärkere Quellenbesteuerung durch den Betriebsstättenstaat fort[27] und brachte – gewissermaßen nur konsequent – die Einführung der sog. „Dienstleistungsbetriebsstätte"[28] (dazu auch näher Fall 3 „Die fiktive Betriebsstätte" unter III. 3). Letztlich geht es um die Fiktion einer Betriebsstätte (für Dienstleistung an 183 Tagen innerhalb von 12 Monaten und mehr als 50% der Bruttoeinnahmen bzw. dasselbe Projekt).[29]

Im Februar 2009 wurde eine Arbeitsgruppe durch die „Working Party I" des OECD-Fiskalausschusses einberufen, die sich intensiv mit der Auslegung des Betriebsstättenbegriffs befassen soll. Eine Anpassung der über 50 Jahre alten Definition des Betriebsstättenbegriffs in Art. 5 OECD-MA ist zwar weiterhin nicht geplant. Die Ergebnisse der Arbeitsgruppe sollen aber in die für 2014 geplante Revision des OECD-MK Eingang finden. Am 12.10.2011 hat die Arbeitsgruppe einen Bericht vorgelegt, der wesentliche Änderungen des OECD-MK zu Art. 5 OECD vorsieht, wobei sich die Tendenz zur „Aufweichung" des Betriebsstättenbegriffs fortsetzt.[30] Im Einzelnen behandelt der Bericht folgende Themen:

- Klärung von Einzelfragen zur (unechten) Dienstleistungsbetriebsstätte (dazu auch näher Fall 4 „Das Home-Office als Betriebsstätte" unter III. 4),

- Betriebsstättenbegründung durch Einschaltung von Subunternehmern (sog. „Subunternehmer-Betriebsstätte"),

- zeitliche Anforderungen an die Existenz einer Betriebsstätte (sog. „Kurzzeit-Betriebsstätte"; dazu auch näher Fall 5 „Die kurzfristige Betriebsstätte" unter III. 5),

- Bau- und Montagebetriebsstätten,

- Klarstellungen im Bereich der Hilfsbetriebsstätten und

- Behebung von Zweifelsfragen bei Vertreterbetriebsstätten.

---

24 Vgl. Tz. 4.6 OECD-MK.
25 Tz. 4.5 OECD-MK.
26 Vgl. z. B. *Müller-Gatermann*, FR 2011, 1094; *Wichmann*, FR 2011, 1084.
27 Tz. 42.11 ff. OECD-MK; vgl. auch *Bendlinger*, IStR 2009, 521; *Kahle/Ziegler*, IStR 2009, 834; *Rautenstrauch/Binger*, Ubg 2009, 619; *Schnitger/Bildstein*, Ubg 2008, 444.
28 Tz. 42.23 OECD-MK.
29 Näher *Ditz/Quilitzsch*, FR 2012, 493 (494 f.); *Kahle/Ziegler*, IStR 2009, 834; *Rautenstrauch/Binger*, Ubg 2009, 619.
30 Vgl. *Bendlinger*, SWI 2011, 531 ff.; *Ditz/Quilitzsch*, FR 2012, 493 (495 f.); *Hoor*, IStR 2012, 17 ff.; *Wichmann*, IStR 2012, 711.

b) Praktische Bedeutung des OECD-MK

Diese gravierenden Änderungen des OECD-MK werfen die Frage auf, welche rechtspraktische Bedeutung dem OECD-MK zukommt.

Die OECD vertritt eine dynamische Auslegung: Danach soll ein neugefasster OECD-MK zur Auslegung bereits bestehender DBA herangezogen werden, da er den übereinstimmenden Willen der OECD-Mitgliedstaaten widerspiegelt.[31] Auch die deutsche Finanzverwaltung neigt dieser Auffassung zu.[32] Der BFH vertritt demgegenüber die Auffassung, dass der OECD-MK (wenn überhaupt) allenfalls als Interpretationshilfe herangezogen werden kann, und auch dann nur in der Fassung, die im Zeitpunkt des Abschlusses des DBA gegolten hat.[33]

Dem kann nur zugestimmt werden. Es überzeugt nicht, wenn *Wichmann* darauf hinweist, dass der OECD-MK in einem dreistufigen Verfahren von Delegierten der OECD-Mitgliedstaaten beschlossen wird, bei denen es sich auf Arbeitsgruppen-Ebene um die für DBA-Politik zuständigen Referatsleiter der Finanzministerien, auf Ebene des Steuerausschusses um die Leiter der Steuerabteilungen der Finanzministerien und auf der Ebene des OECD-Rates um Botschafter handelt.[34] Ihm ist zwar beizupflichten, dass dem OECD-MK dadurch ein erhebliches politisches Gewicht zukommt. Auch kann man durchaus die Auffassung vertreten, dass darin der übereinstimmende Wille der OECD-Mitgliedstaaten zur Auslegung von DBA zum Ausdruck gelangt. Dies ändert jedoch nichts daran, dass DBA nach deutschem Verständnis nur durch eine Transformation in nationales Recht eine (bindende) rechtliche Wirkung erhalten. Und dafür ist in einer dem Gewaltenteilungsprinzip folgenden Demokratie nun einmal das Parlament zuständig und nicht die Verwaltung, mögen die Vertreter noch so qualifiziert und hochrangig sein.

Im Bereich des DBA-Rechts ist die strikte Beachtung des Demokratieprinzips auch deshalb besonders geboten, weil schon das gegenwärtige Verfahren zum Zustandekommen von DBA unter demokratischen Gesichtspunkten zumindest problematisch erscheint. Denn dem Parlament wird letztlich nur ein durch die Verwaltung fertig ausgehandelter und abgeschlossener Vertrag vorgelegt mit der Bitte, diesen Vertrag doch „abzunicken". Das Parlament hat keine Möglichkeit, Änderungsvorschläge zu machen. Es kann das abgeschlossene DBA nur insgesamt scheitern lassen. Die Verwaltung verweigert sich auch beharrlich, ein deutsches Muster-DBA auszuarbeiten und das Parlament daran zu beteiligen. Dies würde die

---

31 Vgl. Tz. 33–35 OECD-MK Einleitung.
32 So zumindest *Wichmann* in Lüdicke, Wo steht das deutsche internationale Steuerrecht?, 2009, 104 f.; *Wichmann*, FR 2011, 1083.
33 Vgl. nur BFH v. 25.5.2011 – 1 R 95/10 – Rz. 19, BFH/NV 2011, 1602 m. w. N.
34 *Wichmann*, IStR 2012, 711.

demokratische Legitimation von DBA deutlich erhöhen. Vor diesem Hintergrund ist es denn auch nachvollziehbar, wenn die (gegenwärtige) geringe demokratische Legitimation von DBA nicht noch weiter dadurch ausgehöhlt werden darf, dass eine (nichtstaatliche) Organisation wie die OECD durch eine Änderung des OECD-MK bestehende DBA unterläuft. Mit anderen Worten: Will man zu einer anderen Auslegung von bestehenden DBA gelangen, dann muss man diese unter Beteiligung des Parlaments ändern (z. B. über Zusatzprotokolle).

III. Fallmaterial

1. Fall 1: „Die industrielle Produktionsbetriebsstätte"

	Stahl AG
Deutschland	
DBA-Ausland	

Sachverhalt: Die deutsche Stahl AG ist ein international tätiger Hersteller von Stahl. Aufgrund der Tatsache, dass der Transport von fertigem Stahl hohe Transportkosten verursacht, errichtet die Stahl AG ein Stahlwerk direkt in einem ihrer größten Absatzmärkte, zu dem ein dem OECD-MA entsprechendes DBA besteht. Begründet das Stahlwerk eine Betriebsstätte?

Lösungsvorschlag: Die Frage ist eindeutig zu bejahen. Die Stahl AG unterhält mit dem Stahlwerk quasi als „Urform" der Betriebsstätte eine feste Geschäftseinrichtung, durch die sie eine gewerbliche Tätigkeit ausübt. Dieses Bild von „rauchenden Schornsteinen" dürfte man vor Augen gehabt haben, als man den Betriebsstättenbegriff in Art. 5 OECD-MA definierte. Es symbolisiert den unter Äquivalenzgesichtspunkten wichtigen intensiven Austausch zwischen der in der Betriebsstätte ausgeübten gewerblichen Tätigkeit und der Volkswirtschaft des Betriebsstättenstaates. Denn mit der Herstellung von Stahl werden in erheblichem Maße öffentliche Güter genutzt, die der Betriebsstättenstaat zur Verfügung stellt (z. B. Infrastruktur, Wasser, Luft, Arbeitskräfte). Diese intensive Inanspruchnahme öffentlicher Güter im Betriebsstättenstaat rechtfertigt es, dem Betriebsstättenstaat abkommensrechtlich ein vorrangiges Besteuerungsrecht für die in der Betriebsstätte anfallenden Einkünfte zuzubilligen. Umgekehrt rechtfertigt es die geringe Inanspruchnahme öffentlicher Güter im Wohnsitzstaat, dass das Besteuerungsrecht des Wohnsitzstaates im Wege der Freistellung der Betriebsstätteneinkünfte oder der Anrechnung der auf die Betriebsstätteneinkünfte anfallenden Steuern zurücktritt.

2. Fall 2: „Die moderne Anstreicherbetriebsstätte"

Deutschland

DBA-Ausland

Einzelunternehmen

Sachverhalt (nachgebildet Tz. 4.5 OECD-MK): Der in Deutschland ansässige Peter Klecks ist Anstreicher. Im Rahmen eines Großauftrages ist er zwei Jahres lang wöchentlich drei Tage in dem Bürokomplex seines Hauptkunden tätig, der in einem DBA-Staat gelegen ist und wo er die wichtigsten Funktionen seiner Geschäftstätigkeit (d. h. Anstreichen) ausübt. Das deutsche Finanzamt will die Einkünfte trotz der im DBA vereinbarten Betriebsstättenfreistellung besteuern, weil es keine „Betriebsstätte" erkennen kann. Zu Recht?

Lösungsvorschlag: Die Frage ist zu bejahen. Zwar kommt der OECD-MK in Tz. 4.5 zu dem Ergebnis, dass bereits die bloße Anwesenheit des Anstreichers im Bürokomplex eine Betriebsstätte im Sinne von Art. 5 OECD-MA begründen soll. Dem kann jedoch für deutsch-steuerliche Zwecke nicht gefolgt werden. Denn eine Betriebsstätte erfordert nach ständiger Rechtsprechung des BFH, dass der Unternehmer eine nicht nur vorübergehende Verfügungsmacht über die von ihm genutzte Geschäftseinrichtung oder Anlage hat.[35] Und: Das bloße Tätigwerden in den Räumlichkeiten des Vertragspartners genügt für sich genommen selbst dann nicht zur Begründung der erforderlichen Verfügungsmacht, wenn die Tätigkeit über mehrere Jahre hinweg erbracht wird. Neben der zeitlichen Komponente müssen zusätzliche Umstände auf eine auch örtliche Verfestigung der Tätigkeit schließen lassen.[36] Im vorliegenden Anstreicherbeispiel fehlt es an derartigen zusätzlichen Umständen. Peter Klecks ist nur vorübergehend in den Räumlichkeiten seines Kunden tätig, wobei man im Falle des bloßen Anstreichens generell bezweifeln kann, ob der Anstreicher über eine Verfügungsmacht an den anzustreichenden Räumlichkeiten verfügt.

Vor dem Hintergrund äquivalenztheoretischer Überlegungen ist es auch gerechtfertigt, im Anstreicherbeispiel eine Betriebsstätte zu verneinen. Denn aufgrund fehlender Verwurzelung im Tätigkeitsstaat ist der Austausch mit diesem Staat im Sinne einer Inanspruchnahme öffentlicher Güter eher gering. Zwar kann man durchaus argumentieren, dass der Tätigkeitsstaat durch seine Rechts- und Wirtschaftsordnung erst das Tätigwerden des An-

---

35 Ständige Rspr., vgl. nur BFH v. 4.6.2008 – I R 30/07, BStBl. II 2008, 922, m. w. N.
36 BFH v. 4.6.2008 – I R 30/07, BStBl. II 2008, 922.

streichers ermöglicht hat. Auch ist nicht von der Hand zu weisen, dass der Anstreicher auch öffentliche Ressourcen im Tätigkeitsstaat in Anspruch nimmt. Die Frage ist nur die, ob das in Art. 5 Abs. 1 OECD-MA niedergelegte Betriebsstättenkonzept geeignet ist, auf diese berechtigten Fragen vernünftige Antworten zu geben. Genau das wird man aber mit Blick auf den Wortlaut von Art. 5 Abs. 1 OECD-MA verneinen müssen. Es hilft nur eine Änderung des Konzeptes in Art. 5 Abs. 1 OECD-MA selbst mit entsprechender Änderung bestehender DBA (und nicht ein Versuch der Überdehnung des Wortlautes durch eine Änderung des rechtlich unverbindlichen OECD-MA).

Das Anstreicherbeispiel verdeutlich im Kontext der Diskussion um die Einführung des „Authorized OECD Approach" auch die Gefahren, die mit dem Aufweichen des Betriebsstättenbegriffs verbunden sind. Denn man stelle sich nur vor, dass der Anstreicher in Abhängigkeit vom Besteuerungsniveau im Betriebsstättenstaat seine „Anstreicherbetriebsstätte" als risikoreicher „Entrepreneur" oder als risikoarmer „Lohnfertiger" ausgestaltet. Im ersten Fall dürfte der Großteil des Besteuerungssubstrates im Betriebsstättenstaat verbleiben, während im zweiten Fall nur ein geringer Teil nach Maßgabe der Kostenaufschlagsmethode im Betriebsstättenstaat anfallen dürfte. Es ist offensichtlich, dass dies Manipulationsspielräume eröffnet, die durch die geringe wirtschaftliche Verwurzelung der „Betriebsstätte" im Tätigkeitsstaat ermöglicht werden. Es kann daher nur *Schön* darin zugestimmt werden, wenn er die Begrenzung der mit dem „Authorized OECD Approach" verbunden Selbständigkeitsfiktion von Betriebsstätten auf

„Einheiten mit organisatorischer Verselbständigung und klarer örtlicher Lokalisierung"[37]

fordert.

3. Fall 3: „Die fiktive Dienstleistungsbetriebsstätte"

Sachverhalt: (nachgebildet Tz. 42.38 OECD-MK): Die in Deutschland ansässige Dr. Anke Bit ist selbständige IT-Beraterin. Sie wohnt im Grenzgebiet eines Staates, mit dem Deutschland ein dem OECD-MA entspre-

---

37 *Schön*, StuW 2012, 213 (220).

chendes DBA mit Freistellung vereinbart hat. In diesem Staat ist sie im Veranlagungszeitraum an 200 Tagen bei verschiedenen Auftraggebern vor Ort beratend tätig und erzielt daraus mehr als 50 % ihres Umsatzes. Das deutsche Finanzamt will die ausländischen Einkünfte trotz der im DBA vereinbarten Betriebsstättenfreistellung besteuern, weil es keine Anhaltspunkte für eine „Betriebsstätte" sieht. Zu Recht?

Lösungsvorschlag: Nach Tz. 42.23 OECD-MK 2008 sollen Vergütungen für Dienstleistungen eines Unternehmens im Tätigkeitsstaat als Betriebsstätteneinkünfte besteuert werden können, wenn eine natürliche Person mehr als 183 Tage innerhalb einer beliebigen 12-Monats-Periode im Vertragsstaat Dienstleistungen erbringt und der vor Ort durchgeführten Tätigkeit mehr als die Hälfte der Bruttoeinnahmen des Unternehmens während dieser Periode zuzurechnen sind (1. Alternative) oder ein Unternehmen im anderen Staat Dienstleistungen an mehr als 183 Tagen innerhalb einer beliebigen 12-Monats-Periode für das gleiche Projekt oder für zusammenhängende Projekte durch „natürliche Personen" im Vertragsstaat erbringt (2. Alternative). Die Regelungen sollen mit der Fiktion einer Betriebsstätte einen alternativen und subsidiären Ersatztatbestand zu Art. 5 Abs. 1 OECD-MA darstellen.[38]

Im Beispielsfall sind die Voraussetzungen der 1. Alternative erfüllt, da Dr. Anke Bit im Veranlagungszeitraum im anderen Vertragsstaat an 200 Tagen bei verschiedenen Auftraggebern vor Ort beratend tätig wird und daraus mehr als 50 % ihres Umsatzes erzielt. Gleichwohl kommt eine Besteuerung der Einkünfte als Betriebsstättengewinne im Tätigkeitsstaat nur dann in Betracht, wenn das deutsche DBA eine Tz. 42.23 OECD-MK 2008 entsprechende Regelung enthält. In Tz. 42.23 OECD-MK 2008 wird sogar ausdrücklich darauf hingewiesen, dass es den Vertragsstaaten freisteht, eine solche Vorschrift in ihren DBA zu vereinbaren. Ist eine solche Vorschrift nicht vereinbart, bleibt es bei den vom BFH in seiner Entscheidung vom 4.6.2008[39] entwickelten Grundsätzen[40], dass das bloße Tätigwerden in den Räumlichkeiten des Vertragspartners für sich genommen selbst dann nicht

---

38 Tz. 42.25 OECD-MK 2008.
39 BFH v. 4.6.2008 – I R 30/07, BStBl. II 2008, 922: Im Streitfall hatte der BFH darüber zu entscheiden, ob eine niederländische Kapitalgesellschaft, die Reinigungsarbeiten an militärisch genutzten Flugzeugen auf einem deutschen NATO-Flughafen durchführte, eine inländische Betriebsstätte begründet. Die Mitarbeiter des Reinigungsunternehmens verfügten über Sicherheitsausweise für die Zutrittskontrolle, wobei keine Räumlichkeiten auf dem Flughafengelände angemietet waren. Es bestand lediglich eine explizite Berechtigung zur Nutzung einer Kücheneinrichtung bzw. eines (abschließbaren) Aufenthaltsraumes. Die Reinigungsarbeiten an den Flugzeugen wurden in einer eigens dafür vorgesehenen Halle durchgeführt, wobei den Reinigungskräften ein Raum mit den von der NATO zur Verfügung gestellten Putzgeräten und Putzmitteln zur Verfügung stand. Der BFH verneinte eine Betriebsstätte.
40 Bestätigt durch BFH v. 22.4.2009 – 1 B 196/08, BFH/NV 2009, 1588.

zur Begründung der für eine Betriebsstätte erforderlichen Verfügungsmacht genügt, wenn die Tätigkeit über mehrere Jahre hinweg erbracht wird. Neben der zeitlichen Komponente müssen zusätzliche Umstände auf eine

„örtliche Verfestigung der Tätigkeit"

schließen lassen. Im Ergebnis hat damit der BFH das Modell einer „Dienstleistungsbetriebsstätte" abgelehnt.[41] Hinzuweisen ist allerdings auf die deutschen DBA mit China und den Philippinen.

Vor dem Hintergrund der äquivalenztheoretischen Fundierung der Betriebsstättenbesteuerung (vgl. oben II. 2) erscheint es im Übrigen zweifelhaft, ob Deutschland dazu übergehen sollte, eine Tz. 42.23 OECD-MK 2008 entsprechende Regelung in deutsche DBA aufzunehmen. Denn auch über eine fingierte Betriebsstätte kommt es zu keinem größeren Austausch mit der Volkswirtschaft des Tätigkeitsstaates im Sinne einer Nutzung öffentlicher Ressourcen. Diese Nutzung wird bei Dienstleistungen vielmehr eher (unverändert) gering bleiben. Zudem dürfte die mit Tz. 42.23 OECD-MK 2008 verbundene „Betriebsstättenfiktion" in besonderem Konflikt zu der „Selbständigkeitsfiktion" des geplanten „Authorized OECD Approach" stehen. Denn dann wird eine lediglich fiktive Betriebsstätte wie eine fiktive Tochtergesellschaft besteuert. Das Ergebnis wird wohl als doppelte Fiktion im Steuerrecht in die Geschichte eingehen. Es ist nicht klar, ob die OECD dieses Problem erkannt hat. Man neigt dazu, die Frage zu verneinen. Denn man muss wissen, dass für den „Betriebsstättenbegriff" und den „Authorized OECD Approach" innerhalb der OECD unterschiedliche Arbeitsgruppen zuständig sind. Es drängt sich daher der Verdacht auf, dass diese Arbeitsgruppen nicht miteinander reden. Das ist im Übrigen ein weiterer Grund dafür, die fehlende Bindungswirkung des OECD-MK für die Auslegung deutscher DBA (ungeachtet der ohnehin fehlenden demokratischen Legitimation, vgl. oben II. 3. b) generell infrage zu stellen.

4. Fall 4: „Das Home-Office als Betriebsstätte"

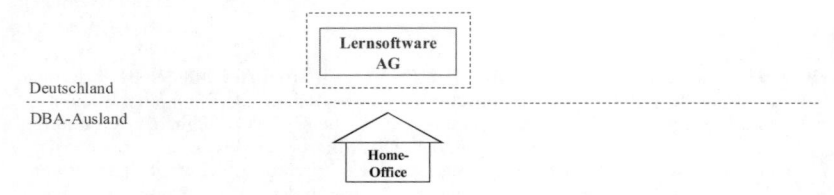

Deutschland

Lernsoftware AG

DBA-Ausland

Home-Office

Sachverhalt: Die deutsche Lernsoftware AG ist ein modernes Unternehmen aus dem IT-Bereich, welches eine erfolgreiche Software zum Erlernen

---

[41] Vgl. auch *Gosch*, SWI 2011, 333.

von Sprachen herstellt. Das Stammhaus befasst sich lediglich mit Konzeption und Vertrieb, während der angestellte Chefprogrammierer im DBA-Ausland (OECD-MA) wohnt, wo dieser ausschließlich aus seinem Home-Office heraus tätig wird. Der ausländische Staat nimmt (zumindest) im Umfang eines Kostenaufschlags ein Besteuerungsrecht für das Home-Office für sich in Anspruch. Das deutsche Finanzamt bestreitet, dass es sich bei dem Home-Office um eine Betriebsstätte handelt. Zu Recht?

Lösungsvorschlag: Nach gegenwärtiger Lesart von Art. 5 Abs. 1 OECD-MA wird man dem Finanzamt zustimmen müssen, da ein Unternehmen grundsätzlich keinerlei Verfügungsmacht über das in der Wohnung eines Mitarbeiters eingerichtete Home-Office hat (vgl. die Ausführungen zu den Fällen 2 und 3). Eine ganz wesentliche Änderung der geplanten Revision des OECD-MK 2014 in Art. 5 OECD-MA betrifft aber das dem Betriebsstättenbegriff immanente Wesensmerkmal der „Verfügungsmacht".[42]

Grundsätzlich soll nach Auffassung der Working Party I des OECD-Fiskalausschusses eine Verfügungsmacht unzweifelhaft dann vorliegen, wenn der Unternehmer über ein Recht zur Nutzung der Geschäftseinrichtung – z. B. in Gestalt eines Miet- oder Pachtvertrages – verfügt. Eine Betriebsstätte soll aber auch bereits dann begründet werden können, wenn der Unternehmer andauernd und regelmäßig über einen längeren Zeitraum Räumlichkeiten eines anderen Unternehmers nutzt oder diese Räumlichkeiten der Nutzung mehrerer Unternehmer gemeinsam zugänglich sind. Umgekehrt soll die Existenz einer Betriebsstätte nicht bejaht werden können, wenn der Unternehmer in den Räumlichkeiten lediglich unregelmäßig oder nur gelegentlich präsent ist. Gleiches soll laut der OECD für den Fall gelten, dass dem Unternehmer keine Berechtigung zusteht, die Räumlichkeiten nach eigenem Ermessen zu nutzen und er auch tatsächlich in diesen nicht anwesend ist.

Vor diesem Hintergrund soll die Begründung einer Betriebsstätte durch ein Home-Office nach Auffassung der Working Party I" des OECD-Fiskalausschusses vom Einzelfall abhängen. So soll die zeitweise oder gelegentliche Nutzung von eigenen Räumlichkeiten durch einen Mitarbeiter keine Betriebsstätte begründen.[43] Wird das Home-Office hingegen regelmäßig und dauerhaft im Hinblick auf eine Unternehmenstätigkeit genutzt und erfolgt die Heimarbeit nach Vorgabe des Unternehmens, soll ein Home-Office eine Betriebsstätte begründen können (z. B. bei einem Unternehmensberater, der seine Unternehmensberatungstätigkeit vornehmlich von zu Hause aus ausübt). Es soll allerdings in jedem Fall zu prüfen sein, ob die von dem Mitarbeiter zu Hause ausgeübten Tätigkeiten unter Art. 5 Abs. 4 OECD-MA (insbesondere vorbereitende Tätigkeiten oder Hilfstätigkeiten) fallen. Falls man daher im Beispielsfall in der Programmierung nicht nur

---

42 Instruktiv dazu der Beitrag von *Ditz/Quilitzsch*, FR 2012, 493.
43 Tz. 4.8 OECD-MK in der Entwurfsfassung v. 12.10.2011.

eine bloße vorbereitende Tätigkeit sieht, wäre nach dieser Auffassung der OECD eine Betriebsstätte zu bejahen (trotz fehlender eigener Verfügungsmacht des Unternehmens!). Es erscheint fraglich, ob der BFH diese Sichtweise teilen wird, mit Blick auf die fehlende Verfügungsmacht des Unternehmers über die Wohnung seines Mitarbeiters auch nur zu Recht (vgl. aber die Ausführungen zur zugerechneten Betriebsstätte in Fall 6). Über die Auswirkungen der Selbständigkeitsfiktion des geplanten „Authorized OECD Approach" muss deshalb nicht weiter nachgedacht werden.

5. Fall 5: „Die kurzfristige Betriebsstätte"

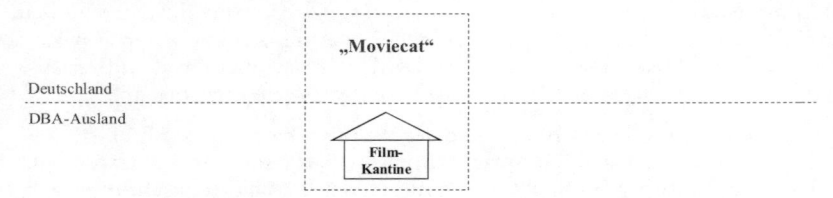

```
                          „Moviecat"
Deutschland
--------------------------------------------------------
DBA-Ausland
                          Film-
                         Kantine
```

Sachverhalt: Aufgrund von Filmarbeiten sind Schauspieler, Kameraleute etc. in einer in einem DBA-Staat (OECD-MA) gelegenen Stadt über vier Monate tätig. Der in Deutschland ansässige und unter „Moviecat" firmierende Cateringunternehmer Volker R. nimmt dies zum Anlass, im dort belegenen Haus seiner Eltern für die Dauer der Dreharbeiten eine kleine Kantine zu betreiben. Volker R. ist daher in der Stadt, in welcher die Filmarbeiten ausgeübt werden, für vier Monate tätig, ohne weitere gewerbliche Tätigkeiten in diesem Zusammenhang auszuüben. Unterhält er dort eine Betriebsstätte?

Lösungsvorschlag: Nach Auffassung der Working Party I des OECD-Fiskalausschusses soll im Beispielsfall von einer Betriebsstätte auszugehen sein, da die Kantine über die gesamte Dauer der unternehmerischen Betätigung des Unternehmens betrieben wird. Eine Betriebsstätte soll hingegen nicht vorliegen, wenn der Unternehmer im Bereich der Gastronomie allgemein tätig ist und während eines vierwöchigen Sportereignisses in einem anderen Staat eine Cafeteria betreibt. In diesem Fall soll nach Auffassung der Working Party I die unternehmerische Tätigkeit in dem Staat, in welchem das Sportereignis stattfindet, nur temporär ausgeübt werden. Wo genau der Unterschied liegen soll, ist nicht klar. Nach Auffassung des BFH wird aber ohnehin in beiden Fällen von einer nur vorübergehenden Tätigkeit mit der Folge auszugehen sein, dass eine Betriebsstätte zu verneinen ist (vgl. aber die Ausführungen zu den Fällen 2 und 3).

6. Fall 6: „Die zugerechnete Managementbetriebsstätte"

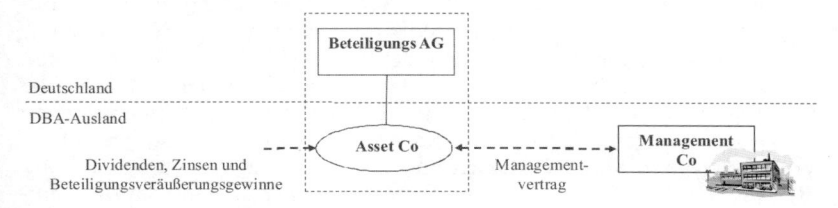

Deutschland

DBA-Ausland

Dividenden, Zinsen und
Beteiligungsveräußerungsgewinne

Beteiligungs AG

Asset Co

Managementvertrag

Management Co

Sachverhalt: (nachgebildet BFH vom 24.8.2011[44]) Die deutsche Beteiligungs AG ist Gesellschafterin der im DBA-Ausland (OECD-MA) ansässigen und steuerlich transparenten Asset Co. Die Asset Co ist als so genannter „Private Equity Fonds" konzipiert, der hochriskante Investitionen in Beteiligungsgesellschaften durchführt. Das Management der Asset Co ist aufgrund eines Managementvertrages der in demselben Staat ansässigen Management Co übertragen, die dort über eigene Räumlichkeiten verfügt. Unterhält die Asset Co eine ausländische Betriebsstätte?

Lösungsvorschlag: Nach der Entscheidung des BFH vom 24.8.2011[45] kann eine Gesellschaft auch dadurch eine (Geschäftsleitungs-)Betriebsstätte begründen, dass ihr die Fremd-Betriebsstätte eines Subunternehmers als eigene zugerechnet wird.[46] Vor diesem Hintergrund spricht einiges dafür, dass der Asset Co im Beispielsfall durch den Managementvertrag mit der Management Co eine eigene Betriebsstätte zugerechnet wird. Dass die Asset Co dabei (ausschließlich) die Räumlichkeiten und das Personal der Management Co als Managementgesellschaft nutzt, soll – so der BFH – unbeachtlich sein. Ausschlaggebend ist nach Auffassung des BFH vielmehr, dass die Asset Co mittels der vertraglichen Übertragung von Aufgaben und dadurch mittels eines entsprechenden sachlichen und personellen Apparats in der Lage ist, ihrer unternehmerischen Tätigkeit operativ nachzugehen und dass sie infolgedessen Zugriff in Gestalt einer Verfügungsmacht über die fraglichen Räumlichkeiten hat.

Die Entscheidung des BFH wirft die Frage auf (und lässt sie offen), ob durch die Einschaltung einer Managementgesellschaft bzw. eines Subunternehmers immer für den Auftraggeber eine Betriebsstätte begründet wird. Oder anders formuliert: Kann jedes Auftragsverhältnis mit einem (eigenverantwortlichen) Berater zu einer Betriebsstätte des Auftraggebers führen? Nach bisher herrschender Meinung kann der Generalunternehmer keine Betriebsstätte in den Räumen des Subunternehmers unterhalten, wenn der Sub-

---

44 BFH v. 24.8.2011 – I R 46/10, BFH/NV 2011, 2165.
45 BFH v. 24.8.2011 – I R 46/10, BFH/NV 2011, 2165; dazu *Blumers/Weng*, DStR 2012, 551; *Süß/Mayer*, 2011, 2276; *Wassermeyer*, IStR 2011, 931.
46 Auch Hinweis auf BFH v. 23.2.2011 – I R 52/10, BFH/NV 2011, 1354.

unternehmer eigenverantwortlich die ihm übertragenen Aufgaben erledigt und nicht wie ein leitender Angestellter des Generalunternehmens auftritt.[47] Bejaht man daher diese Frage, hätte dies wohl eine Einschränkung des bisherigen (strengen) Verständnisses der Verfügungsmacht zur Folge. Zugleich würde damit der Betriebsstättenbegriff nunmehr auch in der Rechtsprechung des BFH ausgeweitet. In einer Urteilsbesprechung weist *Gosch*[48] allerdings darauf hin, dass es auch weiterhin unverändert auf die Voraussetzung einer „räumlichen und zeitlichen Verwurzelung" ankommen soll. Dies deutet zumindest darauf hin, dass sich an den vom BFH entwickelten Grundsätzen zum „Betriebsstättenbegriff" nichts ändert und dass die Zurechnung der Betriebsstätte im Beispielsfall der besonderen persönlichen und sachlichen Verflechtung geschuldet ist.[49]

7. Fall 7: „Die fehlende Betriebsstätte"

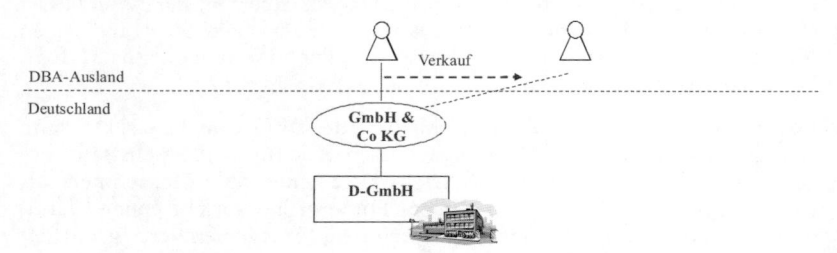

Sachverhalt: A wohnt in einem ausländischen Staat, mit dem Deutschland ein dem OECD-MA entsprechendes DBA abgeschlossen hat. Er ist alleiniger Kommanditist einer in Deutschland ansässigen gewerblich geprägten GmbH & Co KG, in deren Vermögen sich ein 100 %-Anteil an einer deutschen GmbH befindet. In dem Anteil befinden sich erhebliche stille Reserven. Die Verwaltung der GmbH & Co KG erfolgt aufgrund eines Managementvertrages mit der D-GmbH, die über eigene Räume verfügt. A verkauft den Anteil an den in demselben Staat ansässigen B. Das deutsche Finanzamt möchte den Beteiligungsveräußerungsgewinn besteuern. Zu Recht?

Lösungsvorschlag: Die Beantwortung der Frage hängt davon ab, ob Deutschland für den veräußerten Anteil an der D-GmbH nach dem mit dem Wohnsitzstaat des A abgeschlossenen DBA ein Besteuerungsrecht zusteht. Ein solches Recht kann sich nur aus Art. 13 Abs. 2 OECD-MA ergeben. Danach können Gewinne aus der Veräußerung beweglichen Vermögens, das Betriebsvermögen einer Betriebsstätte ist, die ein Unterneh-

---

47 Kritisch daher auch *Wassermeyer*, IStR 2011, 931; *Wichmann*, FR 2011, 1085.
48 *Gosch*, BFH-PR 2012, 34.
49 Vgl. auch *Gosch*, BFH-PR 2012, 34.

men eines Vertragsstaates im anderen Vertragsstaat hat, im anderen Vertragsstaat besteuert werden. Die entscheidende Frage ist daher die, ob der Anteil an der D-GmbH „Betriebsvermögen einer Betriebsstätte" ist.

Der Anteil an der D-GmbH befindet sich im Gesamthandsvermögen der (lediglich) gewerblich geprägten deutschen GmbH & Co KG. Die Frage ist daher die, ob eine gewerblich geprägte Personengesellschaft den Mitunternehmern eine abkommensrechtliche „Betriebsstätte" im Sinne von Art. 5 Abs. 1 OECD-MA vermittelt. Dazu ist zunächst eine „feste Geschäftseinrichtung" erforderlich, die vorliegend aufgrund des Managementvertrages mit der D-GmbH vermittelt wird (vgl. dazu die Ausführungen zu Fall 6). Weiterhin bedarf es der „Geschäftstätigkeit eines „Unternehmen". Nach Auffassung der Finanzverwaltung soll die gewerbliche Prägung des § 15 Abs. 3 Nr. 2 EStG auf den abkommensrechtlichen Unternehmensbegriff durchschlagen.[50] Diese Auffassung hatte man sich früher in Wegzugsfällen (mit Zustimmung der Finanzverwaltung) zunutze gemacht, um eine Besteuerung nach § 6 Abs. 1 AStG zu vermeiden. Nach neuerer Rechtsprechung des BFH erfordert ein „Unternehmen" aber die Ausübung einer originären „gewerblichen Tätigkeit".[51] Eine lediglich gewerblich geprägte Personengesellschaft erfüllt diese Voraussetzungen nicht, sodass im Beispielsfall ein deutsches Besteuerungsrecht nicht besteht. Auf die Frage, ob Art. 13 Abs. 2 OECD-MA eine Zuordnung des GmbH-Anteils unter funktionalen Gesichtspunkten fordert oder ob der in Art. 13 Abs. 2 OECD-MA verwandte Begriff des „Betriebsvermögens" jeden zum Gesamthandsvermögen einer gewerblich tätigen Personengesellschaft gehörenden Kapitalgesellschaftsanteil abkommensrechtlich umfasst, kommt es daher nicht an.[52]

Der Beispielsfall zeigt jedenfalls, dass auch der BFH (und nicht nur die OECD) an der Fortentwicklung des Betriebsstättenbegriffs mitwirkt.

IV. Fazit

Zusammenfassend kann danach festgehalten werden, dass sich der (abkommensrechtliche) Betriebsstättenbegriff in der Auflösung befindet. War früher ein besonders intensiver Austausch mit dem Tätigkeitsstaat erforderlich, um in diesem eine Betriebsstätte zu begründen, geht die OECD heute zunehmend dazu über, bereits bei einem bloßen Tätigwerden im Tätigkeitsstaat eine Betriebsstätte anzunehmen. In der Folge verschiebt sich die Zuteilung der Besteuerungsrechte zwischen dem Ansässigkeitsstaat und

---

50 Vgl. BMF, Schreiben v. 16.4.2010 – Tz. 2.2.1, BStBl. I 2010.
51 Vgl. BFH v. 25.5.2011 – I R 95/10, BFH/NV 2011, 1602; für echte Holdinggesellschaften bejaht durch BFH v. 28.10.2008 – VIII R 73/06, BStBl. 2009, 647.
52 Dazu aber BFH v. 13.2.2008 – I R 63/06, BStBl. II 2009, 414; *Gosch* in Gosch/Kroppen/Grotherr, Art. 13 OECD-MA Rz. 82.

dem Betriebsstättenstaat dahin, dass das Quellenbesteuerungsrecht des Betriebsstättenstaates gestärkt wird. Vor dem Hintergrund der äquivalenztheoretischen Fundierung des Betriebsstättenbegriffs ist diese Entwicklung bereits fragwürdig. Noch fragwürdiger ist aber, dass die OECD diese Verschiebung der Zuteilung der Besteuerungsrechte unter Umgehung der demokratischen Organe der Mitgliedstaaten zu bewirken versucht. Denn die OECD empfiehlt nicht etwa, die Betriebsstättendefinition in Art. 5 OECD-MA sowie die dieser Vorschrift nachgebildeten Regelungen in bestehenden DBA zu ändern. Vielmehr soll die Auslegung des (unveränderten) Betriebsstättenbegriffs in bestehenden DBA über die bloße Ausweitung des Betriebsstättenbegriffs im OECD-MK dynamisch beeinflusst werden. Aus deutscher Sicht kann dieser Ansatz nicht erfolgreich sein. Das Demokratieprinzip in Verbindung mit dem Gewaltenteilungsprinzip verbietet eine Änderung bestehender DBA ohne Beteiligung des dafür zuständigen Parlamentes. Der Ansatz der OECD kommt aber einer Änderung bestehender DBA gleich, zumal die mit der Ausweitung des Betriebsstättenbegriffs verbundene Verlagerung des Besteuerungsrechtes einen unmittelbaren Effekt auf die Einnahmenseite des Staates hat. Insoweit kann dem BFH nur zugestimmt werden, wenn er einer durch den OECD-MK beeinflussten dynamischen Auslegung bestehender DBA die Schranken weist.

Schließlich ist die Ausweitung des Betriebsstättenbegriffs auch vor dem Hintergrund der geplanten Umsetzung des „Authorized OECD Approach" und der damit verbundenen „Selbständigkeitsfiktion" von Betriebsstätten hochproblematisch. Es kann nicht sein, dass auf der einen Seite die Schwelle zur Annahme einer Betriebsstätte (bis hin zu einer Betriebsstättenfiktion) immer weiter abgesenkt wird, um auf der anderen Seite eine immer weniger zu erkennende unselbständige Betriebsstätte im Wege der Fiktion wie eine selbständige Tochtergesellschaft zu behandeln. Hier besteht in jedem Fall erheblicher Abstimmungsbedarf. Empfehlenswert dürfte es aber sein, die „Selbständigkeitsfiktion" von Betriebsstätten auf Einheiten mit organisatorischer Verselbständigung und klarer örtlicher Lokalisierung zu begrenzen.

Sollen Betriebsstätten wie Tochtergesellschaften besteuert werden?

Ministerialrat *Manfred Naumann*
Berlin

Inhaltsübersicht

I. Einführung
  1. Abgrenzung: Begriff der Betriebsstätte
  2. Welche Betriebsstätten sind gemeint
  3. OECD: weitgehende Gleichstellung von Betriebsstätten und Konzernunternehmen

II. Technik der Gleichstellung
  1. Historie
  2. Zeitpunkt der Umsetzung in innerstaatliches Recht
  3. Entscheidung: „Functionally Separate Entity Approach" oder „Relevant Business Approach"
  4. Hauptargumente für den AOA
  5. Struktur des AOA
  6. Zweistufiges Verfahren der Betriebsstättengewinnabgrenzung

7. Bereiche der Angleichung des deutschen Rechts
  a) Jahressteuergesetz 2013 und DBA
  b) Neudefinition der „Geschäftsbeziehung"
  c) „Treaty Override"
  d) Verodnungsermächtigung

III. Schluss

IV. Ergänzung (Österreich)
  1. Verhalten der OECD-Staaten
  2. Mehrstufiges Verfahren bei der OECD
  3. Ausblick auf die zukünftige Praxis
  4. Konfliktfälle
  5. Schlussbemerkung

I. Einführung

Ich bin froh, dass ich hier die Gelegenheit habe, die Betriebsstättenbesteuerung, und zwar speziell die Änderungen bei der Gewinnaufteilung darzustellen, so wie die Bundesrepublik das plant – vielleicht im Jahressteuergesetz 2013. Das geschieht im Anschluss an die Entwicklung, die es bei der OECD zur Gewinnaufteilung bei Betriebsstätten gegeben hat.

1. Abgrenzung: Begriff der Betriebsstätte

Um das gleich vorweg zu sagen, Herr Dr. *Schönfeld* hat mir sehr viele Vorlagen dafür gegeben, mich ausführlich mit dem Begriff der Betriebsstätte zu beschäftigen. Dafür bin ich aber gar nicht zuständig. Es ist schön, dass ich die Arbeitsteilung, die die OECD für die WP 1 (Working Party 1) und die WP 6 vorgesehen hat, einfach mal – am Anfang jedenfalls – übernehmen kann. Das heißt, ich werde mich mit dem Betriebsstättenbegriff gar nicht beschäftigen, sondern es halten, wie die WP 6 sagt: Die Gewinnaufteilung interessiert mich erst, wenn ich eine Betriebsstätte habe. Ich nehme an, dass wir vielleicht am Schluss der Diskussion die beiden Themen auch zusammenführen können, denn diese haben durchaus inhaltliche Bezüge. Am Ende wird das Committee on Fiscal Affairs bei der OECD über das neue Papier der WP 1 zur Frage des Bestehens einer Betriebsstätte zu entscheiden haben. Meiner Meinung nach muss der Vertreter der Bundesrepublik Deutschland, das ist unser Unterabteilungsleiter, darauf achten, dass eine gewisse Konsistenz zwischen dem Papier der WP 1 und dem Papier der WP 6 besteht. Die Probleme, die Herr Dr. *Schönfeld* aufgezeigt hat, gibt es selbstverständlich, aber in welcher Form? Auf einzelne Punkte werde ich vielleicht noch eingehen können und darüber kann auch später noch gesprochen werden.

2. Welche Betriebsstätten sind gemeint

Zunächst soll ich ein kurzes Plädoyer dafür halten, warum die Betriebsstätte wie eine Tochtergesellschaft besteuert werden soll. Man sollte diese Frage gleich von Anfang an in den richtigen Kontext stellen. Die Frage ist, um welche Betriebsstätten es eigentlich geht und was es heißt: „Eine Betriebsstätte soll wie eine Tochtergesellschaft besteuert werden". Es geht bei OECD-Betriebsstätten nur um jeweils ausländische Betriebsstätten, denn für inländische Betriebsstätten inländischer Unternehmen – das wissen Sie wahrscheinlich alle – greift nur das gewerbesteuerliche Zerlegungsverfahren. Es findet keine Gewinnaufteilung in dem Sinne statt. Das bedeutet, die Gewinnaufteilungsproblematik haben wir in Betriebsstättenfällen nur in den jeweiligen Auslandsfällen, also für deutsche Unternehmen, die im Ausland eine Betriebsstätte unterhalten, und umgekehrt für ausländische Unternehmen, die im Inland eine Betriebsstätte unterhalten. Das sind die Fälle, um die es geht. Die Gewerbesteuer löst das Problem über die Zerlegung völlig anders als die Doppelbesteuerungsabkommen (DBA).

3. OECD: weitgehende Gleichstellung von Betriebsstätten und Konzernunternehmen

Betriebsstätten sollen für die Gewinnaufteilung Tochterunternehmen weitgehend gleichgestellt werden. Die WP 6 hat sich in dem Zusammenhang ausschließlich um die Anwendbarkeit der Verrechnungspreisgrundsätze im weiteren Sinne gekümmert. Nur für die Gewinnabgrenzung/-aufteilung von Betriebsstätten – wie man sie auch immer nennen möchte – sollen die Verrechnungspreisrichtlinien analog Anwendung finden. Dazu braucht es einen gewissen gedanklichen Vorlauf, um für Betriebsstätten sozusagen eine analoge Struktur wie für Tochterkapitalgesellschaften zu bilden.

II. Technik der Gleichstellung

Das ist eigentlich das Thema, das für die OECD wesentlich ist: Wie konstruiere ich eine Betriebsstätte parallel zu einer Tochtergesellschaft? Am Ende bei der Rechtsfolge wird gesagt: Kein Problem, jetzt haben wir die Betriebsstätte als selbstständiges Unternehmen konstruiert, jetzt kann man die OECD-Guidelines darauf anwenden.

1. Historie

Eine kleine Vorbemerkung zur Historie: Zur Betriebsstättenbesteuerung gab es in Deutschland lange Zeit nicht besonders viel. Es gab den Betriebsstättenerlass und es gab natürlich, das darf man nicht vergessen, immer die DBA. Die DBA haben einen spezifischen Charakter, denn sie haben eigentlich nur eine steuerbegrenzende Wirkung. Das heißt im Übrigen auch, was immer in den DBA „gegen uns verwendet werden kann", also unsere Besteuerungsrechte einschränkt, können wir im umgekehrten Fall nicht in Anspruch nehmen, wenn wir kein entsprechendes innerstaatliches Recht haben. Von daher: Die Betriebsstättenbesteuerung bislang war eigentlich ein „einbeiniger Mann", bis es zu den Entstrickungsregelungen im SEStEG gekommen ist. Vorher gab es eben nur den Betriebsstättenerlass. Da war geregelt, dass der Fremdvergleichsgrundsatz angewendet werden sollte, aber wie, war unklar, und für einen belastenden Verwaltungsakt hatte man Mühe, das zu rechtfertigen. Dann kam das SEStEG, ich habe es schon erwähnt, es bot Gelegenheit für schöne Kontroversen mit dem BFH. Im SEStEG wurde im Zusammenhang mit der europäischen Entwicklung, der Fusionsrichtlinie, ein Besteuerungsrecht für ins Ausland verbrachte oder im Ausland genutzte Wirtschaftsgüter geschaffen.

2. Zeitpunkt der Umsetzung in innerstaatliches Recht

Wenn ich so überlege: Wir sind jetzt im Jahr 2013, das heißt, die Betriebsstättendiskussion hat eine lange Geschichte, sie stammt schon aus dem vorigen Jahrtausend. Das Problem diskutiert die OECD – ich war dabei – seit Beginn des neuen Jahrtausends, also seit über zehn Jahren. 2008 gab es eine erste OECD-Veröffentlichung. 2010 gab es eine Anpassung des Musterabkommens und des Musterkommentars. Die Entwicklung zieht sich lange hin und ich denke, 2013 ist eigentlich auch eine gute Zeit, dass Konsequenzen aus deutscher Sicht aus dieser internationalen Entwicklung gezogen werden. Prof. *Hugh Ault* hat es gesagt: Die Staaten haben sich dazu verpflichtet, das, was auf OECD-Ebene abgestimmt worden ist, dann auch in ihr nationales Recht umzusetzen. Insofern ist das, was die OECD gedacht hat, aus Sicht der Bundesrepublik eine Art Blaupause, an der wir uns orientieren müssen. Nicht weil wir gegenüber der OECD hörig sind, sondern weil das Interesse besteht, nach Möglichkeit dafür zu sorgen, dass deutsche Unternehmen, die mit Betriebsstätten im Ausland arbeiten, nicht in vermeidbare Streitigkeiten hineingezogen werden. Denn nur dann, wenn die nationalen Rechte einigermaßen mit den DBA harmonieren, können wir erwarten, dass die Zahl der Konflikte, die entstehen, gering ist.

3. Entscheidung: „Functionally Separate Entity Approach" oder „Relevant Business Approach"

Die OECD hat sich dafür entschieden, Betriebsstätten möglichst wie Tochterkapitalgesellschaften zu behandeln. Das nennt sich auf OECD-Ebene „Functionally Separate Entity Approach" oder AOA – Authorized OECD Approach. Und sie hat sich gegen den Relevant Business Approach (RBA) entschieden, von dem ich unterstelle, dass er der Rechtsprechung des BFH bei den Entstrickungs-Urteilen zugrunde gelegen hat. Beim RBA wird auf die Außentransaktion abgestellt, um dann das Ergebnis dieser Außentransaktion auf Betriebsstätte und übriges Unternehmen zu verteilen. Das, hat die OECD gesagt, entspricht nicht dem Fremdvergleichsgrundsatz – es ist im Übrigen aus Sicht der OECD-Mitgliedstaaten auch völlig unpraktikabel. Fremdvergleichsgrundsatz bedeutet vielmehr: Ich behandele die Betriebsstätte wie ein selbstständiges, eigenständiges Unternehmen. Das war und ist auch in den DBA so geregelt. Die WP 6 der OECD hat den alten Art. 7 als einigermaßen widersprüchlich empfunden. Die Gründe für die Neukonzeption sind:

4. Hauptargumente für den AOA

1. Der Fremdvergleichsgrundsatz soll in Art. 7 nichts anderes heißen als in Art. 9.
2. Zurückdrängung der jeweiligen nationalen Vorstellungen, denn hinter dem wolkigem Begriff der Gewinnaufteilung bei Betriebsstätten verbergen sich einzelne innerstaatliche Konzepte von Betriebsstättenbesteuerung, die mehr oder weniger zwangsläufig zu internationalen Kollisionen geführt haben.
3. Erleichterung für den Quellenstaat, der nicht mehr sehen muss, was insgesamt im Unternehmen passiert, und der sich darauf konzentrieren kann, was auf seinem Staatsgebiet passiert.
4. Am Ende bei den Rechtsfolgen: Wir können aus dem schöpfen, was bei den Verrechnungspreisgrundsätzen schon geleistet wurde.

5. Struktur des AOA

Die Struktur des OECD-Betriebsstättenberichts ist relativ überschaubar. Teil 1 ist der Allgemeine Teil. Mit den Spezialteilen 2 bis 4 für Bankbetriebsstätten, für Finanzunternehmen, für Global Trading im Finanzierungsbereich, für Versicherungen werden wir uns heute sicher nicht detailliert beschäftigen können. Was man bedauern kann, ist, dass die Bau- und

Montageindustrie nicht erfolgreich dabei gewesen ist, einen eigenständigen Teil für Bau- und Montagebetriebsstätten zu schaffen. Das müssen wir jetzt innerstaatlich, denke ich, noch nachjustieren.

Der Betriebsstätte sind nach der OECD-Konzeption Gewinne und Verluste zuzurechnen, die sie erzielt hätte, wenn sie ein selbstständiges, eigenständiges, rechtlich unabhängiges Unternehmen wäre. Sie ist also wie eine Tochterkapitalgesellschaft zu behandeln. Das führt zu anderen Gewinnrealisierungszeitpunkten als man die bislang gewöhnt ist. Jede Transaktion zur Betriebsstätte oder von der Betriebsstätte zum Unternehmen, was landläufig gern als „Stammhaus" bezeichnet wird, ist ein gewinnrealisierender Vorgang. Europarecht wird insofern berücksichtigt, als die Stundungsmöglichkeiten nach § 4g EStG eingeräumt werden. Der EuGH ist in diesem Bereich gerade tätig, und die Bereitschaft der deutschen Finanzverwaltung, auf diese Entwicklungen Rücksicht zu nehmen, ist durchaus vorhanden.

Fiktive Vermietung eines Wirtschaftsgutes ist in Zukunft möglich. Fiktive Erbringung von Dienstleistungen ist möglich. Das war vorher ein absolutes „no go", das gab es einfach nicht.

Damit eine Betriebsstätte wie ein selbstständiges Unternehmen behandelt werden kann, gibt es die Möglichkeit, nicht den Zwang – man muss nicht unbedingt danach suchen –, geschäftliche Vorgänge zwischen der Betriebsstätte und dem Unternehmen mit Verträgen, mit fiktiven Verträgen zu unterlegen. Diese sind natürlich zivilrechtlich nicht wirksam, aber fremde Dritte in der Situation des übrigen Unternehmens und der Betriebsstätte hätten solche Verträge abgeschlossen.

Dass der AOA am Ende dasselbe Ergebnis bringen soll wie der Relevant Business Approach, das hat die OECD behauptet. Nachrechnen, beweisen kann das niemand.

6. Zweistufiges Verfahren der Betriebsstättengewinnabgrenzung

Zweistufiges Verfahren: Jetzt kommen wir zu den technischen Dingen im engeren Sinne, auf die ich nur ganz kurz eingehen kann. Das erste ist: Die Betriebsstätte muss trotz ihrer rechtlichen Ununterscheidbarkeit vom gesamten Unternehmen als eigenständiges Unternehmen konstruiert werden. Es gibt dieses OECD-Mantra: Functions, Assets, Risk, Capital. Das bedeutet, ich tue so, als ob die Betriebsstätte ein selbstständiges Unternehmen wäre und ordne ihr das zu, was ein selbstständiges Unternehmen gleicher Funktionalität hätte. Das geht nicht nach dem Willen des Steuerpflichtigen, es geht nach den tatsächlich in der Betriebsstätte von dem dortigen Personal ausgeübten Funktionen. Soweit da für Klarheit gesorgt wird, wer für was zuständig gewesen ist, steht das fest. Es gibt keine Möglichkeit für irgendwelche Manipulationen. Die ausgeübte Funktion prägt definitiv und abschließend den Charakter einer solchen Betriebsstätte. Wenn dieses OECD-Mantra bewältigt ist, was – ehrlich gesagt – ganz schön schwierig ist, dann können auf dieses fiktiv selbständige Unternehmen die Verrechnungspreisgrundsätze angewendet werden. Es entsteht ein theoretisches Konstrukt, das man der Ermittlung der Betriebsstätteneinkünfte zugrunde legen kann. Die rechtliche Fassung des Mantras bringt erhebliche Probleme mit sich – wir versuchen gerade, das technisch in der Rechtsverordnung zu formulieren.

7. Bereiche der Angleichung des deutschen Rechts

a) Jahressteuergesetz 2013 und DBA

Das kann ich kurz machen. Das Jahressteuergesetz 2013 beinhaltet das. Wir brauchen die entsprechenden innerstaatlichen Rechtsgrundlagen, um aus Sicht der Bundesrepublik auch entsprechende Steueransprüche geltend machen und durchsetzen zu können. Das steht in § 1 AStG. Eine entsprechende Änderung des Art. 7 in bestehenden DBA ist angedacht, soweit es geht. Es gibt dazu einen Beschluss aus der Sicht der Steuerabteilung, den AOA in DBA-Verhandlungen in Zukunft möglichst durchzusetzen. Es ist nicht sicher, dass das in jedem Fall gelingt, denn zu einem DBA gehören immer die Unterschriften von zwei Ländern. Einseitig kann man nichts bestimmen. Soweit neue DBAs abgeschlossen werden, wird versucht, den AOA unterzubringen. Das ist in einzelnen Abkommen auch schon gelungen.

b) Neudefinition der „Geschäftsbeziehung"

Eine Neudefinierung des gesetzlichen Begriffs der Geschäftsbeziehung ist notwendig. Bislang wurde von schuldrechtlichen Beziehungen ausgegangen, weil § 1 AStG nur selbstständige Unternehmen betraf. Im Betriebsstättenzusammenhang gibt es keine schuldrechtlichen Beziehungen zwischen der Betriebsstätte und dem übrigen Unternehmen, das ist denktheoretisch nicht möglich. Es handelt sich um tatsächliche Innenverhältnisse, die fiktiv mit schuldrechtlichen Vereinbarungen unterlegt werden müssen, die fremde Dritte in einer vergleichbaren Situation abgeschlossen hätten.

c) „Treaty Override"

Dann gibt es noch eine spezielle Regelung, die wird auch noch extra Thema sein: Vorrang alter Abkommen gegenüber der Neuregelung. Voraussetzung ist der Nachweis, dass der andere Staat eine Besteuerung entsprechend dem alten Abkommen durchführt. Das wird Thema gleich sein.

d) Verodnungsermächtigung

Schließlich ist die bisher schon vorhandene Verordnungsermächtigung erweitert worden, um die Betriebsstättenfälle weiter technisch regeln zu können.

III. Schluss

Das war ein schneller Gang durch die neue Betriebsstättenbesteuerung. In einem Prozess von weit über zehn Jahren hat die OECD etwas entwickelt, was die Bundesrepublik jetzt ins eigene Steuerrecht übernehmen möchte.

IV. Ergänzung (Österreich)

Zu den Ausführungen zur Situation in Österreich wollte ich aus deutscher Sicht nur anmerken, dass unsere Lage anders aussieht. Ich sehe für Betriebsstätten bislang keine eindeutige Rechtsgrundlage, die den Fremdvergleichsgrundsatz verpflichtend vorsieht. Wir benötigen das.

1. Verhalten der OECD-Staaten

Im Übrigen: Österreich, genauso wie die Bundesrepublik Deutschland, hat bei der OECD nicht die Stimme erhoben, als die OECD beschlossen hat, dass die Interpretation, die in der 2008er Kommentierung getroffen worden ist, grundsätzlich für Alt-Abkommen gilt. Allerdings mit gewissen Ausnahmen: Soweit die neue Auslegung den bisherigen Aussagen im Kommentar eindeutig widerspricht, ist eine einfache Weiterentwicklung nicht möglich. Aber alle anderen Punkte – und das sind relativ viele, was den AOA angeht – sind aus Sicht der OECD, das heißt aus Sicht aller Mitgliedstaaten, die nicht widersprochen haben, auch für alte Abkommen anzuwenden. Dass man da anderer Ansicht sein kann, ist nicht zu bestreiten. Aber das ist jedenfalls bis heute die Auffassung der OECD als Völkergemeinschaftsgruppe. Mitgliedstaaten, die dort vertreten sind, hätten sagen müssen, dass ihnen das nicht passt.

2. Mehrstufiges Verfahren bei der OECD

Wegen dieser Schwierigkeiten in der Umsetzung ist diese „Mehrsprungaktion" von der OECD durchgeführt worden: Zunächst wurde der Kommentar 2008 geändert. Dann bestand Einigkeit, dass das nicht zur vollständigen Umsetzung des AOA reicht und ein neues Musterabkommen und ein neuer Musterkommentar gebraucht werden. Natürlich gilt der AOA erst „in voller Schönheit", wenn ich das mal so sagen darf, wenn auch tatsächlich ein entsprechendes Abkommen vereinbart worden ist. Das Musterabkommen hat keine eigenen Rechtswirkungen, es ist ja nur ein Muster. Deshalb gilt: Die aktuellen Abkommen sind der Stand der Dinge.

3. Ausblick auf die zukünftige Praxis

Jetzt darf ich noch eine persönliche Spekulation äußern: Die Zahl der Fälle, in denen es tatsächlich zu einem massiven Besteuerungskonflikt wegen des

Konflikts zwischen dem AOA und alten Abkommen kommt, wird überschaubar bleiben. Denn der AOA kann in weiten Teilen ohne Weiteres als bessere Umsetzung des Fremdvergleichsgrundsatzes und damit als mit alten Abkommen vereinbar angesehen werden Das wird auch so praktiziert. Das ist die Auffassung der OECD aus dem Jahr 2008, die ich für zutreffend halte. Die Bundesrepublik, das Ministerium, hat gegen diese Position keinerlei Vorbehalte erhoben.

4. Konfliktfälle

Für die Fälle, in denen es tatsächlich zu einem Besteuerungskonflikt kommt, haben wir im Jahressteuergesetz 2013 Vorsorge getroffen. Wenn der andere Staat unter Berufung auf das alte Abkommen eine andere Abkommensauslegung vornimmt und entsprechend besteuert, dann tritt die Regelung des § 1 Abs. 5 AStG, das ist die Neuregelung zu Betriebsstätten, zurück. Natürlich sollte der Steuerpflichtige seine Steuererklärung und auch den Steuerbescheid des anderen Staates vorlegen, damit man sieht, was dieser Staat überhaupt gemacht hat. Dieses Verfahren stellt sicher, dass die Interessen aller Vertragspartner der Bundesrepublik in vollem Umfang gewahrt werden. Ich sehe kein Problem mit einem „treaty override", zumal der Begriff, glaube ich, nicht sauber definiert ist. Jedenfalls: Die Rechtsposition des jeweiligen Mitgliedstaats oder des Vertragsstaats des DBA wird durch die neue Regelung nicht beeinträchtigt, sondern gerade abgesichert. Das dazu.

Wie ich die Wirkung des AOA für die Vergangenheit sehe und auch für die Zukunft: Wir müssen uns darüber im Klaren sein, was die OECD 2008 gesagt hat: Weite Teile des AOA können auf alte Abkommen angewendet werden. Das bedeutet: Der AOA ist zumindest zur Hälfte bei allen Mitgliedstaaten bereits „angekommen", unabhängig davon, ob sie eine entsprechende nationale Regelung daraus gemacht haben oder nicht. Denn der AOA ist damit nach Auffassung der OECD-Mitgliedstaaten – es hat sich keiner dagegen gewehrt – bereits beschränkender Inhalt der Abkommen. Darüber kann man streiten, aber das ist die Position aller Regierungen, die bei der OECD in der WP 6 vertreten sind, auch die des Committee on Fiscal Affairs und der Botschafterversammlung, die ihr Placet dazu gegeben hat, dass der AOA zumindest insoweit gilt.

5. Schlussbemerkung

Das wollte ich gesagt haben. Von daher sind meine Befürchtungen, was in Zukunft an Konflikten kommen wird, relativ gering. Ich glaube nicht, dass Konflikte tatsächlich in dem befürchteten Umfang entstehen.

Sollen Betriebsstätten wie Tochtergesellschaften besteuert werden?

Prof. Dr. *Claus Staringer*
WU Wien

Inhaltsübersicht

I. Der Authorized OECD Approach (AOA) und seine nationale Umsetzung
II. Die Abkommenspolitik Österreichs zur Verankerung des Authorized OECD Approach (AOA) in den DBA
   1. Kein Vorbehalt zum OECD-MA in Bezug auf den AOA
   2. Übernahme des AOA als Gegenstand der Verhandlungen über neue DBA
   3. Keine Anwendung des AOA auf alte DBA
III. Die Umsetzung des in DBA verankerten AOA im innerstaatlichen Recht
   1. Das Erfordernis einer innerstaatlichen Korrekturvorschrift für die internationale Gewinnabgrenzung
   2. Die Korrekturvorschrift des § 6 Z 6 EStG
   3. Die Bedeutung von § 6 Z 6 EStG unter dem AOA
IV. Vermeidung von DBA-Besteuerungskonflikten im Zusammenhang mit dem AOA
   1. Grundsätzliches
   2. Einzelfall: Finanzierungsbetriebsstätten unter dem DBA Österreich-Schweiz
V. Anwendung des AOA auf die Gewinnabgrenzung bei Personengesellschaften bzw. Mitunternehmerschaften?
VI. Schlusswort

I. Der Authorized OECD Approach (AOA) und seine nationale Umsetzung

Durch den Authorized OECD Approach (AOA) hat die OECD weitreichende Neuerungen bei der internationalen Gewinnabgrenzung zwischen Stammhaus und Betriebsstätte unter dem OECD-Musterabkommen (OECD-MA) geschaffen. Einer der Kernpunkte des AOA ist dabei die Erweiterung der Selbstständigkeitsfiktion der Betriebsstätte nach Art. 7 Abs. 2 OECD-MA.[1] Insbesondere soll die Betriebsstätte nach der Konzeption des neuen Art. 7 OECD-MA soweit als selbstständig gelten, dass auch Leistungsbeziehungen zwischen Stammhaus und Betriebsstätte (in der Terminologie des AOA so genannte „Dealings") steuerlich relevant sind.[2] Solche Leistungsbeziehungen führen nach dem AOA daher zur fiktiven

---

[1] Insgesamt zum AOA z. B. in Deutschland *Hemmelrath/Kepper*, Die Bedeutung des „Authorized OECD Approach" (AOA) für die deutsche Abkommenspraxis, IStR 2013, 37 (37 ff.); *Wassermeyer*, Die abkommensrechtliche Aufteilung von Unternehmensgewinnen zwischen den beteiligten Vertragsstaaten, IStR 2012, 277 (277 ff.).
[2] So ausdrücklich der Wortlaut von Art. 7 Abs. 2 OECD-MA.

Annahme von Einkünften, wie z. B. Zinsen, Lizenzgebühren, Tätigkeitsvergütungen etc. Diese fiktiven Einkünfte werden – je nach Leistungsrichtung – bei der Gewinnabgrenzung zwischen Stammhaus und Betriebsstätte bei einem Unternehmensteil steuerlich hinzugerechnet und beim anderen in Abzug gebracht. Hinsichtlich dieser unternehmensinternen Leistungsbeziehungen gleicht das Bild bei der internationalen Gewinnabgrenzung zwischen Stammhaus und Betriebsstätte daher jener zwischen rechtlichen tatsächlich selbstständigen verbundenen Unternehmen (Konzerngesellschaften). Gerade dies ist auch das Ziel des AOA.[3]

Aus der Sicht des OECD-MA ist die vom Programm der Jahrestagung der DStJG mit dem Titel dieses Beitrags gestellte rechtspolitische Frage (*„Sollen Betriebsstätten wie Tochtergesellschaften besteuert werden?"*) für Zwecke der Gewinnabgrenzung somit bereits beantwortet. Freilich wäre es verfrüht, dies als Antwort auf die gestellte Frage – gleichsam nach dem Motto *OECD locuta, causa finita* – ausreichen zu lassen. Denn dies würde die Bedeutung des OECD-MA überspannen: Letztlich liegt die Frage, ob „Betriebsstätten wie Tochtergesellschaften besteuert werden sollen" (d. h. ob für die internationale Gewinnabgrenzung zwischen Stammhaus und Betriebsstätte nach einem DBA dieselben Grundsätze Anwendung finden sollen wie für die Abgrenzung zwischen tatsächlich selbstständigen Konzerngesellschaften) stets in den Händen der Vertragsstaaten, wenn sie ein konkretes bilaterales Doppelbesteuerungsabkommen (DBA) verhandeln. Es steht den Vertragsstaaten frei, ob sie in diesem Punkt dem Vorbild des OECD-MA (nach Verankerung des AOA darin) folgen wollen oder nicht. Dies ist letztlich eine Frage der vom jeweiligen Staat verfolgten Abkommenspolitik.

Vor diesem Hintergrund erscheint es sinnvoll, die im Titel dieses Beitrags gestellte Frage aus der individuellen Perspektive konkreter Staaten zu betrachten. *Manfred Naumann* hat dies im Rahmen dieser Tagung aus der Sicht Deutschlands getan.[4] In der Folge soll nun versucht werden, die abkommenspolitische Position Österreichs zum AOA zu verorten, soweit es um die hier einschlägige Thematik der Selbstständigkeitsfiktion der Betriebsstätte geht. Aus der bisherigen österreichischen Praxis lassen sich dazu einige Eckpunkte ableiten, die in der Folge näher dargestellt werden sollen: Im Einzelnen handelt es sich um die Grundsätze der DBA-Politik Österreichs im Hinblick auf die Übernahme des AOA in das DBA-Netzwerk (Abschnitt II), die Umsetzung im innerstaatlichen Recht (Abschnitt III), der Umgang mit Besteuerungskonflikten gegenüber anderen Staaten (Abschnitt IV) und die Relevanz für die Gewinnabgrenzung bei Personengesellschaften (Abschnitt V).

---

3 Vgl. Z 24 OECD-MK zu Art. 7 Abs. 2 OECD-MA.
4 Dazu *Naumann* in diesem Band, S. 253 ff.

II. Die Abkommenspolitik Österreichs zur Verankerung des Authorized OECD Approach (AOA) in den DBA

1. Kein Vorbehalt zum OECD-MA in Bezug auf den AOA

Zunächst ist davon auszugehen, dass Österreich als OECD-Mitglied die Arbeiten zum AOA, die letztlich zur Revision des Art. 7 OECD-MA geführt haben, mitgetragen hat, dies angesichts bei den Arbeiten des OECD-Steuerausschusses herrschenden Konsensprinzips. Jedenfalls hat Österreich zum neuen Art. 7 OECD-MA keinen Vorbehalt abgegeben und auch keine weiteren Anmerkungen dazu gemacht. Dies deckt sich auch mit der Sicht der österreichischen Finanzverwaltung. Deren Vertreter betonen ausdrücklich, dass Österreich in der Zukunft grundsätzlich bereit sein wird, den AOA in seine DBA zu übernehmen.[5]

2. Übernahme des AOA als Gegenstand der Verhandlungen über neue DBA

Dennoch bleibt abzuwarten, ob die Aufnahme des AOA in die bilateralen Abkommen tatsächlich eine Kernforderung Österreichs an seine DBA-Verhandlungspartner darstellen wird. Das vorrangige Ziel der österreichischen DBA-Politik dürfte nämlich stets in der Erzielung insgesamt tragfähiger DBA-Verhandlungsergebnisse gelegen sein, dies erforderlichenfalls auch unter Inkaufnahme von Abweichungen vom OECD-MA.[6] Eine Analyse der bestehenden österreichischen DBA zeigt, dass solche Abweichungen vom OECD-MA im Abkommensnetzwerk Österreichs in durchaus spürbarer Zahl vorkommen.[7] Es ist daher offenkundig gerade nicht so, dass sich Österreich sklavisch an die Vorgaben des OECD-MA hält. Vielmehr scheint die Zielsetzung zu sein, dass Österreich mit Abweichungen vom OECD-MA ausreichend flexibel ist, um entsprechenden Verhandlungswünschen von DBA-Partnerstaaten nachkommen zu können.

Gerade beim AOA ist nun durchaus denkbar, dass ein Staat nicht gewillt sein wird, diesen AOA seinem Abkommen mit Österreich zugrunde zu legen. Die geteilten Reaktionen auf den von der OECD vorgeschlagenen AOA zeigen dies. So haben beispielsweise die Vereinten Nationen die Übernahme des AOA in das UN-MA abgelehnt.[8] Zukünftige DBA-Verhandlungen Österreichs mit den AOA ablehnenden Staaten werden zeigen, inwieweit Österreich bereit sein wird, durch ein Bestehen auf die Umsetzung des AOA das Zustandekommen eines erfolgreichen DBA-Abschlus-

---

5 *Jirousek*, Die österreichische Position beim Abschluss von DBA, in Lang/Schuch/Staringer (Hrsg.), Die österreichische DBA-Politik, 2013, S. 15 (21).
6 In diese Richtung *Jirousek*, Anmerkungen zur DBA-Politik Österreichs, SWI 2012, 157 (157).
7 Vgl. *Lang*, Überlegungen zur DBA-Politik Österreichs, SWI 2012, 108 (109).
8 Vgl. Z 1 UN-Kommentar 2011 zu Art. 7.

ses zu gefährden. Hier wird wohl die Prognose nicht fehlgehen, dass der AOA zumindest nicht in sämtlichen österreichischen DBA der Zukunft enthalten sein wird. Insoweit erscheint es daher durchaus denkbar, dass sich die Vielfalt des DBA-Netzwerkes Österreichs durch Aufnahme bzw. Nicht-Aufnahme des AOA erhöhen wird.

3. Keine Anwendung des AOA auf alte DBA

Es dürfte klares Meinungsbild sein, dass die mit dem AOA begründete erweiterte Selbstständigkeitsfiktion der Betriebsstätte in von Österreich in der Vergangenheit geschlossenen Alt-Abkommen jedenfalls insoweit nicht enthalten ist, als es um die Berücksichtigung interner Leistungsbeziehungen zwischen Stammhaus und Betriebsstätte geht. Es mag zwar nämlich unterschiedliche Auffassungen geben, inwieweit die mit dem AOA einhergehenden Änderungen des Kommentars des OECD-Steuerausschusses zum OECD-MA oder des OECD-MA selbst auch für solche Alt-Abkommen maßgebend sein können.[9] Eine so gravierende Änderung im OECD-MA, wie sie gerade für die erweiterte Selbstständigkeitsfiktion der Betriebsstätte in der Revision des OECD-MA 2010 in Art. 7 Abs. 2 OECD-MA geschaffen wurde, kann aber nach allgemeiner Auffassung in Österreich für Alt-Abkommen nicht relevant sein.[10] Unter solchen Alt-Abkommen bleiben Leistungsbeziehungen zwischen Stammhaus und Betriebsstätte daher weiterhin steuerlich irrelevant. Sollen solche innerbetrieblichen Leistungsbeziehungen unter diesen Abkommen Relevanz erhalten, ist eine Abkommensrevision erforderlich.

III. Die Umsetzung des in DBA verankerten AOA im innerstaatlichen Recht

1. Das Erfordernis einer innerstaatlichen Korrekturvorschrift für die internationale Gewinnabgrenzung

Ist in einem konkreten DBA auf die geschilderte Weise der AOA in Bezug auf Leistungsbeziehungen zwischen Stammhaus und Betriebsstätte tatsächlich enthalten (sodass insoweit eine uneingeschränkte Selbstständigkeitsfiktion gilt), stellt sich die Folgefrage, ob bzw. wie das österreichische innerstaatliche Recht den Inhalt des AOA in Bezug auf Leistungsbeziehungen zwischen Stammhaus und Betriebsstätte „umsetzt". Denn die bloße Verankerung der Selbstständigkeitsfiktion in einem DBA kann für sich allein noch keine Rechtsgrundlage für eine steuerliche Korrektur solcher Leistungsbeziehungen abgeben. Hierzu wäre es vielmehr erforderlich,

---

9 Vgl. dazu ausführlich z. B. den Überblick bei *Plansky*, Die Gewinnzurechnung zu Betriebsstätten im Recht der Doppelbesteuerungsabkommen, 2010, S. 25 ff.
10 So ausdrücklich z. B. Rz. 8 der Verrechnungspreis-Richtlinien (VPR).

dass auch das innerstaatliche Recht (in diesem Fall Österreichs) eine solche Korrektur ermöglicht. Andernfalls würden durch die uneingeschränkte Selbstständigkeitsfiktion zwischen Betriebsstätten-Staat und Stammhaus-Staat zwar Besteuerungsrechte völkerrechtlich neu verteilt werden, diese Besteuerungsrechte würden vom innerstaatlichen Recht aber schlicht nicht ausgeschöpft werden.

2. Die Korrekturvorschrift des § 6 Z 6 EStG

Eine solche innerstaatliche Rechtsgrundlage für Gewinnabgrenzungs-Korrekturen besteht in Österreich in Gestalt der Vorschrift des § 6 Z 6 EStG seit langer Zeit (in heutiger Form im Wesentlichen seit der Steuerreform 1988). § 6 Z 6 EStG ordnet das Erfordernis einer fremdüblichen internationalen Gewinnabgrenzung an. Diese Anordnung besteht dabei seit jeher sowohl zwischen verbundenen Unternehmen (z. B. zwischen Mutter- und Tochtergesellschaft)[11] wie auch für innerbetriebliche Vorgänge wie etwa die grenzüberschreitenden Leistungsbeziehungen zwischen Stammhaus und Betriebsstätte.[12] Seit dem Abgabenänderungsgesetz 2004 gilt die Gewinnabgrenzungsvorschrift des § 6 Z 6 EStG ausdrücklich auch sinngemäß für sonstige Leistungen (wie z. B. zinslose Darlehen, unentgeltlich erbrachte Tätigkeiten etc.).[13]

Der Hauptanwendungsfall solcher nach § 6 Z 6 EStG korrekturbedürftiger sonstiger Leistungen wird wohl bei Leistungen zwischen verbundenen Unternehmen liegen, weshalb sich das Schrifttum auch vorrangig mit diesem Fall befasst. Dabei wird § 6 Z 6 EStG insoweit als innerstaatliche Umsetzungsregel zu Art. 9 OECD-MA gesehen, die die fremdübliche internationale Gewinnabgrenzung zwischen verbundenen Unternehmen im Konzern sicherstellt.[14] Demgegenüber haben Leistungsbeziehungen zwischen Stammhaus und Betriebsstätte bei der Aufarbeitung des § 6 Z 6 EStG vergleichsweise wenig Beachtung im Schrifttum gefunden.[15] Dies wird seinen Grund darin haben, dass solche Leistungsbeziehungen nach früherem Abkommensrecht (Art. 7 OECD-MA vor der Revision 2010, somit vor dem AOA) gerade nicht abgrenzungsbedürftig waren. Nichtsdestotrotz war in § 6 Z 6 EStG schon bisher (für sonstige Leistungen jedenfalls seit dem Abgabenänderungsgesetz 2004) die Einhaltung des Fremdverhaltungsgrundsatzes gefordert bzw. bei dessen Nichteinhaltung eine Korrek-

---

11 § 6 Z 6 lit. a TS 3 EStG.
12 § 6 Z 6 lit. a TS 1 EStG.
13 § 6 Z 6 lit. a letzter Satz EStG.
14 *Rödler/Kornberger*, Fiktiver Zinsaufwand bei unverzinslicher Darlehensgewährung im Konzern, in Lang/Jirousek (Hrsg.), Praxis des Internationalen Steuerrechts, FS Loukota, 2005, S. 425 (425 ff.).
15 Vgl. aber *Lechner*, Steuerentstrickung nach § 6 Z 6 EStG nach dem AbgÄG 2004, in FS Loukota (Fn. 14), S. 289 (300 ff.).

tur angeordnet. Denn die von § 6 Z 6 EStG vorgesehene „sinngemäße" Anwendung der Gewinnabgrenzungspflicht nimmt sonstige Leistungen zwischen Stammhaus und Betriebstätte nicht aus. Da gleichzeitig aber abkommensrechtlich für das Verhältnis zwischen Stammhaus und Betriebsstätte keine Korrektur gefordert bzw. möglich war, ging diese Anordnung im Verhältnis zu DBA-Staaten im Ergebnis ins Leere. Denn die innerstaatliche Korrekturvorschrift des § 6 Z 6 EStG wurde in solchen Fällen durch die Verteilung der Besteuerungsrechts im DBA (die eben ohne Korrektur erfolgte) überlagert. Mit anderen Worten bestand dann ein innerstaatlicher Besteuerungstatbestand ohne abkommensrechtliches Besteuerungsrecht.

3. Die Bedeutung von § 6 Z 6 EStG unter dem AOA

Durch den AOA mag sich zwar nun die abkommensrechtliche Lage verändert haben (da nun auch nach dem OECD-MA eine Korrekturpflicht für Leistungsbeziehungen zwischen Stammhaus und Betriebsstätte besteht), dennoch ist die Lage je nach anzuwendendem DBA nicht einheitlich: Für jene DBA, die den AOA in Bezug auf die Selbstständigkeitsfiktion der Betriebsstätte nicht umsetzen (insbesondere Alt-DBA), verbleibt die Korrekturvorschrift des § 6 Z 6 EStG in Bezug auf Leistungsbeziehungen zwischen Stammhaus und Betriebsstätte weiterhin in ihrem bisherigen „Dornröschenschlaf". Unter solchen DBA sind Leistungsbeziehungen zwischen Stammhaus und Betriebsstätte daher weiterhin steuerlich irrelevant und nicht korrekturbedürftig. Nur für solche DBA, die den AOA in diesem Zusammenhang übernommen haben (somit insbesondere dem OECD-MA 2010 nachgebildete Neu-Abkommen), kommt ein „Erwachen" der Gewinnabgrenzungsvorschrift des § 6 Z 6 EStG durch die Einführung des AOA grundsätzlich in Betracht.

Für solche DBA „mit AOA" stellt sich allerdings zusätzlich die Frage, ob die veränderte DBA-Lage die Gewinnabgrenzungsvorschrift des § 6 Z 6 EStG nunmehr unmittelbar anwendbar macht oder ob hierfür ein zusätzlicher innerstaatlicher Akt erforderlich ist. *Loukota/Jirousek* haben hierzu schon frühzeitig die Auffassung vertreten, dass für ein solches „Erwachen" des § 6 Z 6 EStG infolge der Geltung des AOA für ein DBA ein weiterer innerstaatlicher Rechtserzeugungsakt notwendig wäre.[16] Als Rechtssatzform für diesen Rechtserzeugungsakt haben *Loukota/Jirousek* die Erlassung einer Rechtsverordnung vorgeschlagen. Eine Verordnung wäre hier deshalb nötig, weil die Anwendung des AOA nicht mehr durch die bisherige Auslegung des § 6 Z 6 EStG gedeckt wäre.[17] Eine solche Verordnung zu § 6 Z 6 EStG ist freilich bislang nicht ergangen (ebenso wenig ist eine Änderung des Gesetzes erfolgt), was im Ergebnis bedeuten würde, dass

---

16 *Loukota/Jirousek*, § 6 Z 6 EStG und der AOA, ÖStZ 2007, 137 (141 f.).
17 *Loukota/Jirousek*, ÖStZ 2007, 142.

auch bei DBA „mit AOA" eine innerstaatliche Umsetzung der uneingeschränkten Selbstständigkeitsfiktion für Leistungsbeziehungen zwischen Stammhaus und Betriebsstätte derzeit nicht möglich wäre.

Im Ergebnis dürfte sich dies auch mit der mittlerweile vom BMF vertretenen Rechtsauffassung decken.[18] Auch das BMF ist skeptisch, ob die im AOA enthaltenen Neuerungen über § 6 Z 6 EStG – in unveränderter Fassung – ohne Weiteres in das innerstaatliche Recht einfließen können. Ausgangspunkt ist hier die in § 6 Z 6 EStG angeordnete Rechtsfolge, die in der Anwendung des Fremdverhaltensgrundsatzes besteht. Dieser innerstaatliche Fremdverhaltensgrundsatz in § 6 Z 6 EStG soll aus Sicht der Finanzverwaltung nun zwar grundsätzlich in der Weise dynamisch zu verstehen sein, dass er mit dem Fremdverhaltensgrundsatz des OECD-MA gleichläuft. Häufig wird dies dadurch zum Ausdruck gebracht, dass § 6 Z 6 EStG „OECD-konform" auszulegen wäre. Sinn dieser dynamischen Sicht ist, dass bei Weiterentwicklungen der Arbeiten der OECD im Bereich der Verrechnungspreise auch der Fremdverhaltensgrundsatz des § 6 Z 6 EStG „mitatmen" soll. Allerdings ist dem eine Grenze zu setzen: Ein solches „Mitatmen" von § 6 Z 6 EStG kann dann nicht mehr unterstellt werden, wenn die Weiterentwicklungen des OECD-MA ein Ausmaß erreichen, bei dem nicht mehr mit Sicherheit von einer bloßen Klarstellung oder Präzisierung des bisherigen OECD-Verständnisses ausgegangen werden kann. Dies ist nach Auffassung des BMF aber gerade bei den Neuerungen des AOA in Bezug auf die Selbstständigkeitsfiktion der Betriebsstätten der Fall, weil diese Aspekte des AOA weder mit dem früheren OECD-MA (vor der Revision 2010) noch mit dem bisherigen OECD-Kommentar in Einklang zu bringen sind.[19] Gegenüber solchen weitergehenden Entwicklungen würde § 6 Z 6 EStG demnach den Fremdverhaltensgrundsatz gewissermaßen einfrieren, sodass auch bei DBA „mit AOA" für die Leistungsbeziehungen zwischen Stammhaus und Betriebsstätte nach wie vor keine innerstaatliche Umsetzungsvorschrift für die Gewinnkorrektur besteht. Dieses Ergebnis mag überraschen, lässt aber sichtbar werden, dass die österreichische Finanzverwaltung zwar im Rahmen der OECD-Arbeiten nicht offen gegen den AOA aufgetreten ist, in der Sache aber von dessen Auswirkungen (jedenfalls für die Leistungsbeziehungen zwischen Stammhaus und Betriebsstätte) offenkundig nicht überzeugt ist. Auch die jüngsten DBA-Verhandlungen scheinen dies zu bestätigen, in denen Österreich die Verankerung des AOA offenbar nicht selbst aktiv anstrebt.[20]

Die Frage ist aber nun, ob diese Sichtweise nun tatsächlich zu einem de facto „Unterlaufen" des AOA auch unter jenen DBA führen kann, die ihn

---

18 VPR Rz. 181 ff.
19 VPR Rz. 181.
20 Vgl. *Schuch/Blum*, Unternehmensgewinne in den österreichischen DBA, in Lang/Schuch/Staringer (Fn. 5), S. 115 (125).

nach dem klaren Willen der Vertragsstaaten in diesem Punkt umgesetzt wissen wollen (etwas weil der ausländische DBA-Partnerstaat in den Verhandlungen darauf bestanden und sich durchgesetzt hat). Es erscheint zweifelhaft, ob die Finanzverwaltung in der Praxis tatsächlich so weit gehen würde. Das Problem ist nur, wie eine je nach konkret anzuwendendem DBA unterschiedliche Korrekturanordnung in die Vorschrift des § 6 Z 6 EStG hineingelesen werden kann. Der Wortlaut der Bestimmung scheint vielmehr für sämtliche DBA-Fälle den gleichen Inhalt vorzusehen. Dies spricht gegen die Vorstellung, je nach Inhalt des jeweils vorliegenden DBA einmal eine Gewinnabgrenzung im innerstaatlichen Recht zuzulassen und ein anderes Mal nicht. Stattdessen bietet sich eine andere Lösung an: Betracht man § 6 Z 6 EStG genau, ist die Anwendung des Fremdverhaltensgrundsatzes die von dieser Vorschrift angeordnete Rechtsfolge, die unternehmensinterne Leistungsbeziehung der Tatbestand. Das „Mitatmen" von § 6 Z 6 EStG mit dem OECD-MA könnte nun auf die Rechtsfolge (den Fremdverhaltensgrundsatz) beschränkt werden, was vorliegend unproblematisch ist, da es dem AOA gar nicht um eine Änderung des Inhalts des Fremdverhaltensgrundsatzes geht, sondern um dessen Anwendungsbereich. Der Tatbestand des § 6 Z 6 EStG hingegen muss (und kann) hingegen gar nicht mit den Entwicklungen im OECD-MA „mitatmen", vielmehr ist er vom innerstaatlichen Recht vorgegeben und umfasst nun eben auch die unternehmensinternen Leistungsbeziehungen. Fällt nun die frühere DBA-Schranke für die Korrektur solcher Beziehungen weg (liegt somit ein DBA „mit AOA") vor, steht § 6 Z 6 EStG der innerstaatlichen Umsetzung der Korrekturpflicht bei solcher Sicht nicht entgegen.

IV. Vermeidung von DBA-Besteuerungskonflikten im Zusammenhang mit dem AOA

1. Grundsätzliches

Der oben dargestellte Ansatz für die Umsetzung der Gewinnabgrenzung für Leistungsbeziehungen zwischen Stammhaus und Betriebsstätte je nachdem, ob das konkrete DBA nun diesen Aspekt des AOA tatsächlich verankert hat oder nicht, hat insbesondere den Vorteil, dass damit DBA-Besteuerungskonflikte mit dem anderen Vertragsstaat im Zusammenhang mit dem AOA hinsichtlich der Selbstständigkeitsfiktion von Betriebsstätten im Ergebnis schon im Ansatz vermieden werden können: DBA ohne Umsetzung des AOA (wie insbesondere die vor dem OECD-MA 2010 abgeschlossenen Alt-Abkommen) gehen der innerstaatlichen Vorschrift des § 6 Z 6 EStG vor, sodass es bei der traditionellen Unselbstständigkeit der Betriebsstätte bleibt. Eine Selbstständigkeitsfiktion der Betriebsstätte wäre allenfalls nur in neuen bzw. revidierten DBA möglich, in denen aber der AOA ohnedies im Einvernehmen mit dem anderen Vertragsstaat zugrunde gelegt wird.

In Österreich wäre daher eine (Gegen-)Ausnahmevorschrift wie in § 1 Abs. 5 Satz 8 des deutschen AStG in der Fassung des Jahressteuergesetzes 2013, die ein „Nachgeben" der Selbstständigkeitsanordnung des AStG bei drohenden DBA-Besteuerungskonflikten vorsieht,[21] somit gar nicht nötig. Der Grund dafür liegt letztlich in der in Österreich herrschenden Sichtweise des Verhältnisses von DBA und innerstaatlichem Recht. Es wird in Österreich zu Recht als ganz selbstverständlich angesehen, dass die von Österreich geschlossenen DBA die innerstaatliche Vorschrift des § 6 Z 6 EStG einschränken, sodass insoweit durch diese Schrankenwirkung ein Vorrang des Abkommensrechts erreicht wird.[22] Diese Auffassung wird insbesondere auch von der Finanzverwaltung geteilt. Ausdrücklich versteht das BMF nämlich die Berücksichtigungspflicht interner Leistungsbeziehungen zwischen Stammhaus und Betriebsstätte unter dem AOA als eine Empfehlung für neues (Abkommens-)Recht, die zu ihrer Maßgeblichkeit erst tatsächlich in neue bzw. revidierte Abkommen aufgenommen werden muss.[23] Solange dies nicht der Fall ist, bleibt es bei der Schrankenwirkung bestehender DBA, die einer Korrektur von Leistungsbeziehungen zwischen Stammhaus und Betriebsstätte entgegensteht.

2. Einzelfall: Finanzierungsbetriebsstätten unter dem DBA Österreich-Schweiz

Diese grundsätzliche Haltung der österreichischen Finanzverwaltung bedeutet freilich nicht, dass im Einzelfall nicht doch Fragen der Anwendung des AOA auf das Verhältnis von Stammhaus und Betriebsstätte unter Alt-Abkommen entstehen können. Dies zeigt anschaulich das folgende Beispiel zur Thematik der Behandlung schweizerischer Finanzierungsbetriebsstätten unter dem DBA Österreich-Schweiz:

Im Herbst 2007 hat es sich das BMF zum Fall der schweizerischen Finanzierungsbetriebsstätte einer österreichischen Gesellschaft geäußert, in dem der Betriebsstätte ein Eigenkapital in Höhe des 100-fachen des Eigenkapitals des Stammhauses zugeordnet worden war.[24] Der Sachverhalt legte nahe, dass diese hohen Betriebsstätten-Eigenmittel zinsbringend veranlagt wurden, wobei die Zinsen als schweizerische Betriebsstätten-Einkünfte nach Art. 7 DBA Österreich-Schweiz in Österreich als ausländische Betriebsstätten-Einkünfte freigestellt wurden. Nach dem vom BMF erhobenen damaligen schweizerischen innerstaatlichen Recht wurde der vereinnahmte Betrag an Zinsen jedoch fiktiv nahezu zur Gänze (im Ausmaß von zehn Elfteln) durch unterstellte (d. h. fiktive) Refinanzierungszinsen der

---

21 Dazu z. B. *Schnitger*, Änderungen des § 1 AStG und Umsetzung des AOA durch das JStG 2013, IStR 2013, 633 (640 ff.).
22 Vgl. z. B. *Lang*, Einführung in das Recht der Doppelbesteuerungsabkommen, S. 31.
23 VPR Rz. 8.
24 BMF v. 17.9.2007, EAS 2891.

Betriebsstätte gekürzt, sodass effektiv nur ein geringer Teil der Zinseinnahmen der Besteuerung unterlag. Das österreichische BMF wendete auf diesen Einzelfall (was auch später in einem Erlass bestätigt wurde)[25] inhaltlich den damals noch in Form des OECD-Betriebsstätten-Reports vorliegenden AOA an, der eine Adaptierung der Kapitalausstattung der Betriebsstätte zuließ (ebenso heute der Kommentar zum OECD-MA und wohl auch das OECD-MA 2010)[26]. Dabei wertete das BMF den in der Schweiz nach dortigem innerstaatlichem Recht abgezogenen (fiktiven) Refinanzierungsaufwand als „wirtschaftlichen Zinsertrag" des österreichischen Stammhauses. In der Sache entspricht diese Vorgangsweise der Annahme einer Leistungsbeziehung zwischen Stammhaus und Betriebsstätte in Form eines unverzinsten fiktiven Darlehens, dessen fiktive Zinsen bei der Betriebsstätte in Abzug zu bringen und beim Stammhaus hinzuzurechnen sind. Ebenso würde auch der nunmehr im OECD-MA verankerte AOA vorgehen. Die Schweiz hat dieses Vorgehen der österreichischen Finanzverwaltung allerdings nicht akzeptiert. In einem daraufhin eingeleiteten Verständigungsverfahren hat sich letztlich die schweizerische Position durchgesetzt, die eine solche Gewinnkorrektur unter Anwendung des AOA auf das DBA Österreich-Schweiz (das insoweit ohne Zweifel ein Alt-Abkommen darstellt) ablehnt.[27] Diese bilaterale Verständigung der Vertragsstaaten deckt sich im Ergebnis mit der hier vertretenen Auffassung zur Unmaßgeblichkeit des AOA für Alt-Abkommen (oben Abschnitt II).

Bemerkenswert ist allerdings, dass das österreichische BMF bei Bekanntgabe der Verständigungsvereinbarung darauf hingewiesen hat, dass der Grund für die Unmaßgeblichkeit des AOA im konkreten Fall darin gelegen hatte, dass der AOA keine geeignete Rechtsgrundlage für eine Änderung der bisherigen Verwaltungspraxis bei der Gewinnabgrenzung zwischen Stammhaus und Betriebsstätte wäre. Dagegen wäre – so das BMF – eine Anwendung des AOA im Wege einer Verordnung des BMF durchaus möglich gewesen.[28] Damit stellt das BMF die Rute ins Fenster, dass auch bei Alt-Abkommen die Grundsätze des AOA jederzeit einseitig von Österreich durch Verordnung des BMF maßgeblich gemacht werden könnten. Diese Auffassung setzt freilich voraus, dass eine solche Verordnung in Art. 7 DBA Österreich-Schweiz (in dessen Umsetzung bzw. Ausführung dieser Verordnung ergehen müsste) inhaltlich Deckung findet. Dies ist jedenfalls dann abzulehnen, wenn man die Hinzurechnung des fiktiven Refinanzierungsaufwandes als „wirtschaftlichen Zinsertrag" beim Stammhaus als Konsequenz der Berücksichtigung einer internen Leistungsbeziehung zwischen Stammhaus und Betriebsstätte versteht. Für die Berücksichtigung eines solchen „Dealings" besteht in Art. 7 DBA Österreich-

---

25 BMF v. 21.12.2007 – GZ-010221/2197-IV/4/2007.
26 Z 44 OECD-MK zu Art. 7 Abs. 2 OECD-MA; dazu *Plansky* (Fn. 9), S. 237 ff.
27 BMF v. 14.5.2008 – GZ-010221/1291-IV/4/2008.
28 Fn. 27.

Schweiz nämlich keine Rechtsgrundlage. Ob es hingegen zulässig ist, die Gewinnzurechnung zum Stammhaus über eine Anpassung der Kapitaldotierung der ausländischen Betriebsstätte zu erreichen (ohne zugleich eine Leistungsbeziehung zwischen Stammhaus und Betriebsstätte zu unterstellen), wird davon abhängen, ob man die Aussagen des AOA zur Kapitaldotierung als bloße Klarstellung der schon früher bestehenden Sicht des Fremdverhaltensgrundsatzes versteht.[29] Dies erscheint schon deshalb zweifelhaft, weil damit die Grenze zum jedenfalls nicht berücksichtigungsfähigen „Dealing" verschwimmt. Richtigerweise wäre daher ein solches Vorgehen der österreichischen Finanzverwaltung vom DBA Österreich-Schweiz nicht gedeckt. Zu Recht hat die Finanzverwaltung daher davon bislang Abstand genommen.

V. Anwendung des AOA auf die Gewinnabgrenzung bei Personengesellschaften bzw. Mitunternehmerschaften?

Auch bei Personengesellschaften sind Themen der Gewinnabgrenzung zwischen Stammhaus und Betriebsstätte relevant, zumal offenkundig ist, dass auch Personengesellschaften neben ihrem Stammhaus eigene Betriebsstätten haben können. Für diese Betriebsstätten von Personengesellschaften gilt die Gewinnabgrenzungsvorschrift des § 6 Z 6 EStG in gleicher Weise wie bei Stammhaus und Betriebsstätte von Unternehmen anderer Rechtsformen. Hier bestehen im Ergebnis bei der internationalen Gewinnabgrenzung keine Unterschiede zwischen den einzelnen Rechtsformen.

Ein spezifisches Thema besteht jedoch bei Personengesellschaften, die steuerlich als Mitunternehmerschaften eingestuft werden, in Bezug auf das Verhältnis zwischen der Mitunternehmerschaft (Personengesellschaft) und den einzelnen Mitunternehmern (Personengesellschaftern). Hier gilt nach nationalem Recht in Österreich (wie in Deutschland) das Mitunternehmer-Konzept, das nach allgemeinem Verständnis abkommensrechtlich dazu führt, dass die von der Personengesellschaft unterhaltenen Betriebsstätten (einschließlich des Stammhauses) zugleich anteilig Betriebsstätten der Personengesellschafter sind.[30] Probleme verursacht hier aber die Behandlung von Leistungsbeziehungen zwischen den Personengesellschaftern und ihrer Personengesellschaft. Die Entgelte aus solchen Leistungsbeziehungen (z.B. die Darlehensgewährung an die Personengesellschaft oder die Erbringung von Geschäftsführungstätigkeiten für die Personengesellschaft) werden üblicherweise als Sondervergütungen bezeichnet. Solche Sondervergütungen stellen nach österreichischem innerstaatlichem Recht (§ 23 Z 2 EStG)

---

29 Vgl. dazu *Plansky* (Fn. 9), S. 239.
30 Zum Thema insgesamt zuletzt *Lang*, Personengesellschaften und Doppelbesteuerungsabkommen, in Bertl u. a. (Hrsg.), Personengesellschaften, 2013, in Druck.

Vorabgewinne aus der Mitunternehmerschaft dar, die somit das steuerliche Schicksal „normaler" Gewinne aus der Mitunternehmerschaft teilen.

Die abkommensrechtliche Behandlung solcher Sondervergütungen ist seit jeher in Diskussion.[31] Konkret steht dabei infrage, ob solche Sondervergütungen – der innerstaatlichen Umqualifizierung des § 23 Z 2 EStG folgend – als Unternehmensgewinne (Art. 7 OECD-MA) anzusehen sind oder ob hier – der zivilrechtlichen Gestaltung der Leistungsbeziehung als Darlehensvertrag etc. folgend – Einkünfte aus Zinsen (Art. 11 OECD-MA), Lizenzgebühren (Art. 12 OECD-MA), Tätigkeitsvergütungen (Art. 15 OECD-MA) etc. vorliegen. Das BMF hat in den Verrechnungspreisrichtlinien 2010 hierzu seine Auffassung festgelegt.[32] Danach sollen Sondervergütungen im Regelfall (sofern die Vergütung nicht für fremdüblich aus dem Betrieb des Mitunternehmers heraus erbrachte Leistungen bezogen wird) Unternehmensgewinne im Sinne von Art. 7 OECD-MA vorliegen, für die dann ein Besteuerungsrecht des Betriebsstätten-Staates (somit regelmäßig des Staates der Mitunternehmerschaft) besteht. Nach dieser Auffassung kann Österreich als Quellenstaat solcher Sondervergütungen diese besteuern, wogegen der ausländische Ansässigkeitsstaat des Personengesellschafters nach einem DBA diese Einkünfte zu entlasten hätte. Umgekehrt gewährt Österreich eine DBA-Entlastung als Ansässigkeitsstaat des Personengesellschafters, wenn Sondervergütungen von einer ausländischen Personengesellschaft (Mitunternehmerschaft) bezahlt und im ausländischen Quellenstaat besteuert werden. Im bilateralen Verhältnis zu Deutschland ist die Anwendung dieser Prinzipien auch soweit unproblematisch, als dort durch eine ausdrückliche Sonderregel im DBA Österreich-Deutschland (Art. 7 Abs. 7) sichergestellt ist, dass dieses in beiden Staaten vorherrschende innerstaatliche Rechtsverständnis auch für abkommensrechtliche Zwecke durchschlägt.

Probleme ergeben sich jedoch häufig dann, wenn der ausländische DBA-Partnerstaat nach seinem innerstaatlichen Recht gerade nicht dem österreichischen Mitunternehmer-Konzept für Sondervergütungen folgt (und das konkrete DBA auch keine explizite Regelung für Sondervergütungen enthält). In diesem Fall drohen entweder Doppelbesteuerungen (wenn Österreich der Quellenstaat ist) oder Doppelnichtbesteuerungen (wenn Österreich der Ansässigkeitsstaat des Mitunternehmers ist). Den Fall der doppelten Nichtbesteuerung will das BMF dadurch in den Griff bekommen, indem es die Freistellung der Sondervergütung als ausländischen Betriebsstättengewinn davon abhängig machen will, dass im ausländischen Staat der Personengesellschaft tatsächlich eine Besteuerung der Sondervergütung erfolgt.[33] Kommt es hingegen auf einer unterschiedlichen innerstaatlichen

---

31 Vgl. *Lang* in Bertl u. a. (Fn. 30).
32 VPR Rz. 294 ff.
33 VPR Rz. 295.

Konzeption der Sondervergütung zur abkommensrechtlichen Behandlung als Zinsen, Lizenzgebühren oder Tätigkeitsvergütungen, will das BMF die Freistellung in Österreich versagen.[34] Die Rechtsgrundlage für diese Sichtweise, die in Art. 7 OECD-MA im Ergebnis eine Subject-to-Tax-Klausel hineinliest, ist unklar. Jedenfalls besteht im österreichischen nationalen Recht keine Vorschrift, die eine solche Subject-to-Tax-Klausel tragen würde. Aus abkommensrechtlicher Sicht handelt es sich hier um einen „normalen" Qualifikationskonflikt, der richtigerweise nicht ohne Weiteres mit einer Versagung der aus österreichischer Sicht an sich gebotenen Freistellung gelöst werden kann.

VI. Schlusswort

Die rechtspolitische Frage, ob Betriebsstätten im Abkommensrecht wie Tochtergesellschaften behandelt werden sollen, ist vom OECD-MA mit der Revision 2010 beantwortet worden. Leistungsbeziehungen zwischen Stammhaus und Betriebsstätte sollen nach Art. 7 Abs. 2 OECD-MA nunmehr in gleicher Weise fremdüblich abgrenzungspflichtig sein wie Leistungsbeziehungen zwischen verbundenen Unternehmen. Die Untersuchung hat am Beispiel Österreichs gezeigt, dass dieser Schritt des OECD-MA nicht ohne Weiteres und jedenfalls nicht sofort in der Praxis der einzelnen Staaten umgesetzt werden wird. Änderungen im OECD-MA und in der tatsächlichen DBA-Praxis sind eben zwei verschiedene Paar Schuhe, vor allem wenn – wie hier – davon auszugehen ist, dass auf der Basis früherer Versionen des OECD-MA geschlossene Alt-Abkommen von der Fortentwicklung des OECD-MA unbeeinflusst bleiben. Die neue Konzeption des AOA wird daher in der Praxis längere Zeit brauchen, um sich in den DBA tatsächlich niederzuschlagen. Insoweit wird sich daher in den nächsten Jahren ein buntes Bild verschiedener Abkommensinhalte zeigen, da nebeneinander DBA mit und ohne AOA bestehen werden. Hinzu kommt, dass auch die Akzeptanz des AOA in der tatsächlichen DBA-Praxis noch abzuwarten bleibt.

---

34 VPR Rz. 295 letzter Satz.

Diskussion

zu den Referaten von Dr. *Jens Schönfeld*, *Manfred Naumann*
und Prof. Dr. *Claus Staringer*

Leitung:
Prof. Dr. *Michael Tumpel*

Prof. Dr. *Moris Lehner*

Herr *Schönfeld* hat gesagt, dass es keinen Rechtssatz gibt, der die Doppelbesteuerung verbietet. In dieser strikt rechtssatzbezogenen Aussage ist dies sicherlich richtig. Doppelbesteuerung verstößt jedoch gegen den Grundsatz der Besteuerung nach der wirtschaftlichen Leistungsfähigkeit, weil allein die Erzielung von Einkünften aus dem Ausland nicht zu einer Verdoppelung der Leistungsfähigkeit führt.

Dr. *Jens Schönfeld*

Also ich habe große Sympathien, für Ihre Argumentation, Herr Prof. *Lehner*, das Verbot der Doppelbesteuerung aus dem Leistungsfähigkeitsprinzip herzuleiten. Ich habe nur einen gewissen Pessimismus, der daraus resultiert, dass ich selbst dafür eingetreten bin, das Verbot der Doppelbesteuerung aus dem EU-Recht herzuleiten. Aus meiner Sicht ist das noch viel naheliegender, weil eine Doppelbesteuerung natürlich die grenzüberschreitende Wertschöpfung in einem Maß behindert, wie man sich es kaum vorstellen kann. Und der EuGH hat das mit nur wenig überzeugenden Argumenten einfach weggewischt, sodass ich die Sorge habe, dass ihr Argument auch vor dem Bundesverfassungsgericht nicht das richtige Gehör findet. Zudem hat man den Eindruck, dass das Bundesverfassungsgericht im Unternehmenssteuerrecht andere Maßstäbe anlegt und eher zurückhaltend ist. Und man muss auch sehen, dass dann, wenn der Gesetzgeber ein Verbot der Doppelbesteuerung wollte, er dies ohne große Mühe regeln könnte. Er hat es aber bislang nicht getan. Aber wie gesagt, ich habe große Sympathie für ihre Auffassung.

Manfred Naumann

Ich denke, dass Doppelbesteuerung wirklich dringend vermieden werden soll. Alle Staaten sind schon allein deswegen daran interessiert, sie zu vermeiden – sie sollten zumindest daran interessiert sein –, denn ansonsten wird die wirtschaftliche Entwicklung auf dem jeweiligen Staatsgebiet nicht unbedingt gefördert. Auf der anderen Seite, es gibt keinen – sagen wir mal – völkerrechtlichen Zwang dazu. Auch das Leistungsfähigkeitsgebot beinhaltet jedenfalls nach meiner Auffassungen nicht, dass die Bundesrepublik eine übersteigernde Besteuerung, die ein anderer Staat durchführt, durch Gegenmaßnahmen sozusagen neutralisieren muss. Ich würde trotzdem in Ihrem Sinne sagen, dass es aus Gründen des Wirtschaftsstandorts Deutschland immer sehr zu empfehlen ist, dass gerade im Verständigungsverfahren über Verrechnungspreise – dafür bin ich zuständig – alles unternommen wird, um eine effektive Doppelbesteuerung zu vermeiden, und am Ende auch Billigkeitsmaßnahmen in Betracht gezogen werden müssen. Ich weiß, dass ich mir in der Finanzverwaltung nicht unbedingt immer Freunde mit dieser Position mache, weil viele von meinen Kollegen sagen, ok, dann tritt halt Doppelbesteuerung ein – und machen die Bücher zu. Ich denke persönlich, dass das für einen Wirtschaftsstandort ein ausgesprochen schlechtes Signal ist. Ich sehe aber keinen rechtlichen Zwang dazu, dass man im Rahmen der Souveränitätsrechte eines einzelnen Staates überschießende Maßnahmen anderer Staaten durch nationale Ermäßigungsmaßnahmen korrigieren muss. Ich weiß nicht genau, was das Bundesverfassungsgericht dazu meinen wird.

Zum transfer pricing report noch ein Wort: Ich habe nur berichtet, wie sich die Regierungen bei der OECD dazu verhalten haben. Es ist die Auffassung der Delegierten der jeweiligen Staaten, dass der transfer pricing report in weiten Teilen den Fremdvergleich deutlicher repräsentiert als das, was bislang im alten Kommentar dazu stand. Im alten Kommentar stand zu vielen Sachen überhaupt nichts. Also von daher handelt es aus Sicht der OECD um eine Weiterentwicklung, aber um keinen Widerspruch zu dem, was im Abkommenstext steht. Wie das letztlich in den jeweiligen Staaten, wenn es den streitig wird, von den dort liegenden Gerichten gesehen wird, kann ich nicht sagen, das kann ich nicht abschließend beurteilen. Ich weiß auch, dass es Staaten gibt, die sehr wohl die dynamische Auslegung befürworten, die die OECD an dieser Stelle zumindest vertritt. Ich weiß von einem Urteil des Spanischen Gerichtshofs, und man kann nicht sagen, Spanien sei kein Rechtsstaat. Von daher gibt es viele verschiedene Facetten, wie man hier argumentieren kann, und dogmatisch das einzige richtige Ergebnis gibt es vermutlich genauso wenig wie bei Verrechnungspreisen allgemein.

Prof. *Hugh J. Ault*

Ich will nicht alle Beispiele von Herrn *Schönfeld* analysieren. Aber, wie Sie sich wohl denken können, habe ich zu einigen seiner Ergebnisse eine andere Meinung. Was ich erwähnen wollte, ist: Letzte Woche Donnerstag hatten wir zwei Tage public discussion über das neue Discussion Draft über Permanent Establishments. Anwesend waren Vertreter vom Privatsektor, Vertreter der Nichtmitgliedstaaten der OECD und Vertreter der OECD. Wir haben an zwei Tagen von 8.00 Uhr morgens bis 18.00 Uhr abends ausführlich diskutiert. Alle die Fragen über home office, private equity, management, dependent agents wurden diskustiert, und das waren sehr ergiebige Diskussionen und viele Meinungsaustausche. Auf Grundlage dieser Diskussionen wird in den nächsten Monaten ein neuer Diskussionsentwurf veröffentlicht, und sicher werden Sie ihre Meinungen dazu äußern können, bevor eine endgültige Entscheidung getroffen wird. Ich sehe das wirklich als eine Form der Vorgehensweise, wie sie sein soll. Noch ein Wort zu meinen Bemerkungen von gestern: Meine These war, internationale Akteure spielen eine Rolle in der Formulierung von Internationalem Steuerrecht. Gestern Nachmittag haben wir fast den ganzen Nachmittag über die Änderungen des Art. 24 und ihre Bedeutung gesprochen. Heute Morgen haben wir ungefähr zwei Stunden über die OECD-Begriffe AOA und Betriebsstätte diskutiert. Ich glaube, ich kann jetzt behaupten, dass ich meine These durchgesetzt habe.

Prof. Dr. *Heribert M. Anzinger*

In den drei Vorträgen kamen deutlich die sich überschneidenden Funktionen des Betriebsstättenbegriffs zum Ausdruck. Auf der einen Seite definieren wir mit ihm die Schwelle der territorialen Verbindung, ab der der Ansässigkeitsstaat auf sein Besteuerungsrecht für wirtschaftliche Aktivitäten im Quellenstaat verzichtet und dem Quellenstaat ein korrespondierendes Besteuerungsrecht verbleibt. Auf der anderen Seite dient er uns als Maßstab für die Aufteilung der Gewinne und Verluste zwischen Stammhaus und Betriebsstätte. Mit dem Authorized OECD Approach – AOA ist diese zweite Funktion nochmals aufgewertet worden. Vor diesem Hintergrund möchte ich die bereits von Herrn *Schön* aufgeworfene Frage nochmals in die Diskussion tragen, ob wir diese beiden Funktionen nicht stärker trennen müssen. Zur Funktion des Betriebsstättenbegriffs als Schwellenwert frage ich Herrn *Schönfeld*, ob die feste Geschäftseinrichtung in einer globalen Informationsgesellschaft multinationaler Unternehmen noch das richtige Abgrenzungskriterium darstellt oder wir uns von diesem Merkmal vielleicht ganz trennen sollten. Eine Frage zur Funktion des Betriebsstättenbegriffs als Maßstab der Gewinnabgrenzung darf ich an Herrn *Naumann* richten. Lässt sich der AOA in das System des deutschen Einkommensteuerrechts tatsächlich ohne Brüche einfügen? Mit der Anerkennung von Dealings wird doch das Realisationsprinzip durchbrochen. Wie lässt sich das rechtfertigen? Und mit einer letzten Frage darf ich das Anstreicher-Beispiel von Herrn *Schönfeld* aufgreifen. Wie wäre der Gewinn zwischen Mutter und Tochtergesellschaft aufzuteilen, wenn der von ihm beschriebene Maler eine GmbH gegründet hätte und die Malerarbeiten durch die GmbH erbracht worden wären?

Dr. *Jens Schönfeld*

Ich gebe Ihnen Recht, die feste Geschäftseinrichtung stammt sicherlich aus einer Zeit, in der wir eine andere Vorstellung von unserer Ökonomie hatten. Ich kann es aber nicht ändern, in Art. 5 steht nun einmal unverändert „feste Geschäftseinrichtung". Man mag das ändern, das kann der Gesetzgeber gern tun, wenn er es nicht tut, steht es drin, und dann finde ich es unter rechtsstaatlichen Gesichtspunkten sehr bedenklich, einen feststehenden Begriff durch eine sich davon weit entfernende Auslegung auszuhöhlen.

Die zweite Frage war das Painter-Example. Ehrlich gesagt glaube ich, dass sich auch mit einer GmbH nichts ändert. Der Konflikt wird sogar noch deutlicher, weil wir das Verhältnis des Painters als Gesellschafter der GmbH zusätzlich im Blick haben müssen. Herr *Naumann* hat gesagt, der AOA findet auf das Painter-Example überhaupt keine Anwendung. Das sehe ich ehrlich gesagt nicht so. Wenn ich den Entwurf zur Umsetzung des AOA richtig lese, dann steht dort: Um die Betriebsstätte wie ein eigenständiges und unabhängiges Unternehmen zu behandeln, haben sie in einem ersten Schritt eine Zuordnung vorzunehmen. Sie ordnen also etwas zu. Die Funktionen des Unternehmens, die durch das Personal ausgeübt werden, die Vermögenswerte des Unternehmens, die sie zur Ausübung der ihr zugeordneten Funktion benötigt, die Chancen und Risiken ordnen sie zu, wo ich mich frage: „Wie will ich Chancen und Risiken zuordnen?". Jedenfalls kann auch der Painter diese Zuordnung vornehmen, oder? Und ehrlich gesagt, was mich an dem AOA besonders stört, ist, dass wir diesen ganzen Wahnsinn um die Anwendung des Fremdvergleichsgrundsatzes in die Betriebsstätte transportieren. Und daher werden sie vermutlich Recht haben, dass es die Probleme mit dem AOA in der Praxis nicht geben wird. Das liegt aber nicht daran, dass das Konzept des AOA so überzeugend ist, sondern weil es keine Betriebsstätten mehr geben wird. Die Unternehmen werden einfach in die Kapitalgesellschaft gehen.

Manfred Naumann

Ich bin ein bisschen irritiert, dass sie vom dem Chaos, das bei den selbstständigen Kapitalgesellschaften besteht, begeistert sind, während sie dasselbe Chaos bei Betriebsstätten unmöglich finden. Also ich meine, es ist immerhin dasselbe Chaos. Und was wir bislang bei Betriebsstätten hatten, das war das absolute Chaos, das hatte mit dem Fremdvergleichsgrundsatz überhaupt nichts zu tun. Man konnte sich immer fragen: „Würden fremde Dritte so etwas machen?", und dann konnte man eigentlich regelmäßig sicher sein: nein, würden sie nicht machen, wenn es fremde Dritte wären. Somit konnten Sie keinen Fremdvergleich oder irgendetwas Ähnliches heranziehen. Wir haben vielleicht einen Schritt vorwärts gemacht, indem wir ein mehrfaches Chaos beseitigt haben – meiner Meinung ein vielfaches Chaos, weil nämlich die einzelnen Staaten DBAs überhaupt nicht nach dem Wortlaut ausgelegt haben, sondern nach dem was sie gerade in ihrem nationalen Recht geregelt hatten. Jetzt gehen wir in Richtung, dass wir ein einheitliches Chaos haben, und das einheitliche Chaos ist das Chaos der Verrechnungspreise und daran sind wir immerhin gewöhnt. Es hat mich sehr beruhigt, dass sie gesagt haben, dann gehen wir aus der Betriebsstätte und machen eine Kapitalgesellschaft. Dort kann das Chaos jedenfalls ja nicht so schlimm sein. Wenn man dasselbe bei den Betriebsstätten macht, ist es einheitlich und stört mich nicht.

Dr. *Jens Schönfeld*

Ich glaube, bei der Kapitalgesellschaft ist es einfach einfacher, Herr *Naumann*, weil – ich überspitze – sie durch bloßes Papierbeschreiben entsprechendes Steuersubstrat transportieren können. Als Betriebsstätte machen sie es mir in diesem Punkt deutlich schwerer, weil es nun einmal keine vertraglichen Beziehungen zwischen Stammhaus und Betriebsstätte gibt und ich damit kein Papier beschreiben kann.

Prof. Dr. *Gerd Willi Rothmann*

Zu dieser letzten Bemerkung, dass man ausweicht auf eine Tochtergesellschaft, möchte ich aus meiner Praxis im Quellenstaat Brasilien ein Beispiel geben. Eine deutsche Dienstleistungsgesellschaft beabsichtigte, auf einem amerikanischen Schiff in der Bucht von Rio de Janeiro für die halbstaatliche Erdölgesellschaft Petrobras eine Anlage zu betreiben, die Flüssiggas wieder in die Gasform bringt. Frage: Ist dieses Schiff eine Betriebsstätte? Das Problem hat sich dadurch von selbst gelöst, dass die Erdölgesellschaft Petrobras sich überhaupt nicht auf die Betriebsstättendiskussion einlässt, sondern in ihren Verträgen verlangt, dass die ausländische Gesellschaft eine Tochtergesellschaft in Brasilien errichtet.

Jetzt noch generell zu Ihrem Beitrag, auch wieder aus der Sicht des Quellenstaats. Bei allen Überlegungen muss man natürlich immer berücksichtigen, warum letztenendes im Zusammenhang mit Art. 7 so viel über die Betriebsstätte geredet wird und gar nicht über die allgemeine Regel des Wohnsitzstaatsprinzips. Ganz einfach, weil daran natürlich die Quellenländer – als Kapitalimportländer – ein besonderes Interesse haben, um ihre Steuerkompetenz zu erweitern. Das UNO-Musterabkommen hat in diesem Sinne schon eine Verbesserung geschaffen, z.B. mit der zeitlichen Grenze, die herabgesetzt wurde. Für mich ist dieser Entwurf eine weitere Erleichterung, eine Aufweichung, die natürlich für die Quellenstaaten, für die Kapitalimportländer von hohem Interesse ist. Das Finanzministerium wird sich da wohl weniger freuen.

Analog zur Erweiterung des Betriebsstättenbegriffs könnte man die Aufweichung der Wohnsitzdefinition nach dem sog. Pantoffelprinzip anführen. Wir haben durch den Wegfall des Doppelbesteuerungsabkommens Deutschland-Brasilien ein großes Problem mit den so genannten expatriates. Nachdem die Wohnsitzdefinition und die Tie-breaker-Regel weggefallen sind, kommt das Pantoffelprinzip zur Anwendung, das ich bei Prof. *Lehner* gelernt habe. Der deutsche Fiskus geht praktisch davon aus, dass diese expatriates irgendwo in Deutschland noch ein paar Pantoffeln stehen haben. Folglich werden Doppelwohnsitze angenommen, was natürlich nicht nur für die natürliche Person der expatriates, sondern indirekt auch für den Arbeitgeber eine beachtlich höhere Steuerbelastung zur Folge hat.

Prof. Dr. *Roman Seer*

Ich möchte nur auf zwei Dinge hinweisen. Einmal es geht hier um eine faire Aufteilung der direkten Steuern zwischen den Staaten. Da sehe ich mittlerweile die Betriebsstätte als nicht mehr taugliches Merkmal. Man hat allerdings kein Ersatzmerkmal gefunden auf der OECD-Ebene. Man pflegt eine gewisse Rechtskontinuität, da die Betriebsstätte in den DBAs nun mal verankert ist, und dann höhlt man dieses Merkmal eben über den Kommentar seicht aus. Und so kann man das glaube ich formulieren. Ich empfinde es nur insoweit als eine Unwucht, als bei dieser Aufteilung des Steuerkuchens die indirekten Steuern nicht mitberücksichtigt werden. Wenn ich auf der einen Seite sage, es ist jetzt entscheidend der Tätigkeitsort, dann muss man doch auf der anderen Seite auch fragen, wird jetzt nicht zu viel wiederum in das Bestimmungsland verlagert? Wenn in der Umsatzsteuer in Europa das Bestimmungslandprinzip als das entscheidende Ortsprinzip für die Umsatzsteuer sein soll, sodass die Umsatzsteuer dann praktisch letztlich im Bestimmungsland anfällt, ist da nicht eine engere Fassung der Betriebsstätte ein Regulativ, um bei den direkten Steuern etwas gegenzusteuern? Also mir gefällt bei dieser Überlegung nicht so ganz diese rein partielle Berücksichtigung nur der direkten Steuern und dann dieses Kauen an der Betriebsstätten-Begrifflichkeit, ohne den Sinn und Zweck dahinter noch richtig im Auge zu haben. Und schließlich haben wir auf der anderen Seite – darauf hat Herr *Schönfeld* hier zweimal sehr einprägsam hingewiesen – natürlich auch das Problem der Praktikabilität aus Sicht von Unternehmen, die mit diesen Merkmalen arbeiten müssen. Das betrifft einmal, worüber wir heute Nachmittag noch einmal sprechen werden, die Dokumentationspflichten, die über den AOA weiter verstärkt werden auch in Bereichen, wo ich normalerweise gar keine Fremdvergleichsleistung finde. Und dann aber zum anderen auch, wenn ich an die Lohnsteuer denke, bei der Frage der Betriebsstätte in den Entsendungsfällen und ähnlichen Situationen. Wie soll das eine Steuerabteilung noch managen? Also das sind alles Fragen, die meines Erachtens noch ein bisschen zu kurz kommen und vielleicht bedacht werden müssen.

Prof. Dr. *Rainer Hüttemann*

Als zivilrechtlich geprägter Steuerrechtler möchte ich mich gerne der Skepsis von Herrn *Schönfeld* gegenüber der steuerlichen Behandlung rechtlich unselbständiger Betriebsstätten als Kapitalgesellschaften anschließen. Herr *Naumann*, wenn sie das Chaos, das sie beseitigen wollen, noch woanders finden wollen, dann sprechen Sie doch einmal mit Ihren Kollegen aus dem Körperschaftsteuerreferat. Seit den 20er Jahren des letzten Jahrhunderts werden in Deutschland rechtlich unselbständige kommunale Unternehmen

– so genannte Betriebe gewerblicher Art – der Körperschaftsteuer unterworfen und im Rahmen der Gewinnermittlung weitgehend wie selbstständige Kapitalgesellschaften behandelt. Da kann dann eine Kommune mit Ihrem eigenen Regiebetrieb „Bäder" z. B. schriftliche Vereinbarungen über die Höhe von Mietentgelten schließen, also „Mietverträge", die es zivilrechtlich mangels zweier Vertragsparteien gar nicht gibt. Wird aber kein solcher „Vertrag" geschlossen, kann der Betrieb gewerblicher Art – und hier zeigt sich die mangelnde Praktikabilität der Verselbständigungsthese – trotzdem immer noch die anteiligen tatsächlichen Aufwendungen der Kommune bei der Gewinnermittlung abziehen, ohne dass ein Fremdvergleich stattfindet. Diese und weitere Besonderheiten der Besteuerung von Regie- und Eigenbetrieben haben Rechtsprechung und Finanzverwaltung in vielen Jahrzehnten einfach so unter Hinweis auf den Sinn und Zweck der Besteuerung entwickelt, ohne sich mit der Frage nach einer Rechtsgrundlage aufzuhalten, obwohl es immerhin um viele hundert Millionen Euro Steueraufkommen gehen dürfte. Wahrscheinlich hat sich dieser Rechtszustand nur deshalb so lange halten können, weil beide Besteuerungsregime letztlich parallel gelten: Wenn es sich für die Kommune rechnet, schließt sie Verträge mit ihren Betrieben und vereinbart z.B. Entgelte für die Nutzung von Wirtschaftsgütern. Wo sich das nicht lohnt oder wegen der Vielzahl „kleiner" Betriebe nicht funktioniert, können immer noch die dem Betrieb gewerblicher Art anteilig zurechenbaren Aufwendungen geltend gemacht werden. Meines Erachtens zeigt das Beispiel eines: Wo es an der zivilrechtlichen Trennung fehlt, fällt auch die steuerliche Simulation rechtlich selbständiger Einheiten schwer.

Axel Neumann, LL.B.

Aus Unternehmenssicht ist ein getrennter Betriebsstättenbegriff, wie von *Schön* vorgeschlagen, abzulehnen. Eine Betriebsstätte ist eine Fiktion zur steuerlichen Erfassung gewerblicher Tätigkeiten eines ausländischen Unternehmens, wie sich aus Art. 7 OECD-Musterabkommen ergibt. Folglich bedarf es einer Betriebsstätte im Sinne des Art. 5 OECD-Musterabkommen nur, wenn an sie tatsächlich Besteuerungsfolgen geknüpft werden. Sofern der Gewinn aus einer grenzüberschreitenden Aktivität im Quellenstaat nicht besteuert wird, sollte diese Aktivität keine Betriebsstätte begründen.

Als Gewinnabgrenzungsmethode ist der AOA wahrscheinlich nicht mehr zu vermeiden, nachdem sich die OECD auf ihn als einzig zulässige Methode festgelegt hat. Diesem Ansatz werden sich wohl die meisten Länder anschließen, auch wenn dies für einige Branchen nicht die geeignete Gewinnabgrenzungsmethode ist.

Freudig nehme ich Herrn *Naumanns* Ausführungen zur Kenntnis, dass die bestehenden DBA weitergelten und nicht von § 1 Abs. 5 AStG i. d. F. des Entwurfs zum Jahressteuergesetz 2013 verdrängt werden. Nichtsdestotrotz frage ich mich immer noch, inwiefern wir überhaupt diese gesetzliche Regelung für DBA-Länder brauchen, weil sich aus meiner Sicht in den DBA bereits entsprechende Regelungen finden und diese den nationalen Gewinnermittlungsvorschriften vorgehen.

Zu dem Entwurf des § 1 Abs. 5 AStG i.d.F. der Drucksache BT 17/10000 (Seite 19) erlaube ich mir anzumerken, dass diese Zielsetzung in Satz 8 nicht deutlich wird. Oder anders: Ich habe ein bisschen meine Zweifel, ob wirklich alle Finanzbeamten dieser Republik das auch so lesen. Darin heißt es sinngemäß: Wenn der Berichtigungsbedarf nach den Sätzen 1 bis 7 ein höherer ist als nach dem DBA und der Steuerpflichtige es nachweist, kommt das DBA zur Anwendung. Das finde ich ein bisschen schwierig. Da sollte man meines Erachtens noch einmal über eine einfachere Formulierung nachdenken.

Prof. Dr. Dr. h.c. *Michael Lang*

Hugh Ault hat noch einmal auf die Bedeutung der OECD in dem Bereich hingewiesen. Dies ist dem Grunde nach auch völlig unbestritten. Viel unklarer ist, wie die von der OECD vorgelegten Enuntiationen im nationalen Recht einzuordnen sind. Der Umstand, dass auf Ebene der OECD ausschließlich Vertreter von Verwaltungsbehörden tätig sind, setzt einer Übernahme von OECD-Grundsätzen jedenfalls Grenzen. Der Grundsatz der Gewaltentrennung verbietet, OECD-Auffassungen ohne Weiteres im innerstaatlichen Bereich „anzuwenden". OECD-Enuntiationen sind nun einmal keine von der Verfassungsrechtsordnung akzeptierte Rechtsquelle. Der Umstand, dass die OECD selbst die Bedeutung der OECD-Kommentare betont, ändert nichts. *Maarten Ellis* hat treffend den Anspruch der OECD, dass ihr eigener Kommentar zu beachten wäre, mit den Bemühungen Baron Münchhausens verglichen, sich selbst am eigenen Schopf aus dem Sumpf zu ziehen. Die Angehörigen der OECD-Gremien sind zweifelsohne Experten, die Beschlüsse dieser Gremien haben aber auch bloß Expertenstatus. Wenn die von der OECD vorgetragenen Argumente überzeugend sind, wird ihnen die Rechtsprechung folgen. Wenn andere Expertenauffassungen noch überzeugender sind, werden sich diese durchsetzen.

Hier ist Konsequenz gefordert: Daher ist die OECD-Auffassung auch dann nicht maßgebend, wenn sie bloß „klarstellend" ist. Um nämlich herauszufinden, ob eine nunmehr im Kommentar vertretene Auffassung bloß „klarstellend" ist oder eine Änderung bewirkt hat, muss man zunächst ohnehin den Inhalt der Abkommensvorschrift ermitteln. Ist das aber erfolgt, kann der OECD-Kommentar auch keine zusätzliche Hilfe mehr leisten.

Prof. Dr. *Claus Staringer*

Ich hatte mir zwei Punkte notiert, die in einigen Wortmeldungen ohnedies schon angeklungen sind, aber ich glaube, es sind wichtige Punkte. Erstens zum AOA. Ich habe begonnen mit der These, dass der Zug jedenfalls aus Sicht der OECD abgefahren wäre. Ich glaube, das stimmt auch. Aber trotzdem sollte man sich nochmals vergegenwärtigen, was denn das eigentlich bedeutet. Vielleicht auch als Anregung für Abkommensverhandler der Zukunft. Intellektuell ist die Selbstständigkeitsfiktion, die der AOA für die Betriebsstätte vorsieht – ich muss es ehrlich zugeben – bestechend. Wir sprechen an allen Orten von Gleichbehandlung, Diskriminierungsfreiheit, Wettbewerbsgleichheit und ähnlichen Gedanken. Vor diesem Hintergrund bedürfen Ungleichbehandlungen zumindest einer Rechtfertigung. Eine solche Rechtfertigung mag im Fall der Behandlung von Tochtergesellschaften und Betriebsstätten zwar in vielen Punkten denkbar sein, ein Selbstläufer ist das aber nicht. Im Gegenteil wird aus Wettbewerbssicht sehr häufig eher die Gleichstellung gefordert. Dies spricht für Gleichbehandlung bei der Gewinnabgrenzung. Das Problem ist nur – und deshalb bin ich persönlich am Ende von der Selbstständigkeitsfiktion des AOA nicht überzeugt – die praktische Umsetzung. Wenn man sich die Entstehungsgeschichte des AOA anschaut, so ist dieser gemacht worden für Banken und Versicherungen. Man muss sich nur die Berichte der OECD anschauen, der Großteil der Arbeiten beschäftigt sich mit dem Finanzsektor. Dort mag das einen guten Sinn haben, ein hochkomplexes System der Gewinnabgrenzung zu schaffen. Denn im Vergleich zum früheren Recht des Art. 7, das in allererster Linie von Vereinfachungsgedanken geprägt gewesen ist, ist der AOA am Ende sehr komplex. Dagegen würde ich in allen Beispielen, die Herr *Schönfeld* gebracht hat, die nicht aus diesem komplexen Umfeld stammen, sondern in Wahrheit Betriebsstätten des Alltages sind, erwarten, dass die Anwendung des AOA zu sehr schwierigen Fragestellungen führt: Was kommt bei der Gewinnabgrenzung nach AOA eigentlich heraus, was ist denn genau die Funktionsaufteilung zwischen Stammhaus und Betriebsstätte, was sind die Risiken, die den einzelnen Unternehmensteilen zugeordnet sind? Ich glaube, der AOA bringt hier Komplexität in viele Fälle des Alltages hinein, auf die man bisher – so meine ich – befriedigend auch ohne diese Komplexität lösen konnte. Das ist das eine Thema.

Das zweite Thema hat *Michael Lang* angesprochen, ich möchte es in einen größeren Zusammenhang stellen. Es ist, und deshalb habe ich auch den Vortrag von Herrn *Schönfeld* so instruktiv gefunden, ein einheitliches Vorgehen, das wir jetzt auf verschiedenen Schauplätzen sehen. Wir arbeiten im Abkommensrecht mit unbestimmten Begriffen, im Vergleich zum nationalen Recht sind die Bestimmungen häufig sehr unbestimmt und daher in hohem Maße auslegungsbedürftig. Art. 9 OECD-MA ist das Urbeispiel für solche Unbestimmtheiten, wo die OECD über viele Jahre mit ihren Verrechnungspreisarbeiten versucht hat, den unbestimmten Begriff des Dealing at arm's length zu klären. Die Vorstellung war dort immer, dass der Inhalt von Art. 9 OECD-MA sozusagen mitatmet mit diesen weiteren Entwicklungen, die alle als Klarstellungen verstanden worden sind. Das gleiche

Denkmuster wird durch den AOA jetzt auch bei Art. 7 OECD-MA angewendet, wenn ich ihn als bloß klarstellend verstehe, und die nächste Vorschrift, die so behandelt wird, ist Art. 5 OECD-MA beim Betriebsstättenbegriff. Ich möchte mich jetzt einreihen in die Reihe derer, die vor dieser Entwicklung warnen. Ich habe große Bedenken, ob ein solches Mitatmen grenzenlos stattfinden kann. Ich habe so wie *Michael Lang* Bedenken bei der Vorstellung, dass all die Ergebnisse der Arbeiten der OECD in Wirklichkeit schon immer im OECD-MA enthalten waren, wir hätten sie in der Vergangenheit nur nicht gesehen. Sie waren aber immer da (d. h. im OECD-MA enthalten) und jetzt es fällt es uns plötzlich wie Schuppen von den Augen. Ich glaube, das ist einfach nicht so. Und die große Schwierigkeit, die uns bevorsteht, ist hier die Trennlinie zwischen Auslegung des bestehenden OECD-MA und seiner rechtspolitischen Fortentwicklung zu ziehen: Was ist eben schon immer vorhanden gewesen und was ist jetzt wirklich neu?

Manfred Naumann

Das erste, der Authorized OECD Approach (AOA) dürfte eher zu einer Vereinfachung als zu einer Komplizierung führen. Weil der AOA, wenn ich an die Bau- und Montage-Betriebsstätten denke, im Regelfall relativ eindeutig zu einem Costplus-System führt. Das ist nach allem, was man so weiß, relativ einfach. Während die bisherige Vorgehensweise, z.B. mit der Zuordnung von Gemeinkosten, zu einer Art modifiziertem profit-split mit ganz anderen Fragestellungen und Problemen führt. Ich persönlich bin der Meinung, dass der AOA im Großteil der Fälle, 90 %, zu einer relativ einfachen Anwendung der Kostenaufschlagsmethode führt. Man wird sehen, wie es sich entwickelt, aber die beklagte Komplizierung sehe ich nicht.

Zu den Betrieben gewerblicher Art wollte ich noch etwas sagen. Dort ist die Situation völlig anders. Im Inland kann man mit den Betrieben gewerblicher Art „machen was man will". Sie können als Gesetzgeber alles Mögliche machen. Was dauernd vergessen wird: Das Hauptinteresse einer international funktionierten Wirtschaft ist es, international Besteuerungskonflikte zu vermeiden. Das gilt sowohl sowohl für weiße Einkünfte, denn diese führen häufig zu Fehlallokationen von Investitionen. Das hatte Herr Prof. *Spengel* hier ja auch ausgeführt. Und natürlich sind auch Doppelbesteuerungen extrem schädlich. Bei der Frage der Betriebsstätten im internationalen Bereich ist ein internationaler Grundkonsens das absolut Entscheidende. Und damit komme ich auch gleich zu den Unternehmensvertretern, die hier relativ wenig Verständnis für den AOA zeigen. BIAC, das ist die Vertretung der Unternehmen bei der OECD, hat diesen Authorized OECD Approach begrüßt, und zwar einfach deswegen, weil eine Vielzahl von Unternehmen ihre Betriebsstätten bereits so abrechnen, als wären sie selbstständige Unternehmen. Gerade die Banken und Versicherungen machen das regelmäßig so. Sie können es überhaupt nicht anders machen und sie hatten bislang keinerlei Rechtsgrundlage dafür, das so zu machen. Es führt letztlich nur dazu, dass hier etwas zugrunde gelegt wird für etwas, was schon gemacht wird. Mit BIAC bestand im Grundsatz völlige Einigkeit, dass der AOA kommen muss, denn was wäre bei den Komplexitäten der Finanzinstitute denn die Alternative? Ein völlig zersplittertes Steuerrecht, einerseits Betriebsstätten mit der irgendwie beliebigen Zuordnung von Erträgen und Aufwendungen und andererseits Tochtergesellschaften. Außerdem würde ein echter Unterschied für unterschiedliche Rechtsformen, ob eine Betriebsstätte oder eine Tochtergesellschaft gewählt wird, entstehen. Diese Einschätzung war einheitlich, sowohl bei den Staaten als auch bei den Unternehmen. Das kann niemand brauchen, weil das zu nicht überschaubaren Problemen führt. In der Betriebsprüfung würden wir damit zu einer wirklichen sofortigen „orientalischen Phase" kommen, die wir eigentlich alle nicht gerne möchten, wenn man die Gesetzmäßigkeit der Besteuerung beachtet.

Dr. *Jens Schönfeld*

Herr Prof. *Lang* hat ja im Grunde meine Anmerkung schon vorweggenommen. Aber vielleicht noch eine Ergänzung dazu. Das Ganze hat ja auch etwas mit Demokratieprinzip zu tun. Wie kommt eigentlich so ein DBA zustande? Das wird von der Finanzverwaltung verhandelt. Das wird dem Parlament fertig vorgelegt, und das Parlament kann nur noch ja oder nein sagen. Dann kommt die OECD und interpretiert irgendetwas dynamisch in dieses parlamentarische Ergebnis hinein, ohne dass das Parlament beteiligt wäre. Das finde ich in hohem Maße bedenklich. Schließlich geht es um die Aufteilung von Besteuerungshoheiten und damit um die finanziellen Interessen des Staates. Also muss aus meiner Sicht das Parlament zwingend daran mitwirken. Die OECD genügt dazu nicht, auch wenn die deutschen Vertreter noch so hochrangig und fachlich kompetent sind. Das ist das eine. Und zu Ihnen, Herr Prof. *Staringer*: Die Gleichbehandlung ist aus meiner Sicht eine Äußere. Herr Prof. *Hüttemann* hat das zu Recht gesagt. Er hat gesagt, die Betriebsstätte ist etwas anderes als eine Tochtergesellschaft, und wenn das so ist, dann behandle ich hier ungleiche Dinge gleich. Und für mich als Jurist ist das Ungleichbehandlung.

Verrechnungspreise in der betrieblichen Praxis
– Erfahrungen eines Großunternehmens –

Dr. *Wolfgang Haas*
Rechtsanwalt, President Legal, Taxes and Insurance,
BASF SE, Ludwigshafen

Inhaltsübersicht

I. Einleitung
II. Organisationsstrukturen der BASF
III. Einfluss von Verrechnungspreisen bei BASF
   1. Abgrenzung von Verrechnungs- zu Transferpreisen und deren Umfang
   2. Geschäftssteuerung durch Verrechnungspreise?
   3. Grundkonstellationen im Verrechnungspreissystem
   4. Einzelne Lieferungen und Leistungsbeziehungen
     a) Vertrieb
     b) Verkäufe zwischen Produktionsgesellschaften
     c) Immaterielle Wirtschaftsgüter
     d) Dienstleistungen
     e) Kostenteilungsvereinbarungen („Cost Sharing Agreements")
     f) Funktionsverlagerungen in das Ausland („Business restructuring")
IV. Praxisgerechte Umsetzung der Verrechnungspreis-Erfordernisse
   1. Mangel an vergleichbaren Marktpreisen
   2. Anforderungen an ein Verrechnungspreissystem im Konzern
V. Organisation
VI. Schlussfolgerungen

I. Einleitung

Verrechnungspreise sind ein Teilbereich des Steuerrechts, der Großkonzerne vor besondere praktische Herausforderungen stellt. Während sich die rechtlichen Grundlagen weitgehend auf § 1 AStG und knappe Vorschriften zu verdeckten Einlagen und verdeckten Gewinnausschüttungen beschränken, existiert eine große Anzahl von Interpretationsanleitungen durch Rechtsverordnungen, BMF-Schreiben und OECD-Richtlinien. In einem komplexen Geflecht notwendiger Compliance, sich ständig ändernder Marktbedingungen und interner Organisationsstrukturen sowie betriebswirtschaftlicher Zwänge müssen solch detaillierte regulatorische Anforderungen von Unternehmen in praktikabler Weise umgesetzt werden. Die vorliegende Darstellung versteht sich als rechtstatsächlicher Beitrag, der die praktischen Rahmenbedingungen für die nachfolgenden Beiträge mit ihren grundsätzlichen rechtlichen Überlegungen aufzeigen will. Ziel ist es, die Praxis internationaler Verrechnungspreise in einem Großunternehmen exemplarisch anhand des Verrechnungspreissystems der BASF SE in Ludwigshafen aufzuzeigen. Die angeführten Zahlen beziehen sich auf das Jahr 2011.

II. Organisationsstrukturen der BASF

BASF ist das führende Chemieunternehmen mit ca. 112.000 Mitarbeitern. Mittels sechs Verbundstandorten[1] und rund 370 weiteren Produktionsstandorten werden Kunden und Partner in fast allen Ländern der Welt bedient. Im Jahr 2011 erwirtschaftete die BASF-Gruppe einen Umsatz von 73.497 Millionen Euro und ein Ergebnis vor Zinsen und Steuern in Höhe von 8.586 Millionen Euro. Weltweit wurden 1.050 Patente neu angemeldet. Der Konzern besteht aus rund 700 Gesellschaften in mehr als 80 Ländern der Erde. Das operative Geschäft der BASF war 2011 in sechs Segmente: Chemikalien, Kunststoffe, Performance Products, Functional Solutions, Pflanzenschutz und Öl & Gas gegliedert. Insgesamt 15 global organisierte operativ tätige Unternehmensbereiche steuerten ihr weltweites Geschäft mithilfe von über 70 globalen und regionalen Geschäftseinheiten. Die Produktpalette reicht von Öl und Gas, Grundchemikalien über bio-basierte oder chemisch hergestellte Spezialitäten bis hin zu Pflanzenschutzprodukten. Mit diesem breiten Produktportfolio ist BASF innovativer Partner von überwiegend industriellen Kunden praktisch aller Branchen. Die Vielzahl von Produkten und Kundenindustrien führt zu einer hohen Anzahl unterschiedlicher Geschäftsmodelle.

III. Einfluss von Verrechnungspreisen bei BASF

1. Abgrenzung von Verrechnungs- zu Transferpreisen und deren Umfang

Als Verrechnungspreis bezeichnet BASF den Preis, der zwischen verschiedenen Gruppengesellschaften des Konzerns für den Austausch von Gütern und Dienstleistungen (z. B. Warenlieferungen, Lizenzen, Darlehen) verrechnet wird. Er ist abzugrenzen vom Transferpreis, der innerhalb einer Gruppengesellschaft zwischen mehreren Unternehmenseinheiten berechnet wird. Sowohl Verrechnungs- wie auch Transferpreise orientieren sich am „Arm's-Length-Prinzip" und werden daher nach ähnlichen Grundsätzen abgerechnet.

---

1 Im Verbund entstehen effiziente Wertschöpfungsketten – von Grundchemikalien bis hin zu hochveredelten Produkten wie Lacken oder Pflanzenschutzmitteln. Außerdem können die Nebenprodukte einer Fabrik an einer anderen Stelle als Einsatzstoff dienen. Chemische Prozesse können in diesem System mit geringem Energieeinsatz und hoher Ausbeute an Produkten ressourcenschonend ablaufen. So spart BASF Rohstoffe und Energie, minimiert Emissionen, senkt die Logistikkosten und nutzt Synergien.

Transferpreise erreichten bei BASF in 2011 ein Volumen von rund 9 Milliarden Euro. Betroffen waren vor allem große Verbundgesellschaften mit Kuppelproduktion[2].

Von den gesellschaftsübergreifenden Verrechnungspreisen sind aufgrund globalintegrierter Produktions- und Vertriebsstrukturen praktisch alle ca. 700 Konzerngesellschaften betroffen. Über eine Million konzerninterne Verrechnungspreis-Transaktionen mit einem jährlichen Gesamtvolumen von über 30 Milliarden Euro müssen den steuerlichen und zollrechtlichen Anforderungen und Verrechnungspreisregeln von über 80 Staaten genügen.

2. Geschäftssteuerung durch Verrechnungspreise?

Die Leistungsverrechnung zwischen Gruppenunternehmen dient betriebswirtschaftlich dazu, Leistungen verursachungsgerecht auszuweisen und dadurch Profitcenter-Strukturen mit interner wie externer Vergleichbarkeit zu ermöglichen. Die externe Bedeutung der Verrechnungspreise liegt in erster Linie in der angemessenen steuerlichen Gewinnabgrenzung zwischen Konzerngesellschaften und der damit verbundenen Aufteilung des Steuersubstrats zwischen den verschiedenen Ländern. Damit kommen Verrechnungspreisen theoretisch erhebliche Anreiz- und Lenkungsfunktionen zu.

Die Komplexität der BASF-Organisation wurde bereits in der Einleitung (vgl. oben II.) geschildert. Die 15 global agierenden Unternehmensbereiche der BASF werden durch Regionalbereiche unterstützt, die dabei helfen, Marktpotenziale auszuschöpfen und die Infrastruktur für das Kundengeschäft bereitzustellen und zu optimieren. Drei Zentralbereiche, fünf Zentralabteilungen sowie zehn Kompetenzzentren erbringen weltweit Leistungen auf Gebieten wie Finanzen, Investor Relations, Kommunikation, Personal, Forschung, Ingenieurtechnik, Recht und Steuern.

Die BASF-Unternehmensbereiche verantworten weltweit das in allen Gruppengesellschaften erzielte operative Ergebnis (EBIT)[3] ihres Produktportfolios. Sie agieren dabei als separate globale Profitcenter mit globalen bzw. regionalen Geschäfts(unter)einheiten. Maßgeblich für die betriebswirtschaftliche Steuerung ihrer Geschäfte ist der global konsolidierte Gewinn (EBIT) des Unternehmensbereiches. Daneben steht das durchgerechnete Marktergebnis einschließlich der Vorgewinne aus der Kuppelproduktion anderer Unternehmensbereiche als weitere Steuerungsgröße zur Verfügung.

---

2 Kuppelproduktion (auch Verbundproduktion) beschreibt die gemeinsame bzw. simultane Herstellung mehrerer Produkte in einem einzigen betrieblichen Produktionsprozess (beispielsweise eine chemische Reaktion) oder den (gewollten oder ungewollten) Anfall von Nebenprodukten während der Produktion.
3 EBIT als „Earnings Before Interest and Taxes" oder „Gewinn vor Zinsen und Steuern".

Die betriebswirtschaftliche Steuerung des Konzerns hat sich damit von den gesellschaftsrechtlichen Grenzen der über 700 konzernangehörigen Gesellschaften vollständig entfernt. Infolgedessen spielen Verrechnungspreise zwischen den Konzerngesellschaften im Regelfall keine Rolle mehr für die Geschäftssteuerung. Da die Unternehmensbereiche zudem an einer Ergebnisgröße vor Steuern gemessen werden, entfällt ihr Interesse an einer Gewinnallokation zu bestimmten Ländern oder Gesellschaften zwecks Steueroptimierung. Im Ergebnis ist damit die betriebswirtschaftliche Lenkung der operativen Einheiten von der Ergebnisrechnung einzelner Konzerngesellschaften entkoppelt. Auch das Interesse an einer Gewinnabgrenzung zu anderen Unternehmensbereichen der BASF fällt wenig ins Gewicht, da sich ein Großteil der Verrechnungspreistransaktionen innerhalb des gleichen Unternehmensbereiches, also des nämlichen Profitcenters, abspielt.

IV. Praxisgerechte Umsetzung der Verrechnungspreis-Erfordernisse

1. Mangel an vergleichbaren Marktpreisen

Sowohl bei Lieferungen wie auch Leistungen sind relevante Fremdvergleichspreise lediglich eingeschränkt verfügbar. Dies gilt insbesondere für Zwischenprodukte, die am Markt nur wenig gehandelt werden. Problematisch ist ebenfalls der Fremdvergleich im Vertrieb, da er bei größeren und damit vergleichbaren Wettbewerbern ebenfalls überwiegend konzernintern organisiert wird. Außerdem werden Dienstleistungen innerhalb des Konzerns grundsätzlich weder am Markt angeboten noch können sie in vergleichbarer Weise vom Markt bezogen werden. Es handelt sich nämlich um Leistungen, die sich an den individuellen Erfordernissen der zahlreichen Geschäftsbereiche und Transaktionsmodelle orientieren.

2. Anforderungen an ein Verrechnungspreissystem im Konzern

Compliance und Praktikabilität sind die wesentlichen Ansprüche eines Verrechnungspreissystems, wobei der erstgenannte Aspekt Priorität genießen muss.

Die rechtlichen Rahmenbedingungen müssen weltweit beachtet und Gewinne korrekt allokiert werden. Es wird angestrebt, den steuerlichen und zollrechtlichen Anforderungen in möglichst vielen Ländern ohne zusätzliche einseitige Einkommensanpassungen gerecht zu werden. Weiterhin soll auf den bestehenden Rechnungslegungssystemen der Konzerngesellschaften aufgebaut werden.

Hohes Volumen und Komplexität der weltweiten BASF-Leistungsbeziehungen bedingen die Notwendigkeit einer weitgehend standardisierten

Handhabung. Durch die Entwicklung materieller wie auch organisatorischer Standards sollen die Verrechnungspreise nach Belieben zentral wie auch dezentral administrierbar sein. Klare inhaltliche wie organisatorische Vorgaben zur Steuerung der konzerninternen Verrechnungspreise sind damit unerlässlich.

Um diesen Zielsetzungen gerecht zu werden, wurde folgender konzeptioneller Lösungsansatz gewählt: Das System der konzerninternen Verrechnungspreise ist in einer weltweit gültigen Verrechnungspreisrichtlinie niedergelegt. Um deren Akzeptanz in möglichst vielen Ländern zu gewährleisten und OECD-Grundsätze abzubilden[4], wurde der Fremdvergleichsgrundsatz als tragendes Prinzip der Verrechnungspreisbildung gewählt. Für alle Standardgeschäftsarten, z.B. Dienstleistungen und Vertrieb, werden verpflichtende Verrechnungspreismethoden vorgeschrieben. In Fällen, in denen kein Vergleichspreis zur Verfügung steht, gelten verbindliche Kalkulationsansätze. Unternehmensbereichs-Controllern wird praktische Hilfestellung gegeben, um die Grundsätze der Verrechnungspreisrichtlinie umsetzen zu können. Für BASF entwickelte EDV-Anwendungen leisten angesichts des hohen Volumens technische Unterstützung bei Kalkulation und Dokumentation. Eine klare Organisationsstruktur mit eindeutiger Zuordnung von Verantwortlichkeiten stellt die Erledigung der komplexen Aufgaben sicher.

3. Grundkonstellationen im Verrechnungspreissystem

Bevor verbindliche Verrechnungspreisregeln für die einzelnen Geschäftsarten wie Dienstleistung, Vertrieb, Produktion oder Know-how-Überlassung definiert werden, müssen die ökonomischen Rollen der einzelnen unternehmerischen Funktionen klar definiert werden. Innerhalb der BASF-Gruppe fungieren grundsätzlich die Produktionsgesellschaften als Entrepreneurs, bei denen sich unternehmerische Marktrisiken und -chancen vereinen. Alle anderen Funktionen einschließlich Vertrieb sind demzufolge im Regelfall als risikoarme Hilfsfunktionen definiert, die über entsprechende Verpreisungsmechanismen wie die Kostenaufschlagsmethode („Cost plus")[5]

---

[4] OECD Verrechnungspreisleitlinien für multinationale Unternehmen und Steuerverwaltungen, 2011, Kapitel I.
[5] Eine Verrechnungspreismethode, die jene Kosten heranzieht, die dem Lieferanten (oder dem Erbringer der Dienstleistung) für einen konzerninternen Geschäftsvorfall erwachsen. Es ist ein angemessener Aufschlag auf die Kosten vorzunehmen, um einen angemessenen Gewinn zu erzielen, der mit den wahrgenommenen Funktionen (unter Berücksichtigung der eingesetzten Vermögenswerte und der übernommenen Risiken) und den Marktbedingungen in Einklang steht. Die Hinzurechnung des Kostenaufschlags zu den genannten Kosten führt zum Fremdvergleichspreis für den konzerninternen Geschäftsvorfall; OECD (Fn. 4), Glossar.

oder die Wiederverkaufspreismethode („Resale price method")[6] abgerechnet werden. Zentrale Steuerungskosten entstehen mittlerweile nicht nur in der Konzernzentrale sondern weltweit in zahlreichen Gruppengesellschaften und werden nach einem verursachungsgerechten Schlüssel an die Entrepreneurs belastet. Kontrollkosten der Konzernobergesellschaft BASF SE sind von einer solchen Weiterbelastung ausgenommen.

4. Einzelne Lieferungen und Leistungsbeziehungen

a) Vertrieb

BASF Produktionsgesellschaften verkaufen vorwiegend direkt in ihren lokalen Markt. Bei Verkäufen in sonstige Märkte bedienen sie sich ganz überwiegend konzerneigener Unternehmen, die als Eigenhändler oder Agenten agieren. Aufgrund der sehr eingeschränkten Verfügbarkeit von relevanten Fremdvergleichspreisen scheidet die Anwendung der Preisvergleichsmethode („Comparable uncontrolled price method")[7] zur Vergütung der Händler weitgehend aus. Allerdings hat ein derartiger Ansatz stets Vorrang, sollte ein „Comparable uncontrolled price" (CUP) doch ausnahmsweise zur Verfügung stehen. Die generell bei BASF im Eigenhändlergeschäft angewandte Verrechnungspreismethode ist die Wiederverkaufspreismethode („Resale price method")[8]. Auch bei dieser Methode stehen Bruttomargen aus Transaktionen mit nichtverbundenen Gesellschaften (als fremden Dritten) praktisch nicht zur Verfügung. Auch wenn Datenbankanalysen bei einigen Finanzverwaltungen als bedingt verlässlich gelten, weil sich Märkte, Produktmengen, Kostenstrukturen und Aufgaben der Händler unterscheiden, macht es in Ermangelung präziser Fremdvergleichsdaten Sinn, solche Daten auf aggregiertem regionalem Niveau abzugleichen.

Trotz der enormen Zahl von Produkten und Transaktionen gelingt der BASF die grundsätzlich rechtlich geforderte Einzelverpreisung auf Artikelebene. Dabei wird die Bruttomarge aufgrund von Komplexität und Volumen auf Produktbereichsebene aggregiert berechnet. Die bei BASF ver-

---

6 Eine Verrechnungspreismethode, die von dem Preis ausgeht, zu dem ein Produkt, das von einem verbundenen Unternehmen gekauft worden ist, in der Regel an ein unabhängiges Unternehmen weiterveräußert wird. Der Wiederverkaufspreis wird um die Wiederverkaufspreismarge reduziert. Der Restbetrag (nach Abzug der Wiederverkaufspreismarge) kann nach Berichtigung um sonstige Kosten, die mit dem Kauf des Produkts im Zusammenhang stehen (z.B. Zollabgaben) als Fremdvergleichspreis für die ursprüngliche Lieferung zwischen den verbundenen Unternehmen angesehen werden; nach OECD (Fn. 4), Glossar.

7 Eine Verrechnungspreismethode, die den Preis für einen konzerninternen Geschäftsvorfall für Lieferungen oder Dienstleistungen mit dem Preis vergleicht, der bei einem vergleichbaren Geschäftsvorfall zwischen unabhängigen Unternehmen unter vergleichbaren Verhältnissen für solche Lieferungen oder Dienstleistungen verrechnet wird; OECD (Fn. 4), Glossar.

8 Vgl. Fn. 6.

wandten Bruttomargen berücksichtigen die Kosten der Distributoren, länderspezifische Besonderheiten und ein angestrebtes übliches Ziel-EBIT. Dabei reflektiert die Höhe des EBIT-Elements, dass die Eigenhändler der BASF Funktions- und Risikoprofile von „Low-Risk-Distributoren" aufweisen. Während des Jahres finden Überprüfungen und soweit notwendig Anpassungen der Bruttomargen mit Wirkung für die Zukunft statt. Auf Jahresendmaßnahmen mittels Gut- oder Lastschriften zwischen Gruppengesellschaften wird grundsätzlich verzichtet. Marktbedingte Schwankungen des EBITs sollten sich über die Jahre ausgleichen, da die gleiche Methodik konsistent längerfristig angewandt wird.

Diese Praxis gilt gruppenweit einheitlich, unabhängig davon, ob die Konzernmutter in Deutschland (BASF SE) oder eine kleine Konzerntochter im niedrig- oder hochbesteuerten Ausland diese Funktion ausüben. Die weltweite Angemessenheit dieses Geschäftsmodells ergibt sich aus der geringen Relevanz von Produktmarken im Industriegeschäft, der starken Dominanz von Technologie bei vielen Produkten und der Tatsache, dass der Kundenstamm im industriellen B2B[9]-Geschäft im Markt selten ein Geheimnis ist.

Sollten BASF-Gesellschaften als Agenten tätig werden, gelten bei der Ermittlung ihrer Bruttoprovisionen ähnliche Grundsätze der Ziel-EBIT-Ermittlung. Auch hier verläuft die Handhabung weltweit nach vergleichbaren Standards.

b) Verkäufe zwischen Produktionsgesellschaften

Bei der Lieferung von Zwischenprodukten von einer BASF-Produktionsgesellschaft an ein weiteres gruppeninternes Produktionsunternehmen ist zwischen Eigenproduktion („Own risk manufacturing")[10] und Auftragsproduktion („Contract manufacturing")[11] zu unterscheiden. Aufgrund des geringen Risikos steht dem Auftragsproduzenten nur eine begrenzte Marge zu.

Sollten bei Zwischenprodukt-Lieferungen relevante Fremdvergleichspreise vorhanden sein, sind sie zwingend zu verwenden, da diese Methode stets Vorrang genießt. Allerdings kommen derartige Fälle nur selten vor.

---

9 „Business-to-Business" steht für Beziehungen zwischen (mindestens zwei) Unternehmen.
10 Bei der Eigenproduktion agiert das verkaufende Unternehmen als Entrepreneur oder Prinzipal und trägt als Inhaber der immateriellen Wirtschaftsgüter die Chancen und Risiken des Geschäftes.
11 Bei der Auftragsproduktion werden dem verkaufenden Unternehmen die erforderlichen immateriellen Wirtschaftsgüter kostenfrei vom Prinzipal zur Verfügung gestellt. Chancen und Risiken des Geschäftes liegen weitgehend beim Prinzipal.

Ansonsten findet die Kostenaufschlagsmethode („Cost plus")[12] Anwendung, die eine adäquate (beim Auftragsproduzenten demnach geringer ausfallende) Rendite auf das eingesetzte Kapital gewährleistet.

c) Immaterielle Wirtschaftsgüter

Produktionsnahe immaterielle Wirtschaftsgüter wie Patente und Produktions-Know-how sind auf wenige Konzerngesellschaften konzentriert. Daraus resultiert eine Vielzahl konzerninterner Lizenzvereinbarungen, die soweit möglich nach der Fremdvergleichsmethode verpreist werden. Die Angemessenheit der Lizenzgebühren wird auf Basis marktüblicher Renditeerwartungen getestet.

Im Forschungsbereich liegen generell Auftragsforschungsverträge[13] vor, bei denen die zugrunde zu legenden Verrechnungspreise nach der Kostenaufschlagsmethode („Cost plus")[14] ermittelt werden.

d) Dienstleistungen

In der Vergangenheit wurden konzerninterne Dienstleistungen ganz überwiegend von der Konzernobergesellschaft für Tochterunternehmen erbracht. Im Zuge fortschreitender Globalisierung und der Entwicklung zu einem transnationalen Unternehmen wird eine Vielzahl von konzerninternen Dienstleistungen mittlerweile dezentral erbracht. Von Ausnahmefällen abgesehen stehen dabei relevante Fremdvergleichspreise nicht zur Verfügung. Inhalt der Leistung, Volumina und Risikoprofil sind nämlich häufig nicht vergleichbar. Infolgedessen findet im Regelfall die Kostenaufschlagsmethode („Cost plus") Anwendung. Dabei wird – soweit vertretbar – auf eine Differenzierung beim Gewinnzuschlag verzichtet. Gegebenenfalls wird zur Erbringung der Dienstleistung eingesetztes Anlagevermögen renditeerhöhend berücksichtigt. Der international teilweise zu beobachtende Trend einer Differenzierung beim Gewinnzuschlag erscheint problematisch, weil überzeugende Abgrenzungskriterien fehlen. Die Befürworter einer solchen Differenzierung übersehen, dass bereits die Belastung der Vollkosten einer Dienstleistung den überwiegenden Teil der steuerlich notwendigen Gewinnabgrenzung sicherstellt. Hinzu kommt, dass es sich in einem produktionsdominierten Unternehmen wie BASF bei all diesen Dienstleistungen um bloße unterstützende Hilfstätigkeiten handelt und diese Dienstleistungen weder von BASF noch von Dritten am Markt in ihrer spezifischen Ausgestaltung am Markt angeboten werden.

---

12 Vgl. Fn. 5.
13 Forschendes Unternehmen agiert als Dienstleister ohne unternehmerisches Risiko.
14 Vgl. Fn. 5.

Praxis – Erfahrungen eines Großunternehmens 293

e) Kostenteilungsvereinbarungen („Cost Sharing Agreements")

Dienstleistungen werden regelmäßig einzelnen Empfängern gegenüber erbracht und zielen auf deren individuelle Bedürfnisse ab. Schwieriger einzelnen Gesellschaften zuzurechnen sind demgegenüber globale oder regionale Unternehmensbereichsleitungs- oder Marketing-Aktivitäten, die im gemeinsamen Interesse und zum gemeinsamen Nutzen einer Vielzahl von Gruppenunternehmen erbracht werden. In der BASF-Gruppe werden diese Kosten auf Basis adäquater Schlüssel von den begünstigten Gruppengesellschaften, zumeist Produktionsgesellschaften, getragen. BASF erstellt fortlaufend mit technischer Unterstützung eine detailgenaue Dokumentation derartiger Kostenallokationen.

f) Funktionsverlagerungen in das Ausland („Business restructuring")

Die lückenhafte und unklare Gesetzeslage (§ 1 Abs. 3 AStG) mit ihrer ausgedehnten Verwaltungsinterpretation[15] stellt die Praxis vor große Herausforderungen. Zum einen ist häufig nicht klar, ob es sich materiell um eine Funktionsverlagerung im Sinne des § 1 Abs. 3 AStG handelt. Zum anderen schätzt das Empfängerland die Interessenlage regelmäßig anders ein: Die chinesische oder indische Finanzverwaltung beispielsweise sehen die Verpreisung zusätzlicher Dienstleistungen oder immaterieller Wirtschaftsgüter nach China oder Indien als nicht gerechtfertigt an. Aus dortigem Blickwinkel müssen die Vorteile, die ein deutsches Unternehmen aus dem Zutritt zum chinesischen bzw. indischen Markt erlangt, vielmehr bei der Berechnung von Verrechnungspreisen mitberücksichtigt werden[16].

Gegenläufig zu Verlagerungen in das Ausland finden immer häufiger Hineinverlagerungen in das Inland, insbesondere zur BASF SE, statt. Hier sollte die deutsche Finanzverwaltung dann künftig auch zusätzliche Aufwandspositionen wegen Insourcing akzeptieren.

---

15 BMF, Schreiben v. 13.10.2010 – IV B 5 – S 1341/08/10003, BStBl. I 2010, 774 betr. Grundsätze für die Prüfung der Einkunftsabgrenzung zwischen nahestehenden Personen in Fällen von grenzüberschreitenden Funktionsverlagerungen (Verwaltungsgrundsätze Funktionsverlagerung).
16 Sog. „location specific advantages" (LSAs). Vgl. zur chinesischen Sichtweise Tz. 10.2.3. des UN Practical Transfer Pricing Manual for Developing Countries (Country practice China – abrufbar unter http://www.un.org/esa/ffd/tax/eighthsession/Chap10_CPChina_20120901_v3_HC-accp.pdf) und zur indischen Sichtweise Tz. 10.3.7.2 des UN Practical Transfer Pricing Manual for Developing Countries (Country practice India – abrufbar unter http://www.un.org/esa/ffd/tax/eighthsession/Chap10_CPIndia_20120904_v3_HC-accp.pdf).

V. Organisation

Neben einem klaren inhaltlichen Konzept mit eindeutigen Arbeitsanweisungen ist eine exakt definierte Prozessorganisation mit eindeutigen Rollen und Verantwortlichkeiten der beteiligten Einheiten entscheidend für ein den gesetzlichen Anforderungen genügendes Verrechnungspreismanagement. In der BASF-Gruppe verbietet die Vielzahl der Produkte und der dazugehörigen Märkte, das Volumen und die Vielzahl der Geschäftsmodelle ein zentrales Verrechnungspreismanagement durch nicht-operative Einheiten, z. B. durch eine zentrale Steuerabteilung oder ein zentrales Controlling. Die für die Steuerung der Verrechnungspreise notwendige Marktkenntnis ist nur in den operativen Unternehmensbereichen und Geschäftseinheiten vorhanden. Infolgedessen müssen diese die Verantwortung für den Verrechnungspreisprozess, die ordnungsgemäße Kalkulation und die Dokumentation der Verrechnungspreise übernehmen.

Die Aufgabenverteilung zwischen zentraler Steuerabteilung und den Unternehmensbereichen mit ihren regionalen Geschäftseinheiten wurde klar strukturiert. Konzeptionelle Steuerung, inhaltliche Verantwortung für die Verrechnungspreisrichtlinie mitsamt Schulungen, Qualitätskontrolle der Verrechnungspreiskalkulation wie auch die Unterstützung weltweiter Betriebsprüfungen liegen bei einem global verantwortlichen Verrechnungspreisbüro in der zentralen Steuerabteilung. Dieses Verrechnungspreisbüro verfügt über Mitarbeiter in den regionalen Headquartern und stellt die weltweit einheitliche Anwendung der Verrechnungspreisrichtlinie sicher. Die die Verrechnungspreis-Kalkulation übernehmenden Unternehmensbereiche haben weltweit zuständige Verrechnungspreis-Verantwortliche zu benennen. Die Verstärkung von Zentralisierung und globaler Steuerung bei den Unternehmensbereichen dient der Prozessstraffung im operativen Bereich. Lokal Verantwortliche stellen schließlich sicher, dass spezifische lokale Steuervorschriften beachtet werden.

VI. Schlussfolgerungen

Die Umsetzung zahlreicher und detailhaltiger steuerrechtlicher Verrechnungspreisvorschriften ist für Großunternehmen in erster Linie eine anspruchsvolle Compliance- und Risikomanagement-Aufgabe. Die große Komplexität kann nur mit stringenten inhaltlichen und organisatorischen Vorgaben bewältigt werden. Grundlage muss dabei ein mit Standardisierungen arbeitendes Verrechnungspreissystem sein, das sich eng an OECD-Prinzipien anlehnt. Die Einhaltung der Verrechnungspreisrichtlinie ist durch klare Prozesse und eindeutige Zuweisungen von Aufgaben und Verantwortlichkeiten zu unterstützen. Der Steuerfunktion sollte dabei eine aktive Rolle zukommen. Sie kann sich dabei ohne das Risiko von Compliance-Defiziten nicht auf eine schlichte Beratungsrolle zurückziehen, sondern muss vielmehr durch klare Vorgaben und aktives Qualitätsmanagement der Verrechnungspreiskalkulation und -dokumentation die Einhaltung der steuerrechtlichen Rahmenbedingungen weltweit sicherstellen. Steuerplanung über Verrechnungspreisgestaltung spielt in diesem Kontext allenfalls eine Nebenrolle.

Trotz all der Aufmerksamkeit, die international tätige Unternehmen der Sicherstellung steuerlich und zollrechtlich richtiger Verrechnungspreise widmen, steigt das Risiko von Verrechnungspreiskorrekturen weltweit ständig an. Zahlreiche Finanz- und Zollverwaltungen haben angesichts desolater Staatsfinanzen Verrechnungspreiskorrekturen als neues strategisches Feld in Betriebs- und Zollprüfungen entdeckt. Ein in der Praxis schwer zu befolgendes Dickicht von Verwaltungsvorschriften bietet vielfältige Ansätze hierzu.

Verrechnungspreise, Einkünfteverlagerung – Gestaltung und Abwehr: Rechtsfragen der Verrechnungspreiskorrektur

Prof. DDr. *Georg Kofler*, LL.M. (NYU)
Johannes Kepler Universität Linz

Inhaltsübersicht

I. Problemstellung
II. Verhältnis zwischen Art. 9 OECD-MA und nationalem Recht
  1. Erlaubniswirkung und Schrankenwirkung
  2. Situationen außerhalb des Anwendungsbereichs des Art. 9 OECD-MA
  3. Abgrenzungsfragen innerhalb des Abkommens
III. Voraussetzungen und Maßstab für eine Verrechnungspreiskorrektur
  1. Überblick
  2. Verbundene Unternehmen
  3. Vereinbarte oder auferlegte Bedingungen in kaufmännischen oder finanziellen Beziehungen
  4. „Arm's Length Standard"
IV. Rechtsfolgen
  1. Primärberichtigung und Gegenberichtigung
  2. Preisanpassungen und Strukturanpassungen
V. Exkurs: Verrechnungspreiskorrekturen und Grundfreiheiten
VI. Zusammenfassung

I. Problemstellung

Generell dürfen Unternehmensgewinne nur im Ansässigkeitsstaat (Art. 7 OECD-MA) bzw. im Geschäftsleitungsstaat (Art. 8 OECD-MA) besteuert werden, also dort, wo sie nach der Vorstellung des Abkommensrechts ökonomisch herstammen. Dieser Staat wiederum ermittelt diese Gewinne nach seinem nationalen Recht, wobei eine Gewinnerhöhung nach Art. 9 Abs. 1 OECD im Falle der Verbundenheit mit einem im anderen Staat ansässigen Unternehmen insoweit zulässig ist, als der Gewinn durch fremdunübliche Bedingungen der Geschäftsbeziehungen vermindert wurde. Allerdings erlaubt Art. 9 Abs. 1 OECD-MA eine solche Anpassung („Primäranpassung") nur in Übereinstimmung mit dem Fremdvergleichsgrundsatz („Arm's Length Standard") und verbietet damit Verrechnungspreiskorrekturen, die diesem Maßstab nicht entsprechen (dazu unten II.). Vielmehr steht insoweit dem anderen Staat das ausschließliche Besteuerungsrecht nach Art. 7 (bzw. Art. 8) OECD-MA zu. Der Fremdvergleichsstandard soll damit die steuerliche Gleichheit zwischen unabhängigen Unternehmen einerseits und konzernangehörigen Unternehmen andererseits herstellen („Neutralitätsprinzip").[1]

Eine solche Primäranpassung führt freilich dann zu einer wirtschaftlichen Doppelbesteuerung, wenn der andere Staat die unangepassten Gewinne besteuert.[2] Vor diesem Hintergrund sieht Art. 9 Abs. 2 OECD-MA – unter einschränkenden Voraussetzungen – korrespondierende Gewinnanpassungen im anderen Staat vor („Gegenberichtigungen"), also Anpassungen, „um die Doppelbesteuerung zu vermeiden".[3] Bei Art. 9 OECD-MA handelt es sich daher – trotz seiner systematischen Stellung – nicht um eine abkommensrechtliche Verteilungsnorm,[4] bezieht sie sich doch auf die Beziehung zwischen zwei unterschiedlichen Ansässigkeitsstaaten und die dortige Besteuerung zweier unterschiedlicher Steuerpflichtiger.

Freilich hat sich die wissenschaftliche und praktische Diskussion von Verrechnungspreisfragen weitgehend von Art. 9 OECD-MA gelöst und ist heute ein außergewöhnlich technisches, betriebs- und volkswirtschaftlich durchdrungenes Feld. Dazu will dieser Aufsatz nicht beitragen.[5] Er möchte auch nicht die praktische und auch grundlegende Kritik am (marktbasierenden) „Arm's Length Standard" und mögliche Alternativen untersuchen.[6] Vielmehr möchte er die Gelegenheit beim Schopf ergreifen, die grundlegenden Rechtsfragen rund um Art. 9 OECD-MA einer Analyse zu unterziehen, ist doch diese Bestimmung die eigentlich autoritative Aussage für das – international herrschende, auch in anderen Abkommensmodellen angewandte[7] – „Arm's Length Prinzip"[8] und damit gleichermaßen die Basis

---

1 S. nur *Hamaekers*, The Arm's Length Principle and the Role of Comparables, BIFD 1992, 602 (603).
2 Art. 9 Tz. 5 OECD-MK.
3 Art. 9 Tz. 5 OECD-MK. Eine dem Art. 9 Abs. 3 UN MA entsprechende Regelung, wonach eine Gegenberichtigung im Falle von Primärberichtigungen, die in finanzstrafrechtlich geahndeten Delikten fußen, nicht notwendig ist, existiert im OECD-MA nicht. Eine ähnliche Regelung findet sich aber auch in Art. 8 der Schiedskonvention (90/436/EWG, ABl. EG Nr. L 225 v. 20.8.1990, 10); dazu zuletzt *Valente*, Arbitration Convention 90/436/EEC: Inapplicability in Case of Serious Penalties, Intertax 2012, 220 (220 ff.).
4 *Lang*, Doppelbesteuerungsabkommen und innerstaatliches Recht, 1992, 33.
5 S. aber *Kofler* in Rust/Reimer (Hrsg.), Klaus Vogel on Double Taxation Conventions, 2013, Art. 9 OECD MC, in Druck.
6 Dazu im Überblick und m. w. N. *Kofler* in Rust/Reimer (Fn. 5), Art. 9 Rz. 29 ff.
7 S. Art. 9 UN MA, Art. 9 US MA und auch Art. 4 Abs. 1 der Schiedskonvention (90/436/EWG, ABl. EG Nr. L 225 v. 20.8.1990, 10), sowie die Ausführungen der OECD in ihrem Bericht „Multi-Country Analysis of Existing Transfer Pricing Simplification Measures", 2011, S. 9. Manche sehen im „Arm's Length Standard" sogar Völkergewohnheitsrecht; so *Thomas*, Customary International Law and State Taxation of Corporate Income: The Case for the Separate Accounting Method, 14 Berkeley J. Int'l L. 1996, 99 (99 ff.); dagegen *Wittendorff*, Transfer Pricing and the Arm's Length Principle in International Tax Law, 2010, S. 288–290.
8 Tz. 1.6 VPR.

für die diesbezüglichen Aussagen der äußerst umfangreichen OECD Verrechnungspreisrichtlinien.[9]
Damit stellt sich aber vorweg die Frage nach dem Zweck des Art. 9 Abs. 1 OECD-MA, dessen Grundlagen bereits in den 1930er Jahren geschaffen wurden.[10] Nach h. A. dient diese Vorschrift auf Abkommensebene der Vermeidung der wirtschaftlichen Doppelbesteuerung.[11] Das ist zunächst jedenfalls insofern richtig, als man – zutreffend – davon ausgeht, dass der die Primärberichtigung durchführende Ansässigkeitsstaat den Gewinn nur in Übereinstimmung mit dem „Arm's Length Prinzip" korrigieren darf (s. dazu II.1.). Umgekehrt führt aber gerade die Primäranpassung – selbst wenn sie durch das „Arm's Length Prinzip" beschränkt ist – zur wirtschaftlichen Doppelbesteuerung, die durch Art. 9 Abs. 1 OECD-MA auf den ersten Blick gerade nicht verhindert wird[12] und für die auch Art. 23 OECD-MA naturgemäß keine Entlastung bereitstellt.[13] Dieser Umstand und die darauf basierenden Diskussionen in der OECD[14] führten schließlich zur Schaffung des zweiten Absatzes des Art. 9 im Rahmen des OECD-

---

9 „Transfer Pricing Guidelines for Multinational Enterprises and Tax Administrations", 2010, im Folgenden abgekürzt als „VPR".
10 S. die „Draft Convention for the Allocation of Business Income between States for the Purposes of Taxation", Annex to the „Report to the Council on the Fourth Session of the Committee", League of Nations Document No. C.399.M.204.1933.II.A. [F./Fiscal. 76.] (June 1933). Dieser Modellentwurf ist auch abgedruckt als Anhang in *Carroll*, Allocation of Business Income: The Draft Convention of the League of Nations, 34 Colum. L. Rev. 1934, 473. S. für einen historischen Überblick zu Art. 9 OECD-MA zuletzt auch *Lehner*, Article 9 – Associated Enterprises, in Ecker/Ressler (Hrsg.), History of Tax Treaties, 2011, S. 387 (387 ff.).
11 S. z. B. *Becker* in Gosch/Kroppen/Grotherr (Hrsg.), DBA-Kommentar, 2000, Art. 9 Rz. 1 und Rz. 8–11; *Wassermeyer* in Debatin/Wassermeyer, Doppelbesteuerung, 2004, Art. 9 Rz. 1; *Eigelshoven* in Vogel/Lehner (Hrsg.), DBA, 5. Aufl. 2008, Art. 9 Rz. 6; *Wittendorff*, The Transactional Ghost of Article 9(1) of the OECD Model, BIT 2009, 107 (109); *Bär*, Verständigungen über Verrechnungspreise verbundener Unternehmen im nationalen Steuerrecht, 2009, S. 191–192; *Schaumburg*, Internationales Steuerrecht, 3. Aufl. 2010, Rz. 16.290; *Wittendorff*, Transfer Pricing (Fn. 7), S. 146–147 und 149–150; s. auch *Baker*, Double Taxation Conventions, 3. Aufl. 2002, Art. 9 Rz. 9B.12.
12 S. Tz. 7 der Working Party No. 7 of the Fiscal Committee on „Apportionment of Profits", FC/WP7(70)1 (June 1970); weiterhin Art. 25 Tz. 11 OECD-MK unter Bezugnahme auf Probleme „of economic double taxation, and especially those resulting from the inclusion of profits of associated enterprises under paragraph 1 of Article 9".
13 Tz. 7 der Working Party No. 7 of the Fiscal Committee on „Apportionment of Profits", FC/WP7(70)1 (June 1970); s. z. B. auch *Becker* in Gosch/Kroppen/Grotherr (Fn. 11), Art. 9 Rz. 63; *Wittendorff*, The Object of Art. 9 (1) of the OECD Model Convention: Commercial or Financial Relations, ITPJ 2010, 200 (204).
14 Vgl. etwa Working Party No. 7 of the Fiscal Committee on „Apportionment of Profits", FC/WP7(70)1 (June 1970), Working Party No. 7 of the Fiscal Committee on „Corresponding Adjustments", FC/WP7(70)2 (Nov. 1970), und speziell die Vorschläge für „Amendments to Article 9 of the O.E.C.D. Draft Convention and the Commentaries thereon" der Working Party No. 7 of the Fiscal Committee on „Apportionment of Profits", FC/WP7(71)1 (Mar. 1970).

MA 1977, wonach durch Gegenberichtigungen die wirtschaftliche Doppelbesteuerung vermieden werden soll.[15] Insofern besteht ein Zweck des Art. 9 Abs. 1 OECD auch darin, als „Türöffner" zur Gegenberichtigung nach Art. 9 Abs. 2 OECD zu dienen[16] und solcherart die ausgewogene Aufteilung von Besteuerungsgut zwischen den Vertragsstaaten herzustellen.[17] Zu bemerken ist freilich, dass Art. 9 Abs. 2 OECD-MA nur dann zur Gegenberichtigung verpflichtet, wenn der andere Staat die Primärberichtigung dem Grunde und der Höhe nach akzeptiert; für diesen Fall kann allerdings die Nichtbesteuerung im anderen Staat bereits aus der Überlegung abgeleitet werden, dass Art. 9 Abs. 1 lediglich den Art. 7 OECD-MA ergänzt und insofern determiniert, welcher Unternehmensgewinn ausschließlich im primärberichtenden Staat besteuert werden darf (dazu unten IV.1.).

Nicht zuzustimmen ist hingegen der weit verbreiteten Auffassung, Art. 9 OECD-MA diene der Verhinderung der Steuerumgehung.[18] Es trifft zwar zu, dass die Vermeidung der Gewinnverlagerung („income shifting") eine typische Zielsetzung national-rechtlicher Verrechnungspreisbestimmungen ist[19] und diese Überlegung in der Rechtsentwicklung auch für das Abkommensrecht angeklungen ist,[20] doch findet dieser Ansatz in Art. 9 OECD-MA keinen Rückhalt: Geht man zutreffend davon aus, dass die Vertragsstaaten ohne Art. 9 vollkommen frei wären, ihre nationalen Verrechnungspreisbestimmungen anzuwenden,[21] solange bloß den Diskriminierungsverboten

---

15 Art. 9 Tz. 5 OECD-MK; s. z. B. auch *Wittendorff*, Transfer Pricing (Fn. 7), S. 147.
16 *Baker* (Fn. 11), Art. 9 Rz. 9B.05 und 9B.18.
17 S. *Wittendorff* (Fn. 11), BIT 2009, 107 (110); *Schaumburg* (Fn. 11), Rz. 16.290; s. auch Tz. 7 VPR („securing the appropriate tax base in each jurisdiction").
18 S. z. B. *Li/Sandler*, The Relationship Between Domestic Anti-Avoidance Legislation and Tax Treaties, 45 Can. Tax J. 1997, 891 (919); *Pogorelova*, Transfer Pricing and Anti-Abuse Rules, Intertax 2009, 683 (685); s. auch *De Broe*, International Tax Planning and Prevention of Abuse, 2008, S. 77; dagegen *Wittendorff* (Fn. 11), BIT 2009, 107 (110); *Wittendorff*, Transfer Pricing (Fn. 7), S. 147–148.
19 S. z. B. für das US Steuerrecht (§ 482 IRC) U.S. Court of Appeals Fourth Circuit v. 31.1.1967, *Charles Town, Inc. v. Commissioner*, 372 F.2d 415; U.S. Court of Appeals Fifth Circuit v. 23.7.1979, *Brittingham v. Commissioner*, 598 F.2d 1375; U.S. Court of Claims v. 17.10.1979, *E.I. Du Pont de Nemours & Co. v. U.S.*, 221 Ct. Cl. 333, 608 F.2d 445.
20 S. vor allem den „Commentary on the Model Bilateral Convention on the Prevention of the Double Taxation of Income and Property", in „London and Mexico Model Tax Conventions – Commentary and Text", League of Nations Document No. C. 88. M.88.1946. II.A. (Nov. 1946), Series of League of Nations Publications 1946.II.A.7. (1946) 17, wo hinsichtlich der Vorgängerbestimmung des Art. 9 OECD-MA darauf hingewiesen wird, dass diese „indicates the criteria according to which the correctness of the mutual relations between parent and subsidiary companies can be checked so as to avoid abuses resulting in the diversion of profits or losses from one company to the other".
21 S. Tz. 7 der Working Party No. 7 of the Fiscal Committee on „Apportionment of Profits", FC/WP7(70)1 (June 1970); s. auch BFH v. 9.11.2005 – I R 27/03, BStBl. II 2006, 564; *Wittendorff*, Transfer Pricing (Fn. 7), S. 147.

des Art. 24 OECD-MA Genüge getan wird,[22] ist es nämlich vollkommen überflüssig, Art. 9 OECD-MA einen „Antimissbrauchszweck" zuzuschreiben.[23] In der Tat betont auch die OECD völlig zu Recht, dass die Anwendung des Art. 9 OECD-MA oder die Annahme eines nicht fremdverhaltenskonformen Verhaltens weder davon abhängt, ob ein Steuerumgehungsvorsatz[24] oder ein sonstiges Steuermotiv[25] für eine Gestaltung vorliegt, noch davon, ob Niedrigsteuerländer involviert sind.[26]

Art. 9 OECD-MA erfüllt schließlich einen weiteren Zweck dahin gehend, dass er – gemeinsam mit Art. 11 Abs. 6 und Art. 12 Abs. 4 OECD-MA – einen Maßstab bzw. einen Rahmen vorgibt, ob nationale Bestimmungen, die den steuerlichen Abzug für grenzüberschreitende Zahlungen beschränken, mit den Diskriminierungsverboten des Art. 24 Abs. 4[27] und Abs. 5[28] OECD-MA übereinstimmen (s. dazu unten II.3.).

II. Verhältnis zwischen Art. 9 OECD-MA und nationalem Recht

1. Erlaubniswirkung und Schrankenwirkung

Zumal es sich bei Art. 9 Abs. 1 OECD-MA um keine Verteilungsnorm handelt, stellt er den Rechtsanwender unmittelbar vor die Kernfrage, ob er als selbständige Rechtsgrundlage für Gewinnkorrekturen zwischen verbundenen Unternehmen zu verstehen ist oder vielmehr dem nationalen Gesetzgeber lediglich gestattet, unter bestimmten Voraussetzungen Gewinnkorrekturen zwischen verbundenen Unternehmen vorzusehen. Schließt man sich an diesem Ausgangspunkt der letztgenannten, heute herrschenden Ansicht an, ist weiterhin zu klären, ob Art. 9 Abs. 1 OECD-MA Schrankenwirkung entfaltet und ob außerhalb seines Anwendungsbereiches Gewinnkorrekturen generell erlaubt oder aber generell verboten sind.[29]

---

22 *Wittendorff* (Fn. 7), BIT 2009, 107 (110); *Wittendorff*, Transfer Pricing (Fn. 7), S. 147.
23 *Wittendorff*, Transfer Pricing (Fn. 7), S. 147.
24 Tz. 1.2 VPR; s. z. B. auch U.S. Court of Appeals Second Circuit v. 12.3.1989, *US Steel Corp. v. Commissioner*, 617 2.Fd 942, 80-1 USTC P 9307 (2nd Cir. 1980); Tz. 6 der Entscheidung des England and Wales Court of Appeal (Civil Division) v. 18.2.2011, *Test Claimants in the Thin Cap Group Litigation v. HMRC*, [2011] EWCA Civ 127.
25 Tz. 9.181 VPR.
26 Tz. 22 des OECD Dokuments „Transfer Pricing and Intangibles: Scope of the OECD Project" (25.1.2011).
27 S. Art. 24 Tz. 74 OECD-MK und Tz. 66 des OECD Berichts zu „Thin Capitalisation" (1987); weiterhin *Wittendorff*, Transfer Pricing (Fn. 7), S. 148.
28 Tz. 66(c) und 87(b) des OECD Berichts zu „Thin Capitalisation" (1987); s. auch Art. 24 Tz. 79 OECD-MK.
29 Diese Fragen sind im Anwendungsbereich einer „saving clause" (Art. 1 Abs. 4 US MA) wohl irrelevant, entbindet doch eine solche Klausel den Ansässigkeitsstaat von einer allfälligen Verpflichtung, bei Gewinnkorrekturen den „Arm's-Length"-Grundsatz zu beachten; s. U.S. Court of Appeals Ninth Circuit v. 27.5.2009, *Xilinx, Inc. v. Commis-*

Zunächst ist in Erinnerung zu rufen, dass Doppelbesteuerungsabkommen nationales Recht beschränken, aber regelmäßig keine Besteuerungsrechte schaffen.[30] Es besteht daher grundsätzlich Einigkeit in Rechtsprechung,[31] Verwaltungspraxis[32] und Schrifttum,[33] dass Art. 9 Abs. 1 OECD-MA keine unabhängige rechtliche Grundlage für Gewinnerhöhungen sein kann. Umgekehrt verpflichtet damit Art. 9 Abs. 1 OECD-MA auch dann nicht zu einer Gewinnerhöhung, wenn seine Voraussetzungen erfüllt sind;[34] dies ergibt sich schon aus dem Wortlaut („dürfen").[35] Daraus folgt aber, dass rechtliche Basis für eine Gewinnerhöhung nach Art. 9 Abs. 1 OECD-MA nur das nationale Recht sein kann. Freilich ergibt sich diese Folgerung

---

sioner, 567 F.3d 482 (zurückgezogen am 13.1.2010, und – ohne Bezugnahme auf die „saving clause" – neu entschieden durch U.S. Court of Appeals Ninth Circuit v. 22.3.2010, *Xilinx, Inc. v. Commissioner*, 598 F.3d 1191); s. auch *Arnold* (Fn. 29), 18 Tax Notes Int'l 2517 (2519) (June 21, 1999); *Oestreicher* in Endres/Jacob/Gohr/Klein (Hrsg.), DBA Deutschland/USA, 2009, Art. 9 Rz. 53; *Wittendorff*, Transfer Pricing (Fn. 7), S. 81–82.

30 Dazu allgemein *Lang* (Fn. 4), S. 33 f.; *Vogel* in Vogel/Lehner (Fn. 11), Einl. Rz. 67 ff. S. aber zu einer möglicherweise höheren Steuerschuld aufgrund der Anwendbarkeit eines Abkommens Art. 1 Tz. 9.2 OECD-MK; weiterhin auch *Baker* (Fn. 11), Art. 9 Rz. 9B.05.

31 BFH v. 12.3.1980 – I R 186/76, BStBl. II 1980, 531; BFH v. 21.1.1981 – I R 153/77, BStBl. II 1981, 517; Conseil d'État 14.3.1984, n° 34.430, 36.880, *Eyquem S.A.*, ET 1985, 143.

32 S. z. B. Tz. 1.2.1. der deutschen Grundsätze für die Prüfung der Einkunftsabgrenzung bei international verbundenen Unternehmen (Verwaltungsgrundsätze), BStBl. I 1983, 218, i. d. F. BStBl. I 1999, 1122.

33 Vgl. z. B. *Lang*, Doppelbesteuerungsabkommen (Fn. 4), S. 33 f.; *Lang*, Unterkapitalisierung, in Gassner/Lang/Lechner (Hrsg.), Aktuelle Entwicklungen im Internationalen Steuerrecht, 1994, S. 127 (131); *Schnieder*, Der „beherrschende Gesellschafter" und Artikel 9 des OECD-Musterabkommens, IStR 1999, 65 (66); *Nitikman*, The Interaction of Canada's Thin Capitalization Rule and the Canada – United States Tax Treaty, 26 Int'l Tax J. 2000, 20 (43); *Becker* in Gosch/Kroppen/Grotherr (Fn. 11), Art. 9 Rz. 66–69; *Baker* (Fn. 11), Art. 9 Rz. 9B.05 und 9B.14; *De Hosson*, Codification of the Arm's Length Principle in the Netherlands Corporate Income Tax Act, Intertax 2002, 189 (192); *Wassermeyer* in Debatin/Wassermeyer (Fn. 11), Art. 9 Rz. 4 und 76–77; *Kroppen/Rasch*, Interpretation of the Arm's Length Principle under Art. 9 of the OECD Model Tax Treaty: Does the Arm's Length Principle Cover Formal Requirements?, ITPJ 2004, 26 (27); *Gosch*, Wechselbezügliches zwischen internationalen und nationalen Gewinnkorrekturvorschriften, in Carlé/Stahl/Strahl (Hrsg.), Gestaltung und Abwehr im Steuerrecht, FS Korn, 2005, S. 391 (395); *Eigelshoven* in Vogel/Lehner (Fn. 11), Art. 9 Rz. 3 und 18–19; *Oestreicher* in Endres/Jacob/Gohr/Klein (Fn. 29), Art. 9 Rz. 13; *Wittendorff* (Fn. 11), BIT 2009, 107 (110); *Schaumburg* (Fn. 11), Rz. 16.291; *Wittendorff*, Transfer Pricing (Fn. 7), S. 191–193; *Vögele/Raab* in Vögele/Borstell/Engler, Verrechnungspreise, 3. Aufl. 2011, Rz. B18; *Jacobs*, Internationale Unternehmensbesteuerung, 7. Aufl. 2011, S. 755 und 758; *Stürzlinger*, Business Restructurings, 2011, S. 104.

34 S. *Lang*, Doppelbesteuerungsabkommen (Fn. 4), S. 33 f.; *Wittendorff* (Fn. 11), BIT 2009, 107 (111); *Wittendorff*, Transfer Pricing (Fn. 7), S. 196; *Bullen*, Arm's Length Transaction Structures, 2011, S. 71 und 358; *Jacobs* (Fn. 33), S. 755.

35 S. auch *Bullen*, Arm's Length (Fn. 34), S. 71.

nicht zwingend aus der Natur der Sache. So haben einige Staaten auf Basis ihres Verfassungsrechts durchaus die Ansicht vertreten, dass Art. 9 Abs. 1 OECD-MA auch ohne entsprechendes nationales Recht Gewinnerhöhungen ermögliche.[36] Gleichermaßen finden sich die Auffassungen, dass Art. 9 Abs. 1 OECD-MA deshalb unmittelbar wirke, weil er lediglich ein „Gewinnberechnungsvehikel" sei[37] oder aber weil er als „Antimissbrauchsvorschrift" nationale Besteuerungsrechte erweitern könne.[38]

Geht man aber weiterhin davon aus, dass das nationale Recht die einzige Basis für Gewinnerhöhungen bieten kann, bleibt zu erörtern, welche Wirkung nunmehr Art. 9 OECD-MA auf das nationale Recht zeitigt, ob diese Vorschrift also eine Schrankenwirkung entfaltet oder lediglich illustrierenden Charakter hat.[39] Hier scheint sich mittlerweile in der OECD,[40] Rechtsprechung,[41] Verwaltungspraxis[42] und Schrifttum[43] die Ansicht durchgesetzt

---

36 So für Australien z. B. Tz. 29–33 des Australian Taxation Ruling 2001/11, und Tz. 39–42 des Australian Taxation Ruling 2010/7. Dies wurde in Tz. 191 der Entscheidung des Administrative Appeals Tribunal, Sydney, v. 22.7.2008, *Roche Products Pty. Ltd. v. Commissioner* [2008] AATA 639, infrage gestellt: „[T]here is a lot to be said for the proposition that the treaties, even as enacted as part of the law of Australia, do not go past authorising legislation and do not confer power on the Commissioner to assess. They allocate taxing power between the treaty parties rather than conferring any power to assess on the assessing body". Die Australische Finanzverwaltung hat daraufhin in ihrem Decision Impact Statement (DIS NT 2005/7 & 56–65) ausgeführt, dass sie an der „position outlined in TR 92/11, TR 94/14 and TR 2001/13" festhalten wird, „that the business profits or associated enterprises article of a DTA may provide a separate basis for assessing transfer pricing adjustments". Diese Ansicht der Finanzverwaltung wurde nachfolgend in Tz. 23 der Entscheidung des Federal Court of Australia v. 25.6.2010, *SNF (Australia) Pty Ltd v. Commissioner of Taxation*, [2010] FCA 635, zustimmend kommentiert. Mittlerweile wurde diese Frage in Australien aber ohnehin durch den Gesetzgeber geklärt; s. Tax Laws Amendment (Cross-Border Transfer Pricing) Bill (No. 1) 2012, und dazu vorgehend *Australian Treasury*, Income tax: cross border profit allocation (Consultation Paper, 1 November 2011), Tz. 113–114.
37 Für eine Analyse der diesbezüglichen schwedischen Literatur s. *Wittendorff*, Transfer Pricing (Fn. 7), S. 193.
38 S. z. B. *Pogorelova* (Fn. 18), Intertax 2009, 683 (687–688).
39 S. zu dieser Frage auch Tz. 29–30 und 50 des OECD Berichts zu „Thin Capitalisation" (1987).
40 Art. 9 Tz. 3 OECD-MK; weiterhin Tz. 1.7 TPG („authorised") und Art. 9 Tz. 3 OECD-MK; s. auch Tz. 50 des OECD Berichts zu „Thin Capitalisation" (1987).
41 FG Köln v. 22.8.2007 – 13 K 647/03, 56 EFG 2008, 161; womöglich anders Tz. 49 der Entscheidung des Federal Court of Australia v. 25.6.2010, *SNF (Australia) Pty Ltd v. Commissioner of Taxation*, [2010] FCA 635.
42 Z. B. Tz. 18 und 184–186 des Australian Taxation Ruling 94/14 („treaty provisions will prevail"); Rz. 6 der österreichischen Verrechnungspreisrichtlinien, BMF-010221/2522-IV/4/2010 („Sperrwirkung"); Tz. 1.2.3. der deutschen Grundsätze für die Prüfung der Einkunftsabgrenzung bei international verbundenen Unternehmen (Verwaltungsgrundsätze), BStBl. I 1983, 218, i. d. F. BStBl. I 1999, 1122 („begrenzen").
43 S. z. B. *Lang*, Doppelbesteuerungsabkommen (Fn. 4), S. 33 f.; *Maisto*, General Report, in IFA (Hrsg.), Transfer pricing in the absence of comparable market prices, CDFI Vol. 77a, 1992, S. 19 (60); *Lahodny-Karner*, Verrechnungspreise und Gegenbe-

zu haben, dass Art. 9 OECD-MA die Staaten zur Anwendung eines bestimmten Maßstabes, nämlich des „Arm's Length Standards", zwingt und solcherart eine Gewinnerhöhung über das Fremdvergleichsmaß hinaus verbietet. Allerdings findet sich in der Staatenpraxis auch die Ansicht, dass eine über das Fremdvergleichsmaß hinausgehende Anpassung durch Art. 9 OECD-MA nicht ausgeschlossen sei,[44] dieser Bestimmung also bloß programmatischer Charakter zukomme. Auch der OECD-MK deutet einen mangelnden Konsens zwischen den Staaten an.[45]

Würde man Art. 9 Abs. 1 OECD-MA aber die Schrankenwirkung absprechen, hätte diese Bestimmung keinen normativen Charakter:[46] Sie wäre weder Rechtsgrundlage für Verrechnungspreiskorrekturen noch hätte sie Einfluss auf das nationale Recht. Denn die Vertragsstaaten sind beim Feh-

---

richtigung, in Gassner/Lang/Lechner (Hrsg.), Aktuelle Entwicklungen im Internationalen Steuerrecht, 1994, S. 91 (95); *Lang* in Gassner/Lang/Lechner (Fn. 33), S. 127 (131–133); *Michielse*, Treaty Aspects of Thin Capitalization, BIFD 1997, 565 (568–569); *Schnieder* (Fn. 33), IStR 1999, 65 (66–67); *Nitikman* (Fn. 33), 26 Int'l Tax J. 2000, 20 (43–44); *Becker* in Gosch/Kroppen/Grotherr (Fn. 11), Art. 9 Rz. 85–88; *Baker* (Fn. 11), Art. 9 Rz. 9B.14; *De Hosson*, Codification of the Arm's Length Principle in the Netherlands Corporate Income Tax Act, Intertax 2002, 189 (192–193); *Wassermeyer* in Debatin/Wassermeyer (Fn. 11), Art. 9 Rz. 22 und 76, 77 sowie 77a (einschränkend auf die Gewinnanpassung aufgrund der Unangemessenheit der Gegenleistung); *Kroppen/Rasch* (Fn. 33), ITPJ 2004, 26 (27–28); *Gosch* (Fn. 33) in FS Korn, 2005, S. 391 (396); *Eigelshoven* in Vogel/Lehner (Fn. 11), Art. 9 Rz. 19–20; *De Broe* (Fn. 18), S. 513; *Haas*, Funktionsverlagerung – Verhältnis zu DBAs, in Spindler/Tipke/Rödder (Hrsg.), Steuerzentrierte Rechtsberatung, FS Schaumburg, 2009, S. 715 (731); *Oestreicher* in Endres/Jacob/Gohr/Klein (Fn. 29), Art. 9 Rz. 14; *Teixeira*, Tax Treaty Consequences of Secondary Transfer Pricing Adjustments, Intertax 2009, 449 (457); *Wittendorff* (Fn. 11), BIT 2009, 107 (111–113); *Schaumburg* (Fn. 11), Rz. 16.292–16.293; *Wittendorff*, Transfer Pricing (Fn. 7), S. 195–199; *Bullen*, Arm's Length (Fn. 34), S. 70–72; *Vögele/Raab* in Vögele/Borstell/Engler (Fn. 33), Rz. B19; *Jacobs* (Fn. 33), S. 755 und 758; *Stürzlinger* (Fn. 33), S. 104.
44 Für eine Analyse der Position der belgischen Verwaltungspraxis s. *De Broe* (Fn. 18), S. 513 m. Fn. 645; für eine nähere Darstellung der Position der deutschen Verwaltungspraxis s. z.B. *Eigelshoven* in Vogel/Lehner (Fn. 11), Art. 9 Rz. 19. Diese Ansicht findet sich womöglich auch in Tz. 7 der Working Party No. 7 of the Fiscal Committee on „Apportionment of Profits", FC/WP7(70)1 (June 1970), wo ausgeführt wird, dass Art. 9 OECD-MA „merely permissive" sei und „that what Article 9 permits is not prohibited elsewhere in the Convention".
45 Art. 9 Tz. 4 OECD-MK; s. auch Tz. 30 des OECD Berichts „Double Taxation Conventions and the Use of Base Companies" (1986), und zur Natur der Differenzen spezifisch Tz. 29–30 und 50 des OECD Berichts zu „Thin Capitalisation" (1987); s. auch *Nitikman* (Fn. 33), 26 Int'l Tax J. 2000, 20 (47); *Wittendorff*, Transfer Pricing (Fn. 7), S. 194. S. auch die U.S. Tech. Expl. zu Art. 9 des US MA 1996 (Ausführungen zur Steichung des Art. 9 Abs. 3 des US MA 1981).
46 S. auch *Maisto* (Fn. 43) in CDFI Vol. 77a, 1992, S. 19 (60); *Lang* in Gassner/Lang/Lechner (Fn. 33), S. 127 (131–132); *Nitikman* (Fn. 33), 26 Int'l Tax J. 2000, 20 (47); *Becker* in Gosch/Kroppen/Grotherr (Fn. 11), Art. 9 Rz. 85; *Gosch* (Fn. 33) in FS Korn, 2005, S. 391 (396); *Eigelshoven* in Vogel/Lehner (Fn. 11), Art. 9 Rz. 20; *Wittendorff* (Fn. 11), BIT 2009, 107 (112); *Bullen*, Arm's Length (Fn. 34), S. 70.

len eines Art. 9 OECD-MA ohnehin frei, ihre nationalen Verrechnungspreisvorschriften uneingeschränkt anzuwenden;[47] es bedarf also gerade keiner „Ermächtigung" durch das Abkommen.[48] Art. 9 Abs. 1 OECD-MA kann aber auch nicht als „Türöffner" zur Gegenberichtigung nach Art. 9 Abs. 2 OECD-MA gerechtfertigt werden, wurde doch die letztgenannte Bestimmung erst wesentlich später in das Musterabkommen eingefügt.[49] Gerade umgekehrt zeigt Art. 9 Abs. 2 OECD-MA, dass die Zielsetzung der Vermeidung der wirtschaftlichen Doppelbesteuerung untergraben würde, wenn Art. 9 Abs. 1 OECD-MA keine Schrankenwirkung zukäme: Denn Art. 9 Abs. 2 OECD-MA setzt voraus, dass der andere Staat „der Auffassung ist, dass der berichtigte Gewinnbetrag wirklich dem Gewinn entspricht, der bei Geschäftsbeziehungen unter den Bedingungen des freien Marktes erzielt worden wäre";[50] würde also Art. 9 Abs. 1 OECD-MA seinerseits keine Beschränkung auf Anpassungen nach dem „Arm's Length Prinzip" beinhalten, wäre insofern auch keine Gegenberichtigungspflicht nach Art. 9 Abs. 2 OECD-MA gegeben, sodass systematisch eine (wirtschaftliche) Doppelbesteuerung bestehen bleiben könnte.[51] Ein solches Ergebnis kann dem Zusammenwirken der beiden Absätze des Art. 9 (i. V. m. Art. 25 Abs. 5) OECD-MA aber nicht unterstellt werden. Es bedarf daher der Annahme eines bindenden Maßstabes für beide Vertragsstaaten, der sich eben aus dem Fremdvergleichsgrundsatz des Art. 9 Abs. 1 OECD-MA ergibt.[52] Unterstützt wird dieses Ergebnis auch dadurch, dass sowohl Art. 7 wie auch Art. 9 OECD-MA Regelungen zur Gewinnabgrenzung auf Basis des Fremdvergleichsgrundsatzes enthalten, wobei die historische Entwicklung,[53] der OECD-MK[54] und auch Art. 9 Abs. 2 OECD-MA[55] deutlich demonstrieren, dass die rechtlichen Effekte – also die Schrankenwir-

---

47 S. Tz. 7 of Working Party No. 7 of the Fiscal Committee on „Apportionment of Profits", FC/WP7(70)1 (June 1970); s. auch BFH v. 9.11.2005 – I R 27/03, BStBl. II 2006, 564; *Wittendorff* (Fn. 11), BIT 2009, 107 (112); *Wittendorff*, Transfer Pricing (Fn. 7), S. 147.
48 *Wittendorff*, Transfer Pricing (Fn. 7), S. 196–197.
49 S. auch *Wittendorff*, Transfer Pricing (Fn. 7), S. 197.
50 Art. 9 Tz. 6 OECD-MK.
51 In diese Richtung Tz. 50 des OECD Berichts zu „Thin Capitalisation" (1987); s. auch *Becker* in Gosch/Kroppen/Grotherr (Fn. 11), Art. 9 Rz. 87.
52 S. z.B. *Haas* (Fn. 43) in FS Schaumburg, 2009, S. 715 (731); *Schaumburg* (Fn. 11), Rz. 16.292–16.293; weiterhin *Baker* (Fn. 11), Art. 9 Rz. 9B.14, der ausführt, dass es der wahre Zweck des Art. 9 Abs. 1 OECD-MA sein könnte, „its limits the treaty protection provided by Articles 7 and 8 to those profits which an enterprise would derive if no special conditions existed with regard to associated enterprises. Article 9(1) does not, therefore, of itself provide any authorization for the adjustment of profits between associated enterprises, nor does it restrict domestic legislation, except in so far as the application of that domestic legislation conflicts with Articles 7 and 8 (as applied together with Article 9)".
53 Dazu z. B. *Wittendorff*, Transfer Pricing (Fn. 7), S. 197.
54 Art. 7 Tz. 16 OECD-MK.
55 *Wassermeyer* in Debatin/Wassermeyer (Fn. 11), Art. 9 Rz. 77a.

kung – von Art. 7 Abs. 2 und Art. 9 Abs. 1 OECD-MA identisch sein müssen.[56] Daher ist das Wort „dürfen", wie es in Art. 9 Abs. 1 OECD-MA im Zusammenhang mit den Worten „die Gewinne" verwendet wird, so zu verstehen, dass es sich auf „die Gewinne, aber auch nur diese", bezieht.[57] Die Funktion des Art. 9 Abs. 1 OECD-MA besteht daher darin, Gewinnanpassungen auf das fremdübliche Ausmaß der Gewinne zu beschränken, also auf jene Gewinne, „die eines der Unternehmen ohne diese Bedingungen erzielt hätte, wegen dieser Bedingungen aber nicht erzielt hat".[58]

Diese Folgerung hat breite Wirkung: Art. 9 Abs. 1 OECD-MA unterbindet nicht die Anpassung von Gewinnen, die aufgrund von „vereinbarten oder auferlegten Bedingungen" (z. B. Preise im weiteren Sinne, Margen) zwischen verbundenen Unternehmen „in ihren kaufmännischen oder finanziellen Beziehungen" (z. B. Verkäufe, Dienstleistungen) entstehen, nach dem „Arm's Length Prinzip". Art. 9 Abs. 1 OECD-MA verbietet jedoch sämtliche Anpassungen, die nicht auf der Unangemessenheit der „vereinbarten oder auferlegten Bedingungen" beruhen (s. aber zu Strukturanpassungen unten IV.2.). Handelt es sich daher um „kaufmännische oder finanzielle Beziehungen", ist eine auf bloß formalen Gründen („formeller Fremdvergleich") basierende Gewinnanpassung unzulässig: Obwohl die Frage der Bedeutung formaler Voraussetzungen in der OECD in Diskussion steht,[59] besteht zu Recht weitgehende Einigkeit in der deutschen Rechtsprechung[60] und im Schrifttum,[61] dass – entgegen der Ansicht der deutschen Verwal-

---

56 S. z. B. *Nitikman* (Fn. 33), 26 Int'l Tax J. 2000, 20 (47); *Wittendorff*, Transfer Pricing (Fn. 7), S. 197; *Schaumburg* (Fn. 11), Rz. 16.293; *Bullen*, Arm's Length (Fn. 34), S. 70–71.
57 S. auch *Gosch* (Fn. 33) in FS Korn, 2005, S. 391 (396).
58 Art. 9 Tz. 1 und 2 OECD-MK; Tz. 1.14 ff. VPR.
59 S. einerseits die verschiedenen in Art. 9 Tz. 4 OECD-MK referierten Länderpositionen und andererseits Tz. 7.18 VPR, wo darauf hingewiesen wird, dass „the absence of payments or contractual agreements does not automatically lead to the conclusion that no intra-group services have been rendered".
60 BFH v. 11.10.2012 – I R 75/11, IStR 2013, 109 (vorgehend ebenso FG Hamburg v. 31.10.2011 – 6 K 179/10, IStR 2012, 190); FG Köln v. 22.8.2007 – 13 K 647/03, EFG 2008, 161; offengeblieben in BFH v. 9.11.2005 – I R 27/03, BStBl. II 2006, 564.
61 S. z. B. *Schnieder* (Fn. 33), IStR 1999, 65 (67–69); *Becker* in Gosch/Kroppen/Grotherr (Fn. 11), Art. 9 Rz. 116; *Kroppen/Rasch* (Fn. 33), ITPJ 2004, 26 (28–29); *Gosch* (Fn. 33) in FS Korn, 2005, S. 391 (398–402); *Eigelshoven* in Vogel/Lehner (Fn. 11), Art. 9 Rz. 27; *Baumhoff/Greinert*, Steuerliche Anerkennung internationaler Verrechnungspreise bei Nichteinhaltung formaler Anforderungen, IStR 2008, 353 (357–358); *Schaumburg* (Fn. 11), Rz. 16.293; *Eigelshoven/Ebering* in Kroppen (Hrsg.), Handbuch Internationale Verrechnungspreise II, 2010, Rz. 1.28 OECD VPR Rz. 1.29–131; *Jacobs* (Fn. 33), S. 759; anders *Wassermeyer* in Debatin/Wassermeyer (Fn. 11), Art. 9 Rz. 128. Für eine ausführliche Diskussion des Meinungsstandes s. *Wittendorff*, Transfer Pricing (Fn. 7), S. 227–230; *Wittendorff* (Fn. 13), ITPJ 2010, 200 (209–209).

tungspraxis[62] – Gewinnkorrekturen aus bloß formalen Gründen (etwa das Fehlen von klaren, im Voraus getroffenen, zivilrechtlich wirksamen Vereinbarungen) durch Art. 9 Abs. 1 OECD-MA gesperrt sind; dies deshalb, weil diese Bestimmung eben mit ihrem Abstellen auf die „kaufmännischen oder finanziellen Beziehungen" alle zwischen verbundenen Unternehmen vorkommenden Leistungsbeziehungen einschließt und keine Ausnahme für jene Fälle gestattet, in denen bei einer bestehenden Leistungsbeziehung vom nationalen Recht dennoch eine gesellschaftsrechtliche Grundlage fingiert wird.

2. Situationen außerhalb des Anwendungsbereichs des Art. 9 OECD-MA

Weder das OECD-MA noch der OECD-MK befassen sich mit nationalrechtlichen Verrechnungspreiskorrekturen außerhalb der Grenzen des Art. 9 Abs. 1 OECD-MA. Konsens besteht zunächst darin, dass Art. 9 Abs. 1 OECD-MA keine Sperrwirkungen für Fälle außerhalb des subjektiven Anwendungsbereichs dieser Bestimmung entfaltet, also etwa für grenzüberschreitende Transaktionen unter Beteiligung eines Nicht-Unternehmens (z. B. einer Privatperson); diesfalls soll es den Vertragsstaaten freistehen, uneingeschränkt ihr nationales Recht und dessen Korrekturnormen anzuwenden.[63] Weniger klar werden jedoch Situationen gesehen, die sich außerhalb des beziehungsorientierten Anwendungsbereichs des Art. 9 Abs. 1 OECD-MA abspielen. Dies betrifft Transaktionen zwischen Unternehmen, die aus anderen als den in Art. 9 Abs. 1 OECD-MA genannten Gründen „verbunden" sind, etwa durch wirtschaftliche Beziehungen oder Verwandtschaftsverhältnisse der Gesellschafter (s. zur Abgrenzung unten III.2.). Zu dieser Frage sind zwei Auffassungen denkbar: Einerseits wird vertreten, dass in diesen Fällen Verrechnungspreiskorrekturen nicht durch Art. 9 Abs. 1 OECD-MA „gestattet" und daher entweder gänzlich unzulässig seien[64] oder zumindest dem „Arm's Length Prinzip" entsprechen

---

62 S. Tz. 1.4.1. der deutschen Grundsätze für die Prüfung der Einkunftsabgrenzung bei international verbundenen Unternehmen (Verwaltungsgrundsätze), BStBl. I 1983, 218, i. d. F. BStBl. I 1999, 1122, und Tz. 6.1.1. der deutschen Verwaltungsgrundsätze-Verfahren, BStBl. I 2005, 570.

63 Dazu z. B. *Becker* in Gosch/Kroppen/Grotherr (Fn. 11), Art. 9 Rz. 96–99; *Wassermeyer* in Debatin/Wassermeyer (Fn. 11), Art. 9 Rz. 79; *Eigelshoven* in Vogel/Lehner (Fn. 11), Art. 9 Rz. 34; *De Broe* (Fn. 18), S. 513–514; *Schaumburg* (Fn. 11), Rz. 16.293; *Bullen*, Arm's Length (Fn. 34), S. 73–74; *Vögele/Raab* in Vögele/Borstell/Engler (Fn. 33), Rz. B21.

64 *Becker* in Gosch/Kroppen/Grotherr (Fn. 11), Art. 9 Rz. 90–92; *Rotondaro*, Der Begriff der „verbundenen Unternehmen": ein Problem der Abkommensinterpretation, IStR 2001, 761 (771); *Becker*, Die Bedeutung verbundener Unternehmen in Art. 9 OECD-MA, IWB 2003 Fach 10 Gr. 2, 1705 (1714–1715); *Kroppen/Rasch* (Fn. 33), ITPJ 2004, 26 (28); *Eigelshoven* in Vogel/Lehner (Fn. 11), Art. 9 Rz. 38; *De Broe* (Fn. 18), S. 514; für einen Überblick zur diesbezüglichen dänischen, norwegischen und schwedischen Literatur s. *Wittendorff*, Transfer Pricing (Fn. 7), S. 201–202.

müssten.⁶⁵ Diese Auslegung basiert zumindest implizit auf der – hier abgelehnten – Annahme, dass es sich bei Art. 9 Abs. 1 OECD-MA um eine abschließende Ausnahme von – und nicht um eine Ergänzung des – Art. 7 OECD-MA handle, der das exklusive Besteuerungsrecht dem Ansässigkeitsstaat (des anderen Unternehmens) zuweise.⁶⁶ Andererseits wird vertreten, dass für Situationen außerhalb des beziehungsorientierten Anwendungsbereichs des Art. 9 Abs. 1 OECD-MA das Abkommen gerade keine Schrankenwirkung entfalte und die Staaten daher – innerhalb der Grenzen der Diskriminierungsverbote des Art. 24 OECD-MA – Verrechnungspreisanpassungen ohne Rücksichtnahme auf das „Arm's Length Prinzip" vornehmen dürften.⁶⁷ Diese Auslegung hätte umgekehrt zur Folge, dass Abkommensbestimmungen, die dem „Arm's Length Prinzip" auch für Fälle außerhalb des Anwendungsbereichs des Art. 9 Abs. 1 OECD-MA zur Geltung verhelfen, eine Ausdehnung der Schrankenwirkung bedeuten.⁶⁸ Dieser Auslegung ist schon aufgrund des Wortlauts und der Zielsetzung des Art. 9 Abs. 1 OECD-MA der Vorzug zu geben. Sie führt aber auch zu dem rechtspolitisch eigenartigen Ergebnis, dass „verbundene Unternehmen" im Sinne des Art. 9 Abs. 1 OECD-MA mehr Schutz erhalten, als auf andere Weise verbundene Steuerpflichtige.

---

65 *Eigelshoven* in Vogel/Lehner (Fn. 11), Art. 9 Rz. 39.
66 Zu diesem Argument z. B. *Becker* in Gosch/Kroppen/Grotherr (Fn. 11), Art. 9 Rz. 57–60; dagegen *Wittendorff*, Transfer Pricing (Fn. 7), S. 179.
67 Vgl. z. B. *Wassermeyer* in Debatin/Wassermeyer (Fn. 11), Art. 9 Rz. 78–79; *Chebounov*, Zur Problematik der Gewinnberichtigung nach dem DBA-Recht, IStR 2002, 586 (587–589); *Gosch* (Fn. 33) in FS Korn, 2005, S. 391 (396); *Vann*, Tax treaties: the secret agent's secrets, BTR 2006, 345 (372); *Wittendorff* (Fn. 11), BIT 2009, 107 (113–114); *Wittendorff*, Transfer Pricing (Fn. 7), S. 199–202 (auch unter Einbeziehung dänischer, norwegischer und schwedischer Literatur); *Schaumburg* (Fn. 11), Rz. 16.293; *Bullen*, Arm's Length (Fn. 34), S. 73–75. S. auch Tz. 1.2.1. der deutschen Grundsätze für die Prüfung der Einkunftsabgrenzung bei international verbundenen Unternehmen (Verwaltungsgrundsätze), BStBl. I 1983, 218, i. d. F. BStBl. I 1999, 1122, die darauf hinweisen, dass es Sinn und Zweck der DBA nicht entspreche, „Berichtigungen von Einkünften, die sachlich geboten sind, für bestimmte Fälle zu verbieten".
68 S. z. B. Absatz 7 zweiter Satz des Protokolls zum DBA Deutschland-USA (BGBl. II 2008, 611), wonach „Artikel 9 [...] nicht so auszulegen [ist], als beschränke er einen Vertragsstaat bei der Aufteilung von Einkünften zwischen Personen, die auf andere Weise als durch mittelbare oder unmittelbare Beteiligung im Sinne des Absatzes 1 miteinander verbunden sind (zum Beispiel durch kommerzielle oder vertragliche Beziehungen, die zu beherrschendem Einfluss führen); die Aufteilung muss aber sonst den allgemeinen Grundsätzen des Artikels 9 Absatz 1 entsprechen". Für die Charakterisierung dieser Klausel als Ausdehnung des Fremdvergleichsgrundsatzes auch *Oestreicher* in Endres/Jacob/Gohr/Klein (Fn. 29), Art. 9 Rz. 6. Für die Qualifikation dieser Klausel als Ausnahme vom Verbot der Anpassungen außerhalb des Anwendungsbereichs des Art. 9 Abs. 1 OECD-MA s. aber *Eigelshoven* in Vogel/Lehner (Fn. 11), Art. 9 Rz. 146. Unklar U.S. Tech. Expl. zu Art. 9 des DBA Deutschland/USA 1989, wonach diese Klausel „klarmache" („makes clear"), dass Art. 9 das Recht der Vertragsstaaten zur Gewinnberichtigung in solchen Fällen nicht einschränke.

3. Abgrenzungsfragen innerhalb des Abkommens

Sowohl Art. 7 als auch Art. 9 OECD-MA implizieren, dass Unternehmensgewinne dort besteuert werden sollen, wo sie nach der Vorstellung des Abkommensrechts ökonomisch herstammen. In diesem Sinne hat etwa auch der EuGH befunden, dass Verrechnungspreisvorschriften es einem Staat ermöglichen, „seine Steuerhoheit für die in seinem Hoheitsgebiet durchgeführten Tätigkeiten auszuüben".[69] In diesem Zusammenhang dient Art. 9 Abs. 1 OECD-MA also dazu, jenen Betrag von Unternehmensgewinnen aus Transaktionen zwischen verbundenen Unternehmen zu bestimmen,[70] der vom jeweiligen ausschließlichen Besteuerungsrecht der beiden Ansässigkeitsstaaten nach Art. 7 OECD-MA erfasst ist.[71] In diesem Sinne ergänzt Art. 9 OECD-MA die eigentlichen Verteilungsnorm des Art. 7 (bzw. Art. 8) OECD-MA.[72] Umgekehrt zeigt Art. 7 Abs. 4 OECD-MA, dass der Begriff der – auch von Art. 9 OECD-MA erfassten – Unternehmensgewinne auch dem Unternehmen zuzurechnende Zinsen und Lizenzgebühren einschließt, selbst wenn diese – außerhalb von Art. 11 Abs. 4 und Art. 12 Abs. 3 OECD-MA – von anderen Verteilungsnormen erfasst sind. Auch Zinsen und Lizenzgebühren können daher nur in den Grenzen des Art. 9 OECD-MA einer Verrechnungspreiskorrektur unterzogen werden.[73] Gleicher-

---

69 EuGH v. 21.1.2010 – Rs. C-311/08, *SGI* – Tz. 64, Slg. 2010, I-487.
70 Nur am Rande sei angemerkt, dass Beziehungen zwischen Betriebsstätte und Stammhaus, zwischen verschiedenen Betriebsstätten desselben Stammhauses und zwischen unterschiedlichen Unternehmen desselben Steuerpflichtigen nach Art. 7 und nicht nach Art. 9 OECD-MA zu beurteilen sind. S. nur *Becker* in Gosch/Kroppen/Grotherr (Fn. 11), Art. 9 Rz. 2 und 17; *Wassermeyer* in Debatin/Wassermeyer (Fn. 11), Art. 9 Rz. 23; *Wittendorff*, Transfer Pricing (Fn. 7), S. 206–207; *Schaumburg* (Fn. 11), Rz. 16.294; *Stürzlinger* (Fn. 33), S. 91.
71 *Baker* (Fn. 11), Art. 9 Rz. 9B.14; *Wassermeyer* in Debatin/Wassermeyer (Fn. 11), Art. 9 Rz. 2 und 22; *Wittendorff*, Transfer Pricing (Fn. 7), S. 178–179.
72 S. auch *Baker* (Fn. 11), Art. 9 Rz. 9B.14; *Wassermeyer* in Debatin/Wassermeyer (Fn. 11), Art. 9 Rz. 2; *Wittendorff* (Fn. 11), BIT 2009, 107 (110); *Wittendorff*, Transfer Pricing (Fn. 7), S. 178–179; *Wittendorff* (Fn. 13), ITPJ 2010, 200 (200 ff.); *Bullen*, Arm's Length (Fn. 34), S. 68.
73 *Becker* in Gosch/Kroppen/Grotherr (Fn. 11), Art. 9 Rz. 14; *Eigelshoven* in Vogel/Lehner (Fn. 11), Art. 9 Rz. 35; *De Broe* (Fn. 18), S. 510–512; *Wittendorff*, Transfer Pricing (Fn. 7), S. 180–181; *Wittendorff* (Fn. 13), ITPJ 2010, 200 (202–203); *Vögele/Raab* in Vögele/Borstell/Engler (Fn. 33), Rz. B19; s. z. B. auch Art. 9 Tz. 5 und Tz. 22, 28, 48, 51–54 und 61–62 des OECD Berichts zu „Thin Capitalisation" (1987) (zu Zinsen); a. A. *Wassermeyer* in Debatin/Wassermeyer (Fn. 11), Art. 9 Rz. 2, 22 und 63 (für Einkünfte aus unbeweglichem Vermögen, Zinsen und Lizenzgebühren), und *Chebounov*, Zur Problematik der Gewinnberichtigung nach dem DBA-Recht, IStR 2002, 586 (589–590) (für Zinsen und Lizenzgebühren), mit dem Argument, dass – auch im Lichte von Art. 11 Abs. 6 und Art. 12 Abs. 4 OECD-MA – die von speziellen Verteilungsnormen erfassten Einkünfte außerhalb des Art. 9 OECD-MA lägen, weil sie keine Unternehmensgewinne nach Art. 7 OECD-MA seien. S. schließlich auch *Baker* (Fn. 11), Art. 9 Rz. 9B.14, mit dem Hinweis im Hinblick auf Zinsen und Lizenzgebühren, dass die entsprechenden Abkommensbestimmungen „often include their

maßen fallen Einkünfte aus unbeweglichem Vermögen, die einem Unternehmen zuzurechnen sind, unter Art. 9 OECD-MA,[74] hat doch Art. 6 Abs. 4 im Lichte des Art. 7 Abs. 4 OECD-MA bloß klarstellenden Charakter.

Besondere Auslegungsprobleme scheint jedoch das Verhältnis zwischen Art. 9 OECD-MA einerseits und Art. 11 Abs. 6 bzw. Art. 12 Abs. 4 OECD-MA andererseits zu verursachen. Die beiden letztgenannten Bestimmungen beschränkten die Anwendung der Abkommensbestimmungen betreffend Zinsen (Art. 11 OECD-MA) und Lizenzgebühren (Art. 12 OECD-MA) auf jenen (fremdüblichen) Betrag, der nicht auf eine „besondere Beziehung" zwischen Schuldner und Nutzungsberechtigtem zurückzuführen ist. Beide Bestimmungen beziehen sich demnach auf „exzessive" Zinsen oder Lizenzgebühren der Höhe nach,[75] was nach Vorstellung der OECD wiederum nach dem „Arm's Length Prinzip" zu bestimmen sei.[76] Sowohl Art. 11 Abs. 6 als auch Art. 12 Abs. 4 OECD-MA verwenden den Begriff der „besonderen Beziehungen", der weiter ist als jener der Verbundenheit in Art. 9 Abs. 1 OECD-MA. Er erfasst nämlich auch Beziehungen zwischen Nicht-Unternehmen und „verwandtschaftliche Beziehungen und ganz allgemein jede Interessengemeinschaft, die neben dem Rechtsverhältnis, auf Grund dessen die Zinsen gezahlt werden, besteht".[77]

Nichtsdestoweniger besteht durchaus ein „Überlappungsbereich" zwischen Art. 9 OECD-MA und Art. 11 Abs. 6 bzw. Art. 12 Abs. 4 OECD-MA, etwa in Fällen der direkten oder indirekten Kontrolle des Schuldners durch den Nutzungsberechtigten.[78] Für diesen „Überlappungsbereich" wird einerseits die Ansicht vertreten, dass es sich bei Art. 11 Abs. 6 und Art. 12 Abs. 4 OECD-MA um spezielle Regelungen handle, die Vorrang vor Art. 9 OECD-MA hätten (sodass Anpassungen nach Art. 9 OECD-MA nicht gestattet wären),[79] andererseits, dass – im Lichte von Art. 7 Abs. 4, Art. 11

---

own ‚special relationship' provisions permitting an arm's length adjustment, so that Article 9 is not directly relevant to those items of income".
74 *Wittendorff*, Transfer Pricing (Fn. 7), S. 181; *Wittendorff* (Fn. 13), ITPJ 2010, 200 (203); a. A. *Wassermeyer* in Debatin/Wassermeyer (Fn. 11), Art. 9 Rz. 22 und 63.
75 Beide Bestimmungen erlauben freilich nur eine Anpassung der Höhe nach, nicht jedoch eine Umqualifikation, etwa eines Darlehens in Eigenkapital. S. Art. 11 Tz. 35 und Art. 12 Tz. 22 OECD-MK, wobei der OECD-MK auch alternative Formulierungen vorschlägt, die eine Umqualifikation abdecken würden; dazu Tz. 61 des OECD Berichts zu „Thin Capitalisation" (1987); weiterhin z. B. *De Broe* (Fn. 18), S. 539; *Bullen*, Arm's Length (Fn. 34), S. 20.
76 S. Art. 11 Tz. 32 und Art. 12 Tz. 22 OECD-MA.
77 Art. 11 Tz. 34 OECD-MA; ebenso für Lizenzgebühren Art. 12 Tz. 24 OECD-MA; weiterhin *Chebounov*, Zur Problematik der Gewinnberichtigung nach dem DBA-Recht, IStR 2002, 586 (589).
78 S. auch Art. 11 Tz. 33 und Art. 12 Tz. 11 OECD-MK („similar or analogous to the cases contemplated by Article 9").
79 *Becker* in Gosch/Kroppen/Grotherr (Fn. 11), Art. 9 Rz. 62 und 94; *Eigelshoven* in Vogel/Lehner (Fn. 11), Art. 9 Rz. 7; *Schaumburg* (Fn. 11), Rz. 16.294.

Abs. 6 und Art. 12 Abs. 4 OECD-MA – Art. 9 OECD-MA auf Zinsen und Lizenzgebühren überhaupt nicht anwendbar sei.[80] Beide Auslegungen überzeugen nicht. Sie übersehen, dass im Falle exzessiver Zins- und Lizenzgebührenzahlungen Art. 9 OECD-MA die fremdvergleichskonforme Anpassung des Gewinnes des Zahlers nach nationalem Recht in dessen Ansässigkeitsstaat betrifft, während Art. 11 Abs. 6 und Art. 12 Abs. 4 OECD-MA mit der abkommensrechtlichen Qualifikation der Einkünfte des Empfängers befasst sind. Sie betreffen daher lediglich die Frage, ob der Quellenstaat verpflichtet ist, seine Quellensteuer auf abfließende Zinsen bzw. Lizenzgebühren gem Art. 11 bzw. Art. 12 OECD-MA (auf 10 % bzw. 0 %) zu reduzieren, aber nicht die Frage, ob und inwieweit der Gewinn des Zahlers anzupassen ist.[81] Es liegt daher auf der Hand, dass sich diese Bestimmungen im „Überlappungsbereich" ergänzen.[82] In der Tat gestattet Art. 9 OECD-MA jedenfalls eine national-steuerrechtliche Anpassung der Gewinne des Zahlers nach dem „Arm's Length Prinzip", also etwa die Versagung der Abzugsfähigkeit des „exzessiven" Teils der Zinsen oder Lizenzgebühren.[83] Dessen ungeachtet würde grundsätzlich aber auch der „exzessive" Teil unter Art. 11 bzw. Art. 12 OECD-MA fallen, sofern nur die Definition der „Zinsen" oder „Lizenzgebühren" erfüllt ist.[84] Art. 11 Abs. 6 und Art. 12 Abs. 4 OECD-MA sind daher erforderlich, um es dem Quellenstaat zu ermöglichen, sich von der abkommensrechtlichen Einschränkung seines Rechts, den Empfänger zu besteuern, zu befreien.[85] Sie sind daher gewissermaßen Abweichungen von der Zinsen- bzw. Lizenzgebührendefinition, gestatten sie es doch dem Quellenstaat, auf den „exzessiven" Teil der Zahlung nicht Art. 11 bzw. Art. 12 OECD-MA anzuwenden, sondern beispielsweise Art. 10 OECD-MA. Insofern ist die Behandlung des „exzessiven" Teils eine Sekundärberichtigung.[86]

---

80 *Chebounov*, Zur Problematik der Gewinnberichtigung nach dem DBA-Recht, IStR 2002, 586 (589–590); *Wassermeyer* in Debatin/Wassermeyer (Fn. 11), Art. 9 Rz. 22, 45, 63, 76 und 78.
81 S. auch Tz. 39 des OECD Berichts zu „Thin Capitalisation" (1987); vgl. weiterhin *Arnold*, General Report, in IFA (Hrsg.), Deductibility of interest and other financing charges in computing income, CDFI Vol. 79a (1994), S. 491 (519); *Wittendorff*, Transfer Pricing (Fn. 7), S. 184–190. Seit dem OECD Update 1992 führt der OECD-MK zudem aus, dass Art. 11 Abs. 6 „can affect not only the recipient but also the payer of excessive interest and if the law of the State of source permits, the excess amount can be disallowed as a deduction, due regard being had to other applicable provisions of the Convention"; s. Art. 11 Tz. 35 OECD-MK, der insofern auf Tz. 61–62 des OECD Berichts zu „Thin Capitalisation" (1987) basiert. Dies stellt das Recht der Vertragsstaaten klar, eine Gewinnkorrektur nach nationalem Recht durchzuführen, sofern das Abkommen keine Beschränkungen vorsieht; s. *De Broe* (Fn. 18), S. 539; *Wittendorff*, Transfer Pricing (Fn. 7), S. 187.
82 S. auch *Wittendorff*, Transfer Pricing (Fn. 7), S. 187–190.
83 Tz. 51–54 des OECD Berichts zu „Thin Capitalisation" (1987).
84 Tz. 54 und 62 des OECD Berichts zu „Thin Capitalisation" (1987).
85 S. auch *Wittendorff*, Transfer Pricing (Fn. 7), S. 189.
86 *Bullen*, Arm's Length (Fn. 34), S. 21.

Das abkommensrechtliche Nichtdiskriminierungskonzept des Art. 24 OECD-MA findet auch für verbundene Unternehmen Anwendung. Art. 24 Abs. 4 OECD-MA normiert, dass „Zinsen, Lizenzgebühren und andere Entgelte, die ein Unternehmen eines Vertragsstaats an eine im anderen Vertragsstaat ansässige Person zahlt, bei der Ermittlung der steuerpflichtigen Gewinne dieses Unternehmens unter den gleichen Bedingungen wie Zahlungen an eine im erstgenannten Staat ansässige Person zum Abzug zuzulassen" sind. Dies könnte daher grundsätzlich dazu führen, dass nationale Regelungen, die die Abzugsfähigkeit für grenzüberschreitende Zahlungen – etwa auf Basis von Verrechnungspreis- oder Unterkapitalisierungsvorschriften – unvorteilhafter gestalten als für rein nationale Zahlungen, verboten wären. Allerdings findet Art. 24 Abs. 4 OECD-MA nach seinem Eröffnungssatz nur Anwendung, „[s]ofern nicht Artikel 9 Absatz 1, Artikel 11 Absatz 6 oder Artikel 12 Absatz 4 anzuwenden sind". Angesichts dieses deutlichen Wortlauts gehen die OECD,[87] die deutsche Rechtsprechung[88] und die h. A. im Schrifttum[89] auch übereinstimmend davon aus, dass der Eröffnungssatz des Art. 24 Abs. 4 OECD-MA als tatbestandlicher Vorbehalt eine Ausnahme vom Diskriminierungsverbot für den Fall von Zahlungen zwischen verbundenen Unternehmen darstelle, die von Art. 9 Abs. 1 OECD-MA erfasst sind. Daraus folgt, dass nationale Vorschriften, die mit Art. 9 Abs. 1 OECD-MA übereinstimmen, auch nicht gegen das Diskriminierungsverbot des Art. 24 Abs. 4 OECD-MA verstoßen. Lediglich wenn die Versagung der Abzugsfähigkeit, etwa durch Unterkapitalisierungsvorschriften, aufgrund von Regelungen erfolgt, die mit Art. 9 OECD-MA „nicht vereinbar sind und (unter Ausschluss ansässiger Gläubiger) nur auf nichtansässige Gläubiger angewendet werden", liege eine verbotene Diskriminierung vor.[90] In diesem Lichte wird auch verständlich, dass die OECD Mitgliedstaaten nationale, auf grenzüberschreitende Sachverhalte beschränkte Unterkapitalisierungsvorschriften als von Art. 9 OECD-MA erfasst ansehen möchten, können sie doch dadurch intrasystematisch die Frage der Diskriminierung nach Art. 24 Abs. 4 OECD-MA vermeiden. Allerdings enthält der Wortlaut des Beteiligungsdiskriminierungsverbots des Art. 24 Abs. 5 OECD-MA keinen expliziten Vorbehalt zugunsten des Art. 9 Abs. 1 OECD-MA. Es läge daher zunächst

---

87 S. Art. 24 Tz. 74 OECD-MK (betreffend Unterkapitalisierungsbestimmungen) und Tz. 66 des OECD Berichts zu „Thin Capitalisation" (1987).
88 BFH v. 8.9.2010 – I R 6/09, IStR 2011, 160.
89 S. z. B. *Piltz*, General Report, in IFA (Hrsg.), International aspects of thin capitalization, CDFI Vol. 81b (1996), S. 83 (133); *Li/Sandler* (Fn. 18), 45 Can. Tax J. 1997, 891 (931); *Rust* in Vogel/Lehner (Fn. 11), Art. 24 Rz. 138 und 147; *De Broe* (Fn. 18), S. 551; *Wittendorff*, Transfer Pricing (Fn. 7), S. 148; *Helminen*, The International Tax Law Concept of Dividend, 2010, S. 209–210; a. A. womöglich *Eigelshoven* in Vogel/Lehner (Fn. 11), Art. 9 Rz. 8.
90 Art. 24 Tz. 74 OECD-MK; s. z. B. auch *Rust* in Vogel/Lehner (Fn. 11), Art. 24 Rz. 138 und 147; *De Broe* (Fn. 18), S. 551.

nahe, aus Art. 9 Abs. 1 und Art. 24 Abs. 5 OECD eine zweifache Beschränkung für Verrechnungspreisregeln abzuleiten, die lediglich auf grenzüberschreitende Transaktionen zwischen verbundenen Unternehmen Anwendung finden.[91] Allerdings geht der OECD-MK für Art. 24 Abs. 5 davon aus, dass Art. 9 Abs. 1 OECD-MA Teil des Kontextes dieser Bestimmung sei und diese daher so gelesen werden müsse, dass Anpassungen, die mit Art. 9 übereinstimmen, keine Verletzung des Art. 24 Abs. 5 OECD-MA darstellen können.[92] Diese Ansicht überzeugt und wird auch von weiten Teilen des Schrifttums geteilt.[93]

III. Voraussetzungen und Maßstab für eine Verrechnungspreiskorrektur

1. Überblick

Art. 9 Abs. 1 OECD-MA gestattet Gewinnberichtigungen nach nationalem Recht, sofern *(1)* ein Unternehmen eines Vertragsstaats und ein Unternehmen des anderen Vertragsstaats verbunden sind, *(2)* in ihren kaufmännischen oder finanziellen Beziehungen Bedingungen vereinbart oder auferlegt sind, die *(3)* von denen abweichen, die unabhängige Unternehmen miteinander vereinbaren würden, und wenn *(4)* eines der Unternehmen ohne

---

91 *Eigelshoven* in Vogel/Lehner (Fn. 11), Art. 9 Rz. 8; weiterhin *Rust* in Vogel/Lehner (Fn. 11), Art. 24 Rz. 165a. Vgl. auch die *Andritz* Entscheidung des französischen Conseil d'État v. 30.12.2003, n° 233894, RJF 3/04 N° 238, 6 ITLR 604, wonach das Äquivalent des Art. 24 Abs. 5 OECD-MA im französisch-österreichischen DBA 1959/1970 die Anwendung der Eigen-Fremdkapital-Relation der französischen Unterkapitalisierungsregeln verbietet, dies allerdings unter der Annahme, dass die Anwendung dieser Bestimmungen nicht durch Art. 9 des Abkommens gedeckt ist; s. für Analysen dieser Entscheidung z. B. *Baranger*, Supreme Court Rules on Thin Capitalization Provisions, ET 2004, 287 (287 ff.); *Dauchez/Jolly*, Thin Capitalization in France: A Story Still in the Making, 35 Tax Notes Int'l 719 (719 ff.) (Aug. 23, 2004); *Burgstaller*, Conseil d'Etat zur französischen Unterkapitalisierungsregel: Widerspruch zu DBA- und EU-Recht, SWI 2004, 285 (285 ff.). Ähnlich auch BFH v. 8.9.2010 – I R 6/09, IStR 2011, 160.
92 S. Art. 24 Tz. 79 OECD-MK (betreffend Unterkapitalisierungsbestimmungen) und Tz. 87 des OECD Berichts zu „Thin Capitalisation" (1987). Darüber hinaus geht der OECD-MK davon aus, dass Art. 24 Abs. 4 dem Abs. 5 als speziellere Regelung vorgehe, sodass sich für Verrechnungspreis- und Unterkapitalisierungsfälle aus Art. 24 Abs. 5 OECD-MA ohnehin kein weiterer Diskriminierungsschutz ableiten ließe. S. Tz. 66(c) und 87(b) des OECD Berichts zu „Thin Capitalisation" (1987); s. auch Art. 24 Rz. 79 OECD-MK. Der OECD-MK führt im Hinblick auf Art. 24 Abs. 5 OECD-MA aus, dass „[i]n the case of transfer pricing enquiries, almost all member countries consider that additional information requirements which would be more stringent than the normal requirements, or even a reversal of the burden of proof, would not constitute discrimination within the meaning of the Article"; s. Art. 24 Tz. 80 OECD-MK und Art. 9 Tz. 4 OECD-MK; weiterhin Tz. 30–31 des OECD Berichts zu „Double Taxation Conventions and the Use of Base Companies" (1986).
93 S. für diese Auslegung *De Broe* (Fn. 18), S. 562; *Helminen*, The International Tax Law Concept of Dividend, 2010, S. 209–210.

diese Bedingungen einen höheren Gewinn erzielt hätte. Sind diese Voraussetzungen erfüllt, „so dürfen die Gewinne, die eines der Unternehmen ohne diese Bedingungen erzielt hätte, wegen dieser Bedingungen aber nicht erzielt hat, den Gewinnen dieses Unternehmens zugerechnet und entsprechend besteuert werden". Eine solche Primärberichtigung muss daher dem „Arm's Length Prinzip" entsprechen, sodass den Vertragsstaaten die Verwendung anderer Maßstäbe oder Zuteilungsnormen versperrt ist; die Primärberichtigung ist jedoch nicht davon abhängig, dass der andere Staat mit ihr übereinstimmt.[94] Darüber hinaus lässt sich dem Wortlaut des Art. 9 Abs. 1 OECD-MA entnehmen, dass eine Verrechnungspreisanpassung nur dann von dieser Bestimmung gedeckt ist, wenn die Verbundenheit kausal für die Fremdunüblichkeit war.[95]

2. Verbundene Unternehmen

Art. 9 Abs. 1 OECD-MA beschreibt die erforderliche Zusammengehörigkeit von Unternehmen dahin gehend, dass zwei Unternehmen dann miteinander verbunden sind, wenn das eine „unmittelbar oder mittelbar an der Geschäftsleitung, der Kontrolle oder dem Kapital" des anderen beteiligt ist oder wenn „dieselben Personen unmittelbar oder mittelbar an der Geschäftsleitung, der Kontrolle oder dem Kapital" beider Unternehmen beteiligt sind.[96] Die OECD gibt freilich keinen weiteren Hinweis zur Auslegung, sondern spricht lediglich von „Mutter- und Tochtergesellschaften sowie Gesellschaften unter gemeinsamer Kontrolle".[97] In der Tat sind Mutter- und Tochtergesellschaft der Prototyp verbundener Unternehmen, was rechtshistorisch auch durch die Existenz des Art. 5 Abs. 7 OECD-MA belegt ist.[98] Als Interpretationsergebnis greift dies freilich zu kurz. Allerdings sucht man weiterführende Hinweise zur Auslegung des Verbundenheits- bzw. Kontrollkriteriums vergeblich: Die OECD Verrechnungspreis-

---

94 *Wittendorff*, Transfer Pricing (Fn. 7), S. 240.
95 *Eigelshoven* (in Vogel/Lehner [Fn. 11], Art. 9 Rz. 53) weist auf die Wortfolge „in diesen Fällen" hin, *Wittendorff* (Transfer Pricing [Fn. 7], S. 239) auf die Wortfolgen „ohne diese Bedingungen" und „wegen dieser Bedingungen aber nicht erzielt hat". S. z.B. auch *Becker* in Gosch/Kroppen/Grotherr (Fn. 11), Art. 9 Rz. 18; *Becker* (Fn. 64), IWB 2003 Fach 10 Gr. 2, 1705 (1708); *Schaumburg* (Fn. 11), Rz. 16.299; *Stürzlinger* (Fn. 33), S. 103; a. A. *Wassermeyer* in Debatin/Wassermeyer (Fn. 11), Art. 9 Rz. 33. Bisweilen wird im Schrifttum auch eine (widerlegbare) gesetzliche Vermutung der Kausalität im Falle gesellschaftsrechtlicher Verbundenheit für zulässig gehalten; s. dazu *Eigelshoven* in Vogel/Lehner (Fn. 11), Art. 9 Rz. 53.
96 Zum Unternehmensbegriff s. Art. 3 Abs. 1 lit. c und lit. d OECD-MA. Zu den weiteren unternehmensbezogenen Voraussetzungen s. z.B. *Becker* in Gosch/Kroppen/Grotherr (Fn. 11), Art. 9 Rz. 96 und 98–99; *Eigelshoven* in Vogel/Lehner (Fn. 11), Art. 9 Rz. 34. Zu den Begriffen der unmittelbaren und mittelbaren Beteiligung s. *Eigelshoven* in Vogel/Lehner (Fn. 11), Art. 9 Rz. 42.
97 Art. 9 Tz. 1 OECD-MK.
98 S. auch Art. 5 Tz. 40 OECD-MK, der lediglich von Mutter- und Tochtergesellschaften spricht.

richtlinien verweisen lediglich auf den Wortlaut des Art. 9 Abs. 1 OECD-MA[99] und der ursprüngliche OECD Bericht aus dem Jahr 1979 enthielt sich angesichts eines vermeintlichen Konsenses der Definition.[100]

Es kann daher nicht überraschen, dass im Schrifttum gleichermaßen die Ansicht vertreten wird, das Kontrollkriterium sei abkommensautonom auszulegen,[101] wie jene, dass angesichts der Unklarheit nach Art. 3 Abs. 2 OECD-MA der Rückgriff auf nationales Recht geboten sei.[102] Tatsächlich bereitet schon der Aufbau des Art. 9 Abs. 1 OECD erhebliche Auslegungsprobleme, werden doch die Beteiligung an „der Geschäftsleitung, der Kontrolle oder dem Kapital" als gleichwertige, alternative Kriterien genannt. Nun scheint freilich die „Kontrolle" das dominierende Kriterium für eine Verbundenheit von Unternehmen zu sein, sodass – wie es auch die OECD impliziert[103] – die Beteiligung an der Geschäftsleitung oder am Kapital nur in Verbindung mit der Kontrolle zur Verbundenheit führt,[104] wobei die Kontrolle auch faktischer Natur sein kann.[105] Aber auch wenn man angesichts des Wortlautes des Art. 9 OECD-MA, der kein Mindestbeteiligungserfordernis nennt,[106] eine nicht kontrollierende Beteiligung an Geschäftsführung oder Kapital als verbundenheitsbegründend ansehen möchte,[107]

---

99 Die VPR (insb. Tz. 11) führen lediglich aus, dass „[t]wo enterprises are associated enterprises with respect to each other if one of the enterprises meets the conditions of Article 9, sub-paragraphs 1a) or 1b) of the OECD Model Tax Convention with respect to the other enterprise".
100 Der Vorgänger der heutigen VPR, der „Report on Transfer Pricing and Multinational Enterprises" (1979), hat „[a] broad basis of common understanding of what is meant" angenommen und deshalb auf eine Definition verzichtet (s. Tz. 7 des Berichts).
101 *Wassermeyer* in Debatin/Wassermeyer (Fn. 11), Art. 9 Rz. 41a und 79; *De Broe* (Fn. 18), S. 515; *Wittendorff*, Transfer Pricing (Fn. 7), S. 215; s. auch *Baker* (Fn. 11), Art. 9 Rz. 9B.15 mit Fn. 5.
102 *Eigelshoven* in Vogel/Lehner (Fn. 11), Art. 9 Rz. 37; *Rotondaro*, The Notion of „Associated Enterprises": Treaty Issues and Domestic Interpretations – An Overview, ITPJ 2000, 2 (2 ff.); *Rotondaro*, The Application of Art. 3(2) in cases of Differences between Domestic Definitions of „Associated Enterprises", ITPJ 2000, 166 (166 ff.), und *Rotondaro* (Fn. 64), IStR 2001, 761 (761 ff.). Auch die Erläuterungen zu § 2 OECD Dokuments „Transfer Pricing Legislation – A Suggested Approach" (Nov. 2010) 17–18, scheinen verschiedene nationale Definition zu akzeptieren.
103 S. z. B. Art. 9 Tz. 1 OECD-MK („parent and subsidiary companies and companies under common control"); Art. 11 Tz. 33 OECD-MK („controls"); Art. 12 Tz. 23 OECD-MK („controls"); s. auch Tz. 11 VPR („common control").
104 *Wittendorff*, Transfer Pricing (Fn. 7), S. 215–216; weiterhin die U.S. Tech. Expl. zu Art. 9 Abs. 1 des US MA („the necessary element in these relationships is effective control"); s. auch *Becker* (Fn. 64), IWB 2003 Fach 10 Gr. 2, 1705 (1710).
105 U.S. Tech. Expl. zu Art. 9 Abs. 1 des US MA 2006.
106 *Becker* in Gosch/Kroppen/Grotherr (Fn. 11), Art. 9 Rz. 23; *Wassermeyer* in Debatin/Wassermeyer (Fn. 11), Art. 9 Rz. 41a, 42 und 43; *Eigelshoven* in Vogel/Lehner (Fn. 11), Art. 9 Rz. 41; *Stürzlinger* (Fn. 33), S. 92.
107 So z. B. *Becker* in Gosch/Kroppen/Grotherr (Fn. 11), Art. 9 Rz. 21; *Wassermeyer* in Debatin/Wassermeyer (Fn. 11), Art. 9 Rz. 41; *Eigelshoven* in Vogel/Lehner (Fn. 11), Art. 9 Rz. 41.

werden sich nur in wenigen Fällen Probleme ergeben, da diesfalls ohnehin mangels Kontrolle regelmäßig widerstreitende Interessen vorliegen, die fremdübliche Transaktionen implizieren.[108]

Der Wortlaut des Art. 9 OECD-MA impliziert zudem, dass die Beteiligung an der Kontrolle ein von der Geschäftsführungs- bzw. Kapitalbeteiligung unabhängiges Kriterium ist.[109] Aus Art. 9 OECD-MA lässt sich diesbezüglich zunächst ableiten, dass die bloße Möglichkeit der Kontrolle ausreicht und es nicht erforderlich ist, dass die Kontrolle auch tatsächlich ausgeübt wird;[110] dies zeigt sich schon darin, dass auch „vereinbarte", also verhandelte und somit nicht einseitig „auferlegte" Bedingungen der Anpassung unterliegen können.[111] Darüber hinaus ist aber völlig unklar, wann die von Art. 9 OECD-MA angesprochene Beteiligung an der „Kontrolle" vorliegt. Die Kontrolle aufgrund einer Anteilseignerstellung oder vergleichbaren rechtlichen Position, insbesondere im Hinblick auf Stimmrechte,[112] wird jedenfalls erfasst sein.[113] Sie kann sich aber auch aus einer Vereinbarung zur gemeinsamen Kontrolle durch mehrere unabhängige Unternehmen ergeben (z.B. bei einem Joint Venture), obwohl jedes einzelne Unternehmen für sich keine Kontrolle über das Joint Venture hätte.[114] Zweifelhaft ist aber, ob der Kontrollbegriff des Art. 9 OECD-MA auch die informelle Kontrolle auf Basis von persönlichen oder verwandtschaftlichen Beziehungen, sonstiger Interessensgemeinschaften oder wirtschaftlicher Beziehungen erfasst. Die Staatenpraxis variiert hier stark.[115] Für das Abkommensrecht lässt sich aber *e contrario* Art. 11 Abs. 6 und Art. 12 Abs. 4 OECD-MA („besondere Beziehung") zunächst ableiten, dass verwandt-

---

108 *Eigelshoven* in Vogel/Lehner (Fn. 11), Art. 9 Rz. 41; *Stürzlinger* (Fn. 33), S. 84–92; s. auch *Wassermeyer* in Debatin/Wassermeyer (Fn. 11), Art. 9 Rz. 42.
109 *Becker* in Gosch/Kroppen/Grotherr (Fn. 11), Art. 9 Rz. 21; *Wassermeyer* in Debatin/Wassermeyer (Fn. 11), Art. 9 Rz. 41; *Wittendorff*, Transfer Pricing (Fn. 7), S. 216.
110 S. *Becker* (Fn. 64), IWB 2003 Fach 10 Gr. 2, 1705 (1708); *Eigelshoven* in Vogel/Lehner (Fn. 11), Art. 9 Rz. 50; *Wittendorff*, Transfer Pricing (Fn. 7), S. 218.
111 *Eigelshoven* in Vogel/Lehner (Fn. 11), Art. 9 Rz. 50.
112 *Wassermeyer* in Debatin/Wassermeyer (Fn. 11), Art. 9 Rz. 43; *Stürzlinger* (Fn. 33), S. 91; s. auch *Becker* (Fn. 64), IWB 2003 Fach 10 Gr. 2, 1705 (1712), der darauf hinweist, dass eine Anteilseignerschaft ohne Stimmrechte nicht ausreichen würde, eine „Beteiligung am Kapital" im Sinne des Art. 9 OECD-MA herzustellen.
113 Vgl. z.B. *Becker* in Gosch/Kroppen/Grotherr (Fn. 11), Art. 9 Rz. 21 und 23; *Wassermeyer* in Debatin/Wassermeyer (Fn. 11), Art. 9 Rz. 41; *Becker* (Fn. 64), IWB 2003 Fach 10 Gr. 2, 1705 (1707); *Eigelshoven* in Vogel/Lehner (Fn. 11), Art. 9 Rz. 37; *Stürzlinger* (Fn. 33), S. 92.
114 *Becker* (Fn. 64), IWB 2003 Fach 10 Gr. 2, 1705 (1713); *Wittendorff*, Transfer Pricing (Fn. 7), S. 221–222; s. auch U.S. Rev. Rul. 65-142, 1966-1 C.B. 223.
115 Für einen ausführlichen Überblick zu den verschiedenen nationalen Regelungen zur Verbundenheit von Unternehmen für Verrechnungspreiszwecke s. *Rotondaro* (Fn. 102), ITPJ 2000, 2 (5–9); *Rotondaro* (Fn. 64), IStR 2001, 761 (769–774); *Becker* (Fn. 64), IWB 2003 Fach 10 Gr. 2, 1705 (1714); für einen umfassenden Überblick zum Ansatz des US Steuerrechts s. *Gazur*, The Forgotten Link: „Control" in Section 482, 15 Nw. J. Int'l L. & Bus. 1994, 1 (1 ff.).

schaftliche Beziehungen und andere Interessensgemeinschaften für sich keine Verbundenheit nach Art. 9 OECD-MA begründen können;[116] so sind z. B. Transaktionen zwischen zwei Unternehmen, die jeweils von einem anderen Familienmitglied geführt werden, nicht von Art. 9 OECD-MA erfasst[117] (dazu bereits II.2.). Darüber hinaus wird auch die tatsächliche Beherrschung aufgrund einer Marktposition nicht von Art. 9 OECD-MA gemeint sein.[118] Es ist nämlich nicht der Zweck von Art. 9 OECD-MA, die Preisgestaltung von im Wettbewerb stehenden Unternehmen zu hinterfragen, die natürlich von der relativen Verhandlungsmacht der jeweiligen Unternehmen abhängt. Solcherart fallen auch Beziehungen zwischen einem Monopolisten und den Abnehmern,[119] zwischen zwei Unternehmen, von denen das eine auf die Waren, Dienstleistungen oder immateriellen Wirtschaftsgüter des anderen angewiesen ist,[120] oder aufgrund einer – wenn auch wirtschaftlich bedeutsamen – Schuldnerstellung[121] nicht unter Art. 9 OECD-MA.

In diesem Zusammenhang scheint es erwähnenswert, dass die EU Kommission in ihrem Vorschlag für eine Gemeinsame konsolidierte Körperschaftsteuer-Bemessungsgrundlage (GKKB)[122] eine relativ klare Definition der Verbundenheit vorsieht: Art. 78 Abs. 1 des Vorschlags lehnt sich zunächst stark an den Wortlaut des Art. 9 Abs. 1 OECD-MA an, indem von einer Beteiligung „unmittelbar oder mittelbar an Leitung, Kontrolle oder Kapital" die Rede ist, bietet sodann aber in Art. 78 Abs. 2 präzisere Kriterien: Eine Kontrollbeteiligung bedeutet einen Anteil von mehr als 20 % an den Stimmrechten, eine Beteiligung am Kapital bedeutet einen Anteil von mehr als 20 % am Gesellschaftskapital und eine Beteiligung an der Leitung bedeutet eine maßgebliche Einflussnahme auf die Leitung des verbundenen Unternehmens.[123]

---

116 S. Art. 11 Tz. 33–34 und Art. 11 Tz. 23–24 OECD-MK; weiterhin z. B. *Becker* in Gosch/Kroppen/Grotherr (Fn. 11), Art. 9 Rz. 93–94; *Becker* (Fn. 64), IWB 2003 Fach 10 Gr. 2, 1705 (1706); *Wassermeyer* in Debatin/Wassermeyer (Fn. 11), Art. 9 Rz. 45; *Eigelshoven* in Vogel/Lehner (Fn. 11), Art. 9 Rz. 38; *Wittendorff*, Transfer Pricing (Fn. 7), S. 221; *Stürzlinger* (Fn. 33), S. 92.
117 *Wittendorff*, Transfer Pricing (Fn. 7), S. 221.
118 *Becker* (Fn. 64), IWB 2003 Fach 10 Gr. 2, 1705 (1713–1714); *Eigelshoven* in Vogel/Lehner (Fn. 11), Art. 9 Rz. 38; *Wittendorff*, Transfer Pricing (Fn. 7), S. 218–221.
119 Dazu bereits *Carroll*, Methods of allocating taxable income, Taxation of Foreign and National Enterprises Vol. IV, League of Nations Document No. C.425(b).M.217(b). 1933.II.A. (1933), Tz. 661; s. auch *Eigelshoven* in Vogel/Lehner (Fn. 11), Art. 9 Rz. 38; *Wittendorff*, Transfer Pricing (Fn. 7), S. 221.
120 S. aber zum portugiesischen Recht *Eigelshoven* in Vogel/Lehner (Fn. 11), Art. 9 Rz. 38.
121 *De Broe* (Fn. 18), S. 515 mit Fn. 651.
122 KOM(2011)121 endg.
123 Darüber hinaus ist vorgesehen, dass eine natürliche Person, ihr Ehepartner und Verwandte in aufsteigender oder absteigender gerader Linie als einzige Person gelten. Der letzte Satz des Art. 78 Abs. 2 des Vorschlags sieht zudem vor, dass bei mittelbaren Beteiligungen die Erfüllung der Anforderungen der 20 %igen Beteiligung an Stimm-

3. Vereinbarte oder auferlegte Bedingungen in kaufmännischen oder finanziellen Beziehungen

Der Wortlaut des Art. 9 Abs. 1 OECD-MA setzt voraus, dass die Unternehmen „in ihren kaufmännischen oder finanziellen Beziehungen" an „vereinbarte oder auferlegte Bedingungen gebunden sind". Die Bestimmung schweigt aber zur Frage, was unter „kaufmännischen oder finanziellen Beziehungen" zu verstehen ist. Auch der OECD-MK und die Verrechnungspreisrichtlinien verwenden regelmäßig nur den Begriff der „Transaktion".[124] Aus der Systematik des Abkommens lässt sich zunächst ableiten, dass die Gewinne aus den „kaufmännischen oder finanziellen Beziehungen" identisch sind mit den von Art. 7 OECD-MA erfassten Unternehmensgewinnen;[125] daraus folgt, dass – ebenso wie im Rahmen des Art. 7 – die Existenz, die Form und der Inhalt einer solchen Transaktion auf Basis des nationalen Rechts und vor Anwendung des „Arm's Length Prinzips" zu bestimmen ist.[126] Die „kaufmännischen oder finanziellen Beziehungen" beziehen sich damit generell und formunabhängig[127] auf alle Möglichkeiten des Austausches von Gütern, Dienstleistungen etc. zwischen verbundenen Unternehmen,[128] aber auch auf die Übertragung von Funktionen oder Risiken[129] und auf Unterlassungen.[130] Umgekehrt ist der Begriff primär von den gesellschaftsrechtlichen Beziehungen abzugrenzen (z. B. Sachausschüttungen).[131] Allerdings schließt Art. 9 OECD-MA mit seinem Abstellen auf die „kaufmännischen oder finanziellen Beziehungen" alle zwischen verbundenen Unternehmen vorkommenden Leistungsbeziehungen ein und gestattet keine Ausnahme für jene Fälle, in denen bei einer bestehenden Leistungsbeziehung vom nationalen Recht dennoch eine gesellschaftsrechtliche

---

rechten oder Kapital durch Multiplikation der Beteiligungsquoten an den nachgeordneten Unternehmen ermittelt wird, wobei ein Steuerpflichtiger mit einer Stimmrechtsbeteiligung von mehr als 50 % als Halter von 100 % der Stimmrechte gilt.
124 S. z. B. Art. 9 Tz. 1 OECD-MK.
125 *Wittendorff*, Transfer Pricing (Fn. 7), S. 223.
126 *Arnold*, Fearful Symmetry: The Attribution of Profits „in Each Contracting State", BIT 2007, 312 (334); *Wittendorff* (Fn. 13), ITPJ 2010, 200 (201–202); *Wittendorff*, Transfer Pricing (Fn. 7), S. 225.
127 S. auch Tz. 2.4 VPR i. d. F. 1995.
128 Die Verrechnungspreisrichtlinien nennen als Beispiele Güter und anderes bewegliches Vermögen, immaterielle Wirtschaftsgüter, Dienstleistungen und „Cost Contribution Agreements"; s. Kapitel VI, VII und VIII der VPR.
129 *Bullen*, Arm's Length (Fn. 34), S. 592–593; a. A. z. B. *Kuckhoff/Schreiber*, Grenzüberschreitende Funktionsverlagerung aus Sicht der Betriebsprüfung, IStR 1999, 321 (324).
130 *Wittendorff* (Fn. 13), ITPJ 2010, 200 (206–208).
131 *Becker* in Gosch/Kroppen/Grotherr (Fn. 11), Art. 9 Rz. 26–28; *Becker* (Fn. 64), IWB 2003 Fach 10 Gr. 2, 1705 (1706); *Wassermeyer* in Debatin/Wassermeyer (Fn. 11), Art. 9 Rz. 62; *Gosch* (Fn. 33) in FS Korn, 2005, S. 391 (397–398); s. auch BFH v. 29.11.2000 – I R 85/99, IStR 2001, 318, und BFH v. 27.8.2008 – I R 28/07, BFH/NV 2009, 123.

Grundlage fingiert wird (dazu bereits oben II.1.). Solcherart können auch gesellschaftsrechtliche Beziehungen als „finanzielle Beziehungen" zu qualifizieren sein,[132] sofern sie nicht erst die Verbundenheit zwischen zwei Unternehmen begründen.[133]

Die von Art. 9 Abs. 1 OECD-MA angesprochenen „Bedingungen" sind weit im Sinne aller preisgestaltungsrelevanten Aspekte der kaufmännischen und finanziellen Beziehungen zu verstehen. Die OECD Verrechnungspreisrichtlinien erwähnen diesbezüglich, dass der Begriff „include[s] prices, but not only prices".[134] In der Tat sind mit dem Begriff umfassend die im Rahmen der Verrechnungspreismethoden gemessenen finanziellen Indikatoren (z. B. Preis, Brutto- oder Nettomarge, Gewinnaufteilung) angesprochen.[135] Unklar ist allerdings, ob und wie weit der Begriff der „Bedingungen" darüber hinausgeht und auch die Anpassung von Transaktionselementen erfasst, die über jene der finanziellen Indikatoren hinausgeht (zur Frage der strukturellen Anpassungen s. unten IV.2.). Jedenfalls können die von Art. 9 OECD-MA angesprochenen Bedingungen entweder „vereinbart", also das Ergebnis von Verhandlungen, oder „auferlegt", also das Ergebnis einer Ausübung von Kontrolle, sein. Die „Bedingungen" können sich natürlich nicht nur aus formellen und erzwingbaren Verträgen ergeben, sondern auch aus informellen Vereinbarungen;[136] sie können überdies schriftlich, mündlich und auch stillschweigend vereinbart sein[137] oder sich aus Handelsbrauch, Standards oder Handelsbeziehungen ableiten lassen.[138] Insbesondere sind auch Bedingungen aufgrund von Konzernrichtlinien erfasst.[139]

4. „Arm's Length Standard"

Art. 9 OECD-MA spricht von Bedingungen, „die von denen abweichen, die unabhängige Unternehmen miteinander vereinbaren würden". Dies wird als autoritative Aussage zum „Arm's Length Standard" bzw. zum Fremd-

---

132 FG Köln v. 22.8.2007 – 13 K 647/03, EFG 2008, 161; *Eigelshoven* in Vogel/Lehner (Fn. 11), Art. 9 Rz. 48; *Schaumburg* (Fn. 11), Rz. 16.299; *Bullen*, Arm's Length (Fn. 34), S. 592; *Stürzlinger* (Fn. 33), S. 93; *Wittendorff* (Fn. 13), ITPJ 2010, 200 (206).
133 S. *Wassermeyer* in Debatin/Wassermeyer (Fn. 11), Art. 9 Rz. 63; *Schaumburg* (Fn. 11), Rz. 16.299.
134 Tz. 1.7 VPR.
135 S. auch § 2 Abs. 6 der OECD Draft Legislation „Transfer Pricing Legislation – A Suggested Approach" (Nov. 2010).
136 S. Tz. 66 der Entscheidung der UK Special Commissioners v. 31.3.2009, *DSG Retail v. HMRC*, [2009] UKFTT 31 (TC), [2009] STC (SCD) 397.
137 *Wassermeyer* in Debatin/Wassermeyer (Fn. 11), Art. 9 Rz. 66; *Wittendorff*, Transfer Pricing (Fn. 7), S. 235.
138 *Wittendorff*, Transfer Pricing (Fn. 7), S. 235.
139 *Schaumburg* (Fn. 11), Rz. 16.299.

vergleichsgrundsatz aufgefasst,[140] die in einem die Grundlage für die – von der OECD besonders fokussierte – Vergleichbarkeitsanalyse bildet, wie sie auch in Art. 7 Abs. 2 OECD-MA expliziten sprachlichen Ausdruck findet. Es geht dabei darum, eine marktbasierende Bewertung der Transaktionen zwischen verbundenen Unternehmen durchzuführen, wobei der Kern dieser Analyse selbstverständlich die Identifizierung vergleichbarer Transaktionen zwischen unabhängigen Unternehmen und deren „Bedingungen" ist.[141] Wenngleich die Schrankenwirkung des Art. 9 OECD-MA mit dem Ergebnis des Fremdvergleichs steht und fällt, erweist sich dessen Durchführung naturgemäß aufgrund der starken Sachverhaltsbezogenheit als schwierig. Nur wenige idealtypische, wenngleich praktisch oft durchbrochene Eckpfeiler lassen sich festmachen:[142] So hat die Anwendung des „Arm's Length Standard" grundsätzlich

– auf der Basis der Umstände und Informationslage zum Zeitpunkt der Transaktion (Vertragsabschluss[143]) und damit *ex ante* zu erfolgen.[144]

– auf Basis der tatsächlich durchgeführten Transaktion der verbundenen Unternehmen zu erfolgen („As Structured Prinzip"),[145] was im Wortlaut des Art. 9 OECD-MA aber nur darin anklingt, dass von der Verrechnungspreiskorrektur lediglich die „Bedingungen", nicht aber die „Beziehungen" erfasst sind (dazu IV.2.).

---

140 Tz. 1.6 VPR.
141 *Brauner*, Value in the Eye of the Beholder: The Valuation of Intangibles for Transfer Pricing Purposes, 28 Va. Tax Rev. 2008, 79 (104–105). Zur Abgrenzung zwischen Unverbundenheit und Unabhängigkeit s. *Kofler* in Rust/Reimer (Fn. 5), Art. 9 Rz. 60.
142 Für einen ausführlichen Überblick zu den Ansätzen der OECD s. *Kofler* in Rust/Reimer (Fn. 5), Art. 9 Rz. 60 ff.
143 *Becker* in Gosch/Kroppen/Grotherr (Fn. 11), Art. 9 Rz. 150; *Eigelshoven* in Vogel/Lehner (Fn. 11), Art. 9 Rz. 94 und 117; *Eigelshoven/Ebering* in Kroppen (Fn. 61), Tz. 1.15 OECD VPR Rz. 68; s. auch Tz. 3.1.2.1. und 4.2.5. der deutschen Grundsätze für die Prüfung der Einkunftsabgrenzung bei international verbundenen Unternehmen (Verwaltungsgrundsätze), BStBl. I 1983, 218, i. d. F. BStBl. I 1999, 1122.
144 Tz. 2.130, 3.73–3.74, 6.32, 8.20, 9.56–9.57, 9.88 VPR; s. auch *Wittendorff*, Transfer Pricing (Fn. 7), S. 314–315; *Bullen*, Arm's Length (Fn. 34), S. 305–322; s. auch Tz. 150–151 der Entscheidung der UK Special Commissioners v. 31.3.2009, *DSG Retail v. HMRC*, [2009] UKFTT 31 (TC), [2009] STC (SCD) 397. Für einen Überblick zur älteren US Rechtsprechung s. z. B. *Brauner* (Fn. 141), 28 Va. Tax Rev. 2008, 79 (101). Die OECD weist aber auf die Nützlichkeit einer Mehrjahresanalyse hin (Tz. 3.75–3.79 VPR) und diskutiert eine Reihe von weiteren zeitlichen Aspekten; dazu Tz. 3.68–3.74 VPR und für eine detaillierte Diskussion dieser Fragen *Wittendorff*, Transfer Pricing (Fn. 7), S. 376–392, und *Wittendorff* (Fn. 13), ITPJ 2010, 200 (211–212).
145 Tz. 1.64 VPR; ausführlich *Horner*, International Cooperation and Understanding: What's New About The OECD's Transfer Pricing Guidelines, 50 U. of Miami L. Rev. 1996, 577 (581–582); *Wittendorff*, Transfer Pricing (Fn. 7), S. 332–334; *Liaugminaite*, Recognition of the Actual Transactions Undertaken, ITPJ 2010, 107 (107 ff.); *Bullen*, Arm's Length (Fn. 34).

– transaktionsbezogen zu erfolgen,[146] wenngleich der Wortlaut des Art. 9 OECD-MA lediglich von der Zuordnung von „Gewinnen" spricht.[147] Zur Handhabbarmachung der Schrankenwirkung des Art. 9 Abs. 1 OECD-MA bedarf es dabei einer Auslegung des Fremdvergleichsgrundsatzes. Dabei dienen die von der OECD in den Verrechnungspreisrichtlinien näher ausgeführten Verrechnungspreismethoden (z. B. Preisvergleichs-, Wiederverkaufspreis- oder Kostenaufschlagsmethode) dazu, herauszufinden, welche Bedingungen „unabhängige Unternehmen miteinander vereinbaren würden".[148] Dieser marktbasierende, empirische Ansatz stößt natürlich dort auf Grenzen, wo es einen Markt nicht gibt oder wo verlässliche Daten nicht verfügbar sind,[149] praktisch also insbesondere bei immateriellen Wirtschaftsgütern.[150] Hier wäre der – von Deutschland präferierte[151] – Maßstab des ordentlichen und gewissenhaften Geschäftsleiters (auf beiden Seiten der Transaktion) eine sachgerechte Alternative. Deutschland ist es bisher aber nicht gelungen, diesen hypothetischen Fremdvergleich als Standard in die OECD Verrechnungspreisrichtlinien einzubringen;[152] diese favorisieren klar einen empirischen Fremdvergleich und greifen auf einen hypothetischen Fremdvergleich nur in Einzelfällen zurück.[153]

---

146 Tz. 3.9 VPR; weiterhin *Horner*, International Cooperation and Understanding: What's New About The OECD's Transfer Pricing Guidelines, 50 U. of Miami L. Rev. 1996, 577 (582–583); *Becker* in Gosch/Kroppen/Grotherr (Fn. 11), Art. 9 Rz. 156; *Eigelshoven* in Vogel/Lehner (Fn. 11), Art. 9 Rz. 108; *Wittendorff*, Transfer Pricing (Fn. 7), S. 343–363. Zur Zusammenfassung von Transaktionen s. aber z. B. Tz. 3.9– 3.10 VPR und dazu *Eigelshoven* in Vogel/Lehner (Fn. 11), Art. 9 Rz. 108; *Wittendorff*, Transfer Pricing (Fn. 7), S. 348–350; s. auch die Entscheidung des Canadian Federal Court of Appeal v. 26.7.2010, *Glaxosmithkline Inc. v. Her Majesty The Queen*, [2010] FCA 201 (zu einem Lizenzvertrag als relevantem Umstand für die Bewertung von Gütern im Rahmen eines Liefervertrages).
147 S. auch *Li*, Global Profit Split: An Evolutionary Approach to International Income Allocation, 50 Can. Tax J. 2002, 823 (837–838).
148 Kapitel II der VPR.
149 *Hamaekers*, Arm's Length – How Long?, in Kirchhof/Lehner/Raupach/Rodi (Hrsg.), Staaten und Steuern, FS Vogel, 2000, S. 1043 (1044); *Brauner* (Fn. 141), 28 Va. Tax Rev. 2008, 79 (106).
150 *Brauner* (Fn. 141), 28 Va. Tax Rev. 2008, 79 (79 ff.).
151 S. Tz. 2.1.1 der deutschen Grundsätze für die Prüfung der Einkunftsabgrenzung bei international verbundenen Unternehmen (Verwaltungsgrundsätze), BStBl. I 1983, 218, i. d. F. BStBl. I 1999, 1122; weiterhin z. B. *Becker* in Gosch/Kroppen/Grotherr (Fn. 11), Art. 9 Rz. 43; *Kroppen/Rasch* (Fn. 33), ITPJ 2004, 26 (28); *Schaumburg* (Fn. 11), Rz. 16.304–16.305; s. auch die kritische Analyse bei *Eigelshoven* in Vogel/ Lehner (Fn. 11), Art. 9 Rz. 24 und 60; weiterhin *Wittendorff*, Transfer Pricing (Fn. 7), S. 307–310.
152 *Eigelshoven* in Vogel/Lehner (Fn. 11), Art. 9 Rz. 26.
153 S. Tz. 20 des Kapitels „Putting a comparability analysis and search for comparables into perspective", in OECD, Comparability: Public Invitation to Comment on a Series of Draft Issues Notes (10 May 2006); s. auch Tz. 2.122 VPR und z. B. Tz. 6.20

IV. Rechtsfolgen

1. Primärberichtigung und Gegenberichtigung

Nach Art. 9 Abs. 1 OECD-MA können Gewinne, die eines der Unternehmen ohne die fremdunüblichen Bedingungen erzielt hätte, wegen dieser Bedingungen aber nicht erzielt hat, „den Gewinnen dieses Unternehmens zugerechnet und entsprechend besteuert werden". Bei dieser Anpassung spricht man von einer „Primärberichtigung". Eine solche Primärberichtigung muss dem „Arm's Length Standard" entsprechen, sodass den Vertragsstaaten die Verwendung anderer Maßstäbe oder Zuteilungsnormen versperrt ist.[154] Allerdings führt gerade die Primäranpassung – selbst wenn sie durch den „Arm's Length Standard" beschränkt ist – zur wirtschaftlichen Doppelbesteuerung, die durch Art. 9 Abs. 1 OECD-MA gerade nicht verhindert wird und für die auch Art. 23 OECD-MA naturgemäß keine Entlastung bereitstellt (dazu bereits I.).

Dieser Umstand und die darauf basierenden Diskussionen in der OECD[155] führten schließlich zur Schaffung des zweiten Absatzes des Art. 9 im Rahmen des OECD-MA 1977, wonach durch Gegenberichtigungen die wirtschaftliche Doppelbesteuerung vermieden werden soll.[156] Trotz seines unklaren Wortlautes bezieht sich Art. 9 Abs. 2 OECD-MA dabei nicht auf jegliche wirtschaftliche Doppelbesteuerung, sondern nur auf jene, die aufgrund einer Primäranpassung nach Art. 9 Abs. 1 OECD-MA droht.[157] Art. 9 Abs. 2 OECD-MA verpflichtet den anderen Staat aber auch nur dann zur Gegenberichtigung, wenn er die Primärberichtigung dem Grunde und der Höhe nach für gerechtfertigt, also dem Art. 9 Abs. 1 OECD-MA entsprechend hält.[158] Zur Herbeiführung eines solchen Konsenses verweist Art. 9 OECD-MA auch auf das Verständigungsverfahren nach Art. 25 OECD-MA, wobei für den Steuerpflichtigen als letztlich durchgreifende Lösungsmöglichkeit das Schiedsverfahren nach Art. 25 Abs. 5 OECD-MA (bzw. in der EU jenes nach der Schiedskonvention) offensteht.

---

und 6.29 VPR i. d. F. 1995 (zur Bewertung von immateriellen Wirtschaftsgütern auf Basis erwarteter Renditen) sowie Tz. 7.29 und 7.30 VPR i. d. F. 1995 (zu Dienstleistungen).
154 *Wittendorff*, Transfer Pricing (Fn. 7), S. 240.
155 Vgl. z. B. Working Party No. 7 of the Fiscal Committee on „Apportionment of Profits", FC/WP7(70)1 (June 1970), Working Party No. 7 of the Fiscal Committee on „Corresponding Adjustments", FC/WP7(70)2 (Nov. 1970), und speziell die Vorschläge für „Amendments to Article 9 of the O.E.C.D. Draft Convention and the Commentaries thereon" der Working Party No. 7 of the Fiscal Committee on „Apportionment of Profits", FC/WP7(71)1 (Mar. 1970).
156 Art. 9 Tz. 5 OECD-MK; s. z. B. auch *Wittendorff*, Transfer Pricing (Fn. 7), S. 147.
157 Art. 9 Tz. 5 OECD-MK; s. z. B. auch *Baker* (Fn. 11), Art. 9 Rz. 9B.18; *Stürzlinger* (Fn. 33), S. 106.
158 Art. 9 Tz. 6 OECD-MK.

Von den zahlreichen Interpretationsfragen, die Art. 9 Abs. 2 OECD-MA umranken,[159] soll an dieser Stelle lediglich die Frage herausgegriffen werden, welche Bedeutung dieser Vorschrift eigentlich zukommt. Dies insbesondere vor dem Hintergrund, dass sie erst 1977 in das OECD-MA eingefügt wurde[160] und auch in zahlreichen neueren (auch deutschen) Abkommen auf sie verzichtet wird. Bereits am Ausgangspunkt wird Art. 9 Abs. 2 OECD-MA bisweilen als bloß klarstellende und damit im Grunde überflüssige Bestimmung angesehen.[161] Dem ist im Ergebnis zuzustimmen: Denn Art. 9 Abs. 2 OECD-MA verpflichtet nur dann zur Gegenberichtigung, wenn der andere Staat die Primärberichtigung dem Grunde und der Höhe nach akzeptiert; für diesen Fall ergibt sich die Nichtbesteuerung aber bereits aus der Überlegung, dass Art. 9 Abs. 1 lediglich den Art. 7 OECD-MA ergänzt und insofern determiniert, welcher Unternehmensgewinn nur im anderen Staat besteuert werden darf. Ist dies nicht der Fall, verpflichtet Art. 9 Abs. 2 OECD-MA durch seine Bezugnahme auf Konsultationen letztlich – außerhalb eines Schiedsverfahrens – auch nicht zu einer Beseitigung der wirtschaftlichen Doppelbesteuerung. Um Art. 9 Abs. 2 OECD-MA dennoch eine Bedeutung zuzuschreiben, könnte aber überlegt werden, dass Art. 25 Abs. 1 und 2 OECD-MA grundsätzlich auf Fälle der wirtschaftlichen Doppelbesteuerung nicht anwendbar seien und es deshalb des Verweises auf Konsultationen in Art. 9 Abs. 2 OECD-MA bedürfe, um den sachlichen Anwendungsbereich des Art. 25 OECD-MA zu eröffnen.[162] Diese Ansicht findet allerdings im Wortlaut keine Stütze und wird daher zu Recht von der OECD – in Übereinstimmung mit der überwiegenden

---

159 Dazu *Kofler* in Rust/Reimer (Fn. 5), Art. 9 Rz. 105 ff.
160 Art. 9 des OECD-MA 1963 befasste sich nicht mit Gegenberichtigungen, obwohl diese für Betriebsstättensituationen bereits in Art. VI(1)(B) des Protokolls zum 1946 London Model vorgesehen waren; s. „London Model Bilateral Convention for the Prevention of the Double Taxation of Income and Property", Anhang zum „Report on the Tenth Session of the Committee", League of Nations Document No. C.37.M.37.1946.II.A (Apr. 1946).
161 *Lahodny-Karner* in Gassner/Lang/Lechner (Fn. 43), S. 91 (96–97); *Stürzlinger* (Fn. 33), S. 106; Rz. 5 der österreichischen Verrechnungspreisrichtlinien, BMF-010221/2522-IV/4/2010; s. auch die Überlegungen bei *Eigelshoven* in Vogel/Lehner (Fn. 11), Art. 9 Rz. 159.
162 So Tz. 2.3 des Australian Taxation Ruling 2000/16; s. auch die Analyse dieser Position in Tz. 76 des OECD Berichts zu „Transfer Pricing, Corresponding Adjustments and the Mutual Agreement Procedure", in: Transfer Pricing and Multinational Enterprises – Three Taxation Issues (1984). Allerdings wurde bereits vor der Einfügung des zweiten Absatzes des Art. 9 im OECD-MA 1977 von der h. A. angenommen, das Verständigungsverfahren könne auch zur Vermeidung der wirtschaftlichen Doppelbesteuerung genutzt werden; dazu m. w. N. *Lahodny-Karner* in Gassner/Lang/Lechner (Fn. 43), S. 91 (117); kritisch *Bär* (Fn. 11), S. 193–194.

Staatenpraxis[163] – auch nicht geteilt: Denn bereits „die bloße Einfügung des auf seinen ersten Absatz beschränkten Artikels 9 – der ja meist nur die mehr oder minder ähnlichen Regeln des innerstaatlichen Steuerrechts bestätigt – [weist] doch darauf hin, dass die Vertragsstaaten die wirtschaftliche Doppelbesteuerung in den Anwendungsbereich des Abkommens einzubeziehen beabsichtigen. Die Mehrheit der Mitgliedstaaten ist deshalb der Auffassung, dass die durch die Berichtigung von Verrechnungspreisen eintretende wirtschaftliche Doppelbesteuerung zumindest nicht dem Geist des Abkommens entspricht und damit Gegenstand des Verständigungsverfahrens werden kann"[164] Dies wiederum impliziert, dass die rechtliche Grundlage für eine Gegenberichtigung bereits in Art. 9 Abs. 1 OECD-MA liegt und Art. 25 OECD-MA lediglich eine verfahrensrechtliche Grundlage für das Erreichen eines Konsenses bietet.[165]

Das Zusammenspiel von Primärberichtigung und Gegenberichtigung mag schließlich zwar zur Beseitigung der wirtschaftlichen Doppelbesteuerung führen, es resultiert aber nicht notwendigerweise in einer „richtigen" Besteuerung: Denn Primär- und Gegenberichtigung führen zwar zur steuerlichen Gewinnanpassung; allerdings hat eines der verbundenen Unternehmen faktisch Mittel, die ihm nach dem „Arm's Length Standard" nicht zustünden. Um also die faktische Situation steuerlich nachzuvollziehen, bedarf es Sekundärberichtigungen. Diese sind von Art. 9 OECD-MA nicht angesprochen und durch das Abkommen auch nicht geboten.[166] Vielmehr vermerkt der OECD-MK lediglich, dass Art. 9 Abs. 2 „derartige sekundäre Berichtigungen nicht aus[schließt], wenn sie nach dem innerstaatlichen Recht der Vertragsstaaten zulässig sind".[167] Solche hypothetischen Sekundärtransaktionen unterstellen dementsprechend, dass der aus einer Primärberichtigung stammende „Mehrgewinn" auf eine andere Art übertragen (z.B. als Ausschüttung) und entsprechend besteuert wird;[168] teilweise wird

---

163 S. z.B. Tz. 1.2.4. der deutschen Grundsätze für die Prüfung der Einkunftsabgrenzung bei international verbundenen Unternehmen (Verwaltungsgrundsätze), BStBl. I 1983, 218, i.d.F. BStBl. I 1999, 1122; a.A. z.B. Tz. 2.3 des Australian Taxation Ruling 2000/16.
164 Art. 25 Tz. 10–11 OECD-MK und Tz. 4.32 VPR; s. auch Tz. 75–76 des OECD Berichts zu „Transfer Pricing, Corresponding Adjustments and the Mutual Agreement Procedure", in: Transfer Pricing and Multinational Enterprises – Three Taxation Issues (1984), und die dortige Diskussion der verschiedenen Positionen der Mitgliedstaaten sowie die Empfehlung, dass die Einfügung des Art. 9 Abs. 1 in ein Abkommen die Absicht indiziert, dass die wirtschaftliche Doppelbesteuerung vom Abkommen erfasst ist. Weiterhin z.B. *Lahodny-Karner* in Gassner/Lang/Lechner (Fn. 43), S. 91 (96–97).
165 *Eigelshoven* in Vogel/Lehner (Fn. 11), Art. 9 Rz. 159 und 165.
166 *Eigelshoven* in Vogel/Lehner (Fn. 11), Art. 9 Rz. 178; *Teixeira* (Fn. 43), Intertax 2009, 449 (458); s. auch Tz. 4.70 VPR.
167 Art. 9 Tz. 9 OECD-MK.
168 Ausführlich *Teixeira* (Fn. 43), Intertax 2009, 449 (449 ff.).

auch das bloße Einstellen einer Forderung bis zur Rückzahlung für möglich gehalten.[169] Nach h. A. sind auf sekundärberichtigungsbedingte „fiktive Zahlungen" auch die Verteilungsnormen anzuwenden,[170] sodass etwa der Quellenstaat eine fiktive Ausschüttung gem. Art. 10 Abs. 2 OECD-MA auch nur der Höhe nach beschränkt besteuern darf.[171] Ob der andere Staat sodann zur Entlastung von dieser Quellensteuer nach Art. 23 OECD-MA verpflichtet ist, wird davon abhängen, ob er nach seinem Recht einen fiktiven Zufluss annimmt und entsprechend besteuert.[172]

2. Preisanpassungen und Strukturanpassungen

Die Anwendung des „Arm's Length Standard" hat grundsätzlich auf Basis der tatsächlich durchgeführten Transaktion der verbundenen Unternehmen und ohne eine Umqualifizierung („Strukturanpassung") durch die Finanzverwaltung zu erfolgen („As Structured Prinzip").[173] Wenngleich der Begriff der – anzupassenden – „Bedingungen" über Preise und andere finanzielle Indikatoren (z. B. Margen) hinausgehen kann,[174] impliziert doch die Bezugnahme des Art. 9 Abs. 1 OECD auf „ihre" „kaufmännischen und finanziellen Beziehungen" und die Anpassung der „Bedingungen" dieser Beziehungen, dass die der Transaktion zugrunde liegenden Umstände als

---

169 S. Tz. 4.72 VPR; weiterhin z. B. U.S. Tech. Expl. zu Art. 9 Abs. 2 des US MA 2006 unter Bezugnahme auf Rev. Proc. 99-32; 1999-2 C.B. 296.
170 Art. 9 Tz. 8 OECD-MK („depending upon the type of income concerned and the provisions of the Article dealing with such income"). Dies lässt sich auch aus dem zweiten Satz des Art. 9 Abs. 2 OECD-MA ableiten; s. *Eigelshoven* in Vogel/Lehner (Fn. 11), Art. 9 Rz. 178.
171 *Eigelshoven* in Vogel/Lehner (Fn. 11), Art. 9 Rz. 179; *Teixeira* (Fn. 43), Intertax 2009, 449 (458–464); U.S. Tech. Expl. zu Art. 9 Abs. 2 des US MA 2006. So findet auch die Quellensteuerbefreiung nach Art. 5 der Mutter-Tochter-Richtlinie auf Sekundärberichtigungen in Form verdeckter Ausschüttungen Anwendung; dazu *Kofler*, Mutter-Tochter-Richtlinie, 2011, Art. 1 Rz. 24 m. w. N.
172 Tz. 4.68 VPR; *Teixeira* (Fn. 43), Intertax 2009, 449 (468–469); s. auch U.S. Tech. Expl. zu Art. 9 Abs. 2 des US MA 2006, wo unter Hinweis auf fiktive Ausschüttungen festgehalten wird, dass, „if under Article 23 the other State generally gives a credit for taxes paid with respect to such dividends, it would also be required to do so in this case". Für eine möglicherweise abweichende Position s. Tz. 4.69 VPR, wo ausgeführt wird, dass „[s]ome countries might refuse to grant relief in respect of other countries' secondary adjustments and indeed they are not required to do so under Article 9".
173 Tz. 1.64 VPR; weiterhin z. B. Tz. 43 des Canadian Circular 87-2R; Tz. 2.71–2.72 des Australian Taxation Ruling 97/20; für eine ausführliche Analyse s. *Horner*, International Cooperation and Understanding: What's New About The OECD's Transfer Pricing Guidelines, 50 U. of Miami L. Rev. 1996, 577 (581–582); *Wittendorff*, Transfer Pricing (Fn. 7), S. 332–334; *Liaugminaite*, Recognition of the Actual Transactions Undertaken, ITPJ 2010, 107 (107 ff.); *Bullen*, Arm's Length (Fn. 34).
174 S. auch *Bullen*, Arm's Length (Fn. 34), S. 109–126.

solche nicht der Anpassung im Sinne des Art. 9 OECD-MA unterliegen.[175] Auf Basis der zu akzeptierenden, tatsächlichen Transaktion erfolgen dann die Bewertung und die entsprechende Anpassung der „Bedingungen" (insb. Preise, Margen etc.) auf das fremdübliche Ausmaß.[176] Das „As Structured Prinzip" schließt es freilich nicht aus, dass in wirtschaftlicher Betrachtungsweise die Substanz und nicht die vertragliche Form einer Transaktion für die Besteuerung herangezogen wird (z.B. die Klassifizierung als Verkauf statt als Miete)[177] oder nationale Anti-Missbrauchsvorschriften Anwendung finden.[178] Innerhalb der Grenzen des „As Structured Prinzips" bewegen sich auch sogenannte „Vergleichbarkeitsanpassungen",[179] also Anpassungen der preissensitiven Umstände einer vorgefundenen Marktransaktion zwischen unabhängigen Unternehmen, um sie mit der tatsächlich durchgeführten Transaktion zwischen den verbundenen Unternehmen vergleichbar und diese damit fremdüblich bewertbar zu machen.[180] Wenngleich „Vergleichbarkeitsanpassungen" und Abweichungen vom „As Structured Prinzip" theoretisch klar zu unterscheiden sind,[181] verwischen die Grenzen oftmals. Ein Beispiel für diese fließende Grenze sind die zur Findung einer Markttransaktion in den USA herangezogenen „realistically available alternatives", die sodann – trotz Anerkennung der von den verbundenen Unternehmen gewählten Struktur – zur Bewertung herangezogen werden[182] und insbesondere eine sogenannte „Make-or-Buy"-Analyse durch die Finanz-

---

175 *Becker* in Gosch/Kroppen/Grotherr (Fn. 11), Art. 9 Rz. 104–106; *De Hosson*, Codification of the Arm's Length Principle in the Netherlands Corporate Income Tax Act, Intertax 2002, 189 (195); *Eigelshoven* in Vogel/Lehner (Fn. 11), Art. 9 Rz. 51; *Wittendorff* (Fn. 11), BIT 2009, 107 (116); *Wittendorff*, Transfer Pricing (Fn. 7), S. 152; *Eigelshoven/Ebering* in Kroppen (Fn. 61), Tz. 1.35 OECD VPR Rz. 162–163; vgl. für eine kritische Analyse dieses Wortlautarguments jedoch *Bullen*, Arm's Length (Fn. 34), S. 113–115.
176 *Bullen*, The Concept of ‚Restructuring' Controlled Transactions, 54 Tax Notes Int'l 43 (44) (Apr. 6, 2009); *Bullen*, Arm's Length (Fn. 34), S. 85 und 184–185.
177 S. *Bullen*, Arm's Length (Fn. 34), S. 165–170 m.w.N.
178 Tz. 9.162 VPR verweist diesbezüglich auf die allgemeine Diskussion zum Verhältnis zwischen nationalen Anti-Missbrauchsregeln und Doppelbesteuerungsabkommen in Art. 1 Tz. 9.5, 22 and 22.1 OECD-MA; s. auch Tz. 195 des OECD Diskussionsentwurfs zu „Business Restructuring" (2008); weiterhin z.B. *Becker* in Gosch/Kroppen/Grotherr (Fn. 11), Art. 9 Rz. 124–126; *Wittendorff* (Fn. 11), BIT 2009, 107 (118); *Wittendorff*, Transfer Pricing (Fn. 7), S. 152 und 154; *Wittendorff* (Fn. 13), ITPJ 2010, 200 (205); *Liaugminaite*, Recognition of the Actual Transactions Undertaken, ITPJ 2010, 107 (110 ff.); *Bullen*, Arm's Length (Fn. 34), S. 171–179.
179 S. z.B. Tz. 1.69, 9.34–9.38 und 9.164–9.167 VPR; weiterhin *Bullen*, Arm's Length (Fn. 34), S. 215–218.
180 Tz. 1.33 VPR; s. auch *Wittendorff*, Transfer Pricing (Fn. 7), S. 152 und 396.
181 *Bullen*, Arm's Length (Fn. 34), S. 215–218.
182 U.S. Treas. Reg. § 1.482–1(f)(2)(ii). S. auch die Analyse bei *Bullen*, Arm's Length (Fn. 34), S. 130, 523–526 und 579–582.

verwaltung decken sollen.[183] Auch in den OECD Verrechnungspreisrichtlinien scheint diese Überlegung bereits anzuklingen.[184]

Das „As Structured Prinzip" beschränkt damit prinzipiell die Möglichkeit der Finanzverwaltungen, tatsächlich vorgenommene Transaktionen zu ignorieren und sie für Besteuerungszwecke durch andere, fiktive Transaktionen zu ersetzen.[185] Dies ist vor dem Hintergrund des Regelwerks des Art. 9 Abs. 1 und Abs. 2 OECD-MA schon deshalb sinnvoll, weil die „Umqualifizierung" (Strukturanpassung) einer Transaktion durch die Finanzverwaltung eine arbiträre Fingerübung wäre und zudem die Gefahr der Doppelbesteuerung dann erhöht, wenn die andere Finanzverwaltung die Ansicht, wie die Transaktion „fremdüblich" strukturiert sein sollte, nicht teilt.[186] In diesem Sinne wird auch von weiten Teilen des Schrifttums[187] und der Rechtsprechung[188] zu Recht die Ansicht vertreten, dass Strukturanpassungen von Art. 9 Abs. 1 OECD-MA gesperrt und lediglich Preisanpassungen nach dem „Arm's Length Standard" zulässig sind. Die in der OECD vertretenen Finanzverwaltungen halten allerdings in mehreren Konstellationen Strukturanpassungen für zulässig. Dies betrifft vor allem die Qualifikation als Eigen- oder Fremdkapital nach nationalen Unterkapitalisierungsregeln,[189] die Umqualifikation nach der wirtschaftlichen Sub-

---

183 Dies zeigt sich auch in dem in U.S. Treas. Reg. § 1.482–1(f)(2)(ii)(B) angeführten Beispiel; s. auch *Bullen*, Arm's Length (Fn. 34), S. 524–525.
184 Tz. 9.60 VPR.
185 *Bullen*, Arm's Length (Fn. 34), S. 137.
186 Tz. 1.64 VPR; für eine weiterführende Analyse dieser Begründungen s. *Bullen*, Arm's Length (Fn. 34), S. 232–273.
187 *Becker* in Gosch/Kroppen/Grotherr (Fn. 11), Art. 9 Rz. 104–109; *Gosch* (Fn. 33) in FS Korn, 2005, S. 391 (397 und 403); *Eigelshoven* in Vogel/Lehner (Fn. 11), Art. 9 Rz. 28 und 51–52; *Wittendorff* (Fn. 11), BIT 2009, 107 (115–119); *Wittendorff*, Transfer Pricing (Fn. 7), S. 152–154 und z.B. 332, 396–397; s. auch *Wassermeyer* in Debatin/Wassermeyer (Fn. 11), Art. 9 Rz. 22, 46 und 76, der allerdings zu dem Ergebnis kommt, dass Art. 9 Abs. 1 OECD-MA Umqualifikationen „dem Grunde nach" nicht entgegenstehe.
188 Dazu *Bullen*, Arm's Length (Fn. 34), S. 732 mit Fn. 3089.
189 So Art. 9 Tz. 3(b) und (c) OECD-MK, die auf Tz. 48–49 sowie 84(b) und (c) des OECD Berichts zu „Thin Capitalisation" (1987) basieren. Auch für die EU Schiedskonvention wird die Ansicht vertreten, dass die Frage der Qualifkation als Eigen- oder Fremdkapital dem Schiedsverfahren unterliege; s. Tz. 1.2 des Überarbeiteter Verhaltenskodex zur wirksamen Durchführung des Übereinkommens über die Beseitigung der Doppelbesteuerung im Falle von Gewinnberichtigungen zwischen verbundenen Unternehmen, ABl. EU Nr. C 322 v. 30.12.2009, 1 ff. (samt der Aufzählung der Vorbehalte von zehn Mitgliedstaaten). Für neutrale oder gar die Ansicht der OECD unterstützende Positionen im Schrifttum s. z.B. *De Broe* (Fn. 18), S. 504–506; *Helminen*, The International Tax Law Concept of Dividend, 2010, S. 215–221. Für einen Überblick zur Staatenpraxis s. *Piltz* (Fn. 89), CDFI Vol. 81b (1996), S. 83 (129). S. für die Argumente gegen die Zulässigkeit von Strukturanpassungen im Hinblick auf Unterkapitalisierungsregeln die *Andritz* Entscheidung des französischen Conseil d'État v. 30.12.2003, n° 233894, RJF 3/04 N° 238, 6 ITLR 604, und die Analysen bei

stanz[190] sowie jene „außergewöhnlichen" Fälle, in denen eine Transaktion ökonomisch irrational und zudem die Finanzverwaltung an der Festlegung eines adäquaten Verrechnungspreises gehindert ist.[191] Besondere Bedeutung erlangt die Frage nach der Zulässigkeit von Strukturanpassungen naturgemäß bei der Übertragung von noch nicht oder schwer bewertbaren immateriellen Wirtschaftsgütern[192] und bei Fällen des „Business Restructuring",[193] insbesondere im Hinblick auf die vertragliche Risikoverteilung und das Vorhandensein realistischer Alternativen.[194]

V. Exkurs: Verrechnungspreiskorrekturen und Grundfreiheiten

In der Europäischen Union ist die Verrechnungspreisproblematik aufgrund der typischerweise hohen Rechtsbefolgungskosten und der Gefahr der Doppelbesteuerung im Binnenmarkt ein besonders relevantes Thema.

Baranger (Fn. 91), ET 2004, 287 (287 ff.); *Dauchez/Jolly*, Thin Capitalization in France: A Story Still in the Making, 35 Tax Notes Int'l 719 (719 ff.) (Aug. 23, 2004); *Burgstaller* (Fn. 91), SWI 2004, 285 (285 ff.). Ähnlich auch BFH v. 8.9.2010 – I R 6/09, IStR 2011, 160. Diese Ablehnung wird von weiten Teilen des Schrifttums geteilt: *Becker* in Gosch/Kroppen/Grotherr (Fn. 11), Art. 9 Rz. 104–109; *Nitikman* (Fn. 33), 26 Int'l Tax J. 2000, 20 (43–49); *Gosch* (Fn. 33) in FS Korn, 2005, S. 391 (402–405); *Wittendorff* (Fn. 11), BIT 2009, 107 (119–120); *Wittendorff*, Transfer Pricing (Fn. 7), S. 163; s. auch *Li/Sandler* (Fn. 18), 45 Can. Tax J. 1997, 891 (929 mit Fn. 127). Vgl. aber auch die Entscheidung des Tax Court of Canada v. 25.8.1997, *Specialty Manufacturing Ltd. v. Her Majesty the Queen*, 97 DTC 1511 (T.C.C.), und des Canadian Federal Court of Appeal v. 18.5.1999, *Specialty Manufacturing v. The Queen*, [1999] 3 C.T.C. 82, 241 N.R. 350 (zur abkommensrechtlichen Zulässigkeit von auf einer Eigen-Fremdkapital-Relation basierenden Unterkapitalisierungsregeln), und die Analyse dieser Entscheidungen von *Arnold*, Canadian Federal Court of Appeal Case Raises Interesting U.S.-Canada Tax Treaty Issues, 18 Tax Notes Int'l 2517 (2517 ff.) (June 21, 1999).
190 Tz. 1.65 und 9.170 VPR; s. auch Tz. 2.72 des Australian Taxation Ruling 97/20; Tz. 43–45 des Canadian Circular 87-2R; U.S. Treas. Reg. § 1.482–1(f)(2)(ii); ausführlich *Bullen*, Arm's Length (Fn. 34), S. 433–459
191 Tz. 1.65 VPR; dazu ausführlich *Bullen*, Arm's Length (Fn. 34).
192 S. zum „commensurate with income standard" im US Steuerrecht etwa *Maisto* (Fn. 43) in CDFI Vol. 77a (1992) S. 19 (55); Clark, R. G., 42 Am. U. L. Rev. 1993, 1155, 1177; *Kessler, W./Eicke, R.*, 48 Tax Notes Int'l 53 (56) (Oct. 1, 2007); *Eigelshoven* in Vogel/Lehner (Fn. 11), Art. 9 Rz. 52; *Brauner* (Fn. 141), 28 Va. Tax Rev. 2008, 79 (100–101); *Wittendorff* (Fn. 11), BIT 2009, 107 (121); *Wittendorff*, Transfer Pricing (Fn. 7), S. 167 und 689–694; *Wittendorff*, The Arm's-Length Principle and Fair Value: Identical Twins or Just Close Relatives? 62 Tax Notes Int'l 223 (227) (Apr. 18, 2011).
193 Tz. 9.161–9.194 VPR.
194 S. z. B. *Kroppen/Silva*, General Report, in IFA (Hrsg.), Cross-border business restructuring, CDFI Vol. 96A (2011), S. 17 (49–50); für eine detaillierte Analyse dieser Strukturanpassungsfragen s. insbesondere *Wittendorff*, Transfer Pricing (Fn. 7), S. 168–176, und *Bullen*, Arm's Length (Fn. 34), S. 511 ff.

und Abwehr: Rechtsfragen der Verrechnungspreiskorrektur 329

Bereits 1992 hat sich der „*Ruding* Bericht" mit diesen Fragen befasst[195] und die Kommission hat ihre Überlegungen im Jahr 2001 umfassend dargelegt.[196] Der rechtliche Ausgangsbefund ist dennoch rasch angestellt: Derzeit besteht zwischen den Mitgliedstaaten mit der Schiedskonvention lediglich ein multilaterales Abkommen, das für Verrechnungspreisfälle eine verbindliche, allenfalls schiedsgerichtsbasierende Vermeidung der Doppelbesteuerung innerhalb bestimmter Fristen vorgibt.[197] Das von der Kommission initiierte Joint Transfer Pricing Forum (JTPF) wiederum assistiert der Kommission bei Verrechnungspreisfragen und hat bereits eine Reihe von Verhaltenskodizes und Richtlinien, auch im Hinblick auf die Anwendung der Schiedskonvention, vorgelegt.[198] Einen weiteren großen Schritt zur Lösung von Verrechnungspreisfragen würde der Kommissionsvorschlag für eine Gemeinsame konsolidierte Körperschaftsteuer-Bemessungsgrundlage (GKKB)[199] darstellen, der aufgrund der Konsolidierung die innereuropäischen Verrechnungspreisfragen für multinationale Gruppen in diesem Regime lösen würde.[200] Im Übrigen ergeben sich Einflüsse des Unionsrechts auf Fragen der Verrechnungspreisanpassungen zwar teilweise aus dem Sekundärrecht,[201] vor allem aber aus den Grundfreiheiten und der darauf basierenden Rechtsprechung des EuGH.

So stehen nationale Verrechnungspreisvorschriften, die lediglich für grenzüberschreitende Sachverhalte Gewinnkorrekturen vorsehen und damit auf den ersten Blick diskriminierend wirken, von vornherein in einem Spannungsverhältnis zu den Grundfreiheiten, insbesondere zur Niederlassungsfreiheit nach Art. 49 AEUV. In der Tat haben nationale Gerichte bereits früh Zweifel an der Kompatibilität nationaler Korrekturvorschriften mit

---

195 *Commission of the European Communities* (Hrsg.), Report of the Committee of Independent Experts on Company Taxation – Ruding Report, 1992, S. 30–31.
196 S. die Mitteilung der Kommission „Ein Binnenmarkt ohne steuerliche Hindernisse – Strategie zur Schaffung einer konsolidierten Körperschaftsteuer-Bemessungsgrundlage für die grenzüberschreitende Unternehmenstätigkeit in der EU", KOM(2001)582 endg., 13, und das Arbeitspapier der Dienststellen der Kommission „Unternehmensbesteuerung im Binnenmarkt", SEC(2001)1681 endg., 255–283 und 344–357.
197 Übereinkommen 90/436/EWG über die Beseitigung der Doppelbesteuerung im Falle von Gewinnberichtigungen zwischen verbundenen Unternehmen ABl. EG Nr. L 225 v. 20.8.1990, 10 ff. i.d.g.F. S. dazu z.B. *Hinnekens*, The European Tax Arbitration Convention and its Legal Framework, BTR 1996, 132 (132 ff.) und BTR 1996, 272 (272 ff.); *Hinnekens*, European Arbitration Convention: Thoughts on Its Principles, Procedures and First Experience, EC Tax Rev. 2010, 109 (109 ff.).
198 S. zusammenfassend *Kofler* in Rust/Reimer (Fn. 5), Art. 9 Rz. 123.
199 KOM(2011)121 endg.
200 KOM(2011)121 endg., 4.
201 Zur Anwendung der Quellensteuerbefreiung nach Art. 5 der Mutter-Tochter-Richtlinie auf Sekundärberichtigungen in Form verdeckter Ausschüttungen s. *Kofler*, Mutter-Tochter-Richtlinie, 2011, Art. 1 Rz. 24 m.w.N.

dem Unionsrecht gehegt.[202] Ein wenig Klarheit hat schließlich die Judikatur des EuGH gebracht, namentlich jene zu Unterkapitalisierungsvorschriften in *Lankhorst-Hohorst*,[203] *Thin Cap Group Litigation*[204] und *Lammers & Van Cleef*[205] und jene zu Verrechnungspreisbestimmungen in *SGI*.[206] Vor allem aus der letztgenannten Entscheidung wird deutlich, dass bloß grenzüberschreitend wirkende Korrekturvorschriften zwar grundsätzlich diskriminierend sind, aber durch die Notwendigkeit der ausgewogenen Aufteilung der Besteuerungsbefugnis zwischen den Mitgliedstaaten im Zusammenhalt mit der Notwendigkeit, Steuerumgehungen zu verhindern, gerechtfertigt sein können, wenn sie verhältnismäßig sind[207] Im Hinblick auf die Verhältnismäßigkeit stellt der EuGH jedoch mehrere Anforderungen auf: Eine Korrekturregel ist nur dann verhältnismäßig, wenn sie

---

202 S. z. B. FG Düsseldorf v. 19.2.2008 – 17 K 894/05 E, IStR 2008, 449 (Verstoß des § 1 AStG gegen die Kapitalverkehrsfreiheit); s. auch die Zweifel des BFH v. 29.11.2000 – I R 85/99, BStBl. I 2002, 720, und BFH v. 21.6.2001 – I B 141/60, IStR 2001, 509; für einen Überblick zur deutschen Diskussion s. z. B. *Jacobs* (Fn. 33), S. 752–755. S. schließlich auch Conseil d'État v. 30.12.2003, n° 249047, *SARL Coréal Gestion* (zum Verstoß der französischen Unterkapitalisierungsbestimmungen gegen die Niederlassungsfreiheit).
203 EuGH v. 12.12.2002 – Rs. C-324/00, *Lankhorst-Hohorst*, Slg 2002, I-11779.
204 EuGH v. 13.3.2007 – Rs. C-524/04, *Thin Cap Group Litigation*, Slg 2007, I-2107. S. auch die nationalen Folgeentscheidungen: England and Wales High Court (Chancery Division) v. 17.11.2009, *Test Claimants in the Thin Cap Group Litigation v. HMRC*, [2009] EWHC 2908 (Ch), und England and Wales Court of Appeal (Civil Division) v. 18.2.2011, *Test Claimants in the Thin Cap Group Litigation v. HMRC*, [2011] EWCA Civ 127.
205 EuGH v. 17.1.2008 – Rs. C-105/07, *Lammers & Van Cleef*, Slg. 2008, I-173.
206 EuGH v. 21.1.2010 – Rs. C-311/08, *SGI*, Slg 2010, I-487. Für Analysen s. z. B. *O'Shea*, ECJ Upholds Belgian Transfer Pricing Regime, 57 Tax Notes Int'l 491 (491 ff.) (Feb. 8, 2010); *Baker*, Transfer Pricing and Community Law: The SGI Case, Intertax 2010, 194 (194 ff.); *Englisch*, Einige Schlussfolgerungen zur Grundfreiheitskompatibilität des § 1 AStG – zugleich Anmerkung zum Urteil des EuGH in der Rs. SGI, IStR 2010, 139 (139 ff.); *Becker/Sydow*, Das EuGH-Urteil in der belgischen Rechtssache C-311/08 SGI und seine Implikationen für die Frage der Europarechtmäßigkeit des § 1 AStG, IStR 2010, 195 (195 ff.); *Meussen*, The SGI Case: ECJ Approves Belgian System of Selective Profit Corrections in Relation to Foreign Group Companies, ET 2010, 245 (245 ff.); *Martín Jiménez*, Transfer Pricing and EU Law Following the ECJ Judgement in SGI: Some Thoughts on Controversial Issues, BIT 2010, 271 (271 ff.); *Scheipers/Linn*, Einkünfteberichtigung nach § 1 Abs. 1 AStG bei Nutzungsüberlassung im Konzern – Auswirkungen des EuGH-Urteils SGI, IStR 2010, 469 (469 ff.); *Glahe*, Vereinbarkeit von § 1 AStG mit den Europäischen Grundfreiheiten, IStR 2010, 870 (870 ff.); *Schönfeld*, Aktuelle Entwicklungen im Verhältnis von § 1 AStG und EU-Recht anhand von Fallbeispielen, IStR 2011, 219 (219 ff.); *Schön*, Der Fremdvergleich, der Europäische Gerichtshof und die „Theory of the Firm", IStR 2011, 777 (777 ff.); *Schön*, Transfer Pricing, the Arm's Length Standard and European Union Law, Max Planck Institute for Tax Law and Public Finance Working Paper 2011 – 08 (September 2011).
207 EuGH v. 21.1.2010 – Rs. C-311/08, *SGI* – Tz. 60–69, Slg 2010, I-487.

- erstens „eine Prüfung objektiver und nachprüfbarer Umstände vorsieht, damit festgestellt werden kann, ob ein geschäftlicher Vorgang eine rein künstliche Konstruktion zu steuerlichen Zwecken darstellt";[208]
- zweitens in „jedem Fall, in dem der Verdacht besteht, dass ein geschäftlicher Vorgang über das hinausgeht, was die betreffenden Gesellschaften unter Bedingungen des freien Wettbewerbs vereinbart hätten, dem Steuerpflichtigen, ohne ihn übermäßigen Verwaltungszwängen zu unterwerfen, die Möglichkeit eingeräumt wird, Beweise für etwaige wirtschaftliche Gründe für den Abschluss dieses Geschäfts beizubringen",[209] und
- drittens „die Prüfung solcher Umstände zu dem Ergebnis führt, dass der in Rede stehende geschäftliche Vorgang über das hinausgeht, was die betreffenden Gesellschaften unter Bedingungen des freien Wettbewerbs vereinbart hätten, die steuerliche Berichtigung auf den Teil beschränken, der über das hinausgeht, was ohne die gegenseitige Verflechtung dieser Gesellschaften vereinbart worden wäre",[210] also dem Fremdvergleichswert entspricht.[211]

Es ist allerdings unklar, was der EuGH unter „etwaigen wirtschaftlichen Gründen" versteht: Einerseits könnte dies – wie womöglich *Lankhorst-Hohorst*[212] und *Thin Cap Group Litigation*[213] implizieren – als zusätzlicher Test aufgefasst werden, dass eine Transaktion, die nicht dem Fremdvergleich entspricht, dennoch wirtschaftlich begründet sein kann (z.B. Sonderkonditionen für notleidende Konzernunternehmen),[214] wobei bereits jede innerbetriebliche Überlegung einen hinreichenden wirtschaftlichen Grund bieten könnte.[215] Andererseits – und dies scheint die jüngere Rechtsprechung, insbesondere *Oy AA*,[216] nahezulegen – könnte damit lediglich gemeint sein, dass dem Steuerpflichtigen die Möglichkeit zu geben ist, die Fremdüblichkeit darzulegen.[217] Bei letzterer Lesart wäre in der Tat der „Arm's Length Standard" der alleinige Maßstab, um eine künstliche Transaktion von einer wirtschaftlich begründeten Transaktion zu unterscheiden. Würde daher eine nationale Verrechnungspreiskorrektur mit Art. 9 OECD-

---

208 EuGH v. 21.1.2010 – Rs. C-311/08, *SGI* – Tz. 71, Slg 2010, I-487.
209 EuGH v. 21.1.2010 – Rs. C-311/08, *SGI* – Tz. 71, Slg 2010, I-487.
210 EuGH v. 21.1.2010 – Rs. C-311/08, *SGI* – Tz. 72, Slg 2010, I-487.
211 S. z.B. *O'Shea* (Fn. 206), 57 Tax Notes Int'l 491 (494) (Feb. 8, 2010).
212 EuGH v. 12.12.2002 – Rs. C-324/00, *Lankhorst-Hohorst*, Slg 2002, I-11779.
213 EuGH v. 13.3.2007 – Rs. C-524/04, *Thin Cap Group Litigation*, Slg 2007, I-2107.
214 *Englisch* (Fn. 206), IStR 2010, 139 (141); *Scheipers/Linn* (Fn. 206), IStR 2010, 469 (472–474); *Schön* (Fn. 206), IStR 2011, 777 (778–781).
215 So *Schön* (Fn. 206), IStR 2011, 777 (778–781).
216 EuGH v. 18.7.2007 – Rs. C-231/05, *Oy AA*, Slg. 2007, I-6373.
217 Schlussanträge GA *Kokott* v. 10.9.2009 – Rs. C-311/08, *SGI* – Tz. 78, Slg 2010, I-487, wonach der Steuerpflichtige nachweise müsse, dass „das beanstandete Geschäft tatsächlich einen realen wirtschaftlichen Hintergrund hat und auch im freien Wettbewerb unter unabhängigen Unternehmen zu denselben Bedingungen abgeschlossen worden wäre". S. auch *Becker/Sydow* (Fn. 206), IStR 2010, 195 (195 ff.).

MA übereinstimmen, wäre sie nicht nur im Lichte des Art. 24 Abs. 4 OECD-MA zulässig (dazu oben II.3.), sondern auch im Lichte der unionsrechtlichen Niederlassungsfreiheit gerechtfertigt und verhältnismäßig. Diesen Ansatz hat sich zuletzt auch der englische Court of Appeal zu eigen gemacht.[218]

VI. Zusammenfassung

1. Eine Primäranpassung nach Art. 9 Abs. 1 OECD-MA führt zu einer wirtschaftlichen Doppelbesteuerung, wenn der andere Staat die unangepassten Gewinne besteuert. Durch korrespondierende Gegenberichtigungen im Sinne des Art. 9 Abs. 2 OECD-MA im anderen Vertragsstaat soll die wirtschaftliche Doppelbesteuerung vermieden werden. Der Fremdvergleichsstandard soll dabei die steuerliche Gleichheit zwischen unabhängigen Unternehmen einerseits und konzernangehörigen Unternehmen andererseits herstellen („Neutralitätsprinzip").

2. Art. 9 Abs. 1 OECD-MA bildet keine unabhängige rechtliche Grundlage für Gewinnerhöhungen und verpflichtet umgekehrt auch nicht zu einer Gewinnerhöhung, wenn seine Voraussetzungen erfüllt sind. Rechtliche Basis für eine Gewinnerhöhung nach Art. 9 Abs. 1 OECD-MA kann nur das nationale Recht sein. Art. 9 OECD-MA entfaltet jedoch Schranken- bzw. Sperrwirkung: Die Staaten sind zur Anwendung eines bestimmten Maßstabes, nämlich des „Arm's Length Standards", gezwungen und ihnen ist eine Gewinnerhöhung über das Fremdvergleichsmaß hinaus verboten. Würde man Art. 9 Abs. 1 OECD-MA nämlich die Schrankenwirkung absprechen, hätte er keinen normativen Charakter. Ohne Art. 9 OECD wären die Vertragsstaaten vollkommen frei, ihre nationalen Verrechnungspreisbestimmungen anzuwenden, solange bloß den Diskriminierungsverboten des Art. 24 OECD-MA Genüge getan wäre. Es ist daher auch überflüssig, Art. 9 OECD-MA einen „Antimissbrauchszweck" zuzuschreiben.

3. Für Situationen außerhalb des Anwendungsbereichs des Art. 9 Abs. 1 OECD-MA (z. B. Verbundenheit aufgrund verwandtschaftlicher Verhältnisse) entfaltet das Abkommen keine Schrankenwirkung, sodass die

---

218 England and Wales Court of Appeal (Civil Division) v. 18.2.2011, *Test Claimants in the Thin Cap Group Litigation v. HMRC*, [2011] EWCA Civ 127 – Tz. 57: „Legislation that involves the application of the arm's length test, as embodied in Article 9 of the OECD Model Convention, does not unlawfully interfere with [Art. 49 TFEU], provided the taxpayer is given an adequate opportunity to present his case to the tax authority that the transaction in question was on arm's length terms, and may challenge the decision of the tax authority before the national court, and, secondly, that the effect of the legislation is limited to those aspects of the advantage conferred by the taxpayer company that do not satisfy that test".

Staaten daher – innerhalb der Grenzen des Art. 24 OECD-MA – Verrechnungspreisanpassungen ohne Rücksichtnahme auf das „Arm's Length Prinzip" vornehmen dürften. Diese Auslegung führt freilich zu dem rechtspolitisch eigenartigen Ergebnis, dass „verbundene Unternehmen" im Sinne des Art. 9 Abs. 1 OECD-MA mehr Abkommensschutz erhalten, als andere nicht-unverbundene Steuerpflichtige.

4. Art. 9 Abs. 1 OECD-MA bezieht sich auf Unternehmensgewinne im Sinne des Art. 7 OECD-MA. Art. 9 Abs. 1 OECD-MA dient dazu, jenen Betrag von Unternehmensgewinnen aus Transaktionen zwischen verbundenen Unternehmen zu bestimmen, der vom jeweiligen ausschließlichen Besteuerungsrecht der beiden Ansässigkeitsstaaten nach Art. 7 OECD-MA erfasst ist. In diesem Sinne ergänzt Art. 9 OECD-MA die eigentlichen Verteilungsnorm des Art. 7 (bzw. Art. 8) OECD-MA. Im Lichte des Art. 7 Abs. 4 OECD-MA umfassen die Unternehmensgewinne auch dem Unternehmen zuzurechnende Zinsen und Lizenzgebühren, selbst wenn diese – außerhalb von Art. 11 Abs. 4 bzw. Art. 12 Abs. 3 OECD-MA – von anderen Verteilungsnormen erfasst sind. Gleichermaßen fallen Einkünfte aus unbeweglichem Vermögen unter Art. 9 OECD-MA.

5. Zwischen Art. 9 OECD-MA einerseits und Art. 11 Abs. 6 bzw. Art. 12 Abs. 4 OECD-MA andererseits besteht kein Spezialitäts-, sondern ein Ergänzungsverhältnis: Im Falle exzessiver Zins- und Lizenzgebührenzahlungen betrifft Art. 9 OECD-MA die fremdvergleichskonforme Anpassung des Gewinnes des Zahlers nach nationalem Recht in dessen Ansässigkeitsstaat, während Art. 11 Abs. 6 und Art. 12 Abs. 4 OECD-MA mit der abkommensrechtlichen Qualifikation der Einkünfte des Empfängers befasst sind und damit lediglich die Frage betreffen, ob der Quellenstaat verpflichtet ist, seine Quellensteuer auf abfließende Zinsen bzw. Lizenzgebühren gem Art. 11 bzw. Art. 12 OECD-MA (auf 10 % bzw. 0 %) zu reduzieren.

6. Der Eröffnungssatz des Abzugsdiskriminierungsverbots des Art. 24 Abs. 4 OECD-MA normiert als tatbestandlicher Vorbehalt eine Ausnahme vom Diskriminierungsverbot für den Fall von Zahlungen zwischen verbundenen Unternehmen, die von Art. 9 Abs. 1 OECD-MA erfasst sind. Wenngleich das Beteiligungsdiskriminierungsverbot des Art. 24 Abs. 5 OECD-MA keinen solchen Vorbehalt enthält, ist doch Art. 9 Abs. 1 OECD-MA ein Teil des Kontextes dieser Bestimmung; sie muss daher so gelesen werden, dass Anpassungen, die mit Art. 9 OECD-MA übereinstimmen, auch keine Verletzung des Art. 24 Abs. 5 OECD-MA darstellen.

7. Die Verbundenheit zweier Unternehmen im Sinne des Art. 9 Abs. 1 OECD-MA erfordert eine Beteiligung an „der Geschäftsleitung, der

Kontrolle oder dem Kapital". Vor allem das alternative Kriterium der Beteiligung an der Kontrolle ist ambivalent. Es umfasst aber – *e contrario* Art. 11 Abs. 6 und Art. 12 Abs. 4 OECD-MA („besondere Beziehung") – nicht verwandtschaftliche Beziehungen und andere Interessensgemeinschaften. Ebenso wenig sind nach der Zielsetzung des Art. 9 Abs. 1 OECD-MA bloß tatsächliche Beherrschungen aufgrund einer Marktposition erfasst.

8. Die „kaufmännischen oder finanziellen Beziehungen" im Sinne des Art. 9 Abs. 1 OECD-MA beziehen sich generell und formunabhängig auf alle Möglichkeiten des Austausches von Gütern, Dienstleistungen etc. zwischen verbundenen Unternehmen, aber auch auf die Übertragung von Funktionen oder Risiken und auf Unterlassungen. Der Begriff ist primär von den gesellschaftsrechtlichen Beziehungen abzugrenzen. Allerdings schließt Art. 9 OECD-MA alle zwischen verbundenen Unternehmen vorkommenden Leistungsbeziehungen ein und gestattet keine Ausnahme für jene Fälle, in denen bei einer bestehenden Leistungsbeziehung vom nationalen Recht dennoch eine gesellschaftsrechtliche Grundlage (z.B. auf Basis eines „formellen Fremdvergleichs") fingiert wird.

9. Die von Art. 9 Abs. 1 OECD-MA angesprochenen „Bedingungen" sind weit im Sinne aller preisgestaltungsrelevanten Aspekte der kaufmännischen und finanziellen Beziehungen zu verstehen und umfassen die im Rahmen der Verrechnungspreismethoden gemessenen finanziellen Indikatoren (z.B. Preis im weiteren Sinne, Brutto- oder Nettomarge). Unklar ist allerdings, ob und wie weit der Begriff der „Bedingungen" darüber hinausgeht und auch die Anpassung von Transaktionselementen („Beziehungen") gestattet, die über jene der finanziellen Indikatoren hinausgeht.

10. Art. 9 OECD-MA spricht von Bedingungen, „die von denen abweichen, die unabhängige Unternehmen miteinander vereinbaren würden". Dies ist auf Abkommensebene die autoritative Aussage zum „Arm's Length Standard" bzw. zum Fremdvergleichsgrundsatz, die zugleich die Grundlage für die Vergleichbarkeitsanalyse bildet, wie sie auch in Art. 7 Abs. 2 OECD-MA besonderen sprachlichen Ausdruck findet. Die von der OECD in den Verrechnungspreisrichtlinien näher ausgeführten Verrechnungspreismethoden dienen der Ermittlung jener Bedingungen, die „unabhängige Unternehmen miteinander vereinbaren würden". Dieser marktbasierende, empirische Ansatz stößt natürlich dort auf Grenzen, wo es keinen Markt gibt oder wo verlässliche Daten nicht verfügbar sind. Der von Deutschland präferierte hypothetische Maßstab des ordentlichen und gewissenhaften Geschäftsleiters (auf beiden Seiten der Transaktion) konnte sich in den OECD Verrechnungspreisrichtlinien jedoch nur ansatzweise durchsetzen.

11. Art. 9 Abs. 2 OECD-MA hat bloß klarstellenden Charakter: Diese Bestimmung verpflichtet nur dann zur Gegenberichtigung, wenn der andere Staat die Primärberichtigung dem Grunde und der Höhe nach akzeptiert; für diesen Fall ergibt sich die Nichtbesteuerung aber bereits aus der Überlegung, dass Art. 9 Abs. 1 lediglich den Art. 7 OECD-MA ergänzt und insofern determiniert, welcher Unternehmensgewinn nur im anderen Staat besteuert werden darf. Art. 9 Abs. 2 OECD-MA ist auch nicht notwendig, um den Zugang zum Verständigungsverfahren nach Art. 25 OECD-MA zu eröffnen. Denn schon die bloße Einfügung des Art. 9 Abs. 1 OECD-MA weist darauf hin, dass die Vertragsstaaten die wirtschaftliche Doppelbesteuerung in den Anwendungsbereich des Abkommens einzubeziehen beabsichtigen und sie damit Gegenstand des Verständigungsverfahrens werden kann.

Verrechnungspreise, Einkünfteverlagerung – Gestaltung und Abwehr: Verfahrensrechtliche Instrumente (Dokumentationspflichten, APA) als Alternativen zur Bewältigung eines materiellen Bewertungsproblems?

Prof. Dr. *Roman Seer*
Ruhr-Universität Bochum

Inhaltsübersicht

I. Bewertung als Rechtsproblem im internationalen Steuerrecht
 1. Relevante Verkehrs- und Fremdvergleichswerte
 2. Wertfindung als eigenständige Rechtskonkretisierung
 3. Grenzen rationaler Wertfindung im Sinne einer Bandbreitenplausibilität
II. Verfassungsrechtlicher Rahmen der Wertfindung – Verteilung des Wertfindungsrisikos
 1. Bewertungsgleichmaß und Grenzen seiner Realisierbarkeit aufgrund der Komplexität und Unsicherheit der Wertfindung
 2. Kalkulierbarkeit der Wertfindung und Übermaßverbot: Gebot freiheitsrechtlicher Begrenzung des Wertfindungsrisikos
 3. Multiplikation des Komplexitäts- und Untersicherheitspotenzials bei mehrpoligen grenzüberschreitenden Steuerschuldverhältnissen
III. Ausgestaltung einer freiheitsrechtlichen Begrenzung des Wertfindungsrisikos
 1. Bewertungsprärogative des Steuerpflichtigen und deren Absicherung durch Dokumentationspflichten
 2. Grenzüberschreitender Mindest-Dokumentationsstandard als Basis einer Rechtsvermutung zugunsten des Steuerpflichtigen
 3. Verfahrensrechtliche Kompensation des Wertfindungsrisikos durch kooperative Handlungsformen (Advance Pricing Agreements – APA)
 4. Reduzierung der Letztentscheidungsverantwortung staatlicher Organe auf eine Vertretbarkeitskontrolle
IV. Fazit

I. Bewertung als Rechtsproblem im internationalen Steuerrecht

1. Relevante Verkehrs- und Fremdvergleichswerte

Die Bewertung als Rechtsproblem ist eine ebenso alte wie ungelöste Fragestellung des Steuerrechts. 1983 hatte sich unsere Gesellschaft drei Tage Zeit genommen, um sich in Salzburg mit diesem Thema zu beschäftigen. Der Tagungsband[1] enthält bis heute grundlegende Erkenntnisse. Allerdings scheint der Aufwand die Teilnehmer damals doch zu sehr erschöpft zu

---

1 S. *A. Raupach* (Hrsg.), Werte und Wertermittlung im Steuerrecht, DStJG Bd. 7, Köln 1984.

haben. Jedenfalls kehrte die DStJG bereits im Folgejahr in Heidelberg zu einem bis heute beibehaltenen Zwei-Tages-Symposium zurück. Auf der dortigen, bisher einzigen Tagung zum internationalen Steuerrecht spielten Bewertungsfragen nach der ausführlichen Behandlung des Vorjahres keine große Rolle. Lediglich der unvergessene *Wolfgang Ritter* befasste sich praxisnah mit der Beweislast und Vermutungsregeln bei internationalen Verrechnungspreisen[2]. Damit sind wir nah an meiner heutigen, die Tagung abschließenden Fragestellung: Sind verfahrensrechtliche Instrumente wie Dokumentationspflichten und verbindliche Vorabverständigungen Alternativen zur Bewältigung eines materiellen Bewertungsproblems?

Um die Frage beantworten zu können, bedarf es zunächst einer Betrachtung der Bewertungsmaßstäbe. Der deutsche Gesetzgeber hat mit dem gemeinen Wert und dem Teilwert *zwei Verkehrswerte* geschaffen, die er in §§ 9, 10 BewG legal definiert hat. § 9 BewG versteht den gemeinen Wert im Sinne eines prinzipiellen Bewertungsmaßstabs als den Wert, den das Wirtschaftsgut bei Veräußerung im gewöhnlichen Geschäftsverkehr erzielen würde[3]. Dagegen wird der Begriff des Teilwerts im deutschen Bilanzsteuerrecht vor allem zur Bewertung von Entnahme- und Einlagevorgängen verwendet. Der Teilwert ist aber gerade dort kein sachgerechter Bewertungsmaßstab, wo es um die Surrogation von Einzelveräußerungs- oder Einzelerwerbstatbeständen geht[4]. Ungeachtet dessen hat der deutsche Gesetzgeber den Teilwert zwar als allgemeinen Bewertungsmaßstab für die Entnahme und Einlage von Wirtschaftsgütern ohne tiefgründige Reflektion beibehalten. Im Gegensatz dazu hat er aber im so genannten SEStEG vom 7.12.2006[5] für die grenzüberschreitenden Steuerent- und Steuerverstrickungstatbestände den allgemeinen Maßstab des gemeinen Werts in § 6 Abs. 4 Satz 1 Halbsatz 2, Abs. 5a EStG verankert. Der gemeine Wert ist darüber hinaus der Bewertungsmaßstab bei der Wegzugsbesteuerung, indem § 6 Abs. 1 Satz 4 EStG für die Besteuerung nach § 17 EStG anordnet, dass an die Stelle des Veräußerungspreises der gemeine Wert der Anteile im Besteuerungszeitpunkt tritt[6].

Der schwankende Bewertungsmaßstab setzt sich bei der Korrektur von Verrechnungspreisen im internationalen Konzern fort. Als allgemeine Kor-

---

2 *W. Ritter* in K. Vogel (Hrsg.), Grundfragen des internationalen Steuerrechts, DStJG Bd. 8, Köln 1985, S. 91 ff.
3 Zum gemeinen Wert als Verkehrswert s. *R. Seer* in Tipke/Lang, Steuerrecht, 21. Aufl., Köln 2012, § 15 Rz. 54.
4 S. *I. Gabert*, Der Bewertungsmaßstab des Teilwerts im Bilanzsteuerrecht, Diss. Bochum, Berlin 2011, S. 34 ff.
5 Gesetz über steuerliche Begleitmaßnahmen zur Einführung der Europäischen Gesellschaft und zur Änderung weiterer steuerlicher Vorschriften v. 7.12.2006, BGBl. I 2006, 2782.
6 Zur Steuerentstrickung/-verstrickung und der Wegzugsbesteuerung s. *H. Schaumburg*, Internationales Steuerrecht, 3. Aufl., Köln 2011, Rz. 5.337 ff. und 5.357 ff.

rekturnormen fungieren § 8 Abs. 3 Satz 2 KStG (verdeckte Gewinnausschüttung) und § 8 Abs. 3 Sätze 3–6 KStG (verdeckte Einlage). § 8 Abs. 3 Satz 2 KStG enthält keinen eigenen Bewertungsmaßstab. Vielmehr fragt die ständige Rechtsprechung als Vergleichsmaßstab danach, was ein ordentlicher und gewissenhafter Geschäftsleiter von einem Nichtgesellschafter gefordert oder erhalten hätte[7]. Die ist ein *Fremdvergleichswert*, der sich regelmäßig mit dem gemeinen Wert decken wird[8]. Demgegenüber finden auf verdeckte Einlagen nach § 8 Abs. 1 Satz 1 KStG i. V. m. § 5 Abs. 6 EStG die allgemein geltenden Regeln Anwendung, was uns nach § 6 Abs. 1 Nr. 5 EStG wieder zum Maßstab des Teilwerts führt[9]. Diese Maßstabsdivergenz eröffnet sich im Verhältnis zwischen Personengesellschaft und ihren Gesellschaftern dagegen nicht, weil dort die verdeckte Gewinnausschüttung durch eine verdeckte Entnahme ersetzt wird, für die nach § 6 Abs. 1 Nr. 4 EStG ebenfalls der Teilwert gilt[10].

In Konkurrenz zu diesen allgemeinen Korrekturnormen steht die Einkünftekorrektur nach § 1 Abs. 1 AStG, die sich für grenzüberschreitende Geschäftsbeziehungen zwischen dem Steuerpflichtigen und nahestehenden Personen nach dem Fremdvergleichsgrundsatz richtet. Für die Anwendung des Fremdvergleichsgrundsatzes will § 1 Abs. 1 Satz 2 AStG davon ausgehen, dass die voneinander unabhängigen Dritten alle wesentlichen Umstände der Geschäftsbeziehung kennen und nach den Grundsätzen ordentlicher und gewissenhafter Geschäftsleiter handeln. Diese so genannte Transparenzklausel unterstellt eine unrealistische Preisbildungssituation und führt zum hypothetischen Fremdvergleich[11]. Die auf dieser Basis nach § 1 Abs. 3 AStG ermittelten *Fremdvergleichswerte* können so vom gemeinen Wert oder dem Teilwert abweichen. Das damit sich stellende Konkurrenzproblem löst § 1 Abs. 1 Satz 3 AStG[12] mittlerweile im Sinne einer fiskalischmeistbegünstigenden Idealkonkurrenz. Danach sind gem. § 1 Abs. 1 Satz 1

---

7 S. etwa BFH v. 8.10.2008 – I R 61/07, BStBl. II 2011, 62; zu dem Maßstab ausf. *S. Rasch*, Konzernverrechnungspreise im nationalen, bilateralen und europäischen Steuerrecht, Diss. Bochum, Köln 2001, S. 48 ff.; *P. Bauschatz*, Verdeckte Gewinnausschüttung und Fremdvergleich im Steuerrecht der GmbH (§§ 8 Abs. 3 Satz 2; 8a KStG), Diss. Augsburg, Berlin 2001, S. 51 ff.; *S. Oppenländer*, Verdeckte Gewinnausschüttung – Systematik und Stellung des § 8 Abs. 3 Satz 2 KStG bei der Gewinnermittlung von Kapitalgesellschaften, Diss. Bonn, Köln 2004, S. 143 ff.
8 BFH, Urt. v. 23.2.2005 – I R 70/04, BStBl. II 2005, 882 (884); BFH, Urt. v. 22.12.2010 – I R 47/10, BFH/NV 2011, 1019 (1020); *D. Gosch*, KStG, Kommentar, 2. Aufl., München 2009, § 8 KStG Rz. 381, 383; *S. Oppenländer* (Fn. 7), S. 231 ff.
9 So auch die deutsche Finanzverwaltung in Abschnitt 40 Abs. 4 KStR 2004.
10 Konsequenterweise sieht *W. Reiß*, Zur nachträglichen Korrektur nicht erfasster verdeckter Gewinnausschüttungen, StuW 2003, 21 (27 ff.), in Abweichung zum BFH in einer verdeckten Gewinnausschüttung zugleich auch eine verdeckte Entnahme.
11 Eingehend *M. Frischmuth*, Die Leiden des jungen § 1 AStG aus Unternehmenssicht, in Festschrift für H. Schaumburg, Köln 2009, S. 647 (656 ff.).
12 Eingeführt durch das Unternehmensteuerreformgesetz 2007 v. 14.8.2007, BGBl. I 2007, 1912.

AStG („unbeschadet") Korrekturen nach den allgemeinen Vorschriften zwar grundsätzlich vorrangig. Führt die Anwendung des Fremdvergleichsgrundsatzes jedoch zu einer weitergehenden Einkünfteberichtigung, ist diese neben den Rechtsfolgen der anderen Vorschriften durchzuführen. Angesichts dieser Bewertungsmaßstabsunsicherheit verwundert es nicht, wenn *Harald Schaumburg* in seinem opus magnum des internationalen Steuerrechts sich mit der lapidaren Feststellung begnügt, dass die Einkünftekorrekturnormen unterschiedliche Korrekturmaßstäbe („zumeist Teilwert oder gemeiner Wert") regelten, die Anwendung des § 1 Abs. 1 Satz 3 AStG aber durchweg dazu führe, dass bei grenzüberschreitenden Geschäftsbeziehungen der *Fremdvergleichspreis* der entscheidende Korrekturmaßstab sei[13].

2. Wertfindung als eigenständige Rechtskonkretisierung

Im Steuerrecht besteht das Ziel darin, Wirtschaftsgütern für die Bemessungsgrundlage einer Steuerart einen bestimmten Geldwert zuzuweisen[14]. Die abstrakt-generelle Zuweisung durch Gesetz führt aber nicht zu eindeutigen Ergebnissen. Ausgeschlossen ist dies etwa für den Begriff des Teilwertes, der gleich mit drei Unbekannten, zum Teil Fiktionen arbeitet[15]. Der Teilwert bedingt die Fiktion einer Veräußerung des gesamten Unternehmens unter der Fiktion der Fortführung durch den Käufer und der weiteren Fiktion einer gedachten Aufteilung des angenommenen Gesamtkaufpreises auf die einzelnen Wirtschaftsgüter. Ein solcher Wertbegriff, mag er auch einen begrenzten theoretischen Anwendungsbereich besitzen, ist nicht vollzugstauglich[16]. Deshalb verwundert es nicht, dass sich die Rechtsprechung mit grobschlächtigen Teilwertvermutungen behilft, die mit der gesetzlichen Definition des Begriffs wenig zu tun haben[17].

Diese Bewertungsunsicherheit beschränkt sich aber nicht auf den Teilwertbegriff, sondern gilt auch für den gemeinen Wert im Sinne des § 9 Abs. 2 Satz 1 BewG. Die Bestimmung des Preises, der im gewöhnlichen Geschäftsverkehr nach der Beschaffenheit des Wirtschaftsguts zu erzielen wäre, ist ebenfalls von unsicheren Annahmen und Prognosen abhängig. Die Un-

---

13 *H. Schaumburg* (Fn. 6), Rz. 18.126.
14 *W. Busse von Colbe*, Bewertung als betriebswirtschaftliches Problem, DStJG Bd. 7 (Fn. 1), S. 39 (40).
15 *W. Doralt*, Der Teilwert als Anwendungsfall des Going-Concern-Prinzips, DStJG Bd. 7 (Fn. 1), S. 141 (144); *I. Gabert* (Fn. 4), S. 14 ff.
16 Eingehend dargelegt von *I. Gabert* (Fn. 4), S. 100 ff.; *C. Lange*, 75 Jahre Teilwert – Gegenwart und Zukunft des Teilwertbegriffs vor dem Hintergrund seiner Geschichte, Diss. Münster, Berlin 2011, S. 261 ff., fordert ebenfalls eine gesetzliche Neuregelung, die an die Stelle der nicht vollziehbaren Fiktionen tritt.
17 S. näher *I. Gabert* (Fn. 4), S. 126 ff., wo sie von einem „Offenbarungseid" spricht; dagegen hält *C. Lange* (Fn. 16), S. 161 ff., die Teilwertvermutungen für seit Jahren bewährte angemessene Schätzungen.

sicherheiten steigen, je mehr der Wert (wie z.B. bei einem Unternehmen) von den zukünftigen Ertragsentwicklungen abhängt. Deshalb ist der Wert eines Wirtschaftsguts auch keine Tatsache, die bei sorgfältiger Sachverhaltsaufklärung auffindbar wäre, sondern nur das Ergebnis von Schlussfolgerungen aus wertbeeinflussenden Eigenschaften. Jeder Bewertung ist mehr oder minder ein Vergleich immanent. Sie hängt von den Vergleichsmöglichkeiten des Bewertenden ab, der sich zur Auffindung des aus seiner Sicht richtigen Werts im Rahmen eines *Entscheidungsfeldes* bewegt[18]. Eine zu einem eindeutigen Ergebnis führende gesetzliche Steuerung des Wertfindungsprozesses ist unmöglich. Deshalb ist die Unmöglichkeit der exakten Wertfindung auch kein Anwendungsfall des § 162 Abs. 1 AO, wo ausnahmsweise das Beweismaß im Wege einer Art von „Notoperation" zur Überwindung eines non-liquet abgesenkt wird. Vielmehr ist der Umgang mit der Bewertungsunsicherheit ein *normspezifisches Rechtsanwendungsproblem* der gesetzlichen Bewertungsvorschriften (z.B. § 6 Abs. 1 Nr. 4, 5 EStG, § 1 AStG) selbst[19].

Ebenso wenig wie es den „objektiven" Wert gibt, existiert ein außerjuristisches „Naturgesetz der Bewertung". Die Wertfindung bleibt vielmehr ein subjektiver Erkenntnisakt in einem *offenen Wertungsprozess*. Schon vor weit mehr als 100 Jahren drückte dies der Bilanzrechtler *Hermann Veit Simon* mit dem Satz aus, dass der Wert einer Sache „weder eine Eigenschaft derselben noch überhaupt eine Tatsache, sondern vielmehr eine Meinungssache" sei[20]. Die Steuerungskraft gesetzlicher Bewertungsnormen beschränkt sich auf die Heranführung des Rechtsanwenders an die maßgeblichen Bewertungsziele und -maßstäbe. Sie zeigen aber zugleich die Grenze dessen auf, was Recht leisten kann. Mit den Worten von *Klaus-Dieter Drüen* ist der „‚Wert an sich' ein Phantom, dem man sich nur von den äußeren Grenzen nähern kann, ohne ihm jemals habhaft zu werden."[21] Im auffälligen Gegensatz dazu scheut der Gesetzgeber regelmäßig das offene Bekenntnis zu dieser normspezifischen Unsicherheit. Stattdessen suggeriert er Exaktheit, wenn in der Sprache der Bewertungsnormen Werte für das Steuerrecht „ermittelt" werden. Umso wichtiger ist es, dieser Scheingenauigkeit entgegenzutreten und die Wertfindung als *eigenständige Rechtsanwendungskategorie* zu begreifen.

---

18 *W. Busse von Colbe* (Fn. 14), S. 40; *R. Seer*, Verständigungen in Steuerverfahren, Habil., Köln 1996, S. 14.
19 *L. Osterloh*, Gesetzesbindung und Typisierungsspielräume, Habil. Berlin, Baden-Baden 1992, S. 251 ff.; *R. Seer* (Fn. 18), S. 197; *I. Gombert*, Die Schätzung der Besteuerungsgrundlagen nach § 162 der Abgabenordnung, Diss. Köln, Berlin 2001, S. 74.
20 *H. V. Simon*, Die Bilanzen der Aktiengesellschaften und der Kommanditgesellschaften auf Aktien, 2. Aufl., Berlin 1898, S. 293.
21 *K.-D. Drüen*, Prognosen im Steuerrecht, AG 2006, 707 (713).

3. Grenzen rationaler Wertfindung im Sinne einer Bandbreitenplausibilität

Der in einer Bewertung angelegte *offene Wertungsprozess* unterscheidet sich fundamental von einem Rechtsfindungsakt durch Subsumtion. In seiner jüngeren Rechtsprechung hat der Bundesfinanzhof diesen Charakter zumindest für den Bereich der verdeckten Gewinnausschüttung offen anerkannt. Als grundlegend erweist sich das Urteil vom 17.10.2001 zur Angemessenheit von Verrechnungspreisen[22]: In aller Deutlichkeit stellt der BFH dort fest, dass es den „einen" angeblich richtigen Fremdvergleichspreis nicht gibt. Vielmehr bestehe der *Fremdvergleichswert* typischerweise aus einer Bandbreite von Preisen, was sich nicht nur aus dem Unterschied zwischen übernommenen Funktionen und Risiken, sondern ebenso z. B. aus unterschiedlichen Unternehmensstrategien erklären ließe. Unabhängige Unternehmen müssten auch unter vergleichbaren Bedingungen nicht immer den gleichen Preis nehmen bzw. bezahlen. Vorbehaltlich einer anderweitigen gesetzlichen Beweisrisikoverteilung müsse sich die Schätzung an dem für den Steuerpflichtigen jeweils günstigeren Ober- oder Unterwert der Bandbreite von Fremdvergleichspreisen orientieren. Denn innerhalb der letztlich maßgebenden Bandbreite entspreche *jeder* Preis dem Fremdvergleich[23].

Eine vergleichbare *Bandbreiten-Doktrin* hat wenig später derselbe Senat in seinem Urteil vom 27.2.2003 auch auf die Prüfung der Angemessenheit von Bezügen von Gesellschafter-Geschäftsführern angewandt[24]: Danach gibt es für deren Angemessenheit keine festen Regeln. Bei der erforderlichen Schätzung sei zu berücksichtigen, dass häufig nicht nur ein bestimmtes Gehalt als „angemessen" angesehen werden könne, sondern der Bereich des Angemessenen sich auf eine gewisse Bandbreite von Beträgen erstrecke. Unangemessen im Sinne des § 8 Abs. 3 Satz 2 KStG seien dann nur die Bezüge, die den oberen Rand dieser Bandbreite übersteigen.

Diese zutreffende Erkenntnis des BFH beschränkt sich meines Erachtens nicht auf den Bereich der verdeckten Gewinnausschüttung, sondern ist jeder *Bewertung* typischerweise immanent. Sie lässt sich insbesondere auf die Unternehmensbewertung im Sinne des § 11 Abs. 2 BewG, aber auch auf andere Sachwerte einschließlich der Grundstückswerte übertragen. Das unlösbare Ziel der Bestimmung des eindeutigen „einzigen" Werts wird zugunsten der Bestimmung der *Bandbreite von gleichermaßen plausiblen,*

---

22 BFH, Urt. v. 17.10.2001 – I R 103/00 – BStBl. II 2004, 171 (176); s. auch BFH, Urt. v. 6.4.2005 – I R 22/04, BStBl. II 2007, 658 (659 ff.).
23 BFH, Urt. v. 17.10.2001 (Fn. 22), (scil.: Hervorhebung durch den Verfasser).
24 BFH, Urt. v. 27.2.2003 – I R 46/01, BStBl. II 2004, 132 (133 f.); s. auch BFH, Urt. v. 4.6.2003 – I R 24/02, BStBl. II 2004, 136 (138); BFH, Urt. v. 4.6.2003 – I R 38/02, BStBl. II 2004, 139 (141); BFH, Urt. v. 17.2.2010 – I R 79/08 – Rz. 16, BFH/NV 2010, 1307 (1308 f.).

vertretbaren Werten zurückgenommen. In den genannten Entscheidungen entwickelt der BFH für die verdeckte Gewinnausschüttung zur Bandbreitenbestimmung ein dreistufiges Prüfungsraster das vom vorrangigen internen Fremdvergleich, über den nachrangigen externen Fremdvergleich hin zum subsidiären hypothetischen Fremdvergleich reicht[25]. Für den Bereich der Verrechnungspreisprüfung entspricht diese Bandbreiten-Doktrin internationalem Standard[26]. Dem folgt im Grundsatz mittlerweile auch § 1 Abs. 3 AStG für das deutsche Recht[27].

II. Verfassungsrechtlicher Rahmen der Wertfindung – Verteilung des Wertfindungsrisikos

1. Bewertungsgleichmaß und Grenzen seiner Realisierbarkeit aufgrund der Komplexität und Unsicherheit der Wertfindung

Die verfassungsrechtlichen Anforderungen an das normative Bewertungsgleichmaß hat das BVerfG in seinem Beschluss vom 7.11.2006[28] zur Erbschaft- und Schenkungsteuer geschärft. Danach hat der Gesetzgeber einen Bewertungsmaßstab zu wählen, der den Belastungsgrund der jeweiligen Steuer folgerichtig abbildet. Das ist für die Erbschaft- und Schenkungsteuer als Bereicherungsteuer der Verkehrswert. Gleichzeitig sieht auch das BVerfG das grundlegende Wertfindungsproblem und fordert nur, dass für die einzelnen Vermögensarten ein dem Verkehrswert angenäherter Wert (so genannter *Annäherungswert*) angesetzt werden muss[29]. Für den Bereich der Einkommen- und Körperschaft ist der Verkehrswert (gemeiner Wert) ebenfalls der folgerichtige Bewertungsmaßstab für den Zuwachs wirtschaftlicher Leistungsfähigkeit im Sinne einer Mehrung des Reinvermögens[30]. So wenig wie es aber den einen Wert an sich gibt, gibt es die „eine" exakt messbare (mathematisch sichtbare) Leistungsfähigkeit. Dies bringt der Gedanke des Annäherungswerts zum Ausdruck und deckt sich so mit der Bandbreiten-Doktrin[31]. Art. 3 GG vermag das einfache Recht daher nicht auf die Normierung des einzig richtigen Werts und damit auf etwas Unmögliches, sondern nur auf eine *Optimierung des Möglichen* im Sinne einer Bandbreiten-Richtigkeit zu verpflichten.

---

25 BFH, Urt. v. 27.2.2003 (Fn. 24), 134; BFH, Urt. v. 6.4.2005 (Fn. 22), 660.
26 S. OECD-Verrechnungspreisrichtlinien 2010 v. 22.7.2010, Paris, 3.55 ff.
27 Eingeführt durch das Unternehmensteuerreformgesetz 2008 v. 14.8.2007, BGBl. I 2007, 1912 (1933).
28 BVerfG v. 7.11.2006 – 1 BvL 10/02, BVerfGE 117, 1 (30 ff.).
29 BVerfG (Fn. 28), 36.
30 Zur Reinvermögenszugangstheorie s. *K. Tipke*, Die Steuerrechtsordnung, Bd. II, 2. Aufl., Köln 2003, S. 624 ff.
31 S. OECD-Verrechnungspreisrichtlinien 2010 (Fn. 26), 3.55.

Damit verschiebt sich unser Augenmerk auf die Ebene des Steuervollzugs. Auf dieser Ebene erteilt Art. 3 GG zur Wahrung der Rechtsanwendungsgleichheit dem Staat einen strukturellen Vollzugssicherungsauftrag[32]. Verläuft der Wertfindungsprozess nicht in der eindeutigen Kategorie „richtig – falsch", sondern nur in der Kategorie „vertretbar – unvertretbar", bedarf es Sicherungen, um der Gefahr einer regelmäßig verdeckten steueroptimierten Grenzüberschreitung entgegenzuwirken. Dies bedingt eine *Dokumentation* der für die Wertfindung relevanten Faktoren[33], damit den Finanzbehörden als Verifikationsverwaltung[34] die Vertretbarkeitsprüfung im Sinne einer Bandbreitenbestimmung überhaupt ermöglicht wird.

2. Kalkulierbarkeit der Wertfindung und Übermaßverbot: Gebot freiheitsrechtlicher Begrenzung des Wertfindungsrisikos

Im Spannungsfeld zur Rechtsanwendungsgleichheit steht der grundrechtliche Freiheitsschutz der Steuerpflichtigen (Art. 2 Abs. 1, 12 Abs. 1, 14 Abs. 1 GG). Die Unsicherheit der Wertfindung gefährdet die Freiheitsgrundrechte in doppelter Richtung: Zum einen verhindert sie *Steuerplanungssicherheit*[35]. Zum anderen besteht die *latente Gefahr einer Übermaßbesteuerung* durch Überbewertung[36]. Kalkulationen und Investitionsentscheidungen der Steuerpflichtigen hängen nicht unwesentlich von der steuerlichen Belastung ab. Das Ausmaß der zu erwartenden Steuerbelastung bestimmt, wie viel des Einkommens investiert oder zur Einkommensverwendung ausgeschüttet bzw. entnommen werden kann. Die freiheitsbeschränkende steuerliche Belastung des Erwerbs bleibt für den betroffenen Marktteilnehmer daher nur erträglich, wenn die Steuer zu einer *voraussehbaren Kalkulationsgröße* wird, der Steuerpflichtige also seine erwerbswirtschaftlichen Dispositionen darauf einstellen kann[37]. Da die Finanzbehörde eine Entscheidung über die (von Natur aus unsichere) Bewertung aber erst *ex post* nach bereits getätigter Disposition trifft, trägt der Steuerpflichtige *einseitig* das Auslegungs- und *Bewertungsrisiko*. Umso unsicherer die Bewertung und umso größer die Bandbreite gleichheits- und gesetzeskonformer Rechtsanwendungsergebnisse ist, desto drängender stellt sich das Bedürfnis nach einem wirksamen Steuerplanungsschutz. Kann das Gesetz den

---

32 Dazu *R. Seer*, Der Vollzug von Steuergesetzen unter den Bedingungen einer Massenverwaltung, DStJG Bd. 31 (2008), S. 7 (11 ff.).
33 Die OECD-Verrechnungspreisrichtlinien 2010 (Fn. 26), 1.36, spricht etwa von „Vergleichbarkeitsfaktoren".
34 S. dazu *K.-D.Drüen*, Die Zukunft des Steuerverfahrens, in Schön/Beck (Hrsg.), Zukunftsfragen des deutschen Steuerrechts, Berlin/Heidelberg 2009, S. 1 (8 ff.).
35 Zur Steuerplanungssicherheit als Schutz betätigter Freiheitsgrundrechte, s. *J. Hey*, Steuerplanungssicherheit als Rechtsproblem, Habil., Köln 2002, S. 133 ff.
36 Zum Eigentumsschutz gegen eine Überbewertung s. *J. Lang*, Gewinnrealisierung – Betriebsvermögensvergleich nach § 4 Abs. 1 EStG, DStJG Bd. 4, Köln 1981, S. 45 (78 ff.).
37 *R. Seer* (Fn. 18), S. 311.

Wert – wie aufgezeigt (s. oben I.3.) – nicht hinreichend determinieren, bedarf es anderer Absicherungen durch frühzeitige Einbeziehung des Steuerpflichtigen in das Verfahren (dazu noch III.1.)[38].

Die drohende Gefahr einer Übermaßbesteuerung durch Überbewertung wirkt darüber hinaus auf die fiskalische Ausschöpfung der Wert-Bandbreite ein. Da es den einen Wert nicht gibt und innerhalb einer Bandbreite keine Aussage über die Gerechtigkeitsqualität der einzelnen Werte gemacht werden kann, widerspräche es dem Gebot einer freiheitsschonenden Besteuerung, profiskalisch den für den Steuerpflichtigen ungünstigsten Wert anzusetzen.

3. Multiplikation des Komplexitäts- und Untersicherheitspotenzials bei mehrpoligen grenzüberschreitenden Steuerschuldverhältnissen

Dies gilt umso mehr, als bei mehrpoligen grenzüberschreitenden Steuerschuldverhältnissen die umgekehrte Wechselwirkung zum ausländischen Staat in diesem Fall die Übermaßbesteuerung bei mangelnder Abstimmung noch verstärken kann. Nur wenn sichergestellt ist, dass der ausländische Staat im Gefolge der Primärkorrektur spiegelbildlich eine *Gegenberichtigung* im Sinne des Art. 9 Abs. 2 OECD-MA vornimmt, erhöht sich das Gefahrenpotenzial für den Steuerpflichtigen nicht. Einen durchsetzbaren Gegenberichtigungsanspruch vermittelt immerhin die EU-Schiedsverfahrenskonvention[39]. Dagegen existieren in der DBA-Praxis bisher noch kaum Schiedsklauseln im Sinne des Art. 25 Abs. 5 OECD-MA 2008[40]. Dies bedeutet, dass selbst ein Verständigungsverfahren mit Nicht-EU-Staaten mangels Einigungszwangs keine Gewähr für die einvernehmliche Einigung der beteiligten Fisci bietet[41]. Je mehr verbundene Unternehmen in ganz unterschiedlichen ausländischen Staaten in Leistungsbeziehungen zur der inländischen Konzerngesellschaft stehen, umso weniger ist daher eine Gegenberichtigung gewährleistet. Das Damoklesschwert *mangelnder Wertkorrespondenz* schwebt damit über den unilateralen Wertansätzen, mögen sie wie etwa der Median oder Mittelwert auch nicht am ungünstigsten Ende der jeweiligen Bandbreite liegen. Zudem ist es nicht gewährleistet, dass der ausländische Staat von derselben Bandbreite wie der deutsche Fiskus ausgeht. Deshalb bedarf es wirksamer, Steuerplanungssicherheit vermittelnder

---

38 Zum Grundrechtsschutz durch Verfahrensteilhabe s. *R. Seer* (Fn. 32), DStJG Bd. 31 (2008), S. 7 (15).
39 Richtlinie 90/434/EWG v. 23.7.1990, ABl. EG Nr. L 225 v. 20.8.1990, 1; zur Praxis instruktiv *A. Bödefeld/N. Kuntschik*, Der Überarbeitete Verhaltenskodex zur Anwendung des EU-Schiedsübereinkommens, IStR 2010, 474.
40 Zur deutschen DBA-Praxis s. *A. Bödefeld/N. Kuntschik*, Schiedsverfahren nach DBA, IStR 2009, 449; *A. Bödefeld/N. Kuntschik*, Schiedsverfahren nach den DBA mit Großbritannien, der Schweiz und Liechtenstein, IStR 2012, 137.
41 S. auch *H. Schaumburg* (Fn. 6), Rz. 16.116.

Verfahrensinstrumentarien, um der Gefahr der grenzüberschreitenden Wertdivergenz vorzubeugen.

III. Ausgestaltung einer freiheitsrechtlichen Begrenzung des Wertfindungsrisikos

1. Bewertungsprärogative des Steuerpflichtigen und deren Absicherung durch Dokumentationspflichten

Wie oben unter I.2. dargelegt, handelt es sich sowohl bei der Bestimmung eines gemeinen Werts, Teilwerts, aber gerade auch eines Fremdvergleichswerts um ein normspezifisches Rechtsanwendungsproblem jeder einzelnen Bewertungsnorm. Das komplexe Geflecht von Tatsachenermittlung und Rechtsanwendung wird dabei nicht im Wege der „Notoperation" einer Schätzung nach § 162 AO erleichtert. Vielmehr gehört der Unsicherheitsfaktor zu der durch die Bewertungsnorm unmittelbar vorgegebenen, also gesetzlich legitimierten Eigenheit der konkreten Wertbestimmung[42]. Muss das Gesetz mit offenen Wertungen und vagen Vergleichsmaßstäben arbeiten, vermag es also den Bewertungsvorgang nicht zu steuern, wird das Wertfindungsrisiko *einseitig-freiheitsbeschränkend* zulasten des Steuerpflichtigen und der Unternehmen verteilt. In Erfüllung ihrer steuerlichen Erklärungspflichten müssen Steuerpflichtige und Unternehmen die konkrete Wertbestimmung als Erstadressaten vornehmen. Die Pflicht zur Erstbewertung durch den Steuerpflichtigen selbst macht § 1 Abs. 3 AStG an mehreren Stellen deutlich. § 1 Abs. 3 Satz 5 AStG verpflichtet ausdrücklich „den Steuerpflichtigen", für seine Einkünfteermittlung einen hypothetischen Fremdvergleich unter Beachtung der Transparenzklausel des § 1 Abs. 1 Satz 2 AStG durchzuführen, wenn auch keine eingeschränkt vergleichbaren Fremdvergleichswerte festgestellt werden können. Ebenso wendet sich § 1 Abs. 3 Satz 9 AStG im Zusammenhang mit einer Funktionsverlagerung an den Steuerpflichtigen und verpflichtet ihn, bei für das Transferpaket als Ganzem fehlendem Fremdvergleichswert den Einigungsbereich auf der Grundlage des Transferpakets unter Berücksichtigung funktions- und risikoadäquater Kapitalisierungszinsätze zu bestimmen.

Aber nicht nur in diesen Fällen, sondern bei der Verrechnungspreisbestimmung allgemein bedürfen Steuerpflichtige und Unternehmen verfahrensrechtlicher Sicherungen. Im Zuge ihrer notwendigen Steuerplanung sind sie darauf angewiesen, dass der Unsicherheitsfaktor für sie beherrschbar wird. Dies folgt zum einen aus dem bereits behandelten Gebot freiheitsschonender Besteuerung, zum anderen aber auch aus dem objektiv-rechtlichen Gebot der Rechtssicherheit. Fehlt es an der gesetzlichen Bestimmtheit der Steuerlast, muss sie gerade aus der Perspektive des Erstanwenders

---

42 *L. Osterloh* (Fn. 19), S. 253.

auf das Niveau der *Bestimmbarkeit* gebracht werden. Die *Unbestimmbarkeit* der Steuerlast ist weder mit dem grundrechtlichen Freiheitsschutz noch mit dem Rechtsstaatsprinzip vereinbar. Deshalb kann die durch den Steuerpflichtigen vorgenommene Bewertung nicht als bloß „unverbindlicher Vorschlag" abgetan werden, den die Finanzbehörde nach Gutdünken übernehmen, aber auch durch eine eigene „bessere" Bewertung ersetzen kann. Bleibt der Steuerpflichtige mit seinem Bewertungsansatz im Rahmen der Bandbreite vertretbarer (d. h. gleichermaßen gesetzmäßiger) Werte, ist seine Wertkonkretisierung gültig. Insoweit genießt der Steuerpflichtige eine *Bewertungsprärogative.*

In ihrer eine gleich- und gesetzmäßige Besteuerung sichernden Funktion der Verifikationsverwaltung beschränkt sich die Kompetenz der Finanzbehörde darauf, die normativen Vorgaben sowie die Tatsachenbasis für die Bandbreitenbestimmung zu überprüfen. Macht das Gesetz darüber hinausgehende Vorgaben, wie etwa in § 1 Abs. 3 Satz 7 Halbsatz 2 AStG (wenn nichts anderes glaubhaft gemacht wird: „Mittelwert des Einigungsbereichs"), sind diese Vorgaben zur Werteingrenzung zu befolgen und von den Finanzbehörden zu überprüfen. Da sich der Steuerpflichtige auf die gesetzliche Vorgabe einrichten kann, beeinträchtigt sie ungeachtet einer möglichen wirtschaftlichen Doppelbesteuerung die Steuerplanungssicherheit nicht, sondern vermag sie – im Gegenteil – sogar zu erhöhen. Geht der Steuerpflichtige mit seiner *Konkretisierungskompetenz* verantwortlich um, wird ihm Steuerplanungssicherheit zurückgegeben. Letztlich liegt die Steuerplanungsstabilität dann in der Hand des Steuerpflichtigen: Umso mehr er seine Bewertung im Grenzbereich des Vertretbaren ansiedelt, die Bandbreite ausreizt, umso weniger Rechtssicherheit vermag er zu gewinnen.

Die Einschätzungsprärogative des Steuerpflichtigen in seiner Stellung als Erstbewerter bedeutet keine „gleichheitswidrige Besteuerung nach Wahl". Sie steht unter der Prämisse, dass der Steuerpflichtige innerhalb der Bandbreite gleichermaßen vertretbarer und damit gleichermaßen gesetzmäßiger Wertansätze verbleibt. Dabei gilt es, die besondere Bedeutung der Qualität der für die Bewertung als Vergleichsakt erforderlichen Datengrundlage zu erkennen. Durch eine selektive Dokumentation vergleichsrelevanter Daten findet bereits eine „Vorbewertung" statt. Deshalb bedarf es im Interesse der Gleichmäßigkeit der Besteuerung der Absicherung der Einschätzungsprärogative durch eine *gesteigerte Dokumentations- und Transparenzpflicht* der Unternehmen. Die Reduktion der finanzbehördlichen Prüfung auf eine Vertretbarkeitskontrolle setzt eine hinreichende Begründung der Erstbewertung voraus, was letztlich nichts anderes als die Darlegung des Bewertungsvorgangs und der dafür wertbeeinflussenden Faktoren in Gestalt einer Dokumentation bedeutet. Die Bewertungsdokumentation bildet damit die *Kehrseite der Bewertungsprärogative.* Fehlt sie oder ist sie in wesentlichen Teilen unbrauchbar, erstarkt die Finanzbehörde insoweit zur hoheitlichen

Zweitbewerterin. Diesen Zusammenhang bestätigt die Regelung des § 162 Abs. 3 AO. § 162 Abs. 3 Satz 1 AO statuiert eine widerlegbare Beweisvermutung zulasten des Unternehmens, wenn dieses nach Anforderung keine ordnungsmäßige Verrechnungspreisdokumentation vorlegen kann oder diese unverwertbar ist. Die Vorschrift besitzt damit die *umgekehrte Wirkung des § 158 AO*[43]. Dabei stellt § 162 Abs. 3 Satz 1 AO klar, dass die Finanzbehörde ihre Schätzungsbefugnis unter voller Ausschöpfung des Unsicherheitsrahmens anwenden kann.

2. Grenzüberschreitender Mindest-Dokumentationsstandard als Basis einer Rechtsvermutung zugunsten des Steuerpflichtigen

Der funktionale Zusammenhang zwischen der Dokumentationspflicht und der Bewertungsprärogative entspricht dem über die Buchführungspflicht hinaus verallgemeinerungsfähigen Rechtsgedanken des § 158 AO. Danach genießt eine ordnungsmäßige Dokumentation eine *Richtigkeitsvermutung* zugunsten des gewählten und durch die Dokumentation gerechtfertigten Verrechnungspreises[44]. Diese Richtigkeitsvermutung besitzt für die Unternehmen den Charakter einer verfahrensrechtlichen *Safe-harbour*-Regelung. Die materiell rechtliche Prüfung verlagert sich so auf eine verfahrensrechtliche Ebene, ob die Dokumentation ordnungsgemäß ist und zur Rechtfertigung des Bewertungsansatzes tauglich ist.

Es stellt sich nun die Frage, welche Anforderungen an eine ordnungsgemäße Verrechnungspreisdokumentation zu stellen sind, damit sie von den Finanzbehörden zur Vertretbarkeitskontrolle genutzt werden kann und damit zugleich die Richtigkeitsvermutung zugunsten des Steuerpflichtigen begründet. Aus nationaler Sicht hat der deutsche Gesetzgeber das Anforderungsprofil in § 90 Abs. 3 AO i. V. mit der Gewinnabgrenzungsaufzeichnungsverordnung (GAufzV) seit 2003 wie folgt konkretisiert: § 90 Abs. 3 Satz 1 AO verlangt eine so genannte *Sachverhaltsdokumentation*. Sie beinhaltet den Konzernaufbau (d. h. die rechtliche und operative Struktur, Beteiligungsstruktur), die geschäftlichen Vorgänge (z. B. Beschreibung über die Transaktionsarten, Tätigkeitsbereiche) sowie die wesentlichen Verträge und für die Verrechnungspreisfindung relevanten Dokumente (z. B. Preislisten). § 4 Nr. 3 GAufzV fordert außerdem eine *Funktions- und Risikoanalyse*, die den Wertschöpfungsbeitrag des Unternehmens in der Wertschöpfungskette im Verhältnis zu der nahestehenden Person beschreibt. § 90 Abs. 3 Satz 2 AO erweitert dies um die Aufzeichnung der wirtschaftlichen Vereinbarung von Preisen und anderen Geschäftsbeziehungen mit

---

43 *R. Seer* in Tipke/Kruse, AO/FGO, Kommentar, § 162 AO Rz. 66 (Januar 2010).
44 S. bereits *R. Seer*, Kodifikation von Dokumentationspflichten über die Verrechnungspreisgestaltung im multinationalen Konzern FR 2002, 380 (383 f.); ebenso *G. Bruschke*, Sanktionen bei einem Verstoß gegen die Dokumentationspflichten für Verrechnungspreise, DStZ 2006, 575 (578).

Nahestehenden. Dies umfasst nach h. M. auch eine *Angemessenheitsdokumentation*, die sich auf einen transaktionsbezogenen Fremdvergleich anhand der so genannten Standardmethoden (Preisvergleichs-, Kostenaufschlags- oder Wiederverkaufspreismethode), hilfsweise auch auf eine geschäftsvorfallbezogene Gewinnmethode erstreckt.

Auch wenn die Pflicht zur Erstellung einer Angemessenheitsdokumentation im Wortlaut der Norm des § 90 Abs. 3 AO nicht deutlich zum Ausdruck kommt, entspricht sie aber dem gesetzgeberischen Willen[45]. Die Angemessenheitsdokumentation muss aber nur die *tatsächlich angewandte Verrechnungspreismethode* im Hinblick auf die *Ist-Beziehung* zu der nahestehenden Person darstellen und begründen. Alternativmethoden müssen nicht dargelegt und abgewogen werden (s. § 2 Abs. 2 Satz 3 GAufzV). Letztlich muss aus der Angemessenheitsdokumentation das ernsthafte Bemühen des Steuerpflichtigen erkennbar werden, seine Geschäftsbeziehungen zu Nahestehenden unter Beachtung des Fremdvergleichsgrundsatzes auszugestalten (§ 1 Abs. 1 Satz 2 GAufzV).

Auch wenn der Fremdvergleichswert ein geschäftsvorfallbezogener Maßstab ist, müssen die Anforderungen an die Erfüllung der Dokumentationspflicht die Grenzen der Verhältnismäßigkeit und Zumutbarkeit wahren. Daher ist das Postulat der geschäftsvorfallbezogenen Dokumentation in Abhängigkeit vom Umfang der Transaktionen zugunsten einer gruppenmäßig-aggregierten Zusammenfassung zurückzunehmen (so genannte *Palettenbetrachtung*). Ebenso kann eine konzerninterne Verrechnungspreisrichtlinie geschäftsvorfallbezogene Einzelaufzeichnungen ersetzen. Die Dokumentation verliert ihre Richtigkeitsvermutung erst, wenn die Dokumentation in wesentlichen Punkten unverwertbar ist. Auch hier lässt sich der Maßstab für eine formell ordnungswidrige Buchführung sinngemäß anwenden. Danach ist die Dokumentation verwertbar, wenn sachverständige Dritte innerhalb angemessener Zeit feststellen und prüfen können, welche Sachverhalte der Steuerpflichtige verwirklicht und inwieweit er dabei den Fremdvergleichsgrundsatz beachtet hat. Bleibt die Dokumentation im Wesentlichen verwertbar, trägt die Finanzbehörde die objektive Beweislast zur Begründung für den Ansatz eines abweichenden Verrechnungspreises. Nur wenn es ihr gelingt, die *Unvertretbarkeit* des Verrechnungspreises nachzuweisen, eröffnet sich nach § 162 Abs. 3 AO der Weg für eine eigene Schätzung.

Da der grenzüberschreitende Leistungsaustausch mehrpolig verläuft, verdient die Zweischneidigkeit des Verrechnungspreisansatzes eine besondere Beachtung (s. bereits II.3.). Die freiheitssichernde Steuerplanungs- und

---

45 Begründung zum Entwurf des Steuervergünstigungsabbaugesetzes (StVergAbG) der Fraktionen SPD und BÜNDNIS 90/DIE GRÜNEN v. 2.12.2002, BT-Drucks. 15/119, 52.

Rechtssicherheit wird erst gewährleistet, wenn die Richtigkeitsvermutung eine *grenzüberschreitende Dimension* erhält. Zwar sind in den vergangenen zehn Jahren praktisch weltweit Dokumentationspflichten für die Ausgestaltung von Verrechnungspreisen eingeführt worden. Inhalt und Dichte dieser Dokumentationspflichten variieren aber nach wie vor von Staat zu Staat[46]. Einen Mindeststandard enthalten auch die Verrechnungspreisrichtlinien der OECD vom 22.7.2010 nicht[47]. Immerhin hat der Rat der EU einen Verhaltenskodex zur Verrechnungspreisdokumentation für verbundene Unternehmen in der EU (EU-TPD) verfasst[48]. Der Verhaltenskodex setzt für die Mitgliedstaaten zwar kein verbindliches Recht, sondern ist nur *soft law*. Er begründet aber eine politische Selbstverpflichtung der EU-Staaten. Der Verhaltenskodex setzt ein so genanntes Masterfile voraus, das neben einer Sachverhaltsdokumentation ebenfalls eine Funktions- und Risikoanalyse vorsieht. Die Masterfile bezieht sich auf den Konzern und verlangt auch eine Beschreibung des konzerninternen Verrechnungspreissystems. Das Masterfile wird durch landesspezifische Dokumentationen ergänzt, die für die jeweilige Konzerngesellschaft auch eine Angemessenheitsdokumentation enthält. Auf der Basis dieses EU-Standards ließe sich ein Mindeststandard für eine Verrechnungspreisdokumentation erarbeiten. Konzerne, die diesen Standard einhalten, könnten einen Vertrauensvorschuss in allen EU-Mitgliedstaaten erhalten. Die Gefahr von grenzüberschreitend widersprüchlichen Fremdvergleichswerten könnte dadurch zugunsten der Steuerpflichtigen weiter gesenkt werden.

3. Verfahrensrechtliche Kompensation des Wertfindungsrisikos durch kooperative Handlungsformen (Advance Pricing Agreements – APA)

Allerdings existiert ein grenzüberschreitend zwischen den Steuerfisci abgestimmtes Dokumentationsniveau bisher noch nicht. Ebenso wenig ist bisher eine Bewertungsprärogative der Steuerpflichtigen in der Besteuerungspraxis anerkannt. Es bedarf daher zusätzlicher Instrumente, um einer einseitigen Verortung des Wertfindungsrisikos entgegenzuwirken. Parallel zu den Dokumentationspflichten haben sich in der letzten Dekade bi- und multilaterale Vorabverständigungsverfahren (so genannte Advance Pricing Agreements – APA) mit dem Ziel einer *prospektiven Vermeidung von Ver-*

---

46 S. *M. Babic/H. Baumhoff* u. a., Verrechnungspreis-Dokumentationspflichten in Deutschland, Österreich und in ausgewählten osteuropäischen Staaten, IStR 2010, Beihefter, S. 37 ff.; *M. Take*, Übersicht zu Vorschriften zur Dokumentation von Verrechnungspreisen in Dänemark, Schweden, Norwegen und Finnland, IStR 2011, 323 ff.
47 S. OECD-Verrechnungspreisrichtlinien 2010 (Fn. 26), 207 ff.
48 Entschließung des Rates und der im Rat vereinigten Vertreter der Regierungen der Mitgliedstaaten v. 27.6.2006 zu einem Verhaltenskodex zur Verrechnungspreisdokumentation für verbundene Unternehmen in der EU (EU TPD), 2006/C 176/01, ABl. EU Nr. C 176 v. 28.7.2006, 1–7.

rechnungspreiskonflikten etabliert[49]. Dafür besteht ein dringendes Bedürfnis, weil Verständigungsverfahren im Sinne des Art. 25 OECD-MA eine internationale Doppelbesteuerung erst im Nachhinein und angesichts ihrer beachtlichen Dauer nur mit erheblicher zeitlicher Verzögerung beseitigen können. Zudem ist es nicht gesichert, dass es in allen Fällen zu einem Verständigungsverfahren und der erforderlichen Gegenberichtigung kommt. Die APA sollen vor diesem Hintergrund den Unternehmen *prospektiven Dispositionsschutz* (s. oben II.2.) gewähren. Etwaige Meinungsverschiedenheiten zwischen Steuerverwaltungen verschiedener Staaten und den Steuerpflichtigen über die wesentlichen preisbeeinflussenden Faktoren bei Transaktionen zwischen verbundenen Unternehmen und eine dadurch drohende wirtschaftliche Doppelbelastung sollen soweit möglich bereits *ex ante* einvernehmlich vermieden werden[50]. Dasselbe gilt für streitanfällige Fragen der grenzüberschreitenden Gewinnaufteilung zwischen Betriebsstätten eines Unternehmens.

Damit ein APA das Wertfindungsrisiko des Steuerpflichtigen kompensieren kann, muss dieser sich auf das APA gegenüber den Steuerfisci berufen können. Mit anderen Worten: Das APA muss verbindlich und im konkreten Steuerrechtsverhältnis von den Finanzbehörden zu beachten sein. Ein unilaterales APA, das das Unternehmen mit „seiner" nationalen Finanzbehörde abschließt, wird dazu nur selten taugen[51]. Deshalb ist ein bi- oder multilaterales APA zu präferieren[52]. Es besteht aus zwei Elementen: Die involvierten Staaten schließen ein *völkerrechtliches Verwaltungsabkommen*, das sie im Verhältnis zueinander bi- oder multilateral bindet[53]. Davon zu unterscheiden ist die Bindungswirkung im Verhältnis zu dem jeweiligen Unternehmen als Steuerpflichtigen. Die Bindungswirkung lässt sich nicht unmittelbar aus dem Verwaltungsabkommen ableiten[54]. Sie muss vielmehr zusätzlich im konkreten Steuerrechtsverhältnis zwischen der Finanzbehörde und dem Steuerpflichtigen begründet sein. Das deutsche Bundesfinanzministerium sieht diese Bindung in einer so genannten *Vorabzusage*, welche die zuständige Landesfinanzbehörde (in der Regel das Finanzamt) dem Unternehmen auf der Basis des Verwaltungsabkommens erteilt[55]. Jedoch treffen die Zusage und ihre in § 89 Abs. 2 AO gesetzlich geregelte Auspra-

---

49 S. auch das Referat von *K. Becker*, S. 167 ff. in diesem Band.
50 S. BMF v. 5.10.2006 – IV B 4 – S 1341 – 38/06, BStBl. I 2006, 594 (so genanntes APA-Merkblatt).
51 *H. Schaumburg* (Fn. 6), Rz. 16.105, nennt beispielhaft den Fall, dass die konkrete Frage nur in einem Staat strittig ist oder kein Abkommen eingreift. Im letztgenannten Fall könnten aber zwei unilaterale Abkommen zur Vermeidung einer Doppelbesteuerung grenzüberschreitend aufeinander abgestimmt werden.
52 So wohl auch BMF, APA-Merkblatt (Fn. 50), Tz. 1.2.
53 S. auch *U. Bär*, Verständigungen über Verrechnungspreise verbundener Unternehmen im deutschen Steuerrecht, Diss. Köln, Berlin 2009, S. 236.
54 *U. Bär* (Fn. 53), S. 243 ff.
55 BMF (Fn. 50), Tz. 1.2 und 5.1.

gung der verbindlichen Auskunft die Eigenart des APA nicht. Anders als bei der verbindlichen Auskunft erklärt die Finanzbehörde dem Steuerpflichtigen gegenüber nicht lediglich ihre Rechtsauffassung über einen noch nicht verwirklichten, vorgegebenen Sachverhalt mit einseitig-selbstbindender Wirkung für die Zukunft[56]. Ein APA löst weniger Rechtsprobleme, sondern befasst sich im Schwerpunkt mit zur Bestimmung der richtigen Fremdvergleichswertbandbreite nötigen Sachverhaltsannahmen, denen eine gründliche Analyse der Geschäftsbeziehungen und relevanten Geschäftsvorfälle des Unternehmens vorausgeht[57]. Zudem erteilt die deutsche Finanzverwaltung die Vorabzusage nur, wenn der Steuerpflichtige zuvor seine *Zustimmung* zu dem völkerrechtlichen Verwaltungsabkommen und zusätzlich einen beschränkten Einspruchsverzicht im Sinne des § 354 Abs. 1a AO schriftlich erklärt hat[58]. Insoweit stellt die deutsche Finanzverwaltung sogar das bi- oder multilaterale Verwaltungsabkommen unter einen entsprechenden Vorbehalt[59]. Ein APA enthält damit jedenfalls nach dem deutschen Verständnis eine gegenseitige Zukunftsbindung von Finanzbehörden und Steuerpflichtigen.

Bei nüchterner Betrachtung ist dieses gegenseitige Rechtsverhältnis – ebenso wie im Falle der so genannten tatsächlichen Verständigung[60] – nichts anderes als ein *öffentlich-rechtlicher Vertrag*[61]. Finanzbehörde und Steuerpflichtige wollen erkennbar, dass sich die jeweilige Gegenseite an den Inhalt des APA für dessen Geltungsdauer hält. Wie ich an anderer Stelle ausführlich dargelegt habe, unterliegt die Rechtsform des öffentlich-rechtlichen Vertrages auch im Steuerverfahrensrecht keinem besonderen Gesetzesvorbehalt[62]. Unabhängig davon hält *Moris Lehner* den von den deutschen Finanzbehörden geforderten gegenständlich-beschränkten Einspruchsverzicht für nicht von § 354 Abs. 1a AO gedeckt[63]. § 354 Abs. 1 Satz 1 AO ermöglicht einen umfänglichen Einspruchsverzicht erst nach Erlass des Steuerbescheids. Die Vorschrift dient dem Schutz des Adressaten, der genau im Klaren sein muss, worauf er verzichtet. Diese Gefahr be-

---

56 Zum Charakter der verbindlichen Auskunft ausf. *J. Horst*, Die verbindliche Auskunft nach § 89 AO, Diss. Münster, Aachen 2010, S. 107 ff.; *R. Seer* in Tipke/Kruse (Fn. 43), § 89 AO Rz. 24 ff. (Januar 2012).
57 S. insb. OECD-Verrechnungspreisrichtlinien 2010 (Fn. 26), Tz. 4.132, die den Unterschied zu verbindlichen Auskünften deutlich herausarbeiten.
58 BMF (Fn. 50), Tz. 4.6.
59 BMF (Fn. 50), Tz. 4.5.
60 Dazu eingehend *R. Seer* (Fn. 18), S. 174 ff.; *R. Seer* in Tipke/Kruse (Fn. 43), Vor § 118 AO Tz. 15, m. w. N. (Oktober 2010).
61 Wie hier *I. Rodemer*, Advance Pricing Agreements im US-amerikanischen und im deutschen Steuerrecht, Diss. Bochum, Köln 2001, S. 199 ff.; *U. Bär* (Fn. 53), S. 153 ff.
62 S. *R. Seer* (Fn. 18), S. 158 ff.; dagegen *S. Müller-Franken*, Maßvolles Verwalten, Habil. Passau, Tübingen 2004, S. 211 ff. (dazu die Rezension von *A. Leisner-Egensperger*, DÖV 2005, 399 f.; *U. Bär* [Fn. 53], S. 155 f.).
63 *M. Lehner* in Vogel/Lehner, DBA, Kommentar, 5. Aufl., München 2008, Art. 25 Rz. 377.

steht allerdings nicht, wenn sich der Verzicht gegenständlich auf Besteuerungsgrundlagen bezieht, die der Verzichtende kennt. Dementsprechend lässt § 354 Abs. 1 Satz 2 AO im Falle einer Steueranmeldung auch einen früheren Verzicht zu, der für den Fall ausgesprochen wird, dass die Steuer nicht abweichend von der Steueranmeldung festgesetzt wird. Vor diesem Hintergrund ist der im APA-Verfahren geforderte Einspruchsverzicht teleologisch auf den Fall zu beziehen, dass die Finanzbehörde die in dem APA getroffenen Festlegungen in dem jeweiligen Steuerbescheid auch umsetzt. Mit dieser vom BMF auch beachteten Maßgabe ist der nur gegenständlich begrenzt wirkende Einspruchsverzicht zulässig[64].

Das APA-Verfahren entspricht einem kooperativen Verwaltungshandeln und bietet dem antragstellenden Unternehmen in dem qualifizierten Antragsverfahren sowie in der sich anschließenden APA-Vorprüfung die Gelegenheit zur Verfahrensteilhabe in seiner Rolle als Erstbewerter. Es schließt sich dabei der Kreis zur Dokumentationspflicht als Funktionsbedingung für die Bewertungsprärogative (s. oben III.1.). Je qualifizierter die Dokumentation des vorgenommenen Fremdvergleichswerts ist, umso leichter wird es fallen, durch einen qualifizierten Antrag den Zugang für ein die Dispositionen in die Zukunft absicherndes APA zu erhalten.

Als Preis für den grenzüberschreitenden Dispositionsschutz verbleiben allerdings die Kostenpflicht nach § 178a AO, die Kosten für die Dokumentationserstellung sowie die internen Mitwirkungskosten. Dieser Preis ist gerechtfertigt, wenn die Unternehmen dadurch einen wirksamen Schutz gegen eine wirtschaftliche Doppelbesteuerung erhalten. Wird das Wertfindungsrisiko zudem durch eine funktional mit der Erfüllung der Dokumentationspflichten verbundenen Bewertungsprärogative zugunsten des Unternehmens abgemildert, investiert es in seine Steuerplanungssicherheit.

4. Reduzierung der Letztentscheidungsverantwortung staatlicher Organe auf eine Vertretbarkeitskontrolle

Die durch die Dokumentationspflicht abgesicherte Bewertungsprärogative zugunsten des Steuerpflichtigen reduziert die Sachentscheidungsverantwortung der Finanzbehörden wegen der jeder Bewertung immanenten Unsicherheit auf eine Vertretbarkeitskontrolle des Bewertungsergebnisses. Die Wertfindung erweist sich damit nicht mehr als ein einseitiger Akt der Hoheitsverwaltung, sondern als ein Erkenntnisakt einer *kontrollierten Selbstregulierung* durch den Steuerpflichtigen[65]. Versteht man die Bewertung und ihre Unsicherheit – wie hier geschehen – als ein normspezifisches Rechtsanwendungsproblem und nicht als Anwendungsfall der Schätzung im Sinne

---

64 So auch APA-Merkblatt des BMF (Fn. 50), Tz. 4.6, geschehen.
65 Zum Wandel des hoheitlichen Veranlagungsverfahrens zur kontrollierten Selbstregulierung s. bereits *R. Seer* (Fn. 32), S. 7 (31 ff.).

des § 162 AO (s. oben I.2.), ist es konsequent, den Maßstab einer Vertretbarkeitskontrolle auch im Finanzgerichtsprozess anzuwenden. Wenn innerhalb einer Bewertungsbandbreite jeder Wert gleichermaßen dem gesetzlichen Bewertungsmaßstab entspricht, dann kommt der Bewertung durch das Finanzgericht ebenso wenig wie der durch die Finanzbehörde eine größere Richtigkeit zu als dem Bewertungsansatz des Steuerpflichtigen, der innerhalb der Bandbreite verblieben ist. Da der Steuerpflichtige als Erstbewerter aber zu einer Erstentscheidung kommen muss, auf der er disponiert, ist es dem Finanzgericht verwehrt, dessen vertretbare Bewertung durch eine eigene vertretbare Bewertung zu ersetzen.

Zu einer eigenen Schätzung im Sinne des § 162 AO i.V.m. § 96 Abs. 1 Satz 1 FGO ist das Finanzgericht (ebenso wie die Finanzbehörde) erst legitimiert und verpflichtet, wenn und soweit die Dokumentation des Steuerpflichtigen fehlt oder unbrauchbar ist. In diesem Fall ist die freiheitsschonende Selbstregulierung gescheitert, sodass die Letztverantwortungskompetenz des Staates für eine gesetz- und gleichmäßige Besteuerung zur *eigenen Bewertung als Reserveakt* zwingt.

IV. Fazit

Die eingangs gestellte Frage möchte ich daher wie folgt beantworten: Das verfahrensrechtliche Instrument der Dokumentationspflichten ist die *Funktionsbedingung einer Bewertungsprärogative* des Steuerpflichtigen, welche hier als folgerichtige Konsequenz der normspezifischen Bewertungsunsicherheit entwickelt worden ist. Im grenzüberschreitenden Kontext *mindert* die Vorabverständigung das ansonsten einseitig zulasten des Steuerpflichtigen wirkende *Erstbewertungsrisiko*.

Diskussion

zu den Referaten von Dr. *Wolfgang Haas*, Prof. Dr. *Georg Kofler* und Prof. Dr. *Roman Seer*

Leitung:
Prof. Dr. *Michael Tumpel*

Prof. Dr. *Klaus-Dieter Drüen*

Ich glaube, die drei Vorträge haben sehr plastisch gezeigt, dass sich das Problem von materiellen zu verfahrensrechtlichen Aspekten verschiebt. Herr *Haas* hat uns die Nöte der Praxis und ihre Lösungsmöglichkeiten sehr anschaulich vor Augen geführt. Herr *Kofler* hat mit seiner Analyse des Abkommensrechts das Problem nochmals theoretisch fundiert. Es geht darum, einen Markt zu rekonstruieren, wo ein Markt gar nicht stattfindet. Und wenn wir das mit dem Thema des Vormittags zusammennehmen und der Entwicklung, dass auch Betriebsstätten nunmehr als virtuelle Kapitalgesellschaften verstanden werden, dann dehnt sich dieses Problem noch aus. Die Lösung kann nur prozedural gefunden werden. *Roman Seer* hat von Wertfindung gesprochen: Jedes Finden setzt aber ein Suchen voraus und ich würde trotz seines Hinweises auf § 162 der deutschen Abgabenordnung doch den Begriff der Wertschätzung präferieren. Wertschätzung impliziert nämlich einmal das inhärente subjektive Element. Und zum anderen sind in dem Begriff Schätzung schon die Unsicherheit und das Nährungsverfahren angelegt. Dies ist ein strukturelles Problem und letzten Endes eine Funktionsbedingung. Das Verfahrensrecht sollte eine internationale Wertabstimmung anstreben, um eine wertmäßige Korrespondenz zu gewährleisten.

Prof. Dr. *Gerd Willi Rothmann*

Die brasilianische Gesetzgebung zu den Verrechnungspreisen ist at miles' length von Art. 9 OECD-MA entfernt. Es gibt eine große Diskussion, inwieweit diese Gesetzgebung überhaupt mit diesen Prinzipien übereinstimmt. Und um zu zeigen, wo die größten Unterschiede liegen: Zum ersten, wir haben keinen § 2. In keinem der Doppelbesteuerungsabkommen Brasiliens gibt es eine Vorschrift zur Gegenberichtigung. Und damit ist dieser Artikel eigentlich am falschen Platz. Er gehört gar nicht mehr in ein Doppelbesteuerungsabkommen. Denn die wirtschaftliche Doppelbesteuerung, die auftritt durch die Berichtigung, wird durch das Fehlen der Gegenberichtigung gar nicht vermieden. Zum zweiten, es gibt in der brasilianischen Gesetzgebung eine feste Gewinnmarge, sprich eine feste Handelsspanne. Und das wird zum Teil sogar gelobt, weil man sagt, das ist safe harbour, wer sich innerhalb dieser Prozentsätze hält, der kann also beruhigt schlafen. Nur: Keiner weiß, wo diese Prozentsätze herkommen. Bei der Wiederverkaufsmethode, die man auch im Falle der Wertschöpfung anwenden kann, geht es je nach Wertschöpfung um die Marge von 20 % bzw. 60 %. Fragen Sie mal Herrn *Haas*, was er davon hält. Das ist meines Erachtens vollkommen absurd. Natürlich gibt es die Möglichkeit, das im Einzelfall zu widerlegen und die Änderung der Prozentsätze zu beantragen. Um diesen Antrag zu stellen, sagt die Verwaltungsvorschrift unter anderen Voraussetzungen, die erfüllt werden müssen, dass im Fremdvergleich zu zeigen ist, welcher Wert der richtige ist. Ich habe aber die Wiederverkaufsmethode gerade deshalb angewandt, weil es keinen Fremdvergleich gibt. Mit anderen Worten, eine vollkommen unmögliche Bedingung. Außerdem ist der Anwendungsbereich der Gesetzgebung über Verrechnungspreise erweitert. Das heißt, nicht nur eine gesellschaftsrechtliche oder kapitalmäßige Verbindung, sondern auch z. B. ein exklusiver Handelsvertreter fällt unter diese Bestimmung. In dem Moment wo ich also mit dieser spezifischen Gesetzgebung über Verrechnungspreise nicht weiterkomme, da habe ich zwei Fragen: Frage Nr. 1, da bitte ich praktisch nur um eine Bestätigung. Als mein Koreferent hat Herr *Harald Schaumburg* 2005 die Meinung vertreten, dass wenn im Abkommen Brasilien-Deutschland das Musterabkommen der OECD verwendet worden ist, Brasilien auch gezwungen ist, die Guidelines anzuwenden. Aus brasilianischer Sicht entbehrt dies jeglicher Grundlage. Da ich damit überhaupt nicht einverstanden bin, wüsste ich gern, wie das aus deutscher Sicht aussieht. Ich finde, besteht immer die Möglichkeit, auf die ja schon lange bestehende Gesetzgebung der verdeckten Gewinnausschüttung zurückzugreifen. Da gibt es schon Rechtsprechung und wirklich gefestigte Kriterien dazu, daher meine Frage: Inwieweit greift der Fiskus in Deutschland auf die Bestimmungen und die Erfahrungen zur verdeckten Gewinnausschüttung zurück, wenn er mit den Guidelines und sonstigen OECD-Bestimmungen nicht weiterkommt?

Prof. Dr. *Detlev Jürgen Piltz*

Ich habe eine Frage an Herrn *Haas*, die mit dem Wertfindungsrisiko zu tun hat. Bei dem Sachverhalt, den Sie vorgestellt haben, Herr *Haas*, liegt es nahe, dass es auch steuerliche Nachforderungen gibt, sei dies zu Recht oder zu Unrecht. Hier liegt ein Risiko. Meine Frage ist: Das Risiko, das dort weltweit aufbaut, müsste sich nach meinem Gefühl in einer Rückstellung irgendwo im Konzern niederschlagen, entweder bei der Konzernspitze oder in den Untergesellschaften. Wie wird das gehandhabt?

N.N.

Auch auf die Gefahr, Wortklauberei zu betreiben, Herr Prof. *Kofler*, wir berichtigen ja niemals Verrechnungspreise. Wir berichtigen Einkünfte. Sie haben es richtig gemeint, nur falsch gesagt. Bei der Berichtigung von Einkünften machen wir ja Folgendes: Wir denken anstelle der falschen, aber feststehenden Verrechnungspreise die richtigen und ziehen daraus die Konsequenz. Der Prozess ist ganz ähnlich wie bei der Anwendung des § 42 AO. Wir ändern ja nicht die Rechtsgestaltung, die missbräuchlich ist, sondern wir denken an die richtige, die angemessene Rechtsgestaltung und ziehen daraus dann diese Rechtsfolgen. Und so ist es auch bei der Verrechnungspreisverhandlung. Wir berichtigen Einkünfte, niemals aber Verrechnungspreise. Das dürfen die Parteien behandeln, wie sie wollen. Sie dürfen sogar etwas verschenken, sie dürfen vereinbaren, was sie wollen, die Bedingung dürfen wir niemals ankratzen.

PD Dr. *Philipp Lamprecht*

Eine Frage zu Prof. *Seer*. Sie sprachen von zwei Funktionen der Verpflichtung, die Dokumentationspreise zu dokumentieren. Muss man nicht sagen, die erste Funktion ist, den Prozess der Dokumentation bei dem Unternehmen zu initiieren. Denn – wie sie völlig zu Recht gesagt haben – dort ist das Potenzial, tatsächlich die Preise zutreffend festzustellen. Und zweitens, ist es dann nicht – darauf sind Sie nicht eingegangen – die Funktion der Zuschläge, tatsächlich diese erste Funktion abzusichern und – damit verbunden – haben diese Zuschläge dann nicht auch eine Kompensationsfunktion, wenn die Verrechnungspreisdokumentation bei den Unternehmen, was bei kleineren Unternehmern durchaus immer noch der Fall ist, unterlassen wird?

Prof. Dr. *Roman Seer*

Zur Frage von Herrn Kollegen *Rothmann* aus Brasilien. Zur verdeckten Gewinnausschüttung: Ja, die verdeckte Gewinnausschüttung war lange Zeit das – sagen wir mal – hauptsächliche Instrument, um die Fragen von Verrechnungspreisen normativ aus nationaler Sicht zu behandeln. Die Entscheidung des Bundesfinanzhofs aus dem Jahr 2001, die ich eingangs zitiert habe, arbeitet auch ausschließlich mit der verdeckten Gewinnausschüttung. Es ist allerdings so, dass wir im Jahr 2008, ich hoffe, ich kriege das jetzt noch richtig auf die Reihe, das Außensteuergesetz geändert haben in Deutschland. Ich habe das den fiskalischen Meistbegünstigungsgrundsatz aus Sicht des Staates oder Belastungsgrundsatz genannt, sodass man also sagen muss, es bleibt nicht bei der verdeckten Gewinnausschüttung. Wenn ich also über den Maßstab des § 1 Abs. 3 AStG hinausgehe, der dann den doch eher internationalen ausgerichteten Ansatz verfolgt, wo die Guidelines konkretisierend wirken können, aber nicht rechtsverbindlich, sondern konkretisierend, so würde ich das sagen, kann man über die verdeckte Gewinnausschüttung im Ergebnis hinwegkommen. Ich meine, dass *Harald Schaumburg* sogar zum Ergebnis kommt, letztlich würde alles wegen der Vagheit auf dasselbe hinauslaufen. Dies wäre noch einmal gründlich zu untersuchen.

Herr *Lamprecht*, Sie haben mich richtig verstanden. Die Funktion dieser Dokumentation, in zwei Richtungen gesehen, einmal zugunsten der Finanzverwaltung aus Sicht der Verifikation und dann zum anderen zugunsten des Steuerpflichtigen, der Unternehmen, um eine verfahrenssichere Basis zu bekommen. Und da kann man im Vorfeld durch die Dokumentation sich vergewissern, auf dem richtigen Weg zu angemessenen Verrechnungspreisen zu sein. Wenn das Unternehmen dies nun gar nicht tut, dann haben die Zuschläge eine bestimmte Funktion. Dann wirken die Zuschläge – Sie meinen Zuschläge im Sinne des § 162 AO, wenn ich Sie richtig verstehe – so ähnlich wie Verspätungszuschläge in ihrem spezifischen Bereich: einmal als Druckmittel, um in Zukunft die Einhaltung von angemessenen Verrechnungspreisen zu gewährleisten, gepaart mit einer gewissen Pönalisierungsintention; zum anderen zur Abschöpfung einer Unterbemessung der Einkünfte, das aber nicht durch die Zuschläge selbst erreicht wird, sondern durch die Korrektur der Verrechnungspreise selbst, die erleichtert ist, weil eine Beweislastumkehr eintritt, wenn die Dokumentation fehlt. Also so sehe ich das Verhältnis.

Abschließende Stellungnahme: Da komme ich genau auf *Klaus Dieter Drüen*. Ich teile Deine Meinung, hier an dieser Stelle. Ich habe meine Aussage zur Schätzung nur pointiert, um zu sagen, dass wir gar nicht im Feld des § 162 AO sind, weil die Vorschrift immer nur als Notoperation gesehen wird, so möchte ich es mal nennen, als Notbehelf, um ein non liquet zu überwinden. Damit haben wir es bei der Bewertung aber nicht zu tun, sondern wie *Lerke Osterloh* es vor Jahren in Münster schon ganz richtig formulierte, um ein normspezifisches Rechtsanwendungsproblem, das bereits in jeder Bewertungsnorm naturgemäß angelegt und keine Notoperation ist.

Prof. Dr. *Georg Kofler*

Ich darf die Fragen vielleicht umgekehrt angehen. Die Anpassung der Bedingungen war in meinem Verständnis ein gedanklicher Schritt zur Gewinnanpassung. Art. 9 und das nationale Recht gehen davon aus, dass die Bedingungen, die konkret vereinbart sind, in der tatsächlichen Transaktion unangemessen sind. Man sucht die Vergleichstransaktion zwischen fremden Dritten, sieht, welche Bedingungen angemessen sind, und gelangt auf Basis dieser Gedankenoperation zum Fremdenvergleichspreis, den man dann der Transaktion zwischen den verbundenen Parteien zugrunde legt und auch die dementsprechende Besteuerungskonsequenz zieht. So und nicht anders hätte ich das verstanden. Ich glaube, das deckt sich auch mit dem herrschenden Verständnis, wie die Norm funktioniert.

Zu Brasilien, vielen herzlichen Dank für die sehr instruktiven Ausführungen, das deckt sich mit dem, was Kollegen von den UN-Überlegungen berichten. Die UN arbeitet derzeit an einem eigenen Transfer Pricing Manual, wo für Entwicklungsstaaten versucht wird, ganz konkrete Anleitungen zu geben. Dabei dürften Indien und China ganz starke Quellenstaaten-Positionen einnehmen. Vielleicht versuchen wir ganz kurz ihre beiden Punkte anzusprechen: Nämlich was passiert, wenn ein Abkommen konkret keinen Absatz 2 hat. Und zweitens welchen Stellenwert die OECD Verrechnungspreisrichtlinien haben, vor allem im Verhältnis zu Nicht-OECD-Mitgliedstaaten. Art. 9 Abs. 2 OECD-MA, der unter gewissen Voraussetzungen seinem Wortlaut nach zur Gegenberichtigung verpflichtet, wirft bereits grundsätzlich die Frage auf, ob er normativen oder nur klarstellenden Charakter hat. Art. 9 Abs. 2 verpflichtet ja nur dann zur Gegenberichtigung, wenn der zweite Staat der Meinung ist, dass der erste Staat dem Grunde und der Höhe nach zu Recht berichtigt hat. Wenn aber der zweite Staat sowieso schon davon ausgeht, dass der erste dem Grunde und der Höhe nach zu Recht berichtigt hat, müsste eigentlich der zweite schon zu dem Schluss kommen, dass nach Art. 7 OECD-MA dieser Gewinn eben dem anderen Staat „gehört" und deshalb nicht seiner Besteuerungshoheit unterliegt. Die OECD deutet das zumindest dadurch an, dass selbst wenn dieser Absatz 2 fehlt, trotzdem das Verständigungsverfahren eröffnet ist. Das ist vor allem für ältere Abkommen relevant, weil Absatz 2 aus 1977 stammt, wobei auch viele aktuelle deutsche DBAs keinen Absatz 2 beinhalten. Die OECD begründet dies damit, dass Staaten durch die Aufnahme bloß des Absatz 1 bereits zu erkennen geben, dass die wirtschaftliche Doppelbesteuerung ein Abkommensproblem ist und deswegen das ganze verfahrensrechtliche, also prozessuale Instrumentarium des Abkommens zur Verfügung steht.

Zu den OECD-Verrechnungspreisrichtlinien: Das ist natürlich eine Frage, die auf den rechtlichen Status der OECD-Dokumente im Allgemeinen zurückführt. Prof. *Ault* hat am Rande der letzten IFA und auch gestern im Rahmen dieser Tagung instruktive Vorträge zu diesem Thema gehalten. Für die OECD-Mitgliedstaaten gibt es jedenfalls eine Empfehlung des OECD-Rates, die OECD-Verrechnungspreisrichtlinien zu befolgen, und da sie auch im OECD-Musterkommentar zu Art. 9 erwähnt werden, wird verbreitet davon ausgegangen, dass sie ungefähr die gleiche rechtliche Bindungswirkung wie der Kommentar selbst haben. Jetzt ist natürlich für den Kommentar schon unklar, welche rechtlichen Bedingungswirkungen er hat. Für Brasilien stellt sich das Zusatzproblem, wenn ein OECD-Mitgliedstaat und Brasilien als Nichtmitgliedstaat eine an Art. 9 orientierte Abkommensbestimmung in ein Abkommen einfügen. Diesfalls bleibt aber zu bedenken, dass sowohl das OECD-MA als auch das UN-MA nahezu identische Wortlaute für Art. 9 vorsehen und die UN in ihrem Musterabkommen weitgehend auf den OECD-Kommentar verweist, allerdings auf den OECD-MK zum Stand des Jahres 2000. In Bezug auf die Bedeutung der OECD-

Verrechnungspreisrichtlinien hat allerdings die jüngste Revision des UN-MA einen Paradigmenwechsel angekündigt: Während der UN-MK 2001 noch empfohlen hatte, dass den OECD-Verrechnungspreisrichtlinien bei der Anwendung des Arm's Length Prinzips gefolgt werden sollte, findet sich diese Aussage im aktuellen UN-MK des Jahres 2011 nicht mehr. Vielmehr findet sich der Hinweis, dass dies zwar die Position der früheren Expertengruppe war, dass diese Sichtweise aber von der aktuellen Expertengruppe noch nicht neu überprüft wurde, was wohl zukünftige Diskussionen in der UN in den Raum stellt.

Dr. *Wolfgang Haas*

Zunächst zur Frage nach den Rückstellungen, bei denen grundsätzlich zwei Sachverhalte zu unterscheiden sind: Zunächst einmal sind natürlich Rückstellungen für bereits konkretisierte Verrechnungspreisrisiken zu bilden. Im Regelfall handelt es sich dabei um drohende, bereits konkretisierte Steuernachforderungen aufgrund von Verrechnungspreiskorrekturen in steuerlichen Betriebsprüfungen. Für derartige Sachverhalte sind nach allgemeinen Kriterien selbstverständlich Rückstellungen zu bilden. Fraglich ist, ob darüber hinaus noch für im Einzelnen noch nicht konkretisierte, aber dennoch nach aller Erfahrung wahrscheinliche Verrechnungspreiskorrekturen, weitere Risikorückstellungen zu bilden sind. Unternehmen mit einem großen Volumen konzerninterner Verrechnungspreise müssen aufgrund der verstärkten Fokussierung der Finanzverwaltungen weltweit auf das Thema vermehrt mit Mehrsteuern infolge von Verrechnungspreiskorrekturen rechnen, auch wenn risikobehaftete Einzelsachverhalte nicht bekannt sind. Das Risiko, dass es in diesem Bereich zu Mehrsteuern kommt, ist mittlerweile ausgesprochen hoch. Es empfiehlt sich deshalb, auch für diese noch nicht konkretisierten Risiken bilanzielle Vorsorge zu treffen.

Eine anschließende Bemerkung zu den Ausführungen von Herrn Prof. *Seer*. Ich finde Ihren Ansatz ausgesprochen gut. Konzeptionell haben wir es bei der Beurteilung der Angemessenheit mit einem Bewertungsproblem zu tun, das man abstrakt auch nicht durch eine 81 Seiten umfassende Verwaltungsgrundsätze zur Funktionsverlagerung in den Griff bekommt. Wie Sie zu Recht sagen, die Feststellung der Bandbreite angemessener Verrechnungspreise bleibt immer eine Wertungsfrage, weil wir die Grenzwerte nicht eindeutig feststellen können. Also was können wir de lege ferenda tun, um den Rechtsanwendern, Verwaltung und Unternehmen diese inhärente Unsicherheit der Bewertungsfrage zu nehmen? Und da ist Ihr Gedanke, Herr Prof. *Seer*, einer Einschätzungsprärogative, von der der Gutwillige verfahrensrechtlich profitiert, der richtige. Meiner Meinung nach sollte die verfahrensrechtliche Einschätzungsprärogative gewährt werden: wenn sich der Steuerpflichtige a) erkennbar und nachweislich um wirtschaftlich angemessene Verrechnungspreise bemüht, indem er ein prima facie vernünftiges und stringentes System inhaltlicher Verrechnungspreissteuerung und Kalkulation implementiert hat, und b) dieses auch so auf Nachfrage dokumentiert, dass es durch die Finanzverwaltung nachvollziehbar und damit prüfbar wird. Steuerpflichtige, die dem genügen, sollten in den Genuss einer gesetzlichen, widerlegbaren Vermutung der Angemessenheit ihrer Verrechnungspreise kommen. Auf diese Weise würde die inhärente Bewertungsunsicherheit zumindest für den Normalfall erheblich eingegrenzt und damit praktisch handhabbar.

Resümee

Prof. Dr. *Markus Achatz*
Universität Linz

1. Einleitung

Präsident Prof. Dr. Rudolf *Mellinghoff* hat in seinem einleitenden Referat beeindruckend die Rechtfertigung des Themas dem Auditorium von 200 Teilnehmern präsentiert: Die Rahmenbedingungen im internationalen Steuerrecht haben sich sowohl in faktischer wie auch in rechtlicher Hinsicht in den letzten 30 Jahren erheblich verändert. Die Welt des internationalen Steuerrechts des Jahres 1984, in dem die Deutsche Steuerjuristische Gesellschaft das Thema zum letzten Mal behandelt hat, ist mit der heutigen Welt des internationalen Steuerrechts kaum mehr vergleichbar. Stand damals die Frage der Vermeidung der Doppelbesteuerung im Fokus des internationalen Steuerrechts und der internationalen Steuerpolitik, so sind es heute die Bemühungen, Nichtbesteuerung, aggressive Steuerplanung und steuerlichen Missbrauch zurückzudrängen bzw. zu bekämpfen. Vieles ist in Bewegung gekommen: Sowohl auf internationaler Ebene wie auch national auf Ebene des Gesetzgebers, der Gerichte und der Exekutive haben neue Entwicklungen Platz gegriffen, vielfach zeichnen sich auch Paradigmenwechsel ab.

2. Rechtsquellen und Prinzipien des internationalen Steuerrechts

Das internationale Steuerrecht wird von einer Vielzahl von „Rechtssetzern" gestaltet. Univ. Prof. Dr. *Michael Lang* zeigt in seinem Referat, dass die gesetzten Normen vielfach nur schwer in den traditionellen Rechtsquellenkatalog einordenbar sind. Die ihnen zugrundeliegenden Prinzipien sind dabei oft widersprüchlich. Die normative Analyse des institutionellen Rahmens, in den das internationale Steuerrecht eingebettet ist, zeigt ein Mehrfaches: Die Einbindung des nationalen Gesetzgebers in die Kreation des internationalen Steuerrechts ist außerordentlich gering, nach *Lang* zutreffend als Anachronismus im demokratischen Rechtsstaat qualifiziert (S. 11). Gerade vor diesem Hintergrund stellt sich auch in einer besonderen Weise die Frage von einer verfassungsrechtlichen Diskussion nicht nur der Normen des nationalen Rechts, die sich über abkommensrechtliche Verpflichtungen hinwegsetzen (treaty override), sondern auch der abkommensrechtlichen Vorschriften selbst, die zum Teil nicht unangreifbare Differenzierungen enthalten.

Auch das Unionsrecht hält mit den Grundfreiheiten Prüfungsmaßstäbe bereit, deren Gewicht allerdings nicht überschätzt werden darf. So kann etwa dem derzeitigen Stand der Rechtsprechung des EuGH kein Verbot der Doppelbesteuerung entnommen werden (S. 16). Das Unionsrecht hat aber vor allem rechtspolitische Bedeutung für die Fortentwicklung des internationalen Steuerrechts gewonnen, wie *Lang* am Beispiel der Mutter-Tochter-Richtlinie oder auch der Schiedskonvention aufzeigt (S. 17). In jenen Abkommen, in denen der EuGH als Schiedsgericht institutionalisiert wird (wie etwa im DBA Österreich – Deutschland), wird auch der EuGH entscheidend Einfluss auf die DBA-Entwicklung nehmen können.

Motoren der Entwicklung der internationalen Steuerpolitik sind heute die OECD und die G20. Die Macht dieser politischen Akteure zeigt sich allein, wenn man die Entwicklungen im internationalen Informationsaustausch betrachtet. *Lang* geht in diesem Zusammenhang auch auf die demokratiepolitischen Aspekte der Produktion von soft law ein (S. 17 f.). Mit guten Gründen lehnt er die Anwendung von laufenden Änderungen des Kommentars zum OECD-MA auf bereits abgeschlossene DBA ab, ein Ergebnis, das auch der Rechtsprechung des BFH entspricht (S. 19).

Vor dem Hintergrund dieser institutionellen Rahmenbedingungen analysiert *Lang* in weiterer Folge Grundentscheidungen und aktuelle Entwicklungen im Bereich der Prinzipien des internationalen Steuerrechts. Die Rechtsentwicklung im Bereich der Anwendung der Methoden zur Vermeidung der Doppelbesteuerung wie auch im Bereich der Festlegung von Besteuerungsrechten von Ansässigkeits- und Quellenstaat ist von einer hohen Dynamik gekennzeichnet. Im Grundsatz steht den Vertragsstaaten die Festlegung der Methoden offen, und auch die Verteilungsnormen zeigen in ihrer Vielfalt das Bemühen um akzeptable Kompromisse (S. 25). Die Abkommenspolitik ist jedenfalls angesichts eines verschärften Steuerwettbewerbs stark von wirtschaftspolitischen Notwendigkeiten geprägt. Im Fokus steht die Ausbalancierung der Besteuerungsrechte von Ansässigkeits- und Quellenstaat vor dem Hintergrund einer dynamischen, durch Mobilität gekennzeichneten globalen Wirtschaftsentwicklung, wie *Lang* am Beispiel der Regelungen für Pensionen oder auch der Dienstleistungsbetriebstätte aufzeigt (S. 25 ff.).

Vorsicht ist nach *Lang* geboten, wenn die Funktion der DBA auch in der Vermeidung der doppelten Nichtbesteuerung gesehen wird. Doppelte Nichtbesteuerung ist – wie er zutreffend aufzeigt – vielfach das Ergebnis nicht harmonisierter Steuerrechtsordnungen (S. 23). Solange eine Steuerharmonisierung nicht politisch umgesetzt ist, kann es auch keine rechtsdogmatische Begründung für das Hintanhalten weißer Einkünfte geben. Weiße Einkünfte müssen danach gegebenenfalls in Kauf genommen werden.

Eine weitere Grundentscheidung liegt im Ausbau der internationalen Zusammenarbeit, die wohl unter allen Entwicklungen im internationalen Steuerrecht der letzten 30 Jahre als die bedeutendste und weitreichendste qualifiziert werden kann. *Lang* zeigt, dass der flächendeckende automatische Informationsaustausch auch den Ausbau des Rechtsschutzes erfordert (S. 28). So sollte auch der Ausbau der Schiedsverfahren logische Konsequenz einer verstärkten internationalen Zusammenarbeit sein. *Lang* plädiert dafür, Schiedsklauseln in die DBA aufzunehmen. Zugleich müsste sich vor dem Hintergrund verstärkter internationaler Zusammenarbeit aber auch ein Trend in Richtung Abschwächung der erhöhten Mitwirkungspflichten bei Auslandsbeziehungen abzeichnen.

Das Gesamtbild der Analyse ist freilich ernüchternd: *Lang* weist zutreffend auf das Auseinandertriften des weltweiten Abkommensnetzes hin. Das Rechtsgebiet ist stark von wirtschaftspolitischen Notwendigkeiten geprägt, denen aufgrund des nahezu vollständigen Fehlens übergeordneter internationaler „Verfassungsprinzipien" keine Grenzen gesetzt scheinen. Die Forderung nach verstärkter parlamentarischer Anhörung und transparenter Begutachtung vor den nationalen gesetzgebenden Körperschaften ist vor diesem Hintergrund für *Lang* ein unverzichtbares Instrument, um demokratiepolitische Defizite soweit als möglich einzudämmen.

3. Internationale Steuerneutralität vor dem Hintergrund ökonomischer Allokationseffizienz

Gerade weil die Abkommenspolitik stark durch wirtschaftspolitische Notwendigkeiten vorangetrieben wird, stellt sich die Frage nach den ökonomischen Faktoren, die die Entwicklung des internationalen Steuerrechts bestimmen, aber auch die Frage nach der ökonomischen Rechtfertigung der Methoden zur Vermeidung der Doppelbesteuerung. Prof. Dr. *Christoph Spengel* zeigt, dass das weltweite Steuergefälle, das Nebeneinander von Quellen- und Wohnsitzprinzip und die Vermischung von Elementen einer Kapitalexport- und Kapitalimportneutralität die Besteuerung und die ökonomischen Entscheidungen multinationaler Unternehmen verzerren und letztlich zu suboptimaler Allokation von Kapital und Produktionsfaktoren führen. Stellt man die ökonomische Allokationseffizienz in den Mittelpunkt der Betrachtung, gelangt man aus ökonomischer Sicht zum Ergebnis, dass es keine ökonomisch optimale Methode zur Vermeidung der Doppelbesteuerung gibt. Die Anrechnungsmethode sichert die Kapitalexportneutralität, wobei die Allokationseffizienz für Realkapitalinvestitionen nur für den Fall nachgewiesen ist, dass zwischen inländischen und ausländischen Investitionen ein substitutives Verhältnis besteht (S. 47). Geht es dagegen um zusätzliche Investitionen, gewinnt die Forderung nach einer kapitalimportneutralen Besteuerung an Gewicht, da sie vordergründig den

Wettbewerb um Investitionen auf räumlich separierbaren Märkten berücksichtigt (S. 48). *Spengel* zeigt freilich kritisch auf, dass die kapitalimportneutrale Besteuerung nicht geeignet ist, die Produktionseffizienz der Allokation von Realkapital zu gewährleisten. Auch ist empirisch eher von substitutiven denn von komplementären Effekten von Auslandsinvestitionen auszugehen. Dies würde im Ergebnis aus allokationstheoretischer Sicht für die Anrechnungsmethode sprechen, wobei allerdings die Durchsetzung der kapitalexportneutralen Besteuerung dann nicht gewährleistet ist, wenn Gewinne über ausländische Kapitalgesellschaften bezogen und im Ausland thesauriert werden (S. 48).

Die ökonomische Rechtfertigung einer bestimmten Methode zur Vermeidung der Doppelbesteuerung gerät erst recht ins Wanken, wenn man neben der Allokation von Realkapital die Allokation von Eigentumsrechten (M&A Transaktionen) berücksichtigt. In diesem Zusammenhang fordern ökonomische Konzepte die Kapitaleignerneutralität, die sicherstellen soll, dass der produktivste Eigentümer bei der Allokation des Kapitals zum Zug kommt. Während bei der Unternehmensaquisition durch inhabergeführte Unternehmen allein die Besteuerung im Ansässigkeitsstaat des potenziellen Erwerbers steuerliche Neutralität gewährleistet, wird bei Unternehmenserwerben durch multinationale Unternehmen, die sich am Kapitalmarkt zu den dort vorherrschenden Konditionen refinanzieren können, die Kapitaleignerneutralität durch kapitalimportneutrale Besteuerung und somit durch Freistellung sichergestellt (S. 51 ff.).

Aus der ökonomischen Perspektive betrachtet gibt es somit nicht die bessere Methode zur Vermeidung der internationalen Doppelbesteuerung. Die diskutierten Konzepte lassen es nicht zu, ökonomische Argumente für die Überlegenheit der einen oder anderen Methode abzuleiten. Dies gilt selbst dann, wenn man die Freistellung ökonomisch nach Art einer Comprehensive Business Income Tax (CBIT) gestaltet, bei der die Betriebsteuer mit proportionalem Satz im Quellenstaat mit einem Abzugsverbot für Faktorentgelte bzw. Vergütungen aus schuldrechtlichen Vertragsbeziehungen wie Zinsen, Mieten und Lizenzen etabliert wird. *Spengel* zeigt, dass die Gewährleistung von Steuerneutralität einen zwischenstaatlichen Koordinierungsbedarf bei der internationalen Unternehmensbesteuerung erfordert, der weit über die Methoden der Vermeidung der Doppelbesteuerung hinausgeht (S. 55).

Diesen ökonomischen Befund ergänzt *Spengel* um eine umfassende empirische Steuerbelastungsanalyse grenzüberschreitender Investitionen. Er greift dabei auf das Modell von Deveraux und Griffith (S. 57) zurück, das im Zentrum für europäische Wirtschaftsforschung maßgeblich entwickelt wurde und für fünf Kategorien von Wirtschaftsgütern in einer einfachen Konzernstruktur mit Mutter- und Tochtergesellschaft bei steueroptimaler Finanzierung die Verwirklichung der Produktionseffizienz bei der Allokation von Realkapital (Greenfield Investitionen) untersucht. Der Vergleich der 27 EU-Mitgliedstaaten für Inbound- und Outbound-Investitionen innerhalb der EU zeigt ein Mehrfaches: Die effektive Durchschnittssteuerbelastung (EATR = effective average tax rate) auf grenzüberschreitende Investitionen ist im EU-Durchschnitt leicht geringer als die entsprechende Belastung inländischer Investitionen. Die effektive Durchschnittssteuerbelastung auf Inbound-Investitionen variiert in erheblicher Weise zwischen den einzelnen Zielländern, der Sitzstaat des Investors ist dagegen vergleichsweise nachrangig. In der Tendenz ergibt sich eher eine Ausrichtung des europäischen Besteuerungsregimes am Prinzip der Kapitalimportneutralität. Die Entwicklung der Jahre 1998 bis 2009 zeigt dabei, dass die durchschnittliche Steuerbelastung auf grenzüberschreitende Investitionen deutlich gesunken ist (S. 61 f.). Neben den nationalen Steuerreformen wird die Absenkung der durchschnittlichen Steuerbelastung grenzüberschreitender Investitionen in diesem Zeitraum insbesondere durch die Abschaffung der Quellenbesteuerung sowie die zunehmende Bedeutung der Freistellungsmethode gestützt (S. 63). Hinzu treten Steuerplanungsmöglichkeiten im Rahmen der konzerninternen Finanzierung und Refinanzierung, die durch das Nebeneinander von Wohnsitzprinzip und Quellenprinzip begünstigt werden (S. 64).

Der Beitrag von *Spengel* zeigt damit eindrucksvoll, dass die Ökonomie heute jedenfalls den Einfluss der Steuern auf grenzüberschreitende Investitionen Schritt für Schritt offengelegt. Am Ende steht die Erkenntnis, dass vor dem Hintergrund eines weltweiten Steuergefälles nur die Harmonisierung und die Koordinierung eine allokationseffiziente Steuerneutralität für internationale Investitionen zu gewährleisten vermag. Eine spezielle ökonomische Theorie, die bestimmte Methoden zur abkommensrechtlichen Vermeidung der internationalen Doppelbesteuerung stützt, existiert nicht.

4. Gleichbehandlungsgebote und Diskriminierungsverbote

Stellenwert und Bedeutung der Gleichbehandlungsgebote und Diskriminierungsverbote im internationalen Steuerrecht untersuchte Prof. Dr. *Alexander Rust*. Diskriminierungsverbote und Gleichbehandlungsgebote können keine Angleichung der Steuerrechtsordnungen bewirken, sie führen auch nur in einem sehr eingeschränkten Maße zur Berücksichtigung steuerlicher Maßnahmen des jeweilig anderen Staates. Der nationale Gleichheitssatz hat sich in diesem Zusammenhang bislang generell als stumpfes Schwert erwiesen (S. 73). Auch die Diskriminierungsverbote in den Doppelbesteuerungsabkommen decken nur einen Bruchteil möglicher Benachteiligungen ab (S. 75). Mit *Rust* ist eine Erweiterung des Anwendungsbereichs der Diskriminierungsverbote zu fordern und zumindest in jenen Fällen vorzusehen, in denen die Verteilungsnormen dem Quellenstaat ein uneingeschränktes Besteuerungsrecht zuweisen.

Während das Diskriminierungsverbot in Doppelbesteuerungsabkommen nur auf Inbound-Fälle Bezug nimmt, sind die Grundfreiheiten auch auf Outbound-Konstellationen anzuwenden. Das Unionsrecht erfasst ferner nicht nur Schlechterbehandlungen des grenzüberschreitenden Sachverhalts, sondern auch die Bevorzugung oder Benachteiligung von Steuerpflichtigen durch Vorschriften, die gegen das Beihilfenverbot verstoßen (S. 78). Der spezifische Schutzbereich der Grundfreiheiten bedingt, dass das Schutzniveau erheblich von jenem des nationalen Gleichheitssatzes und der Diskriminierungsverbote abweicht.

Ungeachtet der rechtsstrukturellen Unterschiede von Gleichheitssatz, Diskriminierungsverboten und Grundfreiheiten ist nach *Rust* zumindest funktional das Prinzip der Gleichwertigkeit zu beachten, wenn es um die Frage geht, inwieweit ein Staat zur Berücksichtigung von Maßnahmen des anderen Staats verpflichtet sein soll (S. 80 ff.). Auch wenn Gleichbehandlungsgebote und Diskriminierungsverbote keine Harmonisierung der nationalen Steuerrechtsnormen unterschiedlicher Jurisdiktionen erreichen können, zeigt *Rust*, dass diese Prinzipien dennoch einen Blick über die Landesgrenzen hinweg auf die Maßnahmen des anderen Staates freigeben. Steuerliche Maßnahmen anderer Staaten sind danach vom nationalen Gesetzgeber zu berücksichtigen, wenn diese inländischen Maßnahmen gleichwertig sind. Das gilt sowohl für steuerbelastende als auch entlastende Regelungen. Allein das Beispiel der Berücksichtigung existenznotwendiger Aufwendungen und die in diesem Zusammenhang möglichen unterschiedlichen Ausgestaltungen (Alles-oder-Nichts-Entscheidung in der Rechtssache Schumacker vs. Fractional Taxation) zeigt freilich die Grenzen der Leistungsfähigkeit einer solchen Theorie auf (S. 84 f.).

5. Freistellung versus Anrechnung

Empirisch lässt sich nach *Spengel* nachweisen, dass die Anrechnungsmethode zumindest in der EU gegenüber der Freistellung an Boden verliert: Das ist auf die EU-Erweiterung, die Mutter-Tochter-Richtlinie und letztlich auch darauf zurückzuführen, dass 11 Mitgliedstaaten (Großbritannien und Spanien sowie neun Beitrittsstaaten) für Dividenden das Anrechnungsverfahren zugunsten des Freistellungsverfahrens abgeschafft haben (S. 66 f.). Hält man dem gegenüber, dass das Aggregat sämtlicher Investitionen empirisch eher für einen substitutiven Zusammenhang denn für einen komplementären spricht, hat die Entwicklung der letzten 15 Jahre innerhalb der EU laut *Spengel* zu einer Verschlechterung der Produktionseffizienz beigetragen (S. 67). Die für die Freistellung in diesem Zusammenhang ins Treffen geführten ökonomischen Gründe (höhere Kosten der Steuerbefolgung und Steuerdurchsetzung, Wettbewerbsnachteile durch die Anrechnungsmethode auf kompetitiven Auslandsmärkten) werden von

Spengel sehr stark relativiert (S. 55 f.). Der festgestellte empirische Trend der Stärkung der Kapitalimportneutralität steht damit in einem beachtlichen ökonomischen Spannungsverhältnis mit den Zielen einer allokationseffizienten Besteuerung.

Zeigte der volkswirtschaftliche Befund den Vormarsch der Freistellungsmethode in der internationalen Steuerpolitik der letzten 15 Jahre (zumindest in der EU), analyisiert Ministerialdirigent *Gerhard Schmidt* den steuerpolitischen Status Quo. Für die Anrechnung spricht unter anderem die Vermeidung weißer Einkünfte, ihre Harmonie mit dem verfassungsrechtlichen Gebot der Gleichmäßigkeit der Besteuerung und der von ihr ausgehende mäßigende Effekt auf den internationalen Steuerwettbewerb (S. 89 ff.). Ihre Nachteile sind zugleich die Vorteile der Freistellung: Die Anrechnungsmethode beinhaltet eine hohe Regelungskomplexität, aus deutscher Sicht Inkonsistenzen im Hinblick auf die Gewerbesteuer und Wettbewerbsnachteile auf Auslandsmärkten. Aus Sicht von *Schmidt* ergibt sich ein glasklarer Befund: Der Grundsatz der Rechtssicherheit, der Kontinuität und der Planbarkeit staatlichen Handels spricht klar für die Beibehaltung der Freistellungsmethode (S. 91 ff.).

Als Standardmethode bedarf die Freistellungsmethode allerdings gewisser Korrekturen (S. 93 ff.): In neueren deutschen Doppelbesteuerungsabkommen finden sich verstärkt subject-to-tax- und switch-over-Klauseln, um das Problem der Keinmalbesteuerung zu lösen. Solche Klauseln finden sich mittlerweile aber auch in Form des treaty overrides in nationalen Rechtsvorschriften (z.B. § 50d Abs. 9 Satz 1 Nr. 1 EStG; § 50d Abs. 8 EStG). Daneben dienen der Absicherung der Freistellungsmethode insbesondere Aktivitätsvorbehalte und der Grundsatz der Gegenseitigkeit.

Trotz dieser Modifikationen der Freistellungsmethode ist festzustellen, dass in der Abkommenspolitik eine steigende Bedeutung der Anrechnung festzustellen ist (S. 97 ff.). Untermauert wird dies auch durch die jüngst abgeschlossenen DBA zwischen Deutschland und den Vereinigten Arabischen Emiraten, mit Zypern und mit Mauritius. Die steigende Relevanz resultiert aber auch aus der Modifikation der Freistellungsmethode (gerade durch Rückfall- oder Umschwenkklauseln und den Aktivitätsvorbehalt). Freilich weist die Anrechnungsmethode unbestritten Potenzial für Entwicklung und Verbesserung auf (S. 98 f.): Anrechnungsüberhänge in Verlustsituationen, der Abzug mittelbarer Aufwendungen und die gewerbesteuerliche Anrechenbarkeit dienen als Beleg.

Die internationale steuerpolitische Realität liegt nach *Schmidt* nicht in einem apodiktischen entweder/oder von Freistellung und Anrechnung. Es geht vielmehr um die zunehmend voranschreitende Entwicklung eines ausbalancierten Regelungsgeflechts, in dem Anrechnungs- und Freistellungsaspekte kombiniert werden (vgl. auch *Lang*, S. 26). Freistellung wird nicht mehr bedingungslos gewährt; die sachgerechte Verbesserung der Anrechnungsvorschriften kann daher einen substanziellen Beitrag leisten, nicht nur deren Akzeptanz zu erhöhen, sondern zusätzliche Alternativen der internationalen Steuerpolitik zu eröffnen.

6. Die Motoren der Entwicklung im Internationalen Steuerrecht: OECD und G20

Die Entwicklungen im internationalen Steuerrecht werden in den letzten Jahren und Jahrzehnten durch die Arbeit in internationalen Organisationen unterstützt und vorangetrieben. Prof. *Hugh Ault* spannt einen weiten Bogen und vergleicht in seinem Beitrag diese Organisationen im Aufbau, in ihren Arbeiten und der Qualität ihrer Rechtsakte.

Eine zentrale Rolle spielen dabei die Arbeiten der OECD. Ihre steigende Bedeutung zeigt sich allgemein in einer Zunahme der Mitgliedschaften und im Besonderen in steuerlichen Angelegenheiten durch ein dichtes Arbeitsprogramm des OECD Commitee on Fiscal Affairs (S. 117). Dieses bindet auch Nicht-Mitgliedstaaten in die Arbeiten zu steuerpolitischen und steuertechnischen Themen ein. Am Global Transfer Pricing Forum 2012 nahmen beispielsweise 200 Delegierte aus ca. 90 Staaten teil, jedes Jahr werden ca. 70 Veranstaltungen organisiert. Das für die Arbeitsweise und die Arbeitsprozesse der OECD typische Konsensprinzip (S. 119 f.) stellt hohe Anforderungen insbesondere in komplexen, politisch heiklen Themenfeldern. Vorbehalte und Bemerkungen helfen hierbei, einige Schwierigkeiten zu überwinden. Auch die Einbeziehung der Privatwirtschaft (Industrieberaterkomitee, Gewerkschafterberaterkomitee, Beratergipfel) wird soweit als möglich gewährleistet.

Rechtsverbindliche Rechtsakte sind allerdings eher die Ausnahme. Die Stärke der OECD liegt in der Verabschiedung von Empfehlungen, die mit entsprechendem politischem Gewicht ausgestattet eine Art faktischen Gruppenzwang erzeugen, den Empfehlungen Rechnung zu tragen. Hervorzuheben in diesem Zusammenhang sind etwa die Arbeiten des Forums on Tax Administration (FTA), deren Hauptzweck darin liegt, die tax compliance zu verbessern und die Bemühungen zur Identifizierung aggressiver Steuerplanungen voranzutreiben. Auf dieser Grundlage wurde etwa ein freiwilliger Verhaltenskodex für Banken im Jahr 2010 verabschiedet, der wohl auch angesichts der jüngsten Entwicklungen im Rahmen der Offshore-Leak-Affäre erhebliche Bedeutung gewinnen wird (S. 122 f.).

Die OECD ist aber auch Geburtshelfer der in den letzten Jahren entwickelten Standards für Transparenz und Informationsaustausch gewesen. Schon 2000 veröffentlichte die OECD eine Liste von Jurisdiktionen, die den von der OECD entwickelten Standards für Transparenz und Informationsaustausch nicht entsprachen. Das Global Forum on Transparancy and Exchange of Information baut auf diesen Arbeiten auf, wurde aber als von der OECD unabhängiges Organ gegründet, wobei seit 2009 die Arbeiten und dessen Positionen vor allem durch die G8 und G20 wesentlich gestärkt wurden (S. 128 ff.). In einem genau definierten Arbeitsprozess werden die Staaten dahingehend untersucht, ob sie die OECD-Standards einhalten. Im Fall festgestellter Mängel erfolgen Sanktionen nach dem Prinzip „name and shame" und darauf aufbauend auch wirtschaftspolitische Sanktionen. Vor 15 Jahren war kaum vorstellbar, dass eine solche Organisation mit heute 109 Mitgliedern Prinzipien der Transparenz und des Informationsaustausches effektiv vorantreiben wird. Die Effektivität dieser Mechanismen wird wohl weiter zunehmen: Wenn der Befund stimmt, dass die normativen Doppelbesteuerungssysteme dazu führen, dass international organisierte Unternehmen eine tendenziell geringere Steuerlast tragen als national organisierte Unternehmen, ist Transparenz und Informationsaustausch essenziell und geboten, um eine weitergehende Aushöhlung des Steuersubstrats durch internationale Transaktionen hintanzuhalten.

7. Informationsaustausch

Sehr deutlich zeigt sich die veränderte Welt des internationalen Steuerrechts in der internationalen Zusammenarbeit und in Fragen des Informationsaustauschs. Die Entwicklung ist zum einen gekennzeichnet durch eine Verschärfung der OECD Standards. Zum anderen kommt hinzu, dass innerhalb der EU diese Standards durch jene der Amtshilferichtlinie überlagert werden, wobei zum Teil erheblich strengere Standards des Informationsaustauschs definiert werden. Zum dritten wurden weitere Verschärfungen durch das US-amerikanische Foreign Account Tax Compliance Act (FATCA) ausgelöst, das in ein Musterabkommen über den Informationsaustausch im Verhältnis zwischen den USA und einigen Staaten der europäischen Union münden soll.

Vor diesem Hintergrund analysiert Dr. *Nadya Bozza-Bodden* zum einen die Rechtsgrundlagen und die Rechtsentwicklung, die den Informationsaustausch zunehmend intensiviert haben, und zum anderen die damit einhergehenden rechtsdogmatischen Fragen der Rechtsstaatlichkeit und des effektiven Rechtsschutzes. Letzteres gilt etwa im Besonderen für Gruppenanfragen, die nach der Neukommentierung zu Art. 26 OECD-MA nunmehr zulässig sind (S. 140 ff.). Rechtsdogmatisch zu klären sind die definitorische Abgrenzung von Gruppenanfragen und die Anwendbarkeit dieser Kommentierung auf bereits abgeschlossene Abkommen.

Unionsrechtlich sind beachtlich jene Entwicklungen, die auf die Verbesserung der organisatorischen Rahmenbedingungen und auf die Beschleunigung des Verfahrens hinauslaufen (S. 142 ff., 150 ff.): Verbindliche Fristen und ein zentrales Verbindungsbüro sollen die Effizienz des Auskunftsverfahrens steigern. Spontanauskünfte sind nach dem Unionsrecht nicht nur dann zulässig, wenn sie erforderlich bzw. voraussichtlich erheblich sind, sondern dann, wenn sie von Nutzen sein können, womit die Voraussetzungen der Spontanauskunft unionsrechtlich herabgestuft erscheinen und diese den Charakter einer Rechtspflicht annimmt (S. 147). Zu konstatieren ist ferner der unionsrechtliche Ausbau automatischer Auskünfte, die einerseits der Umsetzung der EU-Zinsertragsteuerrichtlinie dienen, andererseits auf Grundlage der EU-Amtshilferichtlinie weit über diesen Bereich hinausgehen und unter anderem Vergütungen aus unselbständiger Arbeit, Renten oder Einkünfte aus unbeweglichem Vermögen erfassen werden (S. 150 ff.). Das bereits erwähnte Musterabkommen über den Informationsaustausch im Verhältnis zu den USA verpflichtet die Staaten darüber hinaus, von den in ihrem Gebiet ansässigen Finanzinstituten Konten zu erheben und Daten über Zins- und Dividendeneinkünfte dem Vertragspartner zur Verfügung zu stellen (S. 153 f.).

Die zunehmende Verankerung rechtlicher Verpflichtungen zum Informationsaustausch provoziert aus der Sicht des Steuerbürgers zum einen die Frage nach den Grenzen des Informationsaustauschs (S. 154), andererseits nach dem Rechtsschutz (S. 164). Auskunftsverbote und Auskunftsverweigerungsrechte, insbesondere zum Schutz von Geschäfts- und Betriebsgeheimnissen, rücken dabei zunehmend in den Blickpunkt. Die Reichweite der Schutzzonen scheint allerdings eng begrenzt, da vielfach das öffentliche Interesse an einem funktionierenden grenzüberschreitenden Informationsverkehr in den Vordergrund rückt. Das Postulat der Referentin nach einem ausgewogenen Interessensausgleich (S. 165) ist rechtsstaatlich zu begrüßen, in aller Regel wird das öffentliche Interesse allerdings prävalieren.

8. Verständigungsverfahren

Die Veränderung der Welt des internationalen Steuerrechts zeigt sich auch in der zunehmenden Bedeutung von Verständigungsverfahren. *Katharina Becker* gibt in ihrem Beitrag einen umfassenden Überblick zu den Rechtsfragen des Verständigungsverfahrens nach Art. 25 Abs. 1, 2 und 4 OECD-MA. Auch wird wiederum deutlich, dass Verfahren zur Vermeidung einer internationalen Doppelbesteuerung gegenüber rein nationalen Verfahren zahlreiche Besonderheiten aufweisen: Das internationale Verständigungsverfahren kann etwa völlig unabhängig vom nationalen Abgabenverfahren und auch neben diesem durchgeführt werden (S. 171). Selbst rechtskräftige Urteile der Gerichte sind danach – entgegen dem Text des OECD-MA – kein Grund, die Einleitung eines Verständigungsverfahrens abzulehnen.

Auch hier stellen sich rechtsdogmatische Fragen zur Rechtsstaatlichkeit solcher Verfahren: Mag ein Teil der Verständigungen der Würdigung des

Sachverhaltes dienen, so steht doch in einer erheblichen Zahl von Fällen das Ergebnis einer Verständigung über Rechtsfragen in mehr oder weniger offenem Widerspruch zur nationalen Rechtsordnung. Hierbei wird offenbar der Verständigungslösung im Billigkeitsweg der Vorrang eingeräumt (S. 176). Dem Steuerpflichtigen stehen aber keine Parteirechte im Verfahren zu (S. 177 f.). Damit wird das Eintreten einer Verständigungslösung für den Steuerpflichtigen zum „Glücksspiel".

Einige DBA-Protokolle sehen bei Scheitern der Verständigung die Einleitung eines Schiedsverfahrens oder den Übergang zur Anrechnungsmethode vor (S. 179). Das OECD-MA 2008 regelt die Möglichkeit, ein verpflichtendes Schiedsverfahren vorzusehen (S. 179 ff.). Die Regelung des OECD-MA vermeidet die bekannten Schwächen der EU-Schiedskonvention. Letztere ist lediglich für Fälle der Gewinnberichtigungen bei verbundenen Unternehmen und für Gewinnabgrenzungen anwendbar. Die EU-Kommission strebt jedenfalls die Entwicklung eines Verfahrens an, mit dem Streitfälle in allen Bereichen der direkten Besteuerung wirksam gelöst werden können (S. 190 ff.).

9. Missbrauchsabwehr im Internationalen Steuerrecht

Die Entwicklungen im internationalen Steuerrecht sind gekennzeichnet durch eine Vielzahl von Gestaltungen, die auf das Ausnutzen eines DBA-Vorteils hinauslaufen. Prof. Dr. *Dietmar Gosch* systematisiert in seinem Beitrag zunächst die Erscheinungsformen und Phänomene des Missbräuchlichen im internationalen Steuerrecht und unterscheidet treaty shopping von rule shopping, wobei die Kategorisierung auch durch Mischformen gekennzeichnet ist (S. 204 ff.). Daneben besteht das Phänomen der Umkonfiguration von Einkünften durch gezielte Installierung von Steuersubjekten, somit in einer über das Ausschöpfen spezifischer Abkommensvorteile hinausgehenden gänzlichen oder partiellen Steuerflucht (S. 206). Abzugrenzen sind derartige missbräuchliche Gestaltungen von Besteuerungslücken, die sich als systematische Konsequenz der Freistellungsmethode einordnen lassen (S. 206 ff.). Auch hier gelangt man freilich rasch an Grenzbereiche, wenn der Qualifikationskonflikt von den Beteiligten gezielt durch einschlägige Gestaltungen angesteuert wird (S. 207 f.).

Die nationale Missbrauchsbekämpfung erweist sich dabei – und dieser Befund dürfte nicht nur für die deutsche Rechtslage zutreffen – vor dem Hintergrund des Abkommensrechts und des Unionsrechts mit einem chaotischen Gewirr an Rechtssätzen konfrontiert, das den Rechtsanwender – und hier gleichermaßen Unternehmen, Verwaltungsbehörden und Gerichte – einigermaßen ratlos zurücklässt. Spezielle Abkommensmissbrauchsregeln waren in der Vergangenheit selten und sind im Übrigen höchst heterogen (S. 210 f.). Auch die unilateralen Missbrauchsvermeidungsregeln zeigen ein wenig konsistentes Bild und erzeugen dogmatisch mehr oder weniger begründet ein neues Feld an Rechtsauslegungsfragen, die unter anderem auch das Verhältnis zum allgemeinen Missbrauchstatbestand betreffen (S. 211).

Hinzukommt, dass die unionsrechtliche Entwicklung gestützt auf ein funktionsorientiertes Verständnis der Grundfreiheiten der nationalen Missbrauchsabwehr Grenzen setzt. Die Konsequenzen dieser Entwicklungslinien sind kaum absehbar: Es hat den Anschein, als würden die Lösungsansätze des nationalen Gesetzgebers immer kreativer, wenn es darum geht, die Grenzen des Unionsrechts auszuloten. *Gosch* zeigt dies am Beispiel der Rechtsentwicklung zu § 50d Abs. 3 EStG (S. 218). Für den Rechtsanwender scheint damit das Nadelöhr zwischen nationaler Missbrauchsabwehr und binnenmarktbezogenem Freiheitsanspruch eher weiter als enger zu werden.

10. Betriebsstätten

Ein weiteres Feld, in dem die dynamische Entwicklung und Veränderung in der internationalen Steuerrechtswelt massiv deutlich wird, ist der Bereich der Betriebsstättenbesteuerung. Dr. *Jens Schönfeld* zeigt in seinem Beitrag, dass zum einen die Anforderungen an das Vorliegen einer Betriebsstätte zunehmend erodieren und zum anderen die zu beobachtende Gleichstellung der Betriebsstätte mit selbstständigen Tochtergesellschaften indirekt auch zu einer erhöhten Zurechnung von Einkünften zum Betriebsstätten-Staat führt.

Die mit dem OECD-MA 2003 getroffene Festlegung, wonach bereits der bloße Leistungsort einer Dienstleistung zur Betriebsstättenbegründung führen kann (so genannte Anstreicherbetriebsstätte) steht für eine Entwicklung, in der sich die OECD zunehmend von der äquivalenz-theoretischen Betrachtung der Verteilungsnorm für Betriebsstätteneinkünfte abgeht). Die Fiktion der so genannten Dienstleistungsbetriebsstätte durch den OECD-Musterkommentar 2008 setzt diese Abkehr von einer äquivalenz-theoretischen Fundierung der Verteilungsnorm konsequent fort. Freilich ist diese Entwicklung aus rechtsstaatlicher Sicht zu hinterfragen, zumal die Definition des Betriebsstättenbegriffs in Art. 5 OECD-MA weiterhin unverändert ist. Der BFH erkennt zutreffend, dass einer dynamischen Auslegung, wie sie offenbar die OECD vertritt, rechtsstaatliche Grenzen gesetzt sind (S. 241 uHa BFH v. 25.5.2011 – 1R95/10). Vor dem Hintergrund der geringen demokratischen Legitimation von DBA an sich müssen einer materiellen Änderung im Auslegungswege durch die Verwaltung naturgemäß rechtsstaatliche Grenzen gesetzt sein. Die OECD-Tendenzen zur Ausweitung des Betriebsstättenbegriffs zeigt *Schönfeld* weiterhin am Beispiel der so genannten Home-Office-Betriebsstätte (S. 246), der kurzfristigen Betriebsstätte (S. 248) und der Managementbetriebsstätte (S. 249).

Je geringer die Anforderungen an das Vorliegen einer Betriebsstätte sind, desto problematischer wird jedenfalls auch die – im Rahmen der im „Authorized OECD-Approach (AOA)" festgelegten Selbständigkeitsfiktion vorgenommene – Gleichschaltung mit Kapitalgesellschaften. Auf Basis eines paradigmatischen Vergleichs der industriellen Produktionsbetriebsstätte mit der modernen Anstreicherbetriebsstätte vertritt *Schönfeld* die These, dass die Selbständigkeitsfiktion des AOA auf Einheiten mit organisatorischer Verselbständigung und klarer örtlicher Lokalisierung zu begrenzen seien (S. 252). Erst recht muss dies für die Fälle der so genannten Dienstleistungsbetriebsstätte gelten, also für jene Fälle, in denen eine natürliche Person mehr als 183 Tage innerhalb eines beliebigen zwölfmonatigen Zeitraums im Vertragsstaat Dienstleistungen erbringt und der vor Ort durchgeführten Tätigkeit (z. B. IT-Beratung) mehr als die Hälfte der Bruttoeinnahmen des Unternehmens während dieser Periode zuzurechnen sind. Das bloße Tätigwerden in Räumlichkeiten des Vertragspartners kann für sich genommen nicht zur Begründung der für eine Betriebsstätte erforderlichen Verfügungsmacht (und in weiterer Folge zur Anwendung der Selbständigkeitsfiktion) führen. Vor dem Hintergrund der äquivalenz-theoretischen Fundierung der Betriebsstättenbesteuerung, nach der jener Staat das primäre Besteuerungsrecht an Betriebsstätteneinkünften haben soll, der den deutlich höheren Beitrag zur grenzüberschreitenden Wertschöpfung leistet (S. 238), besteht auch keine steuerpolitische Notwendigkeit, auf entsprechende Regelungen bei künftigen DBA-Abschlüssen überzugehen.

Die Praxis der deutschen Finanzverwaltung geht demgegenüber davon aus, dass die OECD-Grundsätze des AOA weitgehend Geltung beanspruchen: Ministerialrat *Manfred Naumann* leitet dies aus dem Umstand ab, dass weder seitens Deutschlands noch seitens Österreichs gegen diese Grundsätze Einspruch erhoben worden ist. Die Grundsätze sind daher seiner Auffassung nach weitestgehend auch für alte Abkommen anwendbar. Der deutsche Gesetzgeber will dieses Ergebnis durch eine Regelung in § 1 Abs. 5 AStG absichern, wonach die Neuregelung zu den Betriebsstätten dann zurücktritt, wenn der andere Staat unter Berufung auf das alte Abkommen eine andere Abkommensauslegung vornimmt. Einen treaty override sieht *Naumann* in einer solchen Vorschrift nicht. Damit stellt sich freilich die Rechtsfrage, ob eine solche Regelung eine ausreichende rechtsstaatliche Legitimation für eine Anwendung der Neuregelung im Anwendungsbereich alter Abkommen bieten kann. Die mit dieser Frage verbundene Rechtsunsicherheit ist für Unternehmen nicht unerheblich. Dies umso mehr, zumal die Anwendung der Selbständigkeitsfiktion aus technischer Sicht hohe Anforderungen an die Unternehmen stellt: Zunächst muss – wie *Naumann* zutreffend aufzeigt – die Betriebsstätte technisch als eigenständiges Unternehmen konstruiert werden, somit müssen functions, assets, risk and capital festgelegt werden (S. 257). Erst dann können für dieses fiktiv selbstständige Unternehmen die Verrechnungspreisgrundsätze angewendet werden. Fiktive Vermietungen zwischen Stammhaus und Betriebsstätte sind dabei etwa mit fiktiven Mietverträgen zu unterlegen. Der damit verbundene Vorteil, dass auf Verrechnungspreisgrundsätze des Art. 9 OECD-MA zurückgegriffen werden kann, wird allerdings sehr stark relativiert, wenn man sich die mit der Operationalisierung des Fremdverhaltensgrundsatzes nach Art. 9 OECD-MA verbundenen Problemlagen vor Augen führt (vgl. dazu im Folgenden unter Punkt 11).

Für Österreich zeigt Univ. Prof. Dr. *Claus Staringer*, dass ein klares Meinungsbild besteht, wonach die Selbständigkeitsfiktion des AOA für Alt-Abkommen nicht relevant ist. Was die künftige Abkommenspolitik anbelangt, dürfte – in Anbetracht einer notwendigerweise flexiblen Positionierung in Vertragsverhandlungen – die Prognose nicht fehlgehen, dass der AOA zumindest nicht in sämtlichen künftigen DBA-Regelungen enthalten sein dürfte. Für AOA-konforme DBA enthält § 6 Z 6 öEStG eine innerstaatliche Norm zur Gewinnabgrenzung: § 6 Z 6 öEStG ordnet das Erfordernis einer international fremdüblichen Gewinnabgrenzung für verbundene Unternehmen wie auch im Verhältnis Betriebsstätte – Stammhaus an. Diese Vorschrift ist nach *Staringer* auf künftige AOA-konforme DBA ohne weiteren Rechtsakt anwendbar; eine Ausnahmevorschrift wie in § 1 Abs. 5 Satz 8 dAStG ist somit in Österreich nicht vonnöten. Für Alt-Abkommen geht § 6 Z 6 öEStG freilich ins Leere, da allein eine dynamische Auslegung keine abkommensrechtliche Grundlage für einen auf § 6 Z 6 öEStG gestützten Besteuerungsanspruch bietet.

11. Verrechnungspreise

Der letzte Schwerpunkt der Tagung zum Thema Verrechnungspreise wurde von Dr. *Wolfgang Haas*, Prof. *Georg Kofler* und Prof. *Roman Seer* aus völlig unterschiedlichen Perspektiven beleuchtet. Die Analyse aufbereitet hat Dr. *Haas*, Präsident Legal der Division Taxes and Insurance des BASF SE Konzerns mit einem rechtstatsächlichen Beitrag zur Bedeutung der Verrechnungspreise für die betriebliche Praxis. Für einen weltumspannenden Konzern ist dabei zu konstatieren, dass die Verrechnungspreise für die betriebswirtschaftliche Steuerung eines solchen Konzerns heute kaum mehr eine Rolle spielen (S. 288). Der Großteil der Verrechnungspreistransaktionen findet zudem meist innerhalb des gleichen Unternehmensbereiches, so genannter Profit Center statt, weshalb auch das Interesse an einer Gewinnabgrenzung zu anderen Unternehmensbereichen des Konzerns wenig ins Gewicht fällt.

Die Funktion der Verrechnungspreise, eine angemessene steuerliche Gewinnabgrenzung und damit eine angemessene Aufteilung des Steuersubtrats zwischen verschiedenen Ländern herbeizuführen, scheint vor diesem Hintergrund nahezu ohne wirtschaftliche Funktion. Hinzu kommt, dass Fremdvergleichspreise in der Praxis regelmäßig nur eingeschränkt zur Verfügung stehen (S. 288 ff.). Das klassische Instrumentarium der Ermittlung von Fremdvergleichspreisen stößt vielfach auf methodische Grenzen und erweist sich bei komplexen Sachverhaltskonstellationen vielfach nicht operational. Kostenverteilungsvereinbarungen und Funktionsverlagerungen (cost sharing agreements, business restructuring) bieten in diesem Zusammenhang plastische Beispielsfälle (S. 293). Zudem steht in der Praxis die Vielzahl der Produkte und der dazugehörigen Märkte einem zentralen Verrechnungspreismanagement entgegen. Die Marktkenntnis ist nur in den operativen Unternehmensbereichen vorhanden. Diese müssen auch die Verantwortung für die ordnungsgemäße Kalkulation und die Dokumentation der Verrechnungspreise übernehmen (S. 294).

Aus der Sicht des Unternehmens erweist sich somit das Thema der Verrechnungspreise nicht nur als hoch komplex und steuertheoretisch, sondern es hebt sich von betriebswirtschaftlichen Grundüberlegungen ab. Das Unternehmen sieht sich dabei mit einem Dickicht an Verwaltungsvorschriften konfrontiert, das zahlreiche Fallstricke enthält. Diese sind vor allem deshalb gefährlich, weil zahlreiche Finanz- und Zollverwaltungen angesichts desolater Staatsfinanzen Verrechnungspreiskorrekturen als neues strategisches Feld erkannt haben (S. 295).

Mit den materiellen Rechtsgrundlagen der Verrechnungspreiskorrekturen und hier im Besonderen mit Art. 9 OECD-MA befasst sich in seinem Referat Prof. *Georg Kofler*. Die Struktur der Rechtsfragen erscheint im Kern klar: Rechtliche Basis für die Gewinnkorrektur ist das nationale Recht, Art. 9 OECD-MA entfaltet vor diesem Hintergrund jedoch Schranken- bzw. Sperrwirkung (S. 301 ff.). Ungeachtet zum Teil diffiziler Abgrenzungsfragen insbesondere im Verhältnis zu Art. 11 und 12 OECD-MA (S. 309 ff.), erscheinen die Tatbestandsmerkmale im Wesentlichen klar umrissen und einer praxisorientierten Handhabung zugänglich.

Neben den Tatbestandsvoraussetzungen des Abs. 1 (s. dazu sogleich) untersucht *Kofler* aber auch die in Art. 9 Abs. 2 OECD-MA angeordneten Rechtsfolgen, wonach durch Gegenberichtigungen die wirtschaftliche Doppelbesteuerung vermieden werden soll (S. 322 ff.). Die Vorschrift verpflichtet nur dann zur Gegenberichtigung, wenn der andere Staat die Primärberichtigung dem Grunde und der Höhe nach akzeptiert. Im Prinzip hat die Vorschrift allerdings nur klarstellenden Charakter, da die rechtliche Grundlage für die Gegenberichtigung bereits in Abs. 1 liegt (S. 324).

Die Anwendung des „Arm's Length Standard" hat grundsätzlich auf Basis der tatsächlich durchgeführten Transaktion zu erfolgen (As-Structured-Prinzip). Dies beschränkt die Möglichkeiten den Finanzverwaltungen, tatsächliche Transaktionen durch fiktive zu ersetzen. Die in der OECD vertretenen Finanzverwaltungen halten allerdings in mehreren Konstellationen

Strukturanpassungen für zulässig, wie z. B. im Fall der Abgrenzung von Eigen- und Fremdkapital (S. 327). Oftmals verschwimmen auch die Grenzen zu so genannten „Vergleichbarkeitsanpassungen", die auf die Anpassung preisintensiver Umstände abzielen (S. 326). Gerade im Fall der Übertragung nicht oder nur schwer bewertbarer immaterieller Wirtschaftsgüter oder auch in Fällen des so genannten „Business Restructuring" stellen sich diffizile Abgrenzungsfragen (S. 328).

Ausführlich widmet sich *Kofler* den Tatbestandvoraussetzungen des Fremdverhaltensgrundsatzes (S. 313 ff.; 318 ff.). Die damit verbundene Ermittlung jener Bedingungen, die unabhängige Unternehmen miteinander vereinbaren würden, stellt die Praxis vor nicht geringe Schwierigkeiten. Überall dort, wo marktbasierte empirische Ansätze fehlen, wo es keinen Markt gibt oder schlicht verlässliche Daten nicht verfügbar sind, sehen sich Unternehmen nicht unbeträchtlichen Risiken ausgesetzt. Der von Deutschland präferierte hypothetische Maßstab des ordentlichen und gewissenhaften Geschäftsleiters hat sich dabei in den OECD Verrechnungspreisrichtlinien nur ansatzweise durchgesetzt (S. 321).

Gerade das Problem der Bewertung stellt Prof. Dr. *Roman Seer* in den Mittelpunkt seiner Betrachtungen: Ebenso wenig wie es den objektiven Wert gibt, existiert ein außerjuristisches Naturgesetz der Bewertung (S. 341). Im Problem der Bewertung zeigt sich die Grenze dessen, was Recht leisten kann. Die Wertfindung ist eine eigenständige Rechtsanwendungskategorie, für die der Gesetzgeber eine Exaktheit suggeriert, die sich letztlich als Scheingenauigkeit erweist. Die Grenzen rationaler Wertfindung münden in eine „Bandbreiten-Doktrin", die den eindeutig einzigen Wert durch eine Bandbreite von gleichermaßen plausiblen vertretbaren Werten ersetzt (S. 342 ff.).

Vor diesem Hintergrund erkennt *Seer* das Problem der Wertfindung als ein Problem des sachangemessenen Steuervollzugs (S. 344). Hierbei trägt der Steuerpflichtige einseitig das Auslegungs- und Bewertungsrisiko und bedarf eines wirksamen Steuerplanungsschutzes, um nicht Opfer einer latent drohenden Übermaßbesteuerung durch Überbewertung zu werden. Da das Gesetz mit offenen Wertungen und vagen Vergleichsmaßstäben arbeitet, ist der Steuerpflichtige einem Wertfindungsrisiko ausgesetzt, das sich bei grenzüberschreitenden Sachverhalten multipliziert (S. 345). Dieses Wertfindungsrisiko kann im Hinblick auf die nach *Seer* notwendige Steuerplanungssicherheit verfassungsrechtlich nur durch eine Bewertungsprärogative abgesichert werden: Bleibt der Steuerpflichtige mit seinem Bewertungsansatz im Rahmen der Bandbreite vertretbarer Werte, ist seine Wertkonkretisierung gültig. Diese Bewertungsprärogative bedarf freilich einer Absicherung durch eine gesteigerte Dokumentations- und Transparenzpflicht der Unternehmen (S. 346 f.). Der finanzbehördliche Prüfungsmaßstab reduziert sich vor diesem Hintergrund auf eine Vertretbarkeitskontrolle. Die Finanzbehörde erstarkt erst dann zur maßgebenden hoheitlichen (Zweit-)Bewerterin, wenn eine Bewertungsdokumentation fehlt oder in wesentlichen Teilen unbrauchbar ist.

Gerade in dieser Hinsicht besteht allerdings ein immenses Steuervollzugsdefizit: Trotz Einführung umfassender Dokumentationspflichten für die Ausgestaltung von Verrechnungspreisen weltweit ist Inhalt und Dichte dieser Pflichten von Staat zu Staat sehr unterschiedlich (S. 348 ff.). Auch innerhalb der EU fehlt bislang ein Mindeststandard.

Advanced pricing agreements (APA's) stellen vor diesem Hintergrund für die Unternehmen einen prospektiven Dispositionsschutz sicher (S. 350 f.). Das APA-Verfahren entspricht einem kooperativen Verwaltungshandeln, das dem antragstellenden Unternehmen die Gelegenheit zur Verfahrensteilhabe bietet. Das Verfahren mündet in einen öffentlich-rechtlichen Vertrag (S. 352). Seine Bindungswirkung lässt sich nicht unmittelbar aus dem völkerrechtlichen Verwaltungsabkommen zwischen den Staaten ableiten, sondern bedarf zusätzlich seiner Umsetzung im konkreten Steuerschuldverhältnis zwischen der Finanzbehörde und dem Steuerpflichtigen. Die Vorabverständigung mindert somit das zulasten des Steuerpflichtigen wirkende Erstbewertungsrisiko und reduziert die Letztentscheidungsverantwortung staatlicher Organe auf eine Vertretbarkeitskontrolle.

Im Ergebnis ist das Problem der Verrechnungspreiskontrolle im Bereich der Wertfindung ein Problem der verfassungskonformen Ausgestaltung des Steuervollzugs. Im Mittelpunkt der Diskussion steht wohl die verhältnismäßige Festlegung von Dokumentationsverpflichtungen zum Zwecke der Erreichung eines Quantums von Steuerplanungssicherheit, das für Unternehmen, die auf Weltmärkten agieren, unerlässlich erscheint.

12. Schlussbemerkung

Die 37. Jahrestagung der Deutschen Steuerjuristischen Gesellschaft e.V. hat den Entwicklungsstand des Internationalen Steuerrechts sowohl aus dogmatischer wie auch aus praxisorientierter Sicht eindrucksvoll analysiert. Der Status quo ist faktisch gekennzeichnet durch ein immer stärker auseinandertriftendes weltweites Abkommensnetz, in dem das multinational tätige Unternehmen mit einer vergleichsweise geringeren Steuerbelastung operiert als ein rein national tätiges Unternehmen. Dies gilt auch dann, wenn man Fälle so genannter aggressiver Steuerplanung ausblendet. Aus Sicht des jeweiligen Staates scheint die Ausbalancierung der Verteilung von Besteuerungsrechten angesichts sich rasch ändernder wirtschaftspolitischer Rahmenbedingungen schwieriger denn je. Hinzu kommt, dass die Motoren der Rechtsentwicklung längst nicht mehr die einzelnen Staaten, sondern internationale Akteure sind, deren Empfehlungen zunehmend an politischem Gewicht gewinnen und das zwischenstaatliche internationale Steuerrecht mit soft law anreichern.

Betroffen ist der Steuerpflichtige, dessen subjektive Rechte in der Welt des internationalen Steuerrechts seit jeher nur schwach entwickelt sind: Der völkerrechtliche Vertrag ist demokratiepolitisch nur schwach legitimiert, das nationale Verfassungsrecht und das Unionsrecht bieten nur in Ansätzen Maßstäbe zur Prüfung an übergeordneten Rechtssätzen. Internationales soft law sickert in die nationalen Rechtsordnungen in rechtsstaatlich bedenklicher Weise ein. Im Verständigungsverfahren wird der Steuerpflichtige zum Bittsteller in den Vorräumen der rechtsetzenden Verwaltung. Die Verpflichtungen im Bereich des Informationsaustausches nehmen zu, womit sich nicht nur die Frage nach dessen Effizienz, sondern auch nach dessen gleichmäßiger Anwendung und dem Rechtsschutz stellt.

Vor diesem komplexen Hintergrund war auch nicht zu erwarten, dass die Jahrestagung die Welt des internationalen Steuerrechts neu ordnet und Leitlinien einer „idealen Welt" entwirft. Offengelegt wurden aber in eindrucksvoller Weise die rechtsstaatlichen Defizite dieser Welt. Für den Steuerjuristen und unsere Gesellschaft Auftrag genug, auch in der Zukunft einen substanziellen Beitrag zur Behebung dieser Defizite zu leisten.

Laudatio

aus Anlass der Verleihung des
Albert-Hensel-Preises 2011
an Dr. Malte Dirk Bergmann

Prof. Dr. *Peter Fischer*
Vorsitzender Richter am BFH a. D., Düsseldorf

Albert Hensel war ein überragender Wissenschaftler. Und er war humorvoll und selbstironisch. Diese Eigenschaften kommen nicht stets Hand in Hand daher. In seinem Referat für die Staatrechtslehrertagung 1926 zum „Einfluss des Steuerrechts auf die Begriffsbildung des öffentlichen Rechts" hat er hervorgehoben: Das Steuerrecht und speziell die Abgabenordnung hätten wie kein anderer Zweig des Verwaltungsrechts „allgemeine Lehren" in Gesetzesform aufzuweisen. Diese seien – man hört dies heute mit nostalgischem Sehnen – „in enger Anlehnung an die Wissenschaft gewonnen" und hätten sich „in ständig wachsendem Maße als ein brauchbares Arbeitsinstrument für Praxis und Rechtsprechung erwiesen". Hierfür seien „nicht zum wenigsten ihre Unbestimmtheit und Ausdehnungsfähigkeit bestimmend gewesen" (!), was den „klassischen Satz" bestätige: „Kautschuk ist der einzige Stoff, mit dem der Jurist arbeiten kann." Dies war keineswegs abwertend gemeint, sondern wohl eher als tiefsinniger Beitrag zu Grundfragen einer Kodifikationslehre und zur Methodenlehre einer formgebenden arbeitsteiligen Herstellung von Recht unter richtungsweisender Einbeziehung der Wissenschaft. Diese Stichworte verweisen auf das Generalthema unserer Jahrestagung 2013.

Den außerordentlich hohen Leistungsstand der Steuerrechtswissenschaft im deutschsprachigen Raum zeigen Jahr für Jahr die für den Albert-Hensel-Preis eingereichten Arbeiten. Im Berichtszeitraum 2011/2012 haben der Jury sieben Dissertationen vorgelegen. Die Vielfalt der bearbeiteten Themen war beeindruckend. Im Vordergrund standen die Internationalisierung des Steuerrechts und rechtsvergleichende Themen, etwa zu den Stichworten Trust, Investmentfonds, Einkünftekorrektur zwischen verbundenen Unternehmen sowie Gemeinsame Konsolidierte Körperschaftsteuer-Bemessungsgrundlage. Es lief letztlich hinaus auf ein Wimpernschlag-Finale nach der Art, wie wir es mehrfach bei den Olympischen Spielen in London erleben konnten. Die Goldmedaille – um im olympischen Bild zu bleiben – geht an Herrn Dr. *Malte Dirk Bergmann* aus Osnabrück. Er wird ausgezeichnet für seine Bonner Dissertation „Liquidationsbesteuerung von Kapitalgesellschaften". Die Arbeit ist in der rechtswissenschaftlichen Talentschmiede oder – wenn Sie so wollen – im Leistungszentrum von Herrn Prof. Dr. *Hüttemann* entstanden, der die Arbeit als Doktorvater betreut hat.

Worum geht es in der Arbeit von Bergmann? In der letzten Lebensphase einer Kapitalgesellschaft gilt es, die Interessen der Gesellschaft, der Gesellschafter, der Gesellschaftsgläubiger unter Einschluss des Fiskus auszugleichen. Hier gibt es zwei Problemkreise: Zum einen muss die Rigidität der Jahresbesteuerung, die im Normalfall eines fortzuführenden Unternehmens auf einer Zeitachse zumeist problemlos bewältigt wird, vor dem Ende des Steuersubjekts zumindest abgemildert werden. Zum anderen sollen die stillen Reserven noch rechtzeitig gehoben werden. Sedes materiae ist § 11 KStG. Diese Vorschrift regelt den Fall, dass die Gesellschaft kumulativ aufgelöst und abgewickelt wird. Diese Norm wird erstmals einer systematischen Betrachtung unterzogen.

Ausgehend von den gesellschaftsrechtlichen Grundlagen setzt sich Bergmann mit den Grundlagen der Liquidationsbesteuerung und deren Verhältnis zu §§ 7 ff. KStG, § 16 EStG und zu den Normen des UmwStG auseinander. Der „einheitliche Besteuerungszeitraum" ist eine Schöpfung des § 11 Abs. 2 KStG. Er „soll" drei Jahre nicht überschreiten. Mit dem Hinweis auf das Problem einer zwischenzeitlichen Rechtsänderung belegt Bergmann, dass dieser Begriff der näheren Einordnung bedarf. Der Begriff muss ins rechtliche Verhältnis gesetzt werden zum Gewinnermittlungs-, zum Bemessungs- und zum Veranlagungszeitraum. Den – in der Literatur umstrittenen – Zweck des einheitlichen Besteuerungszeitraums sieht Bergmann darin, dass über § 10d EStG hinaus die Möglichkeiten der Verlustverrechnung erweitert werden sollen. Ausgehend von einem exemplarischen Grundfall analysiert er die Verlustverrechnung während der Abwicklung einerseits im Verhältnis zu den Wirtschaftsjahren vor der Auflösung. Er lehnt es ab, die Mindestbesteuerung im Hinblick auf den drohenden Untergang eines Verlustabzugs einschränkend auszulegen, wie dies der BFH im Jahre 2010 für den Fall des Untergangs von Verlustvorträgen nach § 8c KStG für möglich gehalten hat. Anwendbar bleibt auch die Regelung zur Zinsschranke (§ 8a EStG i. V. m. § 4h EStG), die sich im einheitlichen Besteuerungszeitraum wegen der nur einmaligen Anwendung der Freigrenze nachteilig auswirken kann. Zur dogmatischen Fundierung der erweiterten Verlustverrechnungsmöglichkeiten diskutiert Bergmann – hier wie auch sonst fallbezogen, prägnant und überzeugend – das Leistungsfähigkeitsprinzip und das Spannungsverhältnis zwischen Totalgewinn- und Jahresbesteuerung. Der Besteuerungszeitraum „soll" drei Jahre nicht übersteigen (§ 11 Abs. 1 Satz 2 KStG). Bergmann sieht in der Sollvorschrift eine Ermächtigung an das Finanzamt zur Ausübung von Ermessen. Die Regelung bezweckt primär die Sicherung des Steueranspruchs. Es ergeben sich verfahrensrechtliche Fragen, wenn mehrere Zwischenveranlagungen vorliegen.

Jede Zwischenveranlagung umfasst stets den gesamten Zeitraum seit der Auflösung und ist verfahrensrechtlich vorläufig.

Auf gut 70 Seiten erörtert Bergmann die handelsrechtlichen Grundlagen der Liquidationsrechnungslegung. Er arbeitet drei Grundfragen der steuerlichen Gewinnermittlung heraus:

(1) Welche Ansatz- und Bewertungsvorschriften gelten für das Abwicklungs-Anfangsvermögen und das Abwicklungs-Endvermögen?

(2) Nach welchen Grundsätzen sind etwa erforderliche Zwischenveranlagungen vorzunehmen – mittels des Ansatzes von gemeinen Werten oder nach den für laufende Jahresabschlüsse geltenden Grundsätzen? Diese streitige Frage beantwortet Bergmann im ersteren Sinne aufgrund einer ausführlichen Erörterung der Gesetzesgeschichte und systematischer wie teleologischer Argumente.

(3) Es ist problematisch, in welcher Weise offene und verdeckte Liquidationsraten zu behandeln sind, die vor Abschluss der Liquidation ausgekehrt werden. Während die h. M. die Einstellung in das Abwicklungs-Endvermögen zum gemeinen Wert befürwortet, tritt Bergmann für die direkte Anwendung des § 8 Abs. 3 Satz 1 und 2 KStG ein.

Ist über eine Gesellschaft das Insolvenzverfahren eröffnet worden, findet § 11 KStG Anwendung, wenn die Gesellschaft zerschlagen wird, nicht aber, wenn sie saniert und fortgeführt wird. Wird während des Verfahrens dessen Zielrichtung geändert, ändert sich das steuerliche Regime immer für den gesamten Zeitraum seit Insolvenzeröffnung.

In einem weiteren Abschnitt behandelt Bergmann Einzelprobleme wie etwa den Stichtag der Aufstellung des Abwicklungs-Endvermögens, Fragen der Wertaufhellung, die Behandlung der Gesellschafter- und Sanierungsdarlehen einschließlich Rangrücktrittsvereinbarungen, die steuerlichen Auswirkungen von unerfüllten Verbindlichkeiten, die Bewertung immaterieller Wirtschaftsgüter und die Behandlung eigener Anteile. Die Erörterung des positiven Rechts schließt mit der Behandlung besonderer Problemlagen wie der Nachtragsliquidation und der ertragsteuerlichen Organschaft.

In einem Schlussteil fasst Bergmann seine Kritik am geltenden Recht zusammen. Er stellt fest, dass der einheitliche Besteuerungszeitraum zu Friktionen bei der Gewinnermittlung führt und in seiner Wirkung nicht zielgenau ist. Hiervon ausgehend entwickelt er mit Blick auf die angesichts des Untergangs des Steuersubjekts notwendige Milderung der Abschnittsbesteuerung einen eigenen Reformansatz. Eine Reform der Liquidationsbesteuerung sollte, so Bergmann, ohne einen einheitlichen Besteuerungszeitraum auskommen. Die gebotene Reform könnte darauf verzichten, besondere Vorschriften zur Gewinnermittlung zu normieren, weil stille

Reserven auch durch § 8 Abs. 3 KStG realisiert würden. Er schlägt deshalb eine Regelung vor, die einen typisierenden Ausgleich derjenigen Härten verfolgt, die sich aus den Beschränkungen des Verlustabzugs und der Zinsschranke ergeben. Dieser Ausgleich wird im Grundsatz dadurch erreicht, dass innerhalb der letzten fünf Veranlagungszeiträume ein unbegrenzter Verlustausgleich – ohne Geltung der Zinsschranke – ermöglicht wird. Dieser Vorschlag wird gesetzesförmig ausformuliert, im Hinblick auf seine Auswirkungen diskutiert und hinsichtlich seiner Praxistauglichkeit verprobt.

Es verwundert, dass das Thema der Liquidationsbesteuerung lange Zeit wissenschaftlich brachgelegen hat. Vielleicht liegt dies daran, dass ein diffuses Gefühl den Liquidatoren die beklemmende Aura des Bestattungsgewerbes zuschreibt. Auch benötigen sterbende Gesellschaften keine honorarträchtige Gestaltungsberatung. Und sie hauchen ihr Leben aus fernab jeglicher EU-Relevanz und Kongressdignität. Gerade deswegen erfordert es Entdeckergeist, Mut und Hingabe, ein bisher als randständig belassenes Thema zu finden, aufzugreifen und wissenschaftlich zu durchdringen. Dies ist Bergmann auf hervorragende Weise gelungen. Die Rechtsfakultät in Bonn hat ihm dies mit höchstem Lob entgolten.

Dieses Lob ist gut nachvollziehbar. Die Arbeit besticht durch ihren folgerichtigen Aufbau, das hohe Niveau der Argumentation, die überzeugende Setzung von Schwerpunkten, die souveräne Handhabung des Instrumentariums der Methodenlehre, die Verknüpfung der systematischen Grundlagen des Handels-, Insolvenz- und Steuerrechts und die stets einleuchtende abwägende Einpassung von Detailfragen in ein präzise herausgearbeitetes Koordinatensystem. Verfassungsrechtliche Prinzipien verwendet der Autor zu Recht nicht zu fragwürdiger Deduktion, sondern führt sie als Kontrollebene ein. Um auf das von Albert Hensel mit seinem Bild vom Kautschuk Gemeinte zurückzukommen: Bergmann formt Rechtsmaterie zum gestalteten Mehrwert eines system- und praxisrelevanten Produkts.

Hervorzuheben sind die klare Sprache und die Prägnanz der Darstellung. Bergmann sagt auf den 220 Seiten seiner Arbeit stets, welche Auffassungen er aus welchen Gründen vertritt. Er wahrt damit die Chance, wahrgenommen zu werden. Er wird – damit rechne ich fest – die Wissenschaft und die Rechtspraxis nachhaltig prägen. Ob sich der Gesetzgeber heutzutage durch „allgemeine Lehren" die Richtung weisen lässt, ist eher skeptisch zu beurteilen.

Herr Dr. Bergmann, ich gratuliere Ihnen sehr herzlich zum Albert-Hensel-Preis 2012.

Deutsche Steuerjuristische Gesellschaft e.V. [1]

Satzung (Auszug)

§ 2 Vereinszweck

Der Verein verfolgt ausschließlich und unmittelbar gemeinnützige Zwecke im Sinne des Abschnitts „Steuerbegünstigte Zwecke" der Abgabenordnung. Der Verein hat den Zweck,

a) die steuerliche Forschung und Lehre und die Umsetzung steuerrechtswissenschaftlicher Erkenntnisse in der Praxis zu fördern;
b) auf eine angemessene Berücksichtigung des Steuerrechts im Hochschulunterricht und in staatlichen und akademischen Prüfungen hinzuwirken;
c) Ausbildungsrichtlinien und Berufsbilder für die juristische Tätigkeit im Bereich des Steuerwesens zu entwickeln;
d) in wichtigen Fällen zu Fragen des Steuerrechts, insbesondere zu Gesetzgebungsvorhaben, öffentlich oder durch Eingaben Stellung zu nehmen;
e) das Gespräch zwischen den in der Gesetzgebung, in der Verwaltung, in der Gerichtsbarkeit, im freien Beruf und in der Forschung und Lehre tätigen Steuerjuristen zu fördern;
f) die Zusammenarbeit mit allen im Steuerwesen tätigen Personen und Institutionen zu pflegen.

§ 3 Mitgliedschaft

(1) Mitglied kann jeder Jurist werden, der sich in Forschung, Lehre oder Praxis mit dem Steuerrecht befasst.

(2) Andere Personen, Vereinigungen und Körperschaften können fördernde Mitglieder werden. Sie haben kein Stimm- und Wahlrecht.

(3) Die Mitgliedschaft wird dadurch erworben, dass der Beitritt zur Gesellschaft schriftlich erklärt wird und der Vorstand die Aufnahme als Mitglied bestätigt.

---

1 Sitz der Gesellschaft ist Köln (§ 1 Abs. 2 der Satzung). Geschäftsstelle: Gustav-Heinemann-Ufer 58, 50968 Köln.

Vorstand und Wissenschaftlicher Beirat der Deutschen Steuerjuristischen Gesellschaft e.V.

Vorstand

Präsident des Bundesfinanzhofs Prof. Dr. h.c. *Rudolf Mellinghoff* (Vorsitzender); Prof. Dr. *Roman Seer* (Stellv. Vorsitzender); Prof. Dr. Dr. h.c. *Michael Lang*; Ministerialdirektor *Michael Sell*; Verleger Prof. Dr. *Felix Hey* (Schatzmeister und Leiter der Geschäftsstelle); Rechtsanwalt Dr. *Jens Schönfeld* (Schriftführer).

Wissenschaftlicher Beirat

Prof. Dr. *Johanna Hey* (Vorsitzende); Wirtschaftsprüfer und Steuerberater Prof. Dr. *Markus Achatz*; Lt. Ministerialrat *Hermann B. Brandenberg*; Richter am Bundesfinanzhof Dr. *Peter Brandis*; Prof. Dr. *Klaus-Dieter Drüen*; Prof. Dr. *Joachim Englisch*; Vorsitzender Richter am Bundesfinanzhof a.D. Prof. Dr. *Peter Fischer*; Prof. *Gisela Frick*, MdB a.D.; Dr. *Wolfgang Haas*; Richter am Bundesfinanzhof Dr. *Bernd Heuermann*; Verleger Prof. Dr. *Felix Hey*; Prof. Dr. *Rainer Hüttemann*; Richterin am Bundesfinanzhof Prof. Dr. *Monika Jachmann*; Richter des Bundesverfassungsgerichts a.D. Prof. Dr. Dres. h.c. *Paul Kirchhof*; Prof. Dr. *Hanno Kube*, LL.M.; Präsident des FG Brandenburg Prof. Dr. *Claus Lambrecht*, LL.M.; Prof. Dr. *Joachim Lang*; Prof. Dr. Dr. h.c. *Michael Lang*; Prof. Dr. *Moris Lehner*; Prof. Dr. *René Matteotti*, M.A., LL.M.; Präsident des Bundesfinanzhofs Prof. Dr. h.c. *Rudolf Mellinghoff*; Ministerialdirigent Dr. *Hans-Ulrich Misera*; Rechtsanwalt, Fachanwalt für Steuerrecht und Steuerberater Dr. *Jürgen Pelka*; Ministerialdirektor a.D. Dr. *Albert Peters*; Vorsitzender Richter am Bundesfinanzhof Prof. Dr. *Heinz-Jürgen Pezzer*; Rechtsanwalt, Fachanwalt für Steuerrecht Prof. Dr. *Detlev J. Piltz*; Rechtsanwalt und Steuerberater Dr. *Dirk Pohl*; Prof. Dr. *Ekkehart Reimer*; Ministerialdirigent *Eckehard Schmidt*; Prof. Dr. Dr. h.c. *Wolfgang Schön*; Rechtsanwalt Dr. *Jens Schönfeld*; Prof. Dr. *Roman Seer*; Prof. Dr. *Madeleine Simonek*; Präsident des Bundesfinanzhofs a.D. Dr. h.c. *Wolfgang Spindler*; Prof. Dr. *Ottmar Thömmes;* Rechtsanwalt Dr. *Thomas Weckerle*, LL.M.; Vorsitzender Richter am BFH *Michael Wendt*; Rechtsanwalt Dr. h.c. *Karl-Peter Winters*.

Ehrenmitglieder

Heinrich Wilhelm Kruse, Dr., Universitätsprofessor (em.), Bochum
Klaus Tipke, Dr., Universitätsprofessor (em.), Köln

Teilnehmerverzeichnis

Achatz, Markus, Dr., Professor, Johannes Keppler Universität Linz
Anzinger, Heribert M., Dr., Professor, Universität Ulm
Ault, Hugh J., Professor, Boston College Law School, Massachusetts
Aweh, Lothar, Präsident des Finanzgerichts, Hessisches Finanzgericht, Kassel

Balbinot, Chiara, Max-Planck-Institut für Steuerrecht und Öffentliche Finanzen, München
Balke, Michael, Dr., Richter am Finanzgericht, Dortmund
Baltzer, Nadine, Rechtsanwältin, Köln
Becht, Bernhard, Dr., Professor, LL.M., Steuerberater, Hochschule Harz, Wernigerode
Becker, Katharina, Regierungsdirektorin, Bundesministerium der Finanzen, Berlin
Bergmann, Malte, Dr., LL.M., Rechtsreferendar, Hamburg
Beuchert, Tobias, Dr., Rechtsanwalt, Dissmann Orth, Rechtsanwalts-/Steuerberatungsgesellschaft, München
Birkhan, Hermann Josef, Regierungsdirektor, Königswinter
Bister, Ottfried, Vizepräsident des Finanzgerichts a. D., Bremen
Blank, Alexander, Dipl.-Kaufmann, Nürnberg
Borggräfe, Joachim, Dr., Rechtsanwalt, Graf Kanitz, Schüppen & Partner, Frankfurt am Main
Bozza-Bodden, Nadya, Dr., Richterin am Finanzgericht, Köln
Brielmaier, Bernhard, Dipl.-Kaufmann, Universität Liechtenstein, Vaduz
Busch, Simon, LL.M., Dipl.-Kaufmann, Universität Liechtenstein, Vaduz

Castelon, Marta, Max-Planck-Institut für Steuerrecht und Öffentliche Finanzen, München
Conrath, Annemarie, EBS, Wiesbaden
Cornelius, Lucas, Berlin

Damerow, Max-Dieter, Rechtsanwalt, Notar, Steuerberater, Hannover
Desens, Marc, Dr., Professor, Leipzig
Dommnick, Ralf, Düren
Dorenkamp, Christian, Dr., LL.M., Dipl.-Verwaltungswirt, Rechtsanwalt, Köln
Drüen, Klaus-Dieter, Dr., Professor, Heinrich-Heine-Universität Düsseldorf
Dürrschmidt, Daniel, Dr., LL.M., Rechtsanwalt, Steuerberater, München
von Einem, Mauritz, Max-Planck-Institut für Steuerrecht und Öffentliche Finanzen, München

El-Tounsy, Usama, Rechtsanwalt, Berlin
Endres, Daniela, Nürnberg

Faber, Gerd, Rechtsanwalt, Deisenhofen
Fellner, Andreas, Mag., Karl-Franzens-Universität Graz
Fischer, Peter, Dr., Professor, Vors. Richter am Bundesfinanzhof a.D., Düsseldorf
Fischer, Thomas, Verlag Dr. Otto Schmidt KG, Köln
Frotscher, Gerrit, Dr., Professor, Rechtsanwalt, Buchholz

Gauß, Hermann, Rechtsanwalt, Ernst & Young GmbH, Wirtschaftsprüfungsgesellschaft, Berlin
Geirhofer, Karin, Kematen an der Ybbs
Gialouris, Dimitros, Dr., Rechtsanwalt, Athen/Griechenland
Gill, Juliette, LL.M., Düsseldorf
Glauflügel, Bert, Ltd. Regierungsdirektor, Esslingen a.N.
Gödden, Hermann, Ltd. Regierungsdirektor, Essen
Gosch, Dietmar, Dr., Professor, Vors. Richter am Bundesfinanzhof, Hamburg
von Groll, Rüdiger, Professor, Richter am Bundesfinanzhof a.D., Rechtsanwalt, München
Grube, Friederike, Richterin am Bundesfinanzhof, München

Haacke-Vogt, Katharina, Halle
Haas, Wolfgang, Dr., BASF SE, Zentralabteilung Steuern, Zölle und Außenwirtschaftsrecht, Ludwigshafen
Haberfellner, Julia, Sattledt
Hagemann, Tobias, Berlin
Hahn, Hartmut, Dr., Ministerialrat i.R., Hagen
Haslehner, Werner, Dr., Linz
Hendricks, Michael, Dr., Rechtsanwalt, Steuerberater, Flick Gocke Schaumburg, Bonn
Henkel, Bernd Andreas, Heidelberg
Herdin-Winter, Judith, Österreichisches Bundesministerium für Finanzen, Wien
Hey, Felix C., Dr., Professor, Verlag Dr. Otto Schmidt KG, Köln
Hofmann, Tim, Passau
Hofstede, Manfred, Rechtsanwalt, Steuerberater Verband e.V., Köln
Hoppe, Jürgen F., Dr., Rechtsanwalt, Hoppe und Knüppel, Hannover
Huang, Shih Chou, Dr., Professor, Universität Heidelberg
Huemer, Elisabeth, Dr., Linz
Hummel, David, Dr., Leipzig
Hummel, Lars, Dr., Professor, Hamburg
Hüttemann, Rainer, Dr., Professor, Rheinische Friedich-Wilhelms-Universität Bonn

Jahn, Robert, Wels
Jansons, Sabrina-Isabel, Mag., Wien

Kammeter, Roland T., Oberregierungsrat, Bayerisches Staatsministerium der Finanzen, München
Kammeter, Susann, München
Karl, Gunther, Präsident des Finanzgerichts Sachsen-Anhalt, Dessau
Keß, Thomas, Dr., Richter, Hannover
Kirchhof, Paul, Dr. Dres. h.c., Professor, Richter am Bundesverfassungsgericht a. D., Heidelberg
Kirchhof, Gregor, Dr., Professor, LL.M., Universität Augsburg
Klinkhammer, Julia, Steuerberaterin, Bödecker Ernst & Partner, Düsseldorf
Koberg, Peter, Dr., Rechtsanwalt, Nestlé Unternehmungen Deutschland GmbH, Frankfurt am Main
Koblenzer, Thomas, Dr., Professor, Rechtsanwalt, Fachanwalt Steuerrecht, Koblenzer, Kanzlei für Steuerrecht, Düsseldorf
Kofler, Georg, Dr., Professor, Johannes Keppler Universität Linz
Kögel, Corina, Vors. Richterin am Finanzgericht, Hamburg
Komisarczyk, Christine, Max-Planck-Institut für Steuerrecht und Öffentliche Finanzen, München
Korfmacher, Michael, Rechtsanwalt, Steuerberater, BPG Beratungs- und Prüfungsgesellschaft mbH, Rostock
Kosch, Florian, Dipl.-Kaufmann, Nürnberg
Köstler, Heinz, Dipl.-Betriebswirt, Steuerberater, Abensberg
Köstler, Julius, Bayreuth
Köstler, Melanie, Dipl.-Kauffrau, Nürnberg
Köszeghy, Katarina, Luxemburg
Kramer, Jörg-Dietrich, Dr., LL.M., Ministerialrat a. D., Siegburg
Krumm, Marcel, Dr., Rechtsanwalt, Steuerberater, Mülheim an der Ruhr
Kunze, Michael, Köln

Lambrecht, Claus, Dr., Professor, LL.M., Präsident des Finanzgerichts Berlin-Brandenburg, Cottbus
Lampert, Steffen, Dr., Professor, Osnabrück
Lamprecht, Philipp, Dr., Privatdozent, Oberregierungsrat, Berlin
Lang, Michael, Dr. Dr. h.c., Professor, WU Wien
Langel, Kai, Dipl.-Kaufmann, Wirtschaftsprüfer, Steuerberater, Köln
Lausterer, Martin, Dr., lic. oec. HSG, Rechtsanwalt, Linklaters LLP, München
Lehner, Martin, Mag., Johannes Keppler Universität Linz
Lehner, Moris, Dr., Professor, Ludwig-Maximilians-Universität, München
Leidel, Peter, Dr., Wirtschaftsprüfer, Steuerberater, Rechtsbeistand, Leidel Puchinger & Partner, Regen
Leidel, Sebastian, München
Lieber, Bettina, Dr., Dipl.-Finanzwirtin, Rechtsanwältin, Steuerberaterin, Deloitte & Touche GmbH, Düsseldorf

Liedtke, Stefan, LL.M., Dipl.-Finanzwirt, Rechtsanwalt, Steuerberater, Düsseldorf
Löhr, Sebastian, Köln
Lohrer, Josef, Präsident des Finanzgerichts, Nürnberg
Lorenz, Cornelia, Dr., Bundesfinanzhof, München
Loschelder, Friedrich, Dr., LL.M., Richter am Finanzgericht, Bargteheide
Lüdicke, Jochen, Dr., Professor, Rechtsanwalt, Steuerberater, Bundesverband der Steuerberater e.V., Berlin
Lüngen, Larsen, Dipl.-Kaufmann, Wirtschaftsprüfer, Steuerberater, Erkelenz

Mann, Alexander, Dr., Friedrichsdorf
Martin, Oliver, Rechtsanwalt, Leipzig
Martini, Ruben, Universität Heidelberg
Marx, Franz Jürgen, Dr., Professor, Universität Bremen
Mellinghoff, Rudolf, Dr. h.c., Professor, Präsident des Bundesfinanzhofs, München
Meyer-Sandberg, Nils, Dr., Rechtsanwalt, Steuerberater, Hamburg
Meyer-Scharenberg, Dirk, Dr., Professor, Grünwald
Möhlenbrock, Rolf, Dr., Regierungsdirektor, Bergfelde
Mönius, Thomas, Rechtsanwalt, Mönius & Partner, Forchheim
Mooshammer, Harald, Leonding
Mosbach, Peter, Rechtsanwalt, Steuerberater, Köln
Mulas, Sigrid, Dr., Verlag Dr. Otto Schmidt KG, Köln
Müller, Christian J., Dr., Bundesministerium der Finanzen, Berlin

Nasdala, Stefanie, München
Naumann, Manfred, Ministerialrat, Bundesministerium der Finanzen, Berlin
Neumann, Axel, LL.B., Dipl.-Finanzwirt, Steuerberater, München
Niederberger, Florian, Gerstetten
Novacek, Erich, Dr., Linz

Obenhaus, Nils, Rechtsanwalt, Steuerberater, Hamburg
Oellerich, Ingo, Dr., Rechtsanwalt, Ahaus
Oertel, Eva, Dr., Regierungsrätin, München
Ott, Siegfried, Dr., Ministerialrat im BMF Wien a.D., Wien
Ottermann, Torsten, Rechtsanwalt, Köln

Peetz, Carsten, Rechtsanwalt, Steuerberater, Berlin
Pelka, Jürgen, Dr., Rechtsanwalt, Steuerberater, PNHR Pelka Niemann Hollerbaum Rohde, Köln
Peperkorn, Wiebke, Mag., Karl-Franzens-Universität Graz
Peters, Holger, Rechtsanwalt, Düsseldorf
Peters, Albert, Dr., Ministerialdirektor, Berlin
Pezzer, Heinz-Jürgen, Dr., Professor, Vors. Richter am Bundesfinanzhof, München

Philipowski, Rüdiger, Dr., Professor, Rechtsanwalt, Steuerberater, Alfter
Piltz, Detlev Jürgen, Dr., Professor, Rechtsanwalt, Flick Gocke Schaumburg, Bonn
Pohl, Dirk, Dr., Rechtsanwalt, Steuerberater, McDermott Will & Emery, München
Pohl, Gunnar, Deutsch-Britische Industrie- und Handelskammer, London
Prechtl-Aigner, Babette, DDr., Linz
Prusko, Dietmar, Rechtsanwalt, Steuerberater, Wirtschaftsprüfer, Weiden i. d. Oberpfalz

Raufer, Horst, Richter am Finanzgericht, Gutach i. Breisgau
Reichold, Rahel, Ludwig-Maximilians-Universität München
Reiß, Wolfram, Dr., Professor, Nürnberg
Reuter, Marlies, München
Röder, Erik, Dr., Max-Planck-Institut für Steuerrecht und Öffentliche Finanzen, München
Rolfs, Christoph, Rechtsanwalt, Stolle & Rolfs, Schwerin
Rosen, Simone, Dr., Steuerberaterin, KPMG AG, Wirtschaftsprüfungsgesellschaft, Köln
Rosenberger, Florian, Mag., Linz
Roser, Frank, Dr., Rechtsanwalt, Wirtschaftsprüfer, ROSER GmbH, Hamburg
Rothmann, Dieter Herbert, Steuerberater, Wien
Rothmann, Gerd Willi, Dr., Professor, Sao Paulo – SP – Brasil
Rust, Alexander, Dr., Professor, Universität Luxemburg

Sauer, Gisbert, Berlin
Schätzlein, Adolf, Wirtschaftsprüfer, Steuerberater, Neuss
Scheffler, Wolfram, Dr., Professor, Dipl.-Kaufmann, Nürnberg
Scheidle, Helmut, Dr., Rechtsanwalt, Wirtschaftsprüfer, Steuerberater, Stadtbergen
Schilli-Frank, Dagmar, Ltd. Regierungsdirektorin, Essen
Schlager, Josef, Mag. Dr., Professor, Wirtschaftsprüfer, Steuerberater, Linz
Schmidt, Eckehard, Ministerialdirigent, Bayerisches Staatsministerium der Finanzen, München
Schmitz, Christoph, Ministerialrat, Mönchengladbach
Schneider, Andreas, Dr., Rechtsanwalt, Steuerberater, Jena
Schneider, Zacharias-Alexis, Hannover
Schober, Tibor, Dr., Rechtsanwalt, Berlin
Schön, Wolfgang, Dr. Dr. h.c., Professor, Direktor, Max-Planck-Institut für Steuerrecht und Öffentliche Finanzen, München
Schönfeld, Jens, Dr., Rechtsanwalt, Flick Gocke Schaumburg, Bonn
Schulze-Osterloh, Joachim, Dr., Professor, Cottbus
Seer, Roman, Dr., Professor, Ruhr-Universität Bochum
Seiler, Christian, Dr., Professor, Eberhard Karls Universität Tübingen

Sieber, Roland, Dipl.-Kaufmann, Steuerberater, Wirtschaftsprüfer, Korntal-Münchingen
Sieker, Susanne, Dr., Professor, Martin-Luther-Universität Halle-Wittenberg, Halle
Simonek, Madeleine, Dr., Professor, Universität Zürich
Söhn, Hartmut, Dr., Professor, Passau
Spengel, Christoph, Dr., Professor, Universität Mannheim
Stadbauer, Sandra, Johannes Keppler Universität Linz
Stadie, Holger, Dr., Professor, Leipzig
Stahl, Christian, Rechtsanwalt, Walldürn
Staringer, Claus, Dr., Professor, Steuerberater, Freshfields Bruckhaus Deringer LLP, Wien
Stöber, Michael, Dr., Privatdozent, Rechtsanwalt, Marburg
Sturl, Michael, Aschbach
Sunde, Martina, Rechtsanwältin, Steuerberaterin, Max-Planck-Institut für Steuerrecht und Öffentliche Finanzen, München

Take, Michael, Dr., Dipl.-Verwaltungswirt, Rechtsanwalt, Take, Maracke & Partner, Kiel
Tappe, Henning, Dr., Westfälische Wilhelms-Universität Münster
Thebrath, Hermann, Dr., Rechtsanwalt, Notar, Schalksmühle
Tiedchen, Susanne, Dr., Richterin am Finanzgericht, Cottbus
Tippelhofer, Martina, LL.M., Steuerberaterin, München
Tonner, Norbert, Dr., Professor, Steuerberater, Osnabrück
Tschurtschenthaler, Annette, Steuerberaterin, Linz
Tumpel, Michael, Dr., Professor, Johannes Keppler Universität Linz

Urtz, Christoph, Dr., Professor, Universität Salzburg

Valta, Matthias, Frankfurt am Main
Venzmer, Kurt J., Rechtsanwalt, Wirtschaftsprüfer, Landshut
Vock, Martin, Dr., Wien

Wacker, Roland, Dr., Richter am Bundesfinanzhof, München
Webers, Georg, tax & more GmbH, Würzburg
Weckerle, Thomas, Dr., LL.M., Rechtsanwalt, Steuerberater, Wirtschaftsprüfer, WRT Revision und Treuhand GmbH, Hagen
Wefers, Ulrike, Richterin am Finanzgericht, Mönchengladbach
Wegner, Christoph, Rechtsanwalt, Steuerberater, KPMG AG, Wirtschaftsprüfungsgesellschaft, Köln
Weimar, Tanja, Reichelsheim
Wendt, Michael, Vors. Richter am Bundesfinanzhof, München
Wernicke, Daniel, LL.M., Ernst & Young GmbH, Wirtschaftsprüfungsgesellschaft, Stuttgart
Wernsmann, Rainer, Dr., Professor, Passau
Widmann, Werner, Ministerialdirigent, Mainz-Kastel

Wilhelm, Helene, München
Wimmer, Johannes, Steuerberater, München
Winkelsett, Stefan, Regensburg
Winter, Stefan, Dresden
Wohlhöfer, Andreas, München
Wurm, Gustav, Mag., Linz

Zech, Till, Dr., Professor, LL.M., BELS – Brunswick European Law School, Wolfenbüttel
Zimmermann, Thomas, Dipl.-Betriebswirt, Steuerberater, Balmes, Pelka & Zimmermann, Steuerberatungsgesellschaft mbH, Koblenz
Zorman, Gregor, Dipl.-Jurist, Steuerberater, Leitner Leitner GmbH, Wirtschaftsprüfer und Steuerberater, Wien

Stichwortverzeichnis

Bearbeiterin: Rechtsanwältin Dr. *Brigitte Hilgers-Klautzsch*

Abhilfeverfahren 172 ff.
Abkommenspolitik
– deutsche 10, 24, 88 ff., 117
– Österreich 259, 263 ff.
Abkommensvorteile 204, 210, 373
Abkommenswidrige Besteuerung 168 ff.
Abkommensrechtliche Methodenwahl 88 ff.
Abschreibungsvorschriften 58
Abzug ausländischer Steuer (§ 34c Abs. 2 EStG) 98
Acte clair 211
Administrativer Aufwand 93, 99
Advance Pricing Agreements 168, 350 ff.
– s.a. Verständigungsverfahren
AEUV 110, 329
– Diskriminierungsverbote 78 f.
Agenten 290 f.
Agreement on Subsidies and Countervailing Measures 125
Aktionsplan Bekämpfung Steuerhinterziehung 207
Aktivitätsvorbehalt 96, 218, 369
Allokation
– Eigentumsrechte 51 ff.
– Realkapital 44 ff., 365 f.
Allokationseffizienz 43 f., 365
Amerika s. USA
Amtshilfe, zwischenstaatliche
s. Informationsaustausch
Amtshilferichtlinie 4, 134, 142 ff., 371 f.
Amtshilfegesetz, EU 142 ff., 163
Angemessenheit von Bezügen 342 f.
Angemessenheitsdokumentation 349 f.
Anhörung des Betroffenen, Auskunftsersuchen 161 ff.
Annäherungswert 343
Anrechenbarkeit, gewerbesteuerliche 99, 369
Anrechnungsmethode 24 f., 36, 41 ff., 88, 102 ff., 206, 216, 365 f.

– versus Freistellungsmethode 89 ff., 368 f.
– Nachteile 91 ff.
– Optimierung 97 ff.
Anrechnungsverpflichtung, abkommenrechtliche 78, 237
Anrechnungsvolumen 89, 91, 98
Anrechnungsvorschriften, Verbesserung 98, 100, 370
Anreizmechanismen 91
Ansässigkeitsstaat 24 ff., 77 ff., 87 f., 297 ff., 308 f.
Anstreicherbetriebsstätte 240, 243 ff., 374 f.
Anti-Korruptions-Konvention 114
Anti-Missbrauchsvorschrift 326
Anti-Treaty-Shopping-Regelung 212
Antrag, Verständigungsverfahren 169 ff.
Antragsfrist, Verständigungsverfahren 172
AOA s. Authorized OECD Approach
APA s. Advance Pricing Agreements
Arm's-Length-Prinzip 282, 286, 297 ff., 304 ff., 319 ff.
Arbeitnehmerüberlassungsklauseln 210
As Structured Prinzip 320, 325 ff., 377
Auftragsforschung 292
Auftragsproduktion 291
Aufwand, administrativer 93, 99
Aufwendungen
– existenznotwendige 81, 84 f., 111, 368
– mittelbare 98 f.
Aufzeichnungspflichten s. Dokumentationspflichten
Auskünfte, automatische 150 ff.
Auskunftsabkommen 135
Auskunftserteilung s. Informationsaustausch
Auskunftsersuchen ausländischer FinB 136 ff.

Auskunftseinholung durch deutsche FinG 15
Auskunftsklauseln, DBA 136
– große/kleine (Art. 26 Abs. 1 OECD-MA) 137 ff.
Auskunftsverbote (§ 3 Abs. 1 EG-AHiG) 154, 156 ff.
– Betriebs-/Geschäftsgeheimnis 157, 159
– Verstoß gegen die öffentliche Ordnung 26
Auskunftsverkehr s. Informationsaustausch
Auskunftsverweigerungsrechte 158 ff.
Ausländische Betriebsstättenergebnisse 97
Ausländische Einkünfte 48 f., 80, 105, 110, 235 f.
Ausländische Steuern 42
Auslagerung, Einkünfte s. Einkünfteverlagerung
Ausland, Ermittlungen im –
s. Informationsaustausch
Auslandsbeziehungen, erhöhte Mitwirkungspflicht 7, 28 f., 165, 173, 193 f., 365
Auslandsinvestitionen 44 ff., 50 f., 71, 78, 90, 96, 366
Aussetzung der Vollziehung, Verständigungsverfahren 173
Authorized OECD Approach (AOA) 17, 234, 256 ff., 261 ff.
Automatische Auskünfte 150 ff.

B2B-Geschäft 291
Bandbreiten-Doktrin 342 f., 378
Bandbreitenplausibilität 342 ff.
Banken, Beihilfe zur Steuerhinterziehung 123, 141, 192, 370
– Verhaltenskodex 2010 123
Bankgeheimnis 21, 129, 157 f., 160
– s.a. Informationsaustausch
Baseball arbitration 183
Basisgesellschaft 201 ff., 205, 218 f.
– Rechtsprechung BFH 208
BASF 285 ff.
– Verrechnungspreis 286 ff.
– Leistungsbeziehungen 290 ff.

Bau- und Montagebetriebsstätten 240, 257
Bedingungen (Art. 9 Abs. 1 OECD-MA) 313 f., 316, 318 f.
Beihilfevorschriften 78, 110
BeitrRLUmsG 211, 220
Belegenheitsstaat 205
Belgien 40, 59, 151, 184
Beneficial Owner(ship) 116, 202 f., 224 f., 228
Bermudas 135
Beschränkungsverbote, AEUV 78 f., 105, 108
Bestechung ausländischer Amtsträger 124 f.
Betriebsausgaben, Zuordnungsmaßstab 98
Betriebsgeheimnis, Auskunftsverbot 157, 159
Betriebsprüfungen, weltweite 118, 294
Betriebsstätten, internationale, Besteuerung 233 ff., 253 ff.
– Gewinnabgrenzung 257 f.
– Gleichstellung mit Tochtergesellschaften 255 ff., 261 ff.
Betriebsstättenbegriff 233 ff., 253 f.
– abkommensrechtlicher 236
– Anstreicher- 243
– Bau-/Montage- 257, 283
– Betriebsstättenschwelle, Absenken 239
– Dienstleistungs- 26, 240, 246, 278, 364, 375
– Erosion 239
– fehlende 250
– fiktive Dienstleistungs- 244
– Funktion 235
– Gleichstellung mit Konzernunternehmen 254
– Hilfs- 240
– Home Office 246 ff., 275, 374
– industrielle Produktions- 242
– innerstaatlicher 235
– kurzfristige 248
– Management-, zugerechnete 249
– OECD-MK, Bedeutung 241
– Prinzipien der internationalen Besteuerung 237

- Selbstständigkeitsfiktion 234, 244 ff., 375
- Vertreter- 240
Betriebsstättenergebnisse, ausländische 92
- s.a. Verrechnungspreise
Betriebsstättendiskriminierungsverbot 72, 76
Bewertung, steuerliche 337 ff.
Bewertungsgleichmaß 343 f.
Bewertungsmaßstab 338 f., 343, 354
- geschäftsvorfallbezogen 349
- Maßstabdivergenz 339, 346
- Vergleichsmaßstab 339, 346, 378
Bewertungsprärogative 346 f.
- grenzüberschreitend 348
Bewertungsunsicherheit 354, 361
- als Rechtsanwendungsproblem 341, 346, 353, 358
Bewertungsziele 341
Beziehungen, kaufmännische oder finanzielle (Art. 9 Abs. 1 OECD-MA) 306, 334
- s.a. Leistungsbeziehungen
BFH, Basisgesellschaft-Rechtsprechung 208
Billigkeitserlass, Vermeidung Doppelbesteuerung 74
Block, EuGH 81 f.
BMF, Zuständigkeit Informationsaustausch 161
BMF-Schreiben
- zu § 50 Abs. 3 EStG (v. 24.1.2012) 220
- zum Auskunftsverkehr (v. 5.1.2010) 135
- zum Betriebsstättenbegriff (v. 16.4.2010) 251
- Doppelbesteuerung 94
- zum internationalen Verständigungs- und Schiedsverfahren 172, 187
Briefkastengesellschaft 205 f., 213
Buchführungspflicht 348
Bundeszentralamt für Steuern, Zuständigkeit
- Informationsaustausch 161, 165 f., 194

- Verständigungsverfahren 169, 199, 200
Business and Industry Advisory Committee 119
Business Restructuring 119, 293, 328, 377 f.
Business-to-Business 291
BZSt s. Bundeszentralamt für Steuern

Cadbury Schweppes, EuGH 215
Cannes G-20-Kommuniqué 125
Carte blanche 217
CBIT s. Comprehensive Business Income Tax
CD, Datenankauf 159
Centre for Tax Policy and Administration 118
Centro de Musicologia Walter Stauffer, EuGH 83
CFC-Regelungen 55, 211, 216
China 27, 40, 116 f., 180, 246, 293, 359
Columbus Container, EuGH 215 ff.
Committee of Experts on International Cooperation in Tax Matters 127
Committee on Fiscal Affairs 254
Comparable uncontrolled price method 290
Comprehensive Business Income Tax 49 ff., 366
Compliance 117, 123 f. 153, 285 f., 370 f.
- s.a. FATCA
Contract manufacturing 291
Convention on Cambating Bribery of Foreign Officials 114, 124
Corporate shelter 212
Cost plus 289, 292
Cost Sharing Agreements 293, 377
Council Recommendation 115
Court of Appeal 300 f., 332
Cross-border-Organschaft 103
CUP 290

Dänemark, Auskunftserteilung 26, 40, 59, 151
Damseaux, EuGH 81

Datenbank s. Verrechnungspreisdokumentation
Daten-CD, Ankauf 159
Daily-Mail-Urteil, EuGH 78
DBA s. Doppelbesteuerungsabkommen
Dealings 261 ff., 307, 318, 345
de Groot, EuGH 85
Delaware-Entscheidung, BFH 217
Deputy Assistant Secretary for International Tax 117
Deutsche Abkommenspraxis 99
Deutsche Standardmethode 100
Devereux 57
Dienstleistungen (VPR) 245 f., 257, 289, 292 f., 306, 317 f., 334, 375
Dienstleistungsbetriebsstätte 26, 240, 246, 278, 364, 375
Discussion Draft 75 f., 275
Diskriminierungsverbote 20 f., 71 ff.
– AEUV 78 f.
– Art. 24 OECD-MA 20, 71, 74 f., 301, 308, 312, 332 f.
Distributoren 291
Direktinvestitionen 1, 40 f., 51
– Finanzierung 68
– Standortwahl 67 f.
Dividendeneinkünfte 25, 153, 372
Dividendenquellensteuer 41, 64
Dokumentationspflichten, Verrechnungspreise 102, 279, 337 ff.
– Angemessenheitsdokumentation 349 f.
– Dokumentationsniveau (international) 350
– geschäftsvorfallbezogene Dokumentation 349
– immaterielle Wirtschaftsgüter s. Wirtschaftsgüter
– Konkretisierungskompetenz 347
– Kostenpflicht 353
– Masterfile 350
– Mindeststandard 350, 379
– Richtigkeitsvermutung 348, 350
– Sachverhaltsdokumentation 348, 350
– Sanktionen bei Verstößen 348
Doppelbesteuerung 22 ff.
– tatsächliche 94, 103, 207

– Vermeidung 15 f. 41, 74, s.a. Freistellungs-/Anrechnungsmethode
– virtuelle 94, 99, 103, 207 f., 232, 355
Doppelbesteuerungsabkommen 8 ff., 74 f., 136 ff.
– Aktualisierung einer Kommentierung 141
– Auskunftserteilung, Art. 26 Abs. 1 OECD-MA 136, 137, 138, 146, 149, 150
– Auskunftsverbote 156
– Auskunftsverweigerungsrechte 158 ff.
– Diskriminierungsverbote 74 f.
– Liechtenstein s. dort
– Mauritius 88 f., 369
– Multilateralisierung 204
– Österreich 121, 210, 272, 364
– Österreich-Schweiz, Finanzierungsbetriebsstätten 269 ff.
– Singapur 40, 88 f., 94, 192
– Spanien 26, 40, 59 ff., 84, 275, 368
– USA s. dort
– Zypern 21, 39 f., 59, 61, 88, 89, 369
Doppelte Nichtbesteuerung 93 f., 206 ff., 231, 369
Drei-Faktoren-Test 219
Dublin-Docks II, EuGH 217
Durchschnittssteuerbelastung 58 ff., 367

EATR s. Effective Average Tax Rate
EBIT 287, 291
E-Commerce-Projekte 119
Effektivbelastungen 59 ff.
Effective Average Tax Rate 58 ff., 367
EG-AHiG s. EG-Amtshilfegesetz
EG-Amtshilfegesetz
– Anwendungsbereich 143
– Auskunftserteilung 142, 146 ff.
– Auskunftsverbote 156 f.
– Auskunftsverweigerungsrechte 159 f.
– Geheimhaltung 156
– Konkurrenz zu Art. 26 OECD-MA 147 f.
– „von Nutzen" 147
– Übermittlungsfrist 142, 147

– Vermutung einer Steuerverkürzung 147
– Zuständigkeit 161
EG-Zins- und Lizenzgebührenrichtlinie 107, 211
EG-Zusammenarbeits-VO 145, 148, 152
Eigenhändler 290 f.
Eigenproduktion 291
Einkünfte
– Aufsichtsrats- und Verwaltungsratsvergütungen 76
– von Künstlern und Sportlern 24 f., 76, 95, 175, 205, 210
– Lizenzen s. dort
– öffentlicher Dienst 76
– aus unbeweglichem Vermögen 76, 152, 310, 333, 372
– aus unselbstständiger Arbeit 76, 152, 372
– weiße 23, 89, 283, 364
– Zinsen s. dort
Einkünfteabgrenzung, internationale Unternehmen s. Verrechnungspreise
Einkünfte, Auslagerung s. Einkünfteverlagerung, Verrechnungspreise
Einkünftekorrektur 339 f., 381
Einkünfteverlagerung 201 ff., 297 ff., 337 ff.
Einspruchsverzicht 352 f.
Einstweilige Anordnung gegen Auskunftsersuchen 195
Entnahmen und Einlagen, Bewertung 338 f.
Entrepreneurs 289 f.
Entwicklungsländer 91, 125, 127 f.
Escape-Klausel 217 f.
Erbschaftsteuer, Anrechnung ausländischer – 32, 84
Erforderlichkeit der Auskunft 138 f., 146, 150
Erheblichkeit der Auskunft 138 f., 143 f., 146, 150
Erstbewertung 346 f., 354, 379
Estland 40, 59, 63, 116, 152
EU-AHiG s. EG-Amtshilfegesetz
EU-Amtshilfegesetz 142 ff., 163
– s.a. EG-Amtshilfegesetz

EUGH
– Daily-Mail 78
– Grundfreiheiten 37, 48, 78, 329
– Unterkapitalisierungsvorschriften 312, 330
EU Joint Transfer Pricing Forum 183, 188, 190
EU-Mutter-Tochter-Richtlinie 16, 37, 205, 325, 364, 368
Europe Convention on Mutual Administrative Assistant in Tax Matters of 2011 125
EU-Schiedskonvention 168, 171, 177, 179, 186 ff., 345, 373
– Beratender Ausschuss 183, 185, 188 f.
– Erste Phase 129, 188
– Kritik 190
– Schiedsrichter 183 f., 189
– Zweite Phase 130, 189
EU-Schiedsverfahren s. Schiedsverfahren
EU-Zinsertragsteuerrichtlinie 150 f.
Exchange of Information for Tax Purposes 135, 160
Exportsubventionen, verbotene 126
Extraterritorial Income Exclusion Act 126

Familienunternehmen 317
FATCA 153, 371
Faustpfandtheorie 74
Finanzgericht, Rechtsschutz Informationsaustausch 164 f.
Finanzielle Beziehungen (Art. 9 Abs. 1 OECD-MA) 306, 318 f., 334
Fishing expeditions 140 f., 144, 196
Foreign Account Tax Compliance Act s. FATCA
Forum on Tax Administration 122, 370
Frankreich 40, 59, 61, 151, 153, 188
Freiheitsgrundrechte im Steuerrecht 344 ff., 354
Freistellungsmethode 40 ff., 87 ff.
– Absicherung als Standardmethode 93 f.
– Methodenwahl 88 f.

– Vorteile 55 f., 91 ff.
– s.a. Anrechnungsmethode
Freistellungsverpflichtung, abkommensrechtliche 237
Fremdvergleich, hypothetischer 321, 334, 339, 343, 346, 378
Fremdvergleich, Standardmethoden
– Gewinnmethode 349
– Kostenaufschlagsmethode 244, 283, 289, 292, 321
– Preisvergleichsmethode 290, 321, 349
– Wiederverkaufsmethode 290, 321, 349, 356
Fremdvergleichsgrundsatz 17, 118, 128, 170, 255 f., 277, 289, 297, 305, 321, 334, 339 f.
Fremdvergleichspreis 288, 290 f., 340
– Bandbreite 342 ff.
– richtiger 342
– Rechtsverordnung 258, 260
Fremdvergleichsstandard 297, 332
Fremdvergleichswert 331, 338 ff.
Frist, Auskunftserteilung 142, 147
FTA 122, 370
Functionally Separate Entity Approach 256
Funktionsverlagerung ins Ausland 293, 346, 360, 377
– Verwaltungsgrundsätze aus 2010 293, 360

G 20 114, 123, 125, 129, 370
Gegenberichtigung 300, 305, 322 ff., 345, 351, 355, 359, 377
Gegenseitigkeit, Grundsatz 137, 195
Gehör, Recht auf – bei Auskunftsersuchen 31
Gemeindefinanzreformgesetz 201
Gemeiner Wert 338 ff., 343
Geheimhaltungspflichten, Informationsaustausch 24
Gemeinsame Kommission 175, 178
– s.a. Verständigung
Gemeinsame konsolidierte Körperschaftsteuer-Bemessungsgrundlage s. GKKB
Geschäftsbeziehung 258, 339 f., 348 f.

Geschäftsgeheimnis, Auskunftsverbot 157, 159
Geschäftsleitungsstaat 12, 297
Gesetzesumgehung 203
Gestaltungsmissbrauch 4 f., 201 ff., 207, 219, 221
Gestaltungssicherheit 90, 100
Gewerbesteuer 92, 96, 99, 369
Gewinnabgrenzung, internationale von Betriebsstätten 253 ff., 261 ff.
Gewinnabgrenzung, Personengesellschaften/Mitunternehmerschaften 271 f.
Gewinnabgrenzungsaufzeichnungsverordnung 348
Gewinnrepatriierung 42, 56
Gewinnverlagerung ins Ausland 2, 69, 177, 300
– s.a. Verrechnungspreise
Gibraltar 135, 187
GKKB 317, 329, 381
Glaubhaftmachung, vorläufiger Rechtsschutz gegen Auskunftsersuchen 165, 192, 196
GlaxoSmithKline 176
Gleichbehandlungsgebote 71 ff.
Gleichmäßigkeit der Besteuerung 91, 169, 347, 369
Globaler Informationsaustausch 128 f.
Global forums 117
Global Forum on Tax Treaties 117
Global Forum on Transfer Pricing 117
Global Forum on Transparency 160
Globalisierung, Steuerrecht 113 ff.
Greenfield-Investitionen 44, 46 ff., 70
Grenzüberschreitende Ermittlungen 133 ff.
Grenzballungskosten 107
Griechenland 40, 42, 59, 63
Griffith 57, 366
Großbritannien 25, 59, 67, 141, 153, 216, 182, 368
Großunternehmen, BASF 285 ff.
– s.a. Verrechnungspreise
Grundfreiheiten 16, 37, 48, 78, 84, 368, 374
– Verrechnungspreiskorrekturen 328 ff.

Stichwortverzeichnis

Grundstückswerte 210, 342
Gruppenanfragen, Auskunftsersuchen 140 ff., 193, 196, 371
Guernsey 135

Hard Law 124 f.
Hebesatz, Gewerbesteuer 99
Hilfsbetriebsstätte 240
Hilversum I, BFH 203, 208
Hinzurechnungsbesteuerung 48, 90, 106, 212, 216 f.
Holding, Zwischenschaltung 204 f.
Home Office, Betriebsstätte 246 ff., 275, 374
Hybride Gesellschaft 201, 230
Hypothetischer Fremdvergleich 321, 334, 339, 343, 346, 378

Identifizierung Steuersünder 140
Immaterielle Wirtschaftsgüter, Bewertung s. Wirtschaftsgüter
Immobiliengesellschaft, zwischengeschaltete 205
Inbound-Fall 60, 235 ff., 368
Inbound-Investitionen 59 ff., 367
Income shifting 300
Indien 27, 29, 39 f., 116, 293, 359
Informationsaustausch 133 ff.
– Anhörung des Betroffenen 31
– Auskunftsarten 135
– Auskunftsverbote 154, 156 ff.
– Auskunftsverweigerungsrechte 158 ff.
– automatische Auskünfte 150 ff.
– durch deutsche Finanzbehörde 145 ff., s.a. Spontanauskünfte
– eingeholt durch deutsche Finanzbehörde 148 f.
– einstweilige Anordnung 195
– Erforderlichkeit der Auskunft 138 f., 146, 150
– Erheblichkeit der Auskunft 138 f., 143 f., 146, 150
– auf Ersuchen ausländischer Finanzbehörde 136 ff.
– fishing expeditions 140 f., 144, 196
– Frist zur Auskunftserteilung 142, 144 f., 147

– Gegenseitigkeitsprinzip 195, 137
– Grenzen 154 ff.
– große Auskunftsklausel 138
– Gruppenanfragen 140 ff., 193, 196, 371
– internationales Steuergeheimnis 136, 154 ff., 165, 184
– kleine Auskunftsklausel 137 ff.
– OEDC-Standards 10
– Rechtsschutz 164 ff.
– Spontanauskünfte 145 ff.
– Steuergeheimnis 136, 154 ff., 165, 184
– Subsidiarität 149 f., 159
– Umfang der Auskunftserteilung 137 f.
– verfahrensrechtliche Fragen 161 ff.
– vorläufiger Rechtsschutz 195
– Zuständigkeit 161
Inlandsinvestitionen 71 f.
Inlandsvermögen 84
Inländische Verlustsituationen 98, 369
Innentheorie 203, 225
Inspire Art, EuGH 215
Intangibles, OECD-Projekt 301, 32
Internationale(r)
– Gewinnaufteilung von Betriebsstätten 253 ff., 261 ff.
– Kontrollmitteilungen s. Spontanauskünfte
– Steuerwettbewerb 3, 5, 24, 91, 107, 364, 369
– Unternehmensbesteuerung 39 ff., 233 ff., 253 ff., 261 ff., 285 ff., 297 ff.
– Zusammenarbeit s. Informationsaustausch
Internationaler Währungsfonds 114, 127
Internationales Steuerrecht
– Akteure 114 ff.
– Anreizwirkungen 39 ff.
– Betriebsstätte, Begriff 233 ff.
– Betriebsstätte, Besteuerung wie Tochtergesellschaft 253 ff., 261 ff.
– Diskriminierungsverbote 71 ff.
– Dokumentationspflichten, Verrechnungspreise 337 ff.
– Einkünfteverlagerung 208 ff., 297 ff.

– Freistellungsmethode 87 ff.
– Gleichbehandlungsgebote 72 ff.
– Handlungsformen 113 ff.
– Informationsaustausch 133 ff.
– Konsultation 168
– Missbrauchsabwehr 201 ff.
– Neutralitätskonzepte 39 ff.
– Prinzipien 7 ff.
– Rechtsquellen 8 ff.
– Schiedsverfahren 179 ff.
– Verrechnungspreise 285 ff., 297 ff., s.a. dort
– Verrechnungspreiskorrektur 297 ff., 313 ff.
– Verständigung 169 ff.
International Monetary Fund 114, 127
International Tax Counsel 117
Investitionen, grenzüberschreitende 16, 58, 61, 67 ff., 367
Investitionsanreize 91, 97
Investitionsschutzabkommen 71
Investitionsstandort 49, 54, 61, 66 f., 91
Irland 40, 42, 59, 63
Island 116, 239
Isle of Man 135, 187
Italien 40, 59, 88, 94, 117, 153

Jahressteuergesetz 2013 s. JStG
Japan 40, 42, 106, 116 f., 180
Joint Transfer Pricing Forum 189 f., 329
JStG 2013 (Entwurf) 218, 258, 269

Kanalinseln 135, 187
Kapitalallokation 43, 47, 49, 55, 70
Kapitaleignerneutralität 45 f., 51 ff., 366
Kapitalexportneutralität 44 f., 46 ff., 90 f., 106, 110, 365
Kapitalimportneutralität 45 f., 48 ff., 77, 92, 110, 365 f.
Kapitalisierungszinssätze 346
Kapitalmarktzins 50, 58
Kaufmännische Beziehungen (Art. 9 Abs. 1 OECD-MA) 306 f., 313, 318 f., 325, 334
Keinmalsteuer 93 f., 206 ff., 231, 369

Kerckhart-Morres, EuGH 81
KGaA 201
Körperschaftsteuerbelastung 48
Körperschaftsteuerbemessungsgrundlage, gemeinsame s. GKKB
Know-how-Überlassung 289, 292
Konsensprinzip, OECD 119 f., 263, 370
Konsultationsverfahren 16, 168
Kontrollbeteiligung 317
Konzern, internationaler
– BASF 285 ff.
– Verrechnungspreise 297 ff.
– s.a. verbundene Unternehmen
Konzerndividenden 16
Konzernmutter/-tochtergesellschaft 291
– s.a. Betriebsstätte und Verrechnungspreise
Kooperative Handlungsformen 379
– s.a. APA
Kostenaufschlagsmethode 244, 283, 289, 292, 321
Kostenteilungsvereinbarungen 293
Künstlerverleihklausel 205, 210

Lammers & Van Cleef, EuGH 330
Lankhorst-Hohorst, EuGH 105, 111, 330 f.
Leistungsbeziehungen, verbundene Unternehmen 261 ff., 307, 318, 345
– BASF 290 ff.
Leistungsfähigkeit, Prinzip 3, 34 f., 73, 80, 108, 238, 274, 343, 382
Lettland 40, 59, 124
– Auskunftserteilung 159
Letztentscheidungsverantwortung/-kompetenz 353 f., 379
Lidl Belgium, EuGH 81
Liechtenstein, Auskunftserteilung 135
Liechtenstein, DBA 15, 90, 96, 214, 227, 232, 345
Lissabon, Vertrag von 15
Litauen 40, 59, 63, 124
– Auskunftserteilung 151
Lizenzeinkünfte s. Lizenzgebühren
Lizenzgebühren (VPR) 24, 95, 101, 107, 128, 204, 262, 272 f., 292, 309 ff.

Stichwortverzeichnis

LOB-Klauseln 210, 232
Low-Risk-Distributoren 291
Luxemburg
- DBA 40, 59
- Auskunftserteilung 140, 151, 160

M&A-Investitionen 44 f., 51 ff.
Make-or-Buy-Analyse 326
Managementbetriebsstätte 249 ff., 374
Manninen, EuGH 81
Margen 290 f., 306, 325 f.
Marks & Spencer, EuGH 81
Maßstabsdivergenz 339
Mauritius, DBA 88 f., 369
Mehrgewinn 324
Melford-Formel 215
Methodenwahl, abkommensrechtliche 88 ff.
- s.a. Anrechnungs-, Freistellungs-, Verrechnungspreismethode
Mieten 41, 49, 280, 326, 366
Mindestbeteiligungserfordernis 315
Mindestbeteiligungsquoten 55
Mindesthaltedauer 55
Missbrauch 203 ff.
- Erscheinungsformen 203
- Bekämpfung 201 ff.
Missbrauchsvermeidungsvorschriften 209 ff.
- Abkommensrecht 209
- unilaterale 211
Mittelwert 62 f., 345, 347
- s.a. EATR
Mitunternehmerschaft, Gewinnabgrenzung 271 f.
Mitwirkungspflicht, Auslandsbeziehungen 7, 28 f., 165, 173, 193 f., 365
Monaco-Urteil, BFH 218 f.
Multilateral Convention on the Exchange of Information 114
Multilateralisierung von DBA 204
Multinationale Unternehmen 51 ff., 67, 109
- OECD-Leitsätze 123
Musterabkommen, USA 153
- OECD- s. OECD-MA
Mutter- und Tochtergesellschaft 205, 314, 366

Mutter-Tochter-Richtlinie 16, 37, 205, 325, 364, 368

Name and shame 130, 371
Nationales Recht 13 f., 145, 211, 241, 255
- Einkünftekorrekturvorschriften und OECD-MA 301 ff., 315
Negative Qualifikationskonflikte 95
Neutralitätsanspruch, steuerpolitischer 91
Neutralitätskonzepte 39 ff.
Neutralitätsprinzip 298, 332
Nichtbesteuerung, doppelte 93 f., 206 ff., 231, 369
Nichtkooperative Staaten 135, 161
Niederländische Stiftung, BFH 208
Niederlande 26, 40, 59, 64, 182, 215
- Auskunftserteilung 151
Niederlassungsfreiheit 82, 104, 224 ff., 329, 332
Niedrigbesteuerung 94, 106, 209
Niedrigsteuerländer 22, 24, 49 ff., 206, 216
Notifikationsklauseln 206
Nutzungsberechtigter 202, 225, 310

OECD 114 ff.
- Authorized OECD Approach s. dort
- Betriebsstättenbegriff 234, s.a. Authorized OECD Approach
- Committee on Fiscal Affairs 117 ff., 254, 260
- Fiskalausschuss 240, 247 f., 263
- Guidelines 115, 128, 255, 356 f.
- Guidelines for Multinational Enterprises 2010 123
- Komitee 115, 117 ff., 254, 260
- Konsensprinzip 119 f., 263, 370
- Nichtmitglieder 123 f., 129
- Mitgliedschaft 116
- Musterabkommen s. OECD-MA
- Rechtsakte 115 f.
- Schiedsverfahren 179 ff.
- Teilorganisationen 122 ff.
- Vorbehalte, OECD-MA 8 f., 21, 120 ff., 260, 370

OECD-MA 8 ff., 39, 116, 120 f.
– Art. 7 75, 77, 85, 228, 230, 236, 256, 261 ff., 297 ff.
– Art. 9 297, 301 ff.
– Art. 11 42, 272, 301, 309 ff.
– Art. 12 95, 124, 272, 301, 309 ff.
– Art. 24, Diskriminierungsverbote 20, 71 ff., 301, 308, 312 f., 331 ff.
– Art. 26 Abs. 1, Auskunftserteilung 136 ff.
– Änderung 2005 138
– Erforderlichkeit der Auskunft 138 f., 146, 150
– Konkurrenz zu EG-AHiG 147
OECD-MK s. OECD-Musterkommentar
OECD-Musterabkommen s. OECD-MA
OECD-Musterkommentar 18 ff., 115, 120 ff., 270, 359
– und Gerichtsentscheidungen 122
OECD-Rat 115, 120, 124, 140, 241, 359
OECD-Standards 129, 141 f., 158, 160, 371
– Phase 1 129
– Phase 2 130
OEDC-Verrechnungspreisrichtlinien s. Verrechnungspreisrichtlinien
Öffentlich-rechtlicher Vertrag 352
Österreich
– Abkommenspolitik und -praxis 9 ff.
– AOA 263 ff.
– Betriebsstättenbesteuerung 259 ff.
– DBA 259 ff.
– DBA Schweiz- 269 ff.
– Amts- und Rechtshilfe 151
Offshore-leak-Affäre 370
Organisation für internationale Zusammenarbeit s. OECD
Organschaft 90, 103 f., 383
Outbound-Fall 60, 75, 235 f.
Outbound-Investitionen 59 ff., 65, 367
Own risk manufacturing 291
Oy AA, EuGH 331

Painter Example 26 f., 37, 277
Palettenbetrachtung 349

Partial result 177
Patente 286, 292
Patentverwertungsgesellschaft 204
Penalties s. Zuschläge
Pensionen, DBA 11, 25 f., 34, 364
Persche, EuGH 83
Personengesellschaften, Gewinnabgrenzung 271 f.
Per year limitation 98
Phase 1 129
Phase 2 130
Practical Manual for Developing Countries 128
Primäranpassung s. Primärberichtigung
Primärberichtigung (Art. 9 Abs. 1 OECD-MA) 299 f., 314, 322 ff., 345
Primärkorrektur s. Primärberichtigung
Positionspapier 175, 184, 189
Preisvergleichsmethode 290, 321, 349
Private Equity Fonds 249
Produktionsgesellschaften, Verrechnungspreise 291 f.
Profitcenter 287 f.
Progressionsvorbehalt 93
Prospektiver Dispositionsschutz 351, 353, 379
Provisionszahlungen 159

Quellenprinzip 39 f., 64, 68, 367
Quellenstaat 256, 272 f., 311, 325, 333, 364 f.
– Besteuerungsrecht 8, 25 ff.
Quellensteuer 13, 16 f., 41 f., 59, 64, 66, 81 f., 101 f., 204 f., 311, 325, 333
– andere EU-Staaten 151
– USA 153
Quintettgestaltungen 205

Recht auf Gehör, Informationsaustausch 31
– vorläufiger 33
Rechtshilfe, zwischenstaatliche 136 ff.
Rechtsschutz, Informationsaustausch 164 ff., 365, 371
– vorläufiger 24, 155 f., 164 f.

Rechtsschutzinteresse, Informationsaustausch 166
Rechtssicherheit, Grundsatz 93, 346 f., 369
Rechtsstaatsprinzip 347
Refinanzierungsaufwand 270
Regelungsanordnung gegen Auskunftsersuchen 164 f.
REIT 119
Relevant Business Approach 256
Repatriierungssteuern 56, 109 f.
Resale price method 290
Risikomanagement 294
Rückfallklauseln, DBA 94, 231
Rule shopping 204 ff., 373

Sachausschüttungen 318
Sachentscheidungsverantwortung s. Letztentscheidungsverantwortung
Sachverhaltsdokumentation 348, 350
Safe-harbour-Regelung 118, 348, 355
Schachtel-Dividenden 63
Schachtelprivileg 201, 204
Schätzung s. Steuerschätzung
Schiedskonvention s. EU-Schiedskonvention
Schiedsrichter 183 f., 189
Schiedsverfahren (Art. 25 Abs. 5 OECD-MA) 17 f., 28, 179 ff., 322 f., 365, 373
– Baseball arbitration 183
– terms of reference 183
– s.a. Verständigungsverfahren
Schlüssigkeitsprüfung, Auskunftsersuchen 139, 144
Schrankenwirkung, Art. 9 Abs. 1 OECD-MA 301 ff., 332
Schrankenwirkung, DBA Österreich 269
Schumacker, EuGH 81, 84, 104, 368
Schweiz, DBA 10, 17, 28, 40
– DBA Österreich – Schweiz 269 ff.
– Informationsaustausch 134, 140 f., 158, 160, 192
– Unternehmenssitz 208, 210, 217 f.
Selbstregulierung 353 f.
Selbstständigkeitsfiktion, Betriebsstätte 234, 244 ff., 375

SGI 330
Sicherungsanordnung gegen Auskunftsersuchen 164 f.
Singapur, DBA 40, 88 f., 94, 192
Soft law 8, 18 ff., 114 ff., 350, 364, 380
Spanien
– DBA 26, 40, 59 ff., 84, 275, 368
– Informationsaustausch 153 f.
Special purpose vehicle 205
Spezialitätenvorrang, § 42 AO 212 f.
Spontanauskünfte 135, 145 ff., 372
– Prognoseentscheidung 146
Stabilität, volkswirtschaftliche 92
Stabilitätsmechanismus 9
Stammhaus und Betriebsstätte 5, 17, 81, 98, 247, 257, s.a. dort
– Gewinnabgrenzung (AOA) 261 ff.
Stand-alone-Betrachtung 220
Standortwahl 41, 55, 67 f.
Stauffer, EuGH 83
Stepping-stone-Gesellschaften 204
Steueranmeldung 353
Steuer-Ausgaben-Analyse 126
Steuerausländer 13, 71 f., 204
Steuerbelastungsanalyse 57 ff., 366
Steuer(ver-)strickung 255 f., 333
Steuergefälle 39, 41, 62 ff., 109, 209, 365, 367
– Tabellen 62 ff.
Steuergeheimnis, internationales 136, 154 ff., 165, 184
– Glaubhaftmachung der Verletzung 195 f.
– Türkei-Fall 192
Steuerhinterziehung 4, 135, 141, 147, 153 f., 207, 210
– Aktionsplan zur Bekämpfung v. 6.12.2012 207
Steuerhinterziehungsbekämpfungsgesetz 135
Steuerlast, Bestimmbarkeit 347
Steuermissbrauch 201 ff.
Steuerneutralität, internationale 44 ff., 57 ff., 365 ff.
Steueroasen 2, 4, 21, 29, 91, 128, 224
– Auskunftsverkehr 135 f.
Steuerplanungssicherheit 344 f., 347, 353, 378 f.

Steuerregime (US) 126, 128
Steuerschätzung 342, 346 ff., 355, 358, 360
Steuerschlupfloch 201 f.
Steuerumgehung, Verhinderung 4, 201 f., 210, 300 f., 330
Steuerwettbewerb, internationaler 3, 5, 24, 91, 107, 364, 369
Strukturanpassung 306, 325 ff., 378
Subject-to-tax-Klauseln 23
Substance over form 202
Subventionen, WTO 125
Sünderlisten 135, 161
Switch-over-Klauseln 94 f., 369

Tätigkeitsstaat 26, 96, 210, 233, 243 ff.
Tatsächliche Doppelbesteuerung 94, 103, 207
Tatsächliche Verständigung 352
Tax Compliance s. Compliance
Tax expenditure analysis 126
Tax Information Exchange Agreements 7 f.
Terms of reference 183
Territorialitätsprinzip 80, 106, 134
Thin Cap Group Litigation, EuGH 209, 216, 301, 330 f.
Thin-Capitalizatione-Rules 55, 64
Tochtergesellschaft
– Besteuerung von Betriebsstätten wie – 234, 246, 252, 253 ff., 261 ff.
– Gewinne ausländischer 102, 106, 205, 291, 314, 366
– s.a. EU-Mutter-Tochter-Richtlinie
Trade Union Advisory Committee 119
Transferpaket 346
Transferpreise 286 f.
Transparenzklausel 339, 346
Treaty override(s) 2, 4, 12 f., 24, 31 ff., 95, 363, 369, 375
Treaty shopping 5, 204 ff., 212, 218, 223, 373
– Anti-Treaty-Shopping-Regelung (§ 50d Abs. 3 EStG) 212, 218
Türkei 26, 40, 117, 155, 192

Übergang auf Anrechnungsmethode 95
Übermaßbesteuerung 344 f., 378
Übermaßverbot 344 f.
Umsatzsteuer-Compliance 117
Umschwenkklausel 94 f., 97, 369
UN-Musterabkommen 114, 128, 180, 263, 278, 298, 358 ff.
Ungarn 20, 40, 59, 116 f., 152
Unionsrecht 15 ff., 215 ff.
United Nations Model Double Taxation Convention between Developed and Developing Countries 127
Unmittelbarkeitserfordernis 99
UNO 127 f., 278
Unternehmensakquisitionen 52, 67, 69
Unternehmensgewinne, tarifliche Belastung 40
– Besteuerung (Art. 7 OECD-MA) 75, 85, 261 ff., 283, 298 ff., 333
Unternehmensneugründungen 46 ff.
Unternehmensbewertung 342
USA 9, 17, 25, 126, 135, 176, 326
– DBA 40, 42, 56, 93, 97, 102, 106, 108
– FATCA s. dort
– Informationsaustausch 153 ff., 371
– Konzernsitz 69
– Umsatzsteuer 116 f.
– WTO 71, 114, 125 ff.

Veräußerungspreis 338
Verbindliche Auskunft 352
Verbrauchsfolgeverfahren 58
Verbundene Unternehmen, Gewinnabgrenzung 308, 312, 314 ff., 345, 350, 376
Verkauf (VPR) 306, 326
– zwischen Produktionsgesellschaften 290, 291 f.
– Unternehmensbeteiligung 250
Verkehrswert 338, 343
Verrechnungspreise 285 ff., 297 ff., 337 ff.
– Abgrenzung zu Transferpreisen 286 f.
– Angemessenheit 229, 342, 349 f., 360 f.

Stichwortverzeichnis 407

- bei BASF 285 ff.
- Dokumentation 337 ff.
- Erfordernisse 288 f.
- Fremdvergleichspreise 288, 290 ff., 377
- Geschäftssteuerung 287 f.
- Kalkulation 289, 294 f., 344, 361, 377
- Korrektur 297 ff., 337 ff.
- Kostenaufschlagsmethode 244, 283, 289, 292, 321
- Lieferungen/Leistungsbeziehungen 261 ff., 290 f.
- Methoden s. Verrechnungspreismethoden
- praxisgerechte Umsetzung 288 f.
- Richtlinien, OECD s. Verrechnungspreisrichtlinien
- Unvertretbarkeitsgrenze 349
- vergleichbare Marktpreise 288
- Wiederverkaufspreismethode 290, 321, 349, 356
- Zweischneidigkeit 349
Verrechnungspreiskorrektur 297 ff.
- Arm's Length Standard 282, 286, 298 f., 304 ff., 319 ff.
- Art. 9 OECD-MA 301 ff.
- Gegenberichtigung 322 ff., 345, 351, 355, 359, 377
- und Grundfreiheiten 328 ff.
- Preisanpassungen 308, 325 ff.
- Primärberichtigung 299 f., 314, 322 ff.
- Rechtsfolgen 322 ff.
- Strukturanpassungen 306, 325 ff.
- verbundene Unternehmen 314
- Voraussetzungen 313 f.
Verrechnungspreismethoden
- Gewinnmethode 349
- Kostenaufschlagsmethode 244, 283, 289, 292, 321
- Preisvergleichsmethode 290, 321, 349
- Wiederverkaufspreismethode 290, 321, 349, 356
Verrechnungspreisprüfung 343
Verrechnungspreisrichtlinien, OECD 115 f., 122, 128, 272, 289 ff., 318 f., 321, 327, 334, 349 f., 359 f., 378

Verrechnungspreissysteme 286 ff., 297 ff.
- Anforderungen 288 ff.
- bei BASF 285 ff.
- Dienstleistungen 292
- einzelne Lieferungen/Leistungsbeziehungen 290 f.
- Funktionsverlagerungen 293
- Grundkonstellationen 289 f.
- immaterielle Wirtschaftsgüter 292 f.
- Kostenverteilungsvereinbarungen 377
- Organisation 294
- Verkäufe zwischen Produktionsgesellschaften 291 f.
- Vertrieb 52, 247, 287 ff.
Verschonungstatbestände 72
Verständigung 174 f.
- tatsächliche 352
- Vorabverständigung 338, 350, 354, 379
Verständigungs- und Schiedsverfahren 167 ff.
- Abhilfeverfahren 172 ff.
- abkommenswidrige Besteuerung 168, 170, 172, 175 f., 179
- Ablehnung des Antrags 173 f.
- Antrag 169
- Antragsfrist 172
- Aussetzung der Vollziehung 173
- Aussichtslosigkeit des Verfahrens 173 f.
- Kosten 178, 185
- Steuerzahlungen 173
- zuständige Behörde 168 f., 174
- s.a. Advance Pricing Agreements (APA)
Verständigungsvereinbarung 177
Vertrag von Lissabon 15
Vertreterbetriebsstätte 240
Vertretbarkeitskontrolle 347 f., 353 f., 378 f.
Vertrieb, Verrechnungspreise 52, 247, 287 ff.
- BASF 290 f.
Verwaltungsabkommen, völkerrechtlich 351 f., 379

Verwaltungsgrundsätze-Verfahren, Einkunftsabgrenzung 307, 320 f., 324, 360
Verwaltungshandeln, kooperatives 353, 379
Verwaltungspraxis, Bedeutung 11 ff., 302 f.
Verwaltungsvereinbarungen, Auskunftsverkehr 150 f., 194
Virtuelle Doppelbesteuerung 94, 99, 103, 207 f., 232, 355
Völkerrechtliche Verträge, DBA 8 ff.
Völkerrechtliche Verwaltungsabkommen 351 f., 379
Volkswirtschaftliche Stabilität 92
Vorabverständigung 338, 350, 354, 379
Vorabverständigungsverfahren s. Advance Pricing Agreements
Währungsfond, Internationaler 114, 127
Vorabzusage 351 f.
Voraussichtliche Erheblichkeit der Auskunft 138 f., 143 f., 146, 150
Vorbewertung 347

Weiße Einkünfte 23, 89, 283, 364
Weiße Liste, Art. 8 Abs. 1 AStG 96
Welteinkommensprinzip 36, 69, 80, 82, 102, 134
Wert (VRP)
– Annäherungswert 343
– gemeiner Wert 338 ff., 343
– Mittelwert 62 f., 345, 347
– „objektiver" Wert 341
– Teilwert 338 ff.
– Teilwert, Vermutung für – 340
– Verkehrswert 338, 343
Wertdivergenz 346
Werteingrenzung 347
Wertfindung (VRP) 340 ff.
– Grenzen 342
– als Rechtsanwendungskategorie 340
– Wertungsfindungsrisiko 343
Wertkorrespondenz 345
Wertschöpfungskette 286, 354

Wertungsprozess 341 f.
Wettbewerbsfähigkeit 56, 70, 88
White list 96
Wiederverkaufspreismethode 290, 321, 349, 356
Wirtschaftlicher Zusammenhang 98
Wirtschaftsgüter, immaterielle 58, 116, 292 f., 317, 321, 328, 378, 383
Wohnsitzprinzip 39 f., 64, 68, 367
Working Party I 240, 247 f., 254
World Trade Organisation 71, 114, 125 ff.
WTO s. World Trade Organisation

Zentrales Verbindungsbüro, Informationsaustausch 142, 144, 161, 372
Zentrum für europäische Wirtschaftsforschung 57, 366
Zinseinkünfte s. Zinsen
Zinsen
– abkommensrechtliche Behandlung (Art. 11 OECD-MA) 24, 42 f., 49, 58, 272 f., 310 ff., 333, 366
– Verrechnungspreise 309, 310 ff.
– und Verständigungsverfahren 101, 176 f., 189
Zinsertragsteuerrichtlinie s. EU-Zinsertragsteuerrichtlinie
Zins-/Lizenz-Richtlinie 107, 202, 211
Zuordnungsmaßstab 98
Zurechnungsverschiebung 202, 225 f.
Zusammenhang, wirtschaftlicher 98
– In- und Auslandsinvestition 50 f.
Zuschläge (§ 162 Abs. 4 AO) 177, 357 f.
Zuständige Behörde
– Auskunftserteilung 161
– Verständigungsverfahren 169
Zwischenprodukt-Lieferungen 291
Zwischengesellschaft 48, 205 f., 212, 216, 218
Zwischenschaltung, Holding 205
Zwischenstaatliche Rechts- und Amtshilfe 136, 148
Zypern, DBA 21, 39 f., 59, 61, 88, 89, 369